Felix Aschwanden

Uri und seine Mundart

Kulturgeschichtliches
Sachwörter-Buch

Band 1

Landschaft
zwischen Wildi und Zäämi

Uri und seine Mundart

Kulturgeschichtliches Sachwörter-Buch

Band 1

23. Jahresgabe der Volkshochschule Uri,
vormals Bibliotheksgesellschaft Uri

Band XIII der Grammatiken und
Wörterbücher des Schweizerdeutschen
in allgemeinverständlicher Darstellung,
betreut vom Verein Schweizerdeutsch,
vormals Bund Schwyzertütsch

Felix Aschwanden

Landschaft zwischen Wildi und Zäämi

Herausgegeben vom
Verlag Volkshochschule Uri,
vormals Bibliotheksgesellschaft Uri

In Verbindung mit dem
Verein Schweizerdeutsch,
vormals Bund Schwyzertütsch

Altdorf 1994

Buchgestaltung,
visuelles Konzept,
typographische Gestaltung:
Karl Iten

Realisation:
Werbestudio 3, 6460 Altdorf,
Karl Iten und Robert Gisler

Gesamtherstellung,
Satz, Lithos, Druck:
Gisler Druck, CH-6460 Altdorf

Buchbindearbeiten:
Buchbinderei Burkhardt AG,
Mönchaltorf

© 1994:
Verein Volkshochschule Uri,
vorm. Bibliotheksgesellschaft Uri,
CH-6460 Altdorf

ISBN der Gesamtausgabe:
3-905160-06-4

ISBN des 1. Bandes
(Landschaft zwischen Wildi und Zäämi):
3-905160-07-2

Mit finanzieller Unterstützung
des Kantons Uri
der Korporationen Uri und Ursern
der Urner Kantonalbank
der Stiftung Pro Helvetia
der Schweizerischen Stiftung Pro Patria, Zürich
der ATEL, Olten
der Dätwyler Stiftung, Altdorf
des Elektrizitätswerkes Altdorf
der Gemeinde Altdorf
der Jubiläumsstiftung des Schweiz. Bankvereins, Basel
der Otto Gamma-Stiftung, Altdorf/Zürich
der Firma Rapid, Dietikon
der SWISSAIR Photo und Vermessungen AG, Altdorf
der Volkshochschule Uri, Altdorf
und weiterer Institutionen

INHALT

Bilder- und Fotonachweis:

Aschwanden Felix: 2; 4 (Nr. 2, 3, 4);
8; 10; 16; 22; 28; 34; 36; 88; 94a;
94 u.; 96; 98; 102 u.; 104; 108 u.;
110; 114 l.; 116, 118; 120; 122; 152;
154; 156 (Nr. 39); 160; 162; 164;
166 (Nr. 1–4); 168; 170; 178;
180; 182 u.; 184; 186; 188; 190;
192; 194; 196; 198; 200; 202; 204;
206; 242 M. / u.; 244; 246; 248;
250; 254; 258; 260; 262; 264; 268;
270; 272; 276 u.; 278;
280 o. / Mitte; 310a; 334; 336 u.;
344; 346; 348; 350; 352; 354;
356; 358; 360; 362; 366 u.; 370;
372; 374; 382

Baudirektion Uri (Archiv): 94b

Baudirektion Uri (Katz Winfried):
100; 102 l.

Blättler Alois: 364; 368

Bundesamt für Landestopographie:
312 (reproduziert mit Bewilligung
des Bundesamtes für Landes-
topographie vom 31.1.1994)

Danioth Heinrich: 32 (Nr. 2, 5, 6);
358

*Foto Aschwanden und
Aschwanden Richard:*
108 o.; 166 o.; 242; 276 o.; 342

Furrer Benno: 32 (Nr. 7)

Gysin-Kaufmann Beatrice: 112
(Die Fische sind nicht im
originalen Massstab abgebildet.)

Iten Karl: Buchumschlag; VI; XII;
30; 32 (Nr. 1, 3, 4); 40; 84; 92; 106;
112; 114; 156 (Zeichnungen nach
Vorlagen von M. Oechslin u.
T. Walker-Gisler; 164; 172
(gem. Vorlage M. Oechslin);
174; 310b; 316; 320; 322; 326;
330; 344

Meier Josef: 4 (Nr. 1)

*Rapid Maschinen u. Fahrzeuge AG,
Dietikon:* 280 u.; 336 o./Mitte;
338; 340

Rothenfluh Max: 6; 12; 14; 20;
312 o.

Schweizer. Fischereiverband: 114

Staatsarchiv Uri: 90; 92; 100;
102 o.; 104 158; 176; 182 o.; 240,
242

*Swissair Photo + Vermessungen
(Archiv):* XXIV

Foto auf dem Buchumschlag:
Zerklüftete Felspartie im Göschener Tal

Zum Bild auf Seite VI:
Bauer aus Urigen beim *Znyyni*
auf der Ruesalper Chulm
(aufgenommen 1963)

Zum Bild auf Seite XII:
Bäuerin aus Realp beim *Mischtä*
(aufgenommen 1963)

ZUM GELEIT

«Daa gfindsch alls, wo diär cha nitzä,
vils, wo dich vor Gstüün bringt z schwitzä...»

Nach über zehnjähriger Vorarbeit hat Felix Aschwanden mit dem Urner Sachwörterbuch ein interessantes Nachfolgewerk zum Urner Mundartwörterbuch geschaffen. Darin werden die Themen «Landschaft, Wasser, Wald und Holz, Bäume und Sträucher, Wiesen und Felder» in einer Synopse zwischen Vergangenheit und Gegenwart zur Darstellung gebracht. Im Unterschied zum Urner Mundartwörterbuch wird das Wörtermaterial in einem zusammenhängenden Text präsentiert und interpretiert. Dadurch erfahren wir die vertiefte Bedeutung der einzelnen Begriffe. Die Leser erhalten einen umfassenden Einblick in die Lebens- und Denkart des Bergkantons. Dieses benützerfreundliche Grundlagenwerk wird auch bei der Urner Bevölkerung auf ein breites Interesse stossen. Das Urner Sachwörterbuch ist eine einmalige Ergänzung der kulturgeschichtlichen Darstellung über den Kanton Uri.

Der im Jahre 1983 mit dem Innerschweizerischen Kulturpreis geehrte Autor Felix Aschwanden hat ein weiteres Mal in neuartiger und allgemein verständlicher Darstellung ein hochstehendes wissenschaftliches Werk geschaffen. Diese wissenschaftliche Beschäftigung mit dem Urner Dialekt spricht aber nicht nur die Mundart-Interessierten an, sondern ist auch eine wahre Fundgrube für Historiker und Volkskundler. Die Art und Weise, wie die Urner Mundart thematisch aufgearbeitet worden ist, wird Beachtung nicht nur über die Urner-, sondern möglicherweise sogar über die Schweizergrenze hinaus finden.

Felix Aschwanden sind wir für diese ansprechende und wissenschaftlich gründliche Bearbeitung der Urner Kulturgeschichte zu grossem Dank verpflichtet.

Dr. Hansruedi Stadler-Ineichen,
Landammann und Erziehungsdirektor des Kantons Uri

Vorwort von Dr. Josef Arnold, Präsident der Volkshochschule Uri
(vormals Bibliotheksgesellschaft Uri)

Im Jahre 1954 veröffentlichte die Gesellschaft zur Förderung einer Kantons-
bibliothek Uri (im Volksmund Bibliotheksgesellschaft genannt) ein kleines
Bändchen mit dem Titel «Bürglen, Gedichte und Erzählung *Der Franzosen-
helfer*». Das vom Dichterpfarrer Walter Hauser verfasste Büchlein blendete
hinein in eine verbürgte Episode aus der sogenannten «Franzosenzeit» und
schilderte den beherzten Einsatz des Bürgler Kaplans Josef Anton Planzer,
welcher mit seiner mutigen Tat kriegerisches Unheil abzuwenden vermoch-
te. Diese Begebenheit ist in Geschichtsbüchern kaum zu finden. Sie lebte
einige Generationen fort in den Geschichten, die man sich an langen Aben-
den erzählte. Die Drucklegung bewahrte sie davor, endgültig in Vergessen-
heit zu geraten. Nun bedeutet aber jede vergessene Geschichte einen Verlust
von kulturellem Bewusstsein. Die Bibliotheksgesellschaft und deren Nach-
folgeorganisation, die Volkshochschule Uri, setzte sich von Anfang an das
Ziel, mit ihren sogenannten *Jahresgaben* einen Beitrag zur kulturellen Iden-
tität im Kanton Uri zu leisten. Die vorliegende Publikation «Uri und seine
Mundart» kommt dieser Absicht in besonderer Weise entgegen. Gerne
bezeichne ich sie als Jubiläumsgabe zum 40jährigen Bestehen unseres Ver-
lags.
    Überblickt man die breite Palette der bisher erschienenen Werke, fällt
auf, dass diese sich ausschliesslich mit Uri befassen. Das Motto unserer
Schriftenreihe könnte somit umschrieben werden mit dem Titel «Annähe-
rungen an Uri»: in Lyrik und Prosa geformte Annäherungen an Uris Ge-
schichte und Geschichten, an Uris Lieder und Sprache, an Namen und
Persönlichkeiten. Die Zusammenstellung der bisherigen Veröffentlichungen
im Anhang dieses Werkes legt Zeugnis ab von der Vielfalt der wissenschaft-
lichen und literarischen Auseinandersetzungen mit Land und Volk von Uri.
    Angesichts von grenzüberschreitenden wirtschaftlichen und kultu-
rellen Bewegungen mag diese Konzentration auf unser kleines steiles Land
wie ein Rückzug in die Idylle oder gar wie ein Abwehrreflex vor Verände-
rungen in der grossen weiten Welt wirken.
    Kritiker einer solchen «Heile-Welt-Ideologie» vergessen dabei zu
leicht, dass die unablässigen Bemühungen um sinnstiftende Ordnung im
«Hier und Jetzt» immer beides brauchen: sowohl die Besinnung auf das
geschichtlich gewachsene Kleine und scheinbar «Belanglose», das einem
eben zufällt, als auch auf das Visionäre und gleichsam Grenzüberschreitende,
das einem einfällt. Die liebevolle Versenkung in die unmittelbar vorhandene

X

Welt des Alltäglichen, d.h. seinen Geschicken, Geschichten, Gedichten und Gesängen, seinen Menschen und Mentalitäten, schafft das eigentümliche Gefühl von Vertrautheit und Sicherheit. Nur aus einem solchen Urvertrauen heraus kann sich der Mensch ferneren Horizonten annähern. Die Volkshochschule (bis 1992 unter dem Namen «Bibliotheksgesellschaft» geführt) hat gerade aus solchen Überlegungen heraus, *Urnerisches* zur inhaltlichen Leitidee der Schriftenreihe gemacht: Die Auseinandersetzung mit dem Vertrauten schafft die Bereitschaft zur Begegnung mit dem Fremden.

Der Sprachforscher lic. phil. Felix Aschwanden bietet der Leserschaft dieses Werkes dank einer beeindruckend reichhaltigen Bild- und Textdokumentation und dem in seiner Differenziertheit und Vielschichtigkeit einmaligen Anmerkungsteil umfassende Einblicke in die Urner Sprache und die dahinter verborgene Urner Seele. Das Werk verdient die Qualifikation, die erste zusammenhängende Kulturgeschichte des Kantons Uri zu sein. Dass der vorliegende Band lediglich einen Teil des gesammelten Materials ausmacht und ein zweiter Band durchaus bereits im Rohbau vorliegt, soll den interessierten Leserinnen und Lesern nicht vorenthalten werden. Eine Nachfolge-Publikation wird im wesentlichen vom Echo der Leserschaft abhängen.

Das vorliegende Werk ist praktisch vollständig Ergebnis jahrelanger Arbeiten eines unentwegten Enthusiasten. Der Sprachforscher und Innerschweizer Kulturpreisträger, Felix Aschwanden, hat das Bild- und Textmaterial in den vergangenen 10 Jahren während seiner Freizeit und unentgeltlich zusammengetragen, hat photographiert, recherchiert, interviewt, redigiert, druckfertig aufbereitet und eigenhändig in den PC eingegeben. Es gibt sie eben noch die – ach so vermissten – Idealisten!

Es ist uns ein Anliegen, dem Verfasser und dem im Hintergrund wirkenden Kuratorium sowie den für die Buchgestaltung Verantwortlichen herzlich zu danken. In unseren Dank eingeschlossen seien auch alle Institutionen und Organisationen, welche diese «Jubiläums-Jahresgabe» finanziell unterstützt haben. Möge dieses grosse Werk das Selbstbewusstsein unseres Urner Volkes stärken helfen, ist doch ein starkes kulturelles Selbstwertgefühl letztlich der beste Garant für grenzüberschreitende Annäherungen.

Für den Verlag Volkshochschule Uri
Dr. Josef Arnold, Präsident

ERLÄUTERUNGEN DES SACHBEARBEITERS

1. Zur Entstehung des Buches

Erste Impulse zur Realisierung des vorliegenden Bandes reichen zurück bis in die späten 70er Jahre, d.h. bis in die Zeit der damals zu Ende gehenden Sammelphase am Urner Mundartwörterbuch (UMWB).

Damals machte Univ.-Prof. Dr. Bruno Boesch (1911–1981) als wissenschaftlicher Beirat am UMWB gegenüber dem Sachbearbeiter den unverbindlichen Vorschlag, das vorhandene Wörter-Material nicht nur nach semasiologischen Gesichtspunkten zu nutzen, sondern obendrein – evtl. zu einem späteren Zeitpunkt – die gesamte verfügbare Sammlung auch noch der Onomasiologie dienstbar zu machen, jener Wissenschaft also, die untersucht, wie Dinge, Wesen, Geschehnisse bezeichnet werden.

Was damals quasi nur so nebenher geäussert wurde, fiel keineswegs auf unfruchtbaren Boden. Beflügelt von dem äusseren Erfolg des UMWB, machte sich der Autor sozusagen nahtlos an die Arbeit des neuen Werkes. Zunächst ohne formulierten Auftrag ging es ihm vor allem darum, die rund 15 000 Einzelbelege, wie sie im UMWB in alphabetischer Reihenfolge zusammengefasst sind, in eine auf der Basis von systematisch erarbeiteten Bezeichnungsfeldern angelegte Kartothek zu übertragen. Parallel zu dieser arbeitsintensiven Umgestaltung, die anfänglich noch völlig nach traditionellem Muster über den beschwerlichen Weg von ca. 70 000 handgeschriebenen Kärtchen bewältigt wurde, erfolgte eine gründliche Hinterfragung der sich äusserst komplex präsentierenden Problematik rings um die Aufbaukriterien eines im Sinne der onomasiologischen Bedürfnisse angelegten Wörterbuches.

Um nicht vom Start weg wissenschaftlich verfängliches Neuland zu betreten, galt es zunächst, die einzelnen Mundartbegriffe, zwar immer mit entsprechender Respektierung der lokalen Bedürfnisse und Eigenheiten, im Grundsatz jedoch konsequent einem bereits erprobten Ordnungssystem zu überantworten, wie es z.B. von Franz Dornseiff in seinem umfassenden Wörterbuch «Der deutsche Wortschatz nach Sachgruppen» (Berlin 1970) in kühner Eigenregie und wohl deshalb nicht ohne die entsprechende Kritiknahme der zuständigen Fachkreise seinerzeit zur Anwendung gelangt war. Im weiteren spielte auch noch die Überlegung mit hinein, diese bestimmte Zurhilfenahme dürfte es inskünftig möglich machen, vorhandene Reibungsmomente zwischen einem bergalemannischen Dialekt (konkret: dem Urnerischen) und der Hochsprache innerhalb bestimmter Bezeichnungsfelder klar und umfassend zu definieren.

Nach Abschluss aller erforderlichen Vorarbeiten und nach entsprechender Fixierung eines möglichen Buchkonzeptes erfolgte ein eingehendes Ateliergespräch zwischen dem Gesellschaftsrat der vormaligen Bibliotheksgesellschaft Uri, heute Volkshochschule Uri, und dem Autor, woraus am 7. Februar 1984 eine offizielle, vom Präsidenten Dr. Josef Arnold unterzeichnete Auftragserteilung resultierte, die dem ganzen Unternehmen schlagartig eine sicherere und vorgehensmässig zielgerichtetere Gangart ermöglichte.

Basierend auf den ausgezeichneten Erfahrungen, die man schon beim UMWB und parallel dazu auch beim Urner Namenbuch (UNB) mit einem der Autorschaft zur Verfügung stehenden Kuratorium machen durfte, bemühte sich besagter Gesellschaftsrat zusammen mit dessen Präsidenten, umgehend ein Gremium teils aus den eigenen Reihen, teils aus dem ehemaligen UMWB-Kuratorium in Kombination mit Vertretern aus dem germanistischen Fachbereich auf die Beine zustellen. Bereits am 11. Juli 1984 traf sich das neue Kuratorium unter dem Vorsitz von Nationalrat lic. iur. Franz Steinegger zu seiner konstituierenden Sitzung. Schon an dieser ersten Zusammenkunft wurde klar, dass eine Herausgabe des urnerischen Wortschatzes im Stile von Franz Dornseiff aus verschiedenen Überlegungen nicht realisierbar war. Mit dem Auftrag an den Autor, zuhanden einer nächsten Kuratoriumssitzung das typisch Urnerische vermehrt herauszuarbeiten, wurde am 31. Januar 1985 entschieden, zwecks einer noch tragfähigeren Vorstellung und Herausarbeitung der mit der Publikation eines «Urner Sachwörter-Buches» verbundenen Leitideen das Thema «Alpwirtschaft» sowohl in Form eines fortlaufenden, in sich zusammenhängenden Textes wie auch im Sinne einer kontinuierlich angelegten Auflistung von Bezeichnungsfeldern abzuhandeln. Da von Anbeginn weg die Meinung bestand, zum Unterschied vom UMWB und UNB in der kommenden Publikation den Illustrationen textbezogen einen ganz entscheidenden Anteil zukommen zu lassen, mussten schon in dieser Frühfassung erste Kontakte mit dem inskünftigen Buchgestalter Karl Iten, Altdorf, erstellt werden.

Jedenfalls wurde am 3. Juli 1985, anlässlich der 3. Kuratoriumssitzung, der Sachbearbeiter beauftragt, auf der Grundlage des inzwischen definitiv auf zehn Kapitel begrenzten Stoffes die drei ersten Kapitel, inkl. die dazu gehörigen Illustrationen, druckfertig vorzubereiten.

Niemand ahnte, dass mit diesem Grundsatzentscheid ein Unternehmen gestartet wurde, das schliesslich mit seiner Fülle an Informationen weit über das rein linguistische Interesse hinaus trat und zunehmend das Gesicht einer zusammenhängenden Urner Kulturgeschichte bekam. Bedingt durch die entsprechende Aufarbeitung der einzelnen Sachgebiete, die sich schon im Interesse des zukünftigen Buchbenützers nicht einfach nur in der Darstellung des sprachlichen Materials erschöpfen durften, kam mit der Zeit eine respektierliche Menge von Sachliteratur dazu, die im Masse ihrer wachsenden Dimension nicht einfach dem Bearbeiter vorenthalten bleiben konnte, sondern zugriffbereit auch dem sachinteressierten Leser zur Verfügung zu stellen war.

Dies hinwiederum hatte zur Folge, dass das Verhältnis zwischen Text und Anmerkungsteil allmählich derart auseinanderklaffte, dass an eine Aufgliederung in die herkömmlichen Fussnoten gar nicht mehr zu denken war. Vielmehr gewann der eigentliche Anmerkungsteil zunehmend an Eigenständigkeit, die es angezeigt erscheinen liess, beide Textformen klar voneinander zu trennen. Gleichzeitig erreichte die Gesamtanlage einen derartigen Umfang, dass es schon bald einmal von seiten des Autors feststand, dass die aufgearbeitete Stofffülle unmöglich in einem Band zur Darstellung gebracht werden konnte.

So wurden im September 1989 dem Buchgestalter die zwei ersten Kapitel in der nun vorliegenden Fassung zur Illustration übergeben, währenddem der Sachbearbeiter insbesondere die Kapitel 3–5 weiter vorantrieb. Am 19. Mai 1992 konnte die projektierte Publikation im Rahmen der Generalversammlung der Bibliotheksgesellschaft Uri erstmals einer breiteren Öffentlichkeit vorgestellt werden. Diese Aktion brachte nun auch wieder den nötigen Schwung in das ganze Unternehmen und verpflichtete alle daran Beteiligten, innert nützlicher Frist das zweifelsohne gewagte Werk in die Tat umzusetzen.

Neuerdings wurden der Sachbearbeiter und der Buchgestalter durch das Kuratorium beauftragt, nebst den inzwischen vorliegenden beiden Kapiteln auch noch die übrigen für den ersten Band vorgesehenen Teile druckfertig vorzubereiten. Mit diesem behutsamen Vorgehen wurde einerseits deutlich zum Ausdruck gebracht, dass trotz des langjährigen Vorgehens dem Unternehmen nach wie vor etwas Pionierhaftes anhaftete, was auch den offiziellen Entscheid zu einer definitiven Drucklegung verständlicherweise bis in die allerletzte Phase hinausschob. Anderseits brachte es diese wohl eher seltene Entscheidungsart mit sich, dass das Ja zur Drucklegung schlussendlich in einem Zeitpunkt gegeben wurde, wo das Buch praktisch in seinem vollen Umfang sozusagen druckfertig vorlag.

Wie immer auch, in der Sitzung vom 21. April 1993 wurde durch das Kuratorium «Urner Sachwörter-Buch» der von langer Hand vorbereitete Entschluss gefasst, das bis dato erarbeitete Material in Form einer Publikation inskünftig auch interessierten Kreisen zugänglich zu machen.

2. Zur Zielsetzung des Buches

Ausgehend von der ursprünglichen Idee, ein Sachwörter-Buch auf onomasiologischer Basis zu erstellen, handelte es sich im vorliegenden «Sachbuch» zunächst darum, einen Grossteil des im UMWB alphabetisch geordneten Wörtermaterials thematisch nach Sachgruppen geordnet aufzuarbeiten und in einem zusammenhängenden Text zu präsentieren und zu interpretieren. Auf diese Weise sollte der Benützer die einzelnen Begriffe nicht voneinander losgelöst erleben, sondern in einer grösseren thematischen Einheit wirkungsvoll erfahren können, mit der Zielsetzung, vertiefter und in grösseren Zusammenhängen in den Aussagegehalt einzelner Begriffe vorzustossen und gleichzeitig auch die verschiedensten Bezeichnungsmöglichkeiten für die einzelnen Situationsbereiche aufzudecken.

Um dies alles zu erreichen, leistet nun auch das mitgelieferte Bildmaterial (Fotos und Zeichnungen) einen nicht unerheblichen Beitrag. Die beigefügten Legenden mit den jeweiligen Ortsangaben sollen es zudem ermöglichen, allenfalls gar noch eine Verifizierung im Gelände vorzunehmen und über den dokumentarischen Gehalt hinaus eine zeitlich relevante Interpretation zu erstellen.

Grundsätzlich versteht sich die Anlage des Buches so, dass die einzelnen Kapitel und Abschnitte unabhängig vom jeweils am Ende des Textteils mitgelieferten Anmerkungsapparat gelesen werden können. Die durch den ganzen Text hindurch fortlaufenden Zahlen als jeweilige Bezugsmomente zur entsprechenden Anmerkung am Kapitelende wie auch deren Wiederholung am Rande draussen, kombiniert mit dem zusätzlichen Hinweis auf die Seitenzahl, sollten es überdies möglich machen, ohne nennenswerte Schwierigkeiten die auf solche Weise vom Text bewusst losgelösten Informationen – wo's gewünscht wird – umgehend wieder zu einer thematischen Einheit verschmelzen zu lassen.

Dass die vorliegende Publikation über ihre ganze Präsentationsart hinweg zumindest versteckt den Charakter eines Wörterbuches im herkömmlichen Sinn trotz allem bewahrt hat, mag das vierfach angelegte Register am Ende des Buches belegen. Der Leser ist demzufolge keineswegs gezwungen, etwa das Buch vom Anfang bis zum Schluss Seite um Seite durchzulesen, sondern es ist ohne weiteres denkbar, anhand von gehörten oder gelesenen Einzelwörtern die vorliegende kulturgeschichtliche Arbeit über die entsprechenden Registerhinweise sukzessive zu erschliessen.

Dabei ist von der Regelung auszugehen, dass zur sprachlichen Abgrenzung sämtliche Dialektausdrücke kursiv und innerhalb des Textes meist in runden Klammern erscheinen. In bezug auf die Schreibweise wurden grundsätzlich die fürs UMWB (vgl. S. 16 ff.) diesbezüglich gültigen Kriterien übernommen, wobei in der Regel auf grammatische Zusatzhinweise verzichtet wurde. Da jedoch speziell unter Einbezug der dialektalen Orts- und Flurnamen sämtliche Regionen des Kantons Uri mehr oder minder paritätisch in Erscheinung treten, mussten zur Sicherstellung der phonetischen Abgrenzungen die z.T. quantitativen Unterschiede speziell bei Haupttonvokalen, aber auch sonstige Divergenzen entsprechend sichtbar gemacht werden, was jeweils mit eckiger Klammer zum Ausdruck kommt, vgl. z.B. *Ho[o]rä, Ste[e]li, Wa[a]ld, Char[r]ä, G[g]riggälä, Gum[m]ä, Yysch[t], ni[ä]derträchtig, To[u]ssä*, etc..

Um die Lesbarkeit wie auch das Leseverständnis von Mundartausdrücken anderseits möglichst optimal zu gewährleisten, wurde bei Zusammensetzungen, insbesondere wenn falsche Lesarten zu befürchten waren, zwischen die einzelnen Elemente ein Apostroph gesetzt, also *Gris'chorb, Üss'sta[a]fel, topfstäärnä'ääbä, Tyyfels'chrüt, Tormänts'chrüt* etc.

Apostrophe scheinen auch dort auf, wo es zu Aufzählungen mit gleichem Grundwort kommt, z.B. *Äärd-, Stäi'hüüffä, Stäck-, Stämm-, Steck'yysä*.

Schliesslich sind auch noch Apostrophe überall dort anzutreffen, wo bei verbalen Zusammensetzungen die vorgestellten Adverbien bei der Konjugation vom Stammwort abzutrennen und demzufolge auch so im UMWB nachzuschlagen sind, z.B. *ap-, üss'marchä, y'haagä, y'mac͟hä, y'schlaa*.

3. Zum Dank

Dass ein Buch mit einer Entstehungsgeschichte von weit über zehn langen und intensiven Jahren auch eine fast unübersehbare Reihe von Dankadressen mit einschliesst, ist eigentlich zu erwarten. Mehr Probleme bietet in diesem Umfeld stets die Frage nach der Art der Dankesabstattung: wer soll zuerst und wer zuletzt in dieser Aufzählung von verdienstvollen Persönlichkeiten erwähnt werden. Und dann immer wieder die geheime Angst, jemanden trotz aller Obsorge vergessen zu haben, der es wahrlich verdient hätte, auf der langen Dankesliste genannt zu werden!

Wenn ich drum im folgenden den «historischen» Weg beschreite, dann ganz in der Hoffnung, den Dank immer dort abzustatten, wo die Hilfeleistung im Arbeitsablauf auch jeweils am entscheidendsten war.

So möchte ich zunächst dem Gesellschaftsrat der einstigen Bibliotheksgesellschaft Uri (heute: Verein Volkshochschule Uri) wie auch dessen Präsidenten, Dr. Josef Arnold, Schattdorf, ganz herzlich danken. Sie beide haben mit ihrem alles entscheidenden Werkauftrag schliesslich das ganze Unternehmen im eigentlichen Sinne eingeleitet. Dann aber gilt es unverzüglich dem Kuratorium «Urner Sachwörter-Buch» (USWB) und dessen Präsidenten, Herrn Nationalrat lic. iur. Franz Steinegger, zu danken, alles Männer, die mit ihrem entschiedenen Vorgehen das Schifflein stets sicher durch die Fährnisse der Zeit zu führen verstanden. Ein spezieller Dank geht dabei gewiss an die beiden wissenschaftlichen Beiräte: Univ.-Prof. Dr. Dr. h.c. et h.c. Stefan Sonderegger, Zürich, und a.Chefredaktor Dr. Dr. h.c. Rudolf Trüb, Zollikerberg, die unermüdlich besorgt waren, das Werk mit der nötigen wissenschaftlichen Dimension auszustatten. Im Zusammenhang mit dem USWB-Kuratorium darf aber auch der langjährige Kassier, a.Landrat Josef Imhof-Degen, Seedorf, nicht unerwähnt bleiben, bildete er doch während Jahren das eigentliche Bindeglied zwischen Auftraggeber und Autor, eine Aufgabe, die nun Kurt Zurfluh, Altdorf, innehat.

Im weiteren gilt es hier gleich auch jene nimmermüden Dialektbegeisterten aufzuführen, die seit Beginn der Sammelphase des UMWB bis auf den heutigen Tag laufend mit zufällig in der Landschaft aufgefischten Mundartausdrücken an den Sachbearbeiter herangetreten sind. Es sind dies die Herren Dr. med. Martin Gamma, Altdorf, Dr. phil. Alfons Müller-Marzohl, Luzern, und Mittelschullehrer Marco Schenardi, Altdorf. In diesen Kreis gehören auch die Herren Hermann Arnold, Bürglen, Werner Aschwanden, Sisikon, Franz Bissig, Gemeindeschreiber Spiringen, Armin Danioth, Andermatt, Anton Furger, Erstfeld, Vater und Sohn Hans Gisler, Altdorf, Fridolin Herger, Seedorf, Toni Herger, Bürglen, Alois Imhof, Witerschwanden, Erich Kieliger, Silenen, Vreni und Tony Simmen-Bollschweiler, Rivera/Realp, Toni Walker, Flüelen, Rudolf Wyrsch, Altdorf, sowie Josef Zurfluh, Seedorf, die mir bei meinen unermüdlichen Fragereien stets wohlwollend und hilfreich begegnet sind.

Gerade die vorliegende Publikation machte es erforderlich, dass das Staatsarchiv Uri (StaA Uri) wie auch die Kantonsbibliothek (KBU) vom Autor auf der steten Suche nach einschlägiger Literatur buchstäblich durchstöbert worden sind. Hier immer ein entgegenkommendes Personal antreffen zu dürfen, war geradezu eine Wohltat. Hiefür möchte sich der Sachbearbeiter stellvertretend bei der Kantonsbibliothekarin Eliane Latzel wie beim Staatsarchivar Dr. Rolf Aebersold und dessen Adjunkten lic. phil. Peter Roubik ganz herzlich bedanken.

Zu danken gilt es auch jenen vier Korrektoren, die die Mühe auf sich genommen hatten, die einzelnen Kapitel auf inhaltliche Fehler durchzukämmen und allenfalls mit Zusatzhinweisen zu ergänzen. Es sind dies die Herren Dr. Walter Brücker, Altdorf, lic. oec. Ruedi Hauser, Bürglen, dipl. Forsting. ETH Karl Oechslin, Altdorf, und dipl. nat. ETH Max Rothenfluh, Schattdorf. Letzterem gebührt auch noch ein besonderer Dank für sein spontanes Engagement bei der Beschaffung von zusätzlichen Bergaufnahmen speziell für das Kapitel 1. Hier möchte ich auch Josef Meier, Altdorf, – im Volksmund «Alpenmeier» genannt – nicht unerwähnt lassen, war er doch auf den diversen Feldbegehungen für mich immer ein aufmerksamer Begleiter, der es verstanden hatte, als vorzüglicher Kenner der Urner Bergwelt mich auf die fotografisch relevanten Objekte aufmerksam zu machen. Gerade bei der Erstellung des Fotomaterials durfte ich wiederholt aber auch auf ein sehr grosses Entgegenkommen von Frau Vreni Aschwanden, Inhaberin des gleichnamigen Fotogeschäftes in Altdorf, zählen, wofür ihr sowie dem hilfsbereiten Personal an dieser Stelle ebenfalls herzlich gedankt sei.

Die Realisierung dieses Buches wäre verständlicherweise schlichtweg nicht denkbar gewesen, wenn ich nicht vom Zeitpunkt der Niederschrift weg bis in die letzten entscheidenden Stunden vor dem «Gut zum Druck» vollumfänglich auf eine optimale, allseits funktionierende Betreuung im Bereich meiner Computer-Tätigkeit hätte zählen können. Was dabei insbesondere lic. phil. René Crisovan, Altdorf, während Jahren an kameradschaftlicher Hilfeleistung geboten hat, würde Seiten füllen, selbst wenn nur gerade jene Einzelfälle beschrieben würden, wo er mich aus vermeintlichen Computer-Abstürzen und sonstigen technischen Fehlschlägen elegant wieder auf die sichere Plattform eines technisch einwandfrei funktionierenden Gerätes zurückholte. Für all diese unschätzbaren Dienste bleibt mir eigentlich nur die Möglichkeit, meinem Kollegen ein herzliches «Vergelt's Gott!» zuzurufen. Ähnlich verhält es sich mit Kollege lic. rer. pol.. Franz Bürli, Bürglen, der sich vor allem in der Schlussphase und hier im speziellen bei der Erarbeitung des Gesamtregisters wie der vier Unterregister mit seinem enormen Computer-Wissen in die gestellte Problematik buchstäblich hineinkniete und dank seiner unermüdlichen Einsätze scheinbar Unmögliches innert nützlicher Frist überzeugend zu realisieren verstand. Auch ihm schulde ich enormen Dank. Danken möchte ich in diesem Zusammenhang aber auch meinem Sohn Rainer Aschwanden, der stets in Augenblicken, wo allein schon der primitive Anstand eine direkte Verbindung zu den obgenannten Kollegen nicht mehr zuliess, hilfreich zur Stelle war, um mich bei unerwartet auftretenden technischen Problemen aus dem Gröbsten herauszuhalten.

Aber es bedurfte auch noch anderer Kräfte, um dieses Buch zu verwirklichen. Hier gilt es zum einen das Werbestudio 3 Altdorf ganz besonders dankend zu erwähnen, ist es doch Grafiker und Buchgestalter Karl Iten an der Spitze seines Betriebes geglückt, zusammen mit seinem Assistenten Robert Gisler das aussergewöhnliche Verhältnis zwischen Text und Anmerkungsteil in eine äusserst elegante Form zu giessen und dem Buch darüber hinaus auch optisch zur nötigen Wirkung zu verhelfen. Dies alles wäre aber nicht ohne den entschiedenen Einsatz von seiten der Gisler Druck AG Altdorf realisierbar geworden, wofür ich hier allen Beteiligten und insbesondere den beiden Hauptverantwortlichen, den Herren Urs Schnüriger und Max Widmer, meinen verbindlichen Dank abstatten möchte.

Selbstverständlich gilt es von seiten des Sachbearbeiters über alles hinaus auch noch all jener öffentlichen und privaten Institutionen und Körperschaften dankend zu gedenken, die mit ihren grosszügigen Geld-spenden es möglich gemacht haben, dass der Verkaufspreis des Buches so «volksnah» gestaltet werden konnte. Gerade in diesem Bereich darf ich auch Dr. iur. Ernst Naef, Altdorf, dankend erwähnen, der als tatkräftiger Verbin-dungsmann die nötigen Kontakte zu erstellen wusste.

Gewissermassen signifikant sei ganz zum Schluss, dafür um so nach-drücklicher, auch noch meine Familie erwähnt. Schliesslich war sie es, die mir trotz zeitweiliger Meinungsverschiedenheiten doch immer wieder ein Umfeld der Neuorientierung und der selbstkritischen Standortbestimmung bot. Meiner Frau Heidi wie auch den Kindern Roman, Christine und Rainer sei drum dieses Buch in herzlicher Verbundenheit gewidmet als bescheidener Trost und Dank für all die unwiederbringlichen Stunden, die notgedrungen von der Familie abgezweigt und in das vorliegende Werk investiert werden mussten.

Möge nun das Buch zur Freude und Begeisterung seiner künftigen Benützerinnen und Benützer in die Öffentlichkeit hinaustreten und auf seine Weise von dem künden, was «Landschaft als sprachgewordener Lebens-raum» insbesondere für Uri zu bieten hat.

Der USWB-Sachbearbeiter
Felix Aschwanden

Ostern 1994

ABKÜRZUNGEN UND ZEICHEN

+	nur noch schriftlich belegte Wortform; Kürzel für «und»	d.	der/die/das
		das.	daselbst
		ders.	derselbe
[+]	teils nur noch schriftlich belegte Wortform, vereinz. aber auch noch in mündl. Gebrauch	d.h.	das hcisst
		Dim.	Diminutiv, Verkleinerungsform
		Diss.	Dissertation
a.	alt	div.	diverse
a.a.O.	am angeführten Ort	dt.	deutsch
Abb.	Abbildung	DWB	Grimm, Jacob u. Wilhelm: Deutsches Wörterbuch. Nachdruck dtv. München 1984
Abs.	Absatz		
Abt.	Abteilung		
Adj., adj.	Adjektiv, adjektivisch		
Adv., adv.	Adverb, adverbial	Edit., édit.	Edition, édité
ahd.	althochdeutsch	ehem.	ehemalig, ehemals
allg.	allgemein	eidg.	eidgenössisch
Al.	Altdorf	entsprech.	entsprechend
alemann.	alemannisch	Er.	Erstfeld
Alternative	Alternative – die andere Urner Zeitung	ETH	Eidgenössische Technische Hochschule Zürich
amtl.	amtlich		
Anm.	Anmerkung[en]	etw.	etwas
appell.	appellativisch	f.	für
Art.	Artikel	F.	Folge
At.	Attinghausen	f., ff.	folgend
Aufl.	Auflage	Fig.	Figur
Ausg.	Ausgabe	finanz.	finanziell
Ba.	Bauen	Fl.	Flüelen
Bd., Bde	Band, Bände	Fln.	Flurname
Bed.	Bedeutung	Flurbez.	Flurbezeichnung
Ber.	Bericht	Forts.	Fortsetzung
bes.	besondere, besonders	Fr.	Frater
Bez., bez.	bezüglich	freundl.	freundlich
Bez.	Bezeichnung	Gebr.	Gebrüder
Bibl.	Bibliothek	gefährl.	gefährlich
bibliogr.	bibliografisch	gefl.	gefällig
Bl.	Blatt	gem.	gemäss
bot.	botanisch	Ges.	Gesellschaft
Bri.	Bristen	geschichtl.	geschichtlich
BS	Bestimmungswort	gew.	gewöhnlich
Bü.	Bürglen	Gfr.	Der Geschichtsfreund, Publikationsorgan des histor. V. der fünf Orte. Einsiedeln 1843 ff., Stans 1894 ff.
chem.	chemisch		
CKW	Centralschweizerische Kraftwerke Luzern		
Cts.	Centimes		

Gl., Gld.	Gulden	LB, Ldb.	Das Landbuch,
Gmde	Gemeinde		oder offizielle
Gn.	Gurtnellen		Sammlung der Gesetze,
Gö.	Göschenen		Beschlüsse und
GP	Wochenzeitung		Verordnungen des
	Gotthard Post		Eidgenössischen
Gu.	Gurtnellen		Kantons Ury, 6 Bde,
GV	Generalversammlung		Altdorf/Flüelen 1823 ff.
GW	Grundwort	Lit.	Literatur
H.	Heft	LNN	Luzerner Neueste
ha	Hektare		Nachrichten
handschriftl.	handschriftlich		(Tageszeitung)
HBLS	Historisch-Biographisches	LR	Landrat
	Lexikon der Schweiz.	LRB	Landratsbeschluss
	Neuenburg 1921 ff.	max.	maximal
h.c.	honoris causa	mdal., mdla.	mundartlich
hl.	heilig	m.E.	meines Erachtens
histor.	historisch	mhd.	mittelhochdeutsch
HNbl.	Historisches Neujahrsblatt	m/M, müM	Höhenmeter über Meer
Hr.	Herr	Mitteil.	Mitteilungen
Hrsg.	Herausgeber,	Mitteilgsbl.	Mitteilungsblatt
	herausgegeben	Ms.	Manuskript
id.	identisch	MS	Müller, Josef:
Id.	Wörterbuch der		Sagen aus Uri, 3 Bde,
	schweizerdeutschen		Basel 1978
	Sprache (Idiotikon),		(Nachdruck)
	Bd. 1 ff.,	mündl.	mündlich
	Frauenfeld 1881 ff.	Natf./	
i.d.R.	in der Regel	Naturf. Ges.	Naturforschende
ill.	illustriert		Gesellschaft
inkl.	inklusiv	naturkundl.	naturkundlich
insbes.	insbesondere	NF	Neue Folge
Is.	Isenthal	Nr.	Nummer
i.S.	im Sinn	NR	Nationalrat
Jb.	Jahrbuch	NZZ	Tageszeitung «Neue
Jg.	Jahrgang		Zürcher Zeitung»
Jh.	Jahrhundert	o.	oben
jmd., jmdm.	jemand, jemandem	Oberstdiv	Oberstdivisionär
K.	Kartoffel[n]	od.	oder
KBU	Stiftung	offiz.	offiziell
	Kantonsbibliothek Uri	o.J.	ohne Jahr
Klftr.	Klafter	o.O.	ohne Ort
Kt.	Kanton	östl.	östlich
l	Liter	p.	page
l.	links	P.	Pater

Pfr.	Pfarrer	techn.	technisch
Pfrh.	Pfarrhelfer	u.	und / unten
PN	Personenname[n]	u.a.	und andere
Präp.	Präposition		unter anderem
Prof.	Professor	ü. M.	über Meer
Publ.	Publikation	UMWB	Urner Mundartwörter-
publ.	publiziert		buch, Altdorf 1982
r.	rechts	UNB	Urner Namenbuch,
Re.	Realp		Altdorf 1988 ff.,
Reg.	Register		Bd. I - IV.
rel.	relativ		Zitate mit römischen
resp.	respektiv		und arabischen Ziffern
rom.	romanisch		beziehen sich auch
RR	Regierungsrat		ohne Sigel-Vermerk
s.	siehe		immer auf diese
S.	Seite		Publikation!
SA	Sonderabdruck, Separatum	unb.	unbestimmt
sämtl.	sämtlich	ungedr.	ungedruckt
SAV, AfV	Schweizerisches Archiv für	urner.	urnerisch
	Volkskunde. Zürich 1897 ff.	Urs.	Urseren
Sb.	Seelisberg	Usch.	Unterschächen
Sc., Schd.	Schattdorf	u.U.	unter Umständen
Sch.	Schächental	UW	wöchentlich zweimal
schliessl.	schliesslich		erscheinende Zeitung
Schweiz[er.]	Schweizerisch		«Urner Wochenblatt»
schwzdt.	schweizerdeutsch	UZ	Urner Zeitung
Sd.	Seedorf		(Tageszeitung)
SDS	Sprachatlas der deutschen	V.	Verein
	Schweiz. Basel 1962 ff.	v.a.	vor allem
seitl.	seitlich	Vbdg.	Verbindung
Sil.	Silenen	vereinz.	vereinzelt
Sis.	Sisikon	Verhandl.	Verhandlung
Sp.	Spalte	versch.	verschieden
spez.	speziell	vervielf.	vervielfältigt
Spir.	Spiringen	vgl.	vergleiche
StaA Uri	Staatsarchiv Uri	Vol.	Volume
stv.	stellvertretend	vorm.	vormals
SV	Schweizer Volkskunde.	Wa.	Wassen
	Korrespondenzblatt der	z.B.	zum Beispiel
	schweizer. Gesellschaft für	z. Hd.	zu Handen
	Volkskunde. Basel 1911 ff.	Zs.	Zeitschrift
südl.	südlich	ZSKG	Zeitschrift für
syn.	synonym,		Schweizerische
	gleichbedeutend		Kirchengeschichte
Tab.	Tabelle	z.T.	zum Teil

1   LANDSCHAFT

Wer sich in der überaus vielfältigen Literatur zur Landesgeschichte wie auch zur Geographie der Schweiz im allgemeinen und des Kantons Uri im besonderen etwas umsieht, wird unschwer erkennen, dass vom Gründerkanton am Fusse des zentral in das Alpenmassiv eingebetteten St. Gotthardpasses bei aller geforderten Sachlichkeit praktisch ausnahmslos mit grosser Wertschätzung und uneingeschränktem Interesse gesprochen wird.[1]

1 Seite 42

Insbesondere jene Literatur, die ganz aus der unmittelbaren Begegnung und Erfahrung heraus gewachsen ist, geizt nicht an nachhaltigen Eindrücken, die das Land Uri – bei aller Wandelbarkeit des Zeitgeistes – in übereinstimmender Dichte und Tiefenwirkung den unterschiedlichsten Autoren vermittelt hat.[2]

2 Seite 42

Vor allem die seit dem Ende des 18. und ganz besonders im 19. Jahrhundert losbrechende Flut von schriftlich abgefassten Reise- und Tourenerlebnissen ist erfüllt und geprägt von dem gewaltigen Staunen, das die schroff zum Himmel ansteigenden Berge und die von den vereisten Gebirgskämmen niederdonnernden Schmelzwasser im betrachtenden Menschen immer wieder neu auszulösen vermochten. Stets waren und sind es die unvermittelt aufeinander prallenden Gegensätze von Bedrohung und Liebreiz, von Befremdendem und Vertrautem, von scheinbar Bleibendem und dauernd sich Veränderndem in dieser so eigenständigen Gebirgslandschaft, die den flüchtig Durchreisenden, aber auch den festen Bewohner dieses Landes wie durch magische Kraft in den geheimnisvollen Bann unwiderstehlicher Faszination zu ziehen wusste und selbst heute noch in unserer reizübersättigten Zeit innerlich zu ergreifen vermag.

Geländeformen

Wer von Norden herkommend mit irgendeinem Transportmittel *(Äüto, Baan, Yysäbaan, Pfupfer, Schiff, Teff, Vèllo)* oder gar zu Fuss *(z Füäss)* bis in den südlichsten Teil der Zentralschweiz reist, zeigt sich beim unvermittelten Anblick der mächtigen Urner Berge *(Pirg)* meist überaus beeindruckt. Schnell an Höhe gewinnend, erstrecken sich die landschaftsprägenden Erhöhungen bis ins Quellgebiet der nach den vier Himmelsrichtungen ausgreifenden Ströme und Flüsse.[3]

3 Seite 51

Es erklärt sich daher wie von selbst, dass die letzte, auf der Grenze nach dem benachbarten Tessin emporragende Bastion – der später für die geistige Landesverteidigung so bedeutsame und mystifiziert als Herz der Schweiz verstandene Alpenkamm im Umkreis des St. Gotthardpasses[4] – im

4 Seite 52

Zum Bild Seite XXIV:
Uri auf der Nord-Süd-Achse,
aus dem Cockpit eines Flugzeugs betrachtet

Ho[o]rä,
He[e]räli

Zand

Spitz[ä]

Tuurä,
Turm

Egg

Am Surenenpass:
Blick auf die südlichen Ausläufer
des Blackenstocks

2

Zeitalter des aufbrechenden Massentourismus als Berg der Mitte verstanden wurde, *«weil die grössten Gebirgsketten bei ihm zusammenlaufen und sich an ihn lehnen».*[5]

Aber nicht nur der bergungewohnte, aus fremden Ländern angereiste Besucher, sondern in ganz besonderem Masse auch der von seiner Abstammung her geistig und wirtschaftlich an dieses Bergland gebundene Bewohner steht unter dem unausweichlichen und prägenden Eindruck dieser schroffen Gebirgswelt, was sich erwartungsgemäss nicht nur in der Denkart,[6] sondern auch in der Sprache[7] der einheimischen Bevölkerung auf vielfältige Weise spürbar niedergeschlagen hat.

So mag es gewiss erstaunen, dass für den standarddeutschen Ausdruck «Berg» ausschliesslich in der Bedeutung von «Gebirgserhebung» in der herkömmlichen Urner Mundart – von der konkreten, auf einen bestimmten Berg bezogenen Namengebung wie etwa *Brischtä, Diäpä, Gitschä, Rüüchä, Windgällä* etc. einmal abgesehen – eigentlich nur die bereits auf die äusseren Erkennungsmerkmale eines Berges hinweisenden Bezeichnungen wie *Ho[o]rä* (Dim. *He[e]räli*) und *Spitz[ä]* neben dem relativ neutralen *Stock* verwendet werden. Selbstverständlich hat auch das Wort *Bä[ä]rg* in der urnerischen Alltagssprache seinen festen Platz. So heisst es etwa *z Bäärg gaa*, wenn man in die Berge steigt, oder ein Genesender ist *uberem Bäärg*, wenn er sich deutlich auf dem Weg der Besserung befindet, und wenn es um das Herausstreichen der «Pferdestärken» eines Autos geht, dann kann man die Formulierung hören: *Dèrr Charrä isch güät i Bäärg innä*, d.h., die Steigung «am Berg» wird von besagtem Kraftfahrzeug mit Leichtigkeit überwunden. In bäuerlichen Kreisen jedoch versteht man unter *Bä[ä]rg*, Dim. *Bä[ä]rggli*, primär ein landwirtschaftlich genutztes Bergheimwesen (*Bä[ä]rggiätli, Bä[ä]rghäimet*), das im Gegensatz zum festen Wohnsitz (im Tal) höher gelegen ist und normalerweise nur für eine bestimmte Zeit im Jahr bewohnt und bewirtschaftet wird.[8] Wenn drum in urnerischen Bergnamen als Bezeichnung für eine bestimmte Gebirgserhebung das Wort «Berg», mundartlich *Bä[ä]rg*, verwendet wird, dann handelt es sich meist um jüngere, im modernen touristisch-topographischen Sinn verstandene Benennungen und Namenschöpfungen, die trotzdem aber von Fall zu Fall gemäss Quellenlage doch auch sogar bis ins 18. Jahrhundert zurückreichen können.[9] Aber auch so sind die im urnerischen Wortschatz vorhandenen Bezeichnungsmöglichkeiten für den Begriff «Berg» höchst bescheiden. Ob sich hinter dieser unverrückbaren Tatsache vielleicht doch ein Restbestand jener tiefverwurzelten, selbst vom aufklärerischen Menschen des 18. Jahrhunderts nicht restlos überwundenen Scheu vor dem schrecklich Erhabenen einer Gebirgs-

5 Seite 53

6 Seite 53
7 Seite 53

8 Seite 54

9 Seite 54

3

Unterschiedliche *Ghirmi*-Stellen

1 *Chäppäli* oberhalb Flüelen,
auf dem Weg zum Axen

2 *Ghirmitannä* auf dem Weg zur
Kröntenhütte (*Gäissfad*, Erstfeldertal),
im Volksmund auch *Hutzitannä* und
Läxitschüüder genannt.

3 *Lyych[ä]ghirmi* bei Volligen,
Gmde Seelisberg

4 *Ghirmistäi* hinter *Portryttäli*
bei St. Jakob, Gmde Isenthal

10 Seite 54
landschaft verbirgt,[10] bleibe dahingestellt. Zumindest liesse sich in diesem Umfeld eine Verbindung zwischen dem namenlosen Göttlichen – dem Numinosen – und jenem unnennbaren ES, das in seiner magischen Wirkung gerade in den besagten Grenzbereichen des berglerischen Alltags unmittelbar spürbar wird, leicht erstellen. Man erinnere sich dabei nur jenes von Erfahrungen getragenen Ausspruchs: *Jää, uf dän Alpän oobä, da toolet äs nyt*, oder man denke auch etwa an jene heilsame Banngebärde vom *nit dèrglyychä tüä*, allenfalls also auch keinen Namen geben, um durch eine solche absolute Negierung das Böse wirkungsvoll vom persönlichen Eigentum *(Äigä)* fernzuhalten.[11] Gewiss – etwas realistischer betrachtet, dürfte
11 Seite 55
wohl auch die im Hochgebirge fehlende oder zumindest nicht ausreichend vorhandene Bewirtschaftungsgrundlage als mögliche Erklärung für die ja selbst im Standarddeutschen äusserst beschränkte Anzahl von *Berg*-Bezeichnungen angesehen werden. Jedenfalls bemerkenswert bleibt es, dass allein schon für die Bezeichnung eines entschieden greifbareren und wirtschaftlich meist auch um ein Vielfaches ertragreicheren Hügels – wieder zumindest im appellativischen Bereich – eine ungleich grössere Anzahl von sogar gegenseitig austauschbaren Bezeichnungen zur Verfügung steht, wie etwa *Biäl, Chapf, Cheegel, Chopf, Chupf, Gübel, Guubel, Hügel, Huubel,*
12 Seite 55
Mutsch und *Stäimitschä*.[12] Daneben sind speziell für rundliche Erhebungen zudem Ausdrücke wie *Chropf, Gutsch* (Dim. *Gitschli*), *Hooger, Hoorä*
13 Seite 55
(Dim. *He[e]räli*) und *Puggel* im Gebrauch.[13]

Berge mussten bis weit in unser Jahrhundert, als noch keine Schwebebahnen *(Bääntli, Säil, Säilbääntli)* in die luftigen Höhen hinaufführten,
14 Seite 56
mühsam vom Talboden *(Boodä, Ggläggni, Zäämi[14])* her durch Haupt- und
15 Seite 56
Seitentäler *(Tal, Syttätèltschi, Grooss-, Chlyy'tal[15])* über die verschiedenen Geländestufen mit Hilfe von Strassen *(Straass [Dim. Sträässli], Faarstrass,*
16 Seite 56
Faarwäg) und Wegen *(Gass [Dim. Gässli], Alpgass, Wäg [Dim. Wäggli])*[16] erstiegen werden. Da galt es, die eines Wanderers Lungen *(Lung[g]ä)* und Herz *(Härz)* in Trab haltende Steigung *(Gäächi, Horeb [dr Horeb durüf, durab, durnidsi], Lunggästutz, Styygig, Stotzigi, Stutz)* zäh anzupacken, bevor man sich auf der mühsam erklommenen Anhöhe *(Aheechi, Heechi)* oder auf einem eigens dafür vorgesehenen Rastplatz *(Ghirmi, Ghirmistäi, Ghirmitannä, Lyych[ä]ghirmi)* von den erlittenen Strapazen *(Strabaaz)* etwas ausruhen *(ghirmä, kirmä)* konnte.

Die von weitem sichtbare Kante vor der dahinterliegenden Hochebene *(Ääbeni, Äpni, Läggni)* wird auch heute noch in den verschiedenen Kantonsregionen (vgl. Maderanertal, Göscheneralp, Isental) mit dem Flur-
17 Seite 56
namen *Jäntel* benannt.[17] Appellativisch jedoch ist dieser Ausdruck, soweit

Blick auf einen Ausläufer des Schlossbergs,
im Hintergrund: Grosses Spannort

Gglään
Ggness

Egg,
Ruggä,
Schulterä

Fels[ä],
Fels[ä]wand,
Wand

Band
Brätsch
Braawä
Gätsch
Plangg[ä]
Po[o]rt
Satz,
Simsä,
Zingel

Na[a]tlä,
Zand,
Zaggä,
Zinggä

Chäälä

die Umfragen ergaben, nicht (mehr) im Gebrauch. – Geht es dann gar noch weiter hinauf, gelangt man von den zur Alpnutzung gehörenden Weiden *(Sta[a]fel, Oober-, Üss'sta[a]fel, [fryyji] Wytti* speziell als Bezeichnung für «offenes Weideland», *mattigs Land)* allmählich in jene der Sage[18] überantworteten Bezirke *(Wildi)*, die vom Bergler bei ausreichend vorhandenem Graswuchs *(gwassmet, wassmig)* nur zu einer bestimmten Zeit im Jahr[19] zur Einbringung des Wildheus *(Wild[i]häiw)* oder der Streue *(Sträiwi)* etwa oder dann auch wieder zu Jagdzwecken *(Jagd)* betreten werden.

Wenn auch schon teilweise die darunter liegenden Gebiete bisweilen recht abschüssig erscheinen, was hinsichtlich Bewirtschaftung gerne mit dem Ausdruck *strängwärchig* umschrieben wird, zeichnet sich insbesondere dieser Geländeabschnitt durch vielfach bedrohliche und für ungewohnte Berggänger bereits gefährliche Steilheit *(Gäächi, Stotzigi)* aus. Solche Hanglagen werden dann gerne *Beesi* genannt oder – sofern sie einen bescheidenen Nutzen abwerfen – direkt als *Wild[i]häiwplanggä* oder eben auch als *Beesänä* bezeichnet. Bei steilem Böschungswinkel *(Beschig)* sowie eher mittelmässigem Ertrag hört man aber oft auch die Bezeichnung *Boort, Braachä, Brätsch, Prätsch, Gätsch, Ggätsch, Getschä, Gstriäl, Haldä, Haaltä, Hang, Plangg[ä], Po[o]rt, Räin, Stich.* Hält sich jedoch das Gefälle *(Gfèll)* in Grenzen, heisst es, das Gelände sei *alääg, alääget, ahäälig, ahèltig* (z.B. *das scheen ahèltig Bäärggli).* Ein relativ kurzes Steilstück nennt man *Stutz.* Handelt es sich aber um einen ausgesprochenen Steilhang, dann ist er *aschääl, aphèltig, apschläipfig, gääch, gätschig, schiäch, schissig, schletzig, schreeg, stotzig, stotziglochtig, stotzlig* oder – vom Standarddeutschen beeinflusst – ganz einfach *stäil*[20], oder man hört dafür auch etwa die von Erstaunen getragene Formulierung: *Das isch scho nu ä Gäächi* oder *ä Stotzigi!* In solchen Fällen steht auch das Verb *ap'hèltä* im Gebrauch. Bekanntlich bedeutet ein derartiges Terrain selbst für Kenner eine latente Gefahr, und immer wieder kommt es vor, dass selbst geübte Leute in einer *Fèlli* oder *i fèlligem Ggländ* abstürzen, d.h., *iberyy, ds Loch durab, nidsi* oder *äi Pfyyffägreedi durnidsi ghyyjet, Totz uber Totz ertroolet, erfallet, parnyysset* oder dass *äs si appäbutzt.*[21]

Über allem schliesslich türmen sich die z.T. senkrecht aufragenden Felswände *(Fèls[ä], Fèls[ä]wand, Gglään, Ggness, Pirg, Wand)* und furchterregende Flühe *(Flüä)*[22], die entweder als eigentliche Bastionen dastehen – im Volksmund *Chansel, Chanzlä [Dim. Chänzäli], Chapf, Gutsch, Nossä (Dim. Nessli), Spitznossä, Satz, Fèlsmitschä* genannt[23] – oder aber in einen abschliessenden Berggipfel *(Gipfel)* ausmünden, der dann je nach Formgebung mit *Chopf, Chropf, Egg, Gätsch, Graat, Gupf, Hoorä, Na[a]tlä, Nollä, Ruggä, Schulterä, Spitz,* allenfalls *Spitzä, Stock* und *Steckli, Tossä, ²Tuurä,*

18 Seite 56
19 Seite 56
20 Seite 56
21 Seite 57
22 Seite 58
23 Seite 58

Oben: *Gsimsets und gsätzets* auf der
Furkapasshöhe

Links: Beispiel unter vielen: *Stäimanntli*
auf einer Anhöhe im Schächental; im
Hintergrund: Schächentaler Windgällen

24 Seite 58 *Turm, Zaggä, Zand* und *Zinggä* bezeichnet wird.[24] – Die schmalen und kantigen *(braawig)*, teils horizontal, teils exponiert *(lütter)* und schroff nach oben führenden und bisweilen noch als Fussteig dienenden Absätze *(Apsatz)* einer Felspartie kennen im Berglerjargon die Bezeichnung *Band, Boort, Braawä, Fad, Fall, Gra[a]gel, Gsims [Dim. Gsimsäli], Plangg[ä], Rand, Satz [Pl. Sätz], Simsä, Sinsä [Dim. Simsäli, Sintsäli], Ste[e]li, Stèl[l]i, Tschingel* und

25 Seite 59 *Zingel.*[25] Für eher breite und relativ ebene Felsbänder kursiert vereinzelt auch der vom Standarddeutschen übernommene Ausdruck *Therassä [Dim. Therässäli].* Von Felsen, die treppenförmig horizontale Schichtungen *(Rüigi*

26 Seite 59 Urs.)* aufweisen und daher in der Regel auch relativ leicht zu erklettern sind, sagt man: *S isch gsimsets und gsätzets.*[26]

27 Seite 59 Jäh aufragende Felsen gelten je nach ihrer wirkungsvollen Erscheinung als *grooss, grooslächt, groussmächtig* (Urs.), *heech, hooch*[27], *kolisaal, umäär, zimftig* oder es heisst auch von ihnen, sie hätten *ä gheerigi Heechi.* Steigen sie senkrecht in die Höhe, dann sind sie *graad* oder gar *chèrzägraad* oder auch *stetzlig.* Ist die Felswand überhängend, sagt man, sie sei *uberchäpfig.* Wirkt der Fels abgeschliffen und wenig griffig, dann ist er *glatt, hääl* oder

28 Seite 59 *plattig.*[28] Der Bergrücken selber wird zufolge der Unebenheiten *ghoogeret,*

29 Seite 59 *ghuplig, huplig, puggälet* oder *puggälig* genannt.[29] Zuoberst *(zooberisch, zooberscht)* auf der Bergspitze thront normalerweise das weithin sichtbare

30 Seite 60 *Stäämänntli* oder *Stäimänntli*[30] neben dem *Gipfelchryz.* Gerne findet sich dabei – in eine Nische *(Nischä)* eingelassen – das sog. *Gipfelbüach,* worin sich die jeweiligen Gipfelstürmer gerne mit einer Eintragung verewigen.

31 Seite 60 Vertiefte Winkel und Nischen in einer Felspartie heissen *Schooss*[31]. So hört man etwa die adverbiale Wendung *innerä Schooss innä.* Wo anderseits der Verlauf des Gebirges zu Verengungen führt und nur noch eigentliche Engpässe freilässt, spricht man von *Ängi, Chlüüs, Chessel, Chrachä, Chra-*

32 Seite 60 *chäloch, Loch, Schloffä, Schlüächt, Schlucht* und *Schlüüchä.*[32] Für eine kesselförmige Geländepartie zitiert das Urner Namenbuch (UNB) zudem den

33 Seite 60 allgemein verbreiteten Flurnamen *Butzä*[33], der von einem UNB-Gewährsmann bei einer Gebietscharakterisierung sogar appellativisch gebraucht

34 Seite 60 worden sein soll.[34] Sonst aber wird der z.T. recht raumfüllende Abschluss

35 Seite 60 eines Tales mit *Chessel* und auch *Loch* bezeichnet.[35] Von da führen dann meist nur noch recht steile, u.U. gar in den Fels gehauene *(Stä[ä]gä [Dim. Stäägäli, Stäggli])* oder treppenartig mit Rundhölzern konstruierte *(Holztrapp[ä]lä, Stapfetä),* allenfalls gar über Leitern *(Läiterä [Dim. Läiterli])* führende Bergpfade *(Fad, Gäissfad, Gäisswäg, Gämschi[bock]tritt, Schaaf-*

36 Seite 60 *wäg*[36], *Ste[e]li, Stèl[l]i, Stich, Styg, Stryt, Stutz, Tritt)* als Verbindungswege *(Verbindig, Verbindigswäg)* – je nach den teils eigenwillig ins Gelände

Schlossberglücke (Erstfeldertal):
Übergang *(Furggä, Joch, Lickä, Pass, Sattel)*
hinüber nach Nider Surenen

gelegten Wegscheiden *(Apzwäigig, Verzwäigig, Wägschäidi)* – mehr oder minder direkt *(diräkt, i äiner Greedi)* oder dann in Windungen *(i Cheerä, cheerswyys, fyyferswyys [fyyferä], heerswyys)* ins benachbarte Tal *(Ta[a]l)*.[37] Für die Übergänge selber bedient man sich entsprechend der topographischen Beschaffenheit wahlweise der Ausdrücke *Furggä [*Dim. *Furggäli]*, *Joch, Lickä, Luckä, Lim[m]i, Pass* oder *Sattel.*[38]

Dass bei der Bergnamengebung und Geländebezeichnung je nach der vorgefundenen Situation auch die Volksphantasie wacker mitgemischt hat,[39] beweisen Namen wie *Chäiser, Chreentä, Pfaffäsprung, Pucher, Rappäschnaabel, Schä[ä]rho[o]rä, Wildmann[t]li, Hèll, Tyyfelsfridhof, Tyyfelsstäi* und *Tyyfelsminschter*, in deren letztere nachweisbar sogar noch mythologische Elemente eingeflossen sind.[40]

Selbstverständlich gilt es ebenso Bezeichnungen für Vertiefungen in Form von Mulden oder Senken zu erfassen, auch wenn diese appellativisch wie auch im Flurnamenbereich zahlenmässig bescheidener ausfallen. So verwendet man etwa hierzu Ausdrücke wie: *Chummä, Ggläggni, Glungg, Graabä [*Dim. *Gräpli], Müältä, Muldä, Mutzä, Toolä, Tüälä, Wannä* sowie das oben schon angesprochene *Butzä;*[41] dazu kommt noch das Adjektiv *gschlüächtig*[42].

Die Benennung einer Ebene – in unserem gebirgigen Gelände doch eher eine Rarität – bleibt es auch im sprachlichen Bereich, was die nachfolgende Zusammenstellung – auf die drei Wortarten Nomen, Adjektiv und Verb verteilt – deutlich belegt:

37 Seite 60
38 Seite 60
39 Seite 61
40 Seite 62
41 Seite 63
42 Seite 63
43 Seite 63
44 Seite 63

Ääbeni	*Läggni*
Äpni	*Tätsch*
Boodä, Dim. *Beedäli, Beedemli*	*Zäämi*
Ggläggni	
ääbä	*platt*
ääbäheech	*tältschig*
flach	*topfstäärnä'ääbä*
gglandig	*topfteckelääbä*
glattlochtig[43]	*tupf[et]ääbä*
äpnä, üs'äpnä	
flèchnä	
rifflä[44]	

11

Landschaftsausschnitt,
der eindrücklich die Langzeitwirkung
der Erosion wiedergibt
(Bändertal mit Kl. Oberälpler
und Staldenfirn im Maderanertal)

Verwitterungs- und Erosionsformen

Gebirgslandschaften tragen für menschliche Begriffe oft und gerne das scheinbar untrügliche Merkmal und Symbol des Ewigen und Unveränderlichen auf sich. Wie relativ aber solche Vorstellungen in der Realität zu werten sind, zeigt recht beeindruckend die Langzeitwirkung der Verwitterung und Erosion, die – geologisch definiert – unter dem Einfluss der kontinuierlich sich hinziehenden Zerstörungsarbeit von *Wasser,* Eis *(Fiirä, Gletsch[er], Yys, Yyschel, Yysch[t]), Luft* und *Wind* vorab im alpinen Bereich in entsprechend grossen Zeitabständen deutliche Zeichen und Spuren hinterlässt. Ob dabei gewisse Naturveränderungen, die wohl zufolge der wachsenden Umweltbelastung in beschleunigtem Tempo vor sich gehen, im einheimischen *(häimisch, hiäsig, ihäimisch)* Beobachter auch heute noch ein Gefühl der Sühnestrafe für begangenen Frevel *(Fräävel)* auszulösen vermögen, ist schwer auszumachen. Immerhin beinhalten da und dort geäusserte Erklärungsversuche für das eine oder andere Geschehnis aus der jüngeren und sogar jüngsten Zeit erstaunlich gute Ansätze zur Bildung von neuem Sagenmaterial.[45] Anderseits lehrt uns die Geschichte, dass gerade die Bewohner des Kantons Uri seit jeher als grundlegende Voraussetzung zum Überleben die nötige Bereitschaft bekunden mussten, mit den latent allgegenwärtigen Gefahren der Natur vertraut zu sein.[46] In diesem natürlich gewachsenen Spannungsfeld zwischen dem im Bergland Beheimateten und der schicksalhaft hereinbrechenden Bedrohung seines nach aussen durch Grenze, Spruch und Geste abgeschirmten Heimwesens[47] haben sich denn auch relativ viele Benennungen rings um den thematisch weitgreifenden Bereich der Erosionsfolgen in der Mundart von Uri angesammelt.

Felspartien, die nach dem Rückgang der Gletscher dem Menschen zu verschiedenen Zwecken erschliessbar geworden sind, heissen *Nyywbäärg.*[48] In ihrem unbedeckten, kahl wirkenden Zustand werden sie als *chlaar* bezeichnet *(d[r] chlaar Fèlsä, ä chlaari Gand).* Je nach Gesteinsart zeigt der blossgelegte Fels unterschiedlich deutliche Verwitterungsspuren, die mit *füül* angedeutet werden *(füülä Fèls, ä füüli Gäisswäid),* und ein ganzer Berg wird damit zum *Füülbäärg,* was dann auch zu Bergnamen wie *Füülä, Heech Füülä* etc. führen konnte.[49]

In sich geschlossene Felspartien, bei denen die Erosion schon deutlich fortgeschritten ist, so dass das Gestein zerklüftet und recht brüchig in Erscheinung tritt, werden *Brätsch, Prätsch, Brichli [<Bruch], Bruchtyyfel, Ggness, Guuf[f]ernessli* genannt oder mit dem Adjektiv *brichlig, fliänig* (Urs.) und *gandig* entsprechend umschrieben.[50] – Durch die Wirkung des

45 Seite 63

46 Seite 64

47 Seite 65

48 Seite 65

49 Seite 65

50 Seite 66

Ausgangs Griessertal
zwischen Alp Stössi und Griesseren
(Maderanertal)

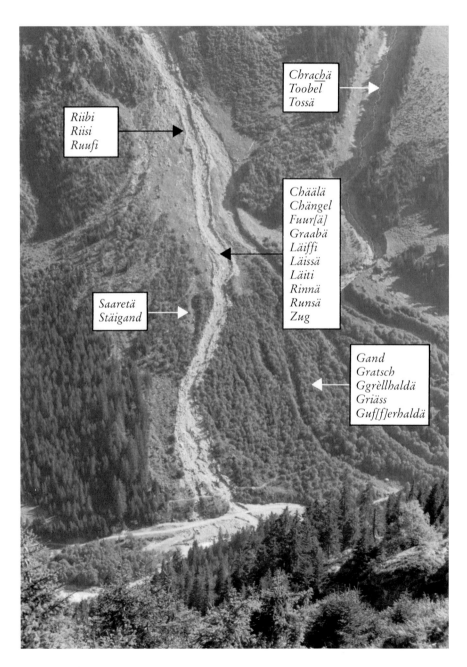

Chrachä
Toobel
Tossä

Riibi
Riisi
Ruufi

Chäälä
Chängel
Fuur[ä]
Graabä
Läiffi
Läissä
Läiti
Rinnä
Runsä
Zug

Saaretä
Stäigand

Gand
Gratsch
Ggrèllhaldä
Griäss
Guf[f]erhaldä

51 Seite 66

52 Seite 66

53 Seite 67

54 Seite 67

55 Seite 67

56 Seite 68

Wassers entstandene Rinnen, Kluften und schluchtartige Einschnitte an einem Steilhang[51] bezeichnet der Einheimische je nach Ausmass und Vertiefung mit *Chäälä, Chängel, Charrä, Chrachä, Chrachäloch, Chlack, Chlick, Chlimsä, Chlumsä, Fuur[ä], Furchä, Gleessi, Graabä [Dim. Gräpli], Griäpli [<Grüäbä] oder Gripsch, Läiffi, Läiti, Niätli [<Nüät], Rinnä, Runsä, Toobel* oder *Tossä.*[52]

Dort, wo solche Einschnitte in früheren Zeiten zur Beförderung des eisenhaltigen Gesteins verwendet wurden oder wo heute noch teils Wildheu *(Wild[i]häiw)* gesammelt, teils sogar transportiert wird, heissen diese Couloirs überdies *Yysächääli*, resp. *Häiw[et]chäälä*. Meist führen solche Runsen *(Runsä)* in ihrem Oberlauf zu Anrissstellen *(Arissgibiät)*, wo im Winter und im Frühjahr bisweilen gewaltige Lawinen *(Läüwi)* zu Tale donnern und zur Sommerszeit bei Gewittern und längeren Regenperioden ganze Murgänge *(Guuselchoosi, Riibi, Rutsch, Schlipf)* zu befürchten sind. In solchen Situationen spricht man dann gerne von *Choosi* und je nach Grösse sogar von einem *Choosital, Riibital* und *Riibizug* oder einfach *Zug*[53]. Geländeeinschnitte, die für Holztransporte benutzt werden, nennt man zudem im Waldarbeiterjargon *Läiti* (vgl. UNB II 541: *Holzläiti*), *Räischti, Räischtzug, Schläif, Schläpf, Schletzi*, seltener *Schmyyssä*.

Hervorgerufen durch abrutschendes Geröll *(Äs het wüder innäzèrrt)* und beständig nachrollende *(rigglä)* Gesteinsmassen *(Riggletä)* bilden sich mit der Zeit im weniger steilen Auslaufbereich teilweise ausnehmend grosse Geröllhalden, die im Volksmund *Gand, Gätsch, Getschä, Gyyger, Gratsch, Ggrèll, Ggrèllhaldä, Griäss, Ggrübel, Ggri[i]gel, Gripsch, Grummel, Guuf[f]er, Guuf[f]erhaldä, Gwätt, Riibi, *2*Ryyffä [anä Ryyffä tüä*, an einen Haufen legen*], Riisi, Ruufi, Saaretä, Scheenetä, Stäigand, Stäimitschä* oder gar – mythologisch durchdrungen – *Häxähüüffä* genannt werden.[54] Einzelne daraus herausragende Steine, resp. Steinhaufen werden mit *Stäi* oder *Mitschä* bezeichnet und je nach Form oder Beschaffenheit zudem mit *Balmstäi, Blattä, Plattä, Fèlsmitschä, Gupf-* oder *Gutschistäi* und *Stäimanntli* umschrieben. Ein freistehender Felsblock, vor dem besonders wegen seiner Brüchigkeit Vorsicht geboten ist, heisst vereinzelt *Soldaat*, währenddem grössere, z.T. erratische Blöcke auf einer Wiese bisweilen mit *Fäldblock* oder *Tossä* bezeichnet werden.[55] Als Folge fortgesetzter Erosion und späterer Ablagerung sei in diesem Zusammenhang auch noch auf die übers Land verteilten grösseren und kleineren, verdeckten und offenen Kiesgruben *(Chiäsgrüäbä, Chyysgrüäbä, Sandgrüäbä)* hingewiesen, die da und dort zur Gewinnung von Kies *(Chiäs, Chiis, Chyys, Griän, Griäss)* etwa beim Bau von Häusern und Ställen gern und gut genutzt werden.[56]

Stattliches
Häimet
im Tal
(Trudelingen,
Gmde
Bürglen)

Bä[ä]rg in
den Boden-
bergen
(Gmde
Erstfeld)

Alpruschtig
auf Bogli
(Gmde
Erstfeld)

Wo teils durch Einfluss des Wassers *(heelä, üss'heelä, üss'wäschä)*, teils durch andere Kräfte Höhlen entstehen konnten, spricht man je nach Art der Höhlung von *Balm, Balmstäi, Chlack, Drüüsänäscht, Heeli, Hüüli, Loch* oder – von der Fachsprache beeinflusst – *Kluft.* Bietet sich unter einem Felsen in einer höhlenähnlichen Vertiefung dem einfallsreichen Wildheuer eine Liegestätte an, nennt er das *Bettgätsch.*

Wenn sich auch keine der urnerischen Höhlen weder an Länge noch an bizarrer Schönheit mit irgendeiner bekannten Höhle der Innerschweiz (vgl. Hölloch im Muotatal oder Baarer Höllgrotten) vergleichen lässt, gibt es doch auch hierzulande bemerkenswerte Objekte (vgl. Hohlloch in Attinghausen etc.), die tief *(täif, tiäf, chlaaftertäif)* über ein Netz von Gängen *(Gang)* ins Bergesinnere sich erstrecken und wegen ihrer Tiefe *(Täiffi, Tiäffi)*, aber auch dank ihrer vermeintlich verborgenen Schätze einen beachtlichen Niederschlag in den Urner Sagen gefunden haben.[57]

57 Seite 68

Örtlichkeiten

Bei der Benennung von Örtlichkeiten grossflächigen Ausmasses wie auch bei der Namengebung von gezielt ausgewählten Punkten im Gelände hat sich im Kt. Uri schon in vorgermanischer Zeit, ganz besonders aber seit Beginn der alemannischen Landnahme im 7. Jahrhundert[58] eine Praxis durchgesetzt, wie sie auch andernorts wohl aus einem Bedürfnis der sesshaft gewordenen Bevölkerung zur besseren Orientierung im Gelände, dann aber auch zum Zeichen der rechtlichen Besitzergreifung und konsequenten Abgrenzung gegenüber einem möglichen Anstösser zur Anwendung kam. Im Masse der Aufgliederung von Grund und Boden wurde auch ein immer dichteres Flurnamennetz geschaffen, das heute von der Talsohle bis über die nutzbaren und effektiv genutzten Landstriche hinausreicht. Der Wandel vom einstigen Nomadentum zur Sesshaftigkeit machte es erforderlich, dass die zwecks Futtergewinnung weiterhin wechselnd bezogenen Standorte *(Häimet, Bä[ä]rg* [Dim. *Bä[ä]rggli], Alpruschtig, Ruschtig, Staafel)* wie auch die von diesen Stützpunkten aus ackerbaulich, milch- und viehwirtschaftlich genutzten Grundstücke durch entsprechende Benennungen jederzeit lokalisierbar wurden, was den mitmenschlichen Bezug, vor allem aber auch den Rechtsalltag wesentlich vereinfachte. So heisst es etwa *im Butzli oobä, i dr Allmäini unnä, uf Egg, a Chääserä, a Wannälä* und weiträumig *uf em Haldi, an Aarni, im Schächädall.*

58 Seite 69

Neben Benennungen von grösseren und kleineren Landparzellen ging es aber immer auch darum, punktuelle Ziele im Gelände ausfindig zu machen,[59] wofür im dialektalen Bereich analog zur Standardsprache Bezeichnungen gewählt werden, welche die gewünschte Lokalisierung jederzeit und unmissverständlich zulassen. So sagt man etwa, man treffe sich *bi dr Chiilä, hinder dr Chappälä, uf dr Brugg, im Leewä, under em Chryz.*[60] Als eigentliche Fundgrube entpuppt sich die äusserst vielfältige und nuancenreiche Palette von Ausdrucksmöglichkeiten beim Gebrauch lokaler Adverbialien. Was hier alles an feinsten Schattierungen zum Vorschein kommt, dürfte ohne Übertreibung ausreichend Stoff für eine eigens diesem Thema gewidmete Darstellung liefern. So gab mir einmal ein Bauer, den ich auf seinem Heimwesen nach dem richtigen Weg ins Tal hinunter gefragt hatte, folgende Auskunft: *Dè gaasch etzä hiänacht durhinderä, ä chli linggs durüf bis i ds ääner Teltschi duurä und dè äänet em Bächli bi dä wiäleschigä Stüüdä zää syyferli voorab durnidsi.* Eine summarische Zusammenfassung soll hier lediglich noch einen allgemeinen Überblick über die im heimischen Sprachgebrauch vorhandene Fülle an Ortsadverbien bieten:

59 Seite 69

60 Seite 69

hier, hierhin

hiä	*hiä fiirä*	*hiä nacher*
daa	*hiä hinderä*	*hiä nached[ig], -nachet*
hiä äänä	*hiä hinnä*	*hiä üüfä*
hiä annä	*hiä innä*	*hiä unnä*
hiä appä	*hiä niidä*	*hiä voorä*
hiä duurä	*hiä naachä*	

gleiche Verbindungen mit *da[a]*: *da[a] äänä* etc.

dort, dorthin, auf die andere Seite

äänädra	*det hinnä*	*det obsi*
äänänappä	*det innä*	*det uumä*
det, dettä	*det äänä*	*det üüfä*
det appä	*det fiirä*	*det üüsä*
det duurä	*det nidsi*	*det voorä*
det hi	*det oobä*	*dirchi, dir[r]i*

neben

nääbä	*nääbedannä*	*noochs*
nääbädra	*nooch*	*noochzüä*
nääbetsi	*neech*	*nääbedüs*
dèrnääbet, dèrnäbt	*neechszüä*	
nääbäbyy	*bi noochems*	

hinunter, unten

appä	*dunnä*	*unnädra*
durab	*drunder[t]*	*unnäduurä*
oobäninnä	*niidä*	*unnäfir*
	nidlig	*zunderschisch [unnä]*
	unnä	*zunderscht [unnä]*

hinauf, oben

drüf	*oobä*	*oobänüf*
üüfä	*oobädri*	*oobänüs*
drüfüüfä	*drüber[t], druuber[t]*	*oobäninnä*
durobsi	*drioobä*	*oubäninni* (Urs.)
durüf	*doobä*	*oobäfir*
iberyy	*drob, drobt*	*oobänaachä*
nach obsi	*drüf [oobä]*	*zooberisch*
unnänüf	*oobänab*	*zalleroober[i]sch[t]*
unnänüüfä		

drinnen, hinein

dinnä	*innädri*
dri, dri'innä	*innäfir*
innä	*innänaachä*
innädra	*ussäninnä*

Blick unterhalb Hubel
(Eggbergen, Gmde Bürglen)
auf Chammlistock und Schärhorn
(Schächental)

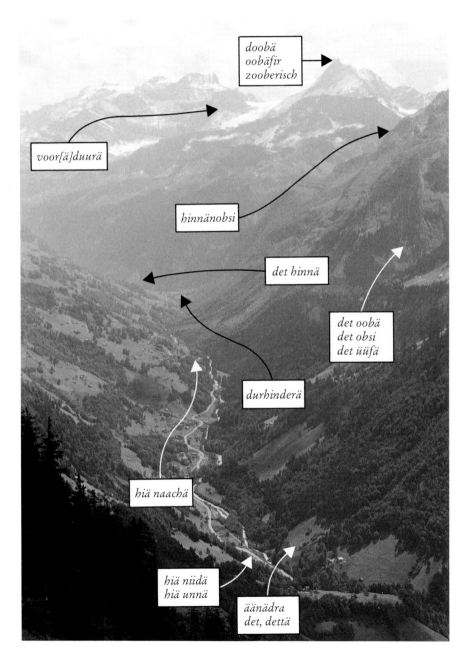

doobä
oobäfir
zooberisch

voor[ä]duurä

hinnänobsi

det hinnä

det oobä
det obsi
det üüfä

durhinderä

hiä naachä

hiä nüdä
hiä unnä

äänädra
det, dettä

draussen, hinaus

dussä	*dri[i]ber[t]üs*	*driüüsä*
verussä	*üüsä*	
ussä'dra, -drüf, -fir	*äwäg*	
driussä	*nach ussä*	

hinten, nach hinten

hinnä	*hinnäfir*	*hinderä*
hinnädra	*hinnäninnä*	*durhinderä*
hinnädrüf	*hinnänobsi*	*hindersi*
hinnäduurä	*drihinnä*	*nach hinderä*

vorne, nach vorne

voorä	*davoorä*	*durfiirä*
voor[ä]fir[ä]	*drivoorä*	*durfirsi*
voor[än]appä		*fiirä*
voor[än]innä		*voor[ä]duurä*

Lage

Man braucht nicht erst Zeuge von bisweilen langwierigen und selbst den nachbarlichen oder gar verwandtschaftlichen Frieden *(Fri[i]dä)* arg gefährdenden Verhandlungen zu sein, um aus unmittelbarer Nähe *(Neechi)* erleben zu müssen, dass Grundstücke nicht einfach irgendeine beliebige und vertauschbare Handelsware sind. Allein schon der Standort – ob *sunnä-* oder *schattähalb,* auch *apschyynig,* wie man zu sagen pflegt – vermag die Qualität des der bäuerlichen Nutzung zur Verfügung stehenden Bodens und insbesondere den Marktwert des gemäss Bauordnung *(Büüwoornig)* und Zonenplan *(Zoonäplaan)* vorgesehenen Baulandes entscheidend zu ändern.[61] Kommt hinzu, dass man sich bisweilen des Eindruckes nicht erwehren kann, die Lage eines Grundstücks vermöge auch einen entscheidenden Einfluss auf

61 Seite 70

21

Abgrenzung zwischen Ackerland
und Wiesen,
die in den Übergangszeiten auch als
Weideland genutzt werden (Reussboden,
Gmde Altdorf)

die Gemüter der darauf wohnenden Leute auszuüben, was übrigens leicht verständlich ist angesichts der unverrückbaren Tatsache, dass es Heimwesen im urnerischen Bergland gibt, die in der so schon sonnenarmen Winterszeit während gut vier Monaten von keinem Sonnenstrahl getroffen werden und der Höhenlage wegen zudem gegen winterliche Verhältnisse anzukämpfen haben, wenn andernorts der Frühling *(Langgsi)* längst eingekehrt ist und die Wiesen dank der besonnten *(hilb, hilw)* Lage wieder schneefrei dastehen *(aaber, aaberä, üs'aaberä)*[62].

62 Seite 71

Jede Gegend *(Gääged, Gäggni, Gèggni* Urs.) zeichnet sich aus durch die besonderen Vorzüge und allenfalls auch Nachteile ihres Geländes *(Ggländ).* Land im Sinne von ertragfähigem und somit nutzbringendem *(nutzber)* Boden *(Boodä, Blätz, Fläck[ä], Plätz, Stuck, ¹Tätsch)* steht dabei in hartem Gegensatz zur unkultivierbaren Randzone des Hochgebirges *(Wildi)* oder auch des früher stark versumpften Streuegebietes *(Sträiwiland)* längs des Seeufers in den Gemeinden Flüelen und Seedorf sowie in der eigentlichen Reussebene *(Boodä, Ryyssäpni)* teils sogar bis gegen Erstfeld hinauf. Ob nun als Wiese *(Mattä, Mattland)* oder als zum Ackerbau bestimmtes Feld *(Fä[ä]ld, Acher)* genutzt, entscheidet letztlich die mit dem Grund und Boden verbundene Tradition des jeweiligen Bauernbetriebes *(Püürägwärb).* In Uri steht im landwirtschaftlichen Sektor die Viehzucht *(Veezucht)* in Verbindung mit der Milchwirtschaft als für alpine Verhältnisse typische Bewirtschaftungsform seit Jahrhunderten im Vordergrund.[63] Dies

63 Seite 71

erklärt auch, dass zwecks ausreichender Sicherung des viehwirtschaftlich erforderlichen Futterbedarfs die nötigen Grasflächen als Wiesen für die winterlichen Futtervorräte und Weiden für das täglich benötigte Futterquantum in allen Nutzungsstufen *(Ta[a]l, Bä[ä]rg, Alp)* funktionsbezogen und ökonomisch verantwortbar ausgeschieden werden mussten. Dies führt – wie die nachfolgende Auflistung zeigt – zu einer respektablen Fülle von

64 Seite 71

Ausdrücken speziell im Weidebereich[64]:

Grasland, das beweidet wird (allgemein sowie nach Nutzungsstufen und/oder funktionaler Verwertung ausgeschieden):

Hirti	Wäid	Üsswäid
Ussläässi Urs.	Tagwäid	(vgl. UNB III 984 f.)
		Aabe[d]wäid
Chalberwäid	Gäisswäid	Rinderhirti
Chiäwäid	Häi[w]chüäwäid	Schaafhirti

Allmänd		
Allm[n]älä	Alp	Sänntänalp
	Chüä-, Rinder'alp	Summersääss
Staafel	Ooberstaafel	
Allmändstaafel	Üssstaafel	
Boodästaafel	Trischtbett Urs.	

Grasland, das zur Futtergewinnung genutzt wird:

Mattä	Eedland	Salchä
Mattland	Gstriäl	Schletterplätz
Wyysä (jg.)	Plangg[ä]	Sträiwistaafel

Dass Grundstücke überhaupt als Wiesen, Weide- oder Ackerland genutzt werden konnten, setzte auch hierzulande zunächst meist intensiv praktizierte Rodungen voraus, wie dies die verschiedenen Rodungsnamen *Brand, Brust, Rüti, Schwand, Stock* je nach der angewendeten Rodungsform fast über den ganzen Kanton verteilt heute noch eindrücklich belegen.[65] Die am stärksten vertretenen Rütigüter *(Rytti, Ryttäli, Rytli)* deuten als Grund- oder Bestimmungswort zudem an, dass es sich hierbei um gerodetes, von Holzwuchs und Buschwerk gereinigtes und dadurch urbar gemachtes Stück Land handelt, währenddem z.B. Flurbezeichnungen mit *Schwand* darauf hinweisen, dass hier ein Waldstück *gschwäntet* wurde, d.h., die Rinde wurde an den zum Fällen bestimmten Bäumen entfernt zum Unterschied etwa von den Stockgütern, «wo die Bäume bloss gefällt wurden», oder auch von jenen Geländestellen mit der Bezeichnung *Brand* oder *Brust*, wo möglicherweise in früheren Zeiten eigentliche Brandrodungen durchgeführt wurden.[66]

    Aufgrund der topographischen Eigenheit unseres Gebirgskantons, wo mit Ausnahme des Ursener Talbodens und der Reussebene zwischen Erstfeld und dem Urner See flaches *(ääbä, lääged)* Gelände *(Äpni)* doch eher Seltenheitswert geniesst,[67] mag der Wunsch, ein relativ ebenes *(gglandig)* Terrain vollends auszuebnen *(äpnä, üs'äpnä, ap'glyychä)* verständlicherweise gross sein. Hierfür leistet z.B. eine Baumaschine *(Büüwmaschyynä)* vom Typ Menzi-Muck neuerdings äusserst wertvolle Dienste, was wohl mit ein Grund sein mag, weshalb für deren vielfältige Einsatzmöglichkeiten bereits

65 Seite 74

66 Seite 74

67 Seite 74

das Verb *mucknerä* als direkte Ableitung vom Firmennamen kreiert worden ist. So heisst es etwa: *Ich gaa vor em Znacht nu ä chly ga mucknerä.*

Anderseits aber gibt man sich auch schon mit einer kleinen ebenen Stelle *(Beedemli, Boodä)* im Gelände zufrieden, wenn sie nur einigermassen platt daliegt. Aber was soll's! In vielen Fällen hat man sich einfach trotz grosser Anstrengungen mit unebenem, hügeligem Untergrund abzufinden, was mundartlich mit den Ausdrücken *ghoogeret, ghuplig, hoogerig, huplig, puggälet, puggälig* unterschiedlich qualifiziert wird. Nichtsdestotrotz handelt es sich in solchen Fällen um wirtschaftlich meist vollumfänglich genutzte Güter, die je nach örtlicher Situation als ansteigend *(ahäälig, ahèltig, alääg)* bis steil *(aschääl, gääch, stotz[ig], stotziglochtig)*, ja sogar als abschüssig *(aphèltig, apschläipfig, schissig, schletzig, stotz[l]ig)* zu beurteilen sind.[68]

Jedoch nicht allein die topographische Lage, sondern nicht minder auch die Bodenbeschaffenheit spielt bei der landwirtschaftlichen Nutzung eines Grundstücks eine entscheidende Rolle. Nicht immer verfügt so ein Grundstück über die ausreichende Humusdecke *(Äärdä, Häärd)*, so dass bei wohldosierter Düngung *(Dingig; ²dingä)* eine ausgezeichnete Grasqualität *(fäiss, güät'grääsig, -greesig, mälch, milch[ig])* erzielt werden kann. Nur zu bald stösst man eben hierzulande auf einen gesteinsreichen *(brätschig, ggrèllet [<Ggrèll], grummlig, plattig, stäiryych)* Unterbau, der den Boden undurchdringbar und hart *(hèrt'grindecht, -grindig)* und demzufolge auch vom Ertrag her als *maager* oder *getzig*, mit andern Worten eben als wirtschaftlich schlecht *(gstur[r]et[69], schlächt)* erscheinen lässt.[70] Solch ungedüngte Wiesen, auf denen nur alle 2 bis 3 Jahre *(iberjäärig)* gemäht wird, werden bezeichnenderweise *Eedland* genannt. Wenn die Nutzungsfläche der höher gelegenen Regionen bei alledem gar noch mit Alpenrosen *(Jüppä)* durchsetzt ist *(gjyppecht)*, dann wird die darauf zu verrichtende Arbeit ausgesprochen *strängwärchig*, wofür auch der Ausdruck *schwäärwärchig* zu hören ist.

Wo angestautes Wasser Wiesland in eine sumpfähnliche, ja morastige *(riätbäizig, riätschwäizig)* Landschaft verwandelt, spricht man von *Riät, Salchä* und auch *Sträiwistaafel*, weil hier meistens das Gras nur von minderer Qualität *(Näätsch, Riätgra[a]s)* als Streue *(Sträiwi)* verwendet werden kann.[71]

Was schliesslich immer auch der Grund für eine negative Beurteilung eines Grundstücks sein mag, nie wirkt der Urner verlegen, wenn es drum geht, gegenüber einem potentiellen Verkäufer oder auch im Umgang mit der kantonalen Schatzungskommission *(Schatzigskommissioon)* ein nicht über jeden Zweifel erhabenes Grundstück deutlich unter seinem Wert einzustufen. So redet er etwa von *Beesänä [<Beesi]* oder auch von *Ggmütsch* (Urs.),

68 Seite 74

69 Seite 74
70 Seite 75

71 Seite 76

Gripsch, G[g]ritsch[g], Gstriäl, Maagerbäärggli, Schletterplätz und in Extremfällen gar von *Wiäschti, Wildi, Rüüchi* und schreckt selbst vor dem Ausdruck *Stäityyfel* nicht zurück.[72]

72 Seite 76

Auch die Standortfrage darf dabei nicht übersehen werden. Als vorzüglich gelten erwartungsgemäss jene Güter, die noch im Einzugsbereich der dörflichen Gemeinschaft liegen. Was abseits *(schleed)* als isolierte Landparzelle *(äs läinigs Stickli Land)* dahindämmert, steht *i dr Äineedi, imänä Chrachä ussä, im Gaggo, i dä Hoorä oobä, im Juhee, i dèmm Loch hinnä* oder *im Poijätsch, i dr Schrootä* oder *i dr Schleeti ussä* und entbehrt daher verständlicherweise der nötigen Attraktivität, um selbst als kostengünstiger Bauplatz *(Büüwplätz)* bei den unter dem Druck von Angebot und Nachfrage auch in Uri horrend in die Höhe kletternden Bodenpreisen *(Boodäpryys)* einen ernsthaften Käufer *(Chäiffer, Intressänt)* zu finden, immer vorausgesetzt, dass auf dem betreffenden *Plätz[ä]* Land überhaupt gebaut *(büüwä)* werden darf.[73] Setzt dann einmal irgend jemand – aus welchen Gründen auch immer – trotz allem sozusagen um jeden Preis *(partü)* so einen Bau *(Büüw)* durch, heisst es dann schnell: *Dèrr het üf Mord und Brand püüwet!*

73 Seite 76

Längen und Breiten

Wenn auch das vielfach unebene und meist steile Gelände Uris den Bewohnern hinsichtlich Siedlungsformen nie zugebilligt hat, grossflächig die bebauten Güter in einen weit bemessenen Raum zu stellen,[74] ist es wohl allgemein einem Grundbedürfnis des sesshaft gewordenen Menschen zuzuschreiben, dass er gerade in engen Lebensverhältnissen die zur Verfügung stehenden Flächen mit Hilfe bestimmter Massvorstellungen relativ genau einzugrenzen und gegenüber jedem möglichen Eindringling sichtbar zu markieren versucht hat.

74 Seite 76

Leider sind nur wenige von den alten Masseinheiten im aktiven Wortschatz der Einheimischen erhalten geblieben (vgl. unten), denn längst schon haben sich auch in den urnerischen Gemarkungen über den Weg des schriftlichen Gebrauchs und der geforderten Anpassung an die gängigen Masseinheiten die üblichen Massbezeichnungen etabliert.

Offensichtlich einem tieferen Bedürfnis folgend, die gemessene Länge *(Lèngi)*, Breite *(Bräiti)* und Höhe *(Heechi)* nicht einfach als objektiv messbare Feststellung im Sinne einer bestimmten und überprüfbaren Normgrösse wiederzugeben, sondern als eine (bewusst) dem Emotionalen entsprungene Äusserung entweder in sich selber oder dann in einem möglichen

Gesprächspartner weiterwirken zu lassen, hat sich der Urner in seiner Umgangssprache vielfältiger Ausdrucksmittel bedient. So steht für den Begriff «gross» nicht einfach das Adjektiv *grooss, gruuss* nebst der älteren Form *grüüss*, sondern da weiss man sich je nach Grösse *(Greessi, Greejssi* Urs.*)* und Ausdehnung des darzustellenden Objekts mit *gryysäli[g], gryyssli[g], gryysslech, groosslächt, groussmächtig* Urs., *gwa[a]ltig, kolisaal, mächtig, ryysig, phä[ä]big, umäär, unändig, unig, urnig, uverschämt, vil, wä[ä]lts, wälzig, wiätig* zu behelfen. Sollte auch dieses Angebot noch nicht ausreichen, können obige Ausdrücke beliebig durch Voranstellung eines der nachfolgenden Adverbien zusätzlich verstärkt werden: *apa[a]rtig, aartig, äärtigs, gottloos, hüärisch, iberüs, oordäli, oortli, sunderbäärli.* Daneben behilft man sich auch etwa mit substantivisch gebildeten Mengenangaben wie *ä Flänggä, ä Flärrä, ä Flärris, ä Flatz, ä Hüüffä, uber ds Määss, ä Miänggis* und *ä Wiänggis.* Wirkt etwas gar nicht so gross, so nennt man es *mittelgattig.* Ist etwas ausgesprochen klein *(chlyy, chläi* als Zweitform noch in Bergnamen gebräuchlich, vgl. *Chläi Suschtli* etc.*)*[75], so geizt man nicht mit Ausdrücken wie *chlyylocht, gring, minggig, munzig, näägelsgrooss, nyttig, unzig* oder sagt etwa, das sei nur *Ggnüiser[waar].* Gerne spricht man auch etwa von *ä Bitz, äs Fätzäli [<Fätzä], ä Firggel, ä Lappälyy, ä Spyggel, ä Spryyssä,* was bezogen auf ein landwirtschaftlich genutztes Grundstück den betreffenden Besitzer schnell zu einem *Stimp[ä]ler* und *Maarterpüür[li]* herabwürdigt.

Geht es dann schliesslich ans genauere Abmessen *(ap'mässä)* oder wie man auch sagt *ds Määss nä,* stehen nebst den herkömmlichen Hilfsmitteln von *Metter, Doppelmetter, Santimetter,* vielleicht auch einem Lineal *(Linger)* noch eine Menge anderer Messmöglichkeiten zu Verfügung, so z.B. eine auf eine bestimmte Anzahl Meter abgemessene Schnur *(Schnüär),* die zu diesem Zweck von einer Rolle abgewickelt wird *(ap'lyyrä).* Eher in Vergessenheit geraten ist die Elle *(Eelä),* von der nur noch das Adjektiv *eelälang,* aber im übertragenen Sinn für eine zeitlich übermässig grosse Dauer *(Lèngi, Lènggi)* in Gebrauch steht. Noch seltener hört man die Kurzmasseinheiten *Gmind* und *Spangä,* welche die ungefähre Länge einer Handbreite, ca. 10 cm, umfassen. Um so vertrauter insbesondere bei Sanitärinstallateuren ist das Längen- und Hohlmass *[1]Zoll, Zolli* und das dazu gehörige Adjektiv *zèllig.* Fast ausschliesslich nur noch in bäuerlichen und Handwerkerkreisen der älteren Generation wird ebenfalls als Längenmass (ca. 30 cm) der Ausdruck *Kubik-, Mäss-* oder *Metter'schüä* gebraucht. Auch hierzu kennt man ein Adjektiv *schüäig* in der Bedeutung von «schuhlang». Ein ausgesprochen altes Längenmass (60 cm) stellt die *Lyyni* dar. Grössere Einheiten laufen dann gerne unter Vergleichen wie etwa *Pinggelläng,* was der ungefähren Länge

An den Enden kreuzförmig *(gfachnet)*
angelegte Holzbeige, sog. *Chryzbyygi.*
Eine *Chlaafterbyygi* kann auch nur
2 Meter in der Breite *(Bräiti)* betragen,
dann aber ist sie 1.50 Meter hoch. Bei
frischem *(griän)* Holz geht man im Inter-
esse des Käufers sogar auf 1.60 Meter in
der Höhe *(Heechi)*, weil das Holz beim
Trocknen *(trèchnä)* volumenmässig
abnimmt *(schwyynä).*

einer Heubürde *(Mässburdi)*, ca. 170 cm, entspricht, oder *Chlaafter, Chlaafterbyygi*, welche die Länge von 3 m in der Breite und je 1 m in der Höhe und Tiefe umfasst. Sonst wird im Alltag, wenn das Messresultat nicht so genau *(ggnaaw, g[i]näüw)* sein muss, gerne mit einer Latte *(Lattä* ca. 2 m, *Haglattä)* oder einem *Boonästickel* gemessen. Bisweilen kann auch eine *Miisälä* oder *Holzspältä* (ca. 1 m) benutzt werden, oder man schreitet die Länge ab und zählt die Schritte *(Schritt)*.

Wirkt eine Länge *(Lèngi)* als Wegstrecke dermassen lang, so dass sie vom zeitlichen Bedarf *(ä Lènggi)* her wie auch bedingt durch den möglicherweise damit verbundenen Kräfteaufwand spürbar ins Gewicht fällt, spricht man von *Läiffi*, oder es heisst etwa: *Da müäsch etz scho z ganzä Stickä gaa, Das isch grad ä Bitz, äs Stuck* oder *Das ziät si* sowie *Das isch äü nu ä gottloos ä hüärä Wytti* (neben *Wyyti)*. Wenn man früher *(friäner)* so mühselig durch die Gegend *mar[t]schä, schüänä, socknä, stäissä, tagglä, typplä, tschaanä, tschumplä* musste, errechnete man gerne die Länge in der Masseinheit einer *Ürnerstund* (ca. 4 km).

Erweist sich hingegen etwas als kurz *(churz)*, gebraucht man je nach Situation Ausdrücke wie *ä Ruck, ä Satz, ä Schmäiz, ä Sträipfä* oder *ä Stryyffä*. Die Kürze *(Chirzi)* lässt sich aber auch mit x-beliebigen Diminutiva andeuten, wie etwa mit dem Wort *Stimpli (<Stumpä)*.

Kommt auch noch die Breite *(Bräiti, bräit)* als zweite Dimension dazu und überwiegt sie dabei sogar *(bräitzoggnig, wyt)*, indem sie sich mit der Länge zu einer ansehnlichen Fläche *(Flèchi)* verbindet, dann hört man Bezeichnungen wie *ä Flärrä, ä Flärris, ä Plätz* und *äs Stuck*. Bandförmig in die Länge Gezogenes *(Lèngszoggnigs)* hingegen wird zum *Stryyffä* oder *Sträipf[ä]*. Als weiteres Flächenmass kannte man früher auch das heute praktisch ausschliesslich als Kubikmass verwendete *Chlaafter*, das nach unbestätigten Angaben eines Gewährsmannes 32,4 m2 betragen haben soll.

Zur Bezeichnung von eng *(äng)* und schmal *(schmaal, ä Schmeeli)* seien der Vollständigkeit halber auch noch die beiden Inchoativa *schmaalä* und *schmeelerä* im Sinne von «schmaler werden», resp. «schmaler machen» erwähnt.[76]

76 Seite 76

Der ursprünglich schon unterhalb
der Riedertalkapelle beginnende *Schärhag*
(vgl. Foto von 1963) misst heute
auf der Höhe der Kapelle taleinwärts
gerade noch ca. 100 Meter.

Grenzen

Seit jenem entscheidungsvollen Augenblick, als der Mensch das lockere Nomadendasein durch die an einen festen Wohnort gebundene Sesshaftigkeit vertauschte, bekamen die Grenzen *(Gränzä, March)* wie von selbst ihren heute noch so bedeutsamen Stellenwert. Gerade in einer Gegend, wo der Lebensraum bedingt durch die angesprochene Kargheit des Bodens wie auch durch das Ausmass der unbebaubaren Flächen empfindlich eingeschränkt wird,[77] ist die Forderung nach einer einwandfreien Abgrenzung des individuellen Eigentums von Grund und Boden gegenüber möglichen Besitzansprüchen durch Drittpersonen nicht einfach nur als Ansatz zu einer blossen formaljuristischen Floskel zu verstehen, sondern entspringt einem weit darüber hinaus gehenden Bedürfnis nach existentieller Sicherheit.

Kein Wunder also, wenn im urnerischen Vokabular vornehmlich der Vorgang des Abgrenzens selber wie auch ein späterer möglicher Rechtsbruch in Form einer unstatthaften Grenzerweiterung gut vertreten sind, wogegen streng juristische Probleme z.B. zu Fragen des Privateigentums – von ein paar wenigen Ausnahmen abgesehen – praktisch ausschliesslich der Fachsprache angehören und nur über diesen Weg in die Mundart eingedrungen sind, wenn überhaupt![78]

Nun denn, eine Grenze im Sinne einer «Trennungslinie zwischen zwei Bereichen»[79] nimmt ihren Anfang in der Regel mit der lokalen Festlegung im Gelände, was man als *marchä [ap-, üss'marchä], ggmarchä, pschäidä* bezeichnet. Ehe es ans *Ap'täilä* und nachfolgend ans *Ap'spèrrä* ging, machte man sich in früheren Zeiten zunächst ans *Ap'schryttä*. Dann war es die Aufgabe des obrigkeitlichen Marchers *(Marcher, Landmarcher)*[80], Kreuze *(Chryzmarch)* und/oder March-, resp. Grenzsteine *(March-, Gränz'stäi)* klar und unmissverständlich in die Landschaft zu setzen. Heute wird diese Arbeit von einem Vermessungsbüro in Zusammenarbeit mit dem kant. Grundbuchamt unter Aufsicht eines Notars *(Affekaat, Firspräch, Tirligyyger, Voorspräch)* zuhanden der Eigentümer erledigt.[81] Anschliessend kann mit dem Einfrieden *(friidä, haagä, haggnä, y'friidä, y'haagä, underhaagä)* gemäss grundbuchamtlich eingetragener und verordneter Hagpflicht begonnen werden.[82] Hierzu verwendet der Eigentümer – sofern nicht auch da inzwischen längst modernere (lies: maschinelle) Methoden Einzug gehalten haben – ein Stemmeisen *(Stäck-, Stämm-, Steck'yysä, Hagäbirzä)*, um Löcher für die hernach zu montierenden Hagstecken *(Hagäbirzä, Hagstäckä, Hagstooss, Hagstud)* zu graben.

77 Seite 78

78 Seite 78

79 Seite 78

80 Seite 78

81 Seite 78

82 Seite 79

1

5

2

6

3

7

4

Verschiedene Hag-Konstruktionen

1 *Fèllhag*
2 *Graschpälähag, Grassälähag,*
   Schar[lattä]hag, Schärhag, Schräithag
3 *Schyyjä[li]hag, Schiäpälihag*
4 *Spängälihag, Lattähag*
5 *Schwäifhag*
6 *Schwäifhag*
7 *Wèrrhag, Wèrrhagrytti* in Äsch
   (Chäsgädmeren), Gmde Unterschächen

Hinsichtlich Hagarten *(Hag)* sei auf die nachfolgenden Zeichnungen und Fotos verwiesen, die auch Einblick in die Benennung der einzelnen Hagelemente und Ausführungsformen geben:[83]

83 Seite 79

Fèllhag:	Zaun aus Latten und gabelförmigen Stützen *(G[g]riggälä)* oder auch aus Pfählen mit (Stachel-)Draht bestehend. Dieser wird zur Winterszeit niedergelegt oder gefällt *(fèllä).*
Graschpälähag:	Hag aus Stecken und Astgabeln
Grassälähag:	dito
Lattähag:	Zaun aus längs verlaufenden Latten *(Lattä),* die entweder an Pfählen *(Stud)* befestigt oder wie in Meien in die Öffnungen teils sogar granitener Hagpfosten eingelassen sind
Schärhag: *Schar[lattä]hag:*	Zaun aus kreuzweise in den Boden gesteckten Latten
Schiäpälihag: *Schyyjä[li]hag:*	Zaun (bes. Gartenzaun) aus kleinen, gehobelten, senkrecht auf Querstangen genagelten Stäben
Schrackähag (?):	«Zaun mit schräggestellten Holzlatten»[84]
Schräithag:	Zaun aus schräg zum Boden gestellten Latten oder Stämmen, die je durch ein Paar kreuzweis in den Boden gesteckter Stecken gestützt werden
Schwäifhag:	Zaun aus schiefliegenden Latten
Schwäif:	aus Ruten geflochtener Ring, mit dem die Längslatten eines Schweifhages an die Zaunpfosten gebunden werden
Spängälihag:	Lattenzaun
Stageetä:	Lattenzaun
Marchhag[85]	
Schirmhag[86]	
Chiägäimer:	elektrische Umzäunung
Veegäimer:	dito

84 Seite 79

85 Seite 79
86 Seite 79

Beispiele für Durchlass-
und Öffnungsmöglichkeiten

34

Hagholz	Holz, das zur Erstellung von Zäunen bestimmt ist	
Hagäbirzä	Zaunpfahl, Hagpfosten[87]	
Hagstäckä		
Hagstooss		
Hagstud		
Stickel, Stichel Urs.		
Stooss	meist nur im Pl. *Steess* gebraucht	
Stud		
Grassälä		
Haglattä	Latte; längeres, dünnes Brett zur Erstellung	
Lattä	von Lattenhägen	
viärlättig	aus vier Latten bestehend	
Hagschyyjä	dünne Latte; schmales, langes Brett	
Schyyjä, Schyyjäli		
Spränzel		
G[g]riggälä	Holzgabel zum Auflegen von Haglatten	
Hag'griggälä		

87 Seite 79

88 Seite 80

Beispiele von Durchlass- und Öffnungsmöglichkeiten[88]

Lickä, Luckä	*Tiirä, Tirli*	*Toor, Teerli*
Pleegi	*Schletztiirä*	*Toorboogä*

Eine besondere Art der Abgrenzung ist der *Schlingg*, womit in offenem Allmendgebiet gegenüber einem weiteren Benützer angedeutet wird, in welchem Bereich man zu mähen *(mäijä)* gedenkt.

Die Umzäunung als Ganzes genommen heisst je nach Art oder Umfang *Astooss, Färch, Färrich* Urs., *Gatter* oder *Gheg, Ingèländ, Läiffi, Leegi, March[t], ²Märcht, Pfärch, Rytt[äl]i*, wobei bei Lattenzäunen mit einer Lücke *(Pleegi)* als Durchlass eigens noch von *Ggleg* gesprochen wird. Die nebst dem *Tirli* (<*Tiirä*) hin und wieder angebrachte Sperrvorrichtung zwischen Zaun, Hecke oder Mauer heisst *Leegi*.

Oberes Bild: *Scheenmyyrli*
in der Bielenhofstatt (Gmde Erstfeld)

Unteres Bild:
Stäimitschä oder auch *Stäihüüffä* auf der
Alp Bogli (Gmde Erstfeld)

Natürlich kann die Einfriedung auch aus einer Mauer *(Müürä, Gmyyr, Wand)* mit Steinen aus dem Feld *(Fäldstäi)*, sog. *Scheenmyyrli (<scheenä)*, bestehen oder in Form eines Erdwalls *(Äärd-, Stäi'hüüffä, Wall)* aufgeschüttet worden sein.[89] Dort, wo eine Einzäunung zusätzlich die Funktion eines speziellen Schutzes zu erfüllen hat, spricht man von *Schutzgatter, Wèrrhag* und *Windspèrrä*, und ein auf solche Weise eingezäuntes Landstück – z.B. entlang exponierter Geländestellen oder längs einer stark frequentierten Strasse – kommt leicht zur Bezeichnung *Wèrrhagrytti*. Ausgeweitet auf militärische Belange kennt man auch bei uns die im Hochmittelalter etwa als Talsperre verwendete *Letzi*[90].

Angrenzende Gebiete werden gern als *Astooss* bezeichnet, und wenn speziell ein Gebäude übermässig in die nachbarliche Nähe rückt *(Äs isch astooss, asteessig)*, heisst es, das sei schon noch *phaabä* oder auch *ghaabä*, teils noch mit dem Zusatz *nooch, neech* verquickt, was etwa zur Formulierung führt: *Yychers Hüüs isch äü nu gottloos phaabä neech a yyserä Stall annä cho.*

Eigen und Allmend

Wer den grossen und kühnen Gedanken und Beobachtungen eines Dr. Eduard Renner (1891–1952) nachsteigt und die Leitideen seiner tiefschürfenden Analysen im Buch «Goldener Ring über Uri»[91] zu ergründen versucht, der spürt recht bald, welch eminente Bedeutung dem Begriff des Eigentums, des Eigens *(Äigä, äigä, äiget, äiggnig)* im harten Existenzkampf des Urner Berglers beizumessen ist. Um so mehr mag es erstaunen, dass sich die sprachlichen Ausdrucksmöglichkeiten bei der Benennung des Eigentums doch eher bescheiden ausnehmen. Es scheint fast, als ob das Bekenntnis zum persönlichen Besitz von *Grund und Boodä* und allem, was dazu gehört (z.B. *A̱cher, Land, Mattä, Hüüs und Stall, diä ganz Ruschtig, Gschiff und Gschirr, Vermeegä, Wa[a]ld)* dem Urner vornehmlich in die Seele geschrieben ist und keineswegs durch lockeres Gerede entwertet werden darf.

So besehen mag z.B. die recht aggressiv klingende Aufforderung in der bekannten Kurzform «*Üüsä üs em Äigä!*» oder auch «*Dussä, mer ässet!*» weniger als ungehobelte, dörpelhafte Vertreibungsgeste verstanden werden. Vielmehr ist darin der unmissverständliche Ausdruck eines punktuell gesetzten Abwehrmechanismus gegenüber einem potentiellen, die persönliche Existenz bedrohenden Eindringling zu erkennen.

89 Seite 80

90 Seite 80

91 Seite 80

In ähnlichem Umfang will auch der juristisch klar definierte Unterschied zwischen Eigentum und Besitz *(Hab, Haabi, Pasäss, Possäss)*[92] – was zumindest den Volksmund betrifft – nicht immer auf Anhieb gelingen, wenn auch das Mietverhältnis *(Miäti)* mit den zu entrichtenden Zinsen *(²Zyys)* immer wieder klar in Erinnerung ruft, dass einem das Gut *(Güät, Giätli)*, worauf man steht und geht, nicht zu eigen gehört *(gheerä, keerä)*, sondern dass man es als *Leemä* oder *Lechälyt* nur zu Lehen *(Lee, Leeland, Luss)* hat und so bewirtschaften kann. Schollenverbunden und getragen von einem nie erlahmenden Wunsch nach Unabhängigkeit, bleibt jedoch der Wille in der Berglerseele bestehen, solch ein Grundstück *(Boodä, Hüüsstuck, Land)* mit Haus und Hof *(Bä[ä]rg, -giätli, -häimet, Boodähäimä)* womöglich trotz des bedenklichen Allgemeinzustandes *(Gripsch, G[g]ritsch, Gritschg)* bei passender Gelegenheit *(Ggläägähäit)* käuflich zu erwerben *(chäüffä)* und den Eigentumsübergang vorschriftsgemäss – wie oben schon angedeutet – beim Notar *(Affekaat, Apfekaat, Tirligyyger, Voorspräch)* beglaubigen zu lassen *(kanzlyyjä, verschryybä)*, um es bald auch mit *Hüüsä und Spaarä* gegenüber etwelchen Geldgebern durch Ablösung bestehender Gülten *(Giltä, Truckälibriäf)* *leedig und loos* zu bekommen.[93]

92 Seite 81

93 Seite 81

Eine derart veränderte Sachlage macht es dem Eigentümer *(Äigätimmer)* möglich, dereinst mit letztwilliger Verfügung *(Verfiägig)* *ä Ding i d Oornig z tüä* oder *z oornigä*, d.h., ein Testament *(Teschtämänt)* zu erstellen und sein Eigen den Nachkommen zu überlassen *(verteschtamäntä, vergä, täilä, vertäilä)*. Das Recht *(Rächt)*, eine Erbschaft *(Erb)* anzutreten *(èrbä)*, verschafft dem Begünstigten die Möglichkeit, den gemäss Testamentsvollzug zufallenden Erbteil *(Täil, Atäil, Erbtäil)* oder gar alles mit eventuellen Auflagen *(Üfflaag)* an sich zu nehmen *(phaaltä)*. Dies dürfte wohl auch die angenehmste Form des Eigentumsübergangs sein, kann dadurch doch der Begünstigte – normalerweise der Älteste *(Eltisch[t])* in der Familie *(Famiili)* – aufatmend sagen: «*Jetz isch äs yysers!*». Gewiss kommt es auch vor, dass situationsbedingt u.U. der Zweitälteste *(Naa[ch]èltisch[t])* oder sogar das jüngste Kind *(Jingscht)* das Vaterhaus *(Vatter'häimä, -häimet, -hüüs)* mitsamt dem angegliederten Betrieb *(Betriib, Püürägwärb)* übernimmt.

Hier und dort ergibt sich jedoch auch der Umstand, dass privates Eigentum anstelle einer Teilung *(Täilig; täilä, sticklä)* kollektiv verwaltet wird, was bei unverheirateten Geschwistern *(Leedigä, uverhyraateti Gschwischterti)* gerne der Fall ist. Unter solchen Voraussetzungen hört man etwa die Formulierung *eppis täil und gmäin ha*, weil hierbei jeder Teilhaber gleichmässig am Gesamten partizipieren *(parteschiärä)* kann, ohne dass deswegen gleich auch eine Veranlassung zu Uneinigkeit *(Chriäg [chriägä]*,

Chritz, Färälyynä, Fuchtetä, Gchä[ä]rsch[t], Handel, Kä[ä]rsch[t], Krach [krachä], Mäis [mäisä], Ryyberyy, Stryt [stryttä], Strüüss [strüüssä], Zanggyysä [zanggä]) darin mitenthalten sein muss.

Wie gesagt – nicht immer lassen sich die Eigentumsverhältnisse auf relativ einfache Weise regeln. Da gibt es bisweilen auch jene weniger erfreulichen Situationen, wo z.B. ein engagierter Jungbauer von seinem Nachbarn *(Na[a]chper, Na[a]chpüür)* oder einem älteren unverheirateten Onkel *(än a[a]ltleedigä Unkel)* gerne ein Stück *(äs Stuck, ä Plätz[ä]) Land* aus irgendwelchen Gründen zu seinem Eigen dazu erwerben möchte. Er bettelt *(antä, bättlä, mänggä, miädä)* unaufhörlich. Doch umsonst! Gerade das nahe verwandtschaftliche oder nachbarliche Verhältnis verhindert den Handel, indem es etwa von seiten des potentiellen Verkäufers heisst: *«Düü müäsch äs scho nit ha, dü bisch mer z nooch»* oder ganz einfach *«Ich gib der s nit, ich ha s nit fäil!»* Wird der Kauf *(Chäuf)* mit der Zeit dann doch noch Wirklichkeit, ist womöglich gleich auch eine Reihe von neiderfüllten *(nyydig, nyydisch)* Anwohnern zur Stelle, die in ihrer grenzenlosen Scheelsucht *(Nyyd, Vergüüscht)* dem Begünstigten den Erfolg derart missgönnen *(vergunnä),* dass man füglich behaupten kann, *si täätet äim, wenn s chänntet, ds Zändwee vergüüscht[ig]ä.*

Speziell in bezug auf die Wälder *(Wa[a]ld)* und Weiden *(Hirti, Summersääss, Wäid, Ussläässi Urs.)* sind es im Kanton Uri neben den wenigen Privaten und der öffentlichen Hand (Kanton, Bund) vorab die beiden Korporationen Uri und Urseren, die sich fast ausschliesslich in die vorhandenen Waldbestände und Alpweiden teilen.[94] Wer kraft seiner Herkunft und Abstammung Korporationsbürger *(Ggnooss)* ist und auch innerhalb der Korporationsgemarkungen Wohnsitz hat, kann auch gewisse Nutzungsrechte in Anspruch nehmen, so z.B. das Teilholzgeld, das sog. *Chrischchindäligäld,* im weiteren den Anteil eines Allmendgartens *(Allmäinigaartä)* sowie die teils vererbten, teils durch Kauf erworbenen oder geliehenen Hüttenrechte *(Hittärächt),* die erst eine Alpbestossung möglich machen.[95]

Wehe jenem Missetäter, der es wagen sollte, freventlich zum Nachteil der Genosssame einen Grenzstein *(Gränzstäi, Marchstäi)* zu versetzen, er müsste diese Untat noch im jenseitigen Leben büssen. Die Müllersche Sagensammlung liefert zu diesem Thema eine geradezu erschütternde Materialfülle. Man braucht nur die Geschichten rund um die Allmenden *(Allmäini)* und jene von den Armen Seelen *(Aarmi Seel)* hinsichtlich Marksteinversetzung nachzulesen, um den tieferen Sinn dieser Sagen zu erahnen.[96]

So war das sog. *Allmäini (fir Äigä) y'schlaa* ein schwerer Frevel *(Fräävel)* und zählte zu den *Malefizverbrächä,* weil mit dieser *ni[ä]derträch-*

tigä Tat die Allgemeinheit an der Wurzel ihrer durch Gesetze und Satzungen *(Gsetz, Gsetzgääbig, Satzig)* verankerten Rechtsordnung empfindlich getroffen *(träffä)* und im geregelten Neben- und Füreinander eines als Schicksalsgemeinschaft empfundenen Ganzen geschädigt *(scheedigä)* und gestört *(steerä)* wurde. Bezeichnenderweise gehört es auch heute noch zur selbstverständlichen Pflicht der Betroffenen, bei der Feststellung einer durch äussere Einwirkung (z.B. *Schnee*) erfolgten Hagkrümmung sofort die entsprechende Korrektur *(Hagrichti)* vorzunehmen.

Erstaunlich bleibt bei all dem eigentlich nur die Tatsache, dass ob soviel Respekt vor der Wahrung des Grundeigentums dieselben Urner es sich im Hoch- und Spätmittelalter leisten konnten, nach allen Seiten die Grenzen teilweise zum Schaden *(Schaadä)* ihrer Nachbarn *(Na[a]chper, Na[a]chpüür)* zu erweitern (vgl. *Alp Galtänäbnet,* Livinental, *Suränä, Üürnerbo[o]dä),* ohne sich offenkundig irgendeiner Schuld bewusst zu sein.[97]

97 Seite 82

Zum Bild links:
Östlich des Klausenpasses liegt die
in die Hochebene eingebettete
Ganzjahressiedlung Urnerboden,
zu deren Alpgebiet noch 15 Oberstäfel
zu zählen sind (Aufnahme 1963).

KAPITEL 1
LANDSCHAFT

Siehe auch
Ergänzungen S. 479 ff.

ANMERKUNG 1

Zur Bibliographie des Landes Uri
vgl. die Auflistung der einschlägigen
Literatur am Schluss des zweiten Bandes
sowie die Anm. 2 dieses Kapitels.
Bez. Auflösung der nachfolgend ver-
wendeten Sigel und sonstigen Ab-
kürzungen beachte man die
Seiten XXI ff.

ANMERKUNG 2

Die nachfolgende Zusammenstellung ist
speziell der Reiseliteratur rund um den
Kt. Uri und vereinzelt auch kulturhisto-
rischen und verkehrspolitischen Publika-
tionen mehrheitlich neueren Datums
gewidmet. Sie ergänzt zugleich die am
Schluss des 2. Bd. in der allg. Biblio-
graphie (a – c) aufgeführten Titel.
Zwecks weiterführender Literaturanga-
ben wie auch zur Gewinnung eines
Gesamtüberblicks in bezug auf das vor-
handene, bereits publizierte Material im
Bereich der nachfolgend anvisierten
Themen sei auf die ausführlichen biblio-
graphischen Angaben der Kantonsbiblio-
thek Uri (KBU) und des Staatsarchivs
Uri (StaA Uri) verwiesen.

Aebersold, Rolf; Muheim, Hans: Flug-
　bild Uri. Altdorf 1980
Afsprung, Johann Michael: Reise durch
　einige Kantone der Eidgenossenschaft.
　Leipzig 1990, S. 77 ff., 89
Amacher, Emil; Gasser, Andreas: URI.
　Routenbeschreibungen von 46 Wander-
　wegen und 15 SAC-Hüttenwegen.
　Schweizer Wanderbuch 29. Bern 1970
Amrein, Robert: Versteck oder Kult-
　stätte? In Erinnerung an den Erstfelder
　Goldfund. In: UW 1991, Nr. 35
Amrein, Wilhelm: Urgeschichte des Vier-
　waldstätter Sees und der Innerschweiz.
　Aarau 1939
Amstad, Heinz u.a.: Vierwaldstättersee.
　Unsere Flotte. Luzern 1979
Arbeitsgruppe Reussmündung: Die
　Reussmündungslandschaft am Urner-
　see. Bericht der Naturf. Ges. Uri,
　12. H., Altdorf 1984
Aschwanden, Felix: Der Urner See in
　Dichtung und Sage. In: UW 1991,
　Nr. 55

Auf der Maur, Franz; Camenzind, Jost:
Im Postauto durch die Schweiz.
Die schönsten Routen und Ausfluge.
Zofingen 1992

Bachmann, Fritz: Naturparadies
Schweiz. Zürich 1975, S. 166 ff.
Baedekers Schweiz. Stuttgart 1977, spez.
S. 107 ff.
Baldelli, Pierino; Geisser, Ruedi: mit dä
bärgä lääbä. Zeichnungen und Holz-
schnitte; Texte und Gedichte. Altdorf
1979
Basler & Hofmann: Alpenquerende Ur-
ner Verkehrswege. Entwicklungen und
Auswirkungen des Verkehrs auf der
Nord-Süd-Achse. Zürich o. J. [1991]
Bätzing, Werner: Die Alpen. Naturbear-
beitung und Umweltzerstörung. Frank-
furt a.M. 1988
Baumann, Heinz; Fryberg, Stefan:
URNER BERGE. Bildkalender 1992.
Altdorf 1991 [darin: Stefan Fryberg:
Uri und seine Berge]
Baumann, Heinz; Fryberg, Stefan:
Verkehrswege in Uri – Der Urnersee.
Altdorf 1993
Baumann, Werner: Der Güterverkehr
über den St. Gotthardpass vor Eröff-
nung der Gotthardbahn unter besonde-
rer Berücksichtigung der Verhältnisse
im frühen 19. Jahrhundert. Zürich 1954
Becker, Franz: Über den Klausen. Auf
neuer Gebirgsstrasse zwischen Ur- und
Ostschweiz. Glarus 1900
Beerli, André: Zentralschweiz. 45 Reise-
vorschläge. Lausanne 1973, S. 494 ff.
Benziger, Karl: Wanderungen durch Uri
im Zeitalter des Biedermeier. In: 22.
HNbl. von Uri. Altdorf 1916, S. 67 ff.
Bericht über die Inspection der St. Gott-
hards Course. In: PTT-Zeitschrift.
Bern 10/91
Bertolosi, Othmar: Auf dem Holzweg
der Schweiz. In: Alternative 1990,
Nr. 150, S. 10 ff.
Berühmte Besucher des Gotthardpasses.
UW 1958, Nr. 41
Beyeler, Otto: Über den Gotthard. Thun
o. J. [1935]
Beyeler, Otto; Nething, Hans Peter:
Der Gotthard. Thun 1973
Birchler, Linus: Vielfalt der Urschweiz.

Olten 1969
Bono-Haller, Heidi: Wie's früher war in
der Schweiz. Rosenheim 1973, S. 73 f.,
140 ff., 165 f.
Brägger, Bernhard: Die Klausenrennen.
Kompressoren am Berg. Geschichte
der Internationalen Klausenrennen.
Altdorf 1989 (3. Aufl.)
Braun, Adolph; Zurfluh, Kurt: Gott-
hard. Als die Bahn gebaut wurde.
Zürich 1982
Bühler, L.: Eine Postreise über den
St. Gotthard zur Winterszeit
(Humoreske). In: Alpenrosen, Jg. 1,
Bern 1866, S. 470 f.
Bühlmann, Josef: Das unbekannte
Kirchlein auf dem Gotthardpass.
Vaterland 1978, Nr. 273, ill.
Bühlmann, Karl; Schnieper, Xaver:
Der Vierwaldstättersee (1870 – 1910).
Luzern 1980
Businger, J.: Die Stadt Luzern und ihre
Umgebungen. Luzern 1811, S. 178 f.,
225, 227 ff.
Bützer, Hans-Peter: Vierwaldstättersee –
Zugersee – Ägerisee. 40 der schönsten
Wanderungen rund um die Seen der
Zentralschweiz. Routenbeschreibungen
mit Wanderkarten und Bildern.
Schweizer Wanderbuch 40. Bern 1978

Caminada, Paul: Le Glacier-Express.
Lausanne 1985 (2e édit.)
Cesana, Angelo: Felix Helvetia. Reisen
in der Schweiz. München 1962, S. 11
ff., 50 ff., 109 ff., 113, 115, 117 f.
Cesco, Federica de; Kitamura, Kazuyuki:
Das ist die Schweiz. Das grosse
Buch eines kleinen Landes. Kreuz-
lingen 1977, S. 12 f., 53, 56 f. (spez.
Berge), 58, 132, 208
Christen, Alex: Ursern. Das Hochtal am
Gotthard. Bern 1960

Danioth, Heinrich: Steile Welt. Blätter
von der Heimat eines Malers. Luzern
1965 (2. Aufl.)
Dichter preisen die Gotthardlandschaft.
In: GP 1959, Nr. 24
DU. Schweizerische Monatsschrift. Der
Kt. Uri. Zürich 1951, Nr. 8
Dubois, Jean; Schwabe, Erich; Bouffard,
Pierre: Das Bild der Schweiz im Bieder-
meier. Basel 1969, S. 94 ff., 103 ff.

Ebel, Johann Gottfried: Anleitung auf die nützlichste und genussvollste Art die Schweiz zu bereisen. Zürich 1804 (2 Bd.), Teil I: S. 20, 48, 69, 79, 86, 88 f., 91, 95, 97 f., 101, 122, 126 f., 206, 220, 241 f. 249; Teil II: S. 13, 36 ff., 42 ff., 49, 50 f., 167 f., 302, 314 f., 391 ff; Teil III: S. 25; Teil IV: 17 f., 69 f., 179 ff.

Eggermann, Anton: Die Bahn durch den Gotthard. Zürich 1981

Egli, Emil: Der Gotthard: Landschaftliche Voraussetzungen des schweizerischen Schicksalsweges. In: Innerschweizer Jahrbuch, Bd. 15/16, Luzern 1951/52, S. 101 ff. – ill.

Egli, Emil: Der Gotthard: europäische Mitte, schweizerische Brücke. In: Heimatklänge, Beilage zu den Zuger Nachrichten, 1957, Nr. 7, sowie Die Schweiz: Eigenart und Weltverbundenheit. Konstanz 1958, S. 9 ff. – ill.

Egli, Emil: Die geographische Bedeutung des Gotthards. In: NZZ 1959, Nr. 3480

Egli, Emil: Erlebte Landschaft. Die Heimat im Denken und Dasein der Schweizer. Eine landeskundliche Anthologie. Zürich 1961

Egli, Emil: Die Schweiz. Bern 1970

Egli, Emil: Der Gotthard. In: Heimatschutz 67, 1972, Nr. 1, S. 4 ff. – ill.

Egli, Emil: Seen der Schweiz in Landschaft und Kultur. Luzern 1979, S. 141 ff., 196

Egli, Emil: Der Gotthard – Erdbild und Kulturbrücken. In: Radio DRS (Sendung vom 29.5. / 5. 6. 1983)

Egli, Emil: Glanz und Katastrophe am Gotthard. In: Schweizer. Monatshefte für Politik, Wirtschaft, Kultur, H. 1, 1988, S. 57 ff. – ill.

Egli, Emil: Der St. Gotthard - Bedeutung und Auswirkungen. In: Geographica Helvetica, Jg. 41, 1991, Nr. 2, S. 60 ff. – ill.

Eschenmoser, Jakob: Auf alten Saum- und Pilgerwegen der Innerschweiz. Zürich 1988

Escher von der Linth, Hans Conrad: Ansichten und Panoramen der Schweiz. Zürich 1974, S. 81 ff., 314 f.

Es kocht in den Alpen. Was Transitverkehr und KöchInnen in den Alpen anrichten. Zürich 1992

Fader, Klaus: Furka-Oberalp-Bahn. Thun 1990

Fankhauser, Edy: Wir wandern durchs Urnerland. 34 Wandervorschläge von den Gestaden des Urnersees bis Ursern, ausprobiert, geschrieben und illustriert. Altdorf 1968

Fäsi, Johann Conrad: Genaue und vollständige Staats- und Erdbeschreibung der ganzen Helvetischen Eidgenossschaft etc., spez. Bd. II, Zürich 1766, S. 127–224

Faszination Gotthard I-III. Eisenbahnzeitschrift (Sondernummer). Köniz/Goldach 1990, 1991 u. 1992

Federer, Heinrich: Lob der Heimat. Schilderungen und Plaudereien. Basel 1951

Das Ferienbuch der Schweiz. Ferienorte, Ausflugsziele, Landschaften. Hrsg. von der Schweizer Reisekasse. Bern 1966, S. 320 ff.

Flüeler, Niklaus: Kulturführer Schweiz. Zürich 1982

Frank, Felix: Die Alpen. Eine Welt in Menschenhand. Hrsg. Geographisches Institut der Universität Bern. Bern 1991

Fransioli, Mario: Der St. Gotthard und seine Hospize. Hrsg. Ges. f. Schweizer. Kunstgeschichte. Bern 1982

Fröhlich, Martin; Müller, Eduard: Rütli, Schillerstein, Tellskapelle. Hrsg. Ges. f. Schweiz. Kunstgeschichte. Bern 1991

Furger-Gunti, Andres: Die Helvetier. Kulturgeschichte eines Keltenvolkes. Zürich 1984 (vgl. Index S. 174 f.)

Furger-Gunti, Andres: Der Gotthard-Postwagen. Zürich 1990

Furger-Gunti, Andres; Müller, Felix: Gold der Helvetier. Keltische Kostbarkeiten aus der Schweiz (Ausstellungskatalog). Zürich 1991, S. 17 ff., 77

Furka-Oberalp-Bahn AG, Brig. 25 Jahre Furka-Oberalp-Bahn. 3. Juli 1926 – 3. Juli 1951. Brig o.J. [1951]

Furrer, Benno: Die Bauernhäuser des Kantons Uri. Basel 1985

Furrer, Benno: Urner Alpgebäude im Wandel der Zeit. Wandlungsprozesse in der Kulturlandschaft der Alpen Uris im

Spiegel der Gebäude. Zürich 1989

Furrer, Gerhard: Die Zukunft der Alpen – der aktuelle Kulturlandschaftswandel der Nachkriegszeit. Saarbrücken 1980, S. 367 ff.

Gasser, Helmi: Die Kunstdenkmäler des Kantons Uri, Bd. 2: Seegemeinden. Basel 1986

Gattlen, A.: Die Furkastrasse von 1800–1935. In: Strasse und Verkehr, Offiz. Organ der Vereinigung Schweizer. Strassenfachmänner und der Schweizer. Vereinigung f. Gesundheitstechnik, 41. Jg., Solothurn 1955, Nr. 7, S. 275 ff.

Geist, J. J. Ludwig: Tagebuch einer Reise durch die Schweiz. Die Aufzeichnungen von Goethes Schreiber 1797. Hrsg. und kommentiert von Barbara Schnyder-Seidel. Mit zeitgenössischen Illustrationen. Stäfa (Zürich) 1982

Gigon, Fernand: Geschichte und Geschichten über Alpenpässe. Lausanne 1979, S. 6 ff.: St. Gotthard; S. 130 ff.: Furka

Gisler, Karl: Wie man früher im Winter über den Gotthard reiste. In: GP 1931, Nr. 20

Goethe, Johann Wolfgang von: Die Reisen. Zürich 1978

Goethe, Johann Wolfgang von: Die Schweizer Reisen 1775/1779/1797. Zürich 1979
Zur Literatur über Goethes drei Reisen in die Schweiz vgl. die Zusammenstellung in Kap. 2, Anm. 124.

Der Gotthard: Einst und jetzt. Vom Verfasser der «Schweizer Alpen». Würzburg 1883

Gotthard-Spekulationen. Zum Erstfelder Schatzfund u. zur Frage: Alpenübergänge – bereits zur Bronze- und Eisenzeit? In: TAGES-ANZEIGER 1976 (26. Juni), S. 57

Der Gotthardstrassentunnel. Porträt des längsten Strassentunnels der Welt. Bellinzona o. J.

Gränicher, Dieter: «Transit Uri». Film. Zürich 1993 (vgl. Alternative 1993, Nr. 182, S. 18)

Grieder, Karl: 100 Jahre Gotthardbahn 1882–1982. Schaffhausen 1981

Gschwend, Max; Bohren, Ernst: 100mal die Schweiz erleben. Ausflüge zu bekannten und unbekannten Zielen: Natur – Geschichte – Kultur – Wirtschaft – Abenteuer. Aarau 1991, S. 8 ff., 32 ff.

Gwerder, Josef: Bordbuch DS «Unterwalden». Luzern 1985

Gwerder, Josef: Die Geschichte der Schiffahrt auf dem Vierwaldstättersee. Luzern 1987

Gwerder, Josef: Bordbuch DS «Stadt Luzern». Luzern 1989

Haid, Hans: Mythos und Kult in den Alpen. Kultstätten und Bergheiligtümer im Alpenraum. Rosenheim/Linz 1990

Haller, Hans: Kunstreisen in der Schweiz. Zürich 1976, S. 12 ff.

Hanhart, Urs: Realp-Tiefenbach wieder in Betrieb. Dampfbahn Furka-Bergstrecke. In: UW 1992, Nr. 54

Hansjakob, Heinrich: Alpenrosen mit Dornen. Reiseerinnerungen. Stuttgart 1905 – ill. von Curt Liebich

Hardmeyer, J.: Die Gotthardbahn. Faksimileausgabe. Zürich 1979

Häsler, Alfred A.: Gotthard. Als die Technik Weltgeschichte schrieb. Frauenfeld 1982

Heer, Jakob Christoph: Der Vierwaldstättersee und die Urkantone. Zürich 1898

Heidrich, Hans Carl: Die Alpen. Abenteuer der Jahrhunderte. Stuttgart 1970, vgl. Register S. 123 ff.

Die Helvetier und ihre Nachbarn als Identifikationsfiguren der heutigen Schweizer: Theorien und Auswirkungen. archäologie der schweiz. Mitteilungsblatt der Schweizer. Ges. f. Ur- und Frühgeschichte – SGUF, H. 14, Basel 1991, Nr. 1

Hemmer, Adrian; Wiget, Josef: Innerschweizer. Kultur- und Reiseführer. Olten 1989

Heuberger, Werner; Schwabe, Hans-Rudolf; Werder, Rudolf: FO Brig–Furka–Disentis. Bau, Betrieb und Rollmaterial einer wichtigen Alpenbahn. [Zur Schöllenenbahn, vgl. S. 17 ff.]. Basel 1981

Hirtler, Christoph: Unterwegs – Fünf Passgeschichten aus Uri. Altdorf/Luzern o. J. [1989]

Hofer, Fritz: Die Schiffahrt auf dem Vierwaldstättersee. Luzern 1931

Hofmann, Arno: Gotthardroute. Basel –
Gotthard – Chiasso. 20 Routen-
beschreibungen mit Routenkarten,
Routenprofilen und Bildern.
Schweizer Wanderbuch. Bern 1980

Hugelshofer, Margot: Reisen in die
Innerschweiz. Zürich 1992

Hugger, Paul: «Der schöne Augenblick».
Schweizer Photographen des Alltags.
Zürich 1989

Hürlimann, Martin: Die Schweiz. Eine
europäische Kulturlandschaft.
Zürich/Freiburg i. Br. 1971, S. 7 f.,
20 f., 43 f., 283

Imber, Walter; Bachmann, Dieter: Die
Schweiz sehen. Vevey 1984, S. 26 f., 138

Im Land der Bärenjäger. Bergwanderun-
gen im Urserental. In: NZZ 1989,
Nr. 201

Ineichen, Fritz: Zentralschweiz – Pass-
wanderungen. Luzern o. J.

Informationsmappe [Prospektserie] An-
dermatt – Urserental – Gotthardgebiet.
Hrsg. von der Urner Kantonalbank,
Agentur Andermatt, und vom Ver-
kehrsbüro Andermatt. Andermatt 1990

Iten, Karl: Das Urner Dorf. Eine be-
schauliche Reise durch den Kanton Uri
festgehalten in einer Folge von Linol-
schnitten und Texten. Altdorf 1968

Iten, Karl: Ursern Mittelpunkt der Welt.
In: GP 1976, Nr. 51

Iten, Karl: Eine imaginäre Reise mit der
Gotthard-Post. Altdorf o. J. [1984]

Iten, Karl: URI – Die Kunst- und Kul-
turlandschaft am Weg zum Gotthard.
Altdorf 1991 [1992]

Jenny, Hans: Kunstführer durch die
Schweiz. Bd. 2, Bern 1975, S. 713 ff.

Kägi, Hans Ulrich: Die traditionelle
Kulturlandschaft im Urserental.
Zürich 1973

Kaiser, Ernst: Land am Gotthard.
St. Gallen 1966

Kaiser, Ernst: Urnerland. Arbeitshefte
für den Unterricht in der Schweizer
Geografie, H. 2, Wattwil 1991

Kaune, Rose-Marie; Bleyer, Gerhard:
Die schönsten Höhenwege zwischen

Appenzell und Vierwaldstättersee.
München 1992

Kocher, Alois: Der Gotthardsaumweg
und die Bedeutung des Krüzlipasses als
alter Alpenübergang. Vortrag vom
29. 5. 1949. Typoskript in StaA Uri

Kocher, Alois: Der alte St. Gotthardweg.
Verlauf – Umgehung – Unterhalt.
HNbl Uri, NF: 4. u. 5. H. für die Jahre
1949/50. Altdorf 1951

Kocher, Alois: St. Gotthard und die
Walser. Brig 1968, S. 71 ff.

Kocher-Wetzel, Heidi: Fünfspännig über
den Gotthard. Reisen wie in alten Zei-
ten, die Landschaft geniessen, sich Zeit
lassen. Die Gotthard-Postkutsche
macht einen alten Traum wieder wahr.
In: Brückenbauer 1992, Nr. 24, S. 43

Kopp, Peter F.; Trachsler, Beat; Flüeler,
Niklaus: Malerische Reisen durch die
Schöne alte Schweiz. Zürich 1982

Krupski, Hanns (in der Gand): Eine
Reise über den St. Gotthard im ersten
Drittel des 18. Jahrhunderts. In: 29.
HNbl Uri, Altdorf 1923, S. 7 ff.

Kunst in Uri – Urner Künstler. Doku-
mentation zur Sommerausstellung.
Altdorf 1979

Land der Innerschweiz. Frauenfeld 1984

Langenmaier, Arnica-Verena: Kunst-
erlebnis Schweiz: Geschichte und Kunst
in 428 Orten von A–Z. Luzern 1987

Läubli, Walter; Stieger, Hermann:
Urschweiz. Heimat des Vaterlandes.
Luzern/Zürich 1940

Laur-Belart, Rudolf: Studium zur Eröff-
nungsgeschichte des Gotthardpasses
mit einer Untersuchung über Stiebende
Brücke und Teufelsbrücke. Zürich 1924

Leemann, Walter: Der Vierwaldstätter-
see. Erlenbach-Zürich o. J. [ca. 1949]

Letter, Paul: Gotthardreisen in alter und
neuer Zeit. In: UW 1957, Nr. 87, 90, 92

Leuzinger, Heinz: Kletterführer
Klausen–Urnersee. Ausgewählte
Touren, o. O. 1988

Liechti, Erich u.a.: Schiffahrt auf dem
Vierwaldstättersee. Villigen 1974

Loretz, Hansjörg: Chrampfe für's
Dampfe. [Zur Dampfbahn «Furka-
Bergstrecke»]. In: Coop Wochen-
Magazin 1993, Nr. 25

Lüönd, Karl; Iten, Karl: Das grosse Buch vom Gotthard. Zürich/München 1980

Lusser, Armin Oskar: J. G. Seumes Reisen und Wanderungen über den Gotthard (1802). Altdorf 1963

Lusser, Armin Oskar: Winterliche Wanderung eines Naturforschers durch das Urnerland vor 90 Jahren (Febr. 1873). Altdorf 1963

Lusser, Carl Borromäus: Uri als Kulturkreis. In: Borromäer Stimmen, Jg. 42, Altdorf 1962/63, Nr. 2, 3 – ill.

Maeder, Herbert; Kruker, Robert: Hirten und Herden. Alpkultur in der Schweiz. Olten 1983

Maeder, Herbert; Kruker, Robert; Weiss, Hans: Landschaft Schweiz. Bedrohung und Bewahrung. Zürich 1989

Maier, Dieter: Schatzkammer Alpen. Drei Jahrtausende Kunst und Kultur. Zürich 1987, S. 24, u. Ortsregister S. 239 f.

Marti, Franz; Trüb, Walter: Die Gotthardbahn. Zürich 1968

Mathys, F. K.: Vom Transitverkehr zum Ferienland. Anfänge des schweizerischen Tourismus. In: UW 1987, Nr. 77

Mathys, F. K.: Als Reisen und Ferien noch Abenteuer waren. Aus den Anfängen des schweizerischen Fremdenverkehrs. In: NZZ 1990, Nr. 236

Matt, Leonard von: URI. Das Volkserbe der Schweiz, Bd. 6, Basel 1946

Mayer, Beda: Das Hospiz St. Gotthard. Helvetia Franciscana, Bd. 14, 1981, H. 1, S. 1 ff. u. Forts.

Meisser, Christian: Die schöne Schweiz in 92 Kunstblättern. Begleitwort von Heinrich Federer. Genf o. J., S. 33 f.

Merki, Martin u.a.: 150 Jahre Dampfschiffahrt auf dem Vierwaldstättersee. 1837–1987. Luzern 1987

Meyer, Isidor: Ursern und der Gotthardverkehr. Altdorf 1938

Meyer, Myran: Vom Saumpfad bis zur Schöllenenbahn. Die Schöllenen im Wandel der Zeit. In: UW 1992, Nr. 61

Meyer, Peter A.: Schiffe aus alter Zeit. Luzern 1985

Meyer, Peter A.: Urner Erinnerungen an die schöne alte Schweiz. In: GP 10. 11. 1988, Nr. 73, S. 28

Miller, W. H.: Gotthard damals und jetzt. In: GP 1987, Nr. 1, ill.

Mittler, Max: Streifzug durch historische Landschaft. Die Innerschweiz in Vergangenheit und Gegenwart. Illustrationen und Texte aus drei Jahrhunderten. Zürich 1969

Mittler, Max: Pässe – Brücken – Pilgerpfade. Historische Verkehrswege der Schweiz. Zürich/München 1988 (vgl. Geographisches Register S. 207 f.)

Mockenhaupt, Hubert: die Arbeit menschlich ordnen. Heinrich Brauns – Ein Leben für die soziale Gerechtigkeit. Trier 1990, S. 64 ff. (Der Freund der Schweiz), S. 72 ff. (In Göscheneralp)

Moser, Alfred: Der Dampfbetrieb der schweizerischen Eisenbahnen. Eine geschichtlich-technische Darstellung der im Bahnbetrieb der Schweiz gestandenen Dampflokomotiven 1847-1936. [spez. Gotthardbahn, vgl. S. 131-161] Basel 1938

Muheim, Hans: Die Strassenbau-Politik des Kantons Uri (Diss.). Bern/Zürich 1945

Muheim, Hans: Der Kanton Uri – ein Passstaat. In: UW 1950, Nr. 40

Muheim, Hans: Uris Fremdenverkehr im Jahre 1952. In: Schweizer. Wirtezeitung 1953 (16. 5.)

Muheim, Hans: Uris Schicksalsweg – der Gotthard. In: LNN 1954, Nr. 138

Muheim, Hans: Die Geschichte des St. Gotthard. In: Vaterland, Sonderbeilage «Gotthard», 30. 11. 1956, Nr. 279

Muheim, Hans: Strassenbau in Uri. In: LNN 1957, Nr. 239

Muheim, Hans: Uri – Passland am Gotthard. In: Vaterland (Sonderbeilage) 1961, Nr. 242 – ill.

Muheim, Hans: Uri – Passland am Gotthard. In: Heimatleben 1962, Nr. 2

Muheim, Hans: 100 Jahre Axenstrasse, 3. 7. 1965. In: UW 1965, Nr. 51

Muheim, Hans: Uri als Reiseland. In: Uri – Land am Gotthard. Zürich 1965, S. 304 ff.

Muheim, Hans: Die Schiffahrt auf dem Vierwaldstättersee in alter Zeit. In: UW 1969, Nr. 53

Muheim, Hans: Vom Postboten am

Gotthard zur Zentralalpenpost.
In: UW 1971, Nr. 47

Muheim, Hans: Von der Pferdepost zum
Alpenmotorwagen. In: UW 1972,
Nr. 49

Muheim, Hans: Uri – von Dorf zu Dorf.
In: 33. Zentralschweizer. Jodlerfest
vom 15./16. 6. 1974 (Festführer).
Altdorf 1974

Muheim, Hans: Die Geschichte des
St. Gotthard. In: Gotthard-Informa-
tion, 1975, Nr. 1 – ill.

Muheim, Hans: Der Gotthard. Erschlies-
sung und Bedeutung. Altdorf 1976 – ill.

Muheim, Hans: Ein Zeugnis aus früherer
Zeit. Die Sust in Silenen, eine Station
am alten Gotthard-Saumweg. In: UW
1976, Nr. 50 – ill.

Muheim, Hans: Ursern – Drehscheibe
Europas. In: UW 1977, Nr. 47 – ill.

Muheim, Hans: Ursern – Wegkreuz
Europas. In: Ursern – das imposante
Hochtal zwischen Gotthard, Furka
und Oberalp. Bern 1978, S. 143 ff.

Muheim, Hans: Auf dem neuen «alten
Gotthardweg». In: UW 1978,
Nr. 59 – ill.

Muheim, Hans: Die Fahrstrasse über den
Gotthardpass. Vor 150 Jahren eröffnet.
In: UW 1980, Nr. 21 – ill.

Muheim, Hans: Vom Postwesen im alten
Lande Uri. In: UW 1983, Nr. 85 – ill.

Muheim, Hans: Uri, Land der Pässe seit
römischer Zeit. In: Schweizer Hotel
Journal. Zs. f. Tourismus, Hotellerie
und Gastgewerbe, 1986, Nr. 2,
S. 40 ff. – ill.

Muheim, Hans: Zum 500-Jahr-Jubiläum
der europäischen Post: die Gotthard-
post im 17. und 18. Jh. In: UW 1990,
Nr. 98

Müller, Bruno und Kurt: «Granit
News». Neuer Urner Kletterführer.
Erstfeld 1992 (Vgl. UW 1992, Nr. 59;
UZ 1992, Nr. 174)

Müller, Hans Georg: Mit Wilhelm Tell
um den Vierwaldstättersee. Stuttgart
1990

Müller, Iso: Zur älteren Kultgeschichte
des hl. Gotthard. In: ZSKG 28, Luzern,
S. 249 ff.

Müller, Iso: Geschichte von Ursern.
Disentis 1984

Nationales Gotthard-Museum.
Am Höhenweg der Geschichte.
Airolo 1989

Naturkundlicher Höhenweg im Schä-
chental. Hrsg.: Schweizer Postauto-
dienst/Urner Wanderwege. Altdorf
1989

Nething, Hans-Peter: Der Gotthard.
Thun 1990

Neues über den keltischen Goldschatz in
Erstfeld. In: GP 1976, Nr. 17

Oechslin, Max: Plauderei über urnerische
Passwege anlässlich des 31. Jahresbots
der Sektion Innerschweiz der
Schweizer. Heimatschutzvereinigung.
In: GP 1938, Nr. 43 ff.

Oechslin, Max: Und immer wieder vom
Gotthard! [Geschichte der Berechnung
seiner Höhe]. In: Der Gotthard, Folge
9, Altdorf 1963, S. 11 f.

Osenbrüggen, Eduard: Das Hochgebirge
der Schweiz. Basel 1875, S. 137 ff.

Pauli, Ludwig: Die Alpen in Frühzeit
und Mittelalter. Die archäologische Ent-
deckung einer Kulturlandschaft. Zürich
1980 (vgl. Ortsregister S. 343 f.)

Peregrin, Ger: Zu Fuss von Basel nach
Ascona. Entdeckungsreisen auf neuen
Fahrten und Fährten. Zürich 1981

Perrig, Alexander: 125 Jahre Dampf-
schiffahrt auf dem Vierwaldstättersee
1837–1962. Luzern 1963

Peyer, Gustav: Geschichte des Reisens in
der Schweiz. Basel 1885, S. 226 f.

Piwecki, Kristina: Gold der Helvetier.
Keltische Kostbarkeiten aus der
Schweiz. In: HANDELSZEITUNG
12/1991 (21. März), S. 45

Planoptikum VIERWALDSTÄTTER-
SEE. Ein Landschaftsschutzplan für
den Vierwaldstättersee. Gemeinschafts-
werk aller Kantone und Gemeinden,
o. O. u. J. [1991]

Planzer, Fr. Dominikus M.: Die Reise
des seligen Jordans von Sachsen über
den St. Gotthard im Jahre 1234.
In: 31. HNbl Uri, Altdorf 1925, S. 1 ff.

Planzer, P. Dominikus M.: Nachtrag als
Erwiderung auf den Artikel von
P. Alban Stöckli (s. das.). In: Gfr.,
Bd. 90, Stans 1935, S. 284 ff.

Poletti, Gregor: Wandern in Uri. In: Kurier. Das Urner Magazin. Gurtnellen 1990, Nr. 6, S. 15 ff.

Primas, Margarita; Della Casa, Philippe; Schmid-Sikimic, Biljana: Archäologie zwischen Vierwaldstättersee und Gotthard – Siedlungen und Funde der ur- und frühgeschichtlichen Epochen. Bonn 1992

Räber, Anton: Die Schiffahrt auf dem Vierwaldstättersee. Luzern 1962

Eine Reise durch die Schweiz um 1875. LEHRER SERVICE. Hrsg. Verkehrshaus der Schweiz. Luzern 1992

Rennhard, Matthias: Der Gotthard. Vom Saumpfad zur Autobahn. Zürich 1982

Rieger, Hansjörg; Spindler, Charlotte: Bahnhofbuffets der Schweiz. Ein praktischer und kulturhistorischer Führer. Zürich 1993

Röllin, Werner: Siedlungs- und wirtschaftsgeschichtliche Aspekte der mittelalterlichen Urschweiz bis zum Ausgang des 15. Jahrhunderts. Zürich 1969

«Rund um den Vierwaldstättersee». Bern 1992

Rund um die alte Gotthardsust. Regionalfeuilleton Innerschweiz. Radio DRS (Sendung vom 4. 6. 1983)

St. Gotthard – Herz der Schweizer Alpen. In: Berge. Bern/Nürnberg 1990, Nr. 44 (Sept./Okt.)

Saumpfad – Wanderungen in der Schweiz. Hrsg. Barbla, Mani u.a. Zürich 1982, S. 13 ff.: Gotthard; 24 ff.: Surenen; 47 ff.: Oberalp

Das Schächental. Das grosse Buch vom Klausen und von der Verbindung zwischen Uri und Glarus. Altdorf 1983

Schaub, Fritz: Er fand den berühmten Goldschatz von Erstfeld. Mit «Schatzgräber» Virgilio Ferrazza an der Fundstelle in Erstfeld. In: GP 63/1991 (16. März), S. 16

Schinz, Hs. Rudolf: Beyträge zur nähern Kenntniss des Schweizerlandes. Zürich 1783/1786, Heft 1

Schläpfer, Hans Rudolf; Speich, Klaus: Kirchen und Klöster in der Schweiz. Zürich 1978 (vgl. Register S. 342 f.)

Schlappner, Martin: Schweizer

Kleinstädte. Zürich 1985, S. 40 ff.

Schmid, Benno: St. Gotthard. In: Borromäer-Stimmen. Altdorf 1950, S. 38 ff.

Schmid, Hans: Gotthard. Bahn und Pass. Frauenfeld 1926

Schmid, Hans: Urschweiz. Streifereien um den Vierwaldstättersee. Frauenfeld 1928

Schmidt, Aurel: Die Alpen – schleichende Zerstörung eines Mythos. Zürich 1990

Schoeck, Elisabeth u. Georg: Der Urnersee in der Literatur. Texte. Hrsg. Verein Kultur Brunnen. Schwyz 1992

(12) Schöne Wanderungen rund um den Vierwaldstättersee. Hrsg.: Basler Lebens-Versicherungs-Gesellschaft und TCS Sektion Waldstätte. Renens 1991

Schön ist die Schweiz. Zürich 1974, S. 7, 10, 23, 29 f., 34 f., 60 f., 160, 210 ff., 223

Schulthess, Emil; Egli, Emil: Swiss Panorama. Zürich 1982, S. 114 ff.

Schurtenberger, Josef: Die Reuss. Solothurn 1973

Schwabe, Erich: Verwandelte Schweiz – Verschandelte Schweiz? Zürich 1975, S. 57, 68 ff.

Schweers, Hans: Furka-Oberalp. Von der Rhone zum Rhein. [Zur Schöllenenbahn, vgl. S. 21 ff.]. Aachen 1981

Schweers, Hans: Furka-Oberalp: eine Alpenbahn im Wandel. Aachen 1988

Schweiz aus der Vogelschau. Zürich 1976, S. 209, 222, 224

Schweiz = Suisse = Switzerland. Swissair Flugbild. Olten 1981, Bl. Nr. 4, 9, 13. 20, 25

Die Schweiz: Landschaft, Kunst, Literatur, Kultur und Geschichte: Ein Vademecum für Ferienreisende. Bern 1954, S. 88 f., 182 ff.

Die Schweiz vom Bau der Alpen bis zur Frage nach der Zukunft. Ein Nachschlagewerk und Lesebuch, das Auskunft gibt über Geographie, Geschichte, Gegenwart und Zukunft. Zürich 1975, S. 18, 21, 80 f., 88, 100, 110

Schweizer, Walter: Furka Oberalp Bahn. Brig/La-Chaux-de-Fonds 1928

Seidel, Kurt: Das grosse Buch der Furka-Oberalp-Bahn. [Zur Schöllenenbahn, vgl. S. 93 ff.]. Mainz 1982

Seitz, Gabriele: Wo Europa den Himmel

berührt. Die Entdeckung der Alpen. München/Zürich 1987 (Ex Libris 1989)

Simmen, René: Die Schweiz im Winter. Herrliches weisses Ferien- und Freizeitparadies. Zürich 1977, S. 133 f., 205

Speck, Josef: Ein latènezeitlicher Hortfund von Altdorf UR. Gfr., 139. Bd., Stans 1986, S. 5 ff.

Speck, Josef: Ein spätbronzezeitlicher Fund aus Uri. Das Antennenmesser von der Jagdmatt bei Erstfeld. helvetia archaeologica, H. 85, Zürich 22/1991

Spescha, P. Placidus a: Lage, Begebenheit und Ordnung des Ursären-Thals im Kanton Uri. Dargestellt von einem Kapitularen des Gotteshaus Disentis im Jahre 1811. Hrsg. von der Raststätte-Gesellschaft N2 Uri AG. [Schattdorf] 1990

Spitteler, Carl: Der Gotthard. Frauenfeld 1897

Stadler, Martin: Vom See zum Pass. Versuch eines Portraits des Urnerlandes. Altdorf 1980

Stau oder die späte Rache des Teufels. Radio DRS (Sendung vom 5. 6. 1983)

Stöckli, P. Alban: Zur Reise des Seligen Jordan von Sachsen über den St. Gotthard. In: Gfr., Bd. 90, Stans 1935, S. 277 ff.

Stolberg, Friedrich Leopold: Reise in Deutschland, der Schweiz, Italien und Sicilien (1791–92). Hamburg 1822, 1. Bd., 145 f., 153 ff.

Streiff, Kaspar: Zürich am Weg der Schweiz. Impressum: Regierungsrat des Kantons Zürich. Zürich/Altdorf 1991

Transit durch Granit. Hrsg.: Verkehrs-Club der Schweiz (VCS). Herzogenbuchsee 1991

Treichler, Hans Peter: Abenteuer Schweiz. Geschichte in Jahrhundertschritten. Zürich 1991, S. 27, 139 ff., 253

Uri – Land am Gotthard. Zürich 1965

URI – Land und Leute nebst praktischem Reiseführer für Alpenfreunde. Altdorf 1902

Urner Alpen. Bd. I: Ost; Bd. II: West. Bern 1986

Der Urnersee im Wandel der Zeit. Schwyzer Hefte, Nr. 52, Schwyz 1991

Ursern. Das imposante Hochtal zwischen Gotthard, Furka und Oberalp in Wort und Bild. Bern 1978

Der Vierwaldstätter-See mit seinen klassischen Ufern. Ein Hand- und Erinnerungsbuch der Dampfschiffahrt auf dem Vierwaldstätter-See. Mit einer lithographierten Karte und 36 Landschaften. Nachdruck der Ausgabe 1837. Erlangen 1980

Volmar, F. A.: Die Furka-Oberalp-Bahn: Brig-Gletsch-Andermatt-Disentis; Göschenen-Andermatt. Brig 1965 (2. Aufl.)

Wagner, J. Jacob: Mercurius Helveticus. Nachdruck der 3., stark vermehrten und verbesserten Auflage der Ausgabe von 1684 «Index Memorabilium Helvetiae». Bern 1968

Wagner, Stefan: Vom Saumpfad zur Dampfeisenbahn. Eine historische Bilderreise über die Furka. Ausstellungskatalog hrsg. von der DFB Dampfbahn-Furka-Bergstrecke AG. Oberwald VS 1991

Waldis, Alfred: Illustriertes Reisehandbuch. Die Schweiz. Bern 1964, S. 140 f., 151, 154, 161 ff.

Waldis, Alfred u.a.: 150 Jahre Dampfschiffahrt auf dem Vierwaldstättersee (1837–1987). Luzern 1987

Waldis, Carl: 100 Jahre Gotthardbahn 1882–1982, o. O. u. J.

Walter, Otto; Wagner, Julius: Die Schweiz mein Land. Olten 1939, S. 79 f., 95, 233, 235, 290, 327, 417, 422 f., 436 f.

Wanderungen auf historischen Wegen. Inventar historischer Verkehrswege der Schweiz (IVS). 17 Ausflüge zu Denkmälern der Kultur- und Verkehrsgeschichte. Thun 1990

Weder, Anderson: Vierwaldstättersee. Zürich 1953, S. 18, 26, 28, 30, 37, 39 ff.

Weg der Schweiz. In: Revue Schweiz/Suisse/Svizzera/Switzerland. Hrsg.: Schweizer. Verkehrszentrale SVZ. Zürich 5/1991

Weg der Schweiz. 7 Jahrhunderte am Urnersee. Geschichten, Wanderungen, heimatkundliche Notizen. Zürich 1991

Weg der Schweiz. Wandern am Vierwald-
stättersee. Hrsg.: Schiffahrtsgesellschaft
des Vierwaldstättersees (SGV), Luzern
1991

Der Weg der Schweiz. Wegbegleiter mit
sechs Wandervorschlägen und grosser
Panoramakarte. Hrsg.: Arbeitsgruppe
Waldstätterhof, Brunnen 1991

Weiss, Hans: Die friedliche Zerstörung
der Landschaft und Ansätze zu ihrer
Rettung in der Schweiz. Zürich 1981,
S. 61, 142

Die Winterpost auf dem Gotthard.
Illustr. Volks-Novellist, Jg. 11, Basel
1862, S. 35 ff.

Wymann, Eduard: Thomas Platters
Fahrten durch Uri. In: 29. HNbl Uri,
Altdorf 1923, S. 69 ff.

Wymann, Eduard: Die Rechnungen des
Tales Ursern vom Jahre 1491–1501 und
die Säumerordnung für den St. Gott-
hardpass vom Jahre 1498. Stans 1935

Wyss, Arthur: Sankt Gotthard – Via Hel-
vetica. Lausanne 1979

Wyss, René: Archaeologische Forschun-
gen. Der Schatzfund von Erstfeld.
Frühkeltischer Goldschmuck aus den
Zentralalpen. Zürich 1975

Wyssmüller, Kurt: Entdecke die
Schweiz. Neuenburg 1983, S. 5–48

Zeller, Willy: Naturwunder Schweiz.
Das grosse Buch über die verborgenen
Schönheiten unserer Heimat. Zofingen
1973, S. 95, 98

Zenoni, Br. Gerold: Der Dichterpfarrer
Heinrich Hansjakob in Uri. In: UW
1992, Nr. 67–69

Zenoni, Br. Gerold: Dostojewski und
das Urnerland. Uri im Werk eines der
grössten Dichter. In: UW 1993, Nr. 8

Zentralschweiz Gotthard (Postautofüh-
rer). Hrsg. Postautodienst. Bern 1992

Zgraggen, Ambros: Der Gotthard – Pass
der Pässe. Wie der Gotthard erklom-
men wurde und über seine Bedeutung
im Wandel der Zeit. In: GP 1986,
Nr. 31 – ill.

Z'graggen, Urs J.: Uri und die Kelten.
In: NZZ 1986 (7./8. Juni)

Z'graggen, Urs J.: Spuren der Helvetier
in Uri. Ein Beitrag zur Geschichte
des Kantons Uri. In: UW 1986, Nr. 65

Z'graggen, Urs J.: Ein Verkehrsweg
durch die Zentralalpen in der Hallstatt-
zeit? In: Helvetia archaeologica, Jg. 17,
1986, Nr. 68, S. 112 ff.

Zinsli, Paul: Walser Volkstum in der
Schweiz, in Vorarlberg, Liechtenstein
und Piemont. Erbe, Dasein, Wesen.
Frauenfeld 1968

Zschokke, Heinrich: Die klassischen
Stellen der Schweiz und deren Haupt-
orte in Originalansichten [Reprint].
Hildesheim 1976, Bd. I, S. 50 ff.

Zürcher, Richard: Reisen durch die
Schweiz. München 1977, S. 175 ff.

Zurfluh, Kurt: Urner Reise(ver)führer.
Altdorf 1980 (2. Aufl.)

Zurfluh, Kurt: Ist der Erstfelder Gold-
schatz eine Weihegabe? In: UW 1980,
Nr. 86

Zurfluh, Kurt: Steinige Pfade. Altdorf
1990

Zurfluh, Kurt: Wie Uri zu einer Staats-
bahn kam. Die Schöllenenbahn wird 75
Jahre alt. In: UW 1992, Nr. 51

Zurfluh, Kurt: Volle Rundsicht beim
langsamsten Schnellzug der Welt. Die
Furka-Oberalp-Bahn geht mit der Zeit.
In: UW 1993, Nr. 39 – ill.

ANMERKUNG 3

Neben einer beachtlichen, über mehrere
Jahrhunderte gestreuten Anzahl von
Deutungsversuchen (vgl. Bibliographie
gem. Anm. 1 u. 2, sowie UNB II 13 ff.,
28 f.; des weiteren: H. Kipfer: Wie der
Gotthard zu seinem Namen kam. In: GP
1954, Nr. 41; Hans Muheim, 800 Jahre
Name Gotthard. Ein würdiger Jubilar.
In: UW 1981, Nr. 23 – ill.) in bezug auf
den Namen Gotthard als Bezeichnung
sowohl für den Passübergang wie auch
für das ins Zentrum der Alpen gestellte
Gebirgsmassiv hatte Eduard Renner (vgl.
Der Schriftsteller E. R. 1891–1952. Erin-
nerungen von Zeitgenossen an einen ge-
nialen Denker. Hrsg. zum 100. Geburts-
tag von E. R. durch den Danioth-Ring,
Kunst- und Kulturverein Uri. Altdorf
1991) seinerzeit im Buch «Goldener
Ring über Uri» den Völker und Kultu-
ren gleichermassen verbindenden wie
trennenden Scheitelpunkt dieser so ein-

zigartigen Passlandschaft wie folgt zu umschreiben gewusst:

Ich stellte als magisches Grunderlebnis die Unbeständigkeit der Eigenschaften aller Dinge fest. Am Gotthardmassiv nun zerschellen alle Werte, die dem Bewohner der Ebene als unverrückbare Gegebenheiten erscheinen. Die Rasse, die Sprache, der Strom als Symbol des Trennenden und Grossen, als Stolz ganzer Länder: der Rhein als Stolz der Deutschen, die Rhone als Stolz der Franzosen. Hier ist alles Ursprung und ohne Wertung.

Gotthard, Wiege der Wasser! Nach Süd und Nord, gegen Aufgang und Niedergang donnern sie dahin, jene jungen Ströme, die Reuss, der Tessin, der Rhein, die Rhone und reissen den gewaltigen Stern ihrer Täler in das Gefüge der Alpen. Wenige Meilen, ja wenige Schritte oft, liegen die dunkeln, klaren Bergseen, die leuchtenden Firne und Gletscher auseinander, denen sie entspringen. Die Kante eines Steines entscheidet, ob ein Quell hinabfliesse in das ewigblaue Tyrrhenische Meer oder mitternachtwärts in die Nordsee. Ein Geissbub, der seinen Durst am Gletscherbache kühlt, fängt vielleicht in seinem Hut – vergleichbar einem Riesenkinde der Vorzeit – die ganze junge Rhone ein und bringt, wenn er den Rest des Wassers verschüttet, den jungen Rhein zum Überfluten.

Den Strömen verwandt und sozusagen ihren Spuren folgend, ziehen hier nach allen Richtungen der Windrose die alten Völkerwege Europas, die Gotthardstrasse und .... die Furka- und Oberalpstrasse. Über dem Talboden Urserens weben sie ihr Netz, ehe sie allseits die Passhöhen gewinnen. Dem beschaulichen Wanderer ein Kreuzwegerlebnis sondergleichen! Nirgends wie hier liegt im nächsten Schritt etwas so Schweres und Unwiderrufliches (S. 84 f.). Vgl. hiezu noch Anm. 91 in diesem Kap.

Zu einer ähnlichen Feststellung wie Renner gelangt auch Paul Niggli in seiner Publikation «Das Gotthard-Massiv» (Erlenbach-Zürich o. J., ca. 1940), wenn er auf S. 4 schreibt: *Die Landschaft um den Sankt Gotthard enthält in sich die Keim-anlage, die zur viersprachigen Schweiz führen konnte, zu einem Staat, für den die Alpen nicht zur Grenze, sondern zum einigenden Symbol wurden.*

Vgl. dazu auch noch Aurel Schmidt: Die Alpen – schleichende Zerstörung eines Mythos. Zürich 1990, S. 89 ff.: «*Vom Fürchterlichen zum Erhabenen*», sowie die bibliographischen Angaben zum Thema *Gotthard* in Anm. 2.

Zur Bestärkung der oberwähnten, besonderen Wirkkraft dieser offensichtlich eigentümlich reizvollen Alpenregion sei auch noch vermerkt, dass sich die immer wieder feststellbare Faszination bei den durchreisenden wie stationären Menschen nicht etwa ausschliesslich nur in einer gesteigerten Intellektualisierung des Phänomens *Gotthard* äussert. Nicht minder macht sie sich auch auf der emotionalen Ebene breit. Es sei nur z.B. auf das ewig neue Erlebnis einer Fahrt mit der Gotthardbahn hingewiesen, die jung und alt auch heute noch gleichermassen zu begeistern vermag. Vgl. dazu *Faszination Gotthard I–III.* Eisenbahn-Zeitschrift (Sondernummer). Köniz/Goldach 1990–92. Im weiteren: Maeder, Herbert; Kruker, Robert; Meier, Verena: Sankt Gotthard. Landschaft – Menschen. Zürich 1992.

ANMERKUNG 4

Um den Rahmen unseres «kulturgeschichtlichen Streifzuges» nicht zu sprengen, mögen zu diesem an sich allein schon recht weitgreifenden Thema lediglich ein paar Hinweise genügen:

Birchler, Linus: Vielfalt der Urschweiz. Olten 1969, S. 17 ff.

Frey, Oscar: Die Lage der Schweiz 1941. Kultur- und Staatswissenschaftliche Schriften, H. 22, Zürich 1941

Gautschi, Willi: Eingeschlossene Schweiz. General Guisan nach der Niederlage Frankreichs 1940. Im Vorfeld des Rütlirapportes vor 50 Jahren. NZZ 1990, Nr. 167

Hartmann, Karl: Staat und geistige Landesverteidigung. Staatsrechtliche und bundesstaatliche Probleme der geistigen Landesverteidigung. Aarau 1967

Oertle, A.: St. Gotthard – Ein traditions-
reicher Begriff eidgenössischer Staats-
und Militärpolitik. In: Heimatschutz
1/1972, S. 13 ff.

Rapold, Hans u.a.: Die Geschichte der
schweizerischen Landesbefestigung.
Zürich 1992

Rapold, Hans: Die militärische Bedeu-
tung des St. Gotthard-Raumes. In:
Nationales Gotthard-Museum. Am
Höhenweg der Geschichte.
Airolo 1989, S. 53 ff.

Rutschmann, Werner: GOTTHARD-
BEFESTIGUNG. Die Forts am Ach-
senkreuz der Heerstrassen. Planung
und Bau 1885–1914. Zürich 1992

Scheuber, Josef Konrad: Gotthardgeist –
Gotthardwacht. Ansprache. Luzern
1966 (StaA Uri)

Unser Alpenkorps. Olten 1983

Wanner, Philipp: Oberst Oscar Frey und
der schweizerische Widerstandswille.
Münsingen 1974

Ziegler, Peter: «Der Gotthard ist der wah-
re Rückgrat!» – Die Gotthardfestung
ist 100 Jahre alt. In: UW 1985, Nr. 88

Ziegler, Peter: 100 Jahre Gotthard-
Festung 1885–1985. Andermatt
1986.

ANMERKUNG 5

Zu der seit dem 16. bis zum ausgehenden
18. Jahrhundert von Verfasser zu Verfas-
ser kritiklos übernommenen Ansicht
betr. effektive Höhe des St. Gotthards
vgl. UNB II Sp. 18 ff. und den Aufsatz
von Max Oechslin: Und immer wieder
vom Gotthard! In: Der Gotthard, Folge
9, 1963, S. 11 f.
Als weiteres Zeitdokument sei neben
den vielen im UNB angeführten Zitaten
auch noch Gottlieb Sigmund Gruner
erwähnt, der in seiner Publikation «Die
Eisgebirge des Schweizerlandes, Zweiter
Theil», [Bern 1760, S. 25 f.], Folgendes
vom Gotthard zu berichten weiss:
*Dieses groeste und hoehste Helvetische
und Europäische Gebirge nun ist auch
das grosse Wasserbehältnis oder so zu
sagen der grosse Theilstock der Helveti-
schen und vornehmsten Europäischen
Gewässer.*

ANMERKUNG 6

Zur Denkart speziell des Urner Berglers
vgl. folgende Aufsätze:

Danioth, Heinrich: Der Urner.
In: Monographie Bd. II, Zürich 1973,
S. 32

Droeven, Anne Marie: Nyt derglyychä
tüä. Verteufeltes Uri. In: bilanz,
November 1987, S. 148 ff.

Gisler, Karl: Geschichtliches, Sagen und
Legenden aus Uri. Altdorf 1920, S. 5 ff.

Kamer, Paul: Vom Geist der Inner-
schweiz. In: Land der Innerschweiz.
Frauenfeld 1984, S. 7 ff, spez. S. 11 f.

Matt, Leonard von: Der Urner Bauer.
In: URI. Basel 1946, S. 70 ff.

Pauchard, Pierre: La malédiction du
Gothard. In: L'Hebdo. Le magazine
suisse d'information.
Lausanne 30/1987, S. 20 ff.

Weilenmann, Hermann: Uri und die
Freiheit. In: DU 8/1951, S. 48 f.

ANMERKUNG 7

Vgl. hierzu:

Abegg, Emil: Die Mundart von Urseren.
Frauenfeld ca. 1912

Arnold, Tino: Sprache, Volkstum und
Volkskultur. In: Uri – Land am Gott-
hard, S. 164 ff.

Arnold, Tino: Sprachsteckbrief des Ur-
nerdeutschen. In: Schweizer Dialekte.
Hrsg. von Robert B. Christ.
Basel 1965, S. 23. ff.

Aschwanden, Felix: Möglichkeiten und
Grenzen bei der Realisierung des Ur-
ner Mundartwörterbuches. In: Sprach-
spiegel. Luzern 1980, Nr. 4, S. 109 ff.

Aschwanden, Felix; Clauss, Walter:
Mundartwörterbuch Uri. Altdorf 1982

Aschwanden, Felix: «Sänusä-sän-adees!»
oder vom Reden und Denken im
Schächental. In: Das Schächental.
Altdorf 1983, S. 111 ff.

Aschwanden, Felix: Zur Sprachsituation
in Uri. In: UNB Bd. IV, Altdorf 1991,
S. 77 ff.

Clauss, Walter: Die Mundart von Uri.
Frauenfeld 1929. Kurzfassung in: 14.
Jahresgabe der Bibliotheksgesellschaft
Uri. Altdorf 1969

ANMERKUNGEN

Clauss, Walter: Wie eine Grammatik der
Mundart von Uri zustande kam. In:
DU, 11. Jg, 8/1951, S. 9 f.; erweiterte
Fassung hiervon in: 9. Jahresgabe der
Bibliotheksgesellschaft Uri. Altdorf
1962, S. 67 ff.
Danioth, Heinrich: «Gottmerchit mä
mäinti äü!» Eine Radiosendung zum
Thema: «Wiä d Ürner im Rysstal unnä
und z Urschälä-n-obä redet, prichtet
und zellet.» Radio Studio Basel 1947
[Neuausstrahlung DRS 1: 13. 8. 1989]
Hotzenköcherle, Rudolf: Die Sprach-
landschaften der deutschen Schweiz.
Reihe: Sprachlandschaft, Bd. 1, Aarau
1984
Hotzenköcherle, Rudolf: Dialekt-
strukturen im Wandel. Reihe: Sprach-
landschaft, Bd. 2, Aarau 1986 [vgl.
Geographisches Register S. 342]
Lötscher, Andreas: Schweizerdeutsch.
Geschichte, Dialekte, Gebrauch.
Frauenfeld 1983, S. 35, 126, 169.

ANMERKUNG 8

Vgl. hierzu die Erklärungen im UMWB
S. 59 *(Bä[ä]rg)* und UNB I Sp. 311
(Urner. Berg).
Leonard von Matt schreibt dazu in
seinem Aufsatz «Der Urner Bauer»,
erschienen in URI. Basel 1946, S. 70,
folgendes:
*Dieses «Eigen» ist meist nicht sehr gross.
Es liegt im Talboden oder am Hang in
der Nähe eines Dorfes. Der Urner Bauer
besitzt aber öfters noch ein zweites, sogar
ein drittes Stück Land, jedes versehen
mit einem Häuschen und einem Stall.
Diese liegen höher, in der Region zwi-
schen Tal und Alp, und der Urner nennt
sie «Berg». «Ich han-ä-Bärg.» Damit
meint er nicht, er besitze eine ganze Berg-
kuppe, sondern eine Bergliegenschaft.*
Vgl. zudem Hug, Albert u. Weibel, Vik-
tor: Bergnamengebung im Schächental.
In: Das Schächental. Das grosse Buch
vom Klausen und von der Verbindung
zwischen Uri und Glarus. Altdorf 1983,
S. 161 ff.; Sablonier, Roger: Innerschwei-
zer Gesellschaft im 14. Jahrhundert –
Sozialstruktur und Wirtschaft. In: Inner-
schweiz und frühe Eidgenossenschaft,

Bd. 2, Olten 1990, S. 48 ff.; Weibel, Vik-
tor: Namenkunde des Landes Schwyz.
Die Orts- und Flurnamen in ihrer histo-
rischen Schichtung und dialektologi-
schen Relevanz. Frauenfeld 1973, S. 85 f.
[Steinerberg]; vom selben Autor: Stei-
nen. Orts- und Flurnamen. Separatdruck
aus dem Steiner Heimatkundewerk,
hrsg. vom Verkehrsverein Steinen 1987
[Stichwort: Bergli].
Dass der Begriff «Berg» überdies aber
auch noch von einem magisch anmuten-
den Unterton begleitet sein kann,
erwähnt Eduard Renner in seinem Buch
«Goldener Ring über Uri». Zürich 1976,
S. 148 f.

ANMERKUNG 9

Aus der Fülle der im UNB I, Sp. 310 ff.,
aufgeführten Flur- und Bergnamen mit
dem Grundwort *Berg* seien nachfolgend
jene Namen herausgegriffen, bei denen
«-berg» wirklich im Sinn von *grössere
Erhebung im Gelände* (Duden Bd. X,
117) verwendet wird:

Blaubäärg I 329 f.
Chammlibäärg I 359 f.
Lochbäärg I 366 f.
Mättäbäärg I 370
Schlossbärg I 391 f.
Schwarzbèèrg I 395 f.
Silberbäärg I 405
Spitzbäärgä I 405 f.
Stotzig Bäärg I 412
Teufelsberg + I 415 f.
Tiäderbäärgä I 416 f.
underem Schwarzä Bäärg I 417
Winterbäärg I 423
Wyyssbäärg I 423 f.
Zingelbäärg I 425.

ANMERKUNG 10

Vgl. Peter F. Kopp: Natur und Berge –
erforscht, erlebt und angebetet. In:
Malerische Reisen durch die Schöne alte
Schweiz 1750–1850. Zürich 1982, S. 53
ff., wo deutlich hervorgeht, über welch
langwierige geistige Prozesse der
Mensch seine eigene Abscheu und

persönlichen Ängste vor der nachgewiesenermassen rauhen Gebirgsnatur überwinden musste, um allmählich anstelle des Schreckhaften das zeitlos Erhabene und Schöne in scholastischem Sinne zu entdecken. Hierzu vgl. auch noch: Seitz, Gabriele: Wo Europa den Himmel berührt. Die Entdeckung der Alpen. München/Zürich 1987 (Ex Libris 1989); Bätzing, Werner: Die Alpen. Frankfurt a.M. 1988, S. 101 ff., sowie Fryberg, Stefan: Uri und seine Berge. In: Bildkalender URNER BERGE 1992.

ANMERKUNG 11

Zur Definition des ES und seiner umfassenden Wirkung auf den Menschen vgl. die Kapitel ES (S. 147 ff.), Der Ring (S. 165 ff.), Der Frevel (S. 191 ff.) und spez. ES, Ring und Frevel in der Landschaft (S. 229 ff.) in Eduard Renners vielzitiertem «Ring» (Zürich 1976) oder auch Heinrich Danioths Aufsatz «Seltsames Land» (Monographie Bd. II, Zürich 1973, S. 32). Daneben bediene man sich auch der Kurzfassung in Eva-Maria Müllers Diss. «Heinrich Danioths literarisches Werk» (Altdorf 1988) unter dem Titel «Das magische Weltbild» (S. 33 ff.). Wer sich überdies der unmittelbaren Quellen dieser heute doch weiterum stark zu relativierenden Denkart bedienen will, blättere im monumentalen Werk des einstigen Spitalpfarrers Jos. Müller (1870–1929) «Sagen aus Uri» (3 Bd.), Basel 1926 ff.
Ausserhalb des appellativischen Gebrauchs – bei der eigentlichen Bergnamengebung also – ergibt sich hingegen eine vollständig andere Situation, die die oben angetönten Überlegungen leicht entkräften könnte. Vgl. hierzu auch H. Danioth (Steile Welt. Luzern 1965, S. 10):
Nichts blieb unbenannt in diesem Bergland! Die letzte Runse ist getauft, gemessen und verbucht. So ist es ab und zu vergnüglich Namen und Masse zu vergessen und zu denken, der Berg vor mir sei nur ein kleines Glied im langen Geschmeide des Gebirges, das sich um die Erde legt, der Berg vor mir sei verhängt mit den Bergen östlicher und westlicher Erdteile und sei verbunden mit Höhen, die an die hundert Gipfel und kaum einen Namen tragen. Und ist's ein Name, so umschliesst er ein nebelverhangenes, ländergrosses Geheimnis und weckt, wo er aufklingt, ein leises Heimweh. DE-MAWEND! TI-BET! Soll der Mensch in ein Naturgefühl zurückfallen, dem das Gebirge wieder das grosse Unfassbare wäre – gut, ich wäre auf dem Wege dahin!

ANMERKUNG 12

Im UNB begegnen uns für hügelähnliche Gebilde folgende Namen:

Biäl I 680 ff.
Himmelbiäl I 707
Hu[u]bel II 283 ff.
Huugäli II 293
  (vgl. UMWB S. 241: *Hiigel*)
Leewerä II 548 f.
Muttä II 830
Nackä, Näcki II 832
Tumäli III 755
Tumsli III 755 f.
Tunglen III 756.

ANMERKUNG 13

Für eher rundliche Hügelformen liefert das UNB folgende Namen:

Bool I 578 ff.
Buggli I 725
Chapf II 398 f.
Chapferplanggä II 934
Chopf II 459 ff., auch als eigentlicher Bergname, dazu *dr Hooch, Heech Chopf* II 461; *dr Lang Chopf* II 461; *diä Stotzigä Chepf* II 462
Fitläbaggä I 239
Gu[u]bel II 97 f.
Mutsch, Mutschä II 827 f.
Nossplattä II 989
Puggelryytäli II 1219
Stockbäärg I 410 f.
Welpli III 994 f.

ANMERKUNG 14

Zäämi, Zeemi – eigentlich das gezähmte, also kultivierte Land – wird vor allem aus der Sicht des Schächentalers als Gegensatz zur wilden Hochgebirgswelt empfunden und gerne als Bezeichnung für den Talgrund von Altdorf und Umgebung gebraucht. So heisst es etwa: *Ich gaa i d Zeemi.* Vgl. dazu UMWB S. 547 f., sowie H. Danioth, Monographie Bd. II, Zürich 1973, S. 32.

ANMERKUNG 15

Vgl. UNB III, Sp. 562 ff., wo die Reichhaltigkeit des urner. Namenschatzes mit dem Grundwort *Tal* voll zur Geltung kommt.

ANMERKUNG 16

Vgl. hierzu Anm. 37, wo die appellativisch wie namenkundlich fassbaren Bez. für Strassen, Wege und Stege zusammengefasst sind.

ANMERKUNG 17

Solche Anhöhen, die für den Bergler wie auch für den Wanderer gleichermassen den Charakter von beliebten Aussichtspunkten annehmen können, sind namenkundlich wie folgt erfasst:

Gu[u]bel II 97 f.
Gufel II 99
Ggugger II 100 f.
Guggi II 101; dazu *Guggibach* I 183, *Guggibachtobel* III 714; *Guggistock* III 467; *Guggital* III 602 f.
Heei, Heechi II 224 f.
Hirmi, Ghirmi, Kirmi II 220 f.; dazu *Lyychkirmi* II 221 f., *Kirmistäi* III 401, *Kirmitannä* III 691
Jäntel II 331 f.; dazu *Jäntelboodä* I 522
Jäntlef 332 f.
Liäg II 613
Lüägäli II 613 f.
Lüägi II 614 sowie die Komposita *Appäluägi* II 614 und *Uusäluägi* II 614
Satz, Pl. *Sätz* II 857 u. III 19 ff.
Standel III 318.

ANMERKUNG 18

Alp und Gebirge – die eigentliche *Wildi* – gehören nach Ed. Renner zum sog. ES-Bezirk (vgl. Ring [Zürich 1976] S. 232), der dem Bergler nur für eine bestimmte Reihe von Tagen im Jahr zur Verfügung, d.h. zur Nutzung offensteht. Ausserhalb dieser Zeit fällt alles wieder an das ES zurück. Wehe jenem Unvorsichtigen oder *Firwitzigä*, der es wagen sollte, aus reiner Neugier *(Firwitz, Wunderfitz)* in diese abgeschiedenen Bezirke einzudringen; eine unmittelbar auf den begangenen Frevel folgende Strafe wäre ihm gewiss (vgl. MS Bd. II, S. 68 (Nr. 550) etc.; Ed. Renner, Ring, S. 221; Müller, Kuno: Gespenstische Gerechtigkeit. Missetat und Busse in den Urner Sagen. In: 8. Jahresgabe der Bibliotheksgesellschaft Uri, Altdorf 1961, S. 41 ff. Merkwürdigerweise wird hier die Neugierde bei der Aufzählung der Missetaten nur mit dem Hinweis auf *unbefugtes Öffnen von Briefen* (S. 48) erwähnt.

ANMERKUNG 19

Gem. LB von 1859 (Art. 339) war das Heuen *(häiwä)* in Geissweiden *und wo das Rindvieh nicht hinkommen kann ...* nach *St. Lorenzen-* [10. August] *bis Gallen-Tag* [16. Oktober] *erlaubt.* Über diese gesetzliche Zeitspanne hinaus gab es Gemeinden und Kirchgänge (vgl. Art. 344), die den Beginn des Wildheuens *(beesänä, bessmä)* noch individuell regeln konnten.
Vgl. dazu auch Muheim, Edwin: Das Lebensbild einer Gemeinde. Zürich 1975, S. 36 ff.

ANMERKUNG 20

Folgende Namen, die im UNB belegt sind, bezeichnen übereinstimmend (leicht) abfallende bis steile Geländepartien:
Boort I 584 ff.
Chatzi II 412 f.
Chèlli II 421 f.
Fad I 941 ff.
Fall I 967 f.
Fèlli I 969 ff.

Grappälä II 40 f.
Haldä II 146 ff.
Hang II 172
Hängälä II 172
Hemmün + II 210
Hutz, Hutzi, Hutzgä II 315
Lammerbach I 193 f.
Laamryyti II 1216
Läidfad I 956
Latyyfä II 501 f.
Lyytäfaad I 956 f.
Nageltach I 759 f.
Plangg[ä] II 904 ff.
Räin II 1019
Rick II 1074 f., dazu *Bräit Rick* II 1074,
    Schmaal Rick II 1074 und *Ricki* II
    1075 f.
Ryyffä II 1118 f.
Syytä III 208 ff.
Spunn III 269
Stä[ä]gä III 306 ff.
Stäig III 370 f.
Staldä III 309 ff.
Ste[e]li, Stèl[l]i III 430 ff.
Steessi III 518 f.
Styg III 436 ff.
Stich III 434 f.
Stirnä III 439 f.
Sträplig III 529
Stutz III 520 ff.
Tal III 562 ff.
Tritt III 739 ff.
Tscharrä III 752
Wang III 905 ff.
Wätzlig III 933

Vgl. zusätzlich noch Anm. 37

Reicht das Grundwort allein nicht aus,
um die Abschüssigkeit hinlänglich auszu-
drücken, dann wird vor den entsprechen-
den Flurn. gern das Adj. *stotzig* gesetzt:
Stotzigä Chepf II 462
Stotzig Egg I 906
Stotzigä Firschtä I 1042
Stotzig Graat II 59 f.
Stotzigä Nossä II 869
Stotzig Riäd II 1112
Stotzärübäli II 1070
Stotzig Ryyti II 1225
Stotzig Säimli III 31
Stotzig Syytä III 213
evtl. *Stotzlisacher* + I 48

Weitere Zitate vgl. UNB III 520 ff.

Handelt es sich gar um eine bes. steile
und dadurch auch gefährliche Hang-
partie, wird dies mit dem Adj. *bös (bees:
Beesegg* I 844; *Beis Bèèrtli* I 590; *Bees
Fad* I 949; *Bees Nessli* II 857) oder mit
den Verben *fallen (Falleneggä* I 851),
hangen (Ghanget Boudä I 510; *Hengen-
den Rüti* + II 1210) oder auch schwzdt.
struussen (Struussänegg I 906 f.) verdeut-
licht.
Eine abfallende Geländerippe, die zudem
einen deutlichen Winkel bildet, heisst
Ränkiegg I 889. Wieder eine andere knol-
lenförmige Abhangstelle wird mit *Chnol-
lä* II 457 benannt. Schliesslich gibt es da
auch noch einen auslaufenden Abhang-
kegel, der in der Hinterfeldalp in der
Gmde Wa. zum Namen *Heräinboodä* I
520 geführt hat.

ANMERKUNG 21

Für sozusagen senkrecht abfallende Ge-
ländestellen begegnen uns im UNB Na-
men wie *Fall* I 967 f., Pl. *Fäll* I 968, *Fèlli*
I 969 f., *Gfèll* I 971 f., *Flüä* I 1055 ff.,
Spranggä III 264 f., *Turm, Tuurä, Turrä*
III 760 ff., *Wand* III 903 f. und *Wassä* III
922 ff. nebst Verbindungen mit dem Adj.
gääch (Gääch Tood III 720) und *rääss,
rääz* II 1032, resp. mit dem schwzdt. No-
men *Ratzeli, Rätzeli*, wie etwa im *Rääzä-
liplänggi* II 947 oder in *Träässplanggä* II
963. Handelt es sich um einen abgrund-
ähnlichen Abbruch, über den sich meist
auch noch ein Bach in die Tiefe stürzt,
heisst es etwa *dr Hooch* oder *dr Heech
Fall* I 973.
Hooch, heech (UNB II 223 ff.), z.T. auch
grooss II 71 f. wie z.B. in *diä Grouss Fluä*
I 1077, wird als Namenzusatz – in der
Regel flektiert, teils auch erstarrt – gerne
dort verwendet, wo eine markante felsige
Geländeerhebung *(dr Hooch, dr Heech
Chopf* II 461; *Hoochegg* I 867 f.; *Hoflüä,
Heeflüä* I 1079 f.; *Hooch Nossä* II 861)
oder eine hochgelegene, u.U. auch weit-
hinaufreichende Grashalde *(Hooch
Planggä* II 930 f.) oder Platte *(diä
Hooch, diä Heech Plattä* II 987) oder gar
Geländefurche *(Ho-Fuur[li]* I 1136) an-
zutreffen ist. Der Begriff *hooch* – rom.

alt (lat. *altus*) – dürfte sich auch im Flurn. *Altis* I 106 und in der Erweiterung dazu *Altisfurggi* I 1143 erhalten haben. Wohl von der kirchlichen Empore (*Ooberchüla*) beeinflusst, mag der Flurn. *Oorgälägaadä* II 880 entstanden sein, womit ein Bürgler Grundstück in erhöhter Lage bezeichnet wird. Als Gegensatz hiefür liesse sich der Flurn. *Chäller* II 423 anführen, womit u.a. auch *tiefer gelegene Geländepartien* gemeint sein können.

ANMERKUNG 22

Angesichts der zahlreichen Felsabstürze ist das Wort *Flüä* erwartungsgemäss im urner. Namenmaterial überaus stark vertreten (UNB I 1055 ff.). Dass es sich dabei aber nicht immer um einen furchterregenden Abgrund handeln muss, belegt der Flurn. *Flüäegg*, «eine fluhartige Rippe, auf der die Kapelle der Hauptsiedlung im Meiertal (Wa.) steht» (I 852). Dass obendrein eine Fluh gar noch ihr Gutes haben kann, belegt der Name *d Güät Flüä* I 1077.

ANMERKUNG 23

(Leicht) ausgewölbtes Gelände (vgl. etwa *dr Biägglibäärg* I 327; *Schachä* I 792), vor allem aber eigentliche Felsvorsprünge haben im urner. Flurnamengut einen reichen Niederschlag gefunden (vgl. *dr Firäghyyd* I 1293; *diä ho[u]l Flüä* I 1080; *Grind* II 69; *Nossä* II 851 ff. und die damit zahlreich gebildeten Komposita; *Schipf* III 81 ff.; *Schopf* III 127 ff.; *Schorro* +, *Tschorä* III 130 f.; *Turner* III 764). Zudem rundliche Vorsprünge tragen vielfach Bezeichnungen wie *Mutsch* II 827 f. und *Nollä* II 847 ff. Sog. hornförmige Vorsprünge haben möglicherweise zum Namen *Horäfèlli* I 974 geführt, währenddem das Gebirgstal *Goornerä* [*cornaria (vallis) lat. *cornu* «Horn, Felskopf»] seinen Namen «von den zwei Bergen, die seinen engen Eingang markieren, oder vom ganzen es umgebenden Gipfelkranz her haben» mag (UNB II 5 f.). Eigentliche kanzelförmig herausragende

Felspartien werden dementsprechend *Chanzel, Chanzäli, Chänzäli* II 387 f. (vgl. auch *Chanzelflüä* I 1081) genannt. Sogar der Name *Voorläipli, Voorläüpli* II 506 für eine balkonartige Geländestelle ist bekannt. Nasenförmig hervorspringende Felsen begegnen einem in der urner. Nomenklatur als *Naasä* II 837 f., in zwei Belegstellen auch als *Schiltegg* I 898 und *Schnapf* III 117. Schliesslich sei auch noch auf vertikal emporragende, eigentliche Felstürme (*Tuurä, Turm*) und Felsabbrüche hingewiesen, die etwa *Pfaffä* II 899 f. genannt werden.

ANMERKUNG 24

Die über eine begraste oder letztlich auch nackte Felsunterlage (*Fèlsä* I 1024) erreichten (obersten) Bergkuppen weisen in Uri ein ansehnliches Namenkontingent auf, das weitgehend mit dem aktiven Wortschatz übereinstimmt. So findet man im UNB folgende für Berggipfel, Kuppen und Höhenzüge häufig verwendete Namen:

Chèrzästeck III 517
Chipfä II 430 f.
Chilä, Chilchli II 434 f.
Chulm, Chulem II 479 ff.
Egg I 823 ff.
Gäissriggä II 1156 f.
Gätsch I 1274
Gipfel I 1299
Gloggäspitz III 263
Graat II 43 ff.
Grind II 68 f.
Grindeggä I 859
Gulmä II 102 f.
Gupf II 115
Gutsch, Gitsch II 127 ff.
Niätä, Niätli II 846
Rigg, Ruggä II 1156 f.
Scharsachs + III 56
Schloss III 101 ff.
Schulterä III 140
Stock III 440 ff.
Stockzand III 1043
Stockzandstäi III 423
Süüdspoorä III 264
Tammä-, Dammäzwyyling III 1093
To[u]ssä III 724

Zigersteckli III 517
Zinggä III 1061 f.
Zuckerstock III 517

Besonders spitz auslaufende Felstürme und -köpfe heissen etwa *Spitz, Spitzä, Spitzi* III 260 ff., *Spitzhoorä* II 268 und *Spitznossä*, Dim. *ds Spitz Nessli* II 869 oder von der alpinistischen Fachsprache mitgeprägt auch etwa *Naatlä* II 832 f. oder *Zand* III 1042 f. In das Umfeld von Spitze gehört möglicherweise auch der Bergname *Guschpis* [<lat. *cuspis* «Spitze»] als Bez. für ein Seitental im Gotthardgebiet (vgl. UNB II 121 f.). Da ist aber auch noch der Name *Grüüsi* II 94 als Einzelbeleg im UNB für eine exponierte Stelle, von der aus es gar schauerlich *(grüüsig, lütter)* zum Hinunterblicken *(appä'lüägä)* ist. Bei *Windgällä* I 1193 als Bergname für *«jähe, schroffe, dem Wind ausgesetzte Felspartien»* ist eine schwzdt. Basis anzusetzen; vgl. dazu noch Jos. Müller: Märchen, Sagen, Schwänke etc., Hrsg. HNbl Uri, NF, 41. u. 42. Bd., Altdorf 1987, S. 217 (Nr. 285). Dagegen muss – immer gem. UNB – *Myytä* II 800 f. [zu lat. *meta* «Säule»] als Name für einen *«aufragenden Stein»* aller Wahrscheinlichkeit nach dem Romanischen zugeordnet werden.

ANMERKUNG 25

Diese schmalen, bänderartigen Absätze tragen im urner. Namengut folgende Bezeichnungen:
Band I 268 ff.
Braawä I 601 f.
Fad I 941 ff.; dazu *Brunsälifad* I 949
Fall I 967 ff.
Fäschband I 274
Girti I 1300
Naat, Dim. *Näätli* II 834
Nüät II 873
Prämplisplangg II 946
Rand II 1028
Räüft II 1029 f.
Rääzäliplängg II 947
Riigi II 1119 f.
Sä[ä]del III 182 ff.
Satz, Pl. *Sätz* III 19 ff.

Säüm III 25 ff.
Schaalä III 50 f.
Schaleren + III 51
Schämmledä III 52
Schnapf III 117
Sèll, Sèllenä III 217 f.
Ste[e]li, Stelli, Stèl[l]i III 430 ff.
Steessi III 518 f.
Tschingel III 752
Zingel III 1050 ff.

ANMERKUNG 26

In Urs. (vgl. UMWB 574) wie auch im übrigen Kantonsteil appellativisch erloschen, führt das UNB für die Gmde Re. und Sis. je eine allerdings auch ausgestorbene Belegstelle für den Namen *Rigi* II 1119 f. an.

ANMERKUNG 27

Vgl. Anm. 21.

ANMERKUNG 28

Glatte, abgeschliffene, ja sogar schlüpfrige und deswegen i.d.R. wenig Halt bietende Geländestellen werden in Analogie zum appellativischen Gebrauch mit dem Adj. *glatt* (UNB I 1301 ff.; vgl. dazu *Glatt Zug* III 1074), *hääl* (UNB II 144 f.; vgl. auch *Hääl Schachä* III 38), teils auch *nass* (UNB II 839) oder dann mit dem Nomen *Plattä* (UNB II 973 ff.) benannt. Vgl. dazu *Plattäfad* I 957; *Plattänegg* I 888 etc.

ANMERKUNG 29

Eine in der Gmde Gö. gelegene Örtlichkeit, die sich als *«unebenes, zerhacktes, mit Steinplatten durchsetztes Gelände»* auszeichnete, hiess *Ghickel* + II 218. Eine *«mit Wülsten durchsetzte Halde»* trägt den Namen *Pätschäplanggä* II 945, und schliesslich findet sich auch noch eine *«leicht ausgewölbte Halde»* mit dem Namen *Spannäplänggi* II 956 und ein Weideplatz *«mit sog. Nollen»*, genannt *Wulchäfläckä* I 1049 f.

ANMERKUNGEN

ANMERKUNG 30

Vgl. UNB II 631.

ANMERKUNG 31

Vgl. dazu *Schossfad* I 960 u. UNB III 131 f.

ANMERKUNG 32

Auch im Flurnamenbereich haben solche Geländeverengungen zu einer Reihe von Bezeichnungen geführt, wie die nachfolgende Auflistung belegen mag:

Angi, Ängi I 928 ff.
Chèlli II 421 ff.
Chessiloch II 574
Chinz, Chinzer, Chinzig II 430
Chlämmerli II 436 f.
Chlämpä II 437
Chlimsä II 448
Chlooserli II 448 f.
Chlüüs II 451 f.
Chrachä II 464 f.
Fad I 941 ff.
Holzschüäloch II 572
Loch II 558 ff.
Schloffä III 99 ff.
Schlüächt III 106 ff.
Schlüüchä III 104 ff.

ANMERKUNG 33

Vgl. UNB I 740 ff.

ANMERKUNG 34

Vgl. UNB I 741 in der Umschrift gem. Eugen Dieth: *Äs isch äsonä Butzä.*

ANMERKUNG 35

Vgl. UNB II 425 f. u. 558 ff.

ANMERKUNG 36

Vgl. UW 1992, Nr. 49 (Rubrik BRISTEN: Schafweg gesperrt); UW 1992, Nr. 56: «Schafweg wieder offen».
Der Gemeinderat Silenen teilt mit, dass der Schafweg Hinterbalm-Hüfihütte, welcher infolge der starken Regenfälle verschüttet war, ab sofort wieder offen

und begehbar ist. Den freiwilligen Helfern, welche den Weg instand gestellt haben, wird der beste Dank ausgesprochen.

ANMERKUNG 37

Die Appellativa *Fad, Läiterä [Dim. Läiterli], Stä[ä]gä, Stapfä, Ste[e]li, Stèl[l]i, Stich, Styg, Styygig, Stutz, Tritt* und insbesondere *Tal* finden gem. UNB ihre Anwendung auch im namenkundlichen Bereich. Vgl. hierzu I 941 ff., II 542 u. III 306 ff., 319 ff., 430 ff., 434 f., 436 ff., 520 ff., 562 ff., 739 ff., ergänzt durch *Stäig, Stäiglä* III 370 f., *Staldä* III 309 ff., *Styygi* III 438 und *Bee[i]s Tritt* III 742 f. Vgl. dazu noch Anm. 20.
Für Strassen *(Straass)*, Stege *(Stäg)* und Wege *(Gass, Alpgass, Wäg)* begegnet man im weiteren folgenden Namen:

Gass I 1249 ff., dazu *Alpgass* I 1251
Stäg III 360 ff.
Straass III 529 ff.
Strick III 533
Späckitaal III 667 f.
Träijä, dazu *Schyyterträijä* III 729 f.
Wäg III 933 ff., dazu *Winterwäg* III 953
Wägschäidi, Wägschäitä III 64 f.
Wiggä, Wicki III 1001 ff.

Spezielle Verlaufsformen eines Weges oder sonstige Charakteristika werden zudem wie folgt ausgedrückt:
Cheertannä III 691
Cheerästäi III 400
Lickätanndli III 691
Spränggi III 265
Twingel III 765.

ANMERKUNG 38

Bez. Übergänge lassen sich innerhalb der urner. Gemarkungen folgende Flurn. auflisten:
Buggi I 724 f.
Egg I 823 ff.
Furggä, Dim. *Furgg[äl]i* I 1137 ff.
Graat, Gräätli II 43 ff.
Griggälä, Dim. *Griggäli* II 67
Hicki II 218
Joch, Dim. *Jochli* II 334

Lickä, Luckä II 595 ff.
Lümi II 552 f.
Pass II 888
Prüächlä II 1014 f.
Sattel III 15 ff.; vgl. dazu auch *Sattel-*
boodä I 546, *Sattelegg* I 895 u. *Sattel-*
steckli III 493
Schlittchüächä II 478 f.
Sella III 218
Tschuf III 753.

ANMERKUNG 39

Bei der sog. Landschaftstaufe und in
diesem Bereich spez. bei der Bergnamen-
gebung stossen wir ausserhalb des appel-
lativischen Gebrauchs auf eine um so
erstaunlichere Namenfülle, die aufzeigt,
wie unsere Vorfahren dank guter Beob-
achtungsgabe und einer tüchtigen Por-
tion Einfallsreichtum und Vorstellungs-
kraft zu den entsprechenden Namen im
Gelände gekommen sind (vgl. Dittli,
Beat: Orts- und Flurnamen im Kanton
Zug. Typologie, Chronologie, Siedlungs-
geschichte. Zug 1992, S. 344 ff.; Aurel
Schmidt: Die Alpen. Zürich 1990, S. 43;
Sonderegger, Stefan: Die Orts- und Flur-
namen des Landes Appenzell. Bd. I:
Grammatische Darstellung. Beiträge zur
schweizerdeutschen Mundartforschung
[BSM], Bd. 8, Frauenfeld 1958, spez.
Wort- und Sachregister S. 598 ff., 631 ff.;
Zihlmann, Josef: Menschen suchen eine
Heimat. Hitzkirch 1986, S. 50 f.; sowie
Zinsli, Paul: Grund und Grat. Die Berg-
welt im Spiegel der schweizerdeutschen
Alpenmundarten. Bern o.J. [1946]).
Eine Auswahl der augenfälligsten Na-
menbeispiele mag diesen inneren Zusam-
menhang zwischen Berg- oder Gelände-
form und der entsprechenden Parallel-
bezeichnung für formähnliche Konkreta
aus dem Alltag etwas erläutern. Ein
Blick in die zitierten Beispiele zeigt denn
auch, dass bei der Namenfindung
Mensch wie Tier oder auch nur einzelne
Körperteile hievon und ebensogut blosse
Gegenstände als Namenlieferanten in
Frage kommen. Zudem lassen Flur-
namen auch Rückschlüsse auf ein (frühe-
res) Vorhandensein von bestimmten
Pflanzen, Baumarten und Tieren in der

danach benannten Gegend zu und ge-
währen z.T. auch Einblick in Siedlungs-
strukturen, Eigentumsverhältnisse und
u.U. längst aufgegebene Bewirtschaf-
tungsformen, wie dies in den nachfolgen-
den Kapiteln noch einzeln zu belegen
sein wird:

Achsel, Schulter:	*Axä* I 143 ff.
Ahle:	*Alsä* I 105 f.
Allmend:	*Allmäini* I 63 ff.
Arm:	*Aarmä* I 117
Balken:	*Balkäfad* I 947
Bank:	*Bankflüä* I 1069 f.
	Banknossä II 856
Bär:	*Bääräfad* I 948
Bauch:	*im Püdel* II 902 f.
	im Büüch II 902 f.
Bausch, Wisch:	*Bäischer* I 310
Brente:	*Bräntästeckli* III 452
Brot:	*Weggästäi* III 428
Burg, Kastell:	*Burg* I 728 ff.
	Chaschtälä I 409 ff.
	Chaschtelhourä II 260
Dach:	*Tach* I 757 ff.
	Nageltach I 757 f.
	Schopfende Flue
	+ I 1092
Dachboden:	*Rüässtyli* I 762 f.
Dengelamboss:	*Tangelnessli* II 870
Eisenkeil:	*Gindli* II 110 f.
Eigen:	*Äigä* I 920 f.
Esel:	*Eesel* I 937
Fass:	*Syywfass* I 993
Felge:	*Fèlgerä* I 1023
Felskopf (begrast):	
	Ryytälinossä II 866 f.
Ferse:	*Fäärschä* I 1025 f.
	Fäärschäbalmä I 252
Fessel am Pferde-	
fuss:	*Fisslispiäl* I 700 f.
First, Giebel:	*Firscht* I 1041 f.
	Giibel I 1293 f.
Fisch:	*Fischi* I 1044
Folle:	*Follä* I 1104 f.
	Follänegg I 853
	Folläplänggi II 919 f.
	Follästèèfeli III 288
Fuchs:	*Fuxacher* I 19
	Fuxäloch II 568
	Fuxbeedemli I 508
	Fuxschwanz III 175 f.
Fünfer:	*Fyyfer* I 1129 f.

ANMERKUNGEN

Futterkrippe:	*Baarnä* I 292 f.		*Staglen* + 308 f.
Geige:	*Gyygä* I 1277 f.	Pferch:	*Färchflüä* I 1073
Gemse:	*Gämschfäld* I 1019	Pferd:	*Gafallä* I 1191 f.
Gerät, unbest.:	*Gütlischarnossä* II 860		*Hängscht* II 211
Gesicht:	*Gsicht* I 1291	Pfosten:	*Stüdfad* I 962 f.
Haken:	*Häägglipllattä* II 986		*Studnossä* II 870
Hirsch:	*Hirschmatt* II 694	Rad:	*Rad* II 1017 f.
	Hirzäboodä I 518	Ring:	*Ring, Ringli* II 1123 ff.
Holunder:	*Holderboodä* I 519	Rippe:	*Rippi,* Dim. *Rippli* II 1128
Holz:	*Holzbo[o]dä, Holzpeedemli* I 519 f.	Rist:	*Rischtig* II 1131 f.
Horn:	*Ho[o]rä* II 252 ff.		*Riäntaal* III 651 f.
	Goornerä II 5 f.	Rücken:	*Rigg* II 1156
Hüfte:	*Hüüffi* II 291 f.		*Gäissriggä* II 1156 f.
Hut:	*Hüätsteckli* III 471	Schaufel	*Schüüfflä* III 62
Hutte:	*Huttegg* I 873	Schere:	*Schääri* III 66
Hütte:	*Hittäbo[o]dä* I 520 f.		*Schärhorä* II 265 f.
Kamm:	*Chämmä, Chammli* II 384 f.	Schindel:	*Schintlechtaal* III 659
	Chaamegg I 874	Schlittenkufe:	*Schlittchüächä* II 478 f.
Kammer:	*Chämmerli* II 385	Schnabel:	*Schna[a]bel* III 115 f.
Kasten:	*Chaschtä* II 412		*Rappäschnaabel* III 116 f.
Kegel:	*Cheegel* II 413		
Kerzenstock:	*Chèrzästeck* III 517		*Schnapf* III 117
Kessel:	*Chessel* II 425 f.	Schöpfgefäss:	*Gatzä,* Dim.
Kirche:	*Kircherflüä* I 1082		*Gätzi* + I 1276
	Chiläry[y]ti II 1213		*Goon,* Dim. *Geeni* I 1281
Klotz:	*Chlotzgand* I 1214		
Kopf:	*Brunnätschüdälä* III 753	Schulter:	*Schulterä* III 140
Krapfen (Gebäck):		Schwanz, Penis:	*Kenigsaagel* III 7 f.
	Chrapfä II 466	Schwein:	*Mo[o]rägspu[u]r* III 269
Kürbis:	*Chirpsbiäl* I 713		
	Chirpstaal III 620	Span:	*Spanort* II 883 f.
Latte:	*Schyyjä* III 67 ff.	Stockzahn:	*Stockzand* III 1043
Lehen:	*Le[e]matt* II 715 f.	Stuhl:	*Gstubällä* II 97
Mann:	*Ma,* Dim. *Manndli, Manntli, Männtli* II 627 f.		*Stüäl* III 543 ff.
		Tafel:	*Ta[a]fälä* III 559 f.
		Tuch:	*Bruschttiächli* III 754
	Mannsboodä, Manntliboodä I 528	Turm:	*Tuuräplanggä* II 964
Mauer:	*Müürä* II 777 ff.	Wand:	*Wandflüä* I 1099 f.
Mensch (dick):	*Pucher* II 1015	Wiege:	*Wiägä* III 998
Nadel:	*Naatlä* II 832 f.	Winkel:	*Kartiigel* II 405
Nagel:	*Nageltach* I 757 f.	Wolkenflecken:	*Wulchäfläckä* I 1049 f.
Napoleon:	*Napälioon* II 837	Worb:	*Wèrb* III 996
Nase:	*Nääsitaal* III 642	Zahn:	*Zand* III 1042
Ofen:	*Oofä,* Dim. *E[e]fäli* II 875 f.	Zigerstock:	*Zigersteckli* III 517
Ofenloch:	*Oofäloch* II 576	Zuckerstock:	*Zuckerstock* III 517.
Pfahl, Pflock:	*Hagstäckä* III 359, 455		
	Schwiränegg I 901		

ANMERKUNG 40

Vgl. hierzu UNB II 204 ff., 344, 474 f., 1015; III 116 f., 266 f., 426 f., sowie MS I 14, 39; II 280; III 131 f.

ANMERKUNGEN

ANMERKUNG 41

Bodensenken und Geländemulden haben im urner. Namengut zu recht vielfältigen Benennungen geführt. Vgl. die nachfolgende Zusammenstellung:

Bazoola I 308
Billä, Billäbäärg I 328, 434 f.
Bocki I 481 f.
Butzä I 740 ff.
Chaltschlaagä III 91
Chèllä II 421
Chessi II 428
Chuchi II 477 f.
Graabä II 29 f.; dazu *Graabäplanggä* II 923 f.
Grüäbä II 74
Gum[m]ä, Chummä II 104 f.
Hool II 236 f.
Loch II 558 ff.; vgl. dazu noch *Lochbrigg* I 635
Müältä II 814 f.; vgl. noch *Müältägadä* I 1169
Roossi, Roozi II 1142 f.
Sack III 1 ff.
Saass III 13 f.
Schisslä II 142
Schooss II 131 f.
Schüätreg III 748
Stu[u]bä III 534 f.
Täiffi III 702 ff.
Tällä III 697 f.
Tellunmatta + II 760 f.
Toolä III 720 f.
Tooläpoort I 595 f.
Trog III 744 ff.
Tunglen III 756
Wang, Wängi III 905 ff.; vgl. dazu *Wängibo[o]dä* I 568
Wannäli III 911 ff.
Wannäplanggä II 966
Wandäli III 912
Wannälä, Wandälä III 913 ff.
Wiägä III 998.

ANMERKUNG 42

Vgl. UNB I 810 zu *Äbnen* Re.: «Alpstafel; als hügelig und *gschluechtig,* d.h. mit länglichen Mulden versehen, bezeichnet».

ANMERKUNG 43

Vgl. UNB I 147: *Oober Axäli.*

ANMERKUNG 44

Im urner. Flurnamenbereich sind für ebenes Gelände folgende Benennungen anzutreffen:

Äpmä, Äpnet I 810 ff.
Alafund (?) I 61 f.
Bittmändi I 445 f.
Bo[o]dä I 483 ff.; dazu *Grooss Bo[o]dä* I 512 f., *Lang Bo[o]dä* I 525 f., *Chessisbeedäli* I 523
Brä[i]däpnet I 811
Egg I 823 ff.
Gampälä I 1201
Gams I 1202
Ggapil I 1222 f.
Grund II 84 ff.
Läägerä II 490 f.
Lääget II 491 f.; dazu *Läägedä Firschtä* I 1042, *Lääget Gand* I 1214 f., *Lääget Wald* III 856, *Wyychel* III 1032 u. *dr lääget Windgällä* I 1199 f.
Läggni II 492 f.
evtl. *Lanzeg, Oober* u. *Under,* II 498
Steessi III 518 ff., dazu *Astooss* III 519
Tätsch III 692 f.
Tisch, Tysch III 709

Eine bes. Art von ebenem Gelände zeigt sich bei terrassenförmig angelegten Geländestufen, die im urner. Namengut mit *Balkäfad* I 947 und *Sèllboodä* I 552 vertreten sind. Vgl. dazu noch Anm. 25.

ANMERKUNG 45

Tatsächlich sind in den letzten Jahren – wenn auch vordergründig ausschliesslich dem lockeren Humor zuliebe – die negativen Auswirkungen des Verkehrs im allg. und der Autobahn im bes. wiederholt als späte Rache des beim Bau der sog. Teufelsbrücke dank urner. List geprellten Teufels (vgl. MS III 115 ff., 118 f.) angeprangert worden. Vgl. hierzu div. Artikel in der lokalen, dann aber auch Innerschweizer Presse und spez. Anne Marie Droeven: Nyt derglyychä tüä. In: bilanz 1987/Nov. u. Pierre

Pauchard: La malédiction du Gothard. In: L'HEBDO 31/1987 sowie die Radio DRS-Sendung vom 5. 6. 1983: «Stau oder die späte Rache des Teufels».

ANMERKUNG 46

Vgl. div. Hinweise durch:

Bätzing, Werner: Die Alpen. Naturbearbeitung und Umweltzerstörung. Frankfurt a.M. 1988

Bericht des zivilen kantonalen Führungsstabes des Kantons Uri KAFUR über die Hilfeleistungen anlässlich der Hochwasserkatastrophe in Uri vom 24./25. August 1987

Braunwalder, Armin: Sind die Alpen noch zu retten? In: Alternative 1990, Nr. 148

Braunwalder, Armin: Muss Uri bald evakuiert werden? In: Alternative 1990, Nr. 149

Danioth, Heinrich: Steile Welt. Luzern 1965, S. 1

Gisler, Friedrich: Naturgewalten. In: L. von Matt: URI. Basel 1946, S. 11 ff.

Gisler, Friedrich: Urner Geschichtskalender. 2 Teile in 1 Bd. Altdorf 1941 u. 1945 (SA aus: UW 1938–1943)

Hebel, Johann Peter: Schreckliche Unglücksfälle in der Schweiz. In: Schatzkästlein des rheinischen Hausfreundes. Zürich (Ex Libris) o.J., S. 216 ff.

Lusser, Karl Franz: Der Kanton Uri. In: Gemälde der Schweiz. St. Gallen u. Bern 1834, S. 67

Lusser, Karl Franz: Geschichte des Kantons Uri. Schwyz 1862, S. 553 f.

Schaller-Donauer, Alfred: Chronik der Naturereignisse im Urnerland (1000–1800). Altdorf o.J. [ca. 1937]

Uri – Land am Gotthard. Altdorf/Zürich 1965: div. Zitate, S. 56 ff.

Wie man urnerischerseits sogar ausserkantonalen Naturbedrohungen wirkungsvoll zu begegnen versuchte, beweist gerade die zwischen Brunnen und Sisikon ganz auf Schwyzergebiet im Frühjahr 1992 in Bewegung geratene Felspartie «Ölberg» *(Eelbä[ä]rg)*. Durch die vorsorgliche Schliessung der Kantonsstrasse längs der Gefahrenzone hatte Uri über das unmittelbare Gefahrenmoment hinaus wieder einmal mehr auch die verkehrspolitisch sowie touristisch und wirtschaftlich wirksamen Folgeerscheinungen eines Naturereignisses zu tragen. Zu diesem spektakulären Geschehnis vgl. nachfolgende Auswahl von Artikeln:

Aeberli, Felix u.a.: Sprengung am Ölberg: Die Bilder vom grossen Knall an der Axenstrasse. In: SCHWEIZER ILLUSTRIERTE 1992, Nr. 16, S. 12 ff.

Arnold, Bruno: «Der Fels muss gesprengt werden». Schliessung der Axenstrasse. In: UW 1992, Nr. 14 u. 17

Axenstrasse Mitte Oktober befahrbar. Verstärkung des Tunnelgewölbes bewährt sich. In: UW 1992, Nr. 47

Clavadetscher, Josias: Axen: Sprengung wird geprüft. In: Urner Zeitung 1992, Nr. 46, S. 1, u. «Keine Absicht dahinter!» Generelles Tunnelprojekt ohnehin in Planung, S. 9

Clavadetscher, Josias: Fels am Axen wird gesprengt. Umfahrungstunnelbau in Vorbereitung. In: Urner Zeitung 1992, Nr. 55, S. 1 u. 13

Clavadetscher, Josias: Axen-Sprengung als die grosse Attraktion. Fernsehen DRS und Radios übertragen live – SGV-Schiff für Zuschauer. In Urner Zeitung 1992, Nr. 84

Clavadetscher, Josias: Der Axen-Tunnel ist schon 100 Meter lang. Öffnung der Axenstrasse auf Mitte Juni möglich. In: Urner Zeitung 1992, Nr. 84, S. 19

Deicher, Daniel: Volltreffer oder eine Flut-Katastrophe! Heikle Sprengarbeiten an der Axenstrasse: Geht's schief, steigt der Urnersee innert Sekunden bis acht Meter. In: SonntagsBLICK 1992 (15. März), S. 27

Feilschen um Entschädigungen. Axensperrung verursacht «Gewerblern» Millionenschäden. In: UW 1992, Nr. 60

Das Innerschweizer Sprengspiel – Felssturz an der Axenstrase gebannt. In: NZZ 1992, Nr. 86, S. 23

Reinmann, Eduard: Besorgnis in Sisikon – Gelassenheit in Bauen. Felsabbruch an der Axenstrasse: Weg der Schweiz ist nicht gefährdet. In: Urner Zeitung 1992, Nr. 46, S. 9

Sperrung bis im Juni. Zur Felssturzgefahr an der Axenstrasse. In: UW 1992, Nr. 18

Sprengung am Ölberg: Mitte April. Urner Baudirektion warnt vor Flutwelle. In: UW 1992, Nr. 20

«Wie ein Stück Fleischkäse...» Präzise Sprengung am Ölberg. In: UW 1992, Nr. 29

Dass es an den Gestaden des Urner Sees immer wieder zu Felsabbrüchen gekommen ist, belegt der nachfolgende Artikel: Schäden an Leib und Gut. Seebeben und Felsabstürze am Urnersee. In: UW 1992, Nr. 30.

Ein Felssturz ganz anderer Art ereignete sich im Frühjahr 1989 bei den Pfaffenstöcken oberhalb Silenen, ohne das darunterliegende Wohngebiet zu gefährden (vgl. UW 1989, Nr. 19), sowie in einem weit grösseren Ausmass an der Susten-Passstrasse im Gebiet Oberplattiflüe. Dabei wurde auf einer Länge von ca. 80 Metern die darunter liegende Strasse von ca. 400 m3 Gestein (Gstäi) vollständig zerstört. Zunächst dachte man an eine intensive Felsreinigung mit nachfolgender Räumung der Strasse. Dieses Vorhaben musste jedoch aus Sicherheitsgründen aufgegeben werden. Statt dessen wurde eine Notstrasse von 4,5 Kilometer Länge errichtet, die am 11. August 1989 dem Verkehr übergeben werden konnte. Nun ist man daran, die Ablösungszone zu konsolidieren und ein Auffangbecken nebst einer Steinschlaggalerie und Steinschlagnetzen zu erstellen. Vgl. hiezu wie auch zu den kontroversen Meinungen bez. Bau einer Notstrasse: Alternative 1989, Nr. 142, 143; 1990, Nr. 147; sowie UW 1989, Nr. 49, 52, 62, 98; 1992, Nr. 21, u. UZ 1992, Nr. 65, S. 9.

Im weiteren überraschte am 6. Mai 1993 ein grösserer Steinschlag (Stäischlag) eine Baugruppe im Siedlungsgebiet Acherli – Tiefenlingen, Bristen, wobei wie durch ein Wunder nur gerade zwei Baumaschinen (Büü[w]maschyynä) erheblich beschädigt wurden (vgl. UW 1993, Nr. 35 – ill.). Dass leider auch immer wieder Men-

schenleben zu beklagen sind, beweist ein Vorfall vom 9.6.93, wo herabfallende Steine einen Arbeiter auf der Baustelle (Büü[w]stèll) Sustenstrasse bei Meien tödlich getroffen haben (vgl. NZZ 1993, Nr. 133, S. 13, u. UW 1993, Nr. 46).

ANMERKUNG 47

Vgl. hierzu:

Müller, Josef: Betrufe aus Uri. In: SV 1918 f.; 1922 S. 41 f.; 1928 S. 52 ff.

Müller, Josef: Sagen aus Uri. Sachregister: Betruf, Bd. III, Basel 1945 ff., S. 340

Renner, Eduard: Goldener Ring über Uri. Zürich 1976, S. 121 f., 140 f.

ANMERKUNG 48

Vgl. hierzu auch Oechslin, Max: Beitrag zur Kenntnis der pflanzlichen Besiedelung der durch Gletscher freigegebenen Grundmoränenböden: Gebiet des Griess-Gletschers. Bericht Naturf. Ges. Uri. Altdorf 1935, Nr. 4, S. 27 ff.

ANMERKUNG 49

Vgl. UNB I 996 f.

In diesem Zusammenhang sei auch noch auf die Diss. von Joh. Jak. Jenny unter dem Titel «Geologische Beschreibung der Hoh-Faulen-Gruppe im Kt. Uri», Basel 1934, verwiesen wie auch auf deren Besprechung durch Max Oechslin. In: GP 1935, Nr. 5.

Max Oechslin hat sich übrigens zu wiederholten Malen mit Bergstürzen und Felsabbrüchen im Kt. Uri auseinandergesetzt, u.a. in: Der Gotthard, 5. Folge, H. 3, 1951. Im weiteren beachte man die Zusammenstellung im StaA Uri: Uraniensia-Kartei Nr. 55 (Geologie, Gletscherkunde etc.) wie auch den Artikel von Claudia Billeter: Auch Uri lebt mit «Bewegungen». Innerscheizer Millionenprojekte zur Hang- und Felswandsicherung. In: UW 1988, Nr. 84.

Hiezu vgl. auch noch Hantke, René: Landschaftsgeschichte der Schweiz und ihrer Nachbargebiete. Erd-, Klima- und Vegetationsgeschichte der letzten 30 Millionen Jahre. Thun 1991.

ANMERKUNG 50

Die verschiedenen Erosionsformen haben in der urner. Landschaft entsprechend der mannigfaltigen Zerstörungsarbeit von Wasser, Eis und Wind zu einer reichhaltigen Namengebung geführt, wie die nachfolgende Zusammenstellung aus dem UNB zu belegen vermag (vgl. noch Anm. 54, 61, 64, 70):

Bärhuttler II 314
Brächä I 598 f.; dazu *Brächänegg* I 844
Bräschtänegg I 845
Brätsch, Prätsch II 1013; dazu *Brätschäflüä* I 1071
Brichlis I 614
Brischtä I 615 ff.
Bruch I 621; dazu *Bruchplanggä* II 916
Bruscht I 673 f.
Char[r]ä II 400 f.
Choositaal III 621
Flyys I 1051 f.
Füülä I 996 f.; dazu *dr Füül Fad* I 950
Gand I 1202 ff.
Ghäck II 136
Griäss II 63 ff.; dazu *Griässboodä* I 512, *Griässeggä* I 859, *Griässhuubel* II 288
Ggryysch II 70
Ggrüsel II 70
Grobgand I 1213
Gritsch II 71
Ggryt II 1202
Gspaltä Graat II 50
Gu[u]fer II 99
Gumpisch II 108 f.
Häärdbruch I 623 f.
Kercheltal + III 617 f.
Lotter II 594
Margampä II 639 f.
Martschäll II 641 f.
Moräänä II 813
Redelbalmä I 260
Ri[i]bi II 1061 ff.; dazu *Rübiboodä* I 535 f.
Rüsi II 1129 f.; dazu *Riissgrund* II 93
Ris[s]letä II 1130
Ryyterä II 1133
Rofäijä II 1136 f.
Rumäänä II 1163
Rupletä II 1167 f.
Schaarbärg I 388 f.
Schlätterggness II 868
Schranggä III 132 f.

Schrannä III 133
Schrindi III 134
Schutt III 142
Spalt, Spältä III 244 ff.
Sprung III 266 ff.
Stäiplanggä II 957 f.
Stäischlag III 91 f.
Stäizug III 1088 f.
Urschner Wiäledä III 999.

ANMERKUNG 51

Vgl. dazu *Täiftaal* III 674 ff. und die Ausführungen zu TIEF III 702 ff.

ANMERKUNG 52

Auflistung gemäss UNB:

Chäälä II 345 ff.; dazu noch bez. Form od. Beschaffenheit: *Broggächäälä* II 352, *Chanselchäälä* II 359 f., *Chrummchäälä* II 360, *Gras-Chääli* II 356, *Lang Chäälä* II 361
Chämi II 384
Chängel II 386 f.
Chrachä II 464 f.
Ching, Chinn II 429 f.
Chrinnä II 473
Frutt I 1119 ff.
Fuur, Furchä I 1130 ff.
Gitziloch II 570
Graabä II 29 f.
Gurgel[i] II 115 f.
Hèll II 204 ff.
Läiti II 539 f.
Riimi II 1120
Ryyssläüwi II 523 f.
Rüüch Taal III 654
Runsä, Ruus[s] II 1164 f.
Sattel III 15 ff.
Schaarti III 56 ff.
Schloff[ä] III 99 ff.
Schlüächt III 106 ff.
Schlüüchä III 104 ff.
Stäägätaal III 669
Sträiwiris[s] II 1131
Täif III 702
Täifta[a]l III 674 ff.
Tiibi III 700 f.
To[o]bel III 710 ff.
Zug III 1064 ff., dazu *Graaschizug* III 1074, *Gra[a]szug* III 1074 sowie weitere Komposita mit dem GW *Zug*.

ANMERKUNG 53

Vgl. die im UNB III unter *Tal* (562 ff.) und *Zug* (1064 ff.) aufgeführten Namen, im spez. *Bachtaalä* III 571 u. *Rüässtaal* III 654 f. sowie *Dräckzug, Dräckziggli* III 1071 f. u. *Wasserzug, Wasserzig* III 1092.

ANMERKUNG 54

Analog zum relativ häufigen Vorkommen solcher Geröllhalden in Uri fällt auch das Namenmaterial entsprechend umfangreich aus:

Bruch I 621 ff.; dazu *Stäibruch* I 625
Gand I 1202 ff.; dazu das nur appellativisch gebrauchte Adj. *gandig*
    (vgl. I 625, 1213; II 1163)
Gätsch I 1274
Ghutlet Boodä I 511
Griäss II 64 f.
Ggryysch II 70
Ggrüsel II 70
Guuferä II 99 f.
Häxähüüffä II 181
Loorä II 590
Ri[i]bi II 1061 ff.
Rügel, Ggrügel II 1119
Schutt III 142
Stäigand I 1216 f.
Stäinig Huubel II 290
Urschner Wäledä III 999.

ANMERKUNG 55

Einzelne Steine und Steinhaufen – auch namenkundlich als *Manntli, Männdli, Männtliser, Stäimanntli* II 627 ff. sowie als *Mitschä* II 828 f. [dazu das appell. gebrauchte Adj. *ggmütschig*] erfasst, tragen je nach ihrer geschichtlichen, resp. mythologischen Bedeutung einen eigenständigen Namen. Um unnötige Wiederholungen zu vermeiden, werden nachfolgend nur jene *Stein*-Namen aufgeführt, die in MS III 409 nicht aufscheinen oder die im Volksmund von besonderer Bedeutung sind:

Franzoosästäi:
Herger, Franz: Der Franzosenstein
    (in Bürglen). GP 1978, Nr. 3
UNB III 385 f.

Häidästäi:
Lussmann, Ludwig: Steinkultur in Uri:
    Der Heidenstein ob Beigen, Bürglen.
    In: UW 1969, Nr. 73

Spitzästäi, auch *Tyyfelsstäi* genannt:
Meyer, Myran: Kolumban besucht
    Kilian. Legende und Fakten. UW 1989,
    Nr. 56
UNB III 422

Suwaroffstäi:
Perrin, E.: Der Souveroff-Stein auf dem
    St. Gotthard. Basel 1867, S. 226 f.

Tyyfelsstäi:
Amstad, Fintan: Wie der Teufelsstein bei
    Göschenen und die Teufelswand in der
    Schöllenen zu einem farbigen Anstrich
    kamen. In: UW 1966, Nr. 54
Bär, Silvan: Kontroverse um Stein oder
    Nichtstein. Vor genau 20 Jahren befand
    sich der Streit um den Teufelsstein auf
    dem Höhepunkt (Folge 1 + 2).
    In: UZ 1992, Nr. 144 (S. 9),
    145 (S. 13)
Müller, Emanuel: Der Teufelsstein bei
    Göschenen hat eine bewegte
    Geschichte. Vaterland 1980, Nr. 170
Oechslin, Max: Der Teufelstein zu
    Göschenen. Ber. d. natf. Ges. Uri,
    H. 3, 1974
Oechslin, Max: Die Sage vom Teufels-
    stein. Urner Kalender 1982, S. 62 f.
Der Teufelstein. Schülerzeitung der
    Oberschule Göschenen. Sonder-
    ausgabe. Göschenen o.J. [1971]
Des Teufels 2. Niederlage. Zur Verschie-
    bung des Teufelssteins. In: UW 1973,
    Nr. 86
UNB III 426 f.

Väijäli-, Vieentlistäi:
Oechslin, Max: Der Veilchenstein.
    In: GP 1933, Nr. 35

Zäichästäi:
Furrer, Benno: Die Bauernhäuser des
    Kantons Uri. Basel 1985, S. 65 f., 464
Oechslin, Max: Zeichenstein in der
    Göscheneralp. Mitteilungsbl. d. V.
    ehem. Land- und Alpwirtschaftsschü-
    ler von Altdorf. März 1956; vgl. auch
    UW 1955, Nr. 99 sowie HNbl Uri
    1927, S. 45 f.

Schaller, Anton: Zeichensteine,
  SAV 1926, S. 300
UNB III 429

Im weiteren beachte man auch den
Artikel von Rolf Gisler: Sagenhafte
Steine im Riedertal. In: UW 1989, Nr.
44, sowie als Gesamtübersicht die *Stäi*-
Namensammlung in UNB III
371–430.

ANMERKUNG 56

Vgl. Frey, Karl: Kiesabbau.
ETH-Fallstudien. Zürich 1990.

ANMERKUNG 57

Folgende Höhlen oder zumindest höh-
lenähnliche Einstiege sind im UNB als
Basiswörter belegt:

Balm I 244 ff.; dazu *Waldbalmchopf* II
  462 f.
Fäischter, Fänschter, Pfäischter I 1024
Gufel II 99
Heeli, Hool II 236 f.
Hilti; vgl. dazu *Hiltinossä* II 861
Loch II 558 ff.; vgl. dazu *Hoolloch* II 571
  f., sowie die dazu gehörende Literatur
  (s. unten)
Oofä II 875 ff.

Die nachfolgenden Höhlen haben
überdies auch noch Eingang ins urner.
Sagengut gefunden:
Bäärglistubä III 535 (MS III 196), eine
  tunnelartige Berghöhle ob dem
  Heegerbutzli im Sch.
Bräüsiloch II 565 in der Fiseten
  (MS III 245 f.)
Häidälecher II 571 im Heidenstäfeli ob
  Usch. (MS III 200)
Hell-Loch II 571 auf der Alp Baberg
  (MS III 130) u. in Sb. (MS III 131)
Hoolloch II 571 f. (MS III 52, 172)
Lissleräbalm II 557 im Brunnital
  (MS III 207)
Mirderloch II 575 f. eingangs Is.
  (MS III 218)
Sal[z]misloch II 578 in der Nähe der
  Isleten (MS III 217, 218)
Schwarzbälmli (MS I 268): id. mit
  Schwertzbalm + I 263 f.
Darüber hinaus soll die nachfolgende

Literaturzusammenstellung zusätzlich
Einblick in urner. Höhlen geben, die bei
Mineralienfreunden und Speläologen auf
besonderes Interesse stossen:
Amacher, Peter: Aus dem Tagebuch des
  Höhlen-Teams Uri. In: Höhlenpost.
  1976, Nr. 41 (Höhle in der Rinächt-
  wand)
Amacher, Peter: Gumpischhöhle im
  Axen. In: Höhlenpost. 1977, Nr. 44,
  S. 21 f.
Ein Ausflug nach dem Hohlloch in
  Attinghausen. UW 1892, Nr. 23
Baur, F.; Wahl, J.-B.: Campagnes spéléo-
  logiques en Suisse Centrale. Massif des
  Windgällen. Sous terre. Bulletin du
  groupe spéléologique d'Alsace.
  1972–77, Nr. 19, S. 92 f. – ill.
Bockitobel. Eine Grosshöhle in der
  Innerschweiz. NZZ 1961, Nr. 3971
Brouillard, Jean François: Schwarzberg-
  höhlenmassif des Windgällen. Stalactite.
  1984, S. 98 ff.
Brouillard, Jean François: Holländerloch
  (Bristen). Stalactite. 1982, S. 112 f. – ill.
Gröbli, Roland: «Wir sehen Dinge, die
  noch nie ein Mensch gesehen hat».
  Unterwegs mit Mitgliedern der
  Höhlengruppe Hergiswil auf Nieder-
  bauen ob Emmetten. In: LNN 1991,
  Nr. 188, – ill.
Hächler, Urs: Osterloch (Höhle im Ge-
  biet von Sb.). Schweiz. Ges. f. Höhlen-
  forschung. 1977, Nr. 4, S. 20 ff.
Hächler, Urs: Plattenloch, Seelisberg
  Uri. In: Höhlenpost. 1982, Nr. 59,
  S. 26 f.
Haverkamp, Franz: Windloch und
  Kridenloch bei Unterschächen.
  In: Strahler. 1964, Nr. 22, S. 2 f.
Haverkamp, Franz: Kristallhöhlen im
  Brunnital. In: Stalactite. 1952
Indergand, Peter: Kristallhöhlen und
  ihre Schätze. Göschenen o.J.
Jenni, Jean Pierre: Besuch der Grube
  Graggental. Minaria Helvetica. 1986,
  Nr. 6a, S. 6 f.
Kipfer, Alex: Interessantes und neue Fun-
  de in einer Rauchquarzkluft am Galen-
  stock. In: Urner Mineralienfreund.
  1971, S. 1 ff.
Klingenfuss, Bruno: Stand der Windloch-
  forschung in der Gemeinde Unter-

schächen. Ende 1971. In: Höhlenpost.
1972, Nr. 28/29

Knab, Oliver: Unterwasserhöhle Nr. 1
beim Schillerstein. Schwarzloch, erstes
Syphon durchtaucht. In: Höhlenpost.
1980, Nr. 52, S. 22 f.

Knab, Oliver: Hunds- und Chopfhöhle.
Unterwasserhöhle im Urnersee. In:
Höhlenpost. 1981, Nr. 55, S. 17 f.

Muheim, Franz Xaver: Ausgrabungen in
der Klausenhöhle im Sommer 1934.
Ber. d. natf. Ges. Uri, H. 4, 1933/34
S. 20 f.

Muheim, Franz Xaver; Oechslin, Max:
Neuer Höhlenfund in Attinghausen.
Ber. d. natf. Ges. Uri, H. 5, 1935–37

Muheim, Franz Xaver: Eine Bärenhöhle
am Klausenpass im Kt. Uri. Schweizer
Schule. 1936, Nr. 7

Oechslin, Max: Der Milchbach im Axen.
Urner Mineralienfreund. 1970, S. 1 ff.

Salathé, Dominique: Schächte C1 und
A 21. Sisikon. In: Höhlenpost. 1978,
Nr. 48, S. 14 f.

Salathé, Dominique: Bericht über die
Arbeiten des Höhlenclubs Hades im
Riemenstaldertal. In: Höhlenpost.
1976, Nr. 40, S. 12 ff.

Sandfuchs, U.: Margritli-Loch u.
Lückelihöhle in Seelisberg. In: Höhlen-
post. 1982, Nr. 59, S. 24 f.

Scherrer, René: Milchbachhöhle im
Axen. In: Höhlenpost. 1976, Nr. 41

Scherrer, René: Kridenloch. Gemeinde
Unterschächen. Stalactite. 1971, no. 1,
p. 16-19 u. Höhlenpost.
1970, Nr. 23

Der Venediger im Arniloch. In: Vier-
waldstätter Volkskalender. Luzern
1881, S. 23 f.

ANMERKUNG 58

Büttner, Heinrich: Der Weg der Inner-
schweiz zur antiqua confoederatio,
Gfr., 124. Bd., 1971, S. 27 ff.

Kläui, Paul: Uri bis zum Ende des Mittel-
alters. In: Uri – Land am Gotthard.
Zürich 1965, S. 69 ff.

Muheim, Hans: Aus der Geschichte der
Pfarrei und Pfarrkirche Altdorf. In:
Die Pfarrkirche St. Martin zu Altdorf.
Altdorf 1971, S. 10 ff.

Röllin, Werner: Siedlungs- und wirt-
schaftsgeschichtl. Aspekte der mittel-
alterlichen Urschweiz bis zum Aus-
gang des 15. Jhs., Zürich 1969, S. 14 ff.

Schnyder, Hans: Die Gründung des
Klosters Luzern. Adel und Kirche
Südalamanniens im 8. Jahrhundert.
Freiburg 1978

Sennhauser, H. R.: Ausgrabung und Bau-
untersuchung St. Martin Altdorf. In:
Festschrift St. Martin. Altdorf 1970,
S. 22 ff.

Siegwart, Joseph: Mons Adulas = Greina
und St. Gotthard. Uri und das Gott-
hardgebiet im Lichte der ältesten vor-
germanischen Ortsnamen, Gfr., 124.
Bd., 1971, S. 373 ff.

Siegwart, Joseph: Die Namen Lepontier,
Adulas und Tessin als Geschichts-
quelle, Gfr., 126./127. Bd., 1973/74,
S. 248 ff.

ANMERKUNG 59

Vgl. Zihlmann, Josef: Menschen suchen
eine Heimat. Hitzkirch 1986, S. 50 f.

ANMERKUNG 60

Grossenteils in Analogie zum Stan-
darddt. werden die Ortsbezeichnungen,
soweit sie Gemeindenamen und ganze
Weiler *(Wyyler)* betreffen, bei präpositio-
naler Verwendung artikellos gebraucht
(Ausnahmen vgl. unten). Also *ich gaa uf*
(= standarddt. nach) *Hoschpätaal üüfä,*
uf Fliälän appä, uf Ättighüüsä duurä, uf
Seelisbäärg üüsä, uf Spyyrigän innä, uf
Äsch oder *uf Brischtä hinderä,* um als
Beispiel div. mögliche Reiseziele aus dem
Blickwinkel eines Altdorfer Bewohners
sprachlich einzufangen.
Dagegen werden die meisten übrigen
Ortsbezeichnungen und spez. die Sim-
plex- [z.B. *Riäd*] wie die Komposita-Na-
men [z.B. *Fräntschäbäärg, Gescheneralp,*
Getschwyyler, Mäijätaal, Schächädall,
Strängmatt, Ürnerboodä etc.], die als
Ganzes oder im GW den appellativi-
schen Charakter deutlich bewahrt haben
oder die ein passendes Stützwort (unaus-
gesprochen) mitschwingen lassen [z.B.
Füülä, Gitschä, wo *Bä[ä]rg* od. urner.

Stock zu ersetzen wäre] i.d.R. mit Artikel verwendet. Also: *ich chuumä vum Madraanertaal, vum Gurtnällä-Wyyler, vu dän Eggbäärgä.*

Schwankend im Gebrauch ist *Ooberaa* und *Underaa* I 1 f. sowie *Aarni* I 118 f., wo es *uf Aarni* (Dat. u. Akk.) neben *uf ds Aarni* und *i ds Aarni* heisst. Auch *Egg* I 823 ff. zeigt artikelloses *uf Egg* neben *uf dr Egg*, ebenso *Mettlä* II 793. Dagegen steht bei *Isseltä* II 324 f. in Vbdg mit einer Präp. immer der Artikel, also *a d Isseltä duurä, i dr Isseltä äänä*, während dem *Aabrigä* I 2 f., *Alplä* I 79 f., *Ro[o]schti* II 1147, *Niderhoofä* II 232, *Mettänä* II 776 u.a. artikellosen Gebrauch zeigen.

Bei *a[n]* i.S. von standarddt. *in* wird – zwar zunehmend seltener in der Verwendung – kein Artikel gesetzt: *an Aarni, a Chääserä, a Häitmänegg, a Wannälä* (vgl. UMWB S. 35). Weitere Auflistungen im UNB bestätigen diese Praxis. Abweichungen zur gesprochenen Sprache ergeben sich jedoch erwartungsgemäss im lexikalischen Bereich, wo bestimmte Ortsbezeichnungen nicht (mehr) im aktiven Wortschatz zu finden sind. So heissen das Ende (*Ändi* I 926 f.) eines Gebietes markierende Stellen auch *O[o]rt* II 881 ff. (vgl. dazu *Oortflüä* I 1086 f., *Oorthaltä* II 163 f., *Oortplanggä* II 945, *Oortsatz* III 23, *Ortwald* III 864) und allenfalls auch *Zopf, Zopfä* III 1062 ff. mit den entsprechenden Zusammensetzungen.

Etwas, das zu hinterst (*hinder* II 219; *zhinderisch[t][hinnä]*) oder am äussersten (*usser* I 143; *zussersch, zusserischt-ussä*) Punkt eines Geländes liegt, trägt neben den appell. denkbaren Wortschöpfungen *Hinderändi* I 927 und *Usserändi* I 928 auch den Namen *Fäärnä* I 990 f. neben *Fäärnigä* I 991 f. oder sogar die von rom. Strem (<lat. extremus «zu äusserst») abgeleitete Bergbenennung - *Stryymhèrner* II 269. Möglicherweise ebenfalls rom. Herkunft ist der Flurn. *Gunterli* II 112, der mit dem rätorom. cunter (lat. contra) i.S. von «gegenüber (*än[n]ä, -dra, -fir, dännä*), abseits gelegen» gut zu dem abgelegenen Weideland, resp. Waldstück in Er. passen dürfte.

Liegt etwas dazwischen (*zwischä, zwischet* III 1094, *zwischedinnä, dèrzwischet*), dann kennt man vereinzelt auch Namenverbindungen mit *under, unter* (III 767), vgl. dazu *Underschächä* III 47 ff.

Ist eine Örtlichkeit taleinwärts (*dahinnä, dinnä*) angesiedelt, wird dies mit dem (erstarrten) Adj. *inner* (II 317) ausgedrückt.

Bleiben noch die Flurbez. mit *nid* II 845 und *ni[i]der* II 846, die i.S. von «unter(halb), tiefer gelegen» (*unnä, unnädra, unnäfir, dunnä*) im Gegensatz zu urner. *ob, o[o]ber, oobä, oobäfir, oobänaachä, oobäniider, oobänab, oobänappä, oobäninnä, oobänüf, oobänüs* (vgl. UMWB S. 327 u. UNB II 874) mit Ausnahme von *ni[i]dä* praktisch aus dem aktiven Wortschatz verschwunden sind.

Zum Schluss sei auch noch auf die Alp-, resp. Bergheimwesen und Höfe *Mätten* II 776f. und *Mettlen* II 793 ff. verwiesen, die als Basis ahd. *metamo, mettal, mittil* i.S. von «mitten, dazwischen liegend» anzusetzen haben (vgl. dazu noch *Mitt* II 801 f.).

ANMERKUNG 61

Auch namenkundlich haben die im Textteil angesprochenen Qualitätsunterschiede deutlich und teils sehr detailliert ihren Niederschlag gefunden (vgl. nachfolgende Zsstellung sowie die Anm. 50, 54, 61, 64, 70 in Kap. 1):

Namen für besonnte (*sunnig*) Geländestellen:
Langgsimatt[ä] II 713 f.
Lanzig II 499 f.
Sunnä III 242 f.
Sunnähalb II 145
Sunnämatt + II 750
Sunnig III 243 f.
Sunnig Egg I 908
Sunniggraat II 60
Sunnig Plangg II 961 f.
Sunnig Planggä II 906
Sunnig Räin II 1025
Sunnig Rinderboodä I 538 f.
Sunnig Syytä III 213
Sunnig Stèlliflüä I 1096

Namen für schöne und spez. helle
(sonnige) Stellen:
Bärchi I 289 f.
Bläckental + III 574
Blinzi I 480
Gold II 1
Guldi Tristel + III 738
Häiterboodä I 516
Lüüter Stüdchäälä II 377 f.
Schyyni III 65
Schyynplattä II 991

Namen für warme, ja sogar heisse *(häiss)*
Stellen:
Häissigegg I 864 f.
Häissryyti II 1209 f.
Häiss Zug III 1076
Oofä, Eefäli II 875 f.
Päijerä II 885

Namen für trockene *(trochä)* Stellen:
Brènnästaafel
Sangi III 12
Tèregg I 849
Tiregg I 909
Tirr I 807
Turschtälä I 807
Verbrannt Bort I 596

Namen für schattige *(schattig)* Stellen:
Schattähalb II 145
Schattäplänggli II 951
Schattäryytäli II 1220
Schattig III 59 ff.
Schattig Boodä I 547
Schattig Fad I 959
Schattigpirg I 390
Schattig Plangg II 951
Schattig Planggä II 906
Schattig Stèlliifliä I 1096
Schattig Räin II 1025
Schattig Ryyti II 1220
Schattig Syytä III 212
Schattmigä Firschtä I 1042

Namen für dunkle *(timmer, tunkel)*,
düstere *(schleed)* Stellen:
Mäiggälä II 786 f.
Timmer Chälä II 378
Timmerflüächääli II 379
Timmer Stüdchäälä II 378
Timmer Wäldli, Wältli III 889 f.

Namen für kalte *(cha[a]lt)* Stellen:
Cha[a]lt II 383.

ANMERKUNG 62

Das mdal. *aaber, aaberig* I 2 f. für
«schneefreie Stellen» hat lediglich in Gu.
u. Wa. seine namenkundlichen Ableger
in Form von *Aabrigä* I 2 f. gefunden.
Daneben gibt es aber auch die *Langgsi-
mattä* II 713 f., die als «früh ausapernde
Wiesland» bekannt und geschätzt sind.

ANMERKUNG 63

Vgl. hierzu:

Furrer, Benno: Die Bauernhäuser des
  Kt. Uri. Basel 1985, S. 17 ff., spez. 19 f.
Glauser, Fritz: Von alpiner Landwirt-
  schaft beidseits des St. Gotthards
  1000–1350. Aspekte der mittelalterli-
  chen Gross- und Kleinviehhaltung
  sowie des Ackerbaus der Alpenregio-
  nen Innerschweiz, Glarus, Blenio und
  Leventina, Gfr., 141. Bd., 1988, S. 5 ff.
Herger, Erich; Walker, Heinz: Uri im Ge-
  spräch. Seine Wirtschaft und seine Ge-
  meinden. Altdorf 1985, S. 22, 28 ff.
Lusser, K. F.: Der Kt. Uri. In: Gemälde
  der Schweiz. St. Gallen u. Bern 1834
  [Reprint Genève 1971], S. 49 f., 53 ff.
Röllin, Werner: Siedlungs- und wirt-
  schaftsgeschichtliche Aspekte der
  mittelalterlichen Urschweiz bis zum
  Ausgang des 15. Jahrhunderts.
  Zürich 1969, S. 53 ff., 66–118.

ANMERKUNG 64

Das urner. Flurnamenangebot gibt dank
seiner Fülle einen aufschlussreichen Ein-
blick in die historischen, teils heute noch
gültigen Nutzungsformen des primär für
die Landwirtschaft ausgeschiedenen und
seit Menschengedenken zur Verfügung
stehenden Grund und Bodens, auch
wenn zufolge aktuell feststellbarer Sied-
lungstendenzen manche Flurnamen vom
Aussterben bedroht sind und bei Weiter-
bestehen zunehmend nicht mehr verstan-
den werden:

Alp- und viehwirtschaftlich genutztes
Land:
Aa, Oober- u. Under-, I 1

Acher I 3 ff., nicht nur i.S. von «Acker-
land», sondern auch i.S. von «unge-
pflügtem, resp. wildem, offenem
Land»; spez. Namen zum Ackerbau
vgl. Kap. 5: Wiesen und Felder
Alp I 70 ff.
Alploch II 563
_Bä[ä]rg_ I 310 ff.
Bäärgalp I 81
Fäld I 1000 ff.
Fläck[ä] I 1048 f.
Gspènder II 96 f.
Land II 494 f.
Mäijäsääss III 14
Platz II 999 ff.
Püüräland II 495 f.
Saassi III 14
Schwäig III 177 f.
Staafel, Dim. _Stä[ä]fäli,_ dazu _Oober-_
u. _Under-,_ III 272 ff.
Standel III 318
Steessi III 518 f.
Summermattä II 759; III 242

Viehwege und Weidepfade:
Alpgass I 1251
Fad I 941 ff.
Gass I 1249 ff.
Häiwfad I 953
Sännächeerästock III 492 f.
Sännäwäg III 947 f.
Straass III 529 ff.
Träib III 728 f.
Träijä, Schyyterträijä III 729 f.
Tränki III 726 f.
Trib III 731 f.
Tribig + III 732
Wäg III 933 ff.

Heimwesen, Ställe, Standplätze,
Lagerräume etc.:
Äischtä I 922 ff.
Buur, Puur I 727
Chäller II 423 f.
Chääsgadänegg I 874
Chääsgadäplanggä II 935
Chääsgadätaal III 617
Dorffli I 770 f.
Firliggi, Firligger II 550
Ga[a]dästatt III 324 ff.
Ggliiger II 550
Häimets, Häimig, Häimigä II 200 f.
Häiwhittli II 306
Hèrberig II 211 f.

Hittä II 298 ff.
Hoof II 228 ff.
Hoofstatt III 328 ff.
Hüüs II 182 ff.
Läcki II 528 f.
Läger II 489 f.
Milchkeller [Egg] + I 883; II 424
Müür, Müürä II 777 ff.
Nitler II 845
Ruschtig II 1169 f.
Sä[ä]del III 182 ff.
Schopf, Schopfä III 127 ff.
Schwäig III 177 f.
Sèld, Sèlder III 214 f.
Sidälä III 221
Spyycher III 248 ff.
Sta[a]del, Stä[ä]däli III 270 ff.
Stall III 317
Tafletä III 560
Täierä III 694 f.
Tränk[wäg]egg I 909
Trybegg I 909 f.
Trogtecki I 761
Wyyler III 1004 ff.
Witterä III 1036

Alpspezifische Tätigkeiten:
Chääser, Chääserä II 406 ff.
Hirtlänegg I 867
Hirti II 223
Holzegg I 871
Mälchbo[o]dä, Mälchbe[e]däli I 527 f.
Mälch[i]platz II 1005
Mässbeedemli I 529; II 792
Mässplangg II 940 f.
Schatzboodä, Oober u. _Under,_ I 547
Schlachtbee[i]demli I 549 f.
Zäämähänki II 172

(Wild-)Heuland, teils auch der
privaten Nutzniessung vorbehalten,
vom allg. Weidgang durch Umzäunung
abgetrenntes _(mattig)_ Grundstück:
Ämmättä I 108 f.
Ämmigä I 109 f.
Äsch I 122 f.
Apsträipfä III 532
Balmästäi III 379 f.
Bifang I 979 ff.
Bitzi I 446 ff.
Blätz I 458 ff.
Blüämä I 481
Bünt +, _Pint_ I 726 f.

Eschpä I 937 f.
Fang I 978
Färch I 984 ff.
Gardi I 1224
Gstrutzätälti III 601
Gurtämund II 818 f.
Gurtästaldä III 314
Gurtnällä II 118 f.
Häibtal III 604 f.
Häiw, Häiwerä, Häiwi[li] II 216 f.
Häiwchüäryyti II 1209
Häiwegg, Häiwiliegg,
  Häiwerliegg I 866
Häiwerätal III 605
Häiwganttaal III 605
Häiwplangg[ä] II 929
Häiwzug, Häüwzug III 1077
He[e]gi II 236
Högi + II 236
Langgsimatt[ä] II 713 f.
Mad II 621
Matt[ä] II 644 ff.
Pint I 726 f.
Rad II 1017 f.
Ryytäliegg I 894
Ryyti II 1170 ff.
Summermattä II 759; III 242
Tirli III 757 ff.
Toor III 721 ff.
Trischtbettzug III 1091
Trischtboodä I 561
Trischtel III 734 ff.
Trischtsatz III 24
Trischtstäi, Trischtälistäi III 425
Trischttèller III 679 f.
Wyys, Heretswü III 999 ff.

Streueland:
Läübwischi III 1035
Sträiwerä III 533
Sträiwiplätz I 476
Sträiwistäi III 423
Sträüssryyti II 1225 f.
Wildriäd II 1114

Weideland:
Aabe[d]-, Aabid-, Aabig'wäid III 966 ff.
Aabe[d]wäidplanggä II 912
Axä I 143 ff.
Beestagwäid III 970
Eedland II 495
Häimchüä-, Häiwchüä'wäid III 973 f.
Hungerig II 295
Siäss III 222

Summerwäid III 242, 983
Tagwäid III 970
  (z *Tagwäid faarä* III 281)
Tagwäitliboodä I 560
Trätter III 727
Üsswäid III 984 f.
Wäidbeedemli I 568
Wäidwaldboodä I 568
Wäschpä III 922
Wild Bodä I 569
Wildi Mattä II 771 f., d.h. für offenen
  Weidgang bestimmt; Ggs.: *mattig*

Gras (minderer Qualität):
Ärggälä I 116
Bitterack + I 445
Falkä (?) I 966 f.
Fax I 941
Gras II 41 f.
Wa[a]sä III 918 ff. (dazugehöriges Adj.
  wassmig «mit Gras bewachsen»)

Boden von minderer Qualität, teils als
Folge von reduzierter Bewirtschaftung,
schlechtem Unterbau oder ungünstiger
Lage (vgl. dazu noch die zum 1. Kap.
zitierten Anm. 50, 54, 61 u. 70):
Ärggälänegg I 840
Burschtboudä + I 501
Eedland II 495
Faxäbèèdä I 503
Faxäbiäl I 700
Faxäblätz I 463
Galtänäbnet I 819
Gripligstaal III 598 (*¹griplig* «steinig»)
Gschletterplätz I 465
Gschletterstääfäli III 290
Gwiäscht III 1040 f.
Hèrt Zug III 1077
Hungerig II 295
Ma[a]lger II 623 f.,
  dazu *Maager Egg* I 881
Megeri II 623
Naadelhüüs II 195
Näätschbiäl I 716
Näätschblätz I 468
Näätschboodä I 530
Näätschegg I 886
Räüw Wäg III 946
Säichblätz I 475
Schärbitaal III 658 f.
Schattigmatt II 774
Schyyssgrüäbä II 81
Schletterplätz I 472 f.

Späätech III 247 f.
Stäimatt[ä] II 755 f.
Stäinig Satz III 24
Stäitaal III 670
Stotzämättäli + II 757
Stotzig Ryyti II 1225
Strängmatt II 757 f.
Sträüssryyti II 1225 f.
Sturniger Mattli II 759, gem. UNB etym.
  zum Hof Sturnen gehörig, nicht zu
  gstur[r]et «schlecht (vom Boden)»,
  vgl. Anm. 69
Tiineter I 764 f.
Träcktaal III 581
Urschner Wiäledä III 999
Waasifad I 964
Wasryytäli II 1228

Gras von guter, milchfördernder *(mälch, milch[ig])* Qualität und entsprechend feissem *(fäiss)*, wüchsigem *(landig)* u.U. auch rel. früh nutzbarem *(nutzber)* Boden:
Ankäboul I 583
Ankäräin II 1022
Chääsgrüäbä II 79
Fäiss I 1000; dazu *Fäiss Egg* I 851
Gäiläbiäl I 702
Garschä I 1224 f.
Landeggi I 877
Langgsimattä II 713 f.
Mälch II 791, *Milch* II 798;
  dazu *Mälcharvä* I 122
Sandmatt + II 741 f.
Scheeni III 126 f.
Syydäplangg[ä] II 955
Summermattä II 759.

ANMERKUNG 65

Die im UNB verzeichneten Rodungsnamen lassen auf die unten folgenden in Uri praktizierten Rodungsmethoden schliessen. Dabei ist aber insofern Vorsicht vor allzu schnellen Rückschlüssen geboten, als neben den eigentlichen Brandrodungen z.B. auch die Köhlerei ebensolche Namen auslösen konnte.

Allg. Rodung, Aushau:
Häüwetä, Häüwetli II 180 f.
Ryyti II 1170 ff.
Roodig II 1135
Sticki III 535 ff.
Urmis III 787 f.

Brandrodung:
Äschä I 123; dazu *Äschächääli* II 349,
  Äschäwältli III 816
Brand I 609 ff.; dazu *Brandräin* II 1022
Bruuscht, Brüüschti I 675 f.

Fällen der Bäume, Ausgraben von Baumstrünken:
Steck III 511 ff.
Stock III 440 ff.
Stockä III 509 ff.
Stocketä III 514
Stocki, dazu *Stockiwald* III 886

Schälen der Bäume:
Cavardiras I 756
Schwand, Schwandi, Schwändi, Schwänti, Schwanden, Schwäntlen III 147 ff.

Im weiteren vgl. Kap. 3, Anm. 160.

ANMERKUNG 66

Vgl. Stadler-Planzer, Hans: Siedlungsgeschichte. In: Furrer, B.: Die Bauernhäuser des Kt. Uri. Basel 1985, S. 25 ff., spez. 28, sowie Treichler, H. P.: Abenteuer Schweiz. Geschichte in Jahrhundertschritten. Zürich 1991, S. 11, wo in Form einer Übersichtskarte die Schwand-Gebiete der alemannischen Schweiz aufscheinen.

ANMERKUNG 67

Vgl. Anm. 44 und die dazu gehörige Passage im Textteil von Kap. 1.

ANMERKUNG 68

Vgl. Anm. 20
Wenn sich ein bergbäuerliches Heimwesen auch gar extrem steil ausnimmt, heisst es etwa schalkhaft im Volksmund: *Är müäss schiär gaar d Hiänder pschlaa, so stotzig isch syys Ggländ!*

ANMERKUNG 69

Im UNB II 759 wird unter *Sturniger Mattli* (vgl. Anm. 64) ein Gewährsmann zitiert, der die Formulierung *gstureds*

Land als Ausdruck für «schlechten Boden» verwendet hat. Vgl. hiezu *sturr, stur[r]e* (Id. XI 1275), wo unsere Bed. im Ansatz auf das Adj. i.S. von «starr, steif» u.U. übertragen werden könnte.

ANMERKUNG 70

Trotz der allgemein beachtlichen Bildungsbeflissenheit, wie sie von der urner. Bevölkerung im grossen und ganzen überzeugend an den Tag gelegt wird (vgl. Lusser, P. Carl Borr.: Das Kollegium Karl Borromäus von Uri und die ehemalige Latein- und Kantonsschule in Altdorf. Altdorf 1956; Weber, Alfred: Schule und Erziehung. In: Uri – Land am Gotthard, S. 235 ff.; jährliche Auswertungen der Schulstatistiken durch ED Uri) wäre es gewiss übertrieben zu erwarten, dass sich der einzelne Bauer auch noch über den geologischen Unterbau *(Gstäi)* und allfällig sichtbar gewordene Gesteinsadern *(Gleessi)* seines zu bearbeitenden Bodens womöglich sogar detailliert auskennt. Aber gerade diese verzeihliche Unkenntnis mag mit ein Grund sein, weshalb sich die diesbezüglich im Gebrauch stehenden Ausdrücke appell. wie namenkundl. in Grenzen halten. Trotzdem kennt sich der Urner Bauer zumindest bei der Wahl und Beschaffung des erforderlichen Baumaterials für Haus und Stall dank tradierter Erfahrung recht gut aus, was B. Furrer a.a.O., S. 69 f. auch aufschlussreich nachgewiesen hat. So belegen die div. *Chalchoofä*-Namen UNB II 877 f., dass von der Talsohle bis hinauf in die versch. Alpungen Kalk *(Chalch)* vor Ort gebrannt wurde. Kalk – als Gemisch in Vbdg mit weiteren Baumaterialien *Müürägsims* benannt – gehört denn auch neben Sandstein *(Sandstäi)*, Granit *(Gäissbärger)*, teils Schiefer *(Füülplattä, Schüfer)* und Tuff [*²Tuft, Tug, Tüg;* Adj.: *tuuged,* vgl. UMWB 488 u. UNB I 233, III 755], Speckstein *(Giltstäi, Späckstäi)* sowie Lehm *(Läin, Lätt, Leem, Toon)* und selbstverständlich Holz zu den bevorzugten Baustoffen. Bei der Aufzählung von Mineralien, die in der heimischen Mundart Aufnahme gefunden haben, sei

noch der Amiant *(Bä[ä]rg'flachs, -flax)* – ein hinsichtlich Aussehen und chem. Zusammensetzung dem Asbest ähnelndes Mineral – erwähnt. Laut MS III 251 (1422) sollen die div. Fundstellen dieses Gesteins am Bristenstock auf alte Hexen *(Häx)* zurückzuführen sein, die dort auf ihrem Ritt aus dem Kalber-, Kuh- und Stierenland (Unterwalden, Schwyz und Uri) ins Pumperluserland ihre Haare *(Häxähaar)* verloren hatten. Vgl. dazu noch R. L. Parker: Die Mineralfunde der Schweiz. Basel 1973.

Flurn., die auf Vorkommen teils obiger Mineralien hinweisen:
Chalch, Chalcherli II 382 f.; dazu
  Chalchgand I 1214
Chlaryydä II 438 f.
Chryydänegg I 876: «Boden als zementhaltig (Lehm, Sand, Stein) beschrieben»
Dräck I 804: «meist Hinweis auf erdige, z.T. schlammige Stellen»
Frytäägel + III 561 f.
Häärdegg I 863
Läim, Leem, Läimerä II 533 f.; dazu *Läingrüäbä* II 79, *Läinhuubel* II 283 f.
Lätt II 502 f.
Mäisander II 789
Sand III 11 f.
Sandboudä I 545 f.
Sannossä II 867
Schliär III 98 f.
Schutt III 142
Stäibäärgä [Stäi-mergen (= Mergel) I 408 f.]
Tschääferä III 751
Tügbächli, Tügtaal I 233; III 682
Vorbruchchääli II 380: «evtl. körnige Struktur od. eine bestimmte Verfärbung des Bodens».

Anderseits sind die Bez. für den Oberflächenzustand eines Grundstücks und damit auch für dessen Qualifizierung – wie bereits dargestellt – entschieden umfangreicher (vgl. dazu Anm. 50, 54, 61 u. 64), wobei die abqualifizierenden Ausdrücke i.S. der real gegebenen Verhältnisse gegenüber den positiven Bezeichnungsmöglichkeiten deutlich überwiegen. Vgl. dazu auch Anm. 72!

Bez. f. schwer-, resp. unbebaubaren
Boden:
Ägertä I 820 f.
Büüschti I 739 f.
Chratzi[acher] I 28; II 466 f.
Glatt I 1301 ff.; dazu *Glatt Räin*
  II 1023 f.
Gschletterplätz I 465
Gurschä II 116 f.
Harnisch II 174
Hèrt II 175; dazu *Hèrtegg* I 866, *Hèrti*
  II 175, *Hèrt Planggä* II 927
Hundacherli I 25
Hungeregg I 872
Ma[a]ger II 623 f., dazu *Megeri* II 623
Maarter II 641; dazu *Maarteregg* I 882
Myseeräplangg II 942
Räüw II 1034; dazu *Räüw Egg* I 810, -
  Räüw Chäälä II 366
Rubacher I 41
Ruuberli, Ruberscht II 1151 f.
Rüüch, Rüüchä, Rüüchi II 1153 f.; dazu
  Rüüchälpli I 98, *Rüüch Planggä* II 949
Rüüdänegg I 892 f.
Rup, Ruppä II 1166
Säichblätz I 475
Schyssgrüäbä II 81
Schysspepmer I 549
Schyssplanggä II 952
Schletterplätz I 472 f.
Syywfad I 961
Stääpnet I 820
Stäibo[o]dä I 555 f.
Stäimatt[ä] II 755 f.
Stotzämättäli + II 757
Stotzig Ryyti II 1225 f.
Strängmatt II 757 f.
Sträüssryyti II 1225 f.

Bez. f. qualitativ guten Boden:
Gold II 1; dazu *Goldpeedäli* I 511
Häärd, Häärdälä + II 213
Hibsch Boudä I 520, *Hibsch Egg* I 871
Landeggi I 877
evtl. *Lintibergli* (s. *Waldibäärg*) I 419 f.
evtl. *Schapfacher* + I 42
Scheen Boodä I 550, *Scheen Egg* I 900
Scheeni III 126 f.
Schongrube + II 81
Täifacher I 51.

ANMERKUNG 71

Zur weiteren Erfassung der Bezeich-
nungsmöglichkeiten für sumpfiges, resp.
sumpfähnliches Gelände im appellativi-
schen wie namenkundlichen Bereich,
vgl. Kap. 2: Wasser («Uferlandschaft»).

ANMERKUNG 72

Vgl. Sonderegger, Stefan: Namen für un-
bebautes Land in der deutschen Schweiz.
In: Festschrift «Name und Geschichte»
f. Hennings Kaufmann zum 80. Geburts-
tag. Hrsg. von Friedhelm Debus und
Karl Puchner. München 1978, S. 301 ff.

ANMERKUNG 73

Vgl. Furrer, Christian: Bodenverschwen-
dung. In: UW 1989, Nr. 26; Weiss, Hans:
Die friedliche Zerstörung der Landschaft
und Ansätze zu ihrer Rettung in der
Schweiz. Zürich 1981, S. 98 ff.

ANMERKUNG 74

Vgl. Furrer, B.: Die Bauernhäuser des
Kt. Uri. Basel 1985, S. 41 ff.

ANMERKUNG 75

Vgl. UNB II 447 f., wo nebst den urner.
Flurn. mit *chläi* auch die entsprech. Lit.
hiefür geliefert wird.

ANMERKUNG 76

Erwartungsgemäss hat eine Reihe auch
appell. gebrauchter Wörter, die bei relati-
ven Grössenangaben von Dimensionen,
Flächen und Formen zur besseren und
genaueren Vorstellung der gelieferten Da-
ten zu dienen haben, den urner. Flurna-
menbestand nicht unwesentlich berei-
chert, wie die nachfolgende Zsstellung
(in Auswahl) zu belegen vermag:
Breit:
Bräit I 602 ff.; dazu *Bräitä. Bräiti* I 603
  ff., *Bräitacher* I 15 f., *Brädäpnet* I 811,
  Bräid Egg I 845, f.,
  Bräit Staafel III 285, 828,
  Bräit Zug III 1069 f.
Wy[y]t III 992 ff.; dazu *Wyyt Planggä* II
  968, *Wyyt Taal* III 686, *Wyytenalptaal*
  III 686
Wyyti III 993 f.

Gross:
grooss II 71 f.; dazu *Groossech* II 72 f.,
  Grooss Planggä II 924 f., *Grooss Zug*
  III 1075

Klein:
chläi, chlyy II 447 f.; dazu *Kleinflue* + I
  1082, *Chlyy Gruäbli* II 79
Schnyyderplätz I 474

Lang:
lang, läng II 497; dazu *Langacher* I 29 f.,
  Lang Bo[o]dä I 525 f., *Lang Chäälä* II
  361, *Lang Chopf* II 461, *Lang Fluä* I
  1082, *Lang Egg* I 878, *Lang Nossä* II
  864, *Langriäd* II 1107 f., *Langäriämä*
  II 1115, *Lang Ryyti* II 1216, *Lang*
  Trischtel III 739, *Lang Wald* III 856,
  Lang Zug III 1082
Riimi II 1120
Schünä III 73
Schlänggä III 92 ff.
Schnüär 119 f.
Spar[r]ä III 246 f.
Wadelacher I 54 f.
Zopf, Zopfä III 1062 ff.

Krumm:
Bäigä I 433
Buckfad I 949
Cheerligand I 1214
Chnäiw II 456 f. (u. Anm. 39); dazu
  Chnäiwplattä II 988
Chrumm II 476; dazu *Chrummacher* I
  28 f., *Chrummfad* I 955, evtl. *Chrum-*
  mä II 476 f. (vgl. auch Anm. 39),
  Chrummchäälä II 360, *Chrumm Egg* I
  876, *Chrumm Zug* III 1066
Ellboogä I 575 f.
Intschi II 317 ff.
Päüggä II 897
Räider II 1045
Syywärbä III 241 f.
Verboorgä Planggä II 965

Rund:
Huubel II 283 f.
Mutsch II 827 f.
Nolläfluä I 1084
Rad II 1017 f.
Ring, Ringli II 1123 ff.
Rund II 1163 f.; dazu *Rund Blätz* II 470,
  Rund Gräätli II 55, *Rund Hoorä* II

265, *Rund Huubel* II 289 f., *Rund*
  Plangg II 949, *Rund Planggä* II 908,
  Rund Trischtel III 739
Schyybä III 62 f.
Schild III 74 ff.
Silplä III 235 f.
Truller III 751

Schmal:
Band I 268 ff.; dazu *Fäschband* I 274
Hals II 169
Riämä II 1115; dazu *Tryychelriämä* II
  1115
Schünä III 73
Schlänggä III 92 ff.
Schmaal III 111; dazu *Schmaal Acher* + I
  42, *Schmaalegg* I 899, etw. breiter dane-
  ben: *Bräitschmaalegg* I 899, *Schmaal*
  Graat II 56
Schnüär III 119 f.
Zopf, Zopfä III 1062 ff.

Spitz:
Geerä I 1284 ff., dazu *Gerenacher* + I 20
Schrootä III 135 ff.
Spiässä III 252
Spiss III 256 ff.
Spitz III 260 ff.; dazu *Spitzacher* I 45,
  Spitzegg I 903 f., *Spitzplangg[ä]* II 908,
  956, etc.
Zipfli III 1062

Stumpf:
Mutsch, Mutz II 827 f., 831; dazu *Mutzä-*
  fluä I 1084

Form und Grösse:
Brüäch I 654, dazu *Bruchacker* + I 16,
  Brüächwald III 829
Dryyangel I 805
Dryyspitz III 263
Hueb + II 283
Napälioon II 837
Sellen Acher + I 44; III 217 f.
Trogacher + I 52

Wer überdies einen Blick in die alten ur-
ner. Masseinheiten werfen möchte, die
im Jahre 1856 in Uri durch die Übernah-
me der schweizerischen Masse und Ge-
wichte ersetzt wurden, beachte die Zu-
sammenstellungen in: «Tabellen zur Ver-
gleichung der bisher im Kanton Uri
üblichen Masse und Gewichte mit den
neuen schweizerischen Massen und

Gewichten», Altdorf 1858; sowie Inei-
chen, Andreas: Die gesetzlichen Masseinheiten in der Schweiz. SBG-Schriften zu Wirtschafts-, Bank- und Währungsfragen Nr. 58, Zürich 1978, und Zurfluh, Kurt: «Wie der Meter zum Mass der Dinge wurde». Vom Fuss zum Meter: mehr als 70 Zentimeter. In: UW 1988, Nr. 100.

ANMERKUNG 77

Gem. den statistischen Angaben «Der Kanton Uri in Zahlen» (Ausgabe 1988, S. 8), hrsg. durch die Urner Kantonalbank, sind in Uri auf einer Gesamtfläche von 107'521 ha mehr als die Hälfte (53,1%), d.h. 57147 ha unproduktiv. Als Vergleich dazu diene das schweizer. Mittel, wo auf eine Gesamtfläche von 4'129'315 ha lediglich 25,6% od. – in effektiven Zahlen ausgedrückt – 1'057'794 ha unproduktiver Boden anfällt.

ANMERKUNG 78

Wie zudem aus dem UNB ersichtlich wird, haben wohl auch im Zusammenhang mit den im Textteil erwähnten Gründen gerade im Flurnamenbereich die Bezeichnungen für Abgrenzungen nebst Hinweisen für Durchlassvorrichtungen (*Leegi, Lickä, Luckä, Pleegi*) einen beachtlichen Niederschlag gefunden:

Astooss III 519
Fadädaal III 586 f.
Fall-, Fèllhag, Fèllheeg II 139 f.
Gatter I 1275 f.
Gwand II 133 f.
Hag II 137 ff.
evtl. *Holzstooss* + III 519, i.S. von
   «Grenze an den Wald», denkbar wäre
   aber auch ein gewisses Holzquantum
   (vgl. Id. XI 1587)
Hurdä, Hirdä II 297
Lickä, Luckä II 595 ff., dazu *Alplickä* II
   599
March, Marcht II 635 f.;
   dazu *Marchnèssli* II 865
Marchstäi III 406 f., *Marchsteins Rüti* +
   II 1217, *Marchstaldä* III 315, *March-
   steckli* III 476, *Märchersteckli* III 476,
   Marchtaal III 635, *Märchlistaal* III 635

Mirg, Mürg II 822 ff.
Müür[ä] II 777 ff.
evtl. *Reinung* + II 1045 f.
Schäidegg I 896 f.
Schäidzug III 1087
Scheiden, Hinter + III 63
Scheihag + II 142
Spanegg I 903, als Hinweis auf alte
   Grenzstreitigkeiten
Stapfä III 319 ff., dazu *Stapfacher* I 47;
   III 319
Styygi III 306
Trimeren + III 732 f.
Tschiaarms III 752
Zil III 1047 f.
Zyy[wald] III 1049 f.

Dazu gehören schliesslich auch der «bei Grenz- und Markbestimmungen» verwendete Ausdruck *Richti* für «gerade Richtung» sowie die Zssetzungen *Grichtseggä* I 859 und *Hagrichti* II 1074 (*d Hagrichti appä* «geradewegs dem Hag entlang»). Vgl. dazu auch noch Anm. 60 u. 96 dieses Kapitels, sowie Angelo Garovi: Rechtsgeschichtliches in Flurnamen der Innerschweiz. In: Gfr., Bd. 138, Stans 1985, S. 55 ff.

ANMERKUNG 79

Vgl. Duden Bd. 10, S. 303.

ANMERKUNG 80

Die obrigkeitlichen *Marcher*, auch *Landmarcher* genannt, hatten nach Art. 285 des LB von 1859 einen *Landmarcheräid* abzulegen, durch den sie sich verpflichteten, niemanden zu bevorteilen oder zu benachteiligen und somit das Recht und den Nutzen des Landes zu befördern. Zur Vermarchung der Waldungen wurde noch eine spez. Instruktion im LB von 1901, Bd. 2, S. 393 ff. erlassen.

ANMERKUNG 81

Zur aktuellen Lage sei auf die «Verordnung über die Grundbuchvermessung im Kanton Uri», März 1983 ff. [9.3431], sowie auf die «Verordnung über die Nachführung der Grundbuchvermessung im Kanton Uri»,

März 1983 [9.3432], verwiesen. Da sich das heutige Vermessungswesen vorwiegend auf Rechtsgrundlagen abstützt, die bis zur Jahrhundertwende zurückreichen, hat mittlerweile das Eidgenössische Justiz- und Polizeidepartement eine Reform der amtlichen Vermessung (RAV) eingeleitet, die in Verbindung mit dem Konzept für ein eigentliches Landinformationssystem (LIS) gem. freundl. Mitteilung des Grundbuchverwalters lic. iur. Rolf Dittli auch im Kt. Uri zunehmend zu greifen beginnt. Nähere Informationen über die Anforderungen an das LIS Uri und die Aufgaben einer am 15. April 1992 gegründeten gemischtwirtschaftlichen Unternehmung mit kantonaler Beteiligung in der Rechtsform einer Aktiengesellschaft entnehme man den beiden Artikeln von Bruno Arnold: Reform der amtlichen Vermessung drängt sich auf. RAV-Subito und Landinformationssystem Uri. In: UW 1991, Nr. 97, und von Erich Herger: Zukunftsweisend für die Schweiz. Das Landinformationssystem Uri. In: UW 1992, Nr. 32.

ANMERKUNG 82

Gem. LB von 1823 (Art. 163 f.) war jeder Eigentümer *(Äigätimmer)* verpflichtet, das Eigen *(Äigä)* «einhagen *(y'haagä)* oder einschlagen *(y'schlaa)*, wo möglich, sonst wenigstens einmachen *(y'machä)* [zu] lassen», und zwar so, dass jeder Eigentümer «gegen den andern halben Theil» einen Hag erstellen *(haagä)* soll, was auch bez. Unterhalt sowie für «Häge zwischen Eigenthum und Allmendgärten» Gültigkeit hatte. Wer sich dieser Bestimmung widersetzte, konnte selbst als geschädigter Eigentümer *(Äigätimmer)* vor dem Gericht *(Gricht)* «keinen Rechtsschutz gegen [mögliche] Eindringlinge – z.B. bei Besuch von fremdem Vieh – beanspruchen» (MS I 66 [94]).

ANMERKUNG 83

Vgl. dazu auch:
Furrer, Benno: Die Bauernhäuser des

Kt. Uri. Basel 1985, S. 59 f.
Matt, Leonard v.: Uri. Basel 1946, S. 72 f.

ANMERKUNG 84

Im Buch «Wanderungen auf historischen Wegen» [Thun 1990] wird beim Routenbeschrieb «Lanzig – Acherberg – Bitzi» u.a. auch auf den «wegbegleitenden Scharlattenzaun (die Schächentaler nennen ihn Schrackenzaun)» (vgl. S. 87, 259) verwiesen. Nun aber konnte mir bis dato niemand diesen Ausdruck bestätigen, weshalb er im Textteil mit einem ? versehen ist. Im Id. IX 1600 f. wie im Grimm DWB, Bd. 15, Sp. 1615 f. findet sich lediglich *Schrack* in der Bedeutung von «(ziemlich grosse) Wegstrecke», «Wegmass von bestimmter [verbessernd unb.?] Grösse».

ANMERKUNG 85

Hinsichtlich Holzbeschaffung zwecks Errichtung und Unterhalt von sog. *Marchheg* im Fiseten- und Gemsfairengebiet musste die bestehende «Holzordnung über den Wäng[l]iswald (UNB III 894) und Holz Enetmärcht» (UNB I 563 ff.; II 637) befolgt werden (vgl. LB 1859 S. 62 (Abs. 2) u. 206 [Art. 301]).

ANMERKUNG 86

Zur Bez. *Schirmhag* vgl. LB 1859, S. 82 (Abs. 2 u. 4), wo davon gewarnt wird, dass bei Holztransporten oder sonstwie «an Bergmauern, Schirmmäuerlein, Schirmhägen oder an Besetzenen etwas beschädigt werde».

ANMERKUNG 87

Welch enorme Bedeutung allein schon einem einfachen Hagstecken bei der Grenzmarkierung zukam, beweisen die beiden Sagen vom «gestohlenen Zaunpfahl» (MS II 201 f. [797 u. 799]), wo erzählt wird, dass die Übeltäter nach ihrem Tod bis zur Wiedergutmachung als Gespenster umgehen mussten *(wandlä, wantlä)*.
Laut MS I 253 (361 b) taten aber *Hag-*

stäckä auch noch über ihre ursprüngliche Funktion hinaus ihre Wirkung, indem sie als einziges Mittel dazu gebraucht werden konnten, sich gegen gefrässige Molche *(Güügämeeli, Moolä, Molli, Wättermooli),* die man zunächst mit Blut gemästet hatte, erfolgreich zu verteidigen.

ANMERKUNG 88

Bez. Hagpflicht und Auftrag, die sog. *Tirli* zu den einzelnen Gehegen *(Gheg)* immer zu schliessen, vgl. Erklärungen und Hinweise in Renners «Ring», Zürich 1976, S. 194 f. sowie «Landbuch des Kantons Uri», Bd. 1, Art. 163 ff., 166.

ANMERKUNG 89

Hinweisen auf Grenzmauern *(Gränzmüürä),* die selbstverständlich nicht nur in Uri, sondern ebenso in anderen Regionen anzutreffen sind, begegnet man im Buch «Wanderungen auf historischen Wegen». Thun 1990, S. 35, 57, 61, 69 (!), 83, 87.

ANMERKUNG 90

Vgl. UNB II 547: Eine *Letzi* – wohl im Sinne einer Dorfgrenze (vgl. Id. III 1558 ff.) – wird für Hospental attestiert.
Als eigentliche Grenzbefestigungen im Sinn von strategisch genutzten Verteidigungsanlagen will man Letzinen *(Letzinä)* überdies auch in Vbdg mit der *Schanz* bei Wa. gekannt haben (vgl. Oberstdiv von Segesser: Kampf der Urner gegen die Franzosen anno 1799. In: HNbl Uri 1899, spez. S. 14 ff.; allg. zur militärhistorischen Dimension vgl. zudem Sonderegger, Stefan: Der Kampf an der Letzi. Zur Typologie des spätmittelalterlichen Abwehrkampfes im Bereich von voralpinen Landwehren. In: Revue Internationale d'Histoire Militaire, Edition suisse, 65, Neuchâtel 1988, S. 77 ff.).
Stadler-Planzer, Hans: Geschichte des Landes Uri. Teil 1: Von den Anfängen bis zur Neuzeit. HNbl Uri, NF 45. u.

46. Bd., Altdorf/Schattdorf 1993, S. 249. Schliesslich nennt Prof. R. Sablonier in seinem Vortrag «Holz und Wald» (vgl. Kap. 3, Anm. 151) sowie in seiner ausführlichen Arbeit (vgl. Sablonier, Roger: Innerschweizer Gesellschaft im 14. Jahrhundert – Sozialstruktur und Wirtschaft. In: Innerschweiz und frühe Eidgenossenschaft. Olten 1990, S. 175) eine weitere Bedeutungsmöglichkeit, indem er in Erwägung zieht, dass Letzinen früher auch im Wasserbau Verwendung fanden.

ANMERKUNG 91

Eduard Renners (1891–1952) grundlegende Analysen des magischen Weltbildes, das der Mediziner, Volkskundler und Philosoph bei der urner. Alpinbevölkerung – zumindest in deren tieferen Bewusstseinsschichten – noch als lebendig vorgefunden hatte, gelangten erstmals im Jahre 1941 unter dem vielsagenden und zugleich geheimnisträchtigen Titel «Goldener Ring über Uri» an die breite Öffentlichkeit. Dieses zunächst als zweiter Teil von Renners Dissertation aus dem Jahre 1936 konzipierte Buch fand ein ausnehmend breites Echo und wurde in der Zwischenzeit noch viermal aufgelegt (Neuchâtel-Zürich 1954 u. Zürich 1976, 1978 u. 1991). Vgl. dazu nebst den Vorworten (S. 7 ff.) in der 2. Aufl. auch den Aufsatz «Erinnerung an Eduard Renner» (S. 255 ff.) von Prof. Dr. Jakob Wyrsch sowie die ausführliche Lebensdarstellung «Eduard Renner» vom selben Autor, in: Freunde aus der Urschweiz. Weggefährten und ihre Welt. Stans 1971, S. 29 ff., und in: Jahresgabe der Bibliotheksgesellschaft Uri 1961, S. 57 ff. unter dem Titel: Dr. Eduard Renner. Der Mann und sein Werk. 1891–1952. Im weiteren sei noch auf Aurel Schmidt, Die Alpen, S. 42 f., und Karl Iten: Eduard Renner – ein geniales Lebenswerk zwischen Ahnung und Wissenschaft. In: Uri – Die Kunst- und Kulturlandschaft am Weg zum Gotthard. Altdorf 1992, S. 264 ff., sowie die Anm. 3 in diesem Kapitel verwiesen.

ANMERKUNGEN

ANMERKUNG 92

Vgl. Kobler, Gerhard: Juristisches Wörterbuch. Für Studium und Ausbildung. München 1986, S. 46, 85.

ANMERKUNG 93

Besitz-, resp. Eigentumsverhältnisse, die u.U. bis ins Frühmittelalter zurückreichen und in weiten Teilen heute noch vollumfänglich bestehen (vgl. Korporationsrechte bez. Alpen und Waldungen) oder aber inzwischen grundlegend geändert haben, lassen sich auch aus den div. urner. Flurn. unschwer ablesen. Vgl. hierzu UNB:

Äigä I 920 f.
Allmäini I 63 ff.;
  dazu *i dr ygschlossnä Allmäini* I 67
Astooss III 519
Bäärgalp I 81: «Alpgelände, das von den Besitzern der sog. Berge (*Bäärg*) alprechtlich als Weide und Wildheuland genutzt werden durfte. Daher auch die alten Bez. mit *Bä[ä]rgrächt* oder *Alprächt*
Gmäindi I 1279 f.
Gspènder, dazu *Gspènderboudä*, Gspènderfliä, Spènderalp II 96 f.
Güät II 123 ff.
Kaufacher + I 26
Kriegacher + I 28
Lee, Leen II 534 ff.; dazu *Le[e]matt* II 715 f., *Le[e]nacher* I 32 ff.
Lisslerä II 557, evtl. zu *Luss*
Loos II 593
Luss II 616 ff., dazu *Lussacher* + I 34, II 616 ff., *Lussmesegg* I 881
Pfandacher I 37
Schaar III 55 f., dazu *Schaarbärg* 388 f., *Scharlisegg* I 896, evtl. *Scharmandel* II 626, 743
Stuck, Sticki III 535 ff.
Trätter III 727
Verding III 802
Servidütwald III 821
Widmen + III 997 f.
Zeendä III 1046

Dass – wie im Textteil angedeutet – der Anspruch von Eigentum leicht auch zum Auslöser von Zwistigkeiten (*Chyyb, Chritz, Gchä[ä]rsch[t], Handel, Käärsch, Krach, Mäis, Ryyheryy, Stryt, Ufriidä, Zangg*) und gar offenem Kampf (*Chriäg, Strüüss*) führen kann, dafür sprechen allenfalls Namen wie *Kriegacher* + I 28, *Ting* III 708 und die div. Verbindungen mit *Span[n]* III 246.

Nicht immer aber sind die besonderen Rechtsverhältnisse, die für ein bestimmtes Grundstück Gültigkeit haben, ohne weiteres auch aus dem jeweiligen Namenwort herauszulesen. Dass z.B. *Schachä* III 32 ff. i.S. von «kleines Gehölz, ... Waldparzelle, isoliertes Wäldchen» urspr. als «Gemeingut» verstanden wurde, wird erst aus dem Umgang mit dem entsprechenden Namenmaterial ersichtlich. Ähnliches lässt sich auch von *Hinder Gaaläboort* I 591 u.a. sagen, wo z.B. ganz spezielle Weiderechte zum Zuge kommen.

Erwähnenswert scheint in diesem Zusammenhang auch der Flurname *Niämerstaafel* III 295, weil mit dieser Bez. zum Ausdruck gebracht wird, dass die betreffende Weide ursprünglich niemandem (*niämer[d]em*) gehörte oder zumindest niemand (*niämer[t]*) einen «Nutzungsanspruch auf dieses Gebiet erheben» konnte.

Zum Verhältnis zwischen Eigen (*Äigä*) und Allmend (*Allmäini*) aus streng juristischer Sicht sei noch auf Leo Arnold: «Die Bereinigung der Dienstbarkeiten und Grundlasten im Kanton Uri». Lachen 1949, S. 14, 44 [Anm. 34], u. 99 verwiesen.

Im weiteren wird dieses Thema auch von Martin Stadler in seinem Erzählband AM RANDE, Bern 1991, S. 83 f. abgehandelt. Vgl. zudem Anm. 95 in diesem Kap. und in einem grösseren geistigen Zusammenhang Gustav Caluori: An die neue Equipe auf der Kommandobrücke. Das urnerische Staatsschiff. In: UW 1992, Nr. 60.

Schliesslich muss aber doch darauf hingewiesen werden, dass trotz der enormen Bedeutung, die der Begriff *Äigä* im Denken und Fühlen des Urner Berglers zweifelsohne einnimmt (vgl. hierzu die

Ausführungen von Ed. Renners «Ring», Kap. «Landschaft»), die davon ausgehende Wirkkraft gegenüber möglichen Fremdeinflüssen zu relativieren ist. Dies bekam auch der Ratsherr Eller (vgl. MS III 311 [1554]) an seinem eigenen Leib zu spüren, als er auf seiner abendlichen Heimkehr von einem Gespenst *(Gäischt, Gspäischt, Gspän[g]scht, Umghyyr, U[n]ghyyr)* bis auf sein Grundstück verfolgt wurde und, «jetzt auf eigenem Grund und Boden sich erstellend, rief: *Hiä ha-n-ich Rächt und Grächtigkäit, ich staa uf myym Äigätum!* Auch dieser Appell an das Rechtsgefühl war umsonst. Es jagte ihn vorwärts bis in sein Haus hinein, wo er, wie Augenzeugen berichten, zitternd und schweisstriefend, ganz abgemattet in einen Sessel sank.»

ANMERKUNG 94

Matt, Leonard v.: URI. Basel 1946, S. 22.

ANMERKUNG 95

Im Landbuch – «der offiz. Sammlung der Gesetze, Beschlüsse und Verordnungen des eidgenössischen Kantons Uri» – aus dem Jahre 1823 werden in mehreren Artikeln die «Verhältnisse der Beysassen und Angesessenen» (Art. 93 ff.) genau umschrieben. Neben bescheidenen Zugeständnissen (vgl. Art. 93, 94, 96) wird wiederholt und nachhaltig darauf hingewiesen, dass die Zuzüger keinen Anspruch an den Gemeingütern haben (Art. 96, S. 82) und dass kein Fremder «die Allmenden benutzen, auch keine Hüttenrechte *[Hittärächt]* auf hiesigen Alpen bauen noch kaufen» soll.

ANMERKUNG 96

Vgl. hierzu: MS III (Register S. 368 f.): Grenzverletzung (Nr. 94, 95); Hagrücke (Nr. 802); Hagstecken ausreissen (Nr. 575, 797, 799); Markstein versetzen (Nr. 575, 793-805, 850, 1136, 1600).

Als Interpretationen dazu:

Aschwanden, Felix: Vorwort. In: Sagen der Schweiz. Bd. 1: Uri. (Ex Libris) Zürich 1985, spez. S. 24 f.

Müller, Kuno: Gespenstische Gerechtigkeit – Missetat und Busse in den Urner Sagen. In: Jahresgabe der Bibliotheksgesellschaft Uri 1961, S. 41 ff.

Zenoni, Bruder Gerold: Dornröschen auf der Teufelsbrücke. Urner Sagen in der Sammlung der Brüder Grimm [dazu spez.: Uris Grenzsagen]. In: UW 1992, Nr. 49.

ANMERKUNG 97

Die bis ins Spätmittelalter für Uri eigentümliche und bezeichnende Expansionspolitik, die sich in verschiedenen Stossrichtungen manifestierte, ist neuerdings wiederum beliebtes Thema verschiedener Geschichtsforscher geworden. Vgl. dazu Stadler-Planzer, Hans: Siedlungsgeschichte. In: Furrer, B.: Die Bauernhäuser des Kt. Uri. Basel 1985, S. 25 ff., spez. 28 f., wo auch auf die entsprechende Lit. hingewiesen wird.

Zusätzlich erwähnt seien noch folgende Publikationen:

Brändli, Paul J.: Mittelalterliche Grenzstreitigkeiten im Alpenraum. In: Mitteilungen des Hist. Vereins des Kt. Schwyz, 1986, H. 78, S. 19 ff. – ill.

Brandstetter, Josef L.: Die Grenze im Urnerboden. 4. Reg. Bd. zum Gfr. 1901, S. IX

Heer, P. Gall: Aus der Vergangenheit von Kloster und Tal Engelberg 1120–1970. Engelberg 1975, S. 80 f.

Hess, P. Ignaz: Der Grenzstreit zwischen Engelberg und Uri. Historisch-topographische Studie. In: Jahrbuch f. Schweizer. Geschichte, Bd. 25, 1900

Hess, P. Ignaz: Uri und Engelberg. Der Marchenstreit. In: UW 1945, Nr. 74

Oechslin, Max: Markbrief 1350 – Riemenstalden. Gutachten. Altdorf 1961

Sablonier, Roger: Innerschweizer Gesellschaft im 14. Jahrhundert – Sozialstruktur und Wirtschaft. In: Innerschweiz und frühe Eidgenossenschaft, Bd. 2, Olten 1990: Zum Grenzstreit zwischen

Uri und dem Kloster Engelberg vgl.
S. 22, 137 ff., 150 f.; zu den Grenz-
streitigkeiten spez. im Riemenstaldner
Tal vgl. S. 165
Saumpfad – Wanderungen in der
Schweiz. Von: Barbla, Mani u.a.,
Zürich 1982, S. 24
Schmidt, Aurel: Die Alpen – Schleichen-
de Zerstörung eines Mythos. Zürich
1990, S. 17
Sicher, Ruth: Grenzkonflikte zwischen
Uri und Glarus. Zürich 1982
Stadler-Planzer, Hans: Geschichte des
Landes Uri. Teil 1: Von den Anfängen
bis zur Neuzeit. HNbl Uri, NF 45. u.
46. Bd., Altdorf/Schattdorf 1993, S. 64
ff., 68 ff., 75 ff., 255
Stauffer, Daniel: Der Surenenstreit zwi-
schen Uri und Engelberg. Ungedruckte
Seminararbeit. Zürich 1981.

Interessanterweise ist es offenbar aber
auch ohne kriegerische Einsätze zu
urner. Territorialerweiterungen gekom-
men, wenn wir den urner. Sagen Glau-
ben schenken dürfen (vgl. MS I 3 f., 12 f.
[1, 5]). Da ist einmal der allseits bekannte
«Grenzlauf», bei dem der Ausgang eines
sportlichen Einsatzes schliesslich über
die Gebietsvermehrung am Klausen jen-
seits der Wasserscheide zu entscheiden
hatte. Die Ruossalp soll sogar durch
Kauf (ein Viertel Silbermünzen; ein Vier-
tel Rubel) über den Weg einer verpassten
Ablösungsfrist an den Kt. Uri gekom-
men sein. Nach anderer Erzählart (vgl.
MS I 13, Nr. 5d) *seien der Geissbub vom
Bisistal und der Geissbub vom Schächen-
tal [...] auf der Ruossalperkulm oft zu-
sammen gekommen und hätten miteinan-
der gewürfelt [wirfflä]. Einmal habe der
Schwyzer sogar die Ruossalp gesetzt und
sie richtig verspielt. Es habe einen Pro-
zess [Prozäss] gegeben zwischen Uri und
Schwyz, den die Urner gewonnen haben.
So kam die Ruossalp mit Alplen an Uri,
das die übrigen Alpen am Nordabhang
der Bergkette später noch gekauft habe.*
Vgl. hiezu jedoch Hans Stadler-Planzer
a.a.O., S. 67 f., 75 ff., 255.
Ebenfalls nicht Grenzstreitigkeiten im
eigentlichen Sinne, jedoch Schwierig-
keiten beim Erwerb des Fuss- und Fahr-

wegrechts zwischen dem Herrenrütibo-
den (Gmde Engelberg) und der Kantons-
grenze Uri/Obwalden zugunsten der
Baurechtsgrundstücke, die sich auf dem
Korporationsgebiet Uri befinden, führ-
ten in neuester Zeit zu harten Verhand-
lungen zwischen der Korporation Uri
einerseits und dem Kloster Engelberg
anderseits. Schliesslich konnten die
Differenzen nach langwierigen Verhand-
lungen auf gütlichem Wege und – wie es
zumindest nach aussen den Eindruck
erweckt – allseits zufriedenstellend bei-
gelegt werden (vgl. Erich Herger: Harte
Verhandlungen mit dem Kloster Engel-
berg. Versammlung des Korporations-
rates Uri. In: UW 1992, Nr. 32; sowie
Beat Christen: Engelbergs Abt und die
Urner. Langjährige Verhandlungen um
Weg- und Fahrrecht nun abgeschlossen.
In: UZ 1992, Nr. 110, S. 18).

Vom Tropfen zum Bach

98 Seite 124
In einer Landschaft, die von über 100 grösseren und kleineren Gletschern überdeckt ist, wo rund 20 Stauseeanlagen *(Stäüwsee)* – die sog. Tagesausgleichsbecken, Ableitungen und Fassungen miteingerechnet – sich mit den Jahreszeiten füllen und entleeren und 14 Kraftwerke auf den verschiedenen Talstufen mit der nötigen Wassermenge zu beliefern vermögen, in einer Landschaft auch, wo allein in diesem Jahrhundert bis auf den heutigen Tag fünf verheerende Unwetterkatastrophen weite Teile eines in zäher Arbeit der unberechenbaren Natur abgerungenen Kulturbodens *(Bo[o]dä)* mit ei-
99 Seite 124
nem Schlag zuschanden machten,[99] da ist es berechtigterweise zu erwarten, dass sich das Element *Wasser* – bedingt durch seine zentrale Bedeutung im Guten wie im Bösen – recht vielfältig und nuancenreich im urnerischen Sprachgut niedergeschlagen hat.

Ob als Bächlein *(Bach, Bächli)* oder bereits schon als reissender Fluss, stets ist es das Fliessende *(fliässä, ¹flyyssä)*, das ewig sich Bewegende und Enteilende, das die Menschen aller Altersstufen in der Regel zu faszinieren vermag. Vornehmlich jedoch verstehen es die Kinder *(Chind, Goof, Zoggel)*, diesem Element seine ganz besonderen Reize, zu denen auch das Durchnässtsein *(bächig, bachnass, flätsch'[bach]nass, -dräcknass, wätschnass syy)* zählt, in kindlicher Unbefangenheit abzugewinnen. Welch eine Freude, wenn man für einmal als kleiner Wildfang *(Fratz, Zwirgel)* – auf sich selbst gestellt und ohne den schützenden Arm der Mutter – zum währschaften *Chossli, Flätzger* oder *Fletzger* wird, d.h., Wasser ausgiessen und nach allen Seiten verspritzen kann, wofür es im Urnerischen nebst der Redensart *Chosslä tüäsch grad wiän ä Eerschtmälch* noch folgende Einzelbezeichnungen gibt:

chosslä	*goltschä*	*pschittä*
fläderä	*gootschä*	*schlätterä*
flätschä, ²*fletschä*	*guuderä*	*schwaaderä*
flèchnä	*gunschlä*	*schwaplä*
fletzä, a-, um[m]ä'fletzä	*guntschlä, üss'guntschlä*	*schwapplä*
flotschä, flotzä	*gwäitschä*	*spritzä, a-, ap-,*
gautsch[l]ä Urs.	*gwäütschä*	*um[m]ä'spritzä*
gefflä	*läärä, üss'läärä*	*suderä*
geetschä	*pfluuderä*	*sulchä, um[m]ä'sulchä*

Zum Bild auf Seite 84:
Vom Griessfirn im hinteren Schächental
stürzen die Wasser des Stäubenfalls
hinunter nach Äsch und vereinigen sich
mit anderen Zuflüssen später zum
Schächenbach.

Unten: Vom Bristenstock (3072.5 m), wo
im Frühherbst nach einem Wetter-
umschlag schon der erste Schnee gefallen
ist, stürzen sich an wärmeren Tagen
ansehnliche Bäche in die Tiefe wie hier
im sog. *Täiftaal.*

sutlä	*ubergiässä*	*vergwäutschä*
täüffä	*verschlätterä*	*wässerä*

Gar manche Flüssigkeit – es muss ja nicht immer Wasser sein – wird ob solchem Tun entgegen ihrer ursprünglichen Bestimmung leicht verschüttet (*verschittä, versutlä*) oder gar ausgeschüttet (*üss'läärä, a-, üss'leesä*) oder völlig zum Entleeren gebracht (*entläärä, üss'läüffä*),[100] was den Unmut der Erwachsenen gegenüber Kindern meist umgehend zu wecken vermag. Zeichen entsprechender Gemütsäusserungen sind dann etwa Ausdrücke wie *Gflotsch, Gschwääder* oder gar *Gwä[ä]sch*, gerne noch mit den emotional geladenen Kraftwörtern *chäibä, gottloos* und *hüärisch* garniert!

Doch bevor das Wasser in einer mehr oder minder messbaren Menge (*Flatz, Fletzger, Gauffletä, ²Leesi, Leessi, Schapf, Schwetti, Traanä*) greif- und nutzbar wird oder gar schon in Form eines Wildbaches ungezähmt und urgewaltig strömend daherrauscht (*rüüsċhä, toossä*), muss es als Regen (*Räägä*) oder *Schnee* zunächst zur Erde fallen oder durch Einfluss von Wärme (*Wèrmi*) aus der festen Form des Eises (*Füürä, Gletsch[er], Yys, Yysch[el], Yyscht*) hoch droben in den Gletscherregionen verflüssigt werden.[101] Für diesen Vorgang des Auftauens und Schmelzens verwendet man hierzulande Ausdrücke wie:

ärpfreejrä Urs.	*schlässmä*	*üff'gfryyrä*
e[r]tlimmä	*schmèlzä, zämä'schmèlzä*	*vergaa*
etliimä	*täüwä, üff'täüwä*	*verläüffä.*

Das Resultat hievon ist dann das sog. Schmelzwasser – *Tachträüffig* genannt, wenn's von den Hausdächern tropft, und *Schlääsem* geheissen, wenn der Schnee im Augenblick des Schmelzens von den Bäumen niederträufelt oder in grösseren Mengen herunterklatscht.

In der Tat, es mag schon etwas naiv klingen, wenn der Anwendung des gesammelten Wortschatzes zuliebe eigens darauf hingewiesen wird, dass am Anfang eines jeden Gewässers (*Gwässer*) ein einzelner Tropfen (*Tropf[ä]*) anzusetzen ist. Aber trotzdem! Wenn also Wasser irgendwo an der Oberfläche durchzusickern beginnt, heisst das *duftä, diftä, säiferä, üsä'säiferä, säiferlä* oder *duurä'trickä.*

Im Stadium der Tropfenbildung spricht man dann von *appä'lyymä, trepff[ä]lä, üsä-, üss'trepff[ä]lä, treesälä, appä'treesälä, tropfä, appä-, innä'tropfä.* Vom langsamen Fliessen (*binsälä, brinsälä*) schliesslich bis zum

100 Seite 125

101 Seite 125

Wo das Wasser über Felsabbrüche
und steile Geländepartien
oder – wie beim Pfaffensprung
(Gmde Wassen) – über eine Staumauer
den tiefer gelegenen Talstufen zustrebt,
entstehen je nach Wassermenge
grössere und kleinere Wasserfälle.

Links: Beispiel für *Wasserfällti*
eingangs Schöllenen

Oben: Unter Tosen *(toossä)* und Krachen
stürzt sich die Reuss in die Schlucht
beim Pfaffensprung.

malerischen Murmeln *(gurgälä, gurgglä, murmlä)* ist es zuweilen ein weiter Weg. Dann aber kommt der nächste Schritt: das Sprudeln *(brüüsälä, plätscherä, riisälä, risslä, schitzgä, sprutlä, tschoderä, tschuderä)*, und die Quelle *(Brindli* Urs., *Brunnä, Quällä, ¹Schitzä)* ist geboren.[102]

102 Seite 125

Nun ist es nur noch eine Frage, wie sich das Wasser ergiesst. Geschieht dies mit Getöse im freien Fall, so spricht man von *appä'schlätterä* oder gar von *toossä* und *Tooss (Jüüsäs, wen äs Tooss!)* bei einem respektablen Wasserfall *(Spritzer, Stäiber, Wasserfall,* Dim. *Wasserfällti).*[103] Schiesst es in einem starken Strahl *(Straal, Straamä)* hervor, so heisst das *schräää* Urs., *schrääjä, üsä'schrääjä, sträämä, strääzä, tschüüssä*. Entsteht dabei auch noch ein klatschender Ton, verwendet man das Verb *tschääderä, tschätterä, appä'tschätterä*, teils auch *tschärrä*, und kommt es gar zum tosenden Rauschen, redet man von *rüüschä* oder *toossä*.

103 Seite 127

Nimmt dann das Wasser allmählich die Gestalt eines Baches *(Bach,* Dim. *Bächli)* an, erfreut man sich gern des zunächst niedlichen Ausmasses, spricht dabei grossherzig von *Greebel-* oder *Tschätterbächli*, von *Dännäwäschbächli* und *Dännäwäschwasser*, wo unweit von der Alphütte das schmutzige *(dräckig, prüücht)* Geschirr *(Gschirr)* des Alppersonals gewaschen wird *(dännäwäschä)* und vergisst im stillen Glück förmlich, dass nach einem heftigen Regenguss *(Flatz, Schittetä, Schosswätter, Sprutz, Suudel)* dasselbe so harmlos scheinende Wässerchen sich zum furchterregenden Wildbach *(Chollibach)* voll Wirbeln *(Wirbel, Waaletä, Wall, Walm)* und Wellen *(Wällä)* wandeln kann, das bei vorhandenem Gefäll *(Gfèll)* selbst ganze Geröllmassen *(Brätsch, Choosi, Gyyger, Ggrèll, Ggrübel, Gri[i]gel, Grummel, Guuf[f]er, Rübi, Scheenetä)* unvermutet und mit erstaunlicher Leichtigkeit bachab *(bachab, nidsi)* zu reissen vermag.

Als Bach jedoch, der in einem mehr oder minder festen Bachbett *(Bett)* mit Dämmen *(Damm, Tantsch, Üüfer, Weeri, Wüär)*, Wehren *(Weer, Weeri, Wüär)* und Schiebern *(Schiäber)* bald schon in seiner Kraft gebändigt und später gar noch in einen Kanal geleitet wird, ist dem strömenden Wasser schon in früheren Zeiten eine Reihe von lebenswichtigen Funktionen übertragen worden. Zum einen hatte es die Aufgabe der Abwässerentsorgung zu erfüllen, zum andern galt es, eine Anzahl Mühlen *(Mi[i]li)* nebst anderen vorab mechanischen Werkstätten wie Sägereien *(Sageryy)*, Schreinereien *(Schryyneryy)*, Hammerschmieden[104] *(Hammerschmittä)*, aber auch Färbereien *(Farb)* und Gerbereien *(Gärbi)* in Gang zu halten und obendrein noch jederzeit die nötige Wasserreserve zur Bekämpfung möglicher Feuersbrünste *(Fyyrsbrunscht)* zu garantieren. – So nutzbringend die Einrichtung eines bei so mannigfachen «Dienstleistungen» im Interesse einer ganzen Dorf-

104 Seite 127

Dorfbachabschlagen
in Altdorf
den 9. und 10. Oktober 1893.

Die Wasserräderbesitzer und die am Dorfbach anstoßenden Grundeigenthümer sind aufgefordert, während diesen Tagen Reparaturen am Kett vorzunehmen, sowie Anschwemmungen von Material und Verengen des Kanals zu entfernen.

Gemeinderath Altdorf.

Aufruf an die Wasserräderbesitzer (UW 30. 9. 1893)

Kleiner Ausschnitt aus dem «Situationsplan des Dorfbaches Altorfs» aus dem Jahre 1865. Zur besseren Orientierung: es handelt sich um den Streckenabschnitt zwischen dem heutigen Missionshaus St. Josef und der ehemaligen *Hammerschmittä.* Vgl. die aktuellen (1993) Eigentumsverhältnisse!

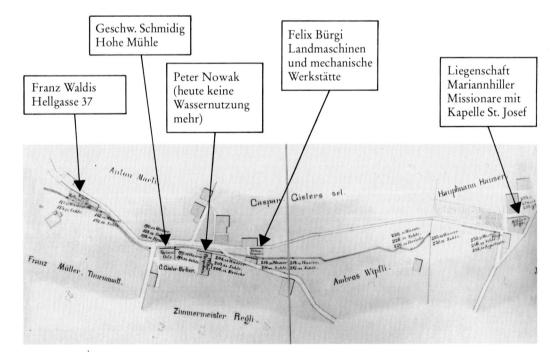

Geschw. Schmidig
Hohe Mühle

Felix Bürgi
Landmaschinen
und mechanische
Werkstätte

Peter Nowak
(heute keine
Wassernutzung
mehr)

Franz Waldis
Hellgasse 37

Liegenschaft
Mariannhiller
Missionare mit
Kapelle St. Josef

gemeinschaft schnell auch zum eigentlichen *Dorfbach* erklärten Baches dem Aussenstehenden erscheinen mag, kann dasselbe Gewässer insbesondere den Anwohnern das Jahr über doch auch manche Unannehmlichkeit bescheren. Da sind einmal bestimmte Auflagen zu erfüllen, wie z.B. der *Dorfbachapschlag*, die jährlich im Frühling *(Langgsi)* und Herbst *(Hèrbscht, Läübris)* auf zwei bis drei Tage festgesetzten Reinigungen und Ausbesserungen des Kanals *(dr Ryyffä erleesä* «Steine aus dem Bach entfernen») nebst weiteren Verpflichtungen. Kommt hinzu, dass etwa Wasser ins Innere der angrenzenden Häuser eindringt *(fiächtä)* oder dass achtlos in den Kanal geworfener Unrat *(Güsel)* die Wasserräder der betriebenen Turbinen *(Turbyynä)* bisweilen arg in Mitleidenschaft ziehen kann.[105]

105 Seite 127

Als Folge der aus dem Wirkungsbereich des sesshaft gewordenen Menschen zunehmend sich ergebenden Berührungspunkte bekamen auch die Urner Bäche bald einmal ihre Namen, die vereinzelt über die Alemannisierung hinaus bis in die Zeit der gallorömischen Bevölkerung zurückreichen.[106] Bei der Namengebung konnte die Form oder der Verlauf, die Farbe oder Funktion, bisweilen auch der Klang, ja sogar die Temperatur eines Baches den Ausschlag geben, vor allem dann, wenn recht augenfällige Merkmale mit im Spiele waren. Die nachfolgende Zusammenstellung einer Reihe von *Bach*-Namen aus dem UNB mag dies kurz illustrieren:

106 Seite 128

Chool[er]bach I 192: «in seinem Mündungsbereich habe man früher die Köhlerei betrieben und Ziegel gebrannt»

Dännäwäsch[bächli] III 917 f.: vgl. oben

Dorfbach I 166 f.: vgl. oben u. Anm. 105

Dräckbächli I 167: «Benennung nach dem bei Regenwetter Geschiebe führenden Wasser»

Chaltbach I 189: führt kaltes Wasser

Chropfbach I 192 f.: fliesst «durch felsig-bucklige Geländeformen»

Gätterlibach I 178 f.: vielleicht der Gatter wegen, die «bei Bach und Tal vorhanden gewesen» sind

Marchlibächli I 198: «Bach, der gewissermassen das Gurtneller- vom Intschigebiet trennt»

Milchbach I 199 ff.: «namengebend ist das milchig-weisslich wirkende Wasser»

Rollibach I 210 f.: zufolge des Geräusches, «das der unterirdisch fliessende Bach erzeugt»

Saagäbach I 213: zum Antrieb von Sägewerken

Ryyss II 1074 ff.

Erinnerung an zwei alte Bäder im Kt. Uri

Oberes Bild: Ehemaliges Badehaus in
Unterschächen nach einer Zeichnung
von Franz Xaver Triner (1767-1824)
um 1800

Unteres Bild: Foto vom «Moosbad»
in Altdorf (Flüelerstr.) um 1910

Le Bain à Unterschächen dans le Canton d'Uri.
Dessiné d'après Nature par Xav Triner.

Schächä III 42 ff.

Schäidbach I 215: «Grenzbach zwischen dem Urner Boden und Glarus»

Schiässetbach I 216: ein «sich schnell bewegender Bach»

Schyyssäbäch̲li I 217: früher wurden viele Abwässer hineingeleitet

Schläijerbach I 217: «zerstiebt schleierförmig»

Schliärbach I 217 f.: «lehm- und schlammführender Bach»

Schnüärbach I 218: «schmaler, aber langer über steile Talflanke fliessender Bach»

Schutz III 143: «Wasserfall ... (wo etwas herabschiesst)»

Syydäbach I 222: «leuchtet bei schönem Wetter silbrig»

Spräitäbach I 222 f.: evtl. «weil er sich im weniger steilen Gelände eher ausbreiten, d.h. über das Ufer treten konnte»

Spritzbach I 223 f.: «Bergbach, der über Felsbänder fällt»

Spritzer III 265: «Stelle ..., wo das Wasser über eine Fluh spritzt»

Stägerbach I 224: der Bach hat sich stufenförmig eingefressen

Stäibä, Stäiber, Stäibi[fall], Stäiper I 224 u. III 351 ff.

Stèllibach I 225: «Bergbach, der über Felsbänder fällt»

Tiäffäbach I 232: evtl. wegen «der tiefeingefressenen und steilen Geländestruktur»

Tschätterbach I 233: des Geräusches wegen

Tugbäch̲li I 233 f.: weist auf den sich ausscheidenden Kalksinter

Underbäch̲ä, Underbächi I 234 f.: dazwischenliegend

Viäribach I 235: «Bach, der gegen 4 Uhr nachmittags jeweils zu fliessen beginnt»

Winterbach I 237: evtl. weil «der Bach auch im Winter fliesst»

Wyss Bach I 237: deutet auf den «hellen, aus dem Gelände weiss hervorstechenden Charakter»

Wenn schon von Quellen und Bächen die Rede ist, dann sei auch kurz auf die hygienische sowie medizinische Seite im Umgang mit Wasser hingewiesen. Seit dem ausgehenden Mittelalter sind Heilquellen in Uri bekannt und ihrer gesundheitsfördernden Wirkung entsprechend bis in die Neuzeit genutzt worden. Speziell hervorgehoben sei in diesem Zusammenhang das Bad *(Bad)* in Unterschächen und jenes von Altdorf, von dem sich seit der fatalen Feuersbrunst im Frühling des Jahres 1912 nur noch die Quartiersbezeichnung *Moosbad* nebst dem heutigen, rund 200 Meter nördlich der einstigen Kuranstalt erstellten Schwimmbad gleichen Namens erhalten hat.[107]

Die ursprüngliche Bedeutung öffentlicher Bäder schrumpfte wie andernorts auch in Uri zunehmend im Masse der auf privater Basis erstellten

93

Zu den zwei oberen Bildern: Mit dem Ausbau eines neuzeitlichen Wasserversorgungs-
netzes (Ende 19. Jh.) gelangte das fliessende Wasser auch in die einzelnen Haus-
haltungen und öffentlichen Gebäude von Altdorf. Zwei Beispiele für Waschbecken
(Brinnäli, Lavabo) zu Beginn dieses Jahrhunderts: a Haus ehem. Dr. Haas, heute Firma
Walker-Porr AG (Bahnhofstr. 26); b Haus Ankenwaage (Polizeikdo); die abgebildete
Einrichtung wurde anlässlich der Renovation (1988/89) entfernt.

Zum unteren Bild: Um das Regen- und Schmelzwasser nach Möglichkeit von einem
Gebäude *(Gibyyw)* fernzuhalten, verwendet[e] man bei der Konstruktion einer
Tachträupfi z.T. recht unterschiedliche Installationen.

a

b

sanitären Einrichtungen, sofern sich das in den diversen Bädern verwendete Quellwasser nicht durch besondere Heilwirkung auszeichnen konnte. Dies soll in Uri zumindest für die eine oder andere Badestube zwar zugetroffen haben, wenn wir den verschiedenen, z.T. obrigkeitlich erwirkten Hinweisen und Prospekten Glauben schenken dürfen, die aber auch immer wieder durch kritische Stimmen deutlich relativiert wurden. Aber der Einbruch einer neuen Zeit und die damit veränderten Lebensgewohnheiten liessen solche Kleinbäder an der Peripherie des gesundheitsfördernden Badegeschehens traditionellen Stils ohne jegliche Nachsicht sang- und klanglos untergehen. An ihre Stelle traten in der Zwischenzeit öffentliche und private Hallenbäder – so in Andermatt, Göschenen, Erstfeld, Altdorf und Unterschächen –, deren Vorzüge und gesundheitliche Wirkung heute ganz im Bereich der sportlichen Betätigung liegen. Parallel dazu gehören nun auch Bad *(Bad, Badzimmer)* und/oder Dusche *(Tuschi)* zumindest in den Talsiedlungen zur selbstverständlichen Grundausrüstung eines Hauses,[108] die es möglich machen soll, den erhitzten Körper *(Lyb)* abzukühlen *(chiälä, ap'chiälä)* und ihm in Form eines Bades *(äs Bad nää, baadä, bäädälä, täuchä, y'täuchä, tunggä, y'tunggä)* oder einer energiesparenden Dusche *(Tuschi; ²tuschä, ap'tuschä)* die nötige Hygiene zukommen zu lassen.

108 Seite 129

Wasserwege

Es gehört zu den ungeschriebenen Gesetzen, dass das Wasser schon bei kleinen Mengen – sofern kein Gegendruck vorliegt – sich einen gangbaren Weg *(Gang, Wäg)* auf eine tiefer liegende Stufe zu bahnen versucht und dabei auch die nach dem Prinzip des geringsten Widerstandes bekömmlichste Richtung mit den dazu gehörigen Windungen *(Cheer)* einschlägt. Da, wo dem Wasser der Lauf *(Läuf)* durch ein festes Bett *(Bett; y'bettä)* vorgeschrieben wird, fliesst es in der Regel gebändigt dahin, immer mit dem innern Drang spielend, auszubrechen *(üss'brächä, üs[ä]'riärä, dur'schlaa; Durschlag)*, wo immer sich ihm eine günstige Gelegenheit bietet.

Meist genügt schon ein bescheidener Nieselregen *(diftälä, duftä, ¹tiftälä)*, um die auf den Neigungsseiten eines Daches angebrachten Dachrinnen *(Chängel, Tachchängel, Tachträüffig, Tachträü[p]f, Tach'träüpfi, -träüffi, Träüpf[i])* mit Wasser zu füllen, die – bei alten Bauernhäusern oder Ställen aus Holz *(Holzchängel)* verfertigt – auf die Seite mit der grössten Neigung entleert werden. In der Regel aber läuft das Wasser von der Dachrinne über deren gern verzierte Verlängerung *(Schrääjer)* oder einen Einlaufstutzen und

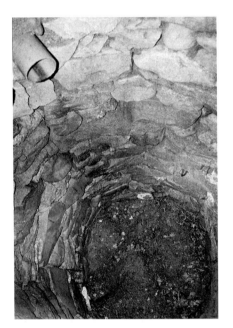

Links: Um die Abwässer eines grösseren Hauses auffangen zu können, mussten vor dem Bau der Kanalisation teils ansehnliche, mit Feldsteinen ausgekleidete Schächte gegraben werden. Das Beispiel stammt vom *Zopfgaartä* (Bahnhofstr. 20, Altdorf), wo noch um 1945 ein *Sänkloch* von über 10 m Tiefe ausgehoben wurde (heute weitgehend mit Bauschutt aufgefüllt!).

Unten: Wo keine Anschlussmöglichkeit an ein Trinkwassernetz besteht (z.B. extrem abgelegene Gehöfte, Alphütten), bedient man sich heute noch z.T. recht einfacher Quellfassungen.

das nachfolgende, meist senkrecht angebrachte Regenrohr *(Apflussroor, Fallroor)* in eine Tonne *(Fass, Räägäfass)*, sofern es nicht über das gemeinde-eigene Kanalisationssystem aufgefangen *(üff'faa)* und bis zur Kläranlage *(Chläaralaag)* weitergeleitet *(wytter'läitä)* wird. Wo keine Kanalisation vor-handen ist, genügt als Wassersammler am Boden meist eine kleine Grube *(Grüäbä, Loch, Sänkloch, Schacht, Sickä, Sickergrüäbä, Stäichrattä, Toolä)*. Vermag dann diese Einrichtung die Wassermenge zufolge heftiger Nieder-schläge nicht mehr zu fassen *(fassä)*, dann benützt das Wasser – soweit vorhanden – den sog. Überlauf *(Iberläüf)* oder quillt ganz einfach über *(iber-, uber'läüffä)*, indem es mit Druck *(Truck)* den Grubendeckel *(Teckel)* leicht abhebt *(lipfä, lupfä)*. Fliesst mangels Ablaufmöglichkeit Wasser von der Dachrinne unter die Schindeln *(Schintlä)* oder Ziegel *(Ziägel)*, heisst das *Widerschwall* oder *hinderschwèllä*.

Ganz anders verläuft der Weg beim Trinkwasser. Beginnend mit den einzelnen Quellfassungen *(Fassig, Quällfassig)*, bei denen darauf zu achten ist, dass sie auch während längerer Trockenperioden nicht empfindlich zurückgehen und sich dadurch als *Hungerbrunnä*[109] entpuppen, wird das Wasser zunächst über Sammelschächte *(Brächschacht, Sammler)* im Reser-voir *(Brunnästuubä, Wasserschopf, Wasserstuubä;* als kleine reservoirähnli-che Wasserfassung auch *Schäidtrog* oder *Schüätrog* [Dim. *Schüätreggli]* genannt) zentral zusammengefasst *(sammlä)*, bis es in einem weitverzweig-ten Leitungsnetz *(Läiti, Läitig)* über sog. Verteilersteine *(Schäid-, Täil'stock)* bis zum *Brunnästock* oder einfach *Stock* der einzelnen Liegenschaften *(Li-gäschaft)*, resp. Haushaltungen *(Hüüshaltig)* zugeführt wird.[110] Vorgängig wird es noch nach strengen Vorschriften von einem eigens dafür verantwort-lichen Brunnenmeister *(Brunnäläitner +, Brunnämäischter)* auf seine Qua-lität hin überwacht.

Dem war beileibe nicht immer so. Noch zu Beginn des letzten Jahr-hunderts wusste Dr. Elsener in seinem Buch «*Medizinisch-topographische Bemerkungen über einen Theil des Urnerlandes*» (S.8 f., 25, 115 f.) zu berichten, dass selbst das Trinkwasser nicht in Röhren *(Reerä, Roor, Yysä-tichel)* als späterem Ersatz für ursprünglich verwendete Baumstämme, die mit einem eigens dazu hergerichteten Bohrer *(Soodnäpper, Tichelboorer, Tichelnäpper)* ausgehöhlt *(üss'heelä)* und dann als Hauptleitung – wenn immer möglich – 1 Schuh *(Schüä)* tief in den Boden gegraben, eingezapft oder mit zwei Zwingen versehen wurden,[111] sondern z.T. in offenen, halb-wegs zerfallenen Holzkanälen *(Tichel, Tinkel, Tuchel)* und völlig ungedeck-ten Gräben *(Graabä,* Dim. *Gräpli)* floss, was nachgewiesenermassen in Altdorf zu vermehrten Krankheiten führte. Da konnte es leicht vorkommen,

109 Seite 129

110 Seite 129

111 Seite 131

Beispiele für
heute noch,
resp. erneut in
Betrieb genom-
mene, sog.
oberschlächtige
Wasserräder:

Sägerei im
Erstfeldertal

Wohnhaus
in Brügg
(Gmde Bürglen)

Zuleitung
(Chett) zur
Bielen-Säge
eingangs
Brunnital
(Gmde
Unterschächen)

dass zufolge defekter Leitungen Wasser in grösseren Mengen als sog. *verschliffes Wasser* versickerte *(verschlyyffä)* oder dass die Zirkulation des Wassers durch Eindringen von Schmutz unterbunden wurde *(vermachä)*, was dann zu Staus *(Stäüw)* führte *(hindersackä, stäüwä)*, die das Wasser nicht mehr in der nötigen Menge passieren *(ap'läüffä, duur[ä]'laa)* liessen.

Im Bereich der künstlich erstellten Zuleitungen sei auch noch auf das *Chett* verwiesen, bei dem das Wasser – von einem nahegelegenen Bach in einen (hölzernen *[hèlzig]*) Treibwasserkanal abgeleitet – alsdann ein Wasserrad von oben *(ooberschlächtig)* oder von unten her *(underschlächtig)* in

112 Seite 131 Bewegung setzt.[112]

Nicht nur – wie oben kurz beschrieben – bei Hausdächern *(Hüüstach)*, sondern auch als direkte Wasserzufuhr bei Brunnentrögen *(Trog)* etwa, die aus Baumstämmen *(Roonä)*, einzelnen Brettern *(Brätt, Laadä)* oder auch aus gegossenen Zementformen sowie vereinzelt aus zusammengesetzten Steinelementen verfertigt oder gar aus einem einzigen Stein gehauen

113 Seite 132 sind[113] oder aber auch als ausgediente Badewanne *(Badwannä)* auf den Weiden stehen, findet man immer wieder den *[Holz-]Chängel*, oft auch ersetzt durch eine Röhre *(Reerä)* oder einen Schlauch *(Schlüüch)*, der, wenn es z.B. ans Bewässern des Gartens geht *(netzä, spritzä)*, zusätzlich noch mit einer Düse *(Pfützer, Pfitzer)* ausgerüstet ist.

Ganz in den sanitären Bereich gehört der inzwischen schon zum Museumsstück umfunktionierte *Seechter,* ein Steigrohr, das bei früheren Waschherden als Überlauf des siedenden Wassers aus dem sog. *Mantel*

114 Seite 132 gebraucht wurde.[114]

Ebenso zu den technischen Einrichtungen wird man die verschiedenen Arten von Pumpen *(Pumpi,* Pl. *Pumpänä)*, zählen müssen, die vornehmlich als Jauchepumpen *(Gilläpumpi)* vor den Ställen fest installiert sind. Schliesslich sei auch noch auf das Anbringen von Wasserhahnen *(Haanä)* hingewiesen, bei deren Gebrauch etwa folgende Formulierungen zu hören sind:

ds Wasser a'laa, resp. *ap'stèllä*

dr Haanä üff-, resp. *züä'tüä* oder *üff-* und *züä'träijä*

ds Wasser oder *dr Haanä la läüffä,* wobei Vorsicht geboten ist, dass bei mangelhaftem Ablauf *(Apläüf; ap'läüffä)* das Wasser nicht plötzlich überläuft *(iber-, uber'läüffä)*.

Bei unvorhergesehenem Kälteeinbruch *(Gfreerni)* sagt man, wenn das Wasser in der Röhre gefroren ist: *Dr Haanä isch ygfroor[n]ä.* Wurde früher bei extremer oder länger andauernder Kälte *(Chèlti)* die Zufuhrleitung *(Läitig, Reerä, Wasserläitig)* selber in Mitleidenschaft gezogen, dann musste

Ob im Jahre 1910 (oberes Bild) oder 1977 (unteres Bild): beide Male war das Ausmass der Schäden längs des Schächenbaches wie hier auf der Höhe des Kraftwerkes EWA Bürglen (vgl. Fotos) beträchtlich. Beide Male hinterliess die Wucht des ungebändigten Wassers ein erschreckendes Bild der Zerstörung.

man sie allenfalls, bevor sie mit einer Lötlampe *(Leetlampä)* aufgetaut *(ärp- freejrä* Urs., *e[r]tlimmä, etliimä, lyymä)* werden konnte, zunächst ausgraben *(ärtschourä* Urs., *üss'graabä)* oder auf irgendeine Weise freilegen *(fryy'- leggä)*.

Geht es jedoch in einem ganz anderen Zusammenhang um das Öffnen, d.h. Anstechen eines Fasses, spricht man von *¹spyynä* und *a'spyynä*. Der dazu gehörige Fasshahn heisst dementsprechend *Spyynä*.

Wassersnot

Wenn in den Monaten Mai/Juni die Regenperiode etwas ergiebiger ausfällt, wenn es also *giässt* und *schittet* oder gar *innä'leest* und *appä'läärt*, oder wenn im Hochsommer ein wolkenbruchartiges Gewitter *(Gwitter, Schosswätter)* über Uris Berge und Täler hereinbricht, dann kann es schon vorkommen, dass verängstigte Rufe von Heimwesen zu Heimwesen *(Häimä, Häimet)* erschallen: «*Dr Schächä* – oder welcher Wildbach auch immer – *chunnt (cho, chu)!*» Meist tobt dann eine schlammhaltige und mit Erde und Schuttmassen *(Choosi)* angereicherte braune *(brüün)* Brühe *(Briä[j]i, Soosä, Suppä)* im Bett eines sonst friedlich dahinziehenden Gewässers und droht *(dräiwä, träiwä)* zu überfliessen *(iberläüffä, uberghyyjä, undertrèègä* Urs.*)*, ja gar auszubre- chen *(üsä'trickä, üss'brächä)* und alles, was sich diesem wildgewordenen Element in den Weg stellt *(im Tügel syy)*, erbarmungslos mitzureissen *(mit'ryyssä)*. Meist ist in solchen Situationen die Zerstörung *(Zersteerig)* perfekt. Kostbares Kulturland *(Boodä, Land)* wird durch Murgänge *(Guu- selchoosi, Rübi, ²Rüfä, Ruufi, Rutsch, Saaretä, Schlipf[ä], Stäihaagel)* erbar- mungslos überdeckt *(ri[i]bänä, ru[u]fänä, appä'ru[u]fänä, saarä, y'saarä, iber-, ubersaarä, underä'saarä, undermachä, versaarä,* in Urs. -oo-*)* und selbst in der Weite *(Wytti)* des Tales *(Boodä, Ta[a]l)* sind die am Wasser gelegene Gebiete wegen Überschwemmung *(Uberschwämmig; uber- schwämmä)* arg gefährdet *(gfäärdet; i Gfaar syy, uf Gfaaräwart hi, Gfaar- lichkäit, Gfäärlichkäit)* oder werden gar in unvorstellbare Mitleidenschaft gerissen, wie dies am 31. Juli 1977 und bereits wieder am 24. August 1987 geschehen ist.[115]

Steigt dann das Wasser in einem bedrohlichen Ausmass an, so wird das Menschenmögliche getan, um ein Eindringen *(innä'läüffä)* in die gefähr- deten Häuser *(Hüüs)* zu verhindern. Wenn das Unwetter *(Uwätter)* schliess- lich schadlos verklungen ist und die Gebirgsbäche in bezug auf die Wasser- menge wieder normal zu Tale rauschen, dann kann man am Unterlauf der

115 Seite 132

Gewaltige
Unterschiede
zwischen 1910
und heute
zeigen sich
jedoch bei der
Sanierung
der Schäden.
An die Stelle
einer Vielzahl
von Menschen
und Maschinen
sind jetzt All-
roundbagger
und Bulldozer
getreten.

Oben:
Schächen-
sanierung
1911/12

Links:
Räumung
des Schächen-
baches
anlässlich
der Wasser-
katastrophe
vom 31.7./
1.8.1977

Links:
Bauarbeiten
an der Reuss
bei Gurtnellen
(Herbst 1993)

Reuss zwischen Erstfeld und Attinghausen, aber auch anderswo im Kanton, wenn die Bäche Hochwasser führten *(D Ryyss isch scho nu groossi, heechi oder auch schwääri chu)* inselartige Schuttablagerungen, sog. Sandbänke, erkennen, die in der Mundart *Insäli (Insslä)* oder *²Ryyffä* genannt werden.

Wasserbau

Wie sehr auch die Urner Bevölkerung bis in die jüngste Geschichte immer wieder mit Unwetterkatastrophen grösseren Ausmasses zu leben und darunter spürbar zu leiden hatte, ist der mundartliche Anteil im Bereich von Bezeichnungen für Schutzmassnahmen wie etwa Wildbachverbauungen, Dränagen, Kanalisierungen etc. erstaunlich bescheiden. Dafür können verschiedene mögliche Gründe angeführt werden: Zum einen stand das Urner Volk trotz den teils vorbildlich geleisteten Arbeitseinsätzen der über den ganzen Kanton verstreuten Wuhrgenossenschaften[116] verständlicherweise extremen Naturereignissen einfach machtlos gegenüber. Aus diesem Grund deutete man dann auch solch aussergewöhnliche Vorkommnisse zum Unterschied von heute gern und vorschnell als ein Machwerk des Bösen oder aber erkannte in ihnen ein direktes sichtbares Zeichen des allgegenwärtigen und strafenden Gottes, was die Leute folgerichtig dazu veranlasst haben mochte, den verheerenden Einbruch der Natur als etwas schicksalhaft Gegebenes hinzunehmen und ergebungsvoll zu erdulden.[117] Diese fatalistische Einstellung wurde überdies noch bestärkt durch die zufolge der relativen Abgeschlossenheit der einzelnen Talschaften weitgehend beschränkten Kommunikationsmöglichkeiten nach aussen. Kommt hinzu, dass auch die durchschnittliche Besiedlungsdichte ihren Teil dazu beitragen mochte, dass man den Folgen von Naturkatastrophen zum Unterschied von heute eher gelassen entgegenblickte. Eine umgehende Sanierung drängte sich nicht auf. Wozu auch schon? Schliesslich erlebte man die Gewässer eben auch hinsichtlich ihres Richtungsverlaufs als ein ausgesprochen bewegliches Element, das sehr bald schon seine Bahnen wieder ändern konnte. Und wenn dann gar einmal die Bäche erneut über die meist natürlich geschaffenen Ufer traten, so konnte man geduldig warten, bis die Natur die geschlagenen Wunden von selber wieder geheilt hatte.

Zum andern hatte mit der fortschreitenden technischen Entwicklung um die Mitte des 19. Jahrhunderts und parallel einhergehend mit den sich massierenden Naturkatastrophen doch auch hierzulande der moderne Wasserbau entschieden Einzug gehalten. Erinnert sei an das kolossale, ansehn-

116 Seite 133

117 Seite 135

Aufforderung zur Eidesleistung.

Alle neuernannten und noch nicht beeidigten Wehrevögte, Straßenmeister, sowie die Vorarbeiter für den Schneebruch und den Wehreunterhalt werden aufgefordert, Sonntag den 30. Oktober 1892, Vormittags halb 11 Uhr, im Rathhause in Altdorf, zur Eidesleistung sich einzufinden.

Baudirektion Uri.

Aufforderung zur Eidesleistung u.a. der Wehrvögte *(Weerivogt)* im UW vom 29. 10. 1892

Darstellung zweier Wehr-Anlagen:

«Vûe du Kerschle bach à Stäg [= Amsteg] dans le Canton d'Uri apres la nature Xav. Triner» dessin par Jean Hofmeister Zurich, um 1800

Wehr beim Kraftwerk Bürglen zwecks Wasserzuführung für den Dorfbach von Altdorf

104

liche Summen verschlingende Bauwerk des Reusskanals nebst weiteren gezielten Verbauungen der Nebenbäche sowie an die später zur Sicherung der Gotthardbahn ergriffenen Sicherungsmassnahmen zwischen dem Vierländersee und dem Nordportal des 15 km langen Eisenbahntunnels.[118] Mit der Verfeinerung der Technik kam automatisch auch entsprechend geschultes Personal mit einem stetig dem jeweiligen Wissensstand angepassten Fachvokabular, das aber nicht mehr bis in die Volkssprache vordringen konnte, weshalb man sich wohl oder übel mit ein paar wenigen Ausdrücken zu begnügen hat, die heute noch gern und gut bei entsprechenden Arbeitseinsätzen spontan gebraucht werden.

118 Seite 136

Da finden wir z.B. neben *Spèrri, Speerig, Tantsch* sehr oft *Weeri*, Pl. *Weeränä*, oder *Wüär* im Sinne eines Schutz- oder Staudammes, eine flussbautechnische Einrichtung übrigens, die mit denselben Bezeichnungen weit über Uri hinaus im ganzen deutschen Sprachraum seit dem Mittelalter «in zunehmendem Masse» nachgewiesen werden kann.[119] Führt eine Brücke über dieses Bauwerk, heisst sie *Weeribrugg* wie z.B. jener kühn über die Schlucht (*Schlüächt, Schlüüchä, Schlucht, Toobel*) des Kerstelenbaches geschlagene Übergang am östlichen Dorfende von Bristen.

119 Seite 137

In kleinerer Ausführung nennt man solche Schutzbauten *Gschwèlli, Schwèlli* oder auch *Sandfanglä* sowie *Chiäs-*, resp. *Chiis-*, *Chyys'sammler*, weil sich dahinter *Sand* oder zerkleinerte Gesteinsstückchen (*Chiäs, Chiis, Chyys, Griän*) ansammeln. Ist auch noch ein Absperrbrett installiert, kennt man dafür den Ausdruck *Schäidlaadä*. Den Rückstoss des dadurch gehemmten Wassers nennt man *Widerschwall*. Als weitere Tätigkeit beim Wasserbau sei auch noch das Hinterfüllen (*hinderschwèllä*) erwähnt.

Anstösser sowie Nutzniesser eines Baches wurden früher bis zur allgemeinen Aufhebung im Jahre 1981 zu sog. Wuhrgenossenschaften (*Weeri-, Wüär'ggnosäschaft*) zusammengefasst, die für die Instandhaltung des Baches und die Sicherheit der Anlieger verantwortlich zeichneten. Sozusagen als bescheidenes Relikt aus dieser seit dem neuen kant. Wasserbaugesetz vom Jahre 1981 unabdingbar der Vergangenheit angehörenden Zeit wird heute noch in Altdorf – wie oben kurz beschrieben – der Dorfbach in der Regel zweimal im Jahr an der *Weeri* neben dem Schächenbach in Bürglen abgestellt, damit im stillgelegten Kanal innerhalb der vorgeschriebenen Zeit die «privilegierten Wasserwerkbesitzer» wie auch die Anlieger die ihnen zufallenden Teilstrecken reinigen und ausbessern können. Meist werden bei dieser Gelegenheit auch anfallende Reparaturarbeiten am gemauerten (*gmüüret*) Bachbett vorgenommen, was von zwei Gemeindevertretern im einzelnen überwacht und begutachtet wird.[120]

120 Seite 137

Aus den Anfängen der Wassernutzung
zur Stromerzeugung im Kt. Uri

Turbinenraum im Kraftwerk Amsteg
in den frühen zwanziger Jahren

Wassernutzung

In Uri, wo die Wasser von überall her über Felswände, durch Kluften und Schluchten als Rinnsal oder mächtiger Bach der Talsohle zustreben, ist es eigentlich naheliegend, dass man sich seit alters darauf eingestellt hat, die Kraft des Wassers auf vielfältige Weise zu nutzen.

So war schon von den grossen Vorzügen des Altdorfer Dorfbaches die Rede, der nicht nur die Wasserräder einer ganzen Schar von Kleinbetrieben vor wenigen Jahrzehnten noch in Bewegung hielt, sondern in neuerer und neuester Zeit auch Industrieunternehmen und Private mit günstiger Stromkraft versieht. Seit dem Ende des 19. Jahrhunderts wurde diese Möglichkeit der Stromerzeugung auch in unserem Kanton als eigentliches Energiepotential (vgl. Begriff der «weissen Kohle») entdeckt und vom Fiskus zunehmend als willkommener «Zustupf» genutzt, auch wenn nach Meinung vorab alternativer Kreise ganz andere Beträge in die Staatskasse fliessen müssten, ja dass vielmehr dahin zu wirken sei, die auslaufenden Konzessionen *(Konzässioon)* nicht mehr zu erneuern und die Kraftwerke inskünftig auf öffentlich-rechtlicher Basis betreiben zu lassen.

Erwartungsgemäss war mit dieser technischen Errungenschaft nebst einer Fülle von entsprechenden Einrichtungen automatisch auch eine ansehnliche Anzahl von Bezeichnungen in unser Land gezogen, die trotz ihres fachtechnischen Bezuges im Gegensatz zum Wasserbau interessanterweise grossmehrheitlich im einheimischen Vokabular Aufnahme gefunden haben. Man denke nur etwa an Wörter wie *Stäumüürä, Stäüsee, Stäüweer, Truckstollä, Truckläitig, Chraftwärch, Turbyynä, Läitig [Fryyläitig, Uberlandläitig], Fryyläiter, Fryyläitigsmundeer, Mascht[ä], Transformatoorähyyssli,* um nur gerade ein paar wenige Ausdrücke zu erwähnen. Selbst die Abkürzung *EWA* für Elektrizitätswerk Altdorf – kurz im Volksmund *Ewee* genannt – ist heute in ihrem Anwendungsbereich von der Bedeutung her sehr variabel einsetzbar. So heisst es z.B.: *Är schaffet bim Ewee* [= Unternehmen]. – *Ich müäss i ds Ewee* [= Kaufladen] *ä Sicherig ga hoolä.* – *Diä Läitig het ds Ewee* [= Abt. Leitungsbau, Trupp der Freileitungsmonteure] *zoogä* oder *püüwet.* – *Müäsch äm Ewee* [= Störbehebungsdienst, Platzmonteur] *prichtä.*[121]

Energiegewinnung ist aber bei der Wassernutzung nur ein Teilaspekt. Viel wichtiger – möglicherweise inskünftig in zunehmendem Masse – erweist sich das gesunde Wasser als lebensspendendes Element und als Grundvoraussetzung für eine Überlebenschance schlechthin.

In früheren Zeiten, als die einzelnen Haushaltungen *(Hüüshaltig)* noch nicht mit fliessendem Wasser ausgerüstet waren, holte man sich das

Oberes Bild: Noch bis in die 2. Hälfte dieses Jahrhunderts wurde neben den teils getrennt von einem Herrenhaus errichteten Waschhäuschen *(Weschhyyssli)* und den in der Zwischenzeit mehr und mehr in die Hausarchitektur fest integrierten Waschküchen *(Weschchuchi)* vereinzelt noch unter entsprechend harten Bedingungen an öffentlichen Brunnen gewaschen.

Zu den drei unteren Bildern: Wie ein verträumter Zeuge längst entrückter Zeiten präsentiert sich der Sodbrunnen im «Huon» an der Trögligasse in Altdorf.

köstliche Nass am Dorfbrunnen, wo – wie alte Darstellungen belegen – z.T. auch in mühsamer Prozedur von den Frauen, den sog. Wäscherinnen *(Wäscheri)*, die Wäsche *(Linschä, Wesch)* gewaschen *(wäschä)* wurde.

Dank dem Einsatz und der Beharrlichkeit einsichtiger und fortschrittlich eingestellter Bürger konnte die Wasserversorgung im Verlaufe unseres Jahrhunderts in allen Urner Gemeinden den modernen Anforderungen gemäss weitgehendst bewerkstelligt werden.

Ähnlich – nur wesentlich vereinfacht – bauen sich auch die Älpler ihre private Trinkwasserleitung zu den Alphütten. Je nach Eignung und Standort der Quelle *(Brunnä)* befindet sich die eigentliche Wasserfassung *(Fassig)* unterschiedlich weit von der Alphütte entfernt, immer aber deutlich überhöht, um den nötigen Wasserdruck *(Truck)* zu gewährleisten. Dieses Kleinreservoir, bei dem auch mehrere Leitungen abgezweigt werden können *(ap'zwäigä, ap'zapfä)*, heisst *Schäidtrog*, Dim. *Schäidtreggli*, vereinzelt auch *Schüätrog* genannt.

Dort hingegen, wo die örtlichen Verhältnisse die Nutzung einer Quelle verunmöglichten, wurden vor Jahrhunderten schon sog. Sodbrunnen *(Sood, Soud* Urs.*)* erstellt. Ein Paradestück für diese Art von Wassergewinnung findet sich heute noch – nach alten Plänen fachmännisch restauriert – im Landsitz «Huon» zu Altdorf.[122]

122 Seite 141

Stehende Gewässer

Eine Fahrt auf dem Vierländersee gehört auch nach über 150 Jahren seit dem ersten Aufkreuzen eines Dampfschiffes[123] zum unabdingbaren Programm beinahe jeder für Ausländer organisierten Schweizerreise. Wenn es dann gar noch bis in den südlichen Zipfel des Urnerseebeckens reicht, kennt meist die Begeisterung der überraschten Touristen keine Grenzen mehr. Staunend steht man auch als Einheimischer immer wieder neu vor soviel Wucht und Majestät einer Berglandschaft, die alles ringsumher in ihrer erhabenen und urgewaltigen Erscheinung an sich zu ziehen und zu binden versteht. Im Betrachter steigen Gefühle hoch, Gefühle wahrhaftiger Grösse und spannungsgeladener Unnahbarkeit, vergleichbar etwa jener Seelenstimmung, wie sie J. W. v. Goethe (1749–1832) auf seiner dritten Reise in die Inneren Orte im Herbst des Jahres 1797 spontan erlebt haben musste.[124]

123 Seite 142

124 Seite 142

Aber der Urner See ist schliesslich nicht das einzige stehende Gewässer, das es im Widerspiel zwischen beinahe magisch anmutender Anziehungskraft und schroffer Abweisung durch die bedrohlich sich auftürmen-

Beispiel für Butzä
im sumpfigen *(sumpf[t]ig)* Umgelände
des Fulensees zuhinterst im Erstfeldertal

den Felsgiganten zu bewundern gilt. Manch kleiner Bergsee *(See, Seeli*, als
Flurname auch *Seewli*[125]) überrascht ob soviel bestechender Schönheit, dass
der müde Bergwanderer um ein Mehrfaches für die durchgestandenen Mühen und Strapazen *(Strabaaz)* belohnt wird.

Zu den stehenden Gewässern zählen aber auch die kleineren Formen
wie Weiher *(Wyyjer)* und Teich *(Täich)*. In enger Anlehnung an die standarddeutschen Ausdrücke «Teich» und «Weiher» bedeutet denn auch *Täich*
eine kleine, aber nicht ausschliesslich nur künstlich erstellte Wasseranlage,
währenddem unter *Wyyjer*[126] eher eine grössere, durch natürliche oder
künstliche Stauung bedingte Wasseransammlung verstanden wird. Wirkt das
gestaute Wasser trübe, spricht man abschätzig von *Gillä*, ein Wort, das wie
Täich in Redewendungen auch für das grosse offene Meer gebraucht wird.
So heisst es etwa: *Är isch uber d Gillä duurä. – Si woonet etz äänet em Täich*,
d.h. in Amerika!

Handelt es sich jedoch bloss um eine Wasserlache oder Pfütze, dann
spricht man von *Flatz, Glumpä, Glungg, Glunggä, ¹Guntä, Gutlä, ²Pfitzä*,
bisweilen auch *Schwetti*. Urseren kennt zudem für Tümpel und sumpfartige
Mistpfützen den Ausdruck *Soud* und *Niärä*. Das laut UNB über den ganzen
Kanton verstreute Butzen *(Butzä)* darf von seiner Etymologie her ebenfalls
in diesem Zusammenhang genannt werden, auch wenn der (einstmals vorhandene) sumpfige Boden zufolge entsprechender Alpverbesserungen in
den verschiedenen mit *Butzä* und *Butzli* bezeichneten Örtlichkeiten heute
möglicherweise absolut trocken *(tirr, trochä, üsstrechnet)* anzutreffen ist.[127]

Noch um die Mitte des letzten Jahrhunderts nutzte man längs der
Bäche – speziell längs der Reuss – entstandene Tümpel zum Einlegen von
Hanf *(Hampf, Häüf)*. Diese bezeichnete man als *Roozi* oder *Reezi*.[128]

Dank der diversen in Betrieb stehenden Kläranlagen *(Chlääralaag)*
konnte übrigens die Wasserqualität der Bäche und Seen im Kt. Uri allgemein
verbessert werden, so dass die gegenwärtige Lage – einmal abgesehen von
der teils heftig geführten Diskussion um die Restwassermengen – als gut
bezeichnet werden darf. Nicht zu befriedigen vermag hingegen die bis dato
erreichte Wassergütestufe in den Vorflutern *(Voorflüäter)*. Trotzdem besteht
keine Veranlassung zum Klagen. Bester Beweis hiefür sind immer noch die
Fische *(Fisch)* selber, die im See wie in den Gebirgsgewässern zur allgemeinen
Zufriedenheit der hiesigen Sportfischer[129] ausreichend anzutreffen sind,
auch wenn die wiederholten Wasserkatastrophen, die Baggerei im Urner See
und der damit verbundene Verlust an geeigneten Uferbereichen zum Laichen *(läichä; Läichplätz)* erhebliche Folgeschäden mit in solchen Fällen
normalerweise ungewisser Langzeitwirkung verursacht haben.[130] Wie sich

125 Seite 144

126 Seite 144

127 Seite 144

128 Seite 144

129 Seite 144

130 Seite 145

Aal

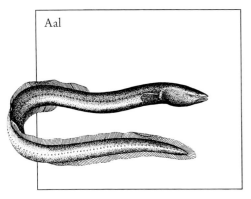

Bachforelle

Laut freundl.
Mitteilung von
Josef Muggli,
Fischerei- und
Jagdverwaltung
des Kt. Luzern,
sind für den
Vierwaldstätter-
see 30 Fischarten
nachgewiesen.
Von diesen hat
nur knapp die
Hälfte Eingang
ins heimische
Vokabular
gefunden.

Barbe

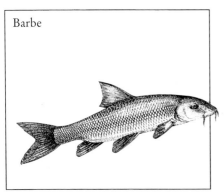

Flussbarsch

Karpfen

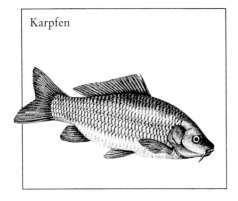

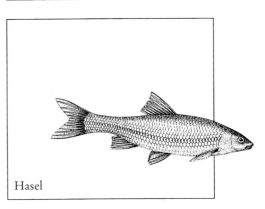

Hasel

Balchen

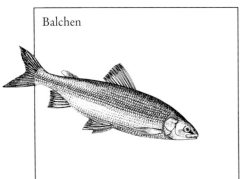

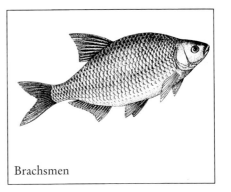

Brachsmen

auch immer dieser veränderliche Ist-Zustand präsentieren mag, kann zum mindesten von der mundartlichen Seite darauf hingewiesen werden, dass eine ansehnliche Reihe von Fischarten ins urnerische Idiom aufgenommen worden ist und da z.T. erhebliche Umbenennungen erfahren hat.

Aal: *Aal*

Aalquappe: *Tryyschä*

Balchen: *Treggler*

Barbe: *Barbä*

Brachse: *Fliänggä, Gu[u]fächissi, Schyyssä-, Schyyssi'teckel*

131 Seite 145   Elritze: *Bäämäli*

Flussbarsch: *Eggli*

Forelle: *Feeränä, Forèllä, Lääger, Rä[ä]gäbeggler*

Groppe: *Gropp, Groppä, Grüppä (?)*

Karpfen: *Bliänggä*

Lachs: *Ylankä, Lax, Läx*

Pricke (Neunauge): *Stäibyysser*

Weissfisch: *Freschäha[a]sel, Ha[a]sel, Stäiha[a]sel, Winger[li], Zugha[a]sel*

nicht näher definiert: *Tschagger*

sagenumwobener Fisch: *Elbscht*[131]

fremdländische, aber hierzulande bekannte Fische:

Hering: *Häärech*

Stockfisch: *Mèrluzzo, Fäckäfisch, ²Waal*

Wo Fische an die Wasseroberfläche steigen *(styygä)* und im Dämmerlicht *(bi Mäugel, mäugel[s]; mäigglä, mäügglä)* zum Sprung *(Aabigsprung)* ansetzen *(gumpä, springä)*, um nach Mücken *(Mugg[ä])* zu jagen *(migglä, muggä, muggnä)*, lassen in der Regel auch die Fischer nicht mehr lange auf sich warten. Natürlich hat sich auch im Fischereiwesen bedingt durch die modernsten Ausrüstungsgegenstände und die verschiedensten Fangtechniken mit der Zeit ein Vokabular breitgemacht, das vollends der gemeindeutschen Sprache zuzuordnen ist und vielleicht erst im Verlauf der kommenden Generationen bei uns eine Anpassung an den heimischen Dialekt erfahren wird.

Nichtsdestotrotz hat innerhalb der Fischerterminologie eine hübsche Anzahl von Wörtern zumindest eine phonetische Anpassung an die lokalen Mundarten erfahren. So heisst es z.B., um in Bächen und in den verschiedenen stehenden Gewässern des Kantons fischen *(fischä)* zu dürfen, brauche es ein Patent *(Badänt)*. Zum Fischen selber können mit einer Zusatzbewilligung Setzschnüre *(Setzschnüär)* im See ausgelegt werden *(setzä)*, oder man bedient sich einer Fischerrute *(Gèrtä, Lattä, Rüätä, Stangä)*, die – etwas vereinfacht ausgedrückt – mit Angelschnur *(Schnüär, Silch)*, Rolle *(Trulli)*, Schwimmer *(Zapfä)* und Angelhaken *(Angel, Anglä)* versehen ist, was im Volksmund auch zum Ausdruck *Zäpflifischer* und *Zäpfler* geführt hat.

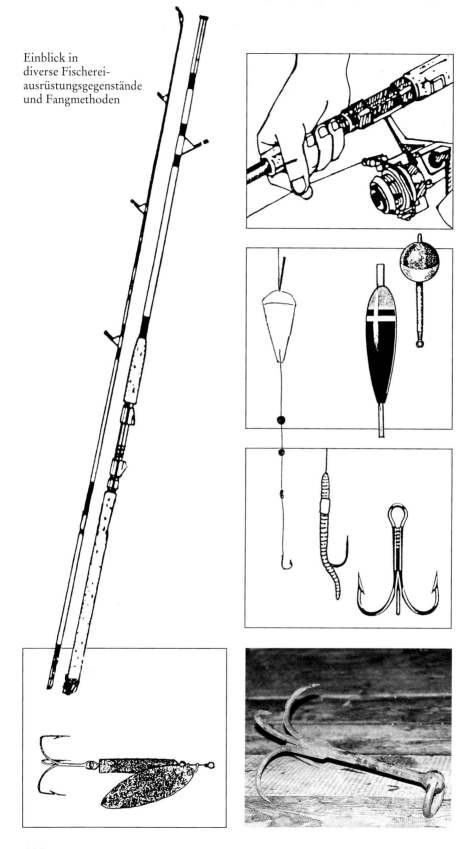

Einblick in
diverse Fischerei-
ausrüstungsgegenstände
und Fangmethoden

Links:
Traagel,
Tragglä

Fangmethode und bevorzugter Standort beim Fischen führten innerhalb der Gilde gern auch zu weiteren Benennungen wie *Miggler, Spinn-* und *Grundfischer* sowie *Bach-, Netz-* und *Seefischer*.

Die Tätigkeit selber nennt man dementsprechend *anglä* oder einfach *fischä*. Dabei haben sich – wie schon angedeutet – auch hierzulande mit der Zeit die ausgeklügeltsten Fangtechniken entwickelt. Man denke hierzu nur etwa an die Verwendung von *Hegänä* [*hegänä* zudem als Verb gebraucht] oder gezielt auch an eine ältere, inzwischen längst verbotene Fangart mit einem *Schwänkel*, resp. *Nääbetschwänkel*, nebst den inzwischen vielfältigsten Angeboten von Köderutensilien. So werden heutzutage sogar schon von Jungfischern zur Köderung längst nicht mehr einfach nur lebende Maden (*Maadä*, Dim. *Mätli*, neu auch *Mädi*), Käferchen (*Chääfer, Stäichèrbälä*), Larven der Köcherfliege (*Stäichäär[t]schälä*), Würmer (*Fischmettel, Mettel, Räägäwurm, Wurm,* Pl. *Wirm*), Heuschrecken (*Häiwsteffel*), kleine Fische (*Bäämäli, Ha[a]sel, Hassli, Winger, Zughaasel* etc.) oder gar Fischgedärme (*Gchittel, Schlüüch*) zum sog. *Schlüüchfischnä* verwendet, sondern inzwischen haben auch im Kanton Uri genau wie anderswo selbstredend die unterschiedlichsten fabrikationsmässig oder als Eigenkreation hergestellten Fischköder Einzug gehalten.[132]

Ein spezielles Fangwerkzeug ist auch der *Traagel* oder die *Tragglä*, welche nicht ausschliesslich nur zum Fischen, sondern auch zum Heben versunkener Gegenstände oder als «dreibogiger Anker zum Feststellen des Fischerschiffs beim Einziehen des Schleppgarns» [vgl. Id. XIV 410 ff.] verwendet wird. Das Arbeiten mit diesem Instrument heisst *tragglä*.

Je nach Fischsorte, auf die gerade Jagd gemacht wird, spricht man z.B. von *balchnä, grüppnä* oder eben von *bäämälä*, wobei hier im speziellen mit einer am Boden einwärts gebogenen weissen Flasche, die Brot und Staniolpapier (*Silberpapyyr*) enthält, Elritzen (*Bäämäli*) gefangen werden. Auch *chräbsnä* erfordert eine besondere Fangtechnik, wobei hier versucht wird, Egli mit Hilfe eines (grünlichen [*griän, griänlech*]) Korkzapfens zu fangen, der mit einer Angel an einem langen Kupferdraht über den Seeboden gezogen wird. Ebenso *hèchtä* oder *hèchtnä* setzt grosses Können und entsprechende Erfahrung voraus. Dabei wird vom Boot aus und teils mit Hilfe eines *Fäimers* der Fisch an Land (*landä*), resp. ins Schiff gezogen. Diese Tätigkeit heisst *fäimä*. Eine andere Fangmethode ist die Schleppfischerei, die als *schläik[n]ä* bezeichnet wird.[133] Sind die Fänge ob der günstigen Wetterlage dabei sogar recht erfreulich, hört man etwa: *Hit isch äs scho nu hèchtfängig*, und der erfolgreiche Fischer wird von seinen Kollegen umgehend als *güätfängig* eingestuft.

132 Seite 146

133 Seite 146

Giessenkanal, der als einstiger Vorfluter
(Voorflüäter) der ARA Altdorf
heute nur noch von Meliorationswasser
und einem Teil des Dorfbaches gespeist wird

Eine spezielle Art des Fischfangs ist auch der Einsatz von Reusen (*Bäär, Bäärä, Fach, Rischä, Wy[y]däbäärä*), die heute für Sportfischer jedoch verboten sind. Das dazu gehörige Verb hiess *fachä*, resp. *fachnä*.

Schliesslich sei auch noch daran erinnert, dass der Fischer – aus ähnlichen Interessen wie der Jäger gegenüber seinem Wild – sehr darauf bedacht ist, den Fortbestand der einzelnen Fischarten zu gewährleisten. So werden zur Erhöhung der Lebenschancen von Jungtieren z.T. die Fischeier (*Roogä*) dem weiblichen Fisch (*Roggner*) künstlich abgestreift, was *roggnä*, *sträiffä* oder *sträipfä* heisst, und nach erfolgter Befruchtung durch die männlichen Fische (*Milchner*) in der kant. Fischbrutanlage aufgezogen. Früher, wo die wissenschaftliche Erforschung in bezug auf die Fischarten und deren Verhalten noch wenig fortgeschritten und auch zuwenig bekannt war, wurde im Volksmund zwischen standortgebundenen Fischen (*Stockfisch*) und Fischen mit ausgeprägtem Wandertrieb (*Zugfisch*) unterschieden. Diese Vorstellungen sind heute dank entsprechenden Untersuchungen überholt.

Übrigens gehört es nicht nur zum persönlichen Ehrenkodex jedes verantwortungsbewussten Fischers, sondern ist ebenso Teil der entsprechenden kantonalen Verordnung,[134] dass die Mindestmasse (*Mindeschtmaass*) beachtet und demzufolge kleine Fische (*Hyyrlig, Schwanz, Sèmmerlig* [8–10 cm grosse Forelle], *Undermäässlig*) und selbst noch 15 bis 18 cm grosse Forellen, sog. Jährlinge (*Jäärlig*), wiederum dem kühlen Nass anvertraut werden.[135] Zudem ist der Fischer verpflichtet, die Fangvorschriften wie auch die je nach Fischart unterschiedlichen Schonzeiten (*Schoonzyt*) und Schongebiete (*Schoongebiät*) sowie die Fangzeiten (*Fangzyt*) nebst dem strikten Fischfangverbot an bestimmten Tagen im Jahr (*Ooschterä, Pfingschtä, Bättag, Allerhäiligä, Wiänacht[ä]*) genau zu beachten und sich auch an die gesetzlich bestimmte Tagesfangbeschränkung zu halten, wenn er nicht Gefahr laufen will, zum eigentlichen *Fläischfischer* zu verkommen. Um so grösser mag drum auch die Freude sein, wenn einmal ein überaus grosses Tier (*Pläätech, Tschääper, Ubermäässlig*) an der Angel zappelt, das man dann ganz im Sinne des Gesetzes getrost in der Tanse (*Bräntä, Lagel*) nach Hause bringen kann.[136]

Uferlandschaft

Von den diversen, teils künstlich erstellten Wassergräben (*Dur[ch]schlag, Graabä*, Dim. *Gräpli, Voorflüäter*)[137] genauso wie von den wegen des ebenen Geländes (*Äpni*) ruhig dahinfliessenden Gewässern (*Giässä*) auf der linken

Ablagerung
von Schwemmh〈
(*Bruuchäli*),
das teils
zu privaten
Zwecken,
teils für die
Badegäste
gesammelt und
aufgeschichtet
wird

(*Linggä*) und rechten (*Rächtä*) Seite des Reusskanals vielleicht einmal etwas abgesehen, erlebt man die meisten übrigen Uferzonen in Uri – sofern nicht durch menschlichen Eingriff verbaut – als unmittelbare Nahtstellen zwischen einem fliessenden, resp. stehenden Gewässer und einem Festlandbereich (*Boodä, Land*), der je nach Beschaffenheit des angrenzenden Gewässers sowie des jeweiligen Ufergrundes unterschiedlich stark in Bewegung ist.[138] Schwemmland, das geraume Zeit vom Wasser in Ruhe gelassen wird, zeigt dabei bald einmal erste Spuren von Grasbildung (*begriänä, verwassmä, verwässmä*).

In ihrem Grundaufbau enthalten diese Uferzonen übereinstimmend eine reiche Ansammlung von Geschiebe (*Chiäs, Chiis, Chyys, Griän, Gsyy[l]w, Koosi, ²Ryyffä, Sand, Schutt, Stäi*), teils verbunden mit Humus (*Äärdä*) und/oder Schlamm (*Ggmüärhüüffä, Müär*). Auch Schwemmholz (*Bruuchäli*) findet sich z.T. reichlich dabei, insbesondere längs der Buchten des Urner Sees, weshalb in früheren Zeiten speziell von den Bewohnern der Seegemeinden dieses Holz fleissig eingesammelt wurde (*bruuchälä, üsä'fäimä*), da es speziell zum Anfeuern (*a'fyyrä*) höchst geeignet war.

Weist nun das Ufergelände ein ziemlich grosses Gefälle auf, spricht man in Analogie zu den herkömmlichen Hanglagen auf dem Festland gern von *Aphang, Boort, Braawä [Äs isch praawets], Poort, Räin, ¹Säüm, ¹Waal*, währenddem eher flachauslaufende Ufer mit *Ryyf, ²Ryyffä* oder in Anlehnung ans Standarddeutsche mit *Üüfer* bezeichnet werden.[139] Wo aufgrund der Fruchtbarkeit des Bodens unmittelbar ans benachbarte Gewässer ein Garten angelegt wurde, nennt man diesen wegen des sandigen Untergrundes *Sandgaartä*. Und wo bei der Einmündung eines Baches in ein nächst grösseres fliessendes oder stehendes Gewässer zufolge Ablagerung mit der Zeit eine Insel oder Halbinsel [vgl. Bauen, Isleten, Sisikon][140] entstehen konnte, spricht man von *Insslä* und im Diminutiv von *Insäli* oder eben auch von *²Ryyffä*. *Halbinsslä* hingegen ist direkter Schriftdeutschimport.

Zwischen der Wasser- und der eigentlichen Festlandzone trifft man von Fall zu Fall auf einen unterschiedlich breiten Sumpfgürtel, der im urnerischen Wortschatz einen ansehnlichen Niederschlag gefunden hat. So begegnen einem für sumpfartiges Riedland Bezeichnungen wie *Binätsch, Niärä* Urs., *Pfluuderboodä, Riät, Riätschwäizi, Sickä, Silggä, Suulä* oder einfach *Sumpf*. Speziell durch Quelldruck oder durch Ansteigen des (benachbarten) See- (*Seespiägel*) oder Grundwasserspiegels hervorgerufene Feuchtstellen in Wiesen – im Bereich von topographisch bedingten Vertiefungen (*Butzä, Graabä,* Dim. *Gräpli, Müältä, Muldä, Tüälä*) etwa oder am Rande von Berghängen – heissen *Salchä, Schwäizi* und verdeutlichend *Was-*

138 Seite 148

139 Seite 148

140 Seite 148

Je nach Geschiebematerial
fällt die *²Ryyffä*-Bildung als Folge
der Ablagerung feiner oder gröber aus.

Beispiel
aus dem
Kerstelenbach
(Maderanertal)

Beispiel aus
der Reuss
unterhalb
Erstfeld

141 Seite 149   *serschwäizi.*[141] Die dazu gehörigen Adjektive lauten *ggniäret* Urs., *griätig, lindgängig, miäsig, näätschig, riädig, riätig, riätbäizig, riätschwäizig, sickig, sumpf[t]ig, wasserschwäizig* neben *wasserschwäissig.*

In solch feuchten *(fiächt, nass)* Gebieten riecht es bisweilen abgestanden und moderig *(topp; toppä),* und plötzlich wird man auch des Eindruckes nicht mehr los, der Geruch von toten Fischen mache sich breit *[Äs fischälet].* In solch sumpfiger Umgebung tut man dann gut daran, wasserundurchlässiges Schuhwerk anzuziehen. Dringt doch noch Wasser ein *[D Schüä duftet, diftet, rinnet, säichet],* dann nennt man den quietschenden und gurgelnden Laut, der aus den Schuhen dringt: *surggä* [vgl. dazu auch die Flurnamen *Gwätschboodä* und *Quätschboodä* im UNB I 515, 535, für die entweder schwzdt. *quatsche* (Id. V 1315) «nass in den Schuhen gehen, dass man es hört» oder *quätschge* (Id. V 1317) «vom Ton, der beim Gehen entsteht, wenn

142 Seite 150   man Wasser in den Schuhen hat» angesetzt wird].[142]

Solche Feuchtgebiete sind für unsere einheimischen Wasservögel, vorab die Enten *(Äntä)* und Blesshühner *(Buchäli, Täucherli)* wie auch für die Lurche unter dem Schutz des dichten Schilfbestandes *(Riätroor, Kanoo-*

143 Seite 151   *näbutzer, Kanounäbutzer* Urs.) ein besonderer Tummelplatz.[143] Dank dem Verbot des Fröschefangens *(freschnä;* vgl. dazu auch MS II 131) durch das Naturschutzgesetz darf das Vorhandensein der Lurche in Uri – vorab in den zugewiesenen Schutzzonen – allgemein als befriedigend beurteilt werden. Dieser Umstand mag wohl auch mit ein Grund sein, weshalb einige der mundartlichen Bezeichnungen für Lurche auch unter der jüngeren Generation unserer Urner Bevölkerung noch aktiv in Gebrauch sind.

Da begegnet man etwa der Kröte *(Chrott),* der Unke *(Gü[ä]gämeeni, Güügäbeeni)* oder – wie bereits erwähnt – dem *Frosch,* vielleicht sogar dem Gras- und in seltenen Fällen dem Laubfrosch *(Güügämeeli).* Vor der Paarung lockt das Männchen die weiblichen Tiere *(Lyyber)* mit Quaken *(rüüggä).* Der nachfolgend im seichten Gewässer abgelegte Frosch- oder auch Krötenläich wird dann ungeachtet des deutlichen Unterschieds *Molter* genannt. Die ausgeschlüpften Kaulquappen schliesslich heissen *Gropp[ä], Gü[ä]gämeeni, Moorli, Mourli* Urs., *Rossgrind* und *Rossnaagel,* Pl. *Rossneegel.* – Bis hinauf zu den Bergseen und darüber hinaus begegnet man neben dem Alpensalamander *(Rä[ä]gä'moolä, -mooli)* und etwas seltener dem Feuersalamander *(Mooläwäibel, Wäibel),* auch dem Bergmolch *(Moolä, Molli, Gü[ä]gämeeni, Güägämeeli, Rootbyychlermoolä, Wättermooli),* wobei zu sagen ist, dass insbesondere zwischen Alpensalamander und Bergmolch im breiten Volk kaum unterschieden wird, was übrigens auch die semantisch überschneidenden Bezeichnungen deutlich belegen.

Zuständigenorts sind die nötigen
Massnahmen getroffen worden. Nun ist
es an den Benützern, dass die prächtige
Uferlandschaft zwischen Flüelen und
Seedorf auch inskünftig als intakter
Lebensraum einer reichhaltigen Fauna
und Flora erhalten bleibt. Ausschnitt aus
dem Unterlauf der Reuss.

Der Vollständigkeit zuliebe sei hier auch noch auf die Eidechse *(Äidax, Äidexä,* Dim. *Äidexli, Häidox,* Dim. *Häidoxli)* und die Blindschleiche *(Blindäschlyychä, Blindäschlyycher, Blinderschlyych)* hingewiesen, die leider immer noch ihr Leben aus Unkenntnis vieler Leute lassen muss, weil diese dem irrigen Glauben verfallen sind, sie hätten es womöglich mit einer Giftschlange *(Schlangä, Chryzotter[ä], Vypperä, Wuurä, Wurm, Byysswuurä* Urs.*)* zu tun. Wirklich jammerschade! Denn selbst wenn dies der Fall wäre, dürfte es kein Grund zum Töten sein. Die bekanntlich überaus scheuen *(schyych)* Tiere ergreifen ja schon bei geringer Bodenerschütterung die Flucht *[Si fliänt <fliäjä].* Gleiches gilt es übrigens auch von der ungiftigen *(ugiftig),* aber höchst nützlichen *(nitzlech, nutzber)* Ringelnatter *(Ringelnatterä)* zu sagen.[144]

144 Seite 151

Die Eidechse,
in der urner. Mythologie
gerne als lebensrettendes
Müättergottestiärli dargestellt.

KAPITEL 2
WASSER

Siehe auch
Ergänzungen S. 479 ff.

ANMERKUNG 98

Bez. allg. Bibliographie zum Thema
Wasser sei ebenfalls auf die Anm. 1 u. 2
in Kap. 1 verwiesen. Weiterreichende
bibliographische Informationen, die den
interessierten Leser im Bereich einer
bestimmten Sachfrage zusätzlich noch
informieren mögen, können den nach-
folgenden Anm. entnommen werden.

ANMERKUNG 99

Laut freundl. Mitteilung durch das Kant.
Amt für Meliorationen (Karl Oechslin,
Vorsteher bis 1991) sind in diesem Jahr-
hundert namhafte Überschwemmungska-
tastrophen für die Jahre 1910, 1934,
1939, 1977 und 1987 zu verzeichnen.
Gem. derselben Informationsstelle gibt
es im jetzigen Zeitpunkt 112 Gletscher,
die teilweise oder gänzlich auf urner. Ter-
ritorium liegen. Seit 1926 veröffentlichte
Dr. h.c. Max Oechslin die jährlichen
Gletscher- und Schneegrenzenmessun-
gen in den Berichten d. Naturf. Ges. Uri
sowie sporadisch im Mitteilungsblatt der
Sektion SAC «Gotthard». Ab 1961 wer-
den die gemessenen Gletscherbewegun-
gen im «Rechenschaftsbericht über die
Staatsverwaltung des Kantons Uri» und
gerafft in der Lokalpresse (vgl. UW
1989, Nr. 89; 1990, Nr. 101) publiziert.
In diesem Zshang sei auch noch auf
einen Artikel im UW 1938, Nr. 67, unter
dem Titel «Der Gletschersturz im Made-
ranertal» hingewiesen sowie auf einen
Aufsatz von Daniel Wicky: Damma im
Vorstoss. Gletschermessung Göschener-
alptal. In: Alternative 1983, Nr. 84,
S. 10 f. Wer überdies eine in die Historie
zurückgreifende Begutachtung wünscht,
greife zu P. Placidus a Spescha: Lage, Be-
gebenheit und Ordnung des Ursären-
Thals im Kanton Uri. Schattdorf 1990,
S. 14 ff.
Eine umfassende Darstellung der Glet-
schersituation im Gotthardgebiet liefert
die Diss. von Felix Renner: «Beiträge zur
Gletschergeschichte des Gotthardgebie-
tes und dendroklimatologische Analysen
an fossilen Hölzern». In: Berichte der
Naturf. Ges. Uri, H. 10, Altdorf 1982.
Zur aktuellen Beunruhigung bez.

«Alpen und der Treibhauseffekt» dürfte auch noch eine Publikation mit dem Thema «Wenn die Gletscher schmelzen», erschienen in: UW 1990, Nr. 57, auf Interesse stossen.

ANMERKUNG 100

Das Verschütten von *Wasser* (vgl. MS III Register S. 423) und spez. *Milch* (vgl. MS III Register S. 390 f.) kann u.U. heilsam sein, jedoch in böser Absicht ausgeführt oder von Flüchen begleitet, hat der/die ÜbeltäterIn mit schwerwiegenden Folgen zu rechnen, wie eine ganze Reihe von Sagen höchst eindrücklich zu belegen vermag.

ANMERKUNG 101

Zu den urner. *Gletscher*-Namen, vgl. UNB I 922, 1027 ff., 1306 ff.; II 987 *(Yyschtplattä)*.
Dass Eis *(Fiirä, Gletsch[er], Yys, Yyschel, Yysch[t]* und dazu der mögliche Zustand: *glaasig, gleesig, gletscherig, gletschig)* auch in Uri nicht nur als bedeutender Wasserspender unserer Bäche stets eine grosse Rolle spielte, sondern zu Zeiten der aufstrebenden Hotellerie als begehrtes «Naturprodukt» zunächst mühsamst von Gletschern ins Tal abtransportiert oder dann im Winter aus den zugefrorenen Bergseen gewonnen wurde, belegt ein Artikel von Jürg Leibundgut: Gletscher und Bergseen als «Lieferanten» (UW 1986, Nr. 68) sowie eine Arbeit von Christoph Näpflin: «Die Natur-Kühlschränke von Seelisberg».
Als der «Schweizerhof» das Eis von Seelisberg bezog (GP 1983, Nr. 47 – ill.). Zwar ausschliesslich auf zürcherische Verhältnisse ausgerichtet, die jedoch auch für Uri in etwa ihre Gültigkeit haben dürften, ist ein illustrierter Artikel von Jürg Schmid mit dem Titel «Eis vom Weiher für die Aktienbrauerei». Wie Klotener Bauern früher mit Eissägen im Nägelimoos ein Zubrot verdienten (TAGES-ANZEIGER vom Mo., 27. 1. 1992, S. 19).
Zudem wird diese Thematik auch im Buch «Erstfeld – Zur 500jährigen Selb-

ständigkeit» (Zürich 1977, S. 176) aufgegriffen und kurz dargestellt. Einem freundl. Hinweis von Peter Hauser, Seelisberg, verdanke ich die Kenntnis zweier weiterer Artikel, die in dieses Umfeld hineingehören: Fritz Ineichen: Das Kühlhaus der Steinzeitleute, in: LNN 1974, Nr. 195, sowie «An die Zürcherische Jugend auf das Jahr 1839», hrsg. von der Naturforschenden Gesellschaft, XLI. Stück, Zürich 1839. Beide Darstellungen beschreiben diese besondere Art von natürlichen Kühlräumen *(cha[a]lt Chäller, Milchhyyssli, Nytler)* mit den dazu gehörigen Windhöhlen *(Gandloch, Wätterloch, Windheeli, Zugloch),* aus denen je nach Witterung der vorhandene Luftzug *(Blaas)* unterschiedlich bläst. Hiezu vgl. auch noch Zurfluh, Kurt: Steinige Pfade. 160 Jahre Urner Wirtschaftsgeschichte. Altdorf 1990, S. 212 f., und Schuler, Josef: *«Nytler»* am Weg nach Äsch. Einweihung in Unterschächen. In: UW 1991, Nr. 88.
Darüber hinaus bleibt zu erwähnen, dass die Gletscher auch noch in den Urner Sagen (vgl. MS III Reg. S. 348, 353, 367: Stichwort *Eis, Firn, Gletscher)* eine gewichtige Rolle spielen, indem sie als der Sage verpflichteter Ort der Läuterung die christliche Vorstellung vom Fegefeuer *(Fäggfyyr)* volksnah umzusetzen vermögen (vgl. hierzu auch Iten, Karl: Die singende Seele im Eis. In: GP 1977, Nr. 9 – ill.).

ANMERKUNG 102

Brunnä – urner. meist i.S. von [un]gefasster Quelle gebraucht – haben sowohl im Urner Sagengut (vgl. MS Nr. 43–45, 66, 109, 119, 291, 408, 429, 560 [2], 777 [3], 1011) als auch im namenkundlichen Bereich (vgl. UNB I 655 ff.) – hier auch noch unter der Bez. *Schitzä* III 143 ff., *Ursprung* III 268 f. und *Wasser* III 927 ff. vertreten – einen höchst beachtlichen Niederschlag gefunden. Nicht zu übersehen ist dabei die heilsame und gesundheitsfördernde Wirkung, die diesen Quellwassern z.T. nachgesagt wird (vgl. *Billäbrunnä* in Schattdorf, *Schrannäwasser* eingangs Riedertal/Bü. u.a.; dazu auch Bildbericht von Franz Schuler: Wallfahrtsort und Goldgrube. In: UW 1991, Nr. 38, sowie Anm. 110), weshalb gerade volksmedizinisch zur Bekämpfung der verschiedensten Krankheiten und Gebresten gerne davon Gebrauch gemacht wird.

Zur besseren Veranschaulichung der zahlreichen Brunnen, die Eingang ins urnerische Sagengut gefunden haben, diene zunächst eine alphabetische Auflistung von *Brunnennamen*, soweit sie vom Sagensammler Josef Müller überhaupt erwähnt worden sind (vgl. hiezu MS I 37 f. (Nr. 46):
– Brandlibrunnen zu Gemsfeyer
– Brunnen neben dem Schlierenegg zu Vorfrutt. Dieser habe so schädliches Wasser, dass man ihn 7 Fuss tief versenken sollte.
– Brunnen in der *Chilwi* ob dem Teufeltal in der Schöllenen (vgl. MS I 91, Nr. 119)
– Gretlibrunnen in Usch.
– Grieserbrunnen (vgl. MS III 15, Nr. 1011)
– Hustenbrunnen in Gurtnellen
– Kalte Brunnen ennet der Märcht
– Metzgerbrunnen am Ostabstieg des Surenenpasses
– Ottenbrunnen im Meiental, bes. geschätztes Wasser
– Steinstössibrunnen (vgl. MS II 81, Nr. 581a)
– Totenbrunnen in der Intschialp

Brunnen von besonderer Wirkung (vgl. MS I 35 ff., Nr. 43 ff.):
– Billenwasser, von dem Joh. Prosper Isenmann (1723–1775), Pfarrer zu Schd., im alten Urbar der dortigen Pfarrkirche berichtet, *es habe der päpstliche Nuntius Dominikus Passionei, 1725-1730 in Altdorf residierend, das köstliche Wasser gesegnet und für sich zu einer Cur bedient* (vgl. zudem HNbl Uri. Altdorf 1908, Bd. XIV, S. 33)
– Brunnen zu Schwanden
– Brunnen auf dem Brand auf der Oberalp (Urseren), von einem Bischof geweiht; das Wasser wird Schwerkranken und Sterbenden verabreicht, ist un-

schädlich auch bei Genuss in überhitztem Zustand
– Brunnen, der als gut *(güät)* und stark *(starch)* galt, floss im Port im unteren Baumgarten zu Bauen, wurde mit Quecksilber *(Quäcksilber)* vergraben (vgl. MS I 81, Nr. 109)
– Brunnen in der Alp Sellenen, Maderanertal; das Wasser wurde von einem Pater gesegnet, in Flaschen abgefüllt bleibt es *ewig lang frisch und rein*; bes. heilkräftig bei Augenweh und Augenleiden. Man muss damit die Augen *(Äüg*, Pl. *Äügä*, Dim. *Äiggli)* auswaschen.
– Brunnen im Syywboden zu Vorfrutt; ist gesegnet und allg. bei kranken Leuten einsetzbar
– Brünnlein in der Schöllenen bei der Sprenggibrücke, von einem Kapuziner *(Ankäbättler, Kapizyyner)* gesegnet
– Gallibrunnen in der Langlaui im Ried, hilfreich gegen Halsweh *(Gurgelwee)* und Beulentod *(Byylätood, Gitzischwanz)*
– Gesegneter Brunnen zu Hostetten und auf dem Glausen im Maderanertal
– Jäntelbrunnen od. Gesegneter Brunnen zwischen Lochstafel und Jäntelboden in der Göscheneralp. P. Martin Kenel habe ihn 1804 bei seiner Abreise gesegnet, damit das Wasser dem Wanderer nicht schade (vgl. MS I 45, Nr. 66)
– Ronabrunnen im Fellital, gesegnet vom hl. Vater
– Schrannenwasser, auch St. Petersbrunnen genannt (vgl. MS I 38, Nr. 46), unmittelbar neben der Maria Hilf-Kapelle. Ein Trank (= drei Schlucke *[Schluck*, Pl. *Schlick]* davon sei mit Ablass *(Aplass, Apliss)* oder geistigen Gnaden verbunden. Zur Kapelle wallfahrtet man gegen Eissen *(Äissä, Pfüggel, Pyggel)*, Hautausschläge *(Byybäli, Byyss, Blääsch[t]i, Bräusi, Fyygel, Füügel, Gchrätz, Pfüüsi, Plaascht, ¹Riifä, Ruufä, ²Tüügä, Üssschlachti, Üssschlag, Zittermaal)*, unreines Blut und ähnliche Krankheiten. Als Opfergabe spendet man einen *Riätbääsä*.

Sogar salzhaltiges Wasser will man gekannt haben. So spricht man von *Salzbrunnen* im Brändwald ob Intschi

(Gmde Gn.), hinter dem Büel in Usch., nach andern auch am vordern Mühlebach zu Spir. (vgl. noch MS I 198 f., Nr. 291).

Demgegenüber heisst es allgemein aber vom Märzenwasser *(Mèrzäwasser),* man solle es nicht geniessen, da alle Tierchen drin baden (vgl. Müller, Josef: Märchen, Sagen, Schwänke, Legenden aus Uri. Altdorf 1987, S. 86 f.).

Nicht immer einfach nur der Sage überantworten kann man das zum Teil recht aufwendige Prozedere beim Auffinden von Quellwasser. Auch wenn hierzulande in der schriftlichen und mündlichen Überlieferung diese Kunst oft sog. «fahrenden Schülern» *(ä faarigä Schiäler,* auch *Schüäler)* nachgesagt wird, gibt es auch heute noch in der Gegend ausgewiesene Wasserschmecker oder Pendler *(Pántler),* die erfolgreich mit Hilfe einer Wünschelrute *(Winschelrüätä)* oder eines Pendels *(Pändel)* Quellen ausfindig machen können.

Schliesslich sei in diesem Umfeld auch noch ein semantisches Problem angesprochen: Ob der Begriff *Wasser* in seiner ursprünglichsten Bedeutung von «benetzen, befeuchten, fliessen» (Duden VII 755) auch den Namen von *Ryyss* (II 1047 ff., spez. 1052 f.), *Seeletz* (III 215 ff.), *Silänä* (III 225 ff., spez. 232 f.), *Suränä* (III 551 ff.), *Üüri* (III 768 ff., spez. 781), *Urserä* (III 788 ff., spez. 799 f.) zu Grunde gelegt werden darf, ist zwar nicht bis ins letzte bewiesen, erscheint jedoch aufgrund des aktuellen Wissensstandes naheliegend.

ANMERKUNG 103

Vgl. die Wasserfall-Serie von Gregor Poletti in UZ 1992, Nr. 174 ff.: Lockte Nietzsche das dämonische Rauschen? Um die zahlreichen Wasserfälle im Maderanertal ranken sich Legenden und Geschichten.

ANMERKUNG 104

Auch Al. verfügte nachgewiesenermassen im 19. Jh. an der Hellgasse über ein Hammerwerk (vgl. Ammann, Ruedi:

Handwerk hat goldenen Boden. Das Altdorfer Kleingewerbe.
In: GP 1976, Nr. 21 – ill.; UMWB S. 229; Zurfluh, Kurt: Die letzte Hammerschmiede der Urschweiz stillgelegt. In: UW 1987, Nr. 15). In bezug auf die anfallenden Tätigkeiten in einem solchen Betrieb beachte man die Arbeit von Richard Aebi: In der Hammerschmitte von Sennwald. Hrsg. Schweizer. Ges. f. Volkskunde, Abt. Film, Sterbendes Handwerk, H. 3, Basel 1964.

ANMERKUNG 105

Im *Dorfbüchlein von Altdorf,* hrsg. vom Altdorfer Historiker C. F. Müller im HNbl Uri 1953/54, wird anhand von Erlassen, Verpflichtungen und Rechten klar ersichtlich, welch grosse Bedeutung dem Dorfbach spez. in früheren Jahrhunderten beigemessen wurde und welche obrigkeitlich verordneten Massnahmen deswegen auch von den direkt betroffenen Anwohnern das Jahr über zu beachten waren, damit der Bach jederzeit zum Wohle und Nutzen der Dorfgemeinschaft zur Verfügung stand.

Auch heute noch sind die zur sog. «Genossenschaft der privilegierten Wasserwerkbesitzer am Dorfbach Altdorf» zusammengefassten Anstösser durch Statuten an eine Reihe von genau umschriebenen Verpflichtungen gebunden. Noch in diesem Jahrhundert gab es gem. freundl. Mitteilung von Frau Regina Nager-Schmidig, Altdorf, einen sog. *Bachläiter,* der dafür zu sorgen hatte, dass bei Bedarfsfall der Wasserzulauf in den Kanal reduziert oder ganz abgestellt wurde *(d Fallä ziä, d Fallä üf- und züä'tüä).* Vgl. dazu noch Hochuli, Max: Der Dorfbach von Altdorf. In: Panorama Nr. 8, Altdorf 1967, S. 21 ff.; Müller, Emanuel: Der Dorfbach – Altdorfs alte Lebensader. In: LNN-Magazin 1979, Nr. 27, S. 24 ff.

Trotz aller Vielfalt hinsichtlich Einsatzmöglichkeiten hält es nicht zuletzt aus hygienischen Gründen jedoch eher schwer anzunehmen, dass z.B. der Dorfbach von Altdorf auch noch für die Speisung des Lehnbrunnens benutzt wurde,

wie dies Stefan Fryberg in seinem Buch
«Regina ist ein bisschen traurig» (Alt-
dorf 1990, S. 9) schreibt. Dagegen spricht
insbesondere die Tatsache, dass eine sog.
Lehnleitung *(Leenläiti[g] auch Ooberi
Läiti[g] genannt)*, die übers Lehn bis
zum *Bättlerhüüs* an der Gitschenstrasse
führte (Kreuzung Klostergasse/Gitschen-
strasse), schon für die Anfänge dieses
Brunnens nachgewiesen ist (vgl. Josef
Ringenbach: Wasser ist Leben. Altdorf
1988, S. 11 f., 15).
Dass anderseits solch ein Bach, der funk-
tionsbezogen durch die Wohn- und Wirt-
schaftsquartiere einer Dorfsiedlung füh-
ren muss, auch immer wieder seine
Schattenseiten zeitigte, beweist eine
Zeitungsnachricht im UW 1892, Nr. 1.
Danach fand nämlich der Nachtwächter
*auf seinem Rundgange den Hrn. Maler-
meister Josef Muheim von Flüelen beim
Portale des Fremdenspitals als Leiche
im Dorfbach liegen, den Regenschirm
noch krampfhaft in den Händen
haltend.*
Dieser erschütternde Unglücksfall blieb
damals nicht ohne Reaktion unter der
Dorfbevölkerung. In der gleichen Zei-
tungsnummer wurde dazu aufgerufen,
dass besagter Bach endlich gedeckt wer-
de, *damit Jung und Alt bei Tag und
Nacht sicher ihres Weges gehen können.*
Die kaum überhörbare Mahnung in der
Öffentlichkeit blieb denn auch nicht un-
beantwortet. Schon im UW 1892, Nr. 2,
meldete der Altdorfer Gemeinderat, er
werde *in der nächsten Gemeindever-
sammlung Pläne und Kostenvoranschlä-
ge über die Deckung des Dorfbaches
beim Kirchweg und vom alten Spital auf-
wärts vorlegen.* Gleichzeitig versuchte er
sich auch noch vor evtl. Anschuldigun-
gen wegen belastender Amtsversäumnis-
se zu schützen, indem er darauf hinwies,
dass *eine gleiche Anregung ... deshalb
nicht früher vom Gemeinderathe aus er-
folgt [sei], weil trotz mehrfach vorgekom-
menen Unfällen Wünsche oder Begehren
betr. Dorfbachbedeckung genannter Be-
hörde nicht zukamen.*
An der Dorfgemeinde vom 13. März
1892 wurde sodann die Deckung des
Dorfbaches beim Fremdenspital und

beim Kirchweg einstimmig gutgeheissen,
*und zwar wurde, da es sich bloss um den
Sicherungszweck handelt, die Deckung
mit Holz beschlossen, welche selbst in
verkehrsreichen Strassen grosser Städte
sich bewährte und auch hier, bei rationel-
ler Anlage, mehr als genügen wird*
(UW 1892, Nr. 12).
Zu Dorfbächen in anderen Gemeinden:
vgl. «DAS SIND WIR». Schattdorf
1991, S. 20 f., sowie V. u. T. Simmen:
REALP. Lugano 1986, wo es u.a. heisst:
*Nebst dem Fronholzen wurde im Herbst
aber auch noch der Dorfbach und
das Brindli (ein Rinnsal im Unterdorf)
geputzt.*

ANMERKUNG 106

Vgl. dazu im UNB Flussnamen wie
Chärschälä II 401 ff., *Palanggä[bach]* I
205 ff. u. II 886 sowie *Ryyss* II 1047 ff.,
spez. 1052 f., und *Schächä* III 42 ff.

ANMERKUNG 107

Zur Geschichte der Heilbäder in Uri,
vgl. folgende Publikationen und histor.
Hinweise:
Der Abbruch des Badehauses in Unter-
   schächen im Jahre 1811. In: UW 1955,
   Nr. 16
Bachmann, Hans: Karl Nikolaus Lang,
   Dr. med. et phil., in: Gfr., Bd. 51, 1896,
   S. 163 ff.: Der Luzerner Arzt u. Natur-
   forscher beschrieb 1720 das Heilbad in
   Uri. Ein handschriftl. Auszug des ver-
   schollenen Ms. ist auf dem StaA Uri.
   Hierzu vgl. auch den entsprechenden
   Artikel in UW 1890, Nr. 32, unter dem
   Titel: «Die Badequelle in Unterschä-
   chen» sowie die diesbez. Vorankündi-
   gung im UW 1890, Nr. 28, wo darauf
   hingewiesen wird, dass Herr Vonder-
   ach, Wirt zum Hotel Klausen in Usch.,
   die berühmte Mineralquelle wieder
   nutzbar machen wolle. Bereits habe er
   ein Badehaus mit 3 Zellen für kalte und
   warme Bäder, 10 Minuten vom Gast-
   hofe entfernt, am Eingang des hoch-
   romantischen Brunnitales eingerichtet.
Bolley, P.: Chemische Analyse des Mine-
   ralwassers im Moosbad zwischen

Flüelen und Altdorf im Ct. Uri.
In: Schweizer. Polytechn. Zs., Jg. 4,
1854, S. 83 f.
Britschgi, Markus (Hrsg.): Jungbrunnen.
Die Heilbäder der Zentralschweiz. Die
alte Kuranstalt in Engelberg. Engelberg
1989, S. 54 f.
Elsener, Anton: Medizinisch-topographi-
sche Bemerkungen über einen Theil
des Urnerlandes. Altdorf 1811, S. 119 ff.
Fäsi, Johann Conrad: Genaue und voll-
ständige Staats- und Erdbeschreibung
der ganzen Helvetischen Eidgenoss-
schaft etc. Zürich 1765 f., Bd. 2, S. 135
Gisler, Karl: Alte Heilbäder und Mineral-
quellen in Uri. HNbl Uri, Altdorf
1955/56, S. 48 ff.
Gruner, Gottlieb Sigmund: Die Eisgebir-
ge des Schweizerlandes. Zweiter Theil.
Bern 1760, S. 60: *Zu Unterschächen in
diesem Thale ist ein Mineralbad, wel-
ches, wie eine daselbst sich befindliche
Aufschrift beglaubt, emals von Natur
warm ware. Besage gleicher Aufschrift
ist dasselbe schon im Jahre 1414 ent-
deckt worden. Seine Eigenschaft soll
vortrefflich seyn, auch wird es sehr
stark besucht. Seine Quelle liegt gegen
Mittag unter sehr hohen Felsklippen
und wird durch Kanäle hinuntergeleitet.*
Vom Moosbad bei Altdorf. In: GP 1937,
Nr. 8
Muheim, Hans: Verschwundene Heilbä-
der in Uri. In: Urner Kalender 1989,
S. 115 ff. – ill.
Muheim, J. K.: Quellen und Wasserver-
sorgung im Kanton Uri, Reusstal -
Fronalpstock und Rigi SZ.
Zeitabschnitt 1885–1965.
Altdorf 1968, S. 20 ff.
UNB I 239 ff.
Wymann, Eduard: Zur Baugeschichte
des Bades in Unterschächen. In: HNbl
Uri, Altdorf 1953/54, S. 237.

ANMERKUNG 108

Vor allem in höher gelegenen Regionen
begegnet man aber heute noch Heimwe-
sen, die über keine moderne Wasserver-
sorgung verfügen. Dies bezeugt u.a. auch
eine im Sommer 1991 realisierte Hilfs-
aktion der Stadt Uster im abgelegenen
Gebiet von Limi – Breitlaui – Friedlig in
Bristen/Maderanertal. Vgl. dazu den
Artikel von Franz Schuler: Uster hilft
Urner Berglern. In: UW 1991, Nr. 65, u.
UW 1992, Nr. 53 – ill., sowie einen dies-
bez. Projektbeschrieb «Wasserversor-
gung Limi – Breitlaui». In: D Freiwillige
CARITAS Ziitig, Luzern 1991; UW
1993, Nr. 77.
Überdies: Bachmann, Heiri: Werk der
Solidarität auf dem Brüsti. Zürcher Mi-
gros-Lehrlinge im Kanton Uri. In: UW
1992, Nr. 56. Im weiteren beachte man
hiezu auch die entsprechenden Hinweise
von Benno Furrer, Die Bauernhäuser des
Kt. Uri. Basel 1985, S. 324, 440.
Noch etwas weiter zurück liegt der Be-
richt von Dieter Scheuermeier zum The-
ma: «Kt. Uri – vom Agrarland zum Indu-
striekanton» (in: Die Grüne. Zürich
1981, Nr. 19, S. 7 ff. – ill.). Hier weiss der
Autor aufgrund von Untersuchungen in
Zusammenarbeit mit dem Institut f. land-
wirtschaftliche Betriebslehre ETH zu be-
richten, dass von den in Uri registrierten
bäuerlichen Wohnbauten in den 70er Jah-
ren 47% der WC-Anlagen immer noch
ohne Wasserspülung waren und dass
43% weder über eine Bade- noch eine
Duschmöglichkeit verfügten. Auch 36%
der Küchen genügten zu jenem Zeit-
punkt den heutigen Ansprüchen nicht
mehr, was damals insgesamt einem Inve-
stitionsnachholbedarf für Wohnbausanie-
rungen in der beachtlichen Höhe von 46
Mio Fr. entsprach.

ANMERKUNG 109

Vgl. Sonderegger, Stefan: Namen für un-
bebautes Land in der deutschen Schweiz.
In: Name und Geschichte. Henning
Kaufmann zum 80. Geburtstag, hrsg.
von Friedhelm Debus und Karl Puchner.
München 1978, S. 306: Lexem /hunger/.

ANMERKUNG 110

Zu den Problemen der Quellfassung im
allg. und deren rechtlicher Voraus-
setzung wie auch zum geschichtlichen
Aspekt der Wasserversorgung in den
einzelnen Urner Gemeinden und
Altdorf im bes., vgl.:

Allgemeine Gewässerschutzverordnung vom 19. Juni 1972 (Stand: 1. Januar 1991) [814.201]

Bericht zur Kreditvorlage über den Vollzug des Generellen Wasserversorgungsprojektes 1968. 2. Ausbauetappe: Wasserbeschaffung. Altdorf 1982

Bloch, Alfred: Das Bodenverbesserungswesen im Kt. Uri 1913-1924, 1. Ausg., Bern 1914, S. 10, u. 2. Ausg., Bern 1925, S. 6 f.

Bundesgesetz über den Schutz der Gewässer gegen Verunreinigung (Gewässerschutzgesetz) vom 8. Oktober 1971 (Stand: 1. Juli 1990) [814.20]

Einsendung in UW 1890, Nr. 15 (12. April): Altdorf. Unser Flecken hat das Glück, eine Wasserversorgungs- und Hydrantenanlage zu besitzen, wie solche unter gleich günstigen Verhältnissen wohl wenige Orte der Schweiz aufzuweisen haben.

Furrer, Benno: Die Bauernhäuser des Kt. Uri. Basel 1985, S. 436 ff.

Gesetz über den Gewässerschutz vom 27. Sept. 1981 [40.4311]

Kläranlage Altdorf. Zur «Geschichte» der Kanalisation und Kläranlage wie auch zu deren Betriebsaufnahme. Altdorf 1964

Muheim, J. K.: Quellen und Wasserversorgung im Kt. Uri. Altdorf 1968, S. 9 ff., 17 ff., 68 ff.

Muster zur Ausscheidung von Schutzzonen durch Betreiber von Trinkwasserversorgungen, hrsg. durch Abt. Gewässerschutz im Auftrag des Regierungsrates (Fassung vom 17. 3. 1989)

Ringenbach, Josef: Wasser ist Leben. 100 Jahre Wasserversorgung Altdorf. Altdorf 1988

Verordnung über den Gewässerschutz. LRB vom 21. Sept. 1983 [40.4315]

Verordnung über den Schadendienst zum Schutze der Gewässer (Oelwehrverordnung). LRB vom 26. Sept. 1979

Wegleitung zur Ausscheidung von Gewässerschutzbereichen, Grundwasserschutzzonen und Grundwasserschutzarealen, hrsg. vom Bundesamt für Umweltschutz (teilrevidierte Auflage 1982)

Zudem beachte man im UNB die div. Flurn.-Bez., die auf die erforderlichen

Einrichtungen bei der Nutzung von Quellwasser hinweisen:

Ungefasste oder gefasste Quellen:
evtl. *Alafund* I 61
Brunnä I 655 ff., Pl. *Brinnä, Brunnä,* Dim. *Brinnäli, Brunnäli, Brintli; Brunni* I 660 ff.; dazu *Brinnälitannä* III 691, *Brunnäzug (Hinder, Vorder)* III 1070, *Fäissä Brinnä* I 664, *Goldbrinnäli* I 664, *Gsäggnet Brunnä* I 665, *Hüäschtäbrunnä* I 666 etc.
Gossalp I 88
Heilige Quellen + II 1017
Säiferplanggä II 954
Schitzä III 143 ff.
Schüätreg III 748
Tiässäbrunnä I 671 f.
Ursprung III 268 f.
Wasserfassig I 993
Wasserloch II 585 f.
Wasserschaft III 50 (vgl. noch Grimm: DWB, Bd. 27, Sp. 2493, 2501)
Wasserschepfi (Unter) + III 129 f.
Wasserzug, Wasserzig III 1092

Tüchel:
Tuchelroossi II 1145: «Stelle, wo früher *Tichel* eingelegt wurden, damit sie nicht austrockneten, bevor man sie in den Boden verlegen konnte».
Zur Herstellung von hölzernen Wasserröhren *(Tuchel, Tichel)* vgl. Hans Marti und Paul Hugger: Der Sodmacher. Schweizer. Ges. f. Volkskunde. Reihe: Sterbendes Handwerk, Abt. Film, H. 18, Basel 1968

Wassergraben:
Läiti II 539 f. Die übrigen, teils histor. *Läiti*-Namen für Al. *(Chüä-, Hèrrä-, Leen-, Lumpä-, Schiässhittä-, Schitzä-, Turm-, Winkel'läiti)* fehlen jedoch im UNB (vgl. hierzu Müller, C. F.: Das Dorfbüchlein des Fleckens Altdorf von 1684. HNbl Uri, Altdorf 1953/54, S. 27 ff., spez. 28, u. Ringenbach, Josef: Wasser ist Leben. Altdorf 1988, S. 10 ff.)
Lasalp I 92
Im weiteren sei auf die im StaA Uri hinterlegten Statuten von Wassergenossenschaften verwiesen. Vgl. dazu auch die Artikel von Eva Nietlispach: «Ohne Solidarität geht hier nichts», in: Brückenbauer 1988, Nr. 39, sowie von Theo

ANMERKUNGEN

Aschwanden: «Regionale Planung von Wasserversorgungen in Berggebieten», in: Schweizer Journal, Jg. 37, 1971, Nr. 12, S. 56 ff.
Bedingt durch die Topographie Uris werden Wasserversorgungsnetze je nach Gemeinden und deren Siedlungsstrukturen anzahlmässig wie von der Kapazität her recht unterschiedlich angelegt (vgl. z.B. Gmde Bürglen). Von der privat erstellten Kleinstversorgungsanlage über genossenschaftlich betriebene Einrichtungen bis hin zu der von der Einwohnergemeinde unterhaltenen Wasserversorgungsanlage grossen Stils, die gar noch durch einen regionalen Zusammenschluss erweitert werden kann (vgl. Organisationsstatut «Zweckverband Grundwasserversorgung Unteres Reusstal». Schattdorf 1983), ist in Uri alles möglich. Eine reichhaltige Dokumentation, die vom Kant. Amt für Meliorationen massstabgetreu erstellt und den jeweiligen Gegebenheiten angepasst wird, gibt genau Aufschluss über die effektiven Verhältnisse in den einzelnen Urner Gemeinden. Vgl. dazu noch «Wasserversorgungsatlas der Schweiz» (Kt. Uri).

ANMERKUNG 111

Weber, Theo: Die Bewirtschaftung des Bannwaldes Altdorf seit den ersten Wirtschaftsplänen. Goldau 1987, S. 106.

ANMERKUNG 112

Zu den verschiedenen Antriebsmöglichkeiten eines Wasserrades vgl.:
Bachmann, Christian; Kitamura, Kazuyuki: Wassermühlen der Schweiz. Basel 1987 (Ex Libris 1989), spez. S. 30 ff.
Duden III 167
Furrer, Benno: Die Bauernhäuser des Kt. Uri. Basel 1985, S. 445 f.
Gööck, Roland: Die grossen Erfindungen. Landwirtschaft/Nahrung/Medizin. Künzelsau 1986, S. 118 ff.
Grimm: Deutsches Wörterbuch, Bd. 13 Sp. 1101 u. Bd. 24 Sp. 1779
Id. IX 44

Meyers Enzyklopädisches Lexikon [Mannheim 1979], Bd. 24, S. 202, u. Bd. 25, S. 59, wo auch noch die Antriebsmöglichkeiten von *mittelschlächtig, halbmittelschlächtig, rückenschlächtig* und *tiefschlächtig* zitiert werden.
Müller, Wilhelm: Die Wasserräder. Leipzig 1929
Schnitter, Niklaus: Die Geschichte des Wasserbaus in der Schweiz. Oberbözberg 1992.
In dieses Umfeld hinein gehört auch ein Hinweis auf die Bielen-Säge *(Biäläsagi)* in Usch., der zum Unterschied von anderen Sägereien *(Sa[a]gä, Sa[a]gi, Sageryy)* im Kt. Uri dank verschiedener Interessenvertreter das nötige kulturhistorische Verständnis entgegengebracht wurde, um buchstäblich in letzter Minute fachgerecht renoviert zu werden und so der Nachwelt zu Demonstrationszwecken erhalten zu bleiben. Vgl. dazu Poletti, Gregor: Wertvolles muss geschützt werden. In: Kurier. Das Urner Magazin Nr. 4. Gurtnellen 1990, S. 6 ff., sowie Herger, Josef: Konzept zur Finanzierung der Bielen-Säge von Unterschächen: ein Sägewerk – technisch, kulturhistorisch, wirtschafts- und sozialgeschichtlich von Bedeutung – soll bis zur CH 91 laufen wie einst. In: Pro Campagna: Schweiz. Organisation zur Pflege ländlicher Bau- und Wohnkultur – Jahresbericht 1988/89, S. 21 ff.
Dazu noch: Restaurierung eines historischen Bauwerks. Lions-Club Zollikon zu Besuch in der Sägemühle in Unterschächen. In: UW 1990, Nr. 76, wie auch ein Bildbericht: Wasserrad wurde in Betrieb gesetzt. Bielen-Säge in Unterschächen. In: UW 1991, Nr. 49, 65, 67; 1992, Nr. 65, 67; 1993, Nr. 40; GP 27. 8. 1991. Hinzu kommt noch ein Bericht in der GP vom 5. 8. 1991, wo unter dem Titel «Wo das Wasserrad sich munter klappernd dreht» mit Illustrationen auf die alte, neuerdings wieder instand gestellte Sägerei im Erstfeldertal hingewiesen wird. Zu den Sägereibetrieben in der Gemeinde Erstfeld vgl. «ERSTFELD – Verkehrswege verändern ein Dorf» (Erstfeld 1991), S. 70, 77, 91 ff.
Als Vergleich mit auswärtigen Sägereien

131

historischer Bauart sei auch noch auf den NZZ-Artikel (1991, Nr. 175) unter dem Titel «Neues Leben in der alten Sagi Samstagern» verwiesen.

ANMERKUNG 113

Furrer, Benno: Die Bauernhäuser des Kt. Uri. Basel 1985, S. 436 ff.

ANMERKUNG 114

Vgl. Ausstellungskatalog «Waschtag», Biel 1988, S. 54, 80 f., sowie Stefan Rorbach: Von der Aschenlauge zum Vollautomaten. In: Magazin «Brücken-bauer» vom 5. Okt. 1988, Nr. 40, S. 42 f. – ill.

ANMERKUNG 115

Die Unwetterkatastrophen vom Sommer 1977 und 1987 fanden in den Massenmedien der gesamten Schweiz ein derart breites Echo, dass es zuweit führen würde, die einzelnen meist reich illustrierten Berichte auch nur in Auswahl hier aufzulisten (vgl. dazu auch den «Bericht des zivilen kantonalen Führungsstabes des Kantons Uri KAFUR über die Hilfeleistungen anlässlich der Hochwasserkatastrophe in Uri vom 24./25. August 1987»). Interessierte wenden sich zu diesem Thema mit Vorteil ans StaA Uri.

Dagegen mag die nachfolgende ausgewählte Titel-Zsstellung zumindest einen summarischen Einblick in frühere, resp. in der Zwischenzeit erneut eingetretene Ereignisse gewähren:

Arnold, Philipp: Verarmung und Rückständigkeit in der Urner Markgenossenschaft (1. Hälfte des 19. Jh.). Ungedr. Liz.arbeit. Altdorf 1989, S. 10 ff.

Bachmann, Heiri: Auch in Altdorf wurde evakuiert. Unwetter vom vergangenen Wochenende [21./22. Dez.]. In: UW 1991, Nr. 101

Gisler, Friedrich. Urner Geschichtskalender. 2 Teile in 1 Bd. Altdorf 1941 u. 1945

Ein Glück, dass es keine Toten gab. Mehrere Ribiniedergänge im Maderanertal. In: GP 14. 8. 1991 – ill.

Herger, Markus: Das Unwetter vom 1. August 1977 u. Das Hochwasser vom 24./25. August 1987. In: «ERSTFELD – Verkehrswege verändern ein Dorf». Erstfeld 1991, S. 56 ff.

Das Hochwasser in der Innerschweiz vom 5. und 6. August 1939. In: UW 1939, Nr. 62

Imhof, B.: Die Wassersnot im Kanton Uri. Altdorf 1910 – ill.

Lardy, Anton: Denkschrift über die Zerstörung der Wälder in den Hochalpen, die Folgen davon für diese selbst und die angrenzenden Landestheile, und die Mittel diesen Schaden abzuwenden. Zürich 1842, S. 2, 5

Meyer, Isidor: Ein dreihundertjähriger Gedenktag in Andermatt. In: GP 1940, Nr. 37 (Bericht zur Wasserkatastrophe in Urseren vom 16. 9. 1640)

Oechslin, Max: Der Gruonbach im Kt. Uri. 1880–1934. In: Schweizer. Zs. f. Forstwesen, Nr. 5, Bern 1935

Oechslin, Max: Ein alter Schächenbachausbruch. In: GP 1939, Nr. 45

Oechslin, Max: Elementarschäden im Urnerland seit 1824. In: UW 1978, Nr. 21

Petraschek, Armin: Die Hochwasser 1868 und 1987: ein Vergleich. In: wasser, energie, luft, Jg. 81, 1989, H. 1–3, S. 1 ff. – ill.

Schaller-Donauer, Alfred: Chronik der Naturereignisse im Urnerland 1000–1800. Altdorf o.J. [1937]

See-Überschwemmung 1953 in Flüelen. In: UW 1953, Nr. 52

Simmen V. + T.: Realp in der Fotografie ab 1850. Lugano 1986: u.a. ein Überblick über die verheerendsten Muren und Überschwemmungen im Urserental seit 1526

Stadler, Martin: AM RANDE. Respektlose und andere Erzählungen und Berichte mitten aus der siebenhundertjährigen Urschweiz. Bern/München 1991, S. 178 ff.: HOCHWASSER

Uebelhart, Martin: «Damit müssen wir hier rechnen». Spiringen zählt nach den Unwettern vom 21./22. Dezember 1991 45 Geschädigte. In: Urner Zeitung 1992, Nr. 68, S. 13

Das Unwetter. In: Blick vom 23. Dez. 1991, spez. S. 2
Die Unwetterkatastrophe im Maderaner- und Urserental. In: GP 1957, Nr. 33
Unwetterschäden behoben. Zivilschutz Bürglen. In: UW 1992, Nr. 32
Urnerische Wasserüberschwemmungen, Reusskanal und Gotthardstrasse. In: Urner Zeitung 1878, Nr. 9 ff.
Die Verheerungen des Kummetbaches in Attinghausen. In: UW 1889, Nr. 19, 22
Die Wasser[s]not. In: UW 1888, Nr. 31–36; 1889, Nr. 17
Wasserverheerungen in Sisikon vom Jahre 1846. Schreiben betr. Liebesgaben für die Wassergeschädigten. StaA Uri
Zurfluh, Kurt: Steinige Pfade. Altdorf 1990, S. 51 f., 334 f.

ANMERKUNG 116

Zur Geschichte der Wuhrgenossenschaften in Uri, vgl. folgende Publikationen:
Aebersold, Rolf: Die Entwicklung der Organisation und Gesetzgebung des Kantons Uri in den Bereichen Bauwesen und Energiewirtschaft 1803 bis ca. 1980. Altdorf (StaA Uri) 1981, spez. S. 194 ff.
Gisler, Josef: Hochwasser. In: «ERST-FELD – Verkehrswege verändern ein Dorf». Erstfeld 1991, S. 55
Katz, Winfried: Merkblatt zur Auflösung der Wuhrgenossenschaften. Kant. Bauamt Uri vom 27. 10. 1986
«Landbuch des Kantons Uri», Teil 2, Art. 283, 289 ff., wo u.a. auch die Aufgaben der Wehrevögte *(Weerivogt)* und der *Weeri- oder Wärchmäischter* umschrieben ist. In Art. 291 findet man zudem eine Zsstellung der versch. Wehregenossenschaften von Amsteg abwärts bis zum Urner See.
Letzte Kummetwehri-GV in Attinghausen. In: UW 1981, Nr. 97
Muheim, Hans: Die Bildung von Wuhrgenossenschaften. LNN 1961, Nr. 179
Neues Wasserbaugesetz (RB 40.1211) von 1981 (Auflösung der Wuhrgenossenschaften)
Regli, Niklaus: Die letzte Wuhrgenossenschaft wird demnächst aufgelöst: Im Gotthard-Kanton geht auf das Jahresende eine 500jährige Tradition zu Ende. LNN 1986, Nr. 294 – ill.
StaA Uri: Uraniensia: 351.712 Flussbau, wo u.a. auch die Statuten der nachfolgenden Wuhrgenossenschaften aufgeführt sind:
– Obere Schächenwehr-Genossenschaft Schattdorf o.J.
– Ripshauser Reusswehrgenossenschaft Erstfeld 1961
– Wuhrgenossenschaft Reussgrund. Bristen 1961
– Wuhrgenossenschaft Selder. Silenen ca. 1959
– Stadler-Planzer, Hans: Geschichte des Landes Uri. Teil 1: Von den Anfängen bis zur Neuzeit. HNbl Uri 1990/91. Altdorf/Schattdorf 1993, S. 314
Die Uferversicherungen und die bezügliche Gesetzgebung in Uri. In: UW 1888, Nr. 27
Wuhrverordnung vom 24. 1. 1955
Wymann, Eduard: Die erste Wehresteuer am Schächen zwischen der Bürgler- und Schattdorferbrücke. In: HNbl Uri, Altdorf 1911, S. 59 ff.
Zeitungsmeldung aus der Gemeinde Erstfeld. In: UW 1890, Nr. 17.
Gerade die von den Anliegern der div. Bäche zu leistenden Fronarbeiten haben in der Geschichte der urner. Wuhrgenossenschaften immer wieder zu erheblichen Auseinandersetzungen mit der obrigkeitlichen Behörde geführt. Vor allem die zunehmenden Lasten, die bedingt durch den gesteigerten Sicherheitsanspruch und den seit dem 19. Jh. auch im Flussbau zu verzeichnenden techn. Fortschritt die materiellen Möglichkeiten der einzelnen Wuhrgenossenschaften entschieden überforderten, brachten es mit sich, dass der schon in früheren Zeiten vorgebrachte Wunsch nach Übernahme der Wuhrverpflichtungen durch den Kanton im Jahre 1981 endlich Wirklichkeit wurde. Dies zog aber anderseits auch wieder eine Reihe von komplizierten Verfahrensfragen betr. Auflösung der Rechte und Pflichten der unterschiedlich belasteten Wuhrgenossenschaften nach sich, die heute noch nicht restlos geklärt sind.

Was jetzt steuermässig allgemein über den sog. Perimeter vom Grundeigentümer dem Staat gegenüber zu entrichten ist, wurde früher nebst Fronarbeiten in Pfund (vgl. Wymann, Ed., a.a.O., S. 69 f.) oder gem. freundl. Mitteilung von Dr. Leo Arnold, Altdorf (vgl. auch: Arnold, Leo: Die Bereinigung der Dienstbarkeiten und Grundlasten im Kt. Uri. Lachen 1949) in Ma[nn]matt- und Bomatt-Einheiten bezahlt (y'bomattä; Ybomattig). Gem. Auskunft bei Grundbuchverwalter lic. iur. Rolf Dittli ist der Begriff Mann-matt (vgl. Id. IV 73 f.: Mann-Mad = Flächenmass für Wiesland = «so viel Wiesenfläche, als ein Mähder in einem Tag abmäht») auf dem hiesigen Grundbuchamt nicht bekannt. Dagegen wurden früher die Wuhrlasten der in wuhrpflichtigen Gebiet liegenden Güter gem. Statuten der Wuhrgenossenschaften nach bes. Lastenverzeichnis verteilt und für die betr. Liegenschaften im Grundbuch eingetragen und dann häufig in sog. Bomatt-Einheiten ausgedrückt. So heisst es etwa 1½ Bomatt Balanka-Wehresteuer oder Grundstück ist mit 1¾ Bomatt der Obern Schächenwehre belastet. Über die Berechnung dieser Bomatt-Einheit gehen die Meinungen auseinander. Alt-Gemeindeschreiber Thomas Christen von Bürglen, der in früheren Jahren diese Steuer noch selber bei den Eigentümern eingezogen hat, definiert Bomatt als finanz. Abgeltung für eine Dienstbarkeit gegenüber der betr. Wuhrgenossenschaft durch den begünstigten Grundeigentümer, wobei dieses Bomatt als variable Grösse jährlich aus der Summe der Vorjahresausgaben, dividiert durch die Anzahl sämtl. Bomatt-Anteile der zur betr. Wuhrgenossenschaft gehörigen Liegenschaften, errechnet wird. Die Anzahl der Bomatt-Anteile pro Liegenschaft basiert gem. Christen auf einem Erfahrungswert, bei dem die Grösse der Liegenschaft sowie deren Standort (unterschiedliche Gefahrenzone!) einzubeziehen sind. Demgegenüber reduziert Winfried Katz, wissenschaftl. Adjunkt des Kantonsingenieurs, das Bomatt auf eine einfache Berechnungsformel, wonach der amtl.

Schatzungswert der Liegenschaft mit der Gefahrenklasse (1–10) multipliziert und hernach durch 10'000 als feste Grösse dividiert wird (vgl. Wuhrverordnung vom 24. 1. 1955, Art. 21, 23). Die Bez. selber – weder im UNB noch im Id. aufgeführt – kennt im mdal. Gebrauch neben vereinz. Femininum vornehmlich das Neutrum. Dass das GW -matt – volksetymologisch an Matt, Mattä (vgl. Id. IV 548 ff.) angeglichen – über die Reduktion der urner. Auslautverhärtung eigentlich auf Mad I (Id. IV 71 ff.) zurückzuführen wäre, ist naheliegend. Daraus ergibt sich auch ein Zsgehen mit Mann-Mad (Id. IV 73 f.). Bomatt wäre dann zunächst auch als Flächenmass zu verstehen und entspräche der Grösse eines Ackers (vgl. Juchart, Juchert: Wahrig DWB Sp. 1990; Id. III 8 f.; Grimm DWB 10, Sp. 2345), den man mit einem Joch Ochsen (lat. bos) an einem Tag pflügen kann. Der für Engelberg OW nachgewiesene Flurn. Ochsenmatt (Id. IV 549) wie auch das ausgestorbene Oxämättäli in Fl. (UNB II 728 f.) dürften aber zumindest nicht in diesem Fall als reine alemann. Parallelübersetzung für unser Bomatt herangezogen werden, weil es sich in Engelberg wohl um eine Matte handelt, in der früher die Ochsen auf die Weide getrieben wurden, währenddem in Fl. der Name nachgewiesenermassen auf die einstigen Besitzverhältnisse im Zshang mit dem früheren Hotel Ochsen zurückzuführen ist (vgl. Müller-Marzohl, Alfons: Zeugen vergangener Zeiten: die Flüeler Orts- und Flurnamen. In: Flüelen. Flüelen 1965, S. 104). Ob allenfalls die Silbe Bo- mit dem Verb bonen (Id. IV 1317) «Strafe zahlen» in Zshang gebracht werden könnte, ist schon sprachgeographisch wenig wahrscheinlich, ebenso eine Verbindung mit Bon[e] (Id. IV 1310 ff.), obwohl gem. «Sammlung der Schweizer. Rechtsquellen. Kt. Aargau. Rechte der Landschaft», II 278, Bohnen (Boonä) als Zins nachgewiesen sind. Vgl. dazu auch Gfr., Bd. XIX, S. 109. Bez. Wuhrpflicht möchte ich aber bei dieser Gelegenheit auch noch einen Ausschnitt aus einem unsignierten Zeitungs-

artikel (UW 1888, Nr. 27: «Die Uferver-
sicherungen und die bezügliche Gesetz-
gebung in Uri») folgen lassen, der m.E.
zu dieser Frage zusätzliche interessante
Hintergrundinformationen liefert:
*Abwehr gegen Überschwemmungen,
Schutz und Schirm für das Grundeigen-
tum [lenkten] die Aufmerksamkeit der
Behörden auf sich, dass von alters her na-
mentlich am Grundsatz der allgemeinen
Wuhrpflicht festgehalten wurde. Diese
Wuhrpflicht bestand in erster Linie für je-
den unter- oder nebenliegenden Grund-
besitzer, sei es, dass ihm sein Betreffnis
einzeln angewiesen wurde, was man
dann Eigenwehre [Äigäweeri] nannte, sei
es, dass er einer Wehrgenossenschaft bei-
treten und da die auferlegten Tagwerke,
heute irrtümlich Bomatte statt Mann-
matt [sic!] genannt, verarbeiten, d.h. so
oder anders leisten musste.*
*Für die Aufrechterhaltung des Grundsat-
zes der allgemeinen Wuhrpflicht spricht
schon eine Landesgemeinde-Erkanntnis
von 1660 und eine solche von 1707, nach
welchen Bestimmungen jeder, der einen
Allmendgarten (50 Klftr.) erhielt und be-
nutzte, der hinter einem Wuhrdamm lag,
Schilling 10 (44 Cts.), gerade den damali-
gen Lohnersatz eines Tagwerkes, zahlen
oder aber verarbeiten sollte. Ebenso wur-
den die Allmendgärten auf der Altdorfer
Allmend zu Gld. 14 (Fr. 25.50) Beitrag
an die Altdorfer Reusswehren verhalten
(Art. Ldb. 294).*
*Andere Objekte, d.h. Gebäude, die in
unmittelbarer Nähe eines Flussdammes
erstellt wurden, sind vielfach zur Wehr-
pflicht herangezogen worden.*
*In administrativer Beziehung haben die
Behörden die Uferversicherungen wenig-
stens teilweise als öffentliche Werke aner-
kannt und vom Standpunkt der allgemei-
nen Wohlfahrt beurteilt. Es trägt der
Bezirk Uri vielerorts an die Unterhalts-
kosten bei und zwar eine Wehregenossen-
schaft 2/3, an eine (andere) 1/2, an 13 Steu-
ern oder Wuhren 1/4 und an 9 den 1/5.
Diese Beiträge sind scheint's nicht alle
auf einmal, sondern allmählig je auf Ver-
anlassung einzelner Petitionen beschlos-
sen und geleistet und erst später in die
Gesetzgebung aufgenommen und damit*
*als bleibende Verpflichtung festgenagelt
worden. Etwa 14 Wehresteuern erhalten
gar keine Beiträge, obwohl einige dersel-
ben in den dreissiger Jahren, in welche
drei Wasserflüsse einander folgten, bezüg-
liche Petitionen erfolglos gestellt haben
sollen.*
*Bei diesen Wuhrkosten-Beiträgen ist uns
eines als merkwürdig aufgefallen, dass
nämlich die Wuhrgenossenschaften in
Silenen und Gurtnellen mit Ausnahme
einer einzigen Steuer alle leer ausgehen,
dass also ausschliesslich dem Hauptorte
näher liegende Gemeinden bedacht und
diesfalls ausnahmsweise begünstigt wor-
den sind, trotzdem die Uferversicherung
und die Räumung des Flussgebietes na-
mentlich bei Amsteg eine viel schwierige-
re und kostspieligere ist. Es trifft daher in
concreto der Wahlspruch nicht zu: «Wie
näher bei Rom, desto schlimmer der
Christ.» Da heisst es vielmehr: «Je näher
bei Altdorf, desto süsser das Wasser.»*

ANMERKUNG 117

Ein Blick ins urner. Sagenmaterial (vgl.
MS III Reg. S. 372 f., 419, 423) macht
deutlich, wie sehr im Volksglauben Un-
wetter u. allenfalls daraus resultierende
Katastrophen auf eine unmittelbare Be-
einflussung durch übernatürliche Kräfte
von aussen – z.B. Hexen (*Häx*, Pl.
Häxä) – zurückgeführt werden. Dement-
sprechend werden z.T. auch heute noch
die Massnahmen zur Verhinderung einer
möglichen Verheerung gewählt. So hat
mir eine Frau aus dem Schächental noch
zu Beginn der 80er Jahre erzählt, ihr
Nachbar eile vor Ausbruch eines drohen-
den Gewitters ins Freie und lege eine
Sense (*Sägäsä*) mit der Schnittfläche nach
oben unter einem Baum ins Gras, um
der Hagelhexe die Kraft zu brechen.
Ebenfalls auf einer Alp im Schächental
hörte ich im Sommer 1989 über eine
Drittperson, dass ein Älpler bei heftigen
Regenschauern *gsäggnets* Salz vor die
Haustüre werfe und sich anschicke
z Bättä z riäffä, d.h. den sonst am Abend
gesungenen Betruf (*Bättrüäf*) bereits in
dieser aussergewöhnlichen Situation zu
beten.

135

Schliesslich mag man als Banngeste i.S. eines Gegenzaubers – einfach ins Christliche umgedeutet – ebenso das Aufstellen einer brennenden Kerze *(ä brinnedi Chèrzä)* oder das Versprengen von Weihwasser *(Gsäggnis, Wiäwasser, Wyy[ch]wasser)*, allenfalls auch das Läuten der sog. Wetterglocken sowie die kirchlichen Umgänge und Flurprozessionen oder den vor dem 2. Vaticanum regelmässig am Ende der Messe während den Sommermonaten verkündeten Wettersegen *(Wättersäägä)* bezeichnen. Was auch immer als Abwendung eines möglichen Unheils zum Einsatz gelangt, feststeht jedenfalls, dass auch heute noch Glaube und Erfolgsnachweis im Gedankengut vorab der bäuerlichen und der Bauernsame nahestehenden Bevölkerung tief verankert sind. So hörte ich wiederholt die überzeugt vorgetragene Äusserung: *Jää, ds Bättä hed ämal dr Bach immer nu megä pstèllä* oder auch - *Chüüm ass mer z Bättä ggriäft hènt, hed äs afa sattä* (Bez. für Nachlassen der Wassermenge) *und das hed äs, so waar as ich daastaa!*

ANMERKUNG 118

Zur Reusskorrektion von der Attinghauserbrücke bis zum Urner See, vgl. die histor. Darstellung von Hans Stadler-Planzer, in: Die Reussmündungslandschaft am Urnersee. Altdorf 1984, S. 6 ff., sowie vom selben Verfasser den Artikel «Die Reusskorrektion – ein aufwendiges Werk», UW 1988, Nr. 87 – ill.
Um darüber hinaus einen allg. Eindruck von den dem jeweiligen Wissensstand angepassten Vorstellungen und Bestrebungen bez. Wildbachverbauungen zu erhalten, beachte man noch folgende Titel in Auswahl:
Ansichten der gemeinnützigen Gesellschaft von Uri über die projektierte Reusskorrektion. Altdorf ca. 1849
Elsener, Anton: Medizinisch-topographische Bemerkungen über einen Theil des Urnerlandes. Altdorf 1811
ETH erforschte wilde Schächental-Gewässer. In: Vaterland 1988, Nr. 242

Gamma, Reto: Schuldige nicht gesucht: N2 verursachte Unwetterschäden. In: Alternative 1989, Nr. 138
Das gewohnte Dorfbild soll wieder hergestellt werden. Generelles Hochwasserschutzprojekt für Gurtnellen. In: UW 1989, Nr. 48
Huwyler, Thomas: Etzlibach-Ausbau geht gut voran. Hochwasserschutzprojekt vor Abschluss. In: UZ 1991, Nr. 256 – ill.
Jäggi, Martin: Sicherheitsüberlegungen im Flussbau: Konsequenzen aus den Unwetterschäden von 1987. In: NZZ 1988, Nr. 166 – ill.
Kaiser, Ernst: Urnerland. Wattwil 1991, S. 27 ff.
Karl Emanuel Müller und der Reussdamm. In: Kurier. Das Urner Magazin Nr. 4. Gurtnellen 1990, S. 20 f.
Meyer, Werner: 1291 – Die Geschichte. Die Anfänge der Eidgenossenschaft. Zürich 1991, S. 22 ff.: Gewässer – mörderisch und lebensspendend
Muheim, Hans: Zur Wohlfahrt des Ganzen zum Segen des Einzelnen. Altdorf 1987, S. 53 ff.
Oechslin, Max: Der Gruonbach im Kt. Uri. In: Schweizer. Zs. f. Forstwesen, Nr. 5, Bern 1935
Oechslin, Max: Wildbach- und Lawinenverbauungen. In: Baublatt 1954, Nr. 41, S. 56 ff.
Oechslin, Max: Der Gruonbach. In: Jubiläumsbuch «Flüelen». Flüelen 1965, S. 93 ff.
Die Schächenkorrektion. In: UW 1910, Nr. 40
Zu den Korrektionen weiterer urner. Bäche, vgl. StaA Uri: Uraniensia-Katalog Nr. 351.712
Stadler-Planzer, Hans: Kantonsingenieur Willy Epp – Pionier der Wildbachverbauung. In: UW 1986, Nr. 88, u. GP 1986, Nr. 45 – ill.
Urner Hochwasserschutz-Mehrjahresprogramm 1983 bis 1992. In: Schweizer Baublatt, Jg 93, 1982, Nr. 88, S. 34 ff. – ill.
Die Verbauungen und Aufforstungen im Gruonbachgebiet. In: UW 1963, Nr. 71, u. GP 1963, Nr. 36

Vom Schächenbache. In: UW 1889, Nr.
14 [6. April]

Wildwasserkorrektionen. In: UW 1890,
Nr. 17

Wuhrbaupläne nach den Überschwemmungskatastrophen der Dreissiger-
und Vierzigerjahre. In: Wochenblatt
von Uri, 1846, Nr. 51

Zurfluh, Kurt: Für die Natur ein Gespür
entwickeln! Von Hochwassern, Lawinen und Verkehrsunterbrüchen. In:
UW 1988, Nr. 89

Zurfluh, Kurt: Das «Hochwasser des
Jahrhunderts». In: Steinige Pfade.
Altdorf 1990, S. 357 ff.

Zurfluh, Kurt: Die Sperrentreppen am
Gangbach. Zum Schutz von Mensch,
Vieh und Habe. In: UW 1991, Nr. 59

Zurfluh, Kurt: Hochwasser-Schutzbau
aus der Nähe betrachtet [mit Angabe
über den aktuellen Stand der Arbeiten].
In: UW 1991, Nr. 59, 66 – ill.

Zurfluh, Kurt: Wo die Natur zum Baumeister wurde. Der Steinschlag-Schutzdamm Hinter-Ried. In: UW 1991, Nr.
89 – ill.

Zurfluh, Kurt: Gesamtkonzept liegt vor.
Hochwasserschutz im Kanton Uri. In:
UW 1991, Nr. 92.

Zurfluh, Kurt: In Wa. u. Gu. wird gebaut. Nach dem Hochwasser 1987 im
Urnerland. In: UW 1991, Nr. 100;
1992, Nr. 66; 1993, Nr. 75 – ill.

Zu den enormen Sicherungsmassnahmen, die übrigens im Interesse eines
möglichst ungehinderten Bahnverkehrs
schon damals parallel zum Gotthardbahnbau getroffen wurden, vgl. überdies
Braun/Zurfluh a.a.O., S. 20 f. u. das dazu
gehörige Dokumentationsmaterial.

Dass aber dabei bis in unsere Zeit selbst
die ausgeklügelsten Vorkehrungen nicht
immer ausreichten, beweisen die verschiedenen Linienunterbrüche in der Geschichte dieser Alpenbahn. Dasselbe gilt
selbstverständlich auch für die Sicherung
des Strassenverkehrs. Vgl. hierzu:

Gerig, Georg: Schutzwald im Hochgebirge – seine Bedeutung für Siedlung und
Verkehrsträger. In: Schweiz. Zs. f.
Forstwesen, Nr. 7/1986, S. 541 ff.

Jann, Marx: Randbedingungen für die
Walderschliessung längs der Gotthard-

Nordrampe. In: Schweiz. Zs. f. Forstwesen, Nr. 7/1986, S. 545 ff.

Kläy, Max: Schutzwälder – Voraussetzungen für die Gotthardbahn im
Kt Uri. In: Schweiz. Zs. f. Forstwesen,
Nr. 7/1986, S. 557 ff.

Müller-Marzohl, Alfons: Die verhinderte
Bahnkatastrophe am Axen. Jubiläum einer übel vergoltenen Rettungstat.
In: UW 1987, Nr. 85. Vgl. dazu auch
die Zeitungsmeldung «Gotthardbahn».
In: UW 1890, Nr. 17.

Ein ähnlich gelagerter Fall, der ebenfalls
der nötigen Dramatik nicht entbehrte,
wird im UW vom 13. Februar 1892, Nr.
7, geschildert. Da soll sich am Dienstag,
9. ds., morgens ca. halb 3 Uhr im sog.
Breitental (Gmde Silenen) eine grössere
Felsmasse (100 m3) gelöst haben und in
Richtung Bahngeleise zu Tal gestürzt
sein. Ein zu dieser Zeit von einer *Stubetä*
heimkehrender junger Mann erkannte
sofort die enorme Gefahr und alarmierte
schnell den zuständigen Bahnwärter, der
seinerseits die nötigen Hilfskräfte bereitstellen konnte, um noch rechtzeitig vor
dem Passieren des Nachtschnellzuges die
Geleise instand zu setzen.

Müller, Emanuel: Als der Wald sich rächte. In: Alternative Nr. 94/1984, S. 8 f.

Schaaf, Peter: Die Bedeutung der Wälder
für die Bahnen insbes. für die Gotthardbahn, im Kt. Uri. In: Schweiz. Zs. f.
Forstwesen, 1986, Nr. 12, S. 1051 ff.

Sicherheit kommt vor Rendite. In:
Schweiz/Suisse/Svizzera. Zürich
2/1976, S. 39

Zeitungsberichte zur Unwetterkatastrophe vom 31. 7. 1977 u. 24. 8. 1987

Zeitungsmeldung: Der weisse Tod im
Urnerlande. In: UW 1951, Nr. 6.

ANMERKUNG 119

Vgl. Grimm, Jacob und Wilhelm: Deutsches Wörterbuch. DTB. München 1984,
Bd. 28, Sp. 196 ff.; Bd. 30, Sp. 1750 ff.

ANMERKUNG 120

Vgl. Kap. 2, Anm. 105 u. 116

Dass bei der für Uris Bewohner notgedrungen grossen Bedeutung des Flussbaus auch einige Bez. in den Flurnamenbereich eingedrungen sind, ist naheliegend. Nur gilt auch hier, was für den appellativischen Gebrauch bereits erwähnt wurde: Das diesbez. Material hält sich in Grenzen, wie der nachfolgenden Zsstellung unschwer zu entnehmen ist:

Chiässammler III 10: «Schuttfangbekken»

Schipf III 81 ff.: «Uferverbauung mit schräg ins Wasser ragenden Wehren»

Schwäb III 146: «Vertiefung in einem Flusswasser; Stelle in einem Fluss- oder Bachlauf, wo das Wasser stillsteht»

Schwalmis III 146 f.: «Schwellung, Stauung eines Wasserlaufes»

Schwelli + III 180: «Stauvorrichtung in einem Wasserlauf, Schleuse»

Speerig III 250: «Flussverbauung im Gebirge»

Weer, Weeri III 954 f.: «Wehr, Schutzmauer, Wall, Bachverbauung, Wuhr»

Wüär III 1038: «Damm, Wehr, Wuhre».

ANMERKUNG 121

Im letzten Jahrzehnt des vorausgehenden Jahrhunderts, genau am 3. Februar 1895, war mit der Gründungsversammlung einer Aktiengesellschaft in Altdorf – energiepolitisch betrachtet – eine neue Zeit angebrochen. Diese AG bezweckte nämlich, die Wasserrechtskonzession zur Nutzung des Schächenbaches zu übernehmen, um die allmählich auch in Uri ansässige Industrie wie auch die kleineren und mittleren Gewerbebetriebe nebst den Haushaltungen mit der neuen Energie zu beliefern. Was anfänglich in den einzelnen Regionen als eigentliche Pioniertat zukunftsorientierter Bürger mit viel unternehmerischem Geist langsam gewachsen war, entwickelte sich mittlerweile bekanntlich nicht nur in Uri, sondern gesamtschweizerisch, ja weltweit sprunghaft zu einem entscheidenden Energiewirtschaftszweig, an dessen Leistungsbereitschaft wir uns heute mit all unseren Forderungen und Wünschen an die Adresse einer hochgeschraubten Zivilisation dermassen gewöhnt haben, dass wir wohl kaum mehr ohne auskommen könnten.

Dass dann aber bei der nachgewiesenen ständigen Steigerung von Nachfrage und Angebot bald einmal auch Interessenkonflikte entstehen mussten, die sich bis in die unmittelbare Gegenwart hinziehen und wohl auch inskünftig nicht aus der Welt zu schaffen sind, liegt auf der Hand. Wie man aber diesbez. gerade in Uri bis in die jüngste Zeit das Für und Wider der auftretenden Meinungen gegeneinander abwog, mag die nachfolgende Zsstellung von grösseren und kleineren Publikationen belegen:

Alles fliesst. Hrsg. Schweiz. Naturschutzbund. Basel 1990

Arnold, Bruno: Uri plant Neuorientierung. Gesetz über die Gewässernutzung. In: UW 1991, Nr. 89

Arnold, Bruno: «Keine schlechte Lösung für Uri». Änderung der Reuss-Konzession. In: UW 1992, Nr. 14

Bergwelten. In: Panda III/88

Bericht über die Energieversorgung in den Urschweizerkantonen zur nachfolgenden Bearbeitung eines Energieleitbildes für die einzelnen Kantone. Altdorf 1980

Bericht des Regierungsrates an den Landrat über die Gesamtenergiepolitik Uri. Altdorf 1988

Bocki-I-Turbinen wieder unter Druck. Millionen-Projekt in Erstfeld wird eingeweiht. In: UW 1992, Nr. 55, 56

Botschaft zum Gewässernutzungsgesetz (GNG). Kant. Volksabstimmung vom 16. Februar 1992: Dem Gesetz wurde mit 6435 Ja gegen 2563 Nein bei einer Stimmbeteiligung von 38,8 Prozent zugestimmt (vgl. UW 1992, Nr. 14).

Büeler, Max: Heimfall und Wasserzinsen. Zur Verlängerung der Isenthaler Konzession. In: UW 1989, Nr. 70

Bühlmann, Heinrich: Ursern und Rheinwald sollen untergehen? Eine Schicksalsfrage für die Schweiz. Stans o.J.

Deplazes, Rinaldo: Soll der Staat die Elektrizitätswerke betreiben? Zur Verlängerung der Isenthaler Konzession. In: UW 1989, Nr. 69

EWA. Jubiläumsschrift. Altdorf 1970

Florin, J.: Gutachten über die Auswirkungen von Kraftwerkbauten im

Kt. Uri auf dessen Fischereigewässer. Altdorf 1963

Gamma, Reto; Müller, Emanuel: Hochspannung. Wie die Urschner gegen einen Stausee kämpften und die Göscheneralp untergehen musste. Altdorf 1982

Gamma, Reto: Stadt Luzern will Strom aus Uri. Kraftwerk Surenen. In: Alternative 1983, Nr. 82, S. 6 ff.

Gamma, Reto: 1'220'000'000 Urner Kilowattstunden. In: Alternative 1983, Nr. 83, S. 14 f.

Gamma, Reto: Strom für die andern. In: Alternative 1983, Nr. 84, S. 14 f.

Gamma, Reto: Amsteg 1922: Grösstes Schweizer Kraftwerk. In: Alternative 1983, Nr. 85, S. 14 f.

Gamma, Reto: Erstfeld 1930: Bau des Eigenwerkes. In: Alternative 1983/84, Nr. 86, S. 14 f.

Gamma, Reto: Kraftwerk Bürglen II. In: Alternative 1984, Nr. 87, S. 16 f.

Gamma, Reto: Unser Strom gehört uns. In: Alternative 1984, Nr. 88, S. 16 f.

Gamma, Reto: 10 Jahre verhandelt und wenig erreicht. Lucendro-Konzession. In: Alternative 1989, Nr. 138, S. 14 f.

Gamma, Reto: Mehr Stausee - mehr Profit. Kraftwerk Göschenen AG. In: Alternative 1989, Nr. 139, S. 3

Gamma, Reto: Nein zum Ausverkauf der Wasserkraft. Isenthaler Konzessionsverlängerung. In: Alternative 1989, Nr. 143

Gewässerschutz – Aufgabe unserer Generation. Zur Totalrevision des Gewässerschutzgesetzes. In: UW 1989, Nr. 48

Hauser, Ruedi: Nochmals: Restwasserdebatte im Ständerat. In: UW 1988, Nr. 87

Herger, Erich: Plus 2,8 Prozent mehr Stromverbrauch. Elektrizitätswerk Altdorf im Jahr 1991. In: UW 1992, Nr. 36

Humair, Roland; Müller, Emanuel: Der Stausee. Ein Mundart-Theaterstück. Altdorf 1982

Imhof, Robert: Der Stausee Göscheneralp als Fischgewässer. CKW PV Nachrichten, Sept. 1977, S. 18 ff.

Inderkum, Hansheiri: Kein Anlass für eine grundsätzliche Neugestaltung. Zur Verlängerung der Isenthaler Konzes-

sion. In: UW 1989, Nr. 68; GP 1989 (2. 9.)

Kantonale Volksinitiative für eine umweltfreundliche Energiepolitik. Altdorf 1980

Kantonale Vollziehungsverordnung zum Bundesgesetz über die Nutzbarmachung der Wasserkräfte (LRB vom 2. 7. 1919 / 24. 10. 1962 / 10. 6. 1970)

Kleines Werk mit grosser Wirkung. Kleinkraftwerk Sittlisalp. In: UW 1992, Nr. 55

Ein Kraftwerk Urserntal? In: GP 1920, Nr. 22

Link, H.: Die Speicherseen der Alpen. Wasser- und Energiewirtschaft. Sonderdruck. Zürich 1953, S. 58 f.

Mehr Strom produziert. Kraftwerk Schächental. In: UW 1992, Nr. 49

Mittellösung in der Restwasserfrage. In: UW 1988, Nr. 79

Müller, Alban: Bericht über Gründung und Bau des EWA. Altdorf 1896

Die Nutzung der Wasserkraft in der Schweiz. Ein kleines Hilfsmittel für Lehrer und Schüler. Hrsg. CKW Luzern o.J.

Oechslin, Max: Wie der Forstmann und Naturschützer die Wasserwirtschaft sieht. Separatum, Zürich ca. 1959, worin der Autor schon damals unmissverständlich für eine minimale Wassermenge plädierte, welche einem Bach- und Flusslauf ununterbrochen zu belassen sei, weil sonst das *Fischstärbet* Einzug halte nebst der fortschreitenden Zerstörung der übrigen Kleintier- und Kleinpflanzenwelt.

Oechslin, Max: Die Gefahr von Staudammbrüchen. In: UW 1960, Nr. 64

Die Reuss. Sonderheft der «Wasser- und Energiewirtschaft», 1958, Nr. 8/9, S. 189 ff.

Rey, Alfred: Das Wallis will seine Wasserkräfte selber nutzen. Beitrag zur Revision des Walliser Wasserrechtsgesetzes [mit einem Annex: Die wichtigsten Unterschiede Uri – Wallis]. In: UW 1990, Nr. 42

Simmen V. + T.: Realp in der Fotografie ab 1850. Lugano 1986. In diesem Ausstellungskatalog wird zum Thema *«Ds Elektrisch»* auch auf die Inbetriebnahme der Realper Zentrale (*Maschyy-nähüüs, Zentraalä*) im Jahre 1913 ver-wiesen, durch deren Stromabgabe die Holzkochherde (*Kunscht*) wie auch die Öllämpchen (*Luschi*) durch moderne Einrichtungen zunehmend verdrängt wurden; dafür brachte die Elektrifizie-rung durch die Anstellung von Maschi-nisten (*Maschyynähyyssler*) auch neue Arbeitsplätze ins Dorf.

Solomicky, Michael: Erstfeld und Gö-schenen wehren sich gegen Urner Ener-giepolitik. Der Regierungsrat will öffentlichen Kraftwerken ihre Rabatte kürzen. In: UW 1990, Nr. 23

Tremp, Josef: Den Bächen das Wasser abgraben. In: GP 1988 (12. Okt.)

Tschachtli, B.: Ausnützung der Wasser-kräfte der Mühlebäche im Schächental. Bern 1953

Verordnung betr. Feststellung des Staats-eigentums an Seen und Flüssen und Benützung öffentlicher Gewässer. LRB vom 27. Oktober 1891 ff.

Walker, Edy: Weiterausbau der Wasser-kraft wird ebenfalls verboten. Welche Möglichkeiten haben wir noch, Strom zu produzieren? In: UW 1990, Nr. 69

Wasser wird teurer. Viele Faktoren bestimmen den Wasserpreis. In: UW 1992, Nr. 60

Wasserkonzessionen. In: GP 1920, Nr. 47

Wasserkraft könnte in Uri noch optima-ler genutzt werden: Umfassende Aus-legeordnung der urner. Energiepolitik. In: UW 1988, Nr. 13

Wasserkräfte im Kt. Uri. In: UW 1890, Nr. 10; 1891, Nr. 38; 1892, Nr. 9

Weiss, Hans: Die friedliche Zerstörung der Landschaft und Ansätze zu ihrer Rettung in der Schweiz. Zürich 1981, S. 131 ff., 141 f.

Zurfluh, Kurt: Steinige Pfade. Altdorf 1990, S. 181 ff., 290 ff., 368 f.

Um auch nach Jahren zumindest einen ungefähren Eindruck vom Abstim-mungskampf zu erhalten, wie dieser auf der emotionalen Ebene in bezug auf die beiden Vorlagen – das Bundesgesetz über den Schutz der Gewässer (Gewäs-serschutzgesetz, GSchG) sowie die In-itiative «Rettet unsere Gewässer» – spe-

ziell in Uri bis zum Abstimmungssonn-tag vom 17. Mai 1992 und teils darüber hinaus verlaufen ist, lasse ich noch eine Reihe von Publikationen folgen, die den Urner Stimmbürgerinnen und -stimm-bürgern bei der persönlichen Meinungs-bildung ebenfalls zur Verfügung standen:

Baumann, Isidor: Strompreis: Gegen Erhöhungen. In: UW 1992, Nr. 37

Baumann, Ruedi: Restwasser – Wie die Wirklichkeit aussieht. In: UW 1992, Nr. 36

Braunwalder, Armin: Ein weiteres Zei-chen setzen. Gewässerschutz: zweimal Ja. In: UW 1992, Nr. 37

Danioth, Hans: Notwendige Klarstellun-gen zum «Restwasserkrieg». Engagierte Diskussion im Kanton Uri. In: UW 1992, Nr. 37

Dittli, Ernst: Gewässerschutz – Eine Glaubensfrage? In: UW 1992, Nr. 37

Erläuterungen des Bundesrates zur Volksabstimmung vom 17. Mai 1992

Furger, Edy: Beispiel SBB: Ohne Strom läuft nichts. In: UW 1992, Nr. 37

Gamma, Reto: Bewusste Desinformation mit falschen Zahlen. Die Elektrolobby droht mit dem Abstellen des Kraft-werks Bocki in Erstfeld. In: Alternative 1992, Nr. 170, S. 3

Gamma, Reto: Freier Markt fürs Wasser. In: Alternative 1992, Nr. 171

Gewässerschutz erhitzt die Gemüter. In-formationsabend über Abstimmungs-vorlagen. In: UW 1992, Nr. 30

Hauser, Ruedi: Gewässerschutz: Absurde Zahlenakrobatik. In: UW 1992, Nr. 37

Herger, Erich: Uri stimmte für den Strom gegen den Strom. Abfuhr für al-le Referenden und Volksinitiativen. [mit Übersicht über die Abstimmungs-ergebnisse in den einzelnen Urner Ge-meinden]. In: UW 1992, Nr. 39

Huber, Hans: Es werde Licht – in unsern Köpfen. Zu den Gewässerschutzvorla-gen. In: UW 1992, Nr. 37

Ist die Initiative zu einseitig und zu ex-trem? Meinungen zur Gewässerschutz-Initiative. In: UW 1992, Nr. 33

Küttel, Stefan: Gewässerschutzabstim-mung – Wem wird der Schwarze Peter zugeschoben? In: UW 1992, Nr. 37

LEHRERINFORMATION zum Thema Elektrizität. Diskussionspunkt Wasserkraft. Informationsstelle für Elektrizitätsanwendung (INFEL). Zurich 1/92, Nr. 38

Müller, Alois: Alles ganz einfach. Sonnenstromanbeter. In: UW 1992, Nr. 37

Röthlisberger, René: Mit Gesetzen weniger Strom. Gewässerschutzvorlagen. In: UW 1992, Nr. 37

Schmidhalter, Paul: Für Gebirgskantone inakzeptabel. Gewässerschutzvorlagen vom 17. Mai. In: UW 1992, Nr. 32

Stadler, Karl: Das revidierte Gewässerschutzgesetz – Eine moderate Lösung. In: UW 1992, Nr. 37

Strom SPEZIAL. Die Zeitschrift für den Stromkonsumenten. Wasserkraft als Chance und Herausforderung. Sonderheft der Vierteljahreszeitschrift «Strom», hrsg. in Zusammenarbeit mit dem Verband Schweizerischer Elektrizitätswerke (VSE). Zürich 1992 (Jan.)

Umstritten ist vor allem die Regelung der Restwassermenge. Das revidierte Gewässerschutzgesetz. In: UW 1992, Nr. 35

Walker, Edy: Zweimal Nein – Warum? In: UW 1992, Nr. 37

Wüthrich, Urs: Deshalb zweimal Ja. Rettet unsere Gewässer. In: UW 1992, Nr. 35

Zweimal Ja – geradezu eine ideale Ergänzung. Zur Abstimmung vom 17. Mai. In: UW 1992, Nr. 28.

ANMERKUNG 122

Sorgfältig renoviert und der ursprünglichen Bestimmung wieder zugeführt, befindet sich ein prächtiges und höchst instruktives Beispiel von einem *Soodbrunnä* od. *Brunnähyyssli* auf dem schmucken Altdorfer Landsitz «Huon» in unmittelbarer Nähe vom dortigen Wohnhaus und Ökonomiegebäude (vgl. Das Bürgerhaus in Uri, 1. Aufl., Basel 1910, S. XXIII u. 30 f., sowie 2. Aufl., Zürich 1950, S. 55, 77; Arnold, Beat: Der Sodbrunnen im «Huon» in Altdorf. In: UW 1981, Nr. 75; Ringenbach, Josef: Wasser ist Leben. Altdorf 1988, S. 14).

Laut freundl. Mitteilung von Frau Dr. Helmi Gasser soll es im Gurtenmund (Liegenschaft Albert), wo heute noch das Brunnenhäuschen zu sehen ist, und in der Hage (Liegenschaft Furrer) sowie in unmittelbarer Nähe des Wohnhauses «Allenwinden» wie auch im Garten der Fam. Albert am Südende der Trögligasse einen Sodbrunnen gegeben haben. Wie mir Herr Albert bestätigte, wurde dieser Brunnen bis zum Anschluss des älteren Wohnhauses ans Altdorfer Wasserversorgungsnetz im Jahre 1920 regelmässig als Wasserlieferant benutzt. Im Zuge der Melioration soll dann aber der Grundwasserspiegel schnell abgesunken sein, weshalb der Brunnen nicht mehr benutzbar war. In der Folge wurde der Brunnen mit Schutt aufgefüllt und ist heute nicht mehr sichtbar.

Ein gleiches Schicksal widerfuhr dem Sodbrunnen im nördlichen Anbau des Hotels Tell in Bürglen. Wie Herr Guler, Gerant, mir im Herbst 1988 an Ort und Stelle zeigen konnte, ist heute von dem im Buch «Bürglen 857–1957» (S. 89, 91) quasi als noch existent beschriebenen Brunnen nichts mehr zu sehen. Der frühere Eigentümer, Herr Josef Regli aus Ascona, hat mir denn auch auf Anfrage hin bestätigt, dass dieser Sodbrunnen ca. 4 m im Durchmesser betragen haben mochte und von seinem Vater zunächst als *Fläschäwyychäller* benutzt wurde, bis dann im Jahre 1939 die über eine Stiege erreichbare Höhlung im Boden mit Steinen aufgefüllt wurde. Über dem einstigen Sodbrunnen ist dann ein Backofen *(Bachoofä)* errichtet worden.

Dass solche Sodbrunnen auch in der Ebene des Urserentales ausgehoben wurden, bezeugt ein Hinweis von Isidor Meyer in seinem Artikel «Die Holzarmut des Urserntales» (GP 1942, Nr. 51 f.), wo er u.a. schreibt: *Am sog. Steg bei Hospental fand man bei Anlage eines neuen Sodbrunnens in einer Tiefe von 6 Metern und einer Oberschicht aus Steingeröll, Sand und Schlamm bestehend, übereinander liegende Baumstämme.* Zur diesbez. Situation in Uri vgl. noch Furrer, Benno: Die Bauernhäuser des Kt. Uri. Basel 1985, S. 439 f.

141

Schliesslich sei auch noch erwähnt, dass der Sodbrunnen im urnerischen Sagenmaterial (MS II 193, Nr. 779) in Erscheinung tritt. Dabei handelt es sich um einen Brunnen, der neben der Klosterkirche in Seedorf gestanden haben soll. Eines Tages sei eine Klosterfrau oder Klostermagd hinuntergefallen und habe nachträglich erzählt, sie hätte drunten einen messelesenden Priester gesehen. Laut freundl. Mitteilung von Sr. Gertrudis Käsli, ehemal. Äbtissin des Frauenklosters St. Lazarus, soll ein derartiger Brunnen gem. hausinterner Überlieferung in grauer Vorzeit bestanden haben. Jedenfalls kann sie sich selber an zwei andere Sodbrunnen erinnern – an den einen *beim Feldstall* und den andern *im Schafried* unterhalb der Wydenmatt in der Gmde Sd., der als letzter auf dem Eigentum des Klosters stehender Brunnen zu Beginn der 70er Jahre zugeschüttet wurde. Auch wenn die Sodbrunnen in hiesiger Gegend ihre Funktion verloren haben, ist es aber nach wie vor das Grundwasser, das als enorme Trinkwasserreserve inskünftig gar noch an Bedeutung entschieden gewinnen wird. Vgl. dazu Kurt Zurfluh: Urner Grundwasser ist höchst gefährdet. Risikoanalyse entlang der N2. In: UW 1991, Nr. 23, und vom selben Autor: Schutzmassnahmen sind notwendig. Hydrogeologische Grundlagen im Urner Reusstal. In: UW 1991, Nr. 56; sowie vor allem die vom Amt für Umweltschutz beim Büro für Hydrogeologie Dr. Peter P. Angehrn AG in Auftrag gegebene weitreichende Untersuchung «Hydrogeologische Grundlagen» URNER REUSSTAL (Abschnitt Amsteg – Urnersee /Bericht und Planbeilagen 1990). Neuerdings gewinnt das Grundwasser auch noch als enormes Wärmepotential an zusätzlicher Bedeutung. Vgl. Artikel «Mit Grundwasser heizen» von Armin Braunwalder. In: Alternative 1993, Nr. 182, S. 8.
Nicht zu verwechseln mit den Sodbrunnen sind die Zisternen (*Zischtäärnä*), wie man sie von der Burganlage *Zwing Uri* in Amsteg her kennt (vgl. Meyer, Werner: Die bösen Türnli. Archäologische Beiträge zur Burgenforschung in der Urschweiz. Olten 1984, S. 74).

ANMERKUNG 123

Zur Geschichte der Dampfschiffahrt auf dem Vierwaldstättersee, vgl. die bibliographischen Angaben zu den Anm. 1 u. 2 im Kap. 1.

ANMERKUNG 124

Als Johann Wolfgang von Goethe (1749–1832) im Herbst 1797 Uri bis zum Gotthardpass ein drittes Mal durchwanderte, war er nicht mehr der draufgängerische Stürmer und Dränger aus dem Jahre 1775, aber auch nicht der mit erzieherischen Aufgaben betreute Begleiter seines jungen Brotherrn Karl August (1757–1828) aus Weimar. Nun reiste er ins Herz der Schweiz als bestandener und weiterum verehrter Dichterfürst, der in seinem unermüdlichen Forscherdrang den tieferen Zusammenhängen der Natur nachzuspüren bestrebt war und dabei der bestimmten Überzeugung lebte, anhand der geologischen Verhältnisse in Uri die Geheimnisse rings um die Entstehung unseres Planeten ergründen und aufdecken zu können. Bezeichnenderweise für seinen sprühenden Geist und sein wachsames Auge fand er denn auch trotz der intensiven wissenschaftlichen Betätigung Zeit und Gelegenheit, angesichts der schneebedeckten Urner Berge eine tiefsinnige Reflexion über den Alterungsprozess im menschlichen Leben anzustellen und diese noch in Altdorf in der strengen Form des Distichons niederzuschreiben:
Schweizer Alpe
War doch gestern dein Haupt noch so
  braun wie die Locke der Lieben,
Deren holdes Gebild still aus der Ferne
  mir winkt;
Silbergrau bezeichnete dir früh der
  Schnee nun die Gipfel,
Der sich in stürmender Nacht dir um den
  Scheitel ergoss.
Jugend ach! ist dem Alter so nah, durchs
  Leben verbunden,
Wie ein beweglicher Traum Gestern und
  Heute verband.

ANMERKUNGEN

Zu Goethes drei Schweizer Reisen im allgemeinen wie zu seiner Begegnung mit dem Kt. Uri im besonderen steht neben den unmittelbaren Eindrücken des Dichters (vgl. Kap. 1, Anm. 2) noch eine reiche Sekundärliteratur an, aus deren Fülle nachfolgende Titel in Auswahl zur Übersicht herausgegriffen sind:

Aschwanden, Felix: Goethe in Uri aus der Sicht der Literaturkritik. Ein Beitrag zur 200. Wiederkehr der ersten Begegnung Goethes mit dem Lande Uri. In: Borromäer Stimmen, Jg. 55, Altdorf 1975, S. 65 ff.

Aschwanden, Felix: Goethe in Uri aus der Sicht der Literaturkritik. In: HNbl Uri, Altdorf 1975/76, S. 100 ff.

Aschwanden, Felix: Zu einem Goethe-Denkmal in der Schöllenen. In: GP 1976, Nr. 18, u. UW 1976, Nr. 30

Aschwanden, Felix: Neues über das Goethe-Denkmal. Ein heimatkundlicher Beitrag. In: GP 1977, Nr. 2, u. UW 1977, Nr. 4

Aschwanden, Felix: Goethes dreifaches Ursern-Erlebnis. In: GP 1978, Nr. 39, u. UW 1978, Nr. 78

Aschwanden, Felix: Uri kontra Goethe? Oder vom Goethe-Derby, das nicht stattgefunden hat. In: UW 1979, Nr. 95

Balzer, Georg: Goethe auf Reisen. München 1979

Benisch-Darlang, Eugenie: Mit Goethe durch die Schweiz. Ein Wanderbuch. Mit Handzeichnungen Goethes und noch nicht veröffentlichten Aquarellen und Kupferstichen aus der Kunstsammlung des Museums in Basel. Wien 1913

Bode, Wilhelm: Goethes Schweizerreisen. 2 Teile. Basel 1921

Dewitz, Hans-Georg: Goethe, Johann Wolfgang. Tagebuch der ersten Schweizer Reise 1775. Frankfurt a.M. 1980

Der Dichter J. W. Goethe und der Lämmergeier. In: UW 1965, Nr. 24

Dreyer, A.: Schweizerreisen deutscher Dichter in der zweiten Hälfte des 18. Jh. In: Jb. d. SAC, Jg. 48, 1912, S. 185 ff.

Fischli, Walter: Goethes Tell. Eine motivgeschichtliche Untersuchung. In: Innerschweiz. Jahrbuch für Heimatkunde 1949/50. Bd. XIII/XIV, S. 9 ff.

Geisser, Ruedi: Jery und Bätely. Eine wenig bekannte Dichtung aus den Urner Bergen von J. W. Goethe. In: UW 1963, Nr. 33

Gisler, Karl. Goethe in der Innerschweiz. In: Gotthard-Express, Altdorf 1905

Gisler, Karl: Goethe in der Innerschweiz und seine Beziehungen zu Schillers «Wilhelm Tell». In: UW 1930, Nr. 25

Goethe auf dem Gotthard. In: Die Alpen 1949, Beilage Chronik, S. 220 f.

Goethe auf dem Vierwaldstättersee. In: Luzerner Chronik 1932, S. 82 ff.

Goethe in Uri. Texte Goethes über seine Reisen in Uri. Beitrag der Sekundarschulen von Altdorf zum Literaturunterricht an der dritten Klasse der Urner Sekundarschulen. Skript vervielf. sowie in: HNbl Uri, Bd. 30/31, Altdorf 1975/76, S. 1 ff.

Goethes Wanderungen im Urserntal. In: GP 1932, Nr. 12

Guggenheim, Kurt: Der labyrinthische Spazierweg. Goethes Reise nach Zürich, nach Stäfa und auf den Gotthard im Jahre 1797. Frauenfeld 1975

J. W. Goethe, das Urserntal und der Gotthardpass. In: UW 1961, Nr. 36

Kahn-Wallerstein, Carmen: Goethe auf dem Gotthard. Für Ruth Thurneysen. In: Die Tat, Zürich 1972 (31. März)

Koetschau, Karl; Morris, Max: Goethes Schweizer Reise 1775. Weimar 1907

Letter, Paul: Von Goethes Reisen in die Innerschweiz. Zu einer sehenswerten Ausstellung [im Helmhaus] Zürich. In: UW 1979, Nr. 85

Linder, T.: Wie Goethe die Alpen erlebte. In: Deutsche Alpenzeitung, Jg. 21, 1926, S. 347 f.

Lusser, Armin Oskar: Goethes Begegnung und Briefwechsel mit einem Urner [Josef Anton Sigismund von Beroldingen, Domherr in Speyer, 1738–1816]. In: LNN 1962, Nr. 99

Mit Goethe durch die Schweiz. Eine Erinnerungsreise in Wort und Bild aus Anlass der Tagung des Deutschen Reisebüro-Verbandes DRV in der Schweiz, 7.–12. November 1978. In: Schweiz Suisse Svizzera, Jg. 51, 1978, Nr. 11 (November)

143

Mit Goethe in der Schweiz. Helmhaus Zürich 7.–18. Oktober [1979]. Eine Ausstellung der Präsidialabteilung der Stadt Zürich in Verbindung mit dem Artemis Verlag. Zürich 1979

Mit Goethe durchs Urnerland. In: GP 1956, Nr. 32

Muheim, Hans: Mit Goethe in Amsteg. In: UW 1979, Nr. 71

Oechslin, Max: Ursern und der Gotthard. Aus einem Briefe J. W. von Goethes. In: Der Gotthard, F. 2, Nr. 2, 1941, S. 31 ff.

Oechslin, Max: Goethe auf dem Gotthard. In: GP 1979, Nr. 30

Raab, Heinrich: Goethe und Uri. In: 7. Jahresgabe der Bibl.gesellschaft Uri. Altdorf 1960

Regli, Eduard: J. W. Goethe, das Urserntal und der Gotthardpass. In: UW 1961 (13. Mai); Vaterland 1961 (12. Mai)

Renner, Eduard: Wege, Wasser und Tell. In: Heimatland, ill. Monatsbeilage des Vaterland, 1946, Nr. 9, S. 66 f.

Ruetz, Michael; Müller, Martin: Mit Goethe in der Schweiz. Zürich 1979

Ruetz, Michael; Klessmann, Eckart: Auf Goethes Spuren. Stätten und Landschaften. Zürich 1978

Schmidt, Aurel: Goethe, der Gotthard und die Gefühle. In: Die Alpen – schleichende Zerstörung eines Mythos. Zürich 1990, S. 146 ff.

Schnyder-Seidel, Barbara: Goethes Wanderungen zum Gotthard. In: HNbl Uri, Altdorf 1975/76, S. 32 ff.

Schnyder-Seidel, Barbara: Goethes letzte Schweizer Reise. Frankfurt a.M. 1980

Schnyder-Seidel, Barbara: «Sonne über den Eisgebirgen». Schillers Bühnenbild zum «Wilhelm Tell». In: NZZ 1980 (26./27. Juli)

Schnyder-Seidel, Barbara: Goethes Wanderungen zum Gotthard. Radio DRS 1983 (Mai/Juni)

Schnyder-Seidel, Barbara: Goethe in der Schweiz: anders zu lesen. Von der Wahrheit in der Dichtung letztem Teil. Bern 1989

Schillers Arbeitsweise am Wilhelm Tell. Goethe über seinen Plan zu W. Tell. Gutenbergmuseum 1961, Heft 1, S. 1 ff.

Sie wanderten auf Goethes Spuren. In: GP 1975, Nr. 39; UW 1975, Nr. 76

Szadrowsky, M.: Mit dem Wanderer Goethe. In: Die Alpen, Jg. 23, 1947, S. 13 ff., 63 ff., 91 ff.

Teucher, Eugen: Goethe und Uri. Schweiz. Gutenbergmuseum 1960, 47. Jg., 1. H.

Teucher, Eugen: Goethe in Uri. Gutenbergmuseum 1961, H. 1, S. 4 ff. [Besprechung von Heinrich Raabs gleichnamiger Arbeit]

Texte Goethes über die Reisen in Uri, von den Altdorfer Sekundarlehrern. In: HNbl Uri, Altdorf 1975/76, S. 1 ff.

Über die Furka. In: GP 1939, Nr. 34

Wahl, Hans: Goethes Schweizerreisen. Tagebücher, Briefe, Gedichte, Handzeichnungen. Bern 1921

Zur Faszination des Urner Sees im spez. vgl. Felix Aschwanden: Der Urner See in Dichtung und Sage. In: UW 1991, Nr. 55; sowie: Der Urnersee im Wandel der Zeit. In: Schwyzer Hefte, Nr. 52, Schwyz 1991.

ANMERKUNG 125

Vgl. *See, Seewen, See[w]li* UNB III 184 ff.

ANMERKUNG 126

Vgl. UNB III 987 f.

ANMERKUNG 127

Vgl. die Auflistung der zahlreichen *Butzä*-Namen im UNB I 740 ff. sowie die Anm. 141 dieses Kapitels.

ANMERKUNG 128

Vgl. UNB II 1142 ff., wo neben *Roozi*-Namen auch Flurbezeichungen mit *Roossi* nachgewiesen werden.

ANMERKUNG 129

Das Fischereiwesen, das auch im Kt. Uri allein schon aufgrund der weit zurückreichenden Gesetzesbestimmungen eine lange Tradition nachzuweisen hat, erlebte wohl im Zuge der Kantonalisierung und der in der Folge davon veränderten

Rechtsgrundlagen gegen Ende des 19. Jahrhunderts einschneidende Umwälzungen, deren Auswirkungen die Betroffenen veranlassten, mit Hilfe eines kant. Fischereivereins die Interessen gegenüber den Behörden wirkungsvoll zu vertreten. So fand im November 1899 eine erste Versammlung von 26 Interessierten aus verschiedenen Gemeinden statt, der bereits am 22. April 1900 die Gründungsversammlung folgte. Im Bestreben, Nutzung und Pflege in einem gesunden Gleichgewicht nebeneinander zu betreiben, konnte der junge Verein schon im Herbst 1901 die Fertigstellung einer Fischbrutanstalt (Fischbrüätaschtalt) verzeichnen, aus der im Frühjahr 1902 erstmals mehr als 100'000 Forellen in die Nebenbäche der Reuss ausgesetzt worden waren (vgl. Statuten des Urnerischen Fischereivereins, Seedorf/Attinghausen 1901, sowie einen Kurzbericht über das Fischereiwesen, in: UW 1904, Nr. 25). Wie sich dann der engagierte Verein weiterentwickelt hat und wie sich das Fischereiwesen insgesamt heute präsentiert, mag nebst den div., in die Anmerkungen eingestreuten Literaturangaben (z.B. Anm. 121) auch noch aus folgenden Berichten herausgelesen werden:

Ammann, Ruedi: Fliegende Fische im Urnerland. Zur Fischaussetzung in den Urner Bergseen. In: GP 1973, Nr. 41

Bericht der Konkordats-Kommission betr. die Fischerei im Vierwaldstättersee 1901–1905. Sarnen 1906

Herger, Ruedi: 75 Jahre Urner Fischereiverein. Jubiläumsschrift (29. Nov. 1975)

Interessantes von der Fischerei aus dem Urserental. In: GP 1938, Nr. 42

Mühlethaler, R.: Fischerei im Urnerland und aktuelle Themen. In: Der Fischer, Jg. 6, 1938, Nr. 3, S. 38 ff.

Scagnet, Ernst: Fischer ohne Romantik. In: LNN-Magazin 1979, Nr. 39, S. 12 ff.

Scagnet, Ernst: Fischer Fähndrich, Flüelen. In: Schweizer Familie vom 14. 10. 1983

Wer ernten will muss säen. Wie die Urner Forellen zu den Fischern finden. In: KURIER. Das Urner Magazin, Nr. 9 (Mai), Gurtnellen 1991.

ANMERKUNG 130

Um sich ein ungefähres Stimmungsbild von der Kontroverse bez. Restwassermengen in Uri zu verschaffen, vgl. die diesbezüglichen bibliogr. Angaben in Kap. 2, Anm. 121.

Zum Wasser selber und zu seiner Qualität, vgl. die beiden Artikel «Bedenklicher Zustand unserer Gewässer» (UW 1966, Nr. 58) und Max Oechslin: «Bergwasser». In: Der Gotthard, 9. F., H. 2, 1963, S. 18 ff. Auch wenn hier nicht ausschliesslich nur von Uri gesprochen wird, sondern vielmehr die Problematik in ihrer Allgemeinheit zur Darstellung gelangt, lassen sich doch daraus auch wertvolle Erkenntnisse für Uri ableiten. Dasselbe gilt auch für die Analyse von Albert Baumgartner (u.a.): Der Wasserhaushalt der Alpen. Niederschlag, Verdunstung, Abfluss und Gletscherspende im Gesamtgebiet der Alpen im Jahresdurchschnitt für die Normalperiode 1931–1960. München 1983.

Betr. Fischfangerträge, vgl. Colombo, Konrad: «Fischerei». In: Die Reussmündungslandschaft am Urnersee. Altdorf 1984, spez. S. 78 ff., 83, 84 f., 117 ff., 141 ff., sowie den jeweiligen Jahresbericht des Fischerei-Obmannes. Die darin enthaltenen Zahlen und Statistiken können von Interessierten bei der kant. Fischereiverwaltung, Rathausplatz 5, in Altdorf eingesehen werden.

Im weiteren ist im UW 1992, Nr. 48, in einem Kurzbericht unter dem Titel «Grössere Fischfänge im Vierwaldstättersee» nachzulesen, dass die dortigen Berufsfischer im Jahre 1991 insgesamt 316 Tonnen Fische gefangen haben, was einer deutlichen Steigerung gegenüber den bescheidenen Fangerträgen der Vorjahre gleichkommt. Erneut ist das Albeli (Albäli), eine Kleinfelchenart, mit 78 % des Gesamtertrags der wichtigste Fisch. Dagegen werden die Eggli-Erträge (4,8 t) als unbefriedigend eingestuft.

ANMERKUNG 131

Über den sagenumwobenen Fisch Elbscht geben die Aufzeichnungen von

Pfr. Jos. Müller (vgl. MS II 276 ff., Nr. 909–915) reichlich Aufschluss, ohne jedoch mit letzter Genauigkeit zu erklären, was unter dieser Sagenfigur schliesslich zu verstehen ist. Mit einiger Sicherheit dürfte es sich nach den verschiedenen Aussagen um ein Gespenst (*Gäischt, Gspäischt, Gspän[g]scht, Umghyyr, U[n]ghyyr*) handeln, das an mehreren Örtlichkeiten zwischen Niederbauenstock und Seelisberg sein Unwesen getrieben hat, bevor es in den Seelisbergersee verbannt wurde. Hier macht es sich seither in recht unterschiedlichen Erscheinungsformen bemerkbar, wie etwa als feurige Kugel (*Chugglä*), brennender (*brinned*) Heubusch, Schwein (*Süü[w]*), weisse Kuh (*Chüä*), Kapuziner (*Ankäbättler, Kapizyyner*) und immer wieder auch als grosser *Fisch*. Sein Auftreten löste denn auch unter den früheren Bewohnern Seelisbergs so etwas wie eine Vorahnung von kommendem Unheil aus. Da und dort nahm man es lediglich als Anzeichen für eine bevorstehende Wetteränderung. Neuerdings wird in einem sachlich abgefassten Zeitungsartikel unter dem Titel «Ab und zu ein Geysir» (UW 1988, Nr. 89 – ill.) ein seltenes «Naturphänomen» beim Seelisbergersee auf physikalisch einleuchtende Weise erklärt und gleichzeitig auch deutlich gemacht, dass ein möglicher Zusammenhang mit dem Elbst als Sagenfigur entschieden in Abrede zu stellen ist. Im Zusammenhang mit dem Seelisbergersee und dessen Fischereiverhältnissen sei auch noch auf eine höchst interessante und aufschlussreiche Expertise eines gewissen Dr. L. Delachaux hingewiesen, die im Aug. 1897 verfasst wurde und als Beilage Nr. 1 zu Nr. 9 der Schweiz. Fischereizeitung, Bd. 6, im Jahre 1898 erschienen ist.

köder (die Nymphe) zum Einsatz, dann spricht man von *nimfälä*. Dabei gibt es überdies eine spezielle Technik, den Angelhaken möglichst weit aufs Wasser hinaus zu werfen, das sog. *Päitschnä*, bei dem mit der Rute Bewegungen wie mit einer Peitsche (*Päitschä*) ausgeführt werden.

Das Fischen mit einer aus Holz hergestellten, beweglichen oder festen Fischimitation, dem sog. Wobbler (*Wopler*), nennt man *woplerä*. Das zur Absenkung des Köders am Kopfteil angebrachte Metallplättchen heisst *Schüüfflä*. Wer etwa auch mit sog. Spinnern (*Leffel*) fischt, der geht *leffälä*. Im Urner See wie auch im Seelisberger Seeli werden noch mit dem sog. *Jucker*, einem fischförmigen Metallstift mit oder ohne Schaufel, spez. *Eggli* oder *Tryyschä* gefangen.

Für den Beischwimmer – einer parallel zum Fischerboot verlaufenden Fangvorrichtung – kennt man den Ausdruck *Seehund*.

Hat dann – wie auch immer – ein Fisch schliesslich angebissen (*a'byyssä*), so wird die Schnur durch den Fischer ruckartig angezogen (*rutzä*). Als verbotene Fangmethode gilt dabei das *Schränza*, bei dem der Fisch durch plötzliches Zurückziehen der Rute an irgendeinem Körperteil mit dem Angelhaken (*Angel*) angestochen wird. Laut vereinz. Angaben wird der Fisch, der seinerseits zu seiner Befreiung in entgegengesetzter Richtung zieht (*rutzä*), auf solche Weise zum *Rutzer*. Gelingt es dem Fisch gar, sich vom Haken loszureissen (*schränzä*), so nennt man ihn – zwar ohne Gewähr – *Schränzer*.

Vgl. dazu noch den Bildwörter-Duden Bd. III S. 164 f. sowie die nachfolgende Anm.

ANMERKUNG 132

Innerhalb der vielfältigen Fangmöglichkeiten seien folgende kurz hervorgehoben: Wenn z.B. mit künstlichen Fliegen gefischt wird, heisst das *muggnä*. Kommt im besonderen der Nymphen-

ANMERKUNG 133

Dass aber Prachtsexemplare von Hechten ab und zu auch vom Ufer aus, und zwar mit Hilfe einer Rute (*Fischerrüätä, Rüätä*), an Land gezogen werden können, bewies der Attinghauser Hobbyfischer Karl Wicki, der am

11. Juli 1992 in der Nähe von Flüelen nach einem «Kampf» von rund 35 Minuten einen 27 Pfund schweren und 1,31 Meter langen Hecht *(Hècht)* gefangen hatte. Ein ähnlicher Fang gelang laut Zeitungsmeldung (UW 1992, Nr. 55) vor rund 20 Jahren dem Altdorfer Hansjörg Furger, der damals einen Hecht von 1,30 Meter Länge aus dem Urner See zog.

ANMERKUNG 134

Vgl. Merkblatt für den Sportfischer. Altdorf 1987.

ANMERKUNG 135

Vgl. Müller, Rudolf: Das Fangmass der Albeli *(Albäli)* im Vierwaldstättersee. In: Petri-Heil. Zürich, Jg. 35, 1984, Nr. 11, S. 18 f.

ANMERKUNG 136

Zur aktuellen wie auch geschichtlichen Situation bez. Fang und Hege von Nutzfischen in Uri vgl. folgende Aufsätze und Analysen:

Bericht der Konkordats-Kommission betr. die Fischerei im Vierwaldstättersee 1901–1905. Sarnen 1906
Colombo, Konrad: Aspekte der Fischerei. In: Die Reussmündungslandschaft am Urnersee. Altdorf 1984, S. 74 ff., 117 ff., 141 ff.
Dolder, Barbara: Fischerei auf dem Vierwaldstättersee. Zürich 1977
Hauser, Ruedi: Der Urnersee als Lebensraum für Fische. Es geht um gute Laich- und Lebensbedingungen. In: GP 1988 (15. Okt.)
Hauser, Ruedi; Zieri, Hansruedi: Die Kinderstube des Hechts. In: UW 1988, Nr. 35
Rippmann, U. Ch.: Seeforellen im Vierwaldstättersee. Berichte der Natf. Ges. Uri, H. 16, Altdorf/Zürich 1988.

Das LB von 1823 enthält auch eine «Fischerordnung» (vgl. Art. 229, 1 ff.), die dank der darin aufgezählten Verbote und Einschränkungen einen interessanten Einblick in die damals allg. bekannten Fischfangpraktiken gewährt. So war es in bestimmten Gewässern (z.B. *Dorfbach* in Al.) verboten, Reusen *(¹Bäär, ¹Bäärä, Fach, Rischä)* zu setzen *(fach[n]ä)* oder zur Befestigung solcher Fangvorrichtungen Pfähle einzuschlagen *(Schwirrä schlaa;* vgl. Id. IX 2132 ff.). Auch das Schiessen *(schiässä;* vgl. Id. VIII 1366, 1362), Stechen *(stächä;* vgl. Id. X 1226 f.)* und Stupfen *(stupfä, stipfä;* vgl. Id. XI 1177 ff.), d.h. das Hantieren mit langen, hakenbewehrten Stangen, sog. Stecheisen *(Stächyysä),* die mit (7) nebeneinander stehenden Widerhaken versehen waren, wurde geahndet. Untersagt war auch das Dötschen *(teetschä;* vgl. Id. XIII 2173 f.), d.h. das Stossen und Schlagen mit Stangen in seichtem Gewässer, um die Fische ins Netz zu treiben.

Auch die Verwendung von sog. Nebenschwänkle *(Nääbe[t]schwänkel, Schwänkel, Schwänggel;* vgl. Id. IX 2002, 2005) – den «30–60 cm langen dünnen Schnüren, mit denen die Angeln an der *Setzschnüär* aufgehängt sind» – wie auch der Einsatz von Klebgarn *(Chläbgaarä)* – einem «Fischernetz, welches man senkrecht wie eine Wand ins Wasser setzt und an derselben Stelle ruhig lässt» [Id. II 421] – sowie das Fangen mit Zuggarn *(Zuggaarä)* – einem «an einem Seil oder einer Stange an den Ufern hin und her gezogenen Netz» [Id. II 425 f.] – und ebenso das Wattenziehen *(Wattäziä)* – eine nach Id. I 1105 und Grimm DWB 27 Sp. 2603 dem Zuggarn vergleichbare Fangmethode spez. auf Balchen *(Balchä, Treggler)* – war teils gänzlich untersagt oder nur mit Einschränkungen erlaubt (vgl. 6, 7, 10). Dass diesen gesetzlichen Bestimmungen jedoch nicht immer nachgelebt wurde, bezeugt auch ein Artikel im UW 1891, Nr. 46. Darin macht die Konkordats-Kommission über die Fischerei im Vierwaldstättersee darauf aufmerksam, *dass immer noch beim Fischfange gesetzwidrige Netze und andere Apparate angewendet werden, was die Aufsichtsbehörde veranlasse, dass gegen die Fehlbaren von nun an strengstens eingeschritten [werde]*

*und die vorschriftswidrigen Instrumente
konfisziert werden.*

Im gleichen Artikel wird auch auf die
Schonzeit der Forellen und der Balchen
hingewiesen und speziell auf die Bestim-
mungen des Konkordats aufmerksam ge-
macht, wonach *der Fang von Balchen
mittelst Zünden [zindä, zintä] nur vom
25. November bis 5. Dezember gestattet
ist.*

ANMERKUNG 137

Vgl. hiezu Brücker, Walter: Verschiedene
Lebensräume. Gräben im Reussdelta. In:
UW 1990, Nr. 62, sowie Hauser, Ruedi:
Neuer Fischgraben im «Rechten». In:
UW 1991, Nr. 36, sowie UNB II 29 ff.

ANMERKUNG 138

Diesbezüglich immer wieder höchst
beeindruckende Beobachtungen lassen
sich längs der zahlreichen urner. Gebirgs-
bäche machen. Spez. hervorgehoben sei-
en der Unterlauf des Gruonbaches, div.
Stellen entlang des Schächenbaches, der
Kerstelenbach im Maderanertal, die
versch. Reussarme im Urserental etc.
Wenn schon im Text – zwar auch nur
beiläufig – von *Graabä* [Dim. *Gräpli*] die
Rede ist, sei zum mindesten auch auf die
div. *Graben*-Namen im Mündungsgebiet
der Reuss zwischen Seedorf und Flüelen
hingewiesen (vgl. Die Reussmündungs-
landschaft am Urnersee. Altdorf 1984,
S. 79: Planskizze) wie auch auf die weite-
ren über den ganzen Kanton verstreuten
Graben-Belege im UNB II 29 ff.

ANMERKUNG 139

Namenkundlich trifft man noch auf den
für Sis. nachgewiesenen histor. Beleg
Gassenstad +, worin sich das schwzdt.
Stad in der Bedeutung von «Ufer, natür-
licher Ufersaum» manifestiert (vgl. UNB
III 270).

ANMERKUNG 140

Zu den versch. Deltabildungen im Urner
See vgl. die Bildberichterstattung unter
dem Titel: Deltasiedlungen. Wildwasser

schaffen Land. In: Luzerner Illustrierte
1947, Nr. 22; im weiteren: Elber, Fredy;
Niederberger, Klemens: Ein Delta wird
wiedererweckt. Der Kanton Uri betritt
mit dem Projekt «Reussdelta» Neuland.
In: UW 1988, Nr. 31, sowie Meyer, Wer-
ner: 1291 – Die Geschichte. Die Anfänge
der Eidgenossenschaft. Zürich 1991, S. 24.
Gerade in jüngster Zeit bekam die Frage
nach einem erfolgversprechenden Ufer-
schutz spez. im Bereich der Reussmün-
dung zwischen Seedorf und Flüelen wie-
der neuen Auftrieb, weil zufolge unter-
schiedlichster Einflussfaktoren ein für
Pflanzen und Tiere wie auch für den
erholungsuchenden Menschen gleicher-
massen schutzwürdiges Randgebiet be-
ängstigend der fortschreitenden Zerstö-
rung entgegentrieb. Auch hierüber mag
eine kleine Titelzusammenstellung Ein-
blick in die im Grunde schon seit Jahr-
zehnten anvisierte Problematik geben:

Arbeitsgruppe Reussmündung: Die
    Reussmündungslandschaft am Urner-
    see. Altdorf 1984
Arbeitsgruppe Reussmündung: Eine
    einmalige Landschaft erhalten.
    In: Alternative 1983, Nr. 82, S. 5
Arnold, Bruno: Das «Jahrhundertwerk»
    ist beendet. Umgestaltung der Reuss-
    mündung, In: UW 1991, Nr. 28
Braunwalder, Armin: Ein Stück verlore-
    ne Heimat. In: Alternative 1992,
    Nr. 172 (Juli/August), S. 10 ff.
Brücker, Walter, Streuenutzung/Land-
    wirtschaft: Riedlandschaft. Aus dem
    Reussdelta. In: UW 1988, Nr. 75, u. GP
    1988, Nr. 38 – ill.
Brücker, Walter: Riedgräser oder Seggen.
    In: UW 1989, Nr. 28 – ill.
Brücker, Walter: Schilf am Urnersee. In:
    UW 1989, Nr. 72; GP 1989 (16. 9.) – ill.
Brücker, Walter: Pioniere im Reussdelta.
    In: UW 1989, Nr. 90 – ill.
Brücker, Walter: Das Reussdelta ist für
    1991 bereit. In: UW 1991, Nr. 23 – ill.
Brücker, Walter: Fremdlinge im Reuss-
    delta. Aus Gärten und Kulturen verwil-
    dert. In: UW 1991, Nr. 62
Brücker, Walter: Mehr Schein als Sein in
    der Natur. Bluff im Reussdelta. In: UW
    1992, Nr. 52

Elber, Fredy; Marti, Karin; Niederberger, Klemens: Pflanzenökologische und limnologische Untersuchung des Reussdelta-Gebietes (Kanton Uri). Berichte der Natf. Ges. Uri, H. 17, Zürich 1991

Frey, Karl: Kiesabbau. ETH-Fallstudien. Zürich 1990

Gamma, Hermann: Zur Uferflora der zentralschweizer. Seen und zum Problem des Uferschutzes. Verhandl. d. Schweiz. Natf. Ges., 1951, S. 11 ff.

Gamma, Reto: Dem Bagger zum Frass. Projekt Reussmündung. In: Alternative 1983, Nr. 80, S. 8 f.

Gesetz über den Natur- und Heimatschutz vom 18. Okt. 1987 [10.5101]

Hauser, Ruedi: Die Flachwasserzone. Die Schutzwürdigkeit ist heute allgemein anerkannt. In: UW 1989, Nr. 80

Leuthold, Barbara: Die Vegetation beim Schloss A Pro: Das Reussdelta lebt – den alten Zustand wiederherzustellen ist ein Experiment. In: GP 1990, Nr. 137 – ill.

Leuthold, Barbara: Die Vegetation auf den abgeräumten Riedflächen. In: UW 1990, Nr. 47 – ill.

Oechslin, Max: Die Urner Reussebene und das Naturschutzgebiet Reuss-Uri. Altdorf 1935

Ohne Schaden für die Umwelt. Kiesabbau an der Reussmündung. In: UW 1990, Nr. 10

Provisorisches Schutzreglement über das Südufer des Urnersees vom 21. Mai 1984 [10.5125]

Reglement über den Schutz des Südufers des Urnersees vom 19. Aug. 1985 [10.5110]

Sindelar, Karin: Vegetationskartierung und Standortuntersuchungen im Urner Reussdelta. Zürich 1987

Vischer, Daniel: Von der Korrektur zur Renaturierung von Fliessgewässern. Neue Anforderungen auf Grund gewandelter Wertvorstellungen. In: NZZ 1990, Nr. 52

WEG DER SCHWEIZ. Abschnitt des Kantons Solothurn, Basel-Stadt, Basel-Landschaft. Hrsg. Volkswirtschaftsdirektion des Kantons Uri. Altdorf 1991

Wilhelm, Markus: Tendenzen zur Veränderung der Vegetation im Urner Reussdelta nach der Dammöffnung. Zürich 1987

Wüthrich, Urs: Seit Jahren im Gespräch: Die Auswirkungen des Kiesabbaus. In: UW 1988, Nr. 93 – ill.

Wüthrich, Urs: Landschaftsentwicklung wird eingeleitet. Delta auf der Flüeler Seite. In: UW 1990, Nr. 30

Wüthrich, Urs: Naturschutzzonen beachten! In: UW 1990, Nr. 52

Wüthrich, Urs: Limnologie und Pflanzenökologie. Veröffentlichung neuer Forschungsergebnisse. In: UW 1991, Nr. 46 – ill.

Zurfluh, Kurt: 1991 soll die Reussmündung neu gestaltet sein. Rettung des bedrohten Urner Deltas hat Modellcharakter. In: UW 1990, Nr. 15

Zurfluh, Kurt: Steinige Pfade. Altdorf 1990, S. 361 ff.

ANMERKUNG 141

Auch im Flurnamengut trifft man in Uri bez. sumpfigen oder zumindest wasserdurchlässigen Stellen im Gelände auf einen reichen Bestand an Benennungen, wie die nachfolgende Zsstellung aus dem UNB eindrücklich belegt:

Äi I 124 ff., *Äijälä* I 133 ff.

Binz[ä] I 436 f.

Choryyti (?) II 1214

Dräcksickä III 220

Dräckzug III 1072

Färnigenbächt + I 239

Flesch I 1052 ff., dazu *Fleschbo[o]dä* I 506

Gillä II 102, dazu *Gilläboodä* I 514, *Wassergillä* I 533

Guntä II 111 f.

Gwätschboodä I 515

Hor, Horgä, Horgi, Horwä II 251 f.

Horstatt III 349

Kadtschlagerboden + I 522 f.

Kwätschboodä I 535

Lachä II 488 f., dazu *Horlachä* II 488 f.

Matill (?) II 642 ff.

Meer II 782 f.

Miäs, Miäsig II 798, dazu *Miäsplanggä* II 941, *Miäsplattä* II 988

Mirg (?) II 822 f.

Moolätreggli III 748

Moos, Moss, Muss, Missli II 802 ff., dazu
  Mo[o]sacher I 34 f., *Moosbäärg* I 372 f.,
  Fältmoss, Fälpmes etc. II 810 ff.,
  Müüsänalp I 93 f.
Muer, Ggmüär II 815
Murlach II 654, 825
Nass II 839, dazu *Nass Nossä* II 865, *Nas-
  sä Plänggli* II 943, *Nass Plattä* II 989,
  Nass Tal III 642, *Nass Zug* III 1084
Näätschbläz I 468
Pluderboodä I 535
Riäd II 1078 ff., dazu *Riädbo[o]dä* I 536,
  Riädmatt[ä] II 735 f., *Riädryyti* II
  1219 f.
Riätschwäizi III 179
Rooracher I 40
Säikbäärg I 402 f.
Säiki III 206 f.
Sammis (evtl. *Moos*) III 10
Schyyssänegg I 898
Schüätreg III 748
Schwäizi, Schwäizäli III 178 f.
Seewaadi III 931
Siän[ä] III 221 f.
Syybpoodä I 553
Sickä III 220, 748
Siggwald III 881 f.
Silggä III 233 f.
Träck I 804, dazu *Träckgrüäbä* II 78
Wassernessli II 871 f.
Wasserschwäizi III 179
Watengaden + I 1189
Wetmatt II 770 f.
Wyyjer III 987 ff., dazu *Wyyjerallmäini* I
  68, *Wyyjertaal* III 685.

ANMERKUNG 142

Wer einen Blick in ältere Darstellungen
der Urner Reussebene wirft, erkennt bei
genauerem Hinsehen neben dem mäan-
derähnlichen Verlauf der Reussmündung
zahlreiche tümpel- und weiherähnliche
Gebilde, eingebettet in einer einstmals
für viele Tier- und Pflanzenarten gerade-
zu paradiesisch angelegten Landschaft.
Als um die Jahrhundertwende unter dem
Druck der wachsenden Bevölkerung und
nicht zuletzt auch zufolge der weithe-
rum vorhanden gewesenen Ernährungs-
notlage spez. in Krisenzeiten der bereits
seit geraumer Zeit unüberhörbare Ruf
nach Schaffung von zusätzlichem Kultur-

land auch in Uri immer manifester wur-
de, war man sich zuständigenorts relativ
bald einig, dass dieses Ziel am besten
über den Weg von sog. Meliorationen in
Form von Dränagen in der Reussebene
(Ryyssäpni) erreicht werden könne. So
geschah es denn auch. Nach erfolgten
Detailabklärungen durch teils militärisch
in Uri während des 1. Weltkrieges tätige
Ingenieure *(Inschineer*, Pl. *Inschineerä)*
konnte die «Meliorationsgenossenschaft
Reussebene Uri» rechtsseitig der Reuss
noch im ersten Viertel dieses Jahrhun-
derts (1919) ins Leben gerufen werden.
Seither ist diese Genossenschaft, die sich
aus privaten Liegenschaftseigentümern,
der Korporation Uri und dem Kanton,
den Bürger- und Einwohnergemeinden
von Al., Er., Fl., Sc., den SBB und der
Telefondirektion zusammensetzt, im Sin-
ne der Gründermitglieder ungebrochen
aktiv, indem sie für den Unterhalt der
Anlagen selber aufkommt. Eine Aus-
wahl der wichtigsten Publikationen
mag den Werdegang des Meliorations-
wesens in der Urner Reussebene etwas er-
läutern:

Arnold, Josef: Geschichte der Meliora-
  tion 6462 Seedorf. In: 50. Generalver-
  sammlung Meliorationsgenossenschaft
  6462 Seedorf. Seedorf 1990, S. 10 ff.
Bericht über die Meliorationen.
  In: UW 1919, Nr. 15; 1920,
  Nr. 8, 9; 1921, Nr. 17, 18, 42, 43
Bloch, Alfred: Das Bodenverbesserungs-
  wesen im Kt. Uri (1913–1924). Bern
  1925, spez. S. 7 ff.: Melioration der
  rechtsseitigen Reussebene von Erstfeld
  bis zum Vierwaldstättersee in Flüelen
Forrer, K.: Melioration der Reussebene.
  In: UW 1922, Nr. 14, 15
Furrer, Martin: 50 Jahre Meliorationsge-
  nossenschaft Reussebene Uri. Altdorf
  o. J. [ca. 1969]
Girsberger, Johannes: Die Melioration
  der rechtsseitigen Reussebene im
  Kt. Uri von Erstfeld bis zum Vierwald-
  stättersee. Zürich 1918
60 Jahre Meliorationswesen in Uri.
  In: UW 1978, Nr. 23
Marty, Karl: Als die Reussebene melio-
  riert wurde. 65 Jahre Meliorationsge-
  nossenschaft Reussebene Uri. GP 1984,

Nr. 14. Hrn Marty verdanke ich auch wesentliche Informationen zur Geschichte der Meliorationsgenossenschaft.

Meliorations-Genossenschaft Reussebene Uri. Statuten. Altdorf 1919

Müller, Anton: Gib uns unser täglich Brot [Spez.: Palankenbachkorrektion und Entsumpfung der Reussebene]. In: Urner Volksfreund 1885, Nr. 3 ff.

Oechslin, Max: Einfluss der Melioration auf die natürliche Vegetation in der Reussebene. In: GP 1924, Nr. 46

Oechslin, Max: Die Meliorationsarbeiten im Kt. Uri in den Kriegsjahren 1940–45. In: UW 1946, Nr. 40

Oechslin, Max: Gedanken zum urnerischen Meliorationswesen. In: Alpwirtschaftl. Monatsblätter, 1960, Nr. 6, S. 222 ff.

Rechnung der «Melioration Reuss», jährlich wiederkehrend und im StaA Uri zur freien Einsicht hinterlegt.

Seedorf. Geschichte und Gegenwart. Hrsg. Einwohnergemeinderat Seedorf. Seedorf 1991

Zum wertvollen Werk Sorge tragen. 50. GV der Meliorationsgenossenschaft Seedorf. In: UW 1990, Nr. 24.

ANMERKUNG 143

Vgl. hierzu auch Meier, Hans: Wasservögel auf dem Urnersee. In: UW 1989, Nr. 22, mit weiterführenden Literaturangaben u. vom selben Autor: Begehrter Rastplatz für Zug- und Brutvögel. In: UW 1990, Nr. 40.

Von den Klein- und Kleinsttieren, soweit sie im Wasser leben, tritt nebst den als Fischköder im Textteil bereits erwähnten Beispielen mdal. noch der Blutegel (*Blüätsüüger*) in Erscheinung. Hingegen vermochten selbst interessante Insekten, wie z.B. der Wasserskorpion, der im Urner Reussdelta bis jetzt an drei Orten sicher festgestellt werden konnte (vgl. Heinz Suter: Der Wasserskorpion. In: UW 1991, Nr. 70), mangels unmittelbarer Bezugnahme der einheimischen Bewohner zum Objekt nicht bis ins urner. Vokabular vorzustossen.

ANMERKUNG 144

Die im Text anvisierten Amphibien (vgl. Urs Wüthrich: Amphibien im Mündungsgebiet der Reuss. In: UW 1989, Nr. 36, und vom selben Autor. Für Erdkröten und Grasfrösche? Seeuferlaichplätze. In: UW 1992, Nr. 44) sind nebst den erwähnten Eidechsen und Schlangen – wenn auch unterschiedlich – im urner. Sagenmaterial recht gut vertreten (vgl. MS III Reg.). Interessant ist dabei die Beurteilung und Charakterisierung der einzelnen Tiere. So heisst es z.B. von den Eidechsen (*Häidoxli): Tiänd doch niä käim Häidoxli nyt zläid, diä hènt scho mängem Mänsch ds Lääbä grettet, si sind äs Müättergottestiärli* (MS III 182). Kröten (*Chrott*, Pl. *Chrottä*) und auch Frösche (*Frosch*, Pl. *Fresch[ä]*) schneiden in der Bewertung unterschiedlich ab. Einerseits werden sie als Alraunen (*Allärüünä*) zu verbotenen Geldgebern (*Gäldschyyser*) und geheimnisumwitterten Geldverwaltern, zum andern erlebt man sie auch als gesundheitsfördernde Kräfte, die manch elend darniederliegenden Kranken wieder völlig kuriert haben (MS I 254 f.). Hierzu berichtet auch Ed. Renner in seinem «Ring» (Zürich 1976, S. 25), dass Froschlaich (*Freschämalter*) oder noch besser ein Froschweibchen (*Dottermäärä*), «das kurz vor dem Laichen steht», erfolgreich gegen entzündete Augen eingesetzt wird, indem man das Ganze als Umschlag auf das kranke Auge legt.

Die rotbauchigen Molche (*Rootbyychler*) lassen in der Sage vermuten, dass aus ihnen *Gold* zu gewinnen sei (vgl. MS I 253 f.), währenddem die Schlange – schon alttestamentlich als Inbegriff des Bösen deklariert – praktisch auch im Sagengut als direkte Verkörperung des Teufels (*Bees, Gheerälet, Heeräler, Tyyfel etc.)* angesehen wird (MS II 168) und deswegen dazu bestimmt ist, dem Menschen – wo immer möglich – zu schaden (Ausnahme: vgl. MS III 186 ff.).

3 WALD UND HOLZ

145 Seite 210 Aus der Forstwirtschaft[145]

146 Seite 213
147 Seite 213
Uris Wälder (*Wa[a]ld*, Pl. *Wä[ä]lder* neben z. T. *Bann*, *Holz* und vereinzelt *Tann*[146]) erstrecken sich nach jüngsten Angaben[147] über eine Fläche von rund 20'000 ha. In Prozenten ausgedrückt sind dies bei einer Gesamtfläche von 107'645 ha gute 17%. Uri liegt somit in bezug auf den Bewaldungsanteil verglichen mit den übrigen Kantonen der Schweiz an drittletzter Stelle. Nur Basel-Stadt (13.1%) und Genf (9.5%) weisen einen noch geringeren Wald-anteil auf. Hingegen bezogen auf den Pro-Kopf-Anteil der Bevölkerung nimmt der Innerschweizer Kanton mit 55 Aren pro Einwohner gesamt-

148 Seite 213
149 Seite 213
schweizerisch den wiederum überraschenden 4. Platz ein,[148] was sich natür-lich unter Berücksichtigung der relativ bescheidenen Bevölkerungszahl[149] sehr leicht erklären lässt.

Vergleichbar mit den schweizerischen Mittelland- und Voralpenge-bieten beschränkte sich die Bedeutung auch der Urner Wälder zumindest in ihren Anfängen nicht ausschliesslich und uneingeschränkt nur auf die dem heutigen Gebirgswald vornehmlich übertragene Schutzfunktion (*Schirm-wald*). Zu vielseitig war die Nutzung des Waldes im Mittelalter angelegt. Der Wald galt in jenem Zeitpunkt zunächst einmal als grosszügiger Lieferant von Bau- (*Büüw-*, *Häüw-*) und *Brènnholz*. Im weiteren erschloss er der dama-ligen Landwirtschaft zusätzliche Weidegebiete und Möglichkeiten der Laub- (*läübä*, *müärä*) sowie Streuegewinnung (*sträiwä[nä]*, *sträiwnä*). Schliesslich galt er obendrein noch als unschätzbare Vorratskammer im Interesse der unterschiedlichsten gewerbemässig praktizierten Holzver-arbeitungsbetriebe. So besehen bekommen denn auch die im ausgehenden 14. Jahrhundert in Seelisberg, Flüelen und Andermatt abgefassten Bann-

150 Seite 213
151 Seite 214
briefe[150] plötzlich den Charakter einer eigentlichen Allmendordnung.[151]

Erst mit der deutlichen Klimaverschlechterung im ausgehenden Mit-telalter und den damit verbundenen ungeahnten Gefahren der Natur über-trug man gerade hierzulande in zunehmendem Masse dem Wald auch eine

152 Seite 214
Schutzfunktion im ökologischen Sinn,[152] obwohl noch im Jahre 1859 in der zweiten Auflage des Landbuches von Uri die in verschärfter Form festge-legte Allgemeine Holz-Ordnung (Art. 299) nicht etwa mit der mangelnden Schutzwirkung der Urner Wälder begründet wurde, sondern mit dem Hin-weis, dass zufolge unerlaubten und übertriebenen Holzhauens «*die Wälder ausserordentlich erödet und gleichsam ausgerottet werden, so dass mit Grund zu besorgen, dass unsere Nachkommenschaft, besonders in einigen Gemein-den, dem drückendsten Holzmangel ausgesetzt werden*» (a.a.O., S. 49). Die zusätzliche Schutzgewährung, ohne deren Verlässlichkeit ein Überleben in

153

Zum Bild auf Seite 152: Dem Wald als Inbegriff einer Vielzahl magischer
Ausdrucksformen kommt gerade in Gebirgsgegenden neben den
geheimnisumwitterten Erfahrungsmomenten stets auch die äusserst real empfundene
Funktion des Schutzes und der Lebenssicherung der Talbewohner zu.

Unten: Nicht immer sind es ganze Dorfschaften wie z.B. in Andermatt und Realp, die
der Wald zu schützen hat. Vielfach handelt es sich um einen kleinen Weiler oder gar
nur um Haus und Stall wie hier im *Vreenibäärg* (Gmde Gurtnellen).

den von Lawinenzügen und Wildbächen durchfurchten Bergtälern selbst heute noch trotz allen modernsten technischen Vorkehrungen und Errungenschaften undenkbar wäre, rief dann aber doch mit der Zeit folgerichtigerweise zu umfassenden Massnahmen, wie dies die diversen Bannbriefe nebst den gesetzlichen Grundlagen im schon zitierten Landbuch von Uri überzeugend belegen.[153] Äusserst detailliert abgefasste Regelungen und Verbote[154], bei deren Zuwiderhandlung mit extrem harten Bestrafungen in Form von hohen Bussen, Einkerkerung (*Gfängnis, Loch, Poolis, Schälläwärch, Täübhyyssli, Zuchthüüs*) und sogar körperlicher Züchtigungen zu rechnen war, gaben den Schutzwäldern die charakteristische Bezeichnung Bannwald *(Bawald)* und teils sogar *Mattäba[nn]wald*, wenn es sich um besonders unantastbare Wälder handelte. Dieser Sonderstatus führte mit der Zeit auch leicht dazu, dass speziell solche Wälder über die gesetzlich verankerten Massnahmen hinaus zusätzlich wie von einem magischen Bann belegt waren,[155] bei dessen Durchbrechung – und sei es nur durch regelwidriges Betreten – der Missetäter unweigerlich den Fluch der im Dunkel der Wälder hausenden Geister auf sich zog.[156]

Nebst der verständlicherweise nicht hoch genug einschätzbaren Schutzwirkung darf aber die volkswirtschaftliche Seite des Urner Waldes trotz der augenblicklich enorm gesunkenen Holzpreise und der anderseits ebenso spürbar gestiegenen Waldarbeiterlöhne nicht gänzlich übersehen werden.[157] Der Urner Wald, der als Mischwald wie auch als reiner Nadelholzwald mit mehrheitlich Fichten *(Roottannä, Schindelbäüm, Tannigs)* und Weisstannen *(Wyysstannä)* nebst Föhren *(²Feerä, Chiän, Chyyn, Chiä[n]bäüm; chiänig)* und Lärchen *(Lärchä)* aufgeforstet ist,[158] muss – wenn er also seine oft beschworene Schutzfunktion erfüllen will – im Rahmen des angestrebten Verjüngungsprozesses planmässig und durch kleinflächige *(z Plätzä wyys)* Bewirtschaftung ausgeholzt *(üss'holzä)* werden. Hiefür konnten früher die Korporationsbürger anstelle des Teilholzgeldes *(Chrischchindäligäld, Schytwaldholzgäld, Täilholzgäld)* das ihnen zugewiesene und zugemessene Holz *(Häüw, Häüwholz)* selber schlagen.[159] Inzwischen ist beides abgeschafft worden. Geblieben ist hingegen der sog. Korporationsbürgernutzen *(Birgernutzä)*, der in der Höhe von Fr. 5.– *(Fyyflyyber)* pro Kopf – je nach Allmendbürgergemeinde – jeweils auf Ende Jahr oder dann im Zweijahresrhythmus den ortsansässigen Korporationsbürgern ausbezahlt wird.

Ein Wald, der zum Unterschied von den Bannwäldern der Nutzung durch die Bürger offenstand, bezeichnet man heute noch als *Schäit-* oder *Schytwald.* Wenn sich durch entsprechendes Fällen der Bäume – ein Arbeits-

153 Seite 217
154 Seite 217
155 Seite 217
156 Seite 217
157 Seite 218
158 Seite 218
159 Seite 218

Im Mitteilungsblatt SV (Basel 1936, S. 68 f.) veröffentlichte a.Oberförster Max Oechslin (1893—1979) die nachfolgenden Holzzeichen, wie sie damals noch in den einzelnen Isentaler Familien als Eigentumsmarkierung beim Holzen verwendet wurden:

1. Aschwanden Karl
2. Aschwanden-Dittli
3. Aschwanden Zachi
4. Arnold Anton, Holzschuenis
5. Arnold Isidor
6. Aschwanden Josef, Gmde-Schreiber
7. Bissig, Schuenis
8. Bissig, Klosterberg
9. Bissig, Furgelers
10. Gasser, Kleinwäldli
11. Gasser, Posthalter
12. Infanger Bini
13. Infanger, Schattigmatt
14. Infanger, Stalden
15. Imhof, Bodmi
16. Jauch, Kleintal
17. Schilter Ferdi
18. Ziegler, Schattenberg
19. Ziegler Ferdinand
20. Zurfluh Michael

Toni Walker-Gisler, Holzbildhauer, Flüelen, hat seinerseits die nachfolgenden Zeichen gesammelt, soweit sie in Flüelen jetzt (1993) noch bekannt sind:

21. Arnold, Rüti, Arnold Michael, *Glori*
22. Bricker, Giebel *(ds Jooschtä)*
23. Bricker, Urmis *(ds Karlis)*
24. Bricker Thomas
25. Muheim, Matte (Schützengut, Altdorf)
26. Planzer Franz, Obere Planzern
27. Gisler Anton, Axen *(Schipfiger)*
28. Muheim Karl, Gehrli
29. Gisler Karl, Gruonmatt *(Chessler)*
    Bricker Balz, Planzerberg
    Walker Anton *(Geisser)*
30. Herger, Bodmi
31. Herger Hans, Giebel
32. Herger Karl, Zeissig
33. Herger Gustav, Getschwili
34. Walker Josef, Gruonbergli
35. Walker Hans, Rüti
36. Gisler, Gruonbergli *(Gufliger)*
37. Walker Josef, Halde
38. Walker, Langmatt
39. Walker, Matte *(Gentligers)*
40. Ziegler Karl, Häldeli

1	—|—	11	\\—
2	H-H	12	⊔
3	H⊓	13	— = —
4	∧| oder \\\|	14	||
5	\\† oder ∧+	15	—
6	= —	16	△
7	H	17	=||
8	∨	18	Z
9	∨|	19	Y
10	||—	20	==

21	⊿	31	HH
22	∨	32	HK
23	∨∨	33	\\\\
24	∨|∨	34	X
25	∨|	35	X|
26	∨| oder |∨	36	X||
27	∧	37	XX
28	⋀K	38	⋁
29	Y	39	W
30	H	40	Z

39

vorgang, der meist im Winter *(Winterhäüw, Winterschlag)*, je nach Situation aber auch im Sommer *(Summerschlag)* zu verzeichnen ist – einzelne Lichtungen und Blössen ergeben, nennt man diese *Balm* oder *Bleessi*, in halbappellativischem Gebrauch *Sticki* sowie spürbar vom Standarddeutschen beeinflusst auch *Liächtig*. Wird hingegen der Wald von streifenförmigen Kahlstellen durchbrochen, spricht man von *Schmyyssä, Schnäisä* oder *Sträipfä*.[160]

160 Seite 219

Stämme, die von Sturmböen *(Feenäschild, Rutz, Tüüsch)* unter Krachen des berstenden Holzes *(chnotzerä)* gefällt werden *(Äs het Bäim üüsäggriärt)* und hernach als Windwurfholz kreuz und quer *(chryz und quäär)* durcheinander *(du[u]ränand)* zu liegen kommen, heissen *Ggreen*.[161]

161 Seite 220

Damit nun aber der Wald gerade seinen vielfältigen Nutzen im Interesse von Mensch und Tier zu spenden vermag, bedarf es eben auch der umsichtigen Obsorge und Pflege *(Pfläg)* im kleinen wie im grossen. Hiefür ist auf Kantonsebene das Forstamt *(Forschtamt)* mit akademisch ausgebildeten Forstingenieuren *(Forschtmäischter,* früher *O[o]berfèrschter)* zuständig, währenddem für die den nutzungsberechtigten Allmendbürgergemeinden innerhalb der jeweiligen Gemeindegrenzen überlassenen Wälder der Förster *(Fèrschter)* als patentierter Fachmann, unterstützt von geschulten Forstwarten *(Forschtwart)* und allenfalls auch unqualifiziertem Personal *(Wa[a]ldarbäiter)*, verantwortlich zeichnet.[162] Was früher dem Bannwart

162 Seite 222

(Bawälder) übertragen wurde, gehört heute in den Aufgabenbereich eines Försters. Dieser verrichtet erwartungsgemäss seine Arbeit vornehmlich im Wald *(i oder z Wa[a]ld gaa,* auch *a ds Holz gaa)*, indem er die zu fällenden Bäume, z.B. (mehrjährige) dürre *(chlingel-, chlotter-, stämm-, wind'tirr)* Stämme *(Bäümg[g]riggälä, Ggreen, Lattä, Roonä, Stamm,* Pl. *Stämm, Stangä)*, aber auch frisches *(griän)* Holz mit dem Försterzeichen[163] *(Waldhammer)* bezeichnet *(choorä, a'choorä, chorbä, nummeriärä, a'schèrpä, stock-*

163 Seite 223

chorbä, zäichnä, a-, üss'zäichnä, ä Chärb[ä] machä), dabei den Stamminhalt mit einer sog. Kluppe *(Chloppä, Chluppä)* errechnet, auch da und dort überwucherndes *(iberwaalä, verstüüdä, verstütnä)* Buschwerk *(Gschletter, Gstripp, Roonä, Schlitter, Stüüdä, Underholz)* entfernt *(gèrtä, üs'aschtä, üss'holzä, verbor[r]ä +[164])* und Jungpflanzen von zu hohem Gras befreit

164 Seite 223

(üss'mäijä, üss'sichlä). Womöglich wird im Rahmen solcher Arbeiten ein aufmerksamer Förster gleich auch von Holzern verursachte Unordnung beseitigen *(nachä'butzä, -holzä)*, allenfalls auch Äste *(Escht [<Ascht])* an einen Haufen legen *(a Hüüffä leggä, tüä; Escht zämä'ghyyjä)* und beim Vorbeigehen an den Bäumen *(Bäum,* Pl. *Bäim)* etwelche Auswüchse *(Chropf,* Pl. *Chrepf)* wegschneiden *(chrepf[n]ä)*. Auch für das Aufforsten *(üff'forschtä)* ist er nach Anweisung des Forstamtes zuständig und trägt

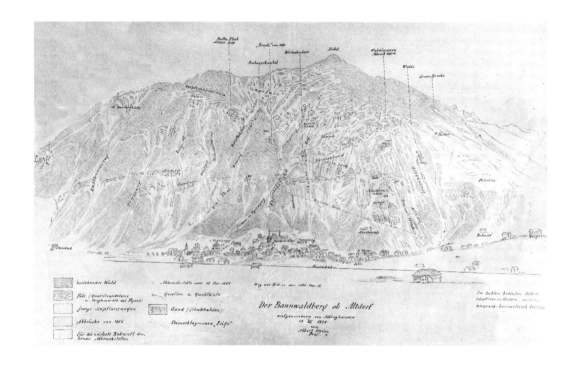

Altdorfs Bannwald in einer
Originalzeichnung von Prof. Albert
Heim (1849–1937) aus dem Jahre 1886.
Speziell beachte man die diversen
«Züge», die früher z.T. als eigentliche
Reistwege benützt wurden.

Sorge, dass speziell der Jungwuchs *(Jungwald)* ordentlich gedeiht und nicht durch übermässig schattenspendende Bäume *(Schattner)* am Aufkommen *(üff'cho, ²waxä; ²Wax, Wux)* gehindert wird. Wo ein Weg *(Wäg)* in schlechtem Zustand angetroffen wird, gehört es selbstverständlich auch in den Aufgabenbereich des Försters, diesen – wenn auch nur notdürftig – instand zu setzen *(²wäägä, a'wäägä)*, und wo gar ein Schutzdamm *(Firschlag)* speziell für einen Holztransportweg *(Räischtwäg, Räischtzug, Zug)* zu erstellen ist, wird er gewiss auch für Rat und Tat zur Stelle sein.

Waldnutzung

Im Gegensatz zu den bereits erwähnten Bannbriefen, laut denen es – wie oben schon erläutert – unter Androhung von teils extrem empfindlichen Bussen strengstens verboten war, sogar Fallholz *(apgäänds, lügeds, tirrs, toots Holz)* ohne obrigkeitliche Erlaubnis aus dem Schutzwald *(Schirmwald)* zu entfernen, ist man zuständigenorts längst schon dazu übergegangen, selbst einen sog. Bannwald *(Bawald, Mattäbann[wald])* gerade in Berücksichtigung seiner Schutzfunktion gezielt wirtschaftlich zu nutzen. Diese Tendenz macht es möglich, dass sich vornehmlich, aber nicht ausschliesslich aus bäuerlichen Kreisen[165] Einzelpersonen oder kleinere Gruppen (3 - 5 Mann) speziell in der Winterszeit *(dr Winter[t] dur; Winterschlag[166])* zwecks Aufbesserung ihrer finanziellen Verhältnisse, meistens jedoch aus Tradition und zum persönlichen Zeitvertreib als eigentliche Hobby-Holzfäller *(Holzer, Samschtigholzer)* betätigen *(holzä, si beholzä, pholzä)* und die von der Allmendbürgergemeinde freigegebenen und teils auch an öffentlichen Holzversteigerungen *(Holzverstäigerig)* ersteigerten oder zu einem festen Richtpreis oder gar durchs Los *(Holz ziä)* erstandenen Bäume *(Bäüm, Flatztannä, Doppelstämmer, Gäisstanntli, Gräischpälä, Grassälä, Grotzä, Häxätanntli, Hüdeltannä, Lattä, Stamm, Stangä, Stock, Stupper, Tannä, Tschach, Tscha-chä, Tschüüdergrotzä, Züäsoon, Zwäitèlder, Zwyy, Zwyysel)* im Walde draussen fällen gehen *(fèllä, häüwä, Trooslä häüwä, holzä, ap-, appä'holzä, um'saagä, um'tüä)*.

Bei dieser auch heute noch äusserst gefährlichen Arbeit lassen sich folgende Beobachtungen machen: Damit der Baum in die vorgesehene Richtung *(Richtig, Fall-, Fäll'richtig)* fällt, muss zunächst eine Fallkerbe *(Chärb, Chärbä, Schroot, Äxäschroot, Häüwschroot)* mit einer Axt *(Äx[t])* geschlagen werden. Trifft dabei die Axt den Stamm allzu seitlich oder überhaupt nur halbwegs, spricht man von *schäärbiswyys häüwä*. Da der Baumstamm

165 Seite 223
166 Seite 223

Zu den zwei oberen Bildern:
Was früher mit dem geschmiedeten
Wa[a]ldtyyfel (oberes Bild) mühsamst
gezogen wurde *(ferggä)*, wird heute
mit dem weit handlicheren *Habegger*
(untere zwei Bilder) erreicht *(habeggerä)*.

Links:
Habegger im Einsatz
an einem *Dryybäi*.

160

aus Sicherheitsgründen aber nicht gänzlich durchgesägt werden kann, ergibt sich normalerweise am gefällten Teil des Stammes *(Sträälträämel)* oder dann am Strunk *(Reenä, Roonä, Stock, Stoortä)* eine meist kammartige Bruchstelle, *Strääl, Sträälholz, Sträältotz, Sträälzand* oder *Strügel* und vereinzelt auch *Branzzumpel* genannt. – Nun beginnt die Arbeit im kleinen. Zunächst muss der Stamm von den Ästen befreit werden *(aschtä, ab-, üs'aschtä, baxlä, bäxlä, enteschtä, schlyyssä, ²schnäiggä, ap'²schnäiggä, schnäitä, ap-, appä-, üss'schnäitä, üff-, üss'räisä, Gris,* resp. *Läub stumpä)*. Die dabei entstehenden kleineren Holzabfälle heissen *Bäxledä,* währenddem ein einzelner abgehackter Astansatz mit *Baxlä, Bäxlä* bezeichnet wird. Dann wird die Rinde *(Batzli, Rindä, Rüäpä, Schwartä)* – der grösseren Gleitfähigkeit des Stammes wegen – gleich an Ort und Stelle mit Hilfe eines *Schnätz-, Ziä-, Zug-* oder *Schèll'mässers,* meist jedoch mit einem *Rüäpyysä* oder *Schlyysser* entfernt *(rintnä, rüäp[n]ä, schèllä, schindä, schlyyssä, schwäntä, tschiferä, tschüäp-[n]ä),* eine Arbeit, die durch die veränderten Transportmöglichkeiten und die entsprechenden Einrichtungen teils direkt in der Sägerei *(Saagä, Sa[a]geryy, Saagi, Sa[a]gihüüs)* auf maschinellem Wege erledigt wird. Wo dieser Arbeitsvorgang noch im Walde ausgeführt wird, da muss der Stamm von unten her *(under Äügs)* mit einem auf dem Prinzip des Hebelgesetzes beruhenden Werkzeug *(Cheerhaaggä, Geegelhaaggä, Zappyy[n])* ruckweise *(ä Ruck, ä Rutz gää, z Rutzä wyys)* und teils auch unter dem aufmunternden Zuruf *hoo-ruck, hoo-rutz* um seine eigene Achse gedreht *(bäizä, üff'bäizä, üff'chiächtä)* und im obigen Sinn entrindet werden. Die Rindenabfälle heissen *Butzetä, Rüäpetä* und wie die Rinde selber *Rüäpä* oder *Schwartä.* Diese wurden früher gerne zum Anfeuern *(a'fyyrä)* gebraucht.

Jetzt werden die Baumstämme an ihren Enden entkantet *(spärmyylä)*. Die auf diese Weise abgeplattete Kantenform beim Rundholz *(Träämelholz)* heisst *Spärmy[y]l.* Der bearbeitete Stamm *(Roonä, Trääm, Träämel),* den man mit Manneskraft *(ruckä, zeekä, ziä)* oder mit Hilfe eines *Wa[a]ldtyyfels* oder einer Seilwinde *(Habegger, Säilwindä, Windä),* eines Transportseils *(Niderbärgersäili, Säil, Umläüfsäil)* allenfalls in Verbindung mit einem Laufkran *(Chatz, Läüfchraanä)* oder einem Wagenkasten *(Gatter, Gi[i]fi)* und neuerdings gar mittels eines Helikopters *(Helikopeeter)* oder eines Mobilseilkrans[167] *(Graan[ä])* bis zum nächst befahrbaren Weg gebracht hat *(ty[y]fflä),* kann nun am Wegrand für den Abtransport bereitgestellt werden *(sytnä).* Der *Strääl* oder das *Boodästuck,* auch *Sträälträämel* genannt, d.h. das unterste Stück des Stammes (bis 4 m lang), das als *Doppelträämel* zwischen 8 und 12 Metern messen *(mässä)* kann, muss jetzt noch – soweit überhaupt vorhanden – von der Bruchstelle *(Frack, Iber-, Uber'zand)*

167 Seite 223

161

Zu den oberen
zwei Bildern:
Ausgerüstet
mit einer *Äx[t]*,
einem *Spa[a]lt-
schleegel*, mit
Bissä und
Weggä sowie
einem
quergestellten
Holz *(Twääret)*
als Unterlage
spalten die
Holzer die
meterlangen
(me[e]trig)
Rundhölzer in
Miisälä, resp.
Spä[ä]ltä.

Kleines Bild
rechts: *Weggä*

Kleines Bild
links: *Bissä*

Zu den unteren
zwei Bildern:
Anfallendes
Kleinholz
wird zu
Stüüdägarbä
zusammen-
gebunden
(räigglä, räitlä).
Hier ein
schönes
Exemplar von
einem sog.
Garpli- oder
Stüüdäbock.

gesäubert werden *(ap'strääIä, ap'fracknä)*. Wird dabei ein ganzes Rundstück abgeschnitten, spricht man von *Ruugel*, ²*Runggel* oder *Totz*, vereinzelt auch von *Apsagglig*. Ein eher klotzartiges Endstück *(Ändi)* hingegen heisst *Chnutsch*, Dim. *Chnutschli*, *Grunggel* und *Tutsch*, Dim. *Tutsch[äl]i*, neben *Tutschälä*, wobei diese Bezeichnungen ebenso gut auch für eigentliche Rundhölzer jedoch immer von eher kleinerem Ausmass verwendet werden können.

Selbstverständlich ist nicht nur das sog. *Stamm-*, *Sag-* oder *Träämelholz* für den *Holzer* von Interesse, sondern je nach Grösse *(Greessi)*, Länge *(Lèngi)* und Dicke *(Ticki)* lässt sich auch das Geäst *(Ascht [*Pl. Escht*]*, *Chneebel*, *Prügel)*, das sog. *Spä[ä]ltäholz*, ebenfalls nutzbringend verarbeiten. Eher dünne und somit zu Industrie- oder Brennholz bestimmte Stämme *(Lattä, Lattäbäüm, Lattäholz)* wie auch entsprechend grosse Äste müssen zunächst Meter um Meter mit einem *Chratzimetter* oder *Mässstäckä* gezeichnet *(zäichnä)*, hernach zersägt *(miisälä, versaagä)* und je nach Grösse mit einem Spalteisen *(Bissä, Spa[a]lter)* zu sog. *Spä[ä]ltä*, *Späält[l]ig* gespalten werden *(biss[n]ä, verbiss[n]ä)*. Dies geschieht teils an Ort, teils drunten im Tal und meist zu zweit. Früher wurden die nicht weiter verwertbaren Reste von Ästen kurzerhand den Wald hinunter geworfen *(bäng[ä]lä, appä'riärä)*. Die zurechtgeschnittenen Holzstücke *(Miisälä, Spä[ä]ltä)* hingegen werden auch heute noch klafterweise *(chlaafterig)* oder in einem Mehrfachen davon zu einer Holzbeige *(Chlaafterbyygi, Holzbyygi, Holzstooss)* geschichtet *(chlaafterä)*, dabei an den beiden Enden zur Hebung der Stabilität kreuzweise übereinandergelegt *(fachnä)* und später an den Verbraucher verkauft.[168]

Eigentliches Kleinholz oder eben *Brènnholz*, *Fyyrig*, *Hüüsholz*, *Steckholz*, das etwa zum Anfeuern *(a'fyyrä)* oder Beheizen der Kachelöfen *(Chacheloofä)* oder auch der eisernen Kochherde *(Kunscht)* in kleineren Mengen *(Arfel, Arfflig, Burdi, Dryyschiibel, Trischiibel)* für den täglichen Bedarf bereitgestellt wird *(hüüsholzä)*, fällt etwa dadurch an, dass einzelne Äste *(Ascht*, Pl. *Escht, Gräschp)* von einem Baum weggehauen werden *(aschtä, schnäitä, ap'schnäitä)* oder dass Buschwerk *(Roonä, Stüüdä)* mit Hilfe einer Hippe *(Gèrtel)* zurückgeschnitten wird *(gèrtä, üss²schnäiggä)*. Die auf solche Weise erhaltenen Stauden *(Gfäüzts, Gretzä, Peschä, Stüüdä, Stüüdäpeschä, Witfräüwäholz)* werden gesammelt *(styydälä, stytlä, stütnä)*, dann zu sog. Reisigbündeln *(Garpli [<Garbä], Stüüdä, Stüüdä'burdäli, -garbä)* mit Hilfe eines besonderen Gerätes *(Garplibock, Stüüdäbinder, Stüüdä[garbä]bock)* zusammengebunden *(räigglä, räitlä, styydälä, stü[ü]dägarplä, stü[ü]dägarpnä)* und schliesslich an geeigneter Stelle, z. B. in einem Holzunterstand *(Gribyywli, Holzwitterä, Schopf, Witterä)*, aufgeschichtet

Tännchen *(Grotzli, Tanntli, Tänntli)* werden — sofern nicht als *Brènnholz* verwendet — äusserst verschiedenartig eingesetzt. Neben dem Gebrauch als *Firschtgrotzä* selbst bei modernen Bauten begegnen sie uns mehr und mehr auch als Kopfschmuck der Kühe auf ihrer Rückkehr von den Alpen. Neu ist der vereinzelt anzutreffende Brauch, bei der Geburt ein Bäumchen wie zur Aufrichtefeier aufs Dach zu stecken.

Oberes
Bild links:
Firschtgrotzä

Oberes
Bild rechts:
Bäumchen zur
Geburt

Unteres
Bild links:
Chrischbäimäli

Zu den zwei
Zeichnungen:
links
Chääsbrächä;
rechts
*Sänntägeschner,
Nytlägesch[ä]ner*

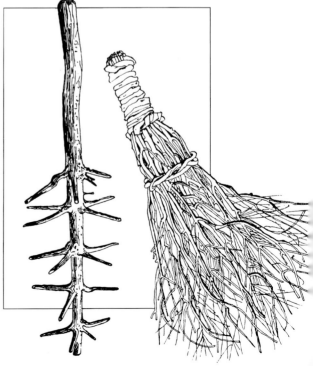

169 Seite 223 *(burdälä)*.[169] – Speziell darauf hingewiesen sei in diesem Zusammenhang überdies noch auf den Baumwipfel *(Toldä, Toldäbäum*, vereinz. *Toldäträä-mel)* vor allem der *Root-*, in selteneren Fällen der *Wyysstannä*. Diese Spitze *(Spitz)* wurde früher häufig unter der Bezeichnung *Sänntägesch[ä]ner* oder auch nur *Gesch[ä]ner* zu einem Quirl zurechtgestutzt oder aus einem geschälten Tännchen *(Tanntli, Tänntli)* hergestellt, um dann bei der Käsefabrikation *(chääsä)* – im Tal drunten vom Käser *(Chääser)* und auf der Alp vom Senn *(Sä, Sänn, Sè* Urs.) – als Käsebrecher *(Brächä, Chääsbrächä)*, einer Vorform der heute noch gebräuchlichen Käseharfe *(Chääsharpfä, Harpfä)*, verwendet zu werden. Max Oechslin beschreibt dieses Werkzeug wie folgt: *«Für einen Senntengeschener oder Käsbrecher schneidet man vom Gipfel einer schön gewachsenen Fichte ein 1 bis 1,5 m langes Stück, an dem die Astquirle etwa handbreit übereinanderstehen; die untern Äste werden ganz, die obern 10 bis 15 cm weit vom Stamme geschnitten und die Aststummeln und das Stämmchen geschält. Wenn nun das Lab [Cha[a]s[ch]plet, Lub, Müätterä] in die Milch geschüttet wird oder beim Kochen [chochä] ein Umrühren notwendig ist, so verwendet man diesen Geschener oder Käsbre-*

170 Seite 225 *cher, wie der Name ja sagt: zum Käsbrechen.»*[170] Heute werden diese abgesägten Tannwipfel wie kleine und mittelgrosse Tännchen *(Tanntli, Tänntli)* etwa als schmucke Christbäume *(Chrischbäum* oder einfach *Bäim[ä]li)* angeboten, oder aber man schmückt sie mit bunten Bändern, bevor sie nach der Erstellung des Rohbaues zur Aufrichtefeier *(Üffrichti, Firschtwyy)* am Giebel *(¹Firscht, Güebel)* eines neuen Hauses *(Hüüs)* als Firstbäumchen *(Firtschbäum, Firschtgrotzä*, seltener *Tuubelbäum)* angebracht werden.

Von ganz anderer Art ist hingegen der sog. *Nytlägesch[ä]ner*, ebenfalls nur *Gesch[ä]ner* geheissen. Max Oechslin erläutert ihn a.a.O. auf folgende Weise: *«Der Rahmgeschener besteht aus jungen Fichtenzweigen, die im Frühling geschnitten werden, wenn sie im ersten Saft stehen und deshalb leicht gänzlich entrindet werden können. Etwa 10 bis 20 vorderarmlange Zweige werden zu einem Besen [Bääsä] zusammengebunden, mit dem sich Rahm [Nytlä] sehr leicht dickschlagen lässt.»*

Ausrüstungsgegenstände der Holzer

a) beim Holzfällen

Äx[t]	*Wa[a]ldsaagi*	*Chettäsaagi*
Fällbissä	*Fuxschwanz*	

Holzerequipe
um 1940
ausgerüstet
mit *Zappyyjä*.

1

3

Diverse
Ausrüstungs-
gegenstände
der Holzer:
1 *Gèrtel*
2 *Ziä-,*
  Zug'mässer
3 *Guntli*
4 *Yysäweggä*

2

4

b) beim Entrinden der Stämme

Butzyysä	Byyber	Awäg
Chääbyysä	Schèllmässer	Cheerhaaggä
Rüäpyysä	Schnätzmässer	Zappyy[n]
Schèllyysä	Zigmässer, Zygmässer	Zappyy[n]eeri
Schlyysser	Zugmässer	Zappyy[n]halb
Tschüäpyysä		Zappyy[n]schääri
		Zappyy[n]spitz

c) beim Erstellen von Spaltholz

Bissä	Piffelweggä	Holzschleegel
Chlämmbissä	Piffel	Yysäschleegel
Chlämmweggä	Schäidweggä	Piffeläx[t]
Fällbissä	Spa[a]lter	Schlagäx
Holzweggä	Weggä	Spa[a]ltschleegel
Yysäweggä	Zwängbissä	

d) Beim Bereitstellen von Kleinholz

Äx[t]	Bäümsaagä	Stüüdägarbäbock
Biäl[i]	Fuxschwanz	Wälläbock
Zungä [= Schnittfläche	Schytbock	
beim Beil,	Garplibock	Garpli (<Garbä)
Spaltschlegel etc.]	Stüüdäbinder	Stüüdä
Gèrtel	Stüüdäbock	Stüüdä'burdäli, -garbä

e) weiteres Material

Ruggäsack	eppän äs Wirschtli	Zinthèlzli,
Tornischter	(Hüüswirschtli,	Pfyyffä, Tübak
Mässer, Sackmässer	Landjeeger)	Bänzyyn
Ka[a]fe[e] und Branz	Broot	
Tügets, Tirrs		

167

Oberes Bild: Beispiele für Erlenstauden *(Drooslä)* und Legföhren *(Flatzarvä, Schlyycharvä)* aus dem Erstfeldertal

Unteres Bild: *Gäisstanntli* auf Gemsfairen

Mit der Holzgewinnung in Form der sog. Holzernte *(Holzärnti)* ist aber die Nutzung des Waldes selbstverständlich auch in Uri keineswegs erschöpft.

171 Seite 225
So werden – wenn auch verbotenerweise[171] – etwa Wurzelstöcke *(Grunggel,*
172 Seite 225
*Reenä, Stock /*Pl. *Steck], Wirzä*[172]*)* von gefällten Bäumen, anstatt sie angefault *(füül, rindäsüür)* zu *Roonägmuuder* und *Schyynholz* vermodern zu lassen *(ermotlä, vermooderä, vermogglä, vermorschä, vermotlä)*, ausgegraben und zerkleinert *(stock[n]ä)*. Auch Tannzapfen *(Tann[ä]zapfä)*, spez. Föhrenzapfen *(Feeräzapfä)*, die im Ofen reichlich Hitze abgeben *(hitzgä)*, werden von Kindern, aber ebenso Erwachsenen gesammelt *(tann[ä]zapfnä)*. Nicht zu verwechseln sind dabei die Früchte der Arve *(Arvä)*, die sog. Arvenzapfen *(Arväbäüzi, Arvepfel* Urs., *Bä[ä]rgnissli, Harzepfäli)*, aus denen früher Öl *(Eel)* gepresst *(prässä)* wurde. Wenn es aber um die Bereitstellung von *Brènnholz* speziell in höheren Lagen, allenfalls sogar über der Waldgrenze[173]
173 Seite 225
geht, ist man nicht abgeneigt, selbst mit Erlenstauden *(Droosslä, Drooselstüüdä, Eerlä)* und Legföhren *(Flatzarvä, Legfeerä;* unabhängig von der unterschiedlichen Pflanzenart vereinzelt auch *Arvä* oder *Gäisstanntli* genannt) Vorlieb zu nehmen *(Droosslä häüwä)*.

Nebst der oben erwähnten Schutzfunktion sowie der wirtschaftlichen Bedeutung in bezug auf die Holzlieferung fällt dem Wald selbstverständlich auch als Erholungsraum *(Ich gaa ga wäldälä)* eine zunehmend wichtige Rolle zu. Speziell im Sommer *(Summer[t])* und Herbst *(Hèrbscht)* begegnen wir einer Fülle *(Filli)* von Pilzen *(Chrottätach, Schwimmlig, Schwumm)*, die seit Jahren eine stets wachsende Zahl von Kennern und Liebhabern zum Pilzesammeln *(funtschnä, pilznä)* anzulocken vermögen.[174] Dabei sind die
174 Seite 228
Namen der essbaren wie der giftigen Pilze von der standarddeutschen Vorlage übernommen worden *(Äijerschwamm, Fläigäpilz, Räizger, Schüämacherpilz, Stäipilz, Zigerballä* Urs., *Zig[g]yyner* etc.) Selbst der früher beim Feuerschlagen verwendete *Zundel, Zunder* findet seine Entsprechung voll und ganz im schriftdeutschen Gebrauch.

Ähnliches lässt sich auch von den Beeren *(Beeri, Bèrri)* sagen, wo doch heute grossmehrheitlich zum Zeitvertrieb und nur noch beschränkt aus sozialen und finanziellen Beweggründen[175] – in diesem Sinn auch kaum mehr
175 Seite 228
ausgerüstet mit dem *Bèrrichorb* – zur Beerenernte *(Bèrriläich, Beeri-, Bèrri'zyt)* in die z.T. vorgängig ausgekundschafteten *Beeriplätz* geschritten wird *(i d Beeri gaa, beeränä, bèrränä)* und wo sogar mit dem sog. *Bèrriströäl* trotz allfälligem Verbot speziell die Heidelbeeren *(Häippèrri, Häitä, Häitäbèrri)* im *Häippèrriläich* von den Heidelbeerstauden *(Häitästüüdä)* gepflückt *(häib[b]eeränä, häippèrränä)* und dann in Kesseln *(Chessel /*Dim. *Chessäli])* u.U. als ansehnliche Last *(Träägi)* nach Hause geschafft werden. Gewiss

Oben: Alte *Harzäxte,* die an der Innenseite noch deutliche Harzspuren aufweisen

Links: Beispiel für eine eindrückliche *Harzfrattä* in den Schwandibergen (Gmde Erstfeld), die auf Steinschlag *(Stäischlag)* zurückzuführen ist

finden sich auch da noch Leute, die es mit dem Beerensammeln sehr genau nehmen und bis in den Herbst die letzten Früchte zusammensuchen *(zämä'butzä)*, um dann eines Tages missmutig festzustellen, dass schon welche vom Frost *(Froscht, Gfreerni, Gfrü[ü]scht)* verfroren sind *(Si siget verfreeret,* neben *verfroorä).*

Vor gar nicht allzu langer Zeit traf man in unseren Wäldern selbst noch die Kräuter- *(Chryttäler, Chryttermanntli)* und Wurzelsammler *(Wirzächlämper)*, wenn sie Wurzeln *(Wirzä, Wurz[ä])* sammeln *(wirzlä)* gingen und dabei auch die verschiedensten Heilkräuter *(Chrüt [Pl. Chrytter,* Dim. *Chrytli)* zur Seite schafften, die sie dann später Privaten und in Apotheken *(Appiteeg)* zum Kauf anboten;[176] ja selbst Moos *(Ggmiäs, Miäs, Miäsch, Moos)* wurde eingebracht *(ggmiäsä, miäsä, miäschä).*

Hingegen werden heute noch Laub *(Läüb, Guusel, Sträiwiris)*, Farnkraut *(Faarä)* und selbst Waldgras *(Ärggälä, Fax, Gschletter, Näätsch)* als Streue *(Sträiwi)* da und dort auch in den Wäldern gesammelt *(bettsackläübä, läübä, müärä, sträiwänä)* und dann im sog. *Sträiwichorb*, vielfach auch als *Sträiwipinggel*, der mit dem *Läüb-* oder *Sträiwigaarä* zusammengehalten wird, in einen *Läüb-* oder *Sträiwista[a]del* – einen balkonähnlichen Vorbau *(Voortach)* –, je nach den örtlichen Gegebenheiten auch in einen dem *Stall* angegliederten Schuppen *(Schopf, Sträiwischoober)* oder gar in eine kleine Waldhütte *(Sträiwihittli, Sträiwitantä)* abtransportiert.[177] Hier bleibt dann das Material bis zur Winterfütterung aufbewahrt. Dank entsprechender Einsicht unter der Landbevölkerung ist die Laubgewinnung zu Futterzwecken für Ziegen *(Gäiss, Hoorä)* und Schafe *(Äüw, Schaaf, ²Tüttel)* durch Abschneiden *(ap'²schnäiggä, ap'schnäitä)* von belaubten Zweigen und nachfolgendem Zusammenbinden *(läübgarbänä)* mehr und mehr verschwunden. Diese Staudenzweige wurden dann mit Steinen zerquetscht *(verchätschä)*,[178] bevor sie den Tieren verfüttert werden konnten.

Verschwunden ist übrigens auch das schon von alters her *(vo aaltlegä)* verbotene Sammeln *(griisä, gusslä)* von Tannadeln *(Chri[i]s, Chriisna[a]tlä, Chriissträiwi, Gris, Guusel, Tannchriis)* mit Hilfe einer alten Schaufel *(Guuselschaaber)* oder einem Rechen *(Sträiwischaaber)* und einem Korb *(Gris'chorb)*, das Ablesen *(graagä)* von Bartflechten *(Grag, Rag, Tammbaart, Zgrag)* als Futter fürs Kleinvieh *(Gschliächt, Schmaalvee)* wie auch das einstmals in grossen Mengen praktizierte Gewinnen von Harz *(harzgä, harznä)*. Die klebrige *(chläb[e]rig, chittig, [g]harzig)* Absonderung, die aus der mit Hilfe einer *Harzäx* – einer handlichen Axt mit einer auf der einen Seite beilähnlichen Schneide und auf der andern Seite mit einem rundlichen, hammerähnlichen Kopf[179] – oder zufolge Steinschlag *(Stäischlag)* von der

176 Seite 229

177 Seite 230

178 Seite 231

179 Seite 231

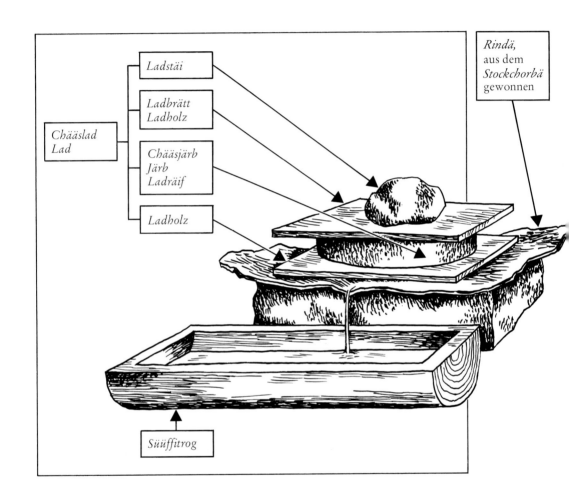

Ladstäi

Ladbrätt
Ladholz

Chäslad
Lad

Chääsjärb
Järb
Ladräif

Ladholz

Rindä,
aus dem
Stockchorbä
gewonnen

Süüffitrog

Noch im Jahre 1927 konnte der damalige
Oberförster Max Oechslin fürs Maderaner-
tal das für die betroffenen Fichten *(Roottannä)*
recht schädliche *Stockchorbä* nachweisen.
Vgl. Originalzeichnung in seinem Buch
«Die Wald- und Wirtschaftsverhältnisse im
Kt. Uri». Bern 1927, S. 120 f.

entblössten Stelle des Baumes *(Harzfrattä)* herausfliesst *(harzgä, härzgä)* und früher in einem besonderen Gefäss *(Harzschirbi)* aufgefangen worden ist, wurde bis über die Mitte des 19. Jahrhunderts an mehreren Orten des Kantons in sog. Harzbrennereien *(Harzbrènni)* ausgekocht und gereinigt *(lütterä)*, ehe die auf solche Weise schön gelbflüssig gewordene Masse zur Herstellung von Wäschelauge und Seife *(Säipfä, Säipfi)* oder auch zu Pech *(Päch)* weiterverarbeitet wurde.[180] Sogar als Ersatz für Kautabak *(Schigg)* fand das Harz speziell im Urner Oberland Verwendung. Besonders begehrt war dabei das *Zinggäliharz*, das durch gekonntes Abschmelzen einen rassigen Rauchbeigeschmack bekam.[181] Heute jedoch wird Harz noch etwa von den Bauern gesammelt – sofern es nicht büchsenfertig *(bixäfèrtig)* angekauft wird –, um im Rahmen einer *Hüüsmetzgetä* die feingeriebene Harzmasse dem brühheissen *(briäijig [<briäijä])* Sudwasser *(Sud)* beizugeben, damit die Borsten *(Borscht, Borschtä, Burscht)* des geschlachteten und ins Wasserbad *(Briä[j]i)* eingetauchten Schweines *(Süü)* mit Hilfe eines Borstenschabers *(Borschtä'chratzer, -schaaber, Burschtschaaber)* besser entfernt werden können.

Ein für die Fichten *(Roottannä)* ebenfalls recht schädlicher Eingriff wäre übrigens auch das fürs Maderanertal nachgewiesene *Stockchorbä*, bei dem «aus ausgewachsenen, glattborkigen Fichten bis 1m² grosse Rindenstücke» herausgeschnitten wurden, die dann unter das Brett *(Brätt, Chääsbrätt, Chääslad)* oder den Stein *(Stäi)* der Käseringe *(Chääsjärb, Järb)* gelegt wurden, damit die Molke *(Chääsmilch, Maagätrank, Schottä, Sirtä, Süüffä, Süüffi, Trissledä)* beim Käsepressen ungehindert in den Schweinetrog *(Syywfass)* ablaufen konnte.[182]

Wie kahl und nüchtern müsste jedoch ein Wald auf den erholungssuchenden Menschen wirken, wenn nicht zwischen den hohen Stämmen überall dort, wo das Sonnenlicht im Wechsel der Tageszeit den sonst in Schatten gehüllten Waldboden erreicht, eine erstaunliche Vielfalt an unterschiedlichsten Pflanzen und Sträuchern zu entdecken wäre.[183] Da sind aber auch die auf Steinen oder an Bäumen angesiedelten und über feuchtem Untergrund ausgebreiteten Flechten *(Flächtä)* und früher die zu Viehfutter, resp. Streue gesammelten *(graagä, ¹ra[a]gä)* Bartflechten *(Grag, Rag, Tammbaart, Zgrag)*, Moose *(Ggmiäs, Miäs, Miäsch)* sowie Farne *(Faarä, Faaräbischel)* zu erwähnen. Gerade die letzteren haben – wie die nachfolgende Zusammenstellung zeigt – bis in den mundartlichen Bereich hinein eine relativ grosse Differenzierung erfahren.[184]

180 Seite 231

181 Seite 231

182 Seite 231

183 Seite 231

184 Seite 231

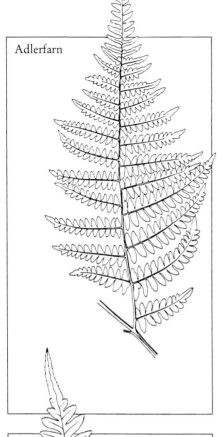

Adlerfarn

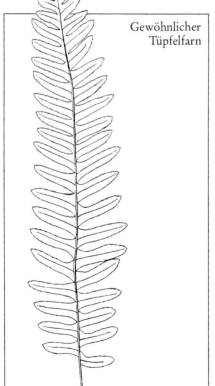

Gewöhnlicher
Tüpfelfarn

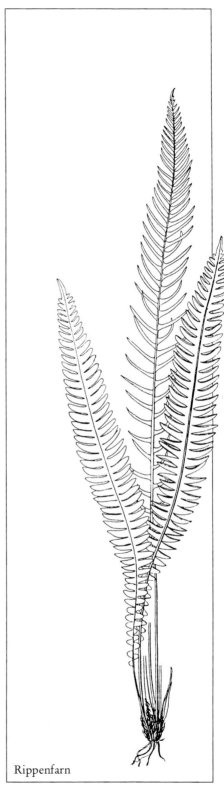

Einzelne
Darstellungen
von
verschiedenen
Farnarten

Rippenfarn

174

Flechten:	Flächtä	
Bartflechte:	Grag, Rag, Zgrag	Tammbaart
Rentierflechte:	Tyyfels'chrüt	

Moose:		Ggmiäs, Miäs, Miäsch
Bürstenmoos, auch Filzmütze, gem. u. wacholderblättrige:		Birschtämiäs
Hahnenmoos:		Giggälimiäs[ch]
Isländ. Moos:		Wildmoos, Wurgs

Farnpflanzen:	Faarä	Faaräbischel
Adlerfarn:	Hoochfaarä Hooffaarä	Stängelfaarä
Hirschzunge:	Oxäzungä	
Mondraute:	Maanrüttä	Rinderchrüt
Rippenfarn:	Läiterlifaarä	
Schildfarn:	Füülfaarä Gäissfaarä	Reefaarä Stäifaarä
Streifenfarn:	Fräüwähaar	
Tüpfelfarn:	Ängelsiäss	Siässwirzä
Zungenfarn:	Oxäzungä	

Bärlapp, Wald-:	Bäärlapp Chrampfchrüt Floochrüt Follä[g]schäub	Folläschüibel Lüüsächrüt Siächrüt
Schachtelhalm, auch Zinnkraut:	Chatzäschwanz Riätschwanz	Schaftälä
Sumpf-Schachtelhalm:	Schaftälähäiw	

175

Kaum dass die Axenstrasse dem Verkehr
offenstand (1865), wurden Holztransporte nicht
mehr ausschliesslich über den Seeweg getätigt,
sondern ebenso gut auf dem Lande, wie eine
Darstellung um 1880 belegt.

185 Seite 232   Holztransporte[185 ff.]

Früher, als die Erschliessungsstrassen *(Erschliässigsstraass)* noch nicht bis in die entlegensten Ecken *(Schloffä, i all Hoorä üüfä)* unserer Täler reichten, um das anfallende Holz auf Lastwagen *(Lascht'äüto, -waagä)* oder landwirtschaftlichen Fahrzeugen *(Schilter)* wegzuschaffen, bediente man sich bereits einer Reihe von einfallsreichen Transportmöglichkeiten. Man behalf sich z.B. damit, dass man die hergerichteten Stämme *(Lattä, Roonä, Stamm, Stangä,* vereinz. *Titschi, Träam, Träämel)* im Winter zunächst ruckweise *(ruck-, rutz'wyys)* – angefeuert von dem kräftekonzentrierenden Zuruf *hoo-hüt* oder *hoo-ruck, hoo-rutz* – mit Hilfe eines *Zappyy[n]* über vereiste *(veryys[ch]et)* oder verschneite *(verschnyt)* Waldwege *(Schlyyffi)* und sogar Naturstrassen zog *(bäizä, ruckä, schläipfä, zeekä, ziä)*, mit Schlitten beförderte *(schlittnä)* oder ganz einfach durch natürliche oder auch künstlich angelegte Bahnen *(Holzläiti, [2]Läiffi, Läiti, Räischti, Räischtwäg, Räischtzug, Rüsä, Rüsi, Schläif, Zug)* zwischen z.T. eigens gebauten Schutzdämmen *(Firschlag)* ins Tal hinunter gleiten *(räischtä,* vereinzelt *träam[ä]lä)* liess. Jedenfalls musste es sehr kalt *(chaalt)* sein, damit die Gleitunterlage auch wirklich gefroren ist *(stäibäi, bickel[hoorä]hèrt gfroorä)*. Sind nämlich die Temperaturen zu hoch, dann heisst es bald schon einmal: *Hittä isch äs nit holzräischtig.* Umgekehrt aber stellt man erfreut fest: *Hit läuft äs wiä gschmirrt!*

Trotzdem muss immer damit gerechnet werden, dass ein Stamm *(Träämel)* zufolge eines natürlichen Hindernisses, z.B. wegen eines vorstehenden Felsens *(Fèls[ä], Naasä)*, zu früh gebremst *(brämsä,* humorig *biämsä)* oder gar gestoppt *(stoppä)* wird und die nachfolgenden Stämme in der Bahn drin blockiert. In einem solchen Fall legt man ein passendes Holz *(Lattä, Träämel)* vor das Hindernis *(fir'leggä)*, um auf solche Weise ein ungehindertes *(ughinderet)* Passieren zu gewährleisten. Bevor nun aber ein gestoppter Stamm wieder in Bewegung gesetzt werden kann *(ä Lattä, ä Träämel* oder ganz allgemein *Holz a'laa)*, muss er zunächst mit Hilfe eines *Zappyy[n]*, der auf einem schräg zum Baumstamm am Boden liegenden Klafterscheit *(Bäizbängel, Müsälä)* abgestützt ist *(understypperä)*, angestemmt *(a'stämmä)* und dann *uber ds Bolzgwicht* – das effektiv zu hebende Gewicht des Stammes – abgedreht werden *(a-, üsä'bäizä), ass är z gaa chunnt.* Um diese Stämme dann am Bestimmungsort wirkungsvoll abbremsen zu können, wird ein sog. *Schletztoldä* – ein Baumstamm also – quer in den Weg gestellt. Dass bei solchen Transporten vor allem in früheren Zeiten teils beträchtliche Distanzen überwunden wurden, belegt die Aussage eines älteren Maderanertalers,

Zu den zwei oberen Bildern: Je nach Gefälle der für Holztransporte verwendeten Seile *(Säil, Schlagsäil, Sta[a]lsäil; Yysähaaggäsäil, Rolläsäil)* wurde als Aufhängevorrichtung entweder ein eigens mit einer *Spasaagä* hergerichteter *Holzhaaggä* oder dann ein *G[g]riggälähaaggä*, ein *Yysähaaggä* oder auch eine *Rollä* verwendet Zur Ausbalancierung der *Burdi* wurden noch sog. *Läitescht* links und rechts in das Bündel *(Pinggel)* gesteckt.

Links: Beispiel von einem *Aschlag*

186 Seite 233

der in jungen Jahren mitgeholfen hatte, Holz von zuhinterst aus dem Tal bis nach Amsteg hinunter zu verschieben *(Miär hènt daazmaal* [ca. 1920] *Holz ggräischtet vu zhinderischhinnä fiirä bis uf Stääg appä).*[186]

Die Anzahl der bereits zu Tal beförderten oder noch zu transportierenden Baumstämme heisst *Räischtetä.* Die Äste oder Stauden, die zusammengebunden *(y'flächtä)* den Wald hinunter geschleift *(flooznä, appä'flooznä)* werden, bezeichnet man als *Rüünetä.* Je nach Gemeinde bestand auch der Brauch, dass an einem bestimmten Sonntag jeweils nach der Hauptmesse *(na Chiles)* die zeitliche Staffelung für die Benützung der dorfeigenen Transportwege festgelegt wurde. Dafür kannte man den gängigen Ausdruck

187 Seite 233

dr Rüäf nä oder *riäffä laa.*[187]

Was heute ebenso noch Verwendung findet, früher aber in besonderem Masse zum Einsatz kam, ist das ursprüngliche *Sta[a]l-* oder *Stangäsäil,* auch *Säilriisä* oder einfach *Säil* genannt, das mittlerweile durch das Drahtseil abgelöst wurde, mit dessen Hilfe je nach Materialanfall kleinere und grössere Holzmengen ähnlich wie beim Transport des (Wild)heus *(Häiw, Wild[i]häiw)* nach dem Gesetz der Schwerkraft zu Tal befördert werden *(säilä).* Adolf Truttmann weiss in seinem Buch «Seelisberg – Ein Bergdorf am Weg der Schweiz» hiezu noch zu berichten: «Je nach Steilheit der Seilriesen wurde das Spältenholz mit Eisen- *[Yysähaaggä]* oder Holzhaken *[Holzhaaggä]* bündelweise an das Seil gehängt und hinuntergelassen. Am untern Seilende machte man mit grossen Tannästen *[Gris, Grisascht, Tann[ä]'chriis, -gris]* ein Bett. Dieses dämpfte dann den Aufschlag unten am Bock» (S. 44). Ist wie bei einer Seilbahn *(Bääntli, Säil, Säilbääntli)* neben dem Tragseil zusätzlich noch ein Zugseil vorhanden, das womöglich ohne Trägermasten *(Mascht[ä])* mit einer gewöhnlichen Seilwinde *(Häiwsäilzug, Wälläbock)* gekoppelt ist, wird zur Vermeidung des durchhängenden Seils in steilem Gelände ein sog. *Fänger* nach gewissen Abständen direkt am Tragseil angebracht.

Im Isental wurden früher einzelne Stämme *(Träämel, Titschi)* an bis zu 120 Meter langen Hanfseilen *(Sil, Silä)* über Felsen und jähe, teils rinnenförmige Abhänge *(Riisä, Säilriisä)* in die Tiefe gelassen. Um zu verhindern, dass durch das fortgesetzte Drehen des Stammes das Seil beschädigt wurde, knüpfte man es an ein sogenanntes *Doppelguntli,* das vorgängig in die Stirnseite des Trämels eingelassen wurde. Zur Sicherung des Transportes band man das Seil um einen Baumstrunk *(Stoortä)* oder an einen freistehenden Baum. Zwecks Regulierung der Geschwindigkeit beim Abseilen taten dann mit Harz bestrichene Jutesäcke *(Harzlumpä)* gute Dienste und vergrösserten obendrein die Haltbarkeit des «kostbaren» *(cheschtlich)* Seils.

179

Wo in unwegsamem Gelände das geschlagene
Holz nicht mit dem Helikopter
(Helikopeeter) ausgeschafft wird, verwendet
man heute vornehmlich den *Läüfchraanä,*
der teils ferngesteuert ist.

Für umfangreichere Holztransporte *(Füäder, Füär, Pinggel)* begegnen einem heute eigens hiefür eingerichtete Transportbähnchen oder sogar ferngesteuerte Laufkrane *(Chatz, Läufchraanä)*, welche die Stapelstellen *(Holzplatz)* unten im Tal mit den hochgelegenen Sammelplätzen *(Räischtplatz)* verbinden.

Zu Zeiten, als die Pferde *(Ross, Habermotoor)* und auch Rinder *(Rind)* oder Kühe *(Chüä)* und Stiere *(Stiär)* noch als Zugtiere *(Määni, Männi,* scherzhaft auch *Tunzäli, Zunzäli)* den Benzinmotor überflüssig machten, wurden grössere Stämme *(Roonä, Träämel)* geschleift *(guntä, guntlä, schläipfä)*. Zu dieser Arbeitsverrichtung schlug *(a'guntä, a'guntlä, y'heckä)* man einen eisernen Haken *(²Guntä, Doppelguntä)* in die Stirnseite des Baumstammes oder auch eines Balkens *(Balkä)*. Bei ausreichender Schneemenge verwendete man daneben auch den *Doppel-* oder *Ränkschäämel*, ein auf dem Kurzschlitten aufliegendes drehbares Gestell, welches es zuliess, mehrere mit Ketten *(Chetti)*, Bundhaken *(Bundhaaggä)* oder Klammern *(Chlammerä)* zusammengebundene *(räitlä)* Stämme gleichzeitig zu transportieren *(ferggä, männä, schlittnä)*.[188] Dort, wo vor dem Aufkommen der modernen Lastwagen *(Laschtäuto)* und Anhänger *(Ahänker)* das Langholz mit Pferden *(Ross)* und dazugehörigem Wagen *(Füärwärch)* weiterbefördert *(transportiärä, verfaarä)* werden musste, versuchte man, das ins Wanken geratende *(schwäibä)* Gefährt so wieder in den Griff zu bekommen, dass an den beidseits am hinteren Ende des Karrens *(Char[r]ä)* angebrachten zwei Stricken *(Säil)* je ein Mann zu ziehen *(rutzä, ziä)* begann, was man *schwickä* nannte.

188 Seite 233

Werkzeuge für den Holztransport

Chlammerä	*Hääggel*	*Grind* [seitl. Verdickung]
Haaggä	*Bund-, Punt'haaggä*	*Twääret*
Habegger	*Struppä*	*Zugstruppä*
Wägzangä	*Wa[a]ldtyyfel mit Phänki*	
Dräälig	*Guntäbissä*	*Doppelguntä*
Geegelhaaggä	*Guntel*	*Wèllguntä*
²Guntä	*Ringguntä*	
Cheerhaaggä	*Zappyy[n]*	
Doppelschäämel		
Fleezhaaggä	*Ryysshääggel*	
Griässbiäl	*Ryyssholz*	

181

Oberes Bild: Auch wenn die Darstellung nicht unbedingt belegt, wie z.T. noch in diesem Jahrhundert auf dem Urner See *gfleeznet* wurde, vermittelt sie doch einen ungefähren Eindruck von dieser besonderen Art des Holztransports.

Unteres Bild: *Ein Fleezhaaggä,* wie er in verschiedenen Gewässern des Kt. Uri im Einsatz stand.

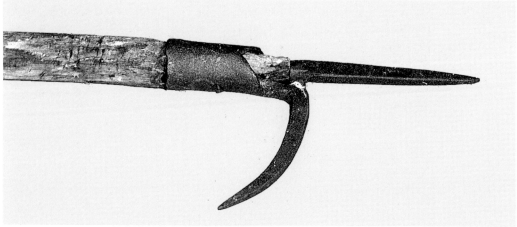

Ein besonderes Relikt aus der Zeit der früher praktizierten Holztransporte bleibt für den Kanton Uri und hier speziell für das Etzlital und teils auch das Isental und den Palanggenbach zwischen Seedorf und Attinghausen die Möglichkeit des Flössens *(fleezä, fleessä)*, welches zwar vornehmlich längs der Reuss, aber eben auch in den Seitengewässern von Holzflössern *(Fleez[g]er)* mit Hilfe von Flösshaken *(Fleez-, Fleess'haaggä, Ryysshääggel, Ryyssholz)* praktiziert wurde. Wenn nach beendigter Flösserarbeit zwischen Steinen eingeklemmtes oder versunkenes Holz eingesammelt wurde, nannte man das *nachä'fleezä* oder *nachä'butzä*.[189]

189 Seite 234

Wo es das Gelände zuliess, kannte man obendrein noch das Prinzip der *Holzriäri*. Dabei wurden auf einer steilabfallenden *(gääch, schiäf)* Unterlage *(Lääger)* ganz am Rande einer Fluh *(Flüä)*, an deren Fuss sich mit Vorteil ein See befindet, klafterweise Scheiter *(Miisälä, Ruugel, Spältä)* aufgetürmt, die von zwei vertikal befestigten Stangen *(Bäüm, Lattä, Stangä)* und einem starken Seil *(Säil)* zurückgebunden waren, ehe sie durch Lösen dieses Seils auf entsprechendes Kommando über die Fluh in die darunterliegende Abschrankung im See hinunterstürzten, wo sie dann per Schiff *(Le[e]dischiff, Naawä, Träiberjassä)* an ihren weiteren Bestimmungsort gefahren werden konnten.[190]

190 Seite 236

191 Seite 236

Holzverarbeitung[191]

Sofern das in unseren Wäldern geschlagene Holz nicht in die Papierindustrie *(Papyyri)* oder sonstwie in die Holzverwertungsindustrie abwandert, findet es entweder als *Brènnholz (Chlaafterholz, Häizholz, Hüüsholz, Schytholz, Steckholz)* Verwendung, oder aber es wird ohne weitere Verarbeitung als sog. Stangenholz *(Stangäholz)* für Gerüststangen *(Ggrischtstangä, Lattä, Stangä)* im Gerüstbau *(Ggrischt)* nach wie vor anstelle von modernen Rohrgerüsten eingesetzt. Selbst als *Hagholz*, auch *Hagzyg* genannt, kann es je nach Bedarf gebraucht werden.

Holz von besserer Qualität hingegen findet den Weg in die Sägerei *(Sageryy, Sa[a]gi, Sa[a]gihüüs)* und von dort über ein allfälliges Zwischenlager, die sog. *Läädähittä*[192], in die Zimmerei *(Zimmeryy)* und Schreinerei *(Schryyneryy)*. Dem war aber nicht immer so. Früher, als die Transportmöglichkeiten noch äusserst beschränkt waren und die Verschiebung von *Stammholz* dementsprechend auch beschwerlich ausfiel – *das isch scho nu ä Strabaaz gsy* –, wurde das geschlagene Holz gerne in unmittelbarer Nähe

192 Seite 236

Zum Bild oben links: Geht es um das Zurückschneiden *(zrugg'schnyydä, -stutzä)* der Bäume und speziell um die Verarbeitung des Kleinholzes, bedient man sich der unterschiedlichsten Werkzeuge, die daneben auch zu verschiedenen Zwecken im einen oder andern Handwerkerberuf verwendet werden. Sprechendstes Beispiel hiefür ist die *Spasaagä* und der *Fuxschwanz*, teils auch das *Zwyysaggli.*

Zu den zwei Bildern oben rechts und unten: Zur Funktionstüchtigkeit einer Säge *(Saagä, Saagi)* muss von Zeit zu Zeit die Zahnung *(Chreen[ä], Chroonä)* mit Feilen *(Fiälä)* oder *Wägyysä* und *Wägzangä* geschärft werden *(schlyyffä)*, wozu verschiedene Werkzeuge nötig sind.

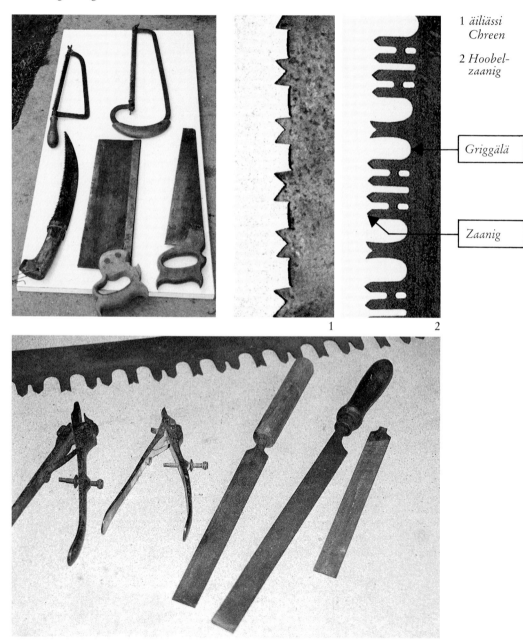

1 *äiliässi Chreen*

2 *Hoobel-zaanig*

Griggälä

Zaanig

1 2

entsprechend seiner späteren Verwendung zurechtgerichtet und behauen *(phäüwä)*.

Anders verhielt und verhält es sich heute noch mit dem *Brènnholz*, das auf den Alpen für den täglichen Bedarf insbesondere bei der Käseproduktion *(chääsä, erwèllä)* bereitgestellt wird *(hüüsholzä)*. Dieses muss zunächst gesägt *(saagä, ap'saagä, versaagä, zwägg'saagä)* werden. Hierzu benötigt man eine Säge *(Saagä, Saagi)* und einen Sägebock *(Chryzbock, Sagbock)*. Die einzelnen abgesägten Holzstücke *(Chlotz, Chnutsch, Grunggel, Häizgrunggel, Ruugel, Runggel, Totz, Trum)* müssen nun noch gespalten *(bäckä, hackä, schyttä)* werden. Dabei verwendet man als Unterlage einen Scheitbock *(Ambäck, Hittästock, Holztotz, Phäüwbank, Schytbock, Schyttertotz)* und als Spaltinstrument ein Beil *(Biäl[i])*. Löst sich dabei aus der Öffnung *(Äxeeri, Eeri, Hüüs)* der Eisenteil vom Schaft *(Halb)*, dann wird die eigens am oberen Ende des Axtstiels angebrachte Spalte verkeilt *(verbiss[n]ä)*. Den Stiel anbringen, resp. entfernen heisst *stiilä*. Die beim Holzspalten abfallenden Holzstücke oder Rindenteile nennt man *Bäckedä, Bäcketä, Bäxledä, Butzetä, Ghitz, Gsurbel, Gsurpel, Guusel*, die gespaltenen Scheiter *Schyt*, resp. in der Pluralform *Schytter*. Diese werden nun als *Byygi* oder *Schytterbyygi* längs der Hauswand, beim Eingang oder unter der Stiege *(Stäägä)* oder sonst an einem geschützten Ort aufgestapelt *(üff'byygä, üff'stock[n]ä)*. Droht die Holzbeige in sich zusammenzufallen, redet man von einem *Gyyger*. Zum Anfeuern *(a'fyyrä, a'zindä, -zintä)* oder vielleicht auch nur um leicht ein Zimmer zu erwärmen *(e[n]tschlaa)*, werden eigens noch Holzspäne *(Afyyrspyggäli, Späänschyt, Spiäss, Spyggel [Dim. Spyggäli], Schiinä, Schyynä)* geschnitten *(späänä, spyggälä)*. Um schnell ein intensives Feuer *(Fyyr)* zu bekommen, steckt man auch etwa ein paar dürre *(tirr)* Tannäste *(Chriis, Gris, Tann[ä]'chriis, -escht, -gris)* – vielleicht sogar mit Tannzapfen *(Tannäzapfä)* behangen *(Zapfänescht)* – in den Ofen. Vorsicht ist dabei in jedem Fall geboten, weil nun aus einem harmlosen Feuerchen *(Gräischpelfyyr)* urplötzlich ein loderndes Feuer *(Läüz)* entstehen kann.

Chryzbock		Sagbock
Saagä, Saagi (ä Saagä mit äiliässä Chreen)		Spasaagä
Fuxschwanz		Sparsaagä
Gumpisaggli		Zwyy'saggli, -saagäli
Blatt	Chroon, Chreen[ä]	Hoobelzaanig
Saagäblatt	Chroonä	

Die Sägemühle bey Bolzbach

Zufolge eingeschränkter Transportmöglichkeiten waren die früheren Sägereien *(Sageryy, Sa[a]gi, Sa[a]gihüüs)* weit mehr ortsgebunden und auf die Standortvorteile angewiesen als etwa heute. Die Gegenüberstellung von einer Säge in Bolzbach (1828) mit jener in den *Spyyr[i]ggner Cheer* mag dies belegen.

186

Fiäläbock	*Saagäfiäli*	*Wägyysä*
Fiälä	*Üüsäbrächzangä*	*Wägzangä*
Ambäck	*Holztotz*	*Schytbock*
Hittästock	*Phäüwbank*	*Schyttertotz*

Äxte und Beile

Äx[t]	*Biäl[i]*	
Äxhalb	*Biälhalb*	
Griff	*Äxeeri*	*Hüüs*
Halb	*Eeri*	
Bräidäx	*Bräitbiäl*	
Butzäxt	*Phäüwäx*	
	Phäüwbiäl	
	Häüwbiäl	
	Häüwbiäl (auch doppelschneidig f. Metzger)	
	Twäräx	
Häüwäxt	*Handbiäl*	
Spa[a]ltäx[t]		
Piffeläx[t]	*Schirbibiäl*	
Schlagäx	*Bächsel*	*Trogbäxel*
	Bäxel	*Täxel*

Das für Bauzwecke *(Büüwholz)* oder aber Möbel *(Meebel)* und Werkzeuge *(Wärchzyg)* bestimmte Holz geht – wie schon oben erwähnt – in die Sägerei *(Sageryy, Sa[a]gi, Sa[a]gihüüs)* und von da allenfalls zur Weiterverarbeitung in die Schreinerei *(Schryyneryy)*. Vieles aber wird vom Stamm weg durch den geschickten *(acheerig, aschleegig, chämber, chènnig, gschickt, gweerig, phulff[n]ä, zichoonig)* Bauern selber weiterverarbeitet *(vertramsslä)*, wobei vorrangig die Qualität des zu bearbeitenden Holzes über dessen spätere Verwendung entscheidet. Die nachfolgende Zusammenstellung der gängigsten Qualitätsbegriffe lässt zwar keine grossen Unterscheidungen zu, indem sich die meisten Bezeichnungen lediglich auf die ins Auge springende,

Blick in die Sägerei Hans Gisler & Co., Gotthard-strasse 73, Altdorf

Träämel

Langholz ca. 20–21 m

Wendiger Pneubacker anstelle des früheren *Graan[ä]*

Langholzabschnitt

Tutschi Ruugel für *Brènnholz*

Punthaaggä

Guusel Sagmääl

Schytbock

äussere Form oder dann auf die unmittelbare Verarbeitungsmöglichkeit des Holzes selber beschränken. Ausgesprochen ästhetische Überlegungen fallen jedoch weniger in Betracht. So heisst es etwa von krummgewachsenem, unförmigem *Stamm-* und speziell *Aschtholz*, es sei *bäüweelet, verchno[o]rzet, Bux*. Demzufolge gilt auch schlecht sägbares Holz als *upäimet, eeländ, grüüsig, wiäscht*. Ist es obendrein alles andere als weich *(lind, wäich)*, spricht man von *buxig, hagäbüächig, hèrt* und *hèrthèlzig*, ja sogar von *bockhoorä-* und *stäihoorä'hèrt*.

Für Holz mit schöner Fasernzeichnung *(Wimmerä)*, das nicht mit vielen Astabschnitten durchsetzt ist *(ggaschtet)*, sondern von einem astfreien Baumstammstück *(Schintlästock)* herrührt, gilt die allumfassende Bezeichnung *scheen*. Äusserst begehrt sind dabei die Stämme z.B. von der Arve *(Arvä)* und Föhre *(Chiä[n]bäüm, Feerä)*, bei denen der Anteil an sog. Kernholz *(Chitt)* gegenüber dem Splintholz gross ist. *Chittigs Holz* eignet sich vortrefflich zum Täfeln *(tääferä, Tääfer a'schlaa)*. Holz jedoch, dessen Fasern *(Faaserä)* nach aussen verlaufen, was z.B. Sensenstiele *(Sägäsäworb, Worb)* leicht brechen *(bräc̲h̲ä)* lässt, wird mit *aphèlzig* abqualifiziert. Wenn schliesslich beim Verbrennen *(^{2}fyyrä)* das Holz nach allen Seiten Funken *(Chnäischtä, Funkä, Glüüssä, Ggnäischtä)* wirft *(chnäischtä, funk[n]ä, ggnäischtä)*, dann hört man auch etwa die Bezeichnung, es sei *spratzlig*.

Mundartbezeichnungen bei der Holzverarbeitung

Im Bereich der Holzverarbeitung nehmen sich im Verhältnis zur Bedeutung und Vielfalt der Anwendungsbereiche die verfügbaren Mundartausdrücke eher bescheiden aus. Dies ist verständlich, wenn man davon ausgeht, dass sich über den Weg der auch hierzulande lange schon bekannten und geforderten Berufsausbildung ein Fachvokabular etablieren konnte, das ganz vom Standarddeutschen bestimmt ist und daher nur beschränkt Eigenständiges *(Äigägwäx)* oder zumindest lokal Gefärbtes zulässt.[193] So sind nachfolgend – auf die einzelnen Berufsgruppen verteilt – nur gerade jene Bezeichnungen erwähnt, die sich lautlich und vereinzelt auch vom Vokabular her vom Standarddeutschen unterscheiden.

193 Seite 237

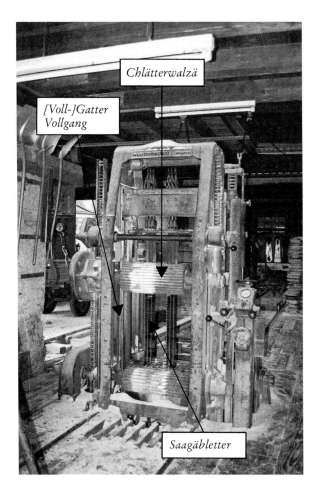

Was früher mühsam mit Hilfe einer sog. Gattersäge von Hand zersägt wurde, läuft heute restlos maschinell ab.

Chlätterwalzä

[Voll-]Gatter Vollgang

Saagäbletter

Brätter Läädä

Bäümkantä

Spannwaagä

Sägewerk

Sageryy	*Sa[a]gihüüs*	*Fiäläställti*
Sa[a]gi	*Wärchstupli*	*Saagästipli*
Saager		
Sagholz	*Schindelholz*	*Büüwholz*
Hälplig	*Stamm*	*Träämel*
Chratzimetter	*raanä*	*Raanschnüär*
Mässstäckä, Ryysser	*schmiärä*	*²Graan*
ap'langä	*ap'lènggä*	*verlènggä*
verlanggä	*verlangnä*	
Schnittholz		
Brätt	*Ggrischtbrätt*	*Buckäbriigel*
Chlotzbrätt	*Üssschussbrätt*	*Rift-, Spiägel'brätt*
Brätterbyygi		
Laadä	*Schal[l]ä*	*Schwartäholz*
Ggrischtlaadä	*Schwartä*	*(grobs, fyyns)*
Schryynerlaadä	*Schwä[ä]rtlig*	*Schwa[a]rlattä*
Laadäbyygi		
Lattä	*Muttälattä*	
Haglattä	*Tachlattä*	
Hèlzli	*Laadähèlzli*	*Läädächneebel*
Kantholz	*Flecklig*	*Pfättä, Raafä, Sparrä*
	Stuedle	*Til[i]'bäum, -hèlzer*
Balkä	*Tra[a]g-, Trä[ä]gholz*	*Zimmerholz*
Duellhèlzer, Twèllholz+	*Träm, Trän*	*vollbrääwig*
Bräidäx	*phäüwä*	
bräidäxnä	*fladerä*	
Sagstüäl	*Fuxschwanz*	*Zinggsaagä*
Fladerä	*Gfäässsaagi*	*Saagäschroot*
Fla[a]der'saagä, -saagi	*Spa[a]ltsaagä*	*Schleegelsaagi*
Fliidersaagä	*Gäissgrind*	
Wällä	*Wändelbäum*[194]	
Wällbäum	*Wirbel*	

194 Seite 237

Was auch noch in einer Sägerei *(Sa[a]gi)* vorzufinden ist:

Hèlzli
Laadähèlzli
Läädächneebel

Brätter-,
Laadä'byygi
bei Gebr. Aeschlimann
Bürglen

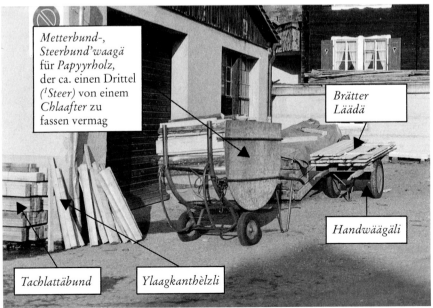

Metterbund-,
Steerbund'waagä
für *Papyyrholz,*
der ca. einen Drittel
(*[1]Steer*) von einem
Chlaafter zu
fassen vermag

Brätter
Läädä

Handwäägäli

Tachlattäbund

Ylaagkanthèlzli

195 Seite 237   Zimmerei[195]

Zimmeryy		
Zimmerma		
Lochsaagi	Schny[y]dsaagi	Schwalbäschwanz
Handschleegel	Ragglä	byyschwanzä
Määlbirschtä	ap'rooschtä	fiägä
Pfättäbinder	ap'ruschtä	lattnä
Balkä	Lügerlig	Tittel
Bäüm	Mitteltachbäüm	Tittelbäüm
Binder	Muugerä	Traagholz
Block	Müür[ä]fäädera	Träm
Firstitz	Pfättä	Trän
Flecklig	Ross	Tüttelbäüm
Gspann[i] Urs.	Ruscht (?)	Üfflegger
Gwätt[i]	Schwanzbock	Underzug
Gwättichopf	Schliässholz	Voorstooss
Gwättigrind	Spillä	
Ybinder	Til[i]bäüm	
Üffrichti		

196 Seite 237   Schreinerei[196]

Butig, Bütig	Schryyneryy	
Schryyner	Hooräschryyner	
schryynerä	firniässä	
hoplä	tiplä	
Hoobel	Fiägbäüm	Stiilhoobel
Hoobelzaanig	Schirpfhoobel	
Näpper	Holznäpper	Chääfernäpper
Boorer	Baarmälochnäpper	Trillboorer

193

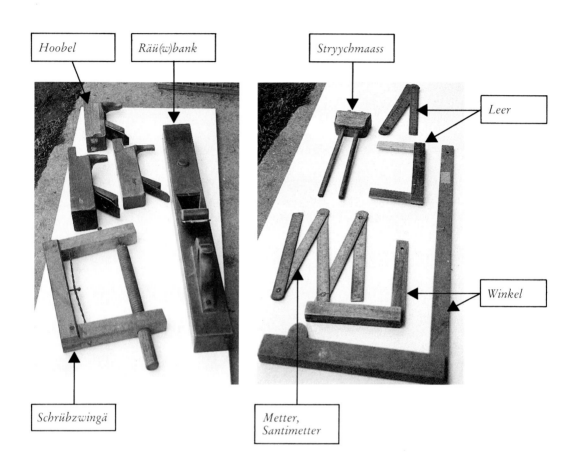

Hoobel

Räü(w)bank

Stryychmaass

Leer

Winkel

Schrübzwingä

Metter,
Santimetter

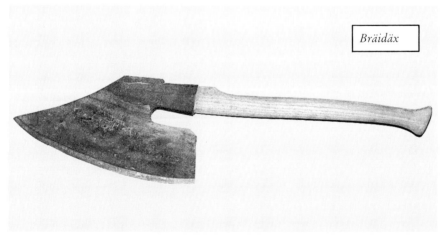

Bräidäx

Zwingä, Zwang	*Geerä*	*Hoolmäisel*
Schrübzwingä	*Leer*	
Mässband	*Metter*	
Mässretli	*Doppelmetter*	
Fiälä	*Raschpä*	
Eesel	*Fiägbäüm*	*Maschyynä*
Schnätzeesel	*Wärchbank*	*Spüälä*
Schnätzstüäl	*Drääwärchzyg*	
Schnätzeeselgrind	*Trääbank*	
frääsä, frèèsä	*Frääsi, Frèèsi*	
Chlotzbrätt	*Ryttstock*	*Spintlästock*
²Tu[u]bel, Ti[i]bel	*byyschwanzä*	*tiplä*
Bank	*Tisch*	*Stüäl*
Gettistüäl	*Mannästüäl*	*Wyyberstüäl*
Gottästüäl	*Syttäteff*	
Gstabällä	*Gstüäbällä*	
Hocker	*Taburet*	
Läänstüäl	*Stiälti* Urs.	
Fèrtigkoff	*Kantrum*	*Schaffräiti* [vereinz.]
Kamperum	*Komoodä*	*Üffsatzkomoodä*
Buffet	*Buffetgänterli*	*Gänterli*
Chaschtä	*Gillächaschtä*	*Schrank*
Tääfel, Tääfer	*Chrallätääfel*	
(Tääfer a'schlaa)	*Faasä-, Fasstääfel*	
Fänschter	*Fäischter, Pfäischter*	*Fänschterraamä*
(Fänschter a'schlaa)	*Fänschterfliigel*	*Voorfäischter*
Tiirä	*Ti[i]rraamä*	*Tiiräsèllä*
Halbtirrli	*Ti[i]rggricht*	*Ti[i]rstud*
Tiiräfallä	*Phänki*	*Stud*
Ti[i]rschloss	*Ti[i]rphänki*	
Tiiräweggä	*Sèllä*	

Rings um das Schindeln *(schindälä):*

Zu den oberen zwei Bildern: Toni Herger, Chessel (Gmde Bürglen), bei der Herstellung von *Grobschintlä,* auch *Brätterschintlä* genannt (60–70 cm lang), sowie von *Halb-* oder *Fääderäschintlä* (etwas feiner und ca. 55 cm lang).

Zu den unteren zwei Bildern: Alois Imhof, Witterschwanden (Gmde Spiringen), bei der Herstellung von *Tschüäpli* (ca. 21 cm lang).

197 Seite 237   Küferei[197]

Chiäfferyy		
Chiäffer		
chiäfferä		
Gargäläsaggli	Fasshoobel	Zungänäpper
Gargälähoobel	Räifzangä	
Fass, Dim. Fessli	Tuugä, [1]Tüügä,	Duuwä Urs.
Fasstüügä	Dim. Tüügäli	Tugglä Urs.
	Tügglä	

Wagnerei

| Waggneryy |
| Waggner |

198 Seite 237   Zur Herstellung von Schindeln[198]

Früher gehörte das Herstellen von Schindeln *(schindälä, schintlä, Schintlä schnätzä)* zur eigentlichen Winterbeschäftigung der Dachdecker und Bauern, die mit dieser Tätigkeit als Schindelmacher *(Schindäler)* die sonst tote Jahreszeit nutzbringend zu überbrücken verstanden. Hierzu musste zunächst im Spätherbst oder Winter das passende Holz *(Schindelholz, Schüna)* bereitgestellt werden, in der Regel *Roottannigs*, auch *Schindelbäum* oder *Schindeltannä* genannt, weil es entschieden spaltbarer *(speelig)* ist als etwa *Wyysstannigs* oder *Chiä[n]bäimigs*. Dabei gilt es im weiteren darauf zu achten, dass man sog. *Männtler* fällt, d.h. Stämme von besonders weichem Tannenholz. Sie sollen daran erkennbar sein, dass *ds Holz nit glatt isch under dr Rindä, wil's det fyyni Rilläli het.* Auch der Standort und damit die Herkunft kann eine grosse Rolle spielen. So bevorzugte man zur Schindelfabrikation Stämme aus der Göscheneralp, aus dem Brunnital bei Unterschächen sowie aus dem Sulztal in der Gemeinde Isenthal.

Nun muss zunächst der entastete und geschälte Baumstamm in ungefähr *(nach Äügämääss)* 50 bis 75 cm lange Stücke, sog. *Ruugel*, geschnitten

Anwendungs-
bereiche

vereternytet

ypschlaagä

Tschüäpä
Tschüäpli
Tschiäpli

Maschyynätschüäpli

Haus in der
Bärchi
(Gmde Isenthal)

ä ytschiäpäleti Wand

Grob- oder
Brätterschintlä

Fääderä- oder
Halbschintlä

Tschüäpä
Tschüäpli
Tschiäpli

Alphütte
auf dem
Urnerboden

198

werden. Hernach werden diese *Ruugel* mit dem eigens hiefür hergestellten Schnitzeisen *(Schindelyysä, Schintlämässer)* und dem *Holzhammer* wie Kuchenstücke in der Vertikale halbiert *(halbiärä)*, geviertelt *(viärtlä)*, geachtelt *(achtlä)* und so fort, bis die einzelnen Schindelstücke noch ca. 15 mm dick und 15 bis 20 cm breit sind. Auf diese Weise werden von einem geübten *Schindäler* pro Arbeitstag 500 bis 600 Schindeln *(Schintlä)* geschnitten. Die einen bevorzugen dabei Holz mit weit auseinander liegenden Jahrringen *(maschtigs Holz)*, die andern gerade das Gegenteil *(fyynjäärigs Holz)*. Einig ist man sich hingegen in der Feststellung, dass *üssbindig scheens Schindelholz* mehrheitlich auf der Sonnenseite *(sunnähalb)* eines Tals zu finden ist.

Geht man nun von einem Durchschnittswert in der Grössenordnung von ca. 250 Schindeln pro Quadratmeter Fläche aus, ist je nach Grösse des Daches eine Vorbereitungszeit bis zu einem Monat erforderlich. Um so haltbarer erweist sich dann das Schindeldach *(Schintlätach)*, rechnet man doch mit einer durchschnittlichen Lebensdauer von 30 bis 35 Jahren, vor allem dann, wenn mit dem Material nicht gespart wurde. Dies kann sich z.B. allein schon dadurch äussern, dass zufolge der mehrschichtigen Überlagerung die einzelnen Schindelreihen als sichtbare Dachfläche jeweils höchstens etwa einen Viertel *(Viärtel)* ihrer Gesamtlänge ausmachen. Ob schliesslich als Dach- oder allenfalls auch als Hauswandverkleidung gebraucht, darüber entscheidet einzig der Bedarf und dementsprechend die jeweilige Machart der Schindeln.

Ausdrücke rings um die Schindelfabrikation

Schindäler		
schindälä	schintlä	Schintlä schnätzä
Schindelyysä	Schintlämässer	Zwängger
Schintlä, buxig[i] Schintlä Fachschintlä Fääderäschintlä Grobschintlä	Greebelschintlä Halbschintlä Spa[a]ltschintlä Schyyjä Schipfi	Schüäpä Tschiäp, Dim. Tschiäp[ä]li Tschüäpli
²schipfälä Schintlä a'schlaa a'teckä	tschiäpälä vertschiäpä vertschiäpälet	y'tschiäpälä äs vertschiäpälets Hüüs

Bäxel
Chängelbiäl
Cheelbiäl
Streebäbiäl

1/2/3
Brunnentröge
werden auch heu
noch da und dor
aus ganzen Baum
stämmen herge-
stellt *(troogä,*
treggnä). Hiefür
ist der *Bäxel* neb
der *Äx[t]* und der
Biäl[i] das wich-
tigste Werkzeug.

4
Brunnentröge
lassen sich aber
auch aus Brettern
(Läädä) zusam-
menzimmern.

5/6
Dauerhafter sind
die Tröge aus
Stein (vgl. Trog
bei der Bielensäg
Gmde Unter-
schächen) oder
gegossenem
Zement *(Zimänt*
wie z.B. auf
der Alp Stössi
(Maderanertal).

7
Neuerdings wer-
den auch ausge-
diente Badewan-
nen *(Badwannä)*
die Landschaft
gestellt wie hier
auf dem Weg
nach Gemsfairen
(Urnerboden).

8
Allein schon
funktionsbezoge
von ganz anderer
Art sind die
herrschaftlichen
Brunnentröge, w
z.B. jener im
«Blumenfeld»
(Gmde Altdorf)
vor dem
prächtigen Bürge
haus der
Fam. Schelbert.

200

Sonstige Holzverarbeitungen

baxlä, bäxlä		
Bäxel	*Täxel*	*Chääber*
Bäxledä		
Tichelboorer[199]		
Tuchel, Tichel	*Chett*	*Wasserrad*[200]
treggnä	*troogä*	*Trog*

199 Seite 237
200 Seite 237

Kunsthandwerkliches

Schnätzer, Schnitzer	
Schnätzholz	
chärbä	*schnitzä*
schnätzä	*schnitzlä*
Gschirrischaaber	

201 Seite 237

Vom Korbflechten[201]

Wenn das Herstellen von Körben (*Chorb*, Dim. *Chèrpli; chorbä*) beim fahrenden Volk – hierzulande teils mit leicht verächtlichem Unterton *Chorber* geheissen – in der Regel berufsmässig ausgeübt wird, ist es da und dort unter der einheimischen (*häimisch, hiäsig, ihäimisch*) Bevölkerung (*Bevèlkerig, Lyt, Volch*) längst zu einer eigentlichen Freizeitbeschäftigung geworden. Im Spätherbst bis anfangs März schneidet (*chorbstäcknä*) man *Wyydäriätli* oder *Haaselstäckä*, auch *Haaselzwick* genannt – im Altdorfer Bannwald und auch in Gurtnellen soll es besonders schöne (dunkle bis schwarze) geben –, die dann mit einem *Schünähoobel* oder Zug-, resp. *Sackmässer* zu *Schünä, Spärtel* und *Spettel* geschnitten werden. Die *Rippi* – teils auch als *Schünä, Spärtel* oder *Spettel* bezeichnet und je nach Grösse des Korbes bis zu 105 cm lang – sollen wegen Bruchgefahr keine Asthöhlung (*Schisslä*) haben. Diese werden dann in eine Bodenplatte aus Birkenholz (*birchi[g]*) gesteckt, um die herum hernach die meist als *Schünä* angesprochenen Einschläge geflochten werden. So entstehen die verschiedensten Arten von Körben.

Wie ein
Tragkorb
(*Ruggächorb*)
entsteht:

Zum
obersten Bild:
Bevor die
Haaselstäckä
in Streifen
(*Schünä, Spärtel
Spettel*)
geschnitten
werden, macht
man einen *Hick*
in den Stecken
(*Chneebel,
Stäckä*), der
dann Stück um
Stück übers
Knie (*Chnäiw,
Chnyyw*)
gespannt wird
(*chrimpä*), um
nachher die
einzelnen
Faserschichten
besser lösen zu
können.

Zu den
drei unteren
Bildern:
Mit dem
Schünähoobel,
auch
Wytlihoobel
genannt, oder
Sackmässer
werden die
Schünä
geschnitten.

Ausdrücke rings um das Korbflechten und dessen Produkte

Chorber		
chorbä	*chorbstäcknä*	
Schünähoobel		
Rippi	*Schüinä*	*Spettel*
Rippli	*Spärtel*	
Haaselstäckä	*Haaselzwick*	*Wyydäriätli*
Bäärä		
Chorb [Dim. Chèrpli]	*Märchtchorb*	*Tschäferä, Tschiferä*
Girbäli	*Raschi*	
Huttä	*Ruggächorb*	
Schlätterchorb		
Bèrrichorb	*Häippèrriruggächorb*	*Sträiwichorb*
Gris'chorb	*Häiwchorb*	
Chrattä	*Stäichrattä*	
Chriäsichrattä	*Hä[ä]rdepfelgungg[ä]li*	
Gaschpli		
Girbäli	*Gstorpli*	*Zäinä*
Gspo[o]rtä	*Storpli*	

In diesem Zusammenhang sei noch auf weitere hölzerne *(hèlzig, ghèlzig* Urs.) (Trag-)gefässe sowie Trag- und Transportmöglichkeiten hingewiesen:

Bräntä	*Gwääschbräntä*	*²Toolä*
Chüibel	*Syywfass*	
Gwääschfass	*Tansä [nur Sis.]*	
Chrääzä		
Chischtä	*Spääntruckä*	
Truckä		

Oberes Bild: Die *Rippi* werden entweder mit dem *Schindelyysä* oder mit der *Spasaagä* zugeschnitten und dann am *Schnätzeesel* mit dem *Ziä*- oder *Zug'mässer* poliert.

Zu den zwei unteren Bildern: Nun kann mit der Herstellung des Korbes begonnen werden. Die Bodenplatte ist vielfach aus Birkenholz *(birchi[g])*, die *Rippi* sind aus Eschenholz *(E[e]schä; eschig)* und die *Schiinä* vom Haselstrauch *(Ha[a]sel*, Pl. *Hasslä).*

Trog	*Süüffitrog*	
Mischtchaschtä	*Mischtgillächaschtä*	*Mischttruckä*
Gaschli		
Fass	*Sännäbocki*	*Butsch[i]*
Treelmuttä		
Goon [Dim. Geentli]	*Schepfchübel*	*Schepfnapf*
Schepfer	*Schepfgoon*	*Gillägoon*
Brunggel	*Trunggel*	
Ankä'broggel, -brunggel	*Chritzä, Chrutzä*	*Süüffimuttli*
Ankächübel	*Fätterä*	*Napf*
Ankäfass	*Muttä [Dim. Muttli]*	*Süüffinapf*
Harzschirbi		
Chèllä	*Yschiäss'schissel, -schisslä*	
Schisslä		
Stäifass		
Gaabälä	*Traaggaabälä*	*Rääf*
Baarä	*Traagbaarä*	*Tootäbaarä*
Traagbännä	*Traagbäärä*	*Stäibäärä*
Garettä	*Stäibäärä*	
Stäibännä	*Stäi'schläipf, -schläipfä*	
Gra[a]s'bännä, -bäärä		
Mischtbännä	*Mischtrolli*	
Mischtgäiss	*Mischtgstèll*	*Mischtrichti*
Mischtbräntä		
Schlittä	*Schlittächüächä*	*[2]Rugger*
Schlittäbäi	*Schlittähèlzli*	
Schlittächnyyw	*Rollbännä*	
Schneebrättli		

Selbst ein einfacher Rückenkorb lässt
sich in eine Vielzahl von Einzelbegriffen
zerlegen, die aus dem unmittelbaren
Erfahrungsbereich versprachlicht werden.

Grind

Schiinä

Chranz

Rippi

Steckrippi

Bo[o]dä

Ggräisig,
Brètschel Urs.

Von Geboten und Verboten im Umgang mit Holz

Im Bereich der Waldnutzung und Waldpflege gab und gibt es neben den z.T. verbrieften, teils auf Gewohnheit und Tradition beruhenden Rechten *(Rächt,* Pl. *Rächti)* weit mehr bis in die letzten Einzelheiten genau umschriebene Gebote und Verbote, an die sich unabhängig von Stand, Name, Geschlecht und Alter jeder Bewohner dieses Bergkantons ausnahmslos zu halten hat.[202]

Basierend auf den vier Kategorien[203], die es mit der Zeit bei den Waldungen zur «bessern Fortpflanzung, Erhaltung und Ordnung» (LB 1859, Art. 296) zu unterscheiden galt, wurde zunächst in den einzelnen urnerischen Bannbriefen, dann sehr ausführlich in der Gesetzessammlung des Urner Landbuches aus dem Jahre 1859 (vgl. Art. 299 ff.) sowie vereinzelt sogar im Inseratenteil der Urner Presse immer wieder klar und unmissverständlich auf die Verbote hinsichtlich Nutzung der Bannwälder *(Bawald, Mattäbann[wald])* hingewiesen. Gleichzeitig wurde auch auf die ausnahmslos harte Bestrafung aufmerksam gemacht, die jedwede Person bei irgendeiner Zuwiderhandlung zu gewärtigen hatte.

So war u.a. jegliches[204] Freveln *(frä[ä]fflä)* strengstens untersagt. Auch das Abhauen *(ap'häüwä, gèrtä, järbä, rimpfä)* von Ästen *(Gris stumpä, griisä, grissä)* und Dolden *(Toldä,* Pl. *Tèldä)* sowie das Fällen *(um'tüä)* im speziellen von Tännchen *(Gäisstanntli, Grassälä, Grotzä)* bei einer Stammdicke unter 1 Schuh *(Schüä)* zwecks Bereitstellung von Hagstecken *(Hag'lattä, -stäckä, -stooss, -zyg)* war gänzlich verboten. Gesetzeswidrig war auch das Rutendrehen aus Tannästen *(schwäiffä),* d.h. das Flechten von Zaunringen für den sog. Schweifelzaun *(Schwäifhag),* und selbstverständlich auch das zu Rodungszwecken praktizierte Ablösen der Baumrinden *(rintnä, rüäp[n]ä, schèllä, schindä, schlyyssä, schwäntä, tschiferä, tschüäp[n]ä)* nebst dem in kleinen Mengen zur Herstellung von Käseringen *(Järb)* streifenförmigen Zuschneiden von Tannenrinden *(järbä)* wie auch das Anstechen eines Baumes *(a'choorä)* – zu welchen Zwecken auch immer –, das Harzgewinnen[205] *(harz[n]ä),* das ohne obrigkeitliche Erlaubnis praktizierte Reisten *(räischtä)* und Hinunterwerfen *(pänglä)* von gesägten Ästen *(gsagti Escht)* und Knebeln *(Chneebel, Stäckä)* und schliesslich auch das Ausgraben *(üss'graabä, [üss']stock[n]ä)* von Baumstrünken *(Stock).*

Verboten war und ist bis heute mit wenigen Ausnahmen[206] auch das Weidenlassen von Gross- und Kleinvieh *(Gschliäch[t], Schmaalvee)* in den einzelnen Wäldern, dann auch das Streue- *(Sträiwi)* und Laub *(Läüb)* sammeln *(läübä, müärä, sträiwänä),* soweit dadurch der Wald nachgewiesener-

202 Seite 238
203 Seite 238
204 Seite 238
205 Seite 238
206 Seite 238

massen geschädigt wird. Verboten ist im weiteren auch das Abschneiden von Laubholz zur Futtergewinnung *(griisä, grissä, Läüb stumpä)* wie auch das Zusammenlesen von Tannadeln *(Grisna[a]tlä schaabä, gusslä)* und von Walderde *(häärdä)*, das Sammeln von Moos *(Miäs schaabä, miäsä, ggmiäsä, miäschä)* und schliesslich auch noch das Schneiden und Ausgraben von Wurzeln *(Wirzä häüwä)*.

Dass trotz dieser klaren Verbote und der nicht minder klar in Aussicht gestellten überaus harten Bussen immer wieder Frevler *(Frääffler)* ihr Unwesen trieben, beweisen einerseits alte Gerichtsakten aus dem Urner Staatsarchiv, andererseits aber auch immer wieder verbesserte Kontrollmassnahmen, die den Missetätern das Handwerk legen sollten,[207] wie auch Gesetze und Verordnungen, die im Interesse der Allgemeinheit das Denunzieren durch entsprechende Belohnungen geradezu gefördert hatten.[208] Aber nicht ausschliesslich nur im Bereich der Holzgewinnung mussten zur Wahrung der allgemeinen Interessen speziell auf Gesetzesebene vorsorgliche Massnahmen getroffen werden. Auch bei den Holztransporten galt es – wie bereits erläutert – zusätzlich auf der Basis von Verordnungen und Beschlüssen Vorkehrungen zu treffen, die dem einzelnen Bürger *(Birger)* zwar die Möglichkeit von örtlichen Holzverschiebungen einräumten, jedoch so, dass deswegen die Allgemeinheit in keiner Form zu Schaden kam.

Aus denselben Bestrebungen heraus und insbesondere wegen vieler Missbräuche, die sich da und dort eingeschlichen hatten, zeigte man sich um die Mitte des letzten Jahrhunderts überdies sehr interessiert, vor der verbindlichen Vereinheitlichung der Masse und Gewichte auf schweizerischer Ebene zumindest im ganzen Land Uri ein einheitliches Kubikmass beim Holzverkauf anzuwenden. Hiefür galt gemäss Landbuch aus dem Jahre 1859 als Masseinheit *(Määss)* das sog. *Landesmääss*-Klafter, das 6 Schuh hoch und 6 Schuh breit war und eine Länge der Scheiter *(Miisälä, Spältä, Schyt)* von 2½ Schuh aufwies, den Schuh zu je 30 cm berechnet.[209]

In der Zwischenzeit wurde jedoch das Metersystem landesweit als verbindlich erklärt. Trotzdem wollte man da und dort von den alten Masseinheiten nicht abrücken, weil man sich offensichtlich mit den neuen Gegebenheiten schwer tat. So musste noch im Januar 1888 der urnerische Regierungsrat die Holzhändler in einem Aufruf warnen, das *Brènnholz* nicht mehr nach den alten Massen, sondern nach dem geltenden Metersystem in Rahmen zu messen, «welche 2 Meter lang und 2 Meter hoch sind. Die Scheiterlänge soll – besondere Vereinbarungen vorbehalten – 1 Meter betragen».[210] – Trotz dieses obrigkeitlichen Warnschusses scheint man sich aber hierzulande weiterhin nicht besonders an die geltenden Bestimmungen

207 Seite 239

208 Seite 239

209 Seite 239

210 Seite 239

gehalten zu haben. Nur so erklärt sich, dass in einer späteren Zeitungsmel-
dung «das holzverkaufende Publikum vor einem Schwindel ernstlich zu
warnen» war.[211] Auswärtige Holzhändler *(Holzhäntler)* bezahlten damals
anscheinend überdurchschnittlich hohe Holzpreise, entschädigten sich aber
dann dafür durch allzu grosse Massabzüge, so dass der Verkäufer schliesslich
bis zu einem Viertel des geltenden Verkaufspreises geprellt wurde. Solche
Machenschaften ebneten jedoch der amtlichen Messung den Weg, ohne aber
die sog. *Holzschèlmä* gänzlich und für alle Zeiten aus dem Lande zu verban-
nen.

211 Seite 239

KAPITEL 3
WALD UND HOLZ

Siehe auch
Ergänzungen S. 479 ff.

ANMERKUNG 145

Aus der reichhaltigen Literatur zum Thema Wald und Holz seien nachfolgend in Auswahl nur gerade jene Bücher und Artikel zitiert, die entweder direkt die urnerischen Waldverhältnisse ansprechen oder aber in Anlehnung daran Vergleiche mit Uri zulassen. Im weiteren mag man sich jeweils noch der Literaturangaben bedienen, auf die in den folgenden Anmerkungen (spez. Anm. 152) zu diesem Kapitel verwiesen wird.

Aichel, Dietmar; Schwegler, Heinz-Werner: Unsere Moos- und Farnpflanzen. Eine Einführung in die Lebensweise, den Bau und das Erkennen heimischer Moose, Farne, Bärlappe und Schachtelhalme. Stuttgart 1981

Amann, Gottfried: Bodenpflanzen des Waldes. Taschenbildbuch der beachtenswertesten Pilze, Flechten, Moose, Farnpflanzen, Gräser und Kräuter des mitteleuropäischen Waldes mit Textteil über deren Bau und Leben. Melsungen 1977

Amann, Gottfried: Bäume und Sträucher des Waldes. Taschenbildbuch der Nadeln und Blätter, Blüten, Früchte und Samen, Zweige im Winterzustand und Keimlinge der beachtenswertesten Bäume und Sträucher des mitteleuropäischen Waldes mit Textteil über deren Bau und Leben. Melsungen 1980

Aufgaben und Probleme im Gebirgswald am Beispiel des Kt. Uri. Beiträge von Stefan Gamma, Markus Tschopp, Klemenz Ulrich, Anton Zberg. In: Die Blaue. Alpwirtschaftl. Monatsblätter, 1988, Nr. 10, S. 466 ff.

Bachmann, Heiri: Exkursionen in problematische Urner Waldgebiete. In: UW 1988, Nr. 48

Bätzing, Werner: Die Alpen. Frankfurt a.M. 1988, S. 17 ff.

Bergwald – Beschützer ohne Schutz. In: Bergwelten. PANDA-Magazin WWF Schweiz. Zürich 1988, Nr. III, S. 18 ff.

Bibliographie der Schweizerischen Landeskunde. Faszikel V 9c: Forstwesen. Bern 1894, S. 100 ff. u. Supplement. Bern 1907, S. 195 f.

Büren, Charles von: Uri holzreich.
In: 78. Geschäftsbericht pro 1992 der
UrnerKantonalbank. Altdorf 1993,
S. 23 ff.

Catrina, Werner: Holzwege. Schweizer
Holz – verkannter Rohstoff. Zürich
1989

Follmann, Gerhard: Flechten. Stuttgart
1968
Freiwilliger «Waldtag» – ein Gross-
erfolg. In: UW 1989, Nr. 58

Gerig, Georg: Zukunftsaufgaben des
Waldes. In: UW 1976, Nr. 79

Hanhart, Urs: Im Sinne der Waldpflege.
Zu einem Abendseminar der Urner
Arbeitsgemeinschaft für das Holz un-
ter dem Thema: «Holzschutz und
Holzbehandlung». In: UW 1990, Nr. 70
Herger, Erich: «Unser Wald hat sich
einigermassen erholt». In: UW 1989,
Nr. 27

Irniger, Margrit: Natürlich und unbe-
rührt war der Wald eigentlich nie. In:
Die Weltwoche 1989, Nr. 24

Jenike, J.: Das grosse Bilderlexikon des
Waldes. Prag 1980

Küchli, Christian: Ein Dorf und sein
Bannwald. Ein Stück Forstgeschichte.
In: Tages-Anzeiger, Das Magazin.
Zürich 1989, Nr. 3
Küchli, Christian; Chevalier, Jeanne:
Wurzeln und Visionen. Promenaden
durch den Schweizer Wald.
Aarau 1992, S. 124 ff.

Landolt, Elias: Bericht an den hohen
Schweizer. Bundesrat über die Untersu-
chung der Hochgebirgswaldungen in
den Kt. GL, ZG, SZ, UR, UW, LU,
BE. Vorgenommen im August, Septem-
ber und Oktober 1859. Bern 1860
Landolt, Elias: Gesetz betr. die eidg.
Oberaufsicht über die Forstpolizei im
Hochgebirge. Bern 1876
Lardy, Anton: Denkschrift über die Zer-
störung der Wälder in den Hochalpen,
die Folgen davon für diese selbst und
die angrenzenden Landestheile, und die
Mittel diesen Schaden abzuwenden.
Zürich 1842
Lebensquelle Wald. In: Kurier. Das
Urner Magazin. Gurtnellen 1989,
Nr. 1, S. 6 ff.
Leibundgut, Hans: Der Wald in der Kul-
turlandschaft. Bedeutung, Funktion
und Wirkungen des Waldes auf die Um-
welt des Menschen. Bern-Stuttgart 1985
Leibundgut, Hans: Unsere Gebirgswäl-
der. Natur, Zustand, Bewirtschaftung.
Bern-Stuttgart 1986

Maksymov, J. Klaus: Wenn der eigene
Duft zur schwachen Stelle wird.
Biotechnische Bekämpfung der Borken-
käfer. In: Magazin Ciba-Geigy.
Basel 1989, Nr. 3, S. 20 ff.
Meister, Georg; Schütze, Christian; Sper-
ber, Georg; Die Lage des Waldes. In:
GEO 1984, Nr. 5, S. 8 ff.
Mobile Ausbildungseinheit im Einsatz
(Mobi-Kurse). In: UW 1990, Nr. 15
Mombächer, Rudolf u.a.: Holz-Lexikon.
Nachschlagewerk für die Holz- und
Forstwirtschaft. Stuttgart 1988
Müller, Emanuel: Urner Forstgeschichte.
In: Alternative 1984, Nr. 94/95/96

Oechslin, Max: Der Wald im Mittelland
und im Gebirge. Ein Vergleich. In: GP
1920, Nr. 40
Oechslin, Max: Die Waldungen des Kan-
tons Uri im Jahre 1920. In: UW 1921,
Nr. 9/10
Oechslin, Max: Die Waldungen der Kor-
poration Uri in der Gemeinde Schatt-
dorf. In: GP 1925, Nr. 24 ff.
Oechslin, Max: Verbauungen und Auf-
forstungen: der Gruonbach ob Flüelen.
In: Kalender der Waldstätte, o.O.,
1926, S. 110 ff.
Oechslin, Max: Die Wald- und Wirt-
schaftsverhältnisse im Kt. Uri. Bern
1927
Oechslin, Max: Das Land Uri und sein
Wald. In: GP 1933, Nr. 35
Oechslin, Max: Die Waldwirtschaft im
Isenthal. In: GP 1937, Nr. 74
Oechslin, Max: Der Hochgebirgswald.
In: Der Gotthard, H. 7, 1947, S. 107 ff.

Oechslin, Max: Der Bergwald. In: Leben und Umwelt, H. 5, Aarau 1948, S. 105 ff.

Oechslin, Max: Der Kampfzonenwald. Sonderdruck Mitteil. der Naturforsch. Ges. Schaffhausen 1949/50, S. 273 ff.

Oechslin, Max: Der Urner Bergwald. In: Der Gotthard, 4. F., H. 8, 1950, S. 109

Oechslin, Max: Gebirgsforstwirtschaft. In: Festschrift ETH Zürich ca. 1955, S. 349 ff.

Oechslin, Max: Die Waldungen der Korporation Uri. In: Schweiz. Zs. f. Forstwesen. Bern 1956 (Dez.), S. 745 ff.

Oechslin, Max: Naturschutzprobleme im Gebirge. In: Schweiz. Zs. f. Forstwesen. Bern 1957, S. 408 ff.

Oechslin, Max: Schädigungen in Aufforstungen im Hochgebirge. In: Schweiz. Zs. f. Forstwesen. Bern 1957

Oechslin, Max: Die Waldungen von Seelisberg. Expertenbericht (24. 9. 1957). StaA Uri

Oechslin, Max: Walderhaltung und Ertragssteigerung. In: GP 1958, Nr. 11

Oechslin, Max: Das Waldreservat Tagfellihorn im Urnerland. Schweiz. Bund f. Naturschutz 1960 (Jubiläumsschrift)

Oechslin, Max: Wald und Waldsorgen in der Schweiz. Sonderdruck aus dem Jubiläumsjahrbuch 1900–1960, 25. Bd., des Vereins zum Schutze der Alpenpflanzen und -Tiere. München ca. 1960

Oechslin, Max: Der Wald im Kt. Uri. In: Alpwirtschaftl. Monatsblätter, 1960, Nr. 6, S. 209 ff. – ill.

Oechslin, Max: Die Allmendwaldungen (in Flüelen). In: Jubiläumsbuch. Flüelen 1965, S. 97 ff.

Oechslin, Max: Karl Albrecht Kasthofer (1777–1853) und Uri. In: UW 1977, Nr. 76

Pfister, Fritz: Bedeutung der Bestandesentwicklung für den «Fall Schutzwald Bristen». Schweiz. Zs. f. Forstwesen, Jg. 137, 1986, S. 594 ff., ill.

Reisigl, Herbert; Keller, Richard: Lebensraum Bergwald. Alpenpflanzen in Bergwald, Baumgrenze und Zwergstrauchheide. Vegetationsökologische Informationen für Studien, Exkursionen und Wanderungen. Stuttgart 1989

Schläppi, Bruno: Rettet den Bannwald von Attinghausen. In: Brückenbauer 1986, Nr. 31

Schläppi, Bruno: Fieberpatient Wald. In: Brückenbauer 1989, Nr. 42

Schmitter, Werner: Waldarbeit und Waldarbeiter im Prättigau. Schiers 1953

Der Schweizer Gebirgswald als Lawinenschutz. In: Holz 1983, Nr. 14, S. 2 ff.

Schweizerischer Forstkalender 1991. Redigiert von Kurt Pfeiffer. Frauenfeld 1991

Speich, A.: Zukunftsziele unserer Waldwirtschaft. In: Schweiz. Zs. f. Forstwesen. Bern 1978, Nr. 1, S. 31 ff.

Stadler, Franz: Bergwald – waldbauliche Anforderungen, Konflikte mit der Wirtschaftlichkeit. In: Wald und Holz, 1985/86, Nr. 9, S. 570 ff.

Stauffer, Anton: Pflege und Nutzung der Bergwälder und Grenzen der Eigenwirtschaftlichkeit. Teufen 1985

Steinegger, Franz: Die Bedeutung der Walderhaltung für Siedlung und Verkehrsträger sowie die Forstpolitik in der Gesamtpolitik unseres Landes. In: Schweiz. Zs. f. Forstwesen 1986, Nr. 12, S. 1063 ff.

Verordnung zum Bundesgesetz vom 11. Oktober 1902 betr. die eidg. Oberaufsicht über die Forstpolizei vom 9. November 1982 [40.2111]

Der Wald. 100 Jahre Eidgenössisches Forstgesetz. In: Schweiz. Hrsg. Schweizerische Verkehrszentrale. Zürich 1976, Nr. 2

Der Wald. Walddarstellungen in der europäischen Malerei. Ausstellungskatalog. Seedamm-Kulturzentrum. Pfäffikon 1989 (beinhaltend u.a. Heinrich Danioth: Der Holzer, S. 102 f.)

Waldschäden fördern die Ufer-Erosion. In: GP (Tagblatt) 1988, 17. Okt.

Walker, Albert: Vom Urner Wald. In: Leonard von Matt: Uri. Basel 1946, S. 21 ff.

Ziegler, Oswald: Waldschutz ist Selbstschutz. Zur Debatte im Ständerat. In: UW 1989, Nr. 46.

ANMERKUNGEN

ANMERKUNG 146

In Anbetracht der für Uris Bewohner seit alters enormen Bedeutung der Wälder ist auch das Flurnamengut im gesamten Bereich von Wald und Holzverarbeitung gem. UNB recht umfangreich ausgefallen. Die nachfolgende Zsstellung mag hiefür einen allg. Überblick bieten:

Bann I 284 f.
Bawald III 817 ff.
Bryyniwäldli III 830: «Bez. f. einen verdorrten Wald»
Ghäckwald III 841: «steiler und rauher Wald»
Holz II 241 ff.
Holzerstock III 469 f.
Jungwald III 852: Bez. f. Aufforstungsgebiet
Lattäwald III 856: «Waldteil mit lauter dünnen, langen Bäumen» *(Lattä)*
Mattäbann I 285 f.
Salbitä III 8 f.
Schachä III 32 ff.
Schy[y]twald III 873 f.
Stüüdä III 355 ff.
Tann III 689
Titschi[wald] III 709 f.
Wald III 809 ff.
Waldi III 811 ff.

Zudem beachte man die Zsstellung der Rodungsnamen in Kap. 1, Anm. 65, sowie die Anm. 160 und spez. 185 in Kap. 3.

ANMERKUNG 147

Die Zahlen sind Schwankungen unterworfen und können je nach Jahr relativ erhebliche Differenzen aufweisen. Vgl. hiezu:

Herger, Erich; Walker, Heinz: Uri im Gespräch. Seine Wirtschaft und seine Gemeinden. Altdorf 1985, S. 34 f.
Herger, Erich: Urner Waldfläche nahm zu. In: UW 1988, Nr. 47, u. 1990, Nr. 50: «Die Waldfläche in Uri machte Ende 1989 total 20'522 Hektaren aus. Sie ist gegenüber 1988 um 5,7 ha gewachsen.»
Ihre Datenbank. Uri in Zahlen. Hrsg. Urner Kantonalbank. Altdorf 1990/91, S. 1, 12

Jahrbuch der schweizer. Wald- und Holzwirtschaft. Bern 1912 ff.
Landesforstinventar (LFI). Vgl. dazu Artikel «Messequipen im Urnerland». Start zum zweiten Landesforstinventar. In: UW 1993, Nr. 37
Oechslin, Max: Forstwirtschaft. In: Uri – Land am Gotthard. Zürich 1965, S. 261 ff., wo von einer Waldfläche in der Grösse von 20'500 ha ausgegangen wird, die umgerechnet ungefähr 1'700'000 m^3 Holz entsprechen.
Wald und Holz. Zahlen und Kenngrössen. Bundesamt für Forstwesen und Landschaftsschutz (BFL). Bern 1987. Dazu Kommentar in UW 1988, Nr. 65.

ANMERKUNG 148

Gem. Tab. «Arealverhältnisse». In: Wald und Holz (BFL). Bern 1987.

ANMERKUNG 149

Gem. ESPOP (Statistik des jährlichen Bevölkerungsstandes) lebten 1987 in Uri 33'435 Einwohner. Nach der jüngsten Eidg. Volkszählung vom Dez. 1990 sind es 34'208 Einwohner. Gegenüber der Volkszählung von 1980 (33'883) ist demzufolge eine leichte Zunahme der urner. Bevölkerung festzustellen.

ANMERKUNG 150

Erstmals abgedruckt findet man den Seelisberger Bannbrief vom 24. April 1365 im Gfr., Bd. 7, 1851, S. 184 ff.; Pfr. Albert Denier veröffentlichte dann im Gfr., Bd. 42, S. 22 ff., den Bannbrief von Flüelen («Einung betreff eines Bannwaldes zu Flüelen vom 12. Juni 1382») und im selben Band, S. 42 f., jenen von Andermatt («Bannung des Waldes ob dem Dorfe Andermatt vom 25. Juli 1397»). Die im Gefolge dieser Publikation erschienenen Artikel konzentrieren sich auf zwei mit der urner. Geschichte überaus vertraute Autoren: a.Staatsarchivar Dr. Eduard Wymann (1870–1956) [vgl. u.a. «Zwei Bannbriefe von 1397 und 1717 für den Wald ob Andermatt», in: HNbl Uri, Bd. 30, Altdorf 1924, S. 37 ff.] und a.Oberförster

Dr. h.c. Max Oechslin (1893–1979).
Vgl. dazu noch Anm. 151, 152 u. 173 dieses Kap. sowie die Reproduktion des Bannbriefes von Andermatt. In: Nationales Gotthard-Museum. Am Höhenweg der Geschichte. Airolo 1989, S. 96.

Mit dem Andermatter Bannbrief von 1397 in Verbindung bringen will man auch den uralten Brauch der *Woldmanndli* und neuerdings auch der *Woldfraueli* (vgl. UW 1991, Nr. 85: «140 Liter Suppe als Lohn»), die jedes Jahr am letzten Samstag im Oktober, dem sog. Kilbisamstag, punkt 13.00 Uhr nach dem ersten Glockenschlag von Gurschenwald her, dem Bannwald von Andermatt, in Sackgewänder gekleidet und mit *Tryychlä*, *Chlepfä* und *Bockähourä* ausgerüstet – in selteneren Fällen auch mit einem Pferdeschellengeläut *(Ggrèll)* behangen – Richtung Dorf stürmen, um dort eine warme Fleischsuppe nebst einem Brötchen *(Mutschli)* entgegenzunehmen (vgl. Gick, Erhard: Schaurig-liebliche «*Woldmanndli*» vom Gurschen. In: UZ 1992, Nr. 249, S. 11 – ill.; Herger, Franz: Die Urdämonen aus dem Gurschenwald. *Woldmanndli* auf ihrem Herbstmarsch durch Andermatt. In: UW 1989, Nr. 83 – ill. Vom selben Autor: Die *Woldmanndli* mahnen auch uns. In: UW 1990, Nr. 85; «*Woldmanndli*» kamen – wie Jahrhunderte zuvor. Uralter Andermatter Brauch wieder sehr beliebt. In: UW 1992, Nr. 86 – ill. Im weiteren: Kaiser, Ernst: Urnerland. Wattwil 1991, S. 40 f.). Nach Aussagen Einheimischer soll früher z.T. auch der Brauch bestanden haben, dass den als *Woldmanndli* verkleideten jungen Leuten zudem Alkohol verabreicht wurde, was zufolge Übergenusses leicht zu Krawallen und bisweilen zu eigentlichen Handgreiflichkeiten führen konnte.

ANMERKUNG 151

Diese Relativierung der Schutzfunktion unserer Gebirgswälder im Zeitraum des Hochmittelalters bis an die Schwelle der Neuzeit analysierte Prof. Dr. Roger Sablonier in seinem Vortrag «Wald und Holz» anlässlich der Arbeitstagung des Histor. Vereins der V Orte vom Samstag, 23. Juni 1990, in Altdorf (vgl. UW 1990, Nr. 50, u. NZZ 1990, Nr. 147: Die Innerschweiz im 13. und 14. Jahrhundert). Detailliert erläutert wird diese These vom selben Autor im Jubiläumsband des 5örtigen Vereins «Innerschweiz und frühe Eidgenossenschaft», Bd. 2, Olten 1990, S. 167 ff.

ANMERKUNG 152

In Berücksichtigung der vielseitigen und bedeutungsvollen Nutzbarkeit eines Gebirgswaldes wurden im Laufe der Jahrhunderte die zu Uri gehörigen Wälder durch eine Reihe von Gesetzen zum «Gemeingut des ganzen Landes» erklärt und zur «bessern Fortpflanzung, Erhaltung und Ordnung ... in vier Klassen, als nämlich in obrigkeitliche Bannwälder, Matten- oder Schirm-Bänne, Dorf-Bannwälde[r] und gemeine Schitt-Wälde[r] abgetheilt und unter gesetzliche Verwaltung gestellt» (LB 1859, Art. 296). Von dieser geschichtlich gewachsenen Obsorge lässt sich u.U. auch eine Begründung für die ganz auf urner. Verhältnisse zugeschnittene Situation ableiten, wonach mehr als 90% des gesamten Waldbestandes in öffentlicher Hand liegen, und davon rund 97½% im Eigentum der Korporation Uri. Auf diese Weise behielten nämlich die alteingesessenen Korporationsangehörigen die unmittelbare Verbindung zu den für die Sicherung der eigenen Existenz dermassen wichtigen Wälder, was ihnen auch ermöglichte, ganz aus dem wachsenden Schutzbedürfnis heraus ihren Einfluss gegenüber der Waldpflege jederzeit geltend zu machen.
In Nachachtung dieser alten, verbrieften Volksrechte liegt die Pflege und Bewirtschaftung der einzelnen Wälder auch heute noch ganz in den Händen der sog. Allmendbürgergemeinden *(Birgergmäind)*. Die Oberaufsicht hat jedoch das Kantonsforstamt inne, das seinerseits gegenüber den kant. Behörden und dem Bund durch das eidg. Forstgesetz seit dessen Einführung im Jahre 1876 zur

Rechenschaftsablage verpflichtet ist.
Dass man sich mit der damaligen Neu-
ordnung nicht allseits anfreunden konn-
te, beweist ein längerer Artikel im UW
1890, Nr. 33, wo ziemlich geharnischt
auf ein Forstfest in Altdorf hingewiesen
wird, in dessen Verlauf dem eidg. Forst-
gesetz offensichtlich grosses Lob gespen-
det wurde, «als ob vorher in Uri nur eine
miserable Waldwirthschaft bestanden
und dass das Forstgesetz uns Glück und
Heil in die Wälder gebracht hätte». Der
Schreibende fährt dann fort, gerade das
Gegenteil sei eingetreten: *Früher hatten
wir in Uri eine bessere Waldpolizei und
Waldaufsicht, man kann das in allen Ge-
meinden erfahren. Wunderselten wird
mehr ein Frevler bestraft, früher geschah
es häufig. Die Dorfräthe und Gemeinde-
räthe, als sie noch etwas zu bestrafen hat-
ten, waren die bessern Waldhüter, als es
jetzt alle Förster mitsammen sind. Und
geholzet wurde damals weniger, als jetzt.
Wir hatten in Uri schöne Bannwälder,
welche für Noth und Gefahr geschützt
und reservirt wurden, jetzt darf man
Holz nehmen, wo man es findet. Hätten
unsere Väter so viel Tannen zu Boden
geschlagen und so viel Holz ausgeführt,
wie wir es jetzt in Uri thun dürfen, ohne
dass ein Hahn darnach kräht, so hätten
wir heute nichts mehr für Schindeln und
Latten, zum Bauen und Brennen.*
Die Antwort auf diese attackierende Dar-
stellung blieb erwartungsgemäss nicht
aus. Schon in der folgenden UW-Num-
mer vom 23. August 1890 meldet sich
ein Anonymus zu Wort und unternimmt
es seinerseits, die «blindgezielten Keulen-
schläge», die das Forstwesen und das
Forstpersonal treffen sollten, überzeu-
gend zu entkräften. So werden in einer
ausführlichen Analyse die einzelnen Ar-
gumente Stück um Stück zerpflückt und
widerlegt, um dann die ganze Debatte
mit dem Hinweis abzuschliessen: *Was
hat nun im Grunde der Korrespondent in
Nr. 33 damit erreicht, dass er den Bengel
seiner einseitigen Kritik dem Forstwesen
und seinen Vollzugsorganen zwischen die
Füsse geworfen, als dass er einige Unzu-
friedene in ihrer Renitenz gegen die
gewiss sehr schwierige Durchführung*

*bestärkt hat. Rechtlich denkende Bürger
müssen die Art dieses Vorgehens im Inter-
esse der Sache entschieden missbilligen,
man weiss ja ganz gut, dass es Jahrzehnte
bedarf, um Ordnung in verrottete Wald-
zustände zu bringen.*
Dass man sich auch schon im Vorfeld
zur Einführung des eidg. Forstgesetzes
mit den bestehenden Verordnungen gera-
de in Uri offensichtlich schwertat, belegt
der wohlgezielte Vorwurf an die Adresse
der urnerischen Behörden in Elias Land-
olts Bericht zuhanden des Schweiz. Bun-
desrates (S. 68), wo es heisst, dass die an
sich vorhandenen Gesetze und Verord-
nungen meistens deswegen zuwenig be-
folgt würden, weil das nötige Verständ-
nis hiefür der Obrigkeit selber abgehe.
Auch Emanuel Müller kommt in seinem
Aufsatz «Als Politiker dem Wald helfen»
(In: Alternative Nr. 95/1984, S. 10 f.) auf
diese Problematik zu sprechen. Gewiss
hatte es mit diesen Schwierigkeiten etwas
auf sich, wie sonst könnte man sich erklä-
ren, dass Max Oechslin in einem seiner
ersten Zeitungsartikel mit dem Titel
«Die Waldungen des Kantons Uri im
Jahre 1920» (UW 1921, Nr. 9/10) den
Holzfrevel *(Fräävel)* und die fortgesetz-
ten Übernutzungen gegenüber dem Vor-
anschlag so deutlich anprangern musste
und im weiteren arg zu klagen hatte,
dass unter den damaligen Forstwarten
viel zu häufige Wechsel vorgenommen
würden, weil man unter dem Druck der
Öffentlichkeit allzu früh das Handtuch
zu werfen geneigt sei.
Zur besonderen Situation der urner.
Bannwälder in Vergangenheit und Ge-
genwart vgl. nebst der unter Anm. 145,
150, 161 u. 173 dieses Kap. erwähnten
Literatur noch folgende ausgewählte
Titel:

Annen, Beat; Redmann, Martin:
   Bannwald Altdorf. Brosch. Altdorf o.J.
   [1993]
Bornand, Gustave-Henri: A propos de la
   vallée d'Urseren. In: La forêt 1980, Nr.
   4, S. 118 f.
Coaz, Jean: Bericht und Gutachten über
   die Bewirtschaftung des Bannwaldes
   ob Altdorf. Altdorf 1875

215

Grossmann, Hans: Auswirkungen der bisherigen Einrichtungsmethode auf die Schutzwald-Bewirtschaftung, dargestellt am Beispiel der Isenthaler Waldungen. In: Schweiz. Zs. f. Forstwesen, 1986, Nr. 7, S. 563 ff.

Heim, Albert: Gutachten des eidg. Experten A. H. über die geologische Beschaffenheit des Bannwaldgehänges ob Altdorf mit Rücksicht auf mögliche Berg- und Felsabsturzgefahren. Hottingen-Zürich ca. 1887

Heim, Albert: Expertenbericht über den Bannwald ob Altdorf. In: UW 1887, Nr. 4

Kachelmann, Jörg: Bristens schützender Bannwald: tot. In: Sonntags-Blick vom 2. 12. 1984

Kasthofer, Karl: Memorial über den Bannwald von Andermatt und über die Wiederbewaldung des Urserenthales. Den Tit. H.H. Ammann und Räthen des Urserenthales vorgelegt (1846). In: Schweiz. Forst-Journal 1850, Nr. 2, S. 25 ff.

Kopp, Joseph: Welche Massregeln können ergriffen werden, um die Gebirgskantone zu einer angemessenen Behandlung ihrer Waldungen zu bewegen? Lenzburg 1870

Küchli, Christian: Von der Kraft des Widerstands. In: Alternative 1993, Nr. 181, S. 10 ff.

Landolt, Elias: Gutachten über den Bannwald in Altdorf. Altdorf 1868

Landolt, Elias:Der Bannwald ob Altdorf. In: Schweiz. Zs. f. das Forstwesen. Bern 1876, S. 102 ff.

Mattli, Benno: «Bannwald Altdorf – im Wandel der Zeit». Neue Broschüre der Gemeinde Altdorf. In: UW 1993, Nr. 43

Neuer Bannwald für Silenen. 4500 junge Bäume wurden im Schutzwald Schattig Siten gepflanzt. In: UW 1992, Nr. 41, u. UZ 1992, Nr. 123

Oechslin, Karl: Zur Geschichte des Lawinenverbaues und der Wiederbewaldung im Urserntal. In: Schweiz. Zs. f. Forstwesen, 1986, Nr. 7, S. 588 ff.

Oechslin, Max: Waldurkunde in der Gemeindelade zu Silenen. In: HNbl Uri, Altdorf 1930/31, S. 79 ff.

Oechslin, Max: Der Waldbannbrief von Andermatt am Gotthard. München ca. 1956

Oechslin, Max: Der Flüeler Waldbannbrief vom 12. 6. 1382. In: UW 1959, Nr. 49

Oechslin, Max: Gebirgswald ist Schutzwald. Separatum aus: Falkenstein. Zs. div. Studentenverbindungen, Jg. 62, Münsingen 1959, S. 103 ff. – ill.

Oechslin, Max: Die Verbauungen und Aufforstungen Kirchberg, Andermatt. Bericht z. Hd. der Besichtigung vom 10. Okt. 1959 anlässlich der Konferenz der beamteten Kulturingenieure und der Jahresversammlung des Schweiz. Kulturingenieur-Vereins. StaA Uri

Oechslin, Max: Vom Urner Wald. In: Innerschweiz. Jb. f. Heimatkunde 1959/60, S. 163 ff., worin auf die älteste Waldurkunde der Urner vom 24. Juli 1350 Bezug genommen wird. In diesem Beitrag ist auch die Rede von der Grenzbereinigung zwischen den Schwyzern und Urnern betr. die Alpen und den Wald im Gebiet von Riemenstalden. Zufolge einseitiger Lesart ist es nämlich in den letzten 100 Jahren zu allerlei Streitigkeiten gekommen, bis die Auseinandersetzung sogar bundesgerichtlich entschieden werden musste.

Oechslin, Max: Der älteste Waldbannbrief Uris. In: Der Gotthard 1960, S. 6 ff.

Oechslin, Max: Bewertung der Waldwirtschaft. In: UW 1960, Nr. 45

Oechslin, Max: Bannwald – Schutzwald. HESPA Mitteilungen, 1961, Nr. 1, S. 1 ff. – ill.

Oechslin, Max: Der Bannwald ob Altdorf. In: GP 1963, Nr. 11

Oechslin, Max: Der Bannwald von Altdorf. In: UW 1971, Nr. 19

Oechslin, Max: Eine alte Bannwaldordnung (für den Altdorfer Bannwald aus dem Urner LB von 1826). In: UW 1976, Nr. 49

Pfister, Fritz u.a.: Bedeutung der Bestandesentwicklung für den «Fall Schutzwald Bristen». In: Schweiz. Zs. f. Forstwesen, 1986, Nr. 7, S. 594 ff.

Sandri, Arthur: Neugründung von Schutzwaldungen im Einzugsgebiet

gefährlicher Wildwasser. In: Schweiz.
Zs. f. Forstwesen, Jg. 137, 1986, Nr. 7,
S. 578 ff.
Schutz vor Lawinen und Steinschlag.
Der Wald im Urserental. In: UW 1991,
Nr. 84. Quelle: Informationsmappe
Andermatt-Urserental-Gotthardgebiet,
hrsg. von der Urner Kantonalbank
Andermatt
Weber, Theo: Die Bewirtschaftung des
Bannwaldes Altdorf seit den ersten
Wirtschaftsplänen. Goldau 1987
Wymann, Eduard: Der Bannwald ob
Altdorf. In: Vaterland 1910, Nr. 145
Wymann, Eduard: Zwei Bannbriefe von
1397 und 1717 für den Wald ob Ander-
matt. In: HNbl Uri. Altdorf 1924
Zötl, Gottlieb v.: Über Behandlung und
Anlegung der Bannwaldungen im
Hochgebirge. Burgdorf 1844.

Zum Beweis für die wohl seit Jahrhun-
derten schon erkannte Schutzfunktion
des Bannwaldes von Andermatt mag je-
ne Bemerkung von J. W. v. Goethe aus
«Dichtung und Wahrheit» am Schluss
des 18. Buches herangezogen werden,
wo er schreibt: *Über dem reinlichen Ört-
chen Urseren und seiner Kirche, die uns
auf ebenem Boden entgegenstanden, er-
hob sich ein Fichtenwäldchen, heilig ge-
achtet, weil es die am Fusse Angesiedel-
ten vor höher herabfallenden Schnee-
lawinen schützte.*

ANMERKUNG 153

Vgl. Das Landbuch oder offizielle Samm-
lung der Gesetze, Beschlüsse und Ver-
ordnungen des Eidgenössischen Kantons
Ury. Altdorf 1859, Art. 296 ff.

ANMERKUNG 154

Vgl. den Abschnitt «Von Geboten und
Verboten im Umgang mit Holz»,
S. 207 ff., in diesem Kap.

ANMERKUNG 155

Vgl. hiezu Grimm DWB Bd. 1, Sp. 1116,
wo bannen *(bannä)* im Zshang mit ei-
nem Wald oder Gewässer *(Gwässer)* im
Sinne von Entzug der gewöhnlichen
Benutzung, aber ebenso als Erklärung
für die Heiligkeit und Unverletzbarkeit

eines fest umgrenzten Bezirks oder
Flusslaufes verstanden wird.

ANMERKUNG 156

Bekannt ist der Hinweis in Schillers Wil
helm Tell (3. Aufzug, 3. Szene, Vers 1771
ff.), wo Walter zu seinem Vater spricht:

*Vater, ist's wahr, dass auf dem Berge dort
Die Bäume bluten, wenn man einen
    Streich
Drauf führte mit der Axt?
Der Meister Hirt erzähl's. – Die Bäume
    seien
Gebannt, sagt er, und wer sie schädige,
Dem wachse seine Hand heraus zum
    Grabe.*

Diese im mittelalterlichen Aberglauben
(vgl. Josef Schmidt: Erläuterungen und
Dokumente zu Friedrich Schiller: Wil-
helm Tell. Stuttgart 1969, S. 28) veranker-
te Ansicht von der Sichtbarmachung der
Hand am Grabe eines einstmals frevleri-
schen Menschen kennt eine Parallelstelle
in Müllers Sagen aus Uri, Bd. 1, S. 62
(Nr. 92), wobei es sich hier aber um ei-
nen sog. *Meineidiger* handelt. Von einem
Holzfrevler ist jedoch in der vorausge-
henden Sage (Nr. 90: Der Briggwald in
der Schöllenen) die Rede: *Wer im
Briggwald «frevelte», d.h. Holz fällte,
dem sei die rechte Hand abgehauen wor-
den, lehrt eine alte Volkssage in Urseren.*
Zum Motiv vom blutenden Baum wird
in Josef Müllers weiterer Sammlung mit
dem Titel «Märchen, Sagen, Schwänke,
Legenden aus Uri», eingeleitet, ediert
und mit einem Register versehen von
Daniela Walker, Altdorf 1987, unter dem
Titel «Die blutende Föhre im Stäuben-
wald» (S. 206, Nr. 255) die Sage von
einem alten Kienbaum *(Chiä[n]bäum)* er-
zählt, der hart am Abgrund des Gorne-
renbaches stand und wegen Anrichten
von möglichem *Ugfell* im Falle eines Ab-
sturzes beseitigt werden sollte. «Als aber
die Axt die erste Wunde schlug, da fing
der Baum zu bluten an wie ein Tier, das
man tötet...»
In diesem Umfeld des Mysteriösen, so-
weit es mit einzelnen Bäumen oder gan-
zen Wäldern in Verbindung gebracht
werden kann, möchte ich auch noch auf

ein persönliches, beklemmendes Gefühl hinweisen, das mich jeweils beim Betreten des sog. *Gäischterwältli* hoch oben im Altdorfer Bannwald unterhalb der ehemaligen *Fèrschterhittä* am Fusse des *Läiterli* bis auf den heutigen Tag zu ergreifen vermag. Noch schwelt in mir jene kindliche Erinnerung an ein von Angst und Herausforderung geprägtes Erlebnis, bei dem auf Anweisung meines sel. Vaters immer nach erfolgtem, dreimaligem Ausruf des hebräischen *Effeta* (= Öffne dich!) die Äste der Bäume – wie von geheimnisvoller Kraft erfüllt – plötzlich in Bewegung gerieten und aufgeschreckte Elstern *(Ägerschtä, Wigg[l]ä)* kreischend das Weite suchten.
Vgl. zudem:
Handwörterbuch des dt. Aberglaubens. Hrsg. H. Bächtold-Stäubli. Bd. III, Sp. 1380 ff., Berlin 1930/31
Hauser, Albert: Waldgeister und Holzfäller. Der Wald in der schweizerischen Volkssage. Zürich 1982
Hauser, Albert: Die Waldgesinnung unserer Vorfahren. In: UW 1984, Nr. 21.

ANMERKUNG 157

Laut Zeitungsmitteilungen zu Beginn der 90er Jahre (vgl. Keystone-Meldung: Holzpreise im Tief. In: UW 1990, Nr. 62) sind z.B. die Bündner Holzpreise buchstäblich in den Keller gestürzt: «Noch im Februar – vor den schweren Sturmschäden [vgl. Anm. 161] – wurde der Kubikmeter Holz vom Hauptsortiment für rund 180 Franken verkauft. Nun liegt der Preis für dieselbe Menge von verkaufsgängigem Holz zwischen 110 und 115 Franken», und zwar bedingt durch die zurzeit im Übermass anfallenden Mengen an Sturmholz. Damit nun aber dieses Holz «nicht kurzfristig auf den von diesen tiefen Preisen beherrschten Markt geworfen werden muss», behilft man sich wie andernorts auch im Kt. Uri einer besonderen Konservierungsmethode, bei der das Holz in der warmen und trockenen Jahreszeit mit Wasser besprengt wird. Diese einfache Einrichtung nennt man Beregnungsanlage *(Beräggnigs-, Berisäligs'alaag)*.

Übrigens, auf die ungünstige Holzmarktlage mit enormen Preisstürzen *(Pryyssturz)* hat Max Oechslin schon in früheren Zeitungsartikeln immer wieder aufmerksam gemacht (vgl. «Die Holzmarktlage», GP 1951, Nr. 45/46, und «Die gegenwärtige Holzmarktlage», UW 1958, Nr. 98). Als Hauptursache nannte er damals die aufkommenden Holzersatzmöglichkeiten im Bauwesen wie bei der Energiegewinnung, wo Öl und Elektrizität zunehmend dem Holz den Rang abgelaufen hatten. So war schon in den beginnenden 50er Jahren die Holzindustrie nicht mehr gewillt, die alten Preise zu bezahlen. Unmittelbar betroffen davon war selbstverständlich der *Holzer*, der in Uri meist als «Stehendholzkäufer und Rundholzverkäufer in einer Person» in Erscheinung tritt. Zur aktuellen Lage vgl. 77. Geschäftsbericht der Urner Kantonalbank pro 1991, S. 10, wo für frisches *Träämelholz* im Vergleich zur Preissituation vor dem Februar-Sturm (vgl. Anm. 161) von einer Einbusse von 20% oder rund 25 Franken pro m³ die Rede ist.

ANMERKUNG 158

Zur Verteilung der Baumarten im Schweizer Wald vgl. Schweizerisches Landesforstinventar (LFI) sowie «Wald und Holz», hrsg. vom Bundesamt für Forstwesen und Landschaftsschutz (BFL). Bern 1987.
Zu den speziellen Verhältnissen in Uri vgl. Oechslin, Max: Forstwirtschaft. In: Uri – Land am Gotthard. Zürich 1965, S. 262.

ANMERKUNG 159

Max Oechslin zitiert in seinem Aufsatz «Waldurkunden in der Gemeindelade zu Silenen» (HNbl Uri, Bd. 36, 1931, S. 82) eine Urkunde von 1794. Dieser Verordnung gemäss war jemand, der für den Eigenbedarf Holz hauen wollte, verpflichtet, den «jeweiligen bann Wälder *(Bawälder)* mit zu nähmen, um sich das Holtz an orth und Enden anweisen zu lassen, wo dadurch kein augenscheinlicher Schaden erfolgen kann».

Bez. Menge des zugeteilten Holzes gehen die histor. Angaben etwas auseinander. In einer weiteren Holzverordnung von Silenen, datierend aus dem Jahre 1830 (vgl. HNbl Uri, Bd. 36, S. 83 f.), wird die Zuteilung von sog. *Häüwholz* oder *Häüw* in 3 Kategorien unterschieden:
1. «Haushaltungen mit mehreren Liegenschaften erhalten 12 Stöck (Stämme) für den ordinären Verbrauch».
2. «Die auch Güter besitzen, aber weniger, 8 Stöck».
3. «Die keine Güter besitzen, 6 Stöck».
Bei der Analyse dieser Aufzählung geht eigentlich klar hervor, dass hier die Zuweisung der rechtlich zustehenden Menge nicht pro Kopf, sondern nach der Anzahl der bewirtschafteten Liegenschaften *(Ligäschaft, Güät [*Pl. *Giäter])* vorgenommen wurde, wobei das zur Verfügung stehende *Brènn-* und Bauholz *(Büüwholz,* vereinz. auch *Tuubelholz* genannt) nicht eigens ausgeschieden, sondern als ein Ganzes betrachtet wurde, wie das bei der Abgeltung durch das sog. *Chrischchindäli-, Täilholz-* oder *Schytwaldholzgäld* ja auch der Fall war. Dies hatte fast notgedrungen zur Folge, «dass dann allgemein die schönsten Stämme in den nächstgelegenen Waldungen zur Nutzung gelangten, währenddem krummwüchsiges *(bäüweelet)* und schlechtes Holz im Walde stehen blieb» (a.a.O., S. 83).
Daneben kannte man aber auch eine spezielle Brennholzzuweisung, deren Umfang pro Haushalt *(Hüüshalt[ig])* und Anzahl der darin lebenden Personen berechnet wurde (vgl. Oechslin, Max: Die Waldungen der Korporation Uri in der Gemeinde Schattdorf. In: GP 1925, Nr. 24 ff.). So gab es für 1–2 Personen 1 Festmeter *(Feschtmetter),* bei 3–6 Personen 1½ Festmeter und für Haushaltungen mit 7 und mehr Personen 2 Festmeter Holz.
Darüber hinaus stellten die Allmendbürgergemeinden zwecks Anfertigung von *Hagsteess* (Sing. *Hagstooss)* oder *Hagstid* (Sing. *Hagstud),* im weiteren für die Käsezubereitung *(erwèllä)* und ebenso für die Sicherung der Bachläufe zusätzliches

Alp- und *Wüärholz* zur Verfügung. - *Büüwholz* gab es für den Bau und Unterhalt der in korporationseigenem Gebiet gelegenen Wohngebäude und der zum Betrieb und Unterhalt von Landwirtschaft und Kleingewerbe nötigen Gebäulichkeiten *(Gebyyw, Gibyyw).* Selbstredend wurde auch der Holzbedarf zwecks Sicherstellung der öffentlichen Wege *(Wäg),* Stege *(Stäg),* Brücken *(Briggä, Brugg)* und Gebäude abgedeckt. Sogar für die Erstellung von Brunnentrögen *(Brunnätrog, Trog [*Pl. *Treg]),* Wasserleitungen *(Läiti, Tichel, Tuchel)* und Schindeldächern *(Schintlätach)* wurde ausreichend vorgesorgt.
Schliesslich hatten auch die Schulen *(Schüäl),* Kirchen *(Chiilä)* und Kapellen *(Chappälä),* die sog. Pfründe *(Pfrüänd),* pro 20 Korporationsgenossen je 1 Festmeter Holz und die Suppenanstalten *(Suppi)* 4 Festmeter Holz zur freien Verfügung. Die noch verbleibende jährliche Holzmenge wurde zur Deckung der laufenden und ausserordentlichen Waldausgaben verwendet.
Wo mit der Zeit das Holz als Baustoff durch andere Materialien verdrängt wurde, konnte gem. M. Oechslin a.a.O. bei Hartbedachungen *(Ziägel, Eternyt)* oder beim Einsatz von eisernen *(yysig, eeren, eerig)* oder steinernen Wasserleitungen Holzersatzbeiträge eingefordert werden, die per Objekt einen Viertel der Kosten für Materialankauf und Transport, max. aber Fr. 300.–, nicht übersteigen durften. Dass man bei den oberwähnten Holzzuteilungen nicht immer gleicher Meinung war, sondern bisweilen recht massiv die einzelnen Interessen zu verteidigen wusste, belegt der Artikel «Der Bürgernutzen von Altdorf von 1878» in der Urner Zeitung 1879, Nr. 6.

ANMERKUNG 160

Auch teilweise ausgeholzte Waldstellen haben erwartungsgemäss Eingang ins namenkundliche Material gefunden, wie dies schon für die sog. Rodungsnamen (vgl. Kap. 1, Anm. 65) belegt wurde. Vgl. dazu:
Schlag III 90 f.

Holzschlag III 91
Schnäisä III 118
Gschneit + III 119.

ANMERKUNG 161

Am 27. Februar 1990 war der von Norden herkommende Orkan Vivian über das ganze Schweizerland hereingebrochen und hatte auch in Uri innerhalb weniger Stunden unvorstellbare Schäden hinterlassen. Allein auf dem Urnerboden wurden in kurzer Zeit rund 50'000 Kubikmeter Holz gefällt, ca. 70'000 im übrigen Kanton, total also ungefähr das Sechsfache von dem, was in normalen Jahren hierzulande geschlagen wird (vgl. Schläppi, Bruno: Wenn der Wald fehlt. Nach dem verheerenden Februarsturm räumen Militär, Förster und freiwillige Helfer im Berggebiet die wie Zündhölzer geknickten Tannen weg. In: Brückenbauer 1990, Nr. 32, S. 3).
Schnell war man sich zuständigenorts einig, dass mit der Massierung von soviel *Fallholz* entgegen anders lautender Meinungen – zwar auch aus Fachkreisen – die Gefahr des Borkenkäfers *(Borkächääfer)* wieder erheblich anwachsen könnte, wie dies als Folge des Föhnsturms im Herbst 1982 bereits der Fall war (vgl. auch Kurt Zurfluh: Steinige Pfade. Altdorf 1990, S. 352 ff.). Zu dieser Problematik hatte interessanterweise Max Oechslin bereits in einem früheren Zeitungsartikel (UW 1948, Nr. 1) unter dem Titel «Die Gefahr des Borken-Käfers in unseren Nadelholz-Hochgebirgswaldungen» mit aller Deutlichkeit Stellung bezogen und die rigorosen Nachkriegsholzernten in Süddeutschland und speziell in Frankreich, wo die «Schlagräumung» sehr zu wünschen übrig liess, in Verbindung mit dem trockenen Sommer für mögliche grössere Käferinvasionen verantwortlich gemacht. So waren denn auch tatsächlich im Jahre 1947 speziell in den Gemeinden Spiringen, Silenen und Gurtnellen insgesamt 726 Stämme (560 m³) vom Käfer *(Chääfer)* befallen oder zumindest käferverdächtig, ein Faktum, das auch 50 Jahre später irgendwie aufhorchen lässt. Hinzu kommt ein historisch interessanter Hinweis von Albert Hauser (Wald und Feld in der alten Schweiz. Beiträge zur schweizer. Agrar- und Forstgeschichte. Zürich/München 1972, S. 316), wonach Heinrich Zschokke 1771–1848 (vgl. HBLS VII 685 f.) wiederholt von den wegen massiver Borkenkäferplage ratlosen Regierungen um Rat angegangen worden ist.
Nun denn, aus heutiger Sicht muss wohl auch noch die Ansicht – absolut schlüssige Beweise sind zwar bis dato ausstehend – mit einbezogen werden, dass unsere jüngste Waldkatastrophe vom Februar 1990 möglicherweise nicht so hart ausgefallen wäre, wenn unsere Wälder nicht sonst schon durch die Einwirkung der Luftschadstoffe vom sog. Waldsterben *(Wa[a]ldstä[ä]rbä)* gezeichnet wären (vgl. dazu: Forum für Wissen zum Thema Waldschäden: Wenig konkrete Ergebnisse. In: UW 1992, Nr. 9).
Nicht zuletzt basierend auf diesen jüngsten wissenschaftlichen Erkenntnissen (vgl. Erich Aschwanden: «Waldschäden: Mehr Wissen bringt noch keine Gewissheit». Der Zusammenhang zwischen Luftverschmutzung und Waldschäden ist noch ungeklärt. In: UZ 1992, Nr. 67, S. 3) darf nicht übersehen werden – ohne etwa die bedrohliche Situation herabmindern zu wollen –, dass in der Geschichte, soweit sie nachvollziehbar ist, auch ohne direkte Einwirkung von Schadstoffen aus der Atmosphäre ähnliche Ereignisse in unseren Landesgegenden immer wieder verzeichnet werden mussten. Vgl. dazu: Gisler, Friedrich: Urner Geschichtskalender. 2 Teile in 1 Bd., Altdorf 1941 u. 1945; Pfister, Christian: Klimageschichte der Schweiz 1525-1860. Bern 1988; Schaller-Donauer, Alfred: Chronik der Naturereignisse im Urnerland 1000–1800. Altdorf o.J.
Wer zur aktuellen Lage gerne noch über vertiefte Informationen verfügen möchte, kann diese den Sanasilva-Berichten aus dem Bundesamt für Umwelt, Wald und Landschaft (Buwal) wie auch den landesweiten Zeitungsmeldungen entnehmen, die seit den frühen achtziger Jahren in unmissverständlichem Ton und mit stets neuen Dokumentationen und

Erkenntnissen auf den besorgniserregen-
den und teils erschreckenden, ja dramati-
schen Zustand insbesondere des Schwei-
zer Gebirgswaldes hingewiesen haben.
In der Zwischenzeit beruhigte sich zwar
die Lage, und willig folgte man der etwas
vorschnell gefassten Ansicht, die anvi-
sierten Probleme hätte man zuständigen-
orts bereits im Griff. Aufgrund der Sana-
silva-Waldschadeninventur 1990–92
(vgl. UW 1990, Nr. 69: «Baumkronen
haben sich weiter gelichtet»; UW 1992,
Nr. 74: «Borkenkäferinvasion und Re-
kord-Kahlschlag») sowie des Sanasilva-
Waldschadenberichtes 1991 (vgl. UW
1991, Nr. 92: «Schweizer Wald kränkelt
weiter») muss nun aber davon ausgegan-
gen werden, dass erneut eine Verschlech-
terung des Waldzustandes festzustellen
ist, indem «sich ein Trend zu einer im
Vergleich zu 1989 stärkeren Verlichtung
der Waldbäume» abzeichnet.
Zu einer vertieferen Darstellung der
gegebenen Problematik mögen zudem
noch folgende Literaturhinweise führen:

Bär, Silvan: Explosionsartige Vermeh-
   rung von Borkenkäfern. Gebirgsförster
   schlagen Alarm. In: UZ 1992, Nr. 207,
   S. 9
Bertolosi, Othmar: Im Boden der Reali-
   tät. Umwelt-Vergiftung. In: Alternative
   1990, Nr. 151, S. 14 ff.
Besorgniserregender Zustand des Urner
   Waldes. GV des Forstvereins Uri.
   In: UW 1991, Nr. 29
Borkenkäfer lauert weiterhin. Noch im-
   mer viel Sturmholz in Schweizer Wäl-
   dern. In: UW 1991, Nr. 9
Borkenkäfer wieder im Vormarsch.
   In: NZZ 1991, Nr. 215
Brand, Rafael: Der Borkenkäfer im
   Vormarsch. Bedrohlicher Zustand der
   Urner Wälder. In: UW 1992, Nr. 76
Braunwalder, Armin: Muss Uri bald eva-
   kuiert werden? – und die Orkane ge-
   ben dem Wald den Rest. In: Alternative
   1990, Nr. 149, S. 3
Braunwalder, Armin: Borkenkäfer im
   Anflug. In: Alternative, Nr. 173, S. 6
Burgener, Hedy: Massnahmen zum Er-
   halt des Schutzwaldes. Kleine Anfrage
   z.Hd. des LR. In: UW 1993, Nr. 57

Hanhart, Urs: Alarmierende Borken-
   käferinvasion. Versammlung des Wald-
   wirtschaftsverbandes Uri.
   In: UW 1992, Nr. 87
Herger, Toni: Ein ungutes Gefühl.
   Zwangsnutzungen in Urner Wäldern.
   In: UW 1993, Nr. 57
Kaiser, Ernst: Urnerland. Wattwil 1991,
   S. 34 ff.
Koch, Egmont R.: Mein Freund, der
   Wald. Mein Feind, der Berg.
   In: GEO Nr. 1, Jan. 1986, S. 146 ff.
Marti, Kurt: Tagebuch mit Bäumen.
   Darmstadt 1988
Mattli, Benno: «Finanzierung der
   Zwangsnutzung noch ungeklärt».
   Waldschäden in Silenen. In: UW 1993,
   Nr. 55
Müller, Emanuel: Magere Taten.
   In: Alternative, Nr. 96, 1984, S. 4
Siegrist, Dominik [u.a.]: Alpenglühn.
   Auf TransALPedes-Spuren von Wien
   nach Nizza. Zürich 1993
Stadler, Franz: Waldsterben und Luftver-
   schmutzung. In: Die Blaue. Alpwirt-
   schaftl. Monatsblätter, Nr. 2, 1986, S.
   61 ff., wo der Autor u.a. auch etwas in
   die Vergangenheit zurückblendet und
   nachdrücklich auf den Fachkreisen
   längst bekannte Zusammenhänge wie
   folgt hinweist: *Dass verschmutzte Luft,*
   Abgase von Fabriken und thermischen
   Kraftwerken Wälder sehr stark schädi-
   gen, ja zum Absterben bringen können,
   ist bei weitem keine neue Erkenntnis,
   sondern altbekannte Tatsache. Im
   Ruhrgebiet wurden Fichtenwälder
   schon in der Zeit um 1910 durch
   Abgase zerstört.
Stadler, Franz: Gedanken zur Krisenlage
   unserer Gebirgswälder. In: Schweiz.
   Zs. f. Forstwesen, H. 1, Bern 1988,
   S. 63 ff.
Stadler, Franz (u.a.): Wald und Luft: Eine
   kritische Untersuchung über die Zu-
   sammenhänge zwischen Waldsterben
   und Luftverschmutzung. Mit einem
   Geleitwort von Hans Leibundgut.
   Bern 1987
Stadler, Martin: Am Rande. Respektlose
   und andere Erzählungen und Berichte
   mitten aus der siebenhundertjährigen
   Urschweiz. Bern/München 1991,

S. 122 f., wo u.a. folgendes zu lesen ist: *Uris Schutzwälder, lese ich seit Jahren, sind stark beschädigt; mal wird's mit pessimistischem, mal mit optimistischem Trend und Unterton mitgeteilt, je nachdem, wer im publizistischen Hosenlupf gerade das Ohr der Redaktion ergattert hat.*

Steinegger, Franz: Wald und Berggebiet: Heute und morgen? Postulate aus politischer Sicht. In: Bulletin Vereinigung Schweizer Berggebiete, Jg. 6, 1985, Nr. 3. In diesen anlässlich der Vereinsversammlung vom 29. 6. 1985 in Brunnen SZ als Referat vorgetragenen Äusserungen werden drei klare politische Forderungen zum Problem «Waldsterben» gestellt: Zum einen sind die unverkennbaren Emotionen zu diesem Thema einzudämmen, denn die Situation ist zu ernst, «wir dürfen uns deshalb kein Defizit an Glaubwürdigkeit leisten». Zum andern müssen die effektiven Ursachen ausreichend erforscht werden. Schliesslich ist alles zu unternehmen, um ein eigentliches Waldsterben zu verhindern.

Walker, Pius: Aufgaben von enormer Bedeutung. Der Wald und unsere Sorgen um ihn. In: UW 1992, Nr. 76

Zeitbombe Gotthard: Über das Waldsterben in Uri und die daraus entstehenden Gefahren. Fernsehen DRS 2. 7. 1985.

ANMERKUNG 162

Vgl. hiezu:

Dienstinstruktion für die Revierförster vom 13. 3. 1897 (LB Bd. 2, S. 391 [Altdorf 1901] u. LB Bd. 5, S. 236 ff. [Altdorf 1893])

Herger, Franz: «Jeden Markstein gekannt». Rücktritt von Wendelin Baumann, Bannwart von Gurtnellen. In: UW 1993, Nr. 8

Instruktion für die Korporations- und Gemeindebannwarte der Korporation Uri vom 28. 5. 1896 (LB Bd. 2, S. 391 [Altdorf 1901] u. LB Bd. 5, S. 226 ff. [Altdorf 1893]

LB 1859, S. 29 (Art. 282): Der Bann-Wärte und Waldvögten Eid, sowie a.a.O., S. 56, 12

Muheim, Hans: Uri. Neuchâtel 1976, S. 55 ff., 61

Müller, Emanuel: Viele Worte – keine Taten. In: Alternative, Nr. 96, 1984/85, S. 8 f., wo das für damals gültige Forstpersonal einzeln aufgelistet wird. Daraus ergeben sich für den kant. Forstdienst 3 Forsting., 1 Förster, 1 Techniker, 1 Praktikant, 2 Sekretärinnen, und für die Korporationen Uri und Urseren sowie die Allmendbürgergemeinden 3 Förster *(Ferschter)* und 3 Bannwarte *(Bawälder)* im Vollamt neben 5 Förstern und 13 Bannwarten im Nebenamt.

Oechslin, Max: Gebirgsforstwirtschaft. In: Festschrift ETH Zürich ca. 1955, S. 349 ff.

Oechslin, Max: Aus dem Aufgabenkreis des Gebirgsforstmannes. In: UW 1957, Nr. 83, 84

Reglement für die Kantonsförster vom 11. 1. 1896 (LB Bd. 2, S. 391 [Altdorf 1901] u. LB Bd. 5, S. 208 ff. [Altdorf 1893])

40 Jahre im Dienste des Attinghauser Waldes. Zum Arbeitsjubiläum von Anton Arnold. In: UW 1989, Nr. 47; sowie «Bawälder Toni» – ein Leben für den Wald. 43 Jahre im Dienste der Bürgergemeinde Attinghausen. In: UW 1992, Nr. 76

Walker, Pius: Förster im Kt. Uri. In: Schweiz. Förster, 1988, Nr. 3, S. 8 ff. Hier findet man einen knapp gefassten Überblick über die Organisation des kant. Forstamtes gem. Forstverordnung vom 9. 11. 1982 inkl. Karte mit der aktuellen Forstkreiseinteilung.

Weber, Theo: a.a.O., S. 30 ff., wo u.a. auch darauf hingewiesen wird, dass die sog. Beförsterung – der Einsatz von Förstern – heute von ständigen Reorganisationen gekennzeichnet ist.

Zeitgemässe Ausbildung für Förster. Interkantonale Försterschule Maienfeld. In: UW 1991, Nr. 48

Zwischen schützen und nützen. Heute im Brennpunkt: der Förster. Internationaler Tag des Waldes am 21. März 1992. In: UW 1992, Nr. 22.

ANMERKUNG 163

Nebst besagtem Zeichen *(Zäichä)* hatte laut Ergänzungsband des LB aus dem Jahre 1842 z.B. in Seelisberg der berechtigte Bezüger beim Gemeinderat vor der Entgegennahme des *Schytwaldholzes* eine Nummer *(Nummerä)* anzufordern, «mit welcher das gehaune Holz bezeichnet werden» [musste] (S. 164).

In der Verordnung über den Grundwald in *See[n]alp* (Art. 302 des LB von 1859) heisst es gem. 3 (S. 66), dass bei nachgewiesenem Holzbedarf «dem Ansuchenden die erlaubten Stöcke, seien es abgehende *[apgäänd]* oder grüne *[griän]*, von einem Bannwart *[Bawälder]* sollen ausgezeichnet werden, und er nebstdem sein Zeichen auf jeden Stock zu machen schuldig sein soll, und selbes dem Bannwart angeben».

Das LB, Bd. 5, S. 229, vermerkt gem. 12: «*Windbruchholz* sowie aufgefundenes Frevelholz *[Fräävelholz]* ist vom Bannwart sofort mit dem *Waldhammer*, der bei allen Waldbegängen mitzuführen ist, anzuzeichnen».

Fürs Isental schliesslich weist Max Oechslin in seinem Artikel «Holz- und Schafzeichen im Isental (Uri)» [SV 1938, S. 68 ff.] nach, dass die dortigen Einwohner ihr gekauftes *Träämel-* und *Schytholz* mit besonderen Holzzeichen markier[t]en, die auf 9 Grundzeichen basierten, welche sich je nach Familie entsprechend kombinieren liessen (vgl. Ill. im Textteil, S. 156, u. Furrer, Benno: Die Bauernhäuser des Kt. Uri. Basel 1985, S. 77).

ANMERKUNG 164

Vgl. Oechslin, Max: Der Flüeler Waldbannbrief vom 12. 6. 1382. In: UW 1959, Nr. 49.

ANMERKUNG 165

Vgl. Oechslin, Max: Gebirgsforstwirtschaft. In: Festschrift ETH Zürich ca. 1955, S. 354, wo von der Nebenbeschäftigung der hiesigen Bergbauern im Holzergewerbe die Rede ist.

ANMERKUNG 166

Es ist jedoch ohne weiteres möglich, dass auch im Sommer Bäume gefällt werden *(Summerschlag)*. Adolf Truttmann begründet dies in seinem Buch «Seelisberg – Ein Bergdorf am Weg der Schweiz» (Seelisberg 1991) wie folgt: *Damit man das Nadelholz beim Reisten [räischtä] nicht zu stark beschädigte, hatte man das Holz im Vorsommer im Saft gefällt, geästet und bis zum Tolden [Toldä] entrindet. Den Dolden liess man am ganzen Baum. Dies verbrauchte den Saft im Stamm, so dass im Herbst das Holz leicht und trocken war, ein Vorteil beim Transport und auch beim Rücken [rickä] und Reisten* (S. 44).

ANMERKUNG 167

Vgl. dazu den ill. Zeitungsbericht in UW 1990, Nr. 8, unter dem Titel: «Erstmals ein Mobilseilkran im Einsatz». Ganz im gegenteiligen Sinn hat die Regiegruppe des Kantonalen Forstamtes bei Durchforstungsarbeiten im *Galgäwältli* (Gmde Sc.) neuerdings wieder das Pferd *(Ross)* eingesetzt und dabei eine umweltfreundliche und schonende Art des Holzens zur Anwendung gebracht (vgl. UW 1993, Nr. 16).

ANMERKUNG 168

Gem. LB 1859 (Art. 299, 1) waren die Eigentümer des gefällten Holzes verpflichtet, das ihnen zustehende Holz innerhalb eines Jahres aus dem Wald zu schaffen. Wer «selbes ein Jahr und ein Tag im Walde liegen» liess oder auch nur Teile davon, wurde «mit Gl. 2 vom Stock Straf belegt», und obendrein ging vorgenanntes Holz wieder ins Eigentum der Allmendbürgergemeinde *(Birgergmäind)* über.

ANMERKUNG 169

Von den Einsatz- und Verwertungsmöglichkeiten herkommend, hat das Naturprodukt Holz durch unsere ganze Zivilisationsgeschichte hindurch zweifelsohne immer als überaus vielseitig anwendbarer Rohstoff gegolten (vgl. hiezu zwei

Artikel in UW 1991, Nr. 73: «Schweizer Holz – Schweizer holt's! Rohstoff mit Nachwuchs» sowie «Der Baustoff vor der Haustüre. Urner Bergfichte und Bergahorn» und «Mit dem Baustoff Holz Erstaunliches schaffen». Erfolg für die Informationskampagne Schweizer Holz» des Buwal. In: UW 1993, Nr. 55). Je nach Qualität nehmen darum auch heute noch die rohen Stämme ihren Weg in die Sägerei *(Sageryyy, Sa[a]gi, Sa[a]gihüüs)*, wo sie als Baumaterial *(Büüwholz, Tu[u]belholz)* für Wohnhäuser *(Woonhüüs)* und Ställe *(Stall [Pl. Ställ])*, gegebenenfalls auch für Trägerkonstruktionen z.B. bei Brücken *(Briggä, Brugg)* oder aber als Werkstoff für Möbel *(Meebel)* entsprechend ihrer weiteren Bestimmung zugeschnitten werden, auch wenn gerade die letzterwähnte Einsatzmöglichkeit von *Vollholz* heutzutage aus Kostengründen, aber offensichtlich auch anderer Ursachen wegen – Werner Catrina nennt in seinem Buch «Holzwege» u.a. die zunehmend fehlende Materialkenntnis (vgl. S. 144 f.) – mehr und mehr durch den Einsatz von chemisch hergestellten Spanplatten verdrängt wird. Stämme von kleinerem Durchmesser (14–16 cm), sog. *Schwachholz*, gelangen – sofern nicht von hiesigen Sägereien übernommen – u.a. in die Grosssägerei der Ernst Schilliger AG in Haltikon/Küssnacht a.R. (vgl. hiezu Vaterland 1989, Nr. 268), wo sie laut Aussagen eines einheimischen *Bawälders* als *Schil[l]igerholz* zu Dachlatten *(Tachlattä)* geschnitten werden.

Das qualitativ wertlosere Holz hingegen findet den Weg in die Industrie *(Induschtryyholz)*, wo es entweder zu Platten *(Plattä)* «in ungezählten Variationen» (vgl. W. Catrina a.a.O., S. 143 f.; Ruedi Ammann: Urlit AG Flüelen – ein Betrieb mit Renommé [Herstellung von Bodenplatten aus Holzspänen] GP 1976, Nr. 6, ill., und Kurt Zurfluh: Steinige Pfade. Altdorf 1990, S. 350) oder aber auch zu Papier *(Papyrholz)* weiterverarbeitet wird.

In dieses Umfeld hinein gehört auch das nachfolgend im Textteil beschriebene *Brènnholz (Chlaafterholz, Fyyrig,*

Hüüsholz, Schytholz, Steckholz), das bei zunehmendem Aufkommen von Cheminées, Kachel- *(Chachel-)* und sog. Schwedenöfen in Privatwohnungen und neuerdings zur Wärmeversorgung ganzer Betriebe auch für sog. Schnitzelheizungen *(Schnitzelholz)* nicht nur als Ausdruck einer momentanen Nostalgiewelle, sondern ganz im Zeichen verstärkten Energiebewusstseins gegenüber einheimischen Ressourcen an Bedeutung wieder deutlich gewonnen hat. Vgl. dazu den Zeitungsartikel «Holzheizung – umweltfreundliche Alternative». In: UW 1990, Nr. 60.

Übrigens, laut einem Zeitungsbericht mit der Überschrift «Holzseminar in Erstfeld» (UW 1989, Nr. 30) fallen augenblicklich pro Jahr im Kt. Uri ca. 20'000 Kubikmeter *Bä[ä]rgholz* an, das seinen Namen davon ableitet, dass es «unter den typischen klimatischen Verhältnissen im Gebirge gewachsen ist und demzufolge auch ganz spezielle Holzeigenschaften hat». Aufgrund dieser jährlichen Ausbeute steht Uri in der gesamtschweizerischen Holzproduktion lediglich mit einem verschwindend kleinen Anteil von 0,5% zu Buche. Davon werden 17% als Industrieholz und 20% als *Brènnholz* abgezweigt, Zahlen, die gegenüber dem *Stamm-* oder *Träämelholz* in den nächsten Jahren noch zunehmen dürften.

Da aber jährlich ca 20'000 m³ Holz von den urner. Sägereien bearbeitet werden, muss die bestehende Differenz (37%) mit Holztransporten von aussen, manchmal sogar aus entfernteren Regionen wettgemacht werden, weil das zur Verfügung stehende Holzkontingent im eigenen Kanton nicht einfach entsprechend dem Bedarf beliebig hinaufgesetzt werden kann (vgl. «Zu geringer Holzschlag in Uri?» In: GP 1990, 18. Jan.).

Um speziell die Interessen der Waldbesitzer gegenüber Dritten besser wahrnehmen zu können, wurde am 27. Oktober 1988 der Urner Waldwirtschaftsverband gegründet (vgl. GP 11. Okt. 1988 u. 28. Okt. 1988; UW 1988, Nr. 85). Dieser Gründung ging im April desselben Jahres die Schaffung einer «Urner Arbeits-

gemeinschaft für das Holz» (Arge) voraus, in der sich zahlreiche Urner Architekten, Schreiner *(Schryyner)*, Säger *(Saager)*, Zimmerleute *(Zimmerma [Pl. Zimmermanna)* und Förster *(Förschter)* zusammengeschlossen haben, um auf breiter Basis den Einsatz von einheimischem Holz aller Qualitäten zu fördern (vgl. UW 1988, Nr. 96).
Damit jedoch die Ausschaffung des in Uri geschlagenen Holzes aus dem z.T. recht unwegsamen Gelände möglichst wirtschaftlich, d.h. kostengünstig und somit auch wettbewerbsfähig realisiert werden kann, sind in letzter Zeit enorme Anstrengungen zum Bau von sog. Erschliessungsstrassen *(Erschliässigsstraass)* unternommen worden, und weitere Projekte stehen noch an (vgl. hiezu UW 1988, Nr. 87; UW 1989, Nr. 29; UW 1990, Nr. 9; UW 1993, Nr. 44). Solche auch für Lastwagen *(Laschtäuto)* und andere schwere Maschinen befahrbaren Strassen machen es dann möglich, dass selbst in unseren Gebirgswäldern die modernsten Transportmittel zum Einsatz gelangen (vgl. «Forstarbeit mit Traktor, Kran und Seilwinde» [UW 1989, Nr. 65]; «Erstmals ein Mobilseilkran im Einsatz» [UW 1990, Nr. 8]). Dass aber diese Art von Strassen auch grosse Probleme bringen kann, zeigt ein Artikel von Reto Gamma: «Bald Staus auf Waldstrassen?» In: Alternative 1993, Nr. 182, S. 8.
Mehr der Vollständigkeit halber sei schliesslich in diesem Zusammenhang auch noch auf eine Silener Holzordnung aus dem Jahre 1779 verwiesen (vgl. HNbl Uri, Bd. 36, S. 84), in der Max Oechslin auf folgende einzeln zitierte, teils auch in unserem Textteil bereits erwähnte Holzverwertungsmöglichkeiten gestossen ist, wie z.B. Ladtholz *(Lattä)*, *Läädä* (Sing. *Laadä*) i.S. von *Brätter* (Sing. *Brätt)*, *Schünä, Schyynä* [Id. VIII 834 (m)], «wohl schindliges, feinjähriges und leicht spaltbares Holz [sog. *Schindelholz*], das für die Erstellung der Käsjärbe *(Chääsjärb, Järb)* Verwendung fand», *Byygi* (Pl. *Byygänä*) i.S. von Brennholz, *Schallä* (Kennelholz) [Id. VIII 541 f.; Grimm DWB, Bd. 14, Sp. 2059 (Schalbrett), 2063 (III. 1), 2067 (Schalholz)],

Treg (Sing. *Trog*) und *Hagzyg* (Material für Hagstöcke [*Hagstock*, Pl. *Hagsteck*; *Hagstooss* [Pl. *Hagstooss*], Haglatten [*Haglattä*] oder allg. Bez. für Ausschussholz [*Üssschussholz, Üssschussbrätt*]).

ANMERKUNG 170

Vgl. Oechslin, Max: Die Wald- und Wirtschaftsverhältnisse im Kt. Uri. Bern 1927, S. 118 – ill.

ANMERKUNG 171

Vgl. Kant. Forstverordnung zum Bundesgesetz vom 11. Okt. 1902 betr. die eidg. Oberaufsicht über die Forstpolizei vom 9. Nov. 1982, Art. 26, Abs. 2.

ANMERKUNG 172

Beim Wurzelstock wird noch unterschieden zwischen Stamm- oder Hauptwurzel *(Härz)*, der Wurzelverzweigung über dem Boden *(Aläüf)* und dem weitverzweigten Wurzelwerk unter dem Boden, den sog. Ausläufern *(Üssläiffer)*, von denen behauptet wird: *Diä nämet scho d Fäissi im Land ussä* (= Diese entziehen dem Land die nötigen Nährsubstanzen).

ANMERKUNG 173

Aufgrund der topographischen Landeskarte liegt die Waldgrenze *(Wa[a]ldgränzä)* im Kt. Uri im Durchschnitt zwischen 1500 bis 1600 m/M. und zieht sich in den beiden westlichen Seitentälern – dem Meiental und dem Göschener Tal – bis gegen 1900 m/M. hinauf (vgl. Oechslin, Max: Zur Baumgrenzenfrage. Referat Schweiz. naturforsch. Ges., 108. Jahresversammlung, Basel 1927, 2. Teil, S. 189, sowie vom selben Autor: «Wald- und Wirtschaftskarte des Kantons Uri» als Beilage von «Die Wald- und Wirtschaftsverhältnisse im Kt. Uri», Bern 1927, hier spez. S. 64 ff., 77 ff., 87); dazu auch: Bielmann, Jürg: Die Lebensverhältnisse im Urnerland während des 18. und zu Beginn des 19. Jahrhunderts. Basel 1972, S. 114 ff.; Stadler-Planzer, Hans: Geschichte des Landes Uri. Teil 1: Von den Anfängen bis zur Neuzeit. Altdorf/Schattdorf 1993, S. 63 f.).

Immer wieder wird in diesem Zusammenhang auch die Frage nach der histor. Bewaldungssituation spez. im Hochtal von Urseren aufgeworfen. Dank der an Ort gemachten Funde und der wissenschaftlich fundierten Analysen aus jüngster Zeit (vgl. Kägi, Hans Ulrich: Die traditionelle Kulturlandschaft im Urserental. Zürich 1973, S. 20 ff.; Oechslin, Karl: Ursern kämpft um seinen Wald. Wald und Lawinenverbauungen im Hochtal von Andermatt. In: Informationsmappe der Rentenanstalt. Zürich 1982, Nr. 10, sowie vom selben Autor: Der Wald und Lawinenverbau. In: Ursern. Das imposante Hochtal zwischen Gotthard, Furka u. Oberalp in Wort und Bild. Bern 1978, S. 119 ff., und «Zur Geschichte des Lawinenverbaues und der Wiederbelebung im Urserntal». In: Schweiz. Zs. f. Forstwesen, Jg. 137, 1986, S. 588 ff. - ill.; Oechslin, Max: Die Aufforstungen im Urserental. In: GP 1939, Nr. 25 ff.; Renner, Felix: Die Gletscher im Urserental. In: Ursern. Das imposante Hochtal etc., S. 34; Renner, Felix: Beiträge zur Gletschergeschichte des Gotthardgebietes und dendroklimatologische Analysen an fossilen Hölzern. Zürich/Altdorf 1982, S. 121 ff., 128 f.; Renner, Felix/ Küttel, Meinrad/ Oechslin, Karl: Gletscher-, Vegetations- u. Klimageschichte im Raume Urserental. In: Physische Geographie. Vol. 7, Zürich 1982, S. 9 ff.) darf davon ausgegangen werden, dass das Urserental noch im Hochmittelalter bis ca. 2000 m/M. durchgehend bewaldet war. Der Wald reichte demzufolge im Vergleich zur heutigen Situation um ca. 300 m weiter hinauf, was mit den diesbezüglichen Feststellungen im gesamten Alpenraum übereinstimmt (vgl. Bätzing, Werner: Die Alpen. Frankfurt a.M. 1988, S. 19). Basierend auf dieser Erkenntnis darf drum auch für das auf über 2000 m/M. gelegene Gebiet von Salbitä (UNB III 8 f.) im benachbarten Göschener Tal quasi bedenkenlos das lat. silva (Wald) + rom. Suffix -itta, -ittu als naheliegende Worterklärung herangezogen werden. Forscht man nach den möglichen Gründen dieser auffallenden Waldarmut im heutigen Urserental (vgl. den Aufsatz

«Ist das Urserental waldfeindlich?» In: Schweizer Naturschutz, Jg. 8, 1942, S.113 f.), so wird zwar unterschiedlich in der Gewichtung, jedoch immer wieder von den verschiedensten Autoren darauf hingewiesen, dass mit der Kultivierung dieses Hochtals durch die einströmenden Walser Kolonisten im ausgehenden 12. Jahrhundert (vgl. Müller, Iso: Geschichte von Ursern. Disentis 1984, S. 7 ff.) auch die Waldbestände zu Gunsten von zusätzlichen Weideflächen dezimiert wurden. Im weiteren werden auch Sturmwinde, Fels- und Bergstürze, Lawinen, Regengüsse und Überschwemmungen wie auch der spätere Unterhalt von Wegen *(Wäg)*, Stegen *(Stäg)* und Brücken *(Briggä, Brugg)* als denkbare Ursachen angeführt. Hingegen darf gem. H. U. Kälin a.a.O., S. 26, als sicher angenommen werden, dass die angesprochene Entwaldung nicht erst auf «besonders rücksichtslose Kahlschläge in der Franzosenzeit» zurückgeht, auch wenn in den Kriegswirren von 1798/99 zweifelsohne manche Bäume den russischen und französischen Armeen geopfert werden mussten, ein Faktum, das in der späteren lokalen Geschichtsschreibung überbewertet und deshalb gern und oft als eigentlicher Grund für die fehlenden Waldbestände in diesem Hochtal genannt wurde (vgl. dazu Hoppeler, Robert: Ursern im Kriegsjahr 1799. In: HNbl Uri, Altdorf 1900). Zu diesem Problem äusserte sich zudem auch Max Oechslin im Artikel «Der Waldbannbrief von Andermatt am Gotthard» (Separatum aus Jb. des Vereins zum Schutze der Alpenpflanzen und -Tiere. München ca. 1956, S. 95) folgendermassen: «Wie sehr der Bannwaldbrief von Andermatt selbst in der Zeit der Kriegswirren der napolenischen Zeit Beachtung fand, möge der Hinweis sagen, dass der damalige Talammann Meyer festhielt, der die Talschaft Urseren führte, als die Truppen der Franzosen, Österreicher und Suworows im Gotthardmassiv einander gegenüberstanden, dass die zu Andermatt lagernden Soldaten den Bannwald für das Feuerholz nicht angriffen *[,]* und dass ihnen Ställe abgetreten wurden, die sie nieder-

reissen konnten, um Brennholz zu gewinnen. Einige österreichische Soldaten, die den Bannbrief missachteten, wurden von ihrem Kommandanten sogar bestraft.» Zudem vgl. Max Oechslin: «Wer hat den Wald in Ursern zerstört? Nach den Urkunden sicher nicht Russen und Franzosen.» In: GP 1978, Nr. 32, u. UW 1978, Nr. 62. Da aber für den Eigenbedarf wie auch für den aufkommenden Tourismus und die damit verbundene Infrastruktur spez. vor der Elektrifizierung des Tales vermehrt Holz benötigt wurde, bedurfte es verständlicherweise einer Reihe von Vorkehrungen, um den bestehenden Holzbedarf zu decken. Hiezu hat Isidor Meyer mit seinem Aufsatz «Die Holzarmut des Urserntales? (in: GP 1942, Nr. 51 f.) der Nachwelt ein interessantes Stimmungsbild hinterlassen. Da ist z.B. von Jungbauern die Rede, die in einem Bachtobel oder in den Seitentälern nach Erlenstauden *(Drooslä, Drooselstüüdä, Eerlä)* suchten, diese zu Haufen schichteten und dann im Winter mit Schlitten heimführten. Ältere Frauen traf man den Sommer über *(dr Summer[t] duurä)* am *Bätz-* und *St. Annabèerg* beschäftigt, in sog. Heukörben *(Häibchorb)* Heidekraut- *(Bryysch, Brüüg, Brügg, Brugg* Urs.)* und Alpenrosenstauden *(Jüppä)* zu sammeln.
Oder da gab es auch den Brauch, dass an schönen Herbsttagen um 4 Uhr morgens ein gutes Dutzend junger kräftiger Töchter und Frauen singend von Andermatt aus in den *Ort-* und *Geschenerwald* hinunterstiegen, um *Windwurf-* und *Abfallholz* zu holen. Mittags kehrten sie wieder heim. Speziell im Spätherbst und Winter brachten dann Leute von Göschenen und Abfrutt Holzbürden *(Burdi, Holzburdi)* auf dem Rücken die Schöllenen hinauf, was schon J. W. v. Goethe auf seiner 3. Reise in den Kt. Uri am Montag, 2. Oktober 1797, beobachtet hatte: *Nach acht Uhr waren wir in Göschenen. Starker Stieg; Maultierzug; man hatte kaum den Weg, der durch einen grossen Sturz von Granitblöcken versperrt gewesen war, wieder aufgeräumt durch Sprengen und Wegschaffen desselben. Die holzschleppenden Weiber begeg-*

neten uns. Sie erhalten oben im Urserental sechs Groschen für die Last, das Holz kostet sie drei Groschen bei Göschenen; die andere Hälfte ist ihr Traglohn. Da gab es aber auch noch manche Bauern aus dem Urserental, die bei gutem Schlittweg mit kleinen, von Rindern gezogenen Schlitten nach Abfrutt fuhren, um «eine Ladung *(Laadig)* von ca. 5 Burden Holz» heraufzuholen. Schliesslich erwähnt I. Meyer auch noch einige Pferdehalter, die das ganze Jahr hindurch fast ausschliesslich mit Holzfuhren von Wattingen, Wassen und Gurtnellen herauf beschäftigt waren, um Bäckereien *(Bekkeryy)*, Gasthäuser *(Gaschthüüs, Hotäll)*, Schreinereien *(Schryyneryy)* und Privathaushalte *(Hüüshalt[ig])* zu beliefern. Auch P. Placidus a Spescha schreibt in seinem Reisebericht «Lage, Begebenheit und Ordnung des Ursären-Thals im Kanton Uri» (hrsg. von der Raststätte-Gesellschaft N2 Uri AG, Schattdorf 1990) auf S. 46 von der Holzmisere in diesem Hochtal und den erforderlichen Holztransporten aus dem Unterland: *Wenn Ursärn so reich an Holz als an Steine wäre, würde es eines der glücklichsten Hohländer seyn; allein das meiste Brenn- und alles Bauholz muss entweder Geschenen oder Wasen hergeholt, und dies bedrückt die gute Einwohner recht sehr und führt sie früher, als die Natur es wollte, zum Grabe. Möglich wäre zwar die Anpflanzung verschiedener Laub- und Nadel-Hölzer, aber wohin mit den Ziegen?* Als besonderer Holzersatz zu Heizzwecken bleibt für Urseren noch das Torfmull *(Turbä)* zu erwähnen (vgl. Oechslin, Max: Die Wald- und Wirtschaftsverhältnisse im Kanton Uri, S. 130 f.), das im Spätfrühling *(Friälig, Langgsi, Lanzig)* zu einzelnen Stücken gestochen wurde *(Turbä stèchä, Woose häu[w]e)*, die man dann während der warmen Jahreszeit schräg gegeneinander stellte, so dass in der Mitte ein dreieckiger Zwischenraum entstand. «Die so *gstouzlätä* Torfstücke wurden nun gleichmässig von allen Seiten vom Wind getrocknet, und falls es regnete, konnte das Wasser leicht ablaufen» (vgl. V. u. T. Simmen: Der Bauernhaushalt. In: Realp. Ausstellungs-

227

katalog, Lugano 1986). Im Herbst *(Hèrbscht)* wurden dann die *Turbä* geholt und auf den Estrich *(Ti[i]li)* getragen, «später auch etwa über einen Seilzug hinaufgezogen» (V. u. T. Simmen a.a.O.).

ANMERKUNG 174

Auch in Uri mussten zufolge nachweisbarer Übernutzung des einheimischen Pilzbestandes wie in andern Kantonen Pilzschutzbestimmungen erlassen werden, welche die rechtliche Grundlage bilden, um inskünftig eine mengenmässige, aber auch zeitliche Beschränkung beim Pilzsammeln wirkungsvoll durchsetzen zu können. Deshalb wurde der Regierungsrat durch eine am 13. Dez. 1988 von Ratsherr Beppi Imhof, Altdorf, und 37 Mitunterzeichnern eingereichte Motion beauftragt, die der Landrat in Nachachtung der gegebenen Umstände am 10. April 1989 erheblich erklärte (vgl. Bruno Arnold: Einheimische Pilzflora soll geschützt werden. Gegen Übernutzung und Raubbau. In: UW 1989, Nr. 27). Dass sich nämlich gesetzliche Massnahmen geradezu aufdrängten, beweist im weiteren eine Zeitungsmeldung vom Sommer 1991 (vgl. UW 1991, Nr. 66), wonach «ganze Autocars mit 40 bis 50 Pilz- und Wildfrüchtesammlern im Urner Oberland» eingetroffen sind. Diese lösten sich dann in Gruppen auf, die ihrerseits mit Funk verbunden waren, um einander die Fundorte mitzuteilen. «Dabei scheut[e] man sich nicht, alles niedrige Wachstum dem Erdboden gleich zu trampeln.»
Am 11. Januar 1993 schickte der Regierungsrat den inzwischen ausgearbeiteten Entwurf zum Pilzschutz-Reglement in die Vernehmlassung. Insgesamt 13 Stellungnahmen waren der dafür zuständigen Volkswirtschaftsdirektion innerhalb der gegebenen Frist unterbreitet worden. Dass dabei die Interessen z.T. recht unterschiedlich ausfallen würden, war zu erwarten (vgl. Herger, Erich: Gegen die (fremden) Pilzstürmer. Zum Entwurf eines Urner Pilzschutz-Reglementes. In: UW 1993, Nr. 28; Jauch, Daniela: Ein Patent für die ausländischen Pilzsucher? In:

Alternative 1993, Nr. 180, S. 8). Am 5. Juli 1993 jedenfalls konnte der Regierungsrat das überarbeitete Pilzschutz-Reglement offiziell erlassen, das dann am 1. August 1993 auch in Kraft getreten ist. Bleibt somit nur noch zu hoffen, dass solch alarmierende Meldungen, wie sie oben beschrieben wurden, inskünftig der Vergangenheit angehören. Vgl. noch Arnold, Bruno: «Es geht um das Ökosystem Wald». Urner Pilzschutz-Reglement. In: UW 1993, Nr. 55; Büeler, Max u. Konrad, Hans: Ja, aber nicht so! Reglement über den Schutz wildwachsender Pilze. In: UW 1993, Nr. 57.

Zur persönlichen Orientierung! Lediglich drei Titel aus der reichhaltigen Literatur über Pilze:
Breitenbach, Josef; Kränzlin, Fred: Pilze der Schweiz. Bd. 1–3. Luzern 1981–91. Weitere Bände folgen.
Michael/Hennig: Handbuch für Pilzfreunde. Bd. 1–5. Jena 1968 ff.
Schlapfer, G.: Einige seltene oder wenig bekannte Pilze aus der Innerschweiz. In: Schweizer. Zs. f. Pilzkunde 1947, S. 69 ff., 93 ff.

ANMERKUNG 175

Vgl. hiezu Baumann, Erich: Fische und Beeren haben uns gerettet. Sissach 1982; Bielmann, Jürg: Die Lebensverhältnisse im Urnerland während des 18. und zu Beginn des 19. Jahrhunderts. Basel 1972, S. 119; Herger, Franz: Dr Meieresel i dr Berrizyt. In: GP 1975, Nr. 48.
Mit einer interessanten Reminiszenz aus den frühen dreissiger Jahren leitet Christian Furrer seinen Artikel «Der Spot zum Sonntag» (vgl. BRENNPUNKT in UW 1991, Nr. 82) ein: «Das waren noch Zeiten, als der Urner Landrat, in Ausführung des Gesetzes betreffend Heiligung der Sonn- und Feiertage, das Sammeln von wildwachsenden Beeren mit Körben, Gefässen, Säcken und dergleichen zum Fortschaffen an Sonn- und Feiertagen verbot. Wilhelm Zurfluh, Schlosser in Erstfeld, [und Mitbeteiligte] beschwerte[n] sich beim Bundesgericht gegen diese strenge Regelung. Das Beeren-

sammeln sei weder eine geräuschvolle noch eine ärgerniserregende Beschäftigung, wandte[n] [sie] ein. Das Bundesgericht gab [den Klägern] mit Urteil vom 21. Juli 1932 Recht und hob [den strittigen Paragraphen] der landrätlichen Verordnung [über das Beerensammeln vom 14./21. April 1932] auf.» Eine entsprechende Korrektur erfolgte dann am 20. April 1933 durch den Landrat.

Noch weiter in die Vergangenheit zurück greift eine Meldung ganz anderer Art im UW vom 1. Dez. 1888 (Nr. 48). Unter dem Titel «Ein Wunder der Natur» wird berichtet, dass am 27. November im Garten des Kapuzinerklosters Altdorf noch frische, vollentwickelte Himbeeren *(Himbeeri)* und Erdbeeren *(Äppeeri)* anzutreffen waren. Eine ähnliche Zeitungsmeldung ist auch im UW vom 3. September 1892, Nr. 36, zu finden, wo ein Berichterstatter aus Bauen die seltene Mitteilung machen konnte, *dass in einer hiesigen Liegenschaft ein Apfelbaum (Epfelbäum) in schönstem Blütenschmuck steht, nachdem er in diesem Jahre schon Früchte getragen hat.* Dass der Genuss von Beeren und Pilzen – um wieder auf diese Thematik zurückzukommen – bei aller Schmackhaftigkeit trotzdem u.U. mit schwerwiegenden gesundheitlichen Störungen verbunden sein kann, beweisen wiederum Zeitungsaufrufe aus der Gegenwart, wo auf die Gefährlichkeit des Fuchsbandwurms *(Fuxbandwurm)* – eines winzigen 4 mm langen Parasiten – aufmerksam gemacht wird (vgl. Bertolosi, Othmar: Vorsicht mit *Beeri.* In: Alternative 1992, Nr. 173, S. 7; sowie Artikel in UW 1992, Nr. 57: Beeren und Pilze gründlich waschen! Wie gefährlich ist der Fuchsbandwurm?).

Schliesslich sei auch noch auf die zwar eher bescheiden sich ausnehmenden Belegstellen innerhalb des Flurnamenbestandes hingewiesen:
Äppeeritaal III 569
Bèrränä I 309: auch appell. Bez. für
    «Beerenstellen im Nom. Pl.»: *Det äänä*
    sind d Bèrränä.
Bèrribiäl I 699
Brämen Berg + I 334

Gripplibäärg I 348
Grippligstaal III 598
Häippe[e]r[r]iboodä I 515 f.
Häippèrriplänggi II 987
Himplisplangg II 930
Puuderbiäl I 717

ANMERKUNG 176

Vgl. Kottmann, Josef: Der Kräutersammler *(Chryttäler, Chryttermanntli)* von Uri [Sepp Walker von Flüelen/Altdorf, 1883-1965]. In: GP 1967, Nr. 12 f. Heute zeigt sich die Situation in diesem Marktbereich vollständig verändert. Nach Abschluss einer Versuchsphase zu Beginn der 80er Jahre werden nun auch in Uri wie andernorts Heilkräuter *(Häilchrytli)* als äusserst bescheidenes Nebengeschäft – meist in Verbindung mit einem landwirtschaftlichen Betrieb – in eigens dafür ausgeschiedenen Gärten unterschiedlicher Höhenlagen angebaut, geerntet und dann zur Weiterverarbeitung an die zuständigen Firmen (augenblicklich Teefabrik Ricola und Caritas) versandt. Dafür besteht seit 1983 in Uri eine Interessengemeinschaft, an der sich von ursprünglich über 20 Interessenten inzwischen 7 Bergbauernfamilien als Pflanzer und Pflanzerinnen beteiligen. Angebaut werden Arnika, Eibisch *(Ypschäwurz, Hèrbschtroosä),* Frauenmänteli *(Fräu[w]ämäntäli, Schlissälichrüt, Sunnätach, Wasserträäger),* Goldmelissen *(Goldmelissä, Melissä),* Holunder *(Holder[ä], Holterä, Holder[ä]blüäscht),* Lindenblüten *(Lindäbliätä),* Malven *(Chäässlichrüt, Ypschäwurz, Lung[g]ächrüt),* Pfefferminze *(Pfäfferminz),* Ringelblumen, Salbei *(Salbyy[nä]),* Schafgarbe, Schlüsselblumen *(Mädämmäli, Matändäli, Matängäli, Ooschterbliämli, Reederli, Riätroosä, Schlisselbliämli, Zitreenäli, Zitreentli, Zytroosä, Zitterroosä),* Spitzwegerich *(Ripplichrüt),* Thymian *(Ambäissichrüt).* Entsprechende Anbaufelder befinden sich zum jetzigen Zeitpunkt in Bauen, Isenthal, Bristen und Intschi, die höhenmässig zwischen 460 und 1560 m ü.M. liegen. Biologischer Anbau ist Voraussetzung, also keine Verwendung von chemischen Pflanzenschutz- und Düngemitteln, es sei denn, sie basieren auf organischer Grundlage (z.B. Mist *[Mischt]*).

Da von den örtlichen Gegebenheiten her kaum Maschinen eingesetzt werden können, ist der ganze Anbau sehr arbeitsintensiv. So muss von Hand gejätet *(jättä)* werden, und wenn von einer Pflanze nur einzelne Bestandteile gefragt sind, müssen diese ebenfalls von Hand eingesammelt werden. Dies ergibt einen Arbeitsaufwand im Mittel von 32–36 Std. pro Are bei einem mittleren Ertrag von 34 kg.

So waren es 1983 520 m² angebaute Heilkräuter, die 89,5 kg getrocknete Kräuter ergaben. Dieses Resultat konnte schon im folgenden Jahr deutlich gesteigert werden, wo mit 660 m² Anbaufläche total 228 kg erzielt wurden. In der Zwischenzeit haben die Pflanzer bez. Erntemenge sogar noch leicht zugelegt. Trotzdem erlaubt es diese Tätigkeit nicht, ans grosse Geld zu kommen. Da ist einerseits der schon erwähnte enorme Arbeitsaufwand, der überdies zu einem Zeitpunkt anfällt, wo man mit Heuen *(häiwä)* und täglichen Verrichtungen auf der Alp *(alpä)* ohnehin mehr als genug zu tun hat. Anderseits macht sich auch ein aus wirtschaftlichen Gründen bedingter Preiszerfall negativ bemerkbar. So wurde anfänglich für ein Kilogramm getrocknete Frauenmänteli *(Fräü[w]ämäntäli)* noch ein Preis von Fr. 30.– bezahlt, der heute zum Leidwesen der Pflanzer um praktisch die Hälfte auf Fr. 16.– gesunken ist. Demgegenüber konnte für ein Kilo Urner Kräutermischung inkl. Verpackung gegenwärtig eine runde Summe von Fr. 120.– eingehandelt werden. Die allgemein grosse Nachfrage und Wertschätzung wirkt sich erfreulicherweise auf die Kräuterpflanzer – im Volksmund auch gerne *Chryttäler* genannt – recht positiv aus. Dies nicht zuletzt deswegen, weil bei den heutigen allgemein schwierigen Verhältnissen auf dem Gebiet der Milch- und Viehwirtschaft in den betroffenen Kreisen der Kräuteranbau im Sinne einer Möglichkeit zur Selbsthilfe und Förderung von Alternativen verstanden

wird und so besehen trotz allem doch auch als willkommene Ergänzung zum bescheidenen Lebensunterhalt gewertet werden kann. Allgemeines Aufatmen deshalb auch unter den Schweizer Kräuterbauern über die Mitteilung, dass die längst überfällige und obendrein als «staatliches Korsett» empfundene Kräuterteeverordnung am 1. Juli 1992 durch das Eidgenössische Departement des Innern aufgehoben worden sei, was den Pflanzerinnen und Pflanzern inskünftig ermöglicht, «ihre Teesorten wieder legal selber in den Handel zu bringen» (vgl. UW 1992, Nr. 53).

Vgl. auch noch:

Ammann, Ruedi: Alle wollen weitermachen: Heilkräuterversuchsphase in Uri abgeschlossen. In: GP 1985, Nr. 43, – ill.

Arnold, Alois: Heilkräuteranbau in Uri. In: GP 1984, Nr. 49.

Scheiber, Susy: Trotz reissendem Absatz ist vorläufig nur eine geringe Produktion möglich. Urner Kräutertee-Produzenten gehen in die dritte Saison. In: LNN 1991, Nr. 259

Zwyssig, Markus: Gesellschaft für biologischen Landbau neu auch in Uri. In: GP vom 31. 10. 1988.

ANMERKUNG 177

Ob das Sammeln *(läübä)* von besonders gut getrocknetem Laub *(Bettsackläüb)* zum Stopfen *(ga bettsackläübä)* von eigens zu Matratzen *(Madratzä)* zusammengenähten Tüchern *(Bettsacktüäch [Pl. Bettsacktiächer])* heute noch irgendwo praktiziert wird, liess sich nicht definitiv ausmachen. Hingegen sei auf eine entsprechende Stelle im Buch «Seelisberg – Ein Bergdorf am Weg der Schweiz» (Seelisberg 1991) von Adolf Truttmann verwiesen, wo es heisst: «Bettsacklaub war immer eine begehrte Sache im Herbst. Wenn der Föhn das gefallene Laub im Windschatten an die Haufen jagte und es schön trocken war, zog man mit Bettsacktüchern aus, füllte sie prallvoll mit neuem Laub und brachte sie nach Hause» (S. 47).

ANMERKUNG 178

Vgl. Oechslin, Max: Die Wald- und
Wirtschaftsverhältnisse im Kt. Uri.
Bern 1927, S. 116.

ANMERKUNG 179

Vgl. Oechslin, Max: Die Wald- und
Wirtschaftsverhältnisse im Kt. Uri.
Bern 1927, S. 128.

ANMERKUNG 180

Vgl. Meyer, Werner: Harzgewinnung in
Amsteg-Silenen. Archäologisch-volks-
kundliche Beiträge zur Geschichte eines
vergessenen Gewerbes. In: Gfr., Bd. 140,
Stans 1987, S. 5 ff.
Im weiteren beachte man die Anm. 205
in Kap. 3 und Oechslin, Max: Die Wald-
und Wirtschaftsverhältnisse, im Kt. Uri.
Bern 1927, S. 128, sowie Siegwart, L.:
Über die Harzgewinnung in den Wäl-
dern. Ein verschwundenes Brauchtum
und ein Erwerb armer Leute in vergange-
ner Zeit. In: Schweizer. Archiv für Volks-
kunde [AfV], Bd. 38, Basel 1941, S. 119
ff., zusätzlich noch Schweizer Volks-
kunde, Bd. 26 (Nr. 4), Basel 1936,
S. 39.
Josef Schuler weist in seiner Broschüre
«Äs müäss wytter gah...!» (Meien 1991)
auf zwei kleine Harzbrennereien bei Fe-
den und Seewli im Meiental hin, «wo
man [bis ca. 1850] Fichtenspäne und
Stockholz von Föhren auskochte»
(S. 19).

ANMERKUNG 181

Vgl. Herger, Franz: Kaugen(i)uss.
In: GP 1984, Nr. 41.

ANMERKUNG 182

Vgl. Oechslin, Max: Die Wald- und Wirt-
schaftsverhätnisse im Kt. Uri. Bern 1927,
S. 120 f.

ANMERKUNG 183

Vgl. Kap. 4 und 5.

ANMERKUNG 184

Aufs Fellital bezogen kann Max Rothen-
fluh in seinem «Botanischen Rundgang»
(vgl. Das Fellital. Separatdruck aus der
Festschrift 75 Jahre Sektion Am Albis
SAC 1897–1972) folgenden Hinweis ge-
ben: «Im Wald machen sich Farnkräuter
breit, z.B. Tüpfelfarn, Rippenfarn und
Wurmfarn» (S. 8).
In bezug auf einheimische Moose, Farne
etc. vgl. noch folgende Literatur:

Aichele, Dietmar und Renate; Schwegler,
  Heinz-Werner und Anneliese: Der
  Kosmospflanzenführer. Blütenpflan-
  zen, Farne, Moose, Flechten, Pilze,
  Algen in 653 Farbbildern.
  Stuttgart 1987
Brücker, Walter: «Viele seltene Arten ent-
  deckt». Wissenschaftliche Moos- und
  Flechtenexkursion im Kanton Uri.
  In: UW 1993, Nr. 51
Jahns, Hans Martin: Farne, Moose,
  Flechten Mittel-, Nord- und West-
  europas mit 655 Farbfotos. München
  1987
Keller, Robert: Die Laubmoose des
  Geschener-Thales. Bericht der schweiz.
  bot. Ges., Bd. II, Basel und Genf 1892,
  S. 109 ff.
Magin, Norbert: Pflanzensoziologisch-
  ökologische Untersuchungen an einem
  Moor auf dem Brüsti bei Altdorf, Kt.
  Uri, Schweiz. In: Candollea 37/2, Jour-
  nal international de botanique systéma-
  tique 1982
Reglement über den Schutz von Hoch-
  und Flachmooren und von Quellen auf
  dem Urnerboden vom 17. Mai 1988
  (Urner Rechtsbuch 10.5112)
Urmi, E.: Zur Moosflora des Alpenrau-
  mes. In: Botanica Helvetica 94/1, 1984,
  S. 177 ff.

Im Flurnamenbereich haben die im Text-
teil aufgeführten Pflanzen trotz ausge-
wiesener Präsenz im urner. Vokabular
einen äusserst schwachen Niederschlag
gefunden. So erscheint der Bärlapp (Siä-
chrüt) – wenn überhaupt in dieser Bedeu-
tung – lediglich in einer einzigen und zu-
dem relativ jungen Belegstelle (UNB II
468). Auch die Moose beschränken sich –

vom Hinweis auf etwelche Sumpfstellen einmal abgesehen – einerseits auf die adj. Simplexform *Miäsig* (UNB II 798) und andererseits auf ein paar Komposita, die aber nur gerade in den Gemeinden Gö. (*Miäsplattä* UNB II 988) und Gu. auftreten, hier jedoch in vierfacher Kombination: *Miäsplanggä* II 941, *Miäsplanggänollä* II 850, *Miäsplanggästock* III 477 f. und *Miäsplanggätaal* III 639. Zum Unterschied hiezu ist der Flurname *Moos*, *Moss*, *Muss*, Dim. *Missli* als Einzelwort wie auch in mannigfachen Zusammensetzungen überaus zahlreich und über den ganzen Kanton verstreut anzutreffen (vgl. UNB II 802 ff. und Kap. 2, Anm. 141). Dabei gilt es jedoch zu beachten, dass hierzulande *Mo[o]s* (ausschliesslich) in der schwzdt. Bedeutung von «Moor, feuchtes, sumpfiges Land» (Id. IV 469 f.) in Erscheinung tritt, es sei denn, man spekuliere mit der bei Grimm DWB XII 2518 ff. vorgelegten Interpretation bez. Bedeutungsumfang der im Ablautverhältnis zueinander stehenden Wörter *Mies* (urner. *Miäs*, *Miäsch*) und *Moos* und gehe davon aus, dass zumindest teilweise *Moos* (vgl. *Moosloch* [Querverweis in UNB II 802, jedoch ohne Beleg!], *Moosplatten* + UNB II 989) unterschwellig auch noch die Bed. von *Moos* als Pflanze mitführt. Wenn heute tatsächlich mdal. *Moos* primär als Pflanze verstanden wird, dann ist dies eindeutig auf den Einfluss des Standarddt. zurückzuführen.

Schliesslich bedarf es auch noch eines Hinweises auf die Farne, die namenkundlich gut, jedoch in keinem Verhältnis zu ihrem effektiven Vorkommen in der urner. Landschaft vertreten sind:

Faarä, Faarnerä I 989 f.
Faaräboodä I 504
Faaräplanggäboodä I 504
Faarächäälä II 354
Faarägrüäbä II 78
Faaräloch II 567
Faaränegg I 851
Faaräplanggä II 918
Faaräplätz I 463 f.
Faarätäiffi III 703
Faaräzug III 1072

In diesem Zusammenhang mag es interessieren, wie vielseitig der Wald unter den gegebenen Verhältnissen ins urner. Flurnamengut Einzug gehalten hat. Allein schon ein flüchtiger Blick in den Band III 809 ff. des UNB (Stichwort *Wa[a]ld*) genügt, um die Fülle der *Wald*-Namen nur annähernd zu erfassen. Dazu kommen aber noch die teilweise synonym verwendeten Bezeichnungen wie *Bann* I 284 ff., dann der wohl übers Standarddt. importierte *Forscht* I 1107 sowie *Holz* II 241 f., *Loo* II 588 ff., *Roonä* II 1140 f. als Simplex wie als Kompositum (vgl. *Roonäbo[o]dä* I 540, dazu *Roonähittä* II 310) und *Tann[ä]* III 689 ff.

Nicht zu übersehen sind die zahlreichen Komposita mit *Wa[a]ld* als BS und die Bez., wie z.B. *Roonenegg* I 891, *Tannegg* I 908 f., allenfalls auch *Holzbiäl* I 709 f. und die Verbindungen mit andern Baumnamen, die zumindest auf einzelne Baumgruppen, teils aber auch auf waldähnliche und im eigentlichen Sinn bewaldete Landstriche schliessen lassen. Darüber hinaus finden sich Namen, die entweder vom Zustand einzelner Bäume (vgl. *Graschpälä*, *Gräschpäli* II 43; *Grotzä* II 73 f.; *Roonä* II 1140 f., *Schitschi*, *Sitschi*, *Tschitschi* III 89; *bim langä Holz* II 248) oder von der Beschaffenheit eines ganzen Waldes (vgl. *Loo* II 588; *Underholz* II 249) einen Eindruck vermitteln. Andere Namen geben einen Hinweis auf den Anwendungsbereich des zur Nutzung bereitstehenden Holzes (vgl. spez. *Broholz* II 245; *Chorholz* II 247 f.; *Heimholz* + II 202; *Hüüsholz* II 247; *Schindelfad* I 959 f.).

Wieder andere Namenverbindungen gewähren Einblick in die unterschiedlichsten Holztransportarten. Da die diesbezüglichen Möglichkeiten im Vergleich zu heute doch weit eingeschränkter waren, ist es verständlich, dass gerade den bestehenden, natürlich geschaffenen Reistwegen (*Räischti*, *Räischt'wäg*, *-zug*, *Zug*) wie auch den eigens ins Gelände gebauten Holzleitenen (*Holzläiti*, *Läiti*) eine um so grössere Bedeutung zukam

(vgl. hiezu; Pflichten und Rechte
[*Räischträcht*] in LB 1859, Art. 310 ff.).
So haben sich denn auch praktisch in
jedem von etwelcher Steilheit *(Gäächi,
Stäili, Stotzigi)* gezeichneten Urner
Waldstrich entsprechende Namen halten
können, die nachfolgend in Auswahl aus
dem UNB einen Einblick in die effektiv
vorhandene Fülle geben mögen:

Brischtläüwiholztaal III 577
Greenziggli III 1075
Griss'chääli II 356
Grotzäziggli III 1075
Holzchäälä II 358
Holzläiti II 541
Holzläitital III 606
Holzriäri II 1161 f.
Holzzug III 1078
Läitälitaal III 626
Landbuocher Holzergass + I 1262
Ländi + II 545 f.
Lintkänneltal +, evtl. Verschrieb f. *Leit-
käneltal* III 628
Räischti II 1046
Räischtitaal III 646
Räischtzu[u]g III 1085
Roonäfad I 958
Schindelfad I 959 f.
Schytterzug III 1087
Zug III 1064 ff.

Schliesslich sei auch noch auf jene zahl-
reichen, über den ganzen Kanton verteil-
ten Holzrüstestellen und Holzlager-
plätze hingewiesen, die namenkundlich
wie folgt in Erscheinung treten:
Holzbiäl I 709 f.
Holzbo[o]dä I 519
Holzplatz II 1001
Späänbedäli I 554.

ANMERKUNG 186

Vgl. Videoband von Heinz Baumann:
Luftkurort Maderanertal und das Hotel
zum Schweizerischen Alpenklub.
Altdorf 1990.

ANMERKUNG 187

Zufolge verschiedentlicher Unfälle, die
bei Holztransporten *(Holz räischtä,
schläipfä)* offensichtlich in zunehmen-

dem Masse vorgekommen waren, sah
sich die obrigkeitliche Behörde im letz-
ten Jahrhundert veranlasst, gesetzliche
Vorkehrungen zu treffen, um solche
meist durch mangelnde Vorsicht verur-
sachte Unglücke *(Ugfell, Uglick)* nach
Möglichkeit zu vermeiden. So hiess es
u.a. in Art. 311 des LB, dass «niemal als
in der erlaubten Zeit ... Holz möge gerei-
stet werden». Im weiteren, dass «wo
man über die Landstrassen, Fuhr- oder
Fusswege reistet, solle, ehe man solches
thut, an einem Sonn- oder Festtage
öffentlich ausgeründet werden *(dr Rüäf
[ga] nä, effe[n]tli[ch] üss'chindä)*, an
welchem Tage man reisten wolle; und
sollen nebstdem die Reistenden schuldig
sein, Wachten auszustellen und Zeichen
zu geben, ehe sie das Holz herablassen».
Auch wenn heute mit den modernen
Transportmöglichkeiten weiterum das
Funkgerät *(Funkggräät)* zur Überwa-
chung und Sicherung des Geländes Ein-
zug gehalten hat, kennt man doch da
und dort noch den langgezogenen Jauch-
zer *(Jüüchz[er], Jütz, Rüäf)* oder sonstige
vorgängig vereinbarte Warnzeichen
nebst Zurufen wie z.B. *horg* und *wöit*.
Zum *Rüäf nä* wie auch zu den verschie-
denen Holztransporten vgl. Michael
Walker: Isenthal im Wandel der Zeiten
1840–1990 (Isenthal 1991), S. 22 ff., spez.
26 f., und Adolf Truttmann: «Seelisberg –
Ein Bergdorf am Weg der Schweiz»
(Seelisberg 1991), S. 43 ff.

ANMERKUNG 188

Laut LB 1859 (Art. 310) standen diese
Reistwege *(Räischti)* den Holzern vom
Gallus-Tag (16. Okt.) bis Mitte März zur
Verfügung, immer aber mit der zusätzli-
chen Auflage, allfällige Schäden direkt an
Ort zu beheben.
Wo dann auf der Landstrasse und über
Brücken *(Briggä, Brugg)* der Holztrans-
port weiterging, gelangte Art. 319 (3 u.
4) zur Anwendung, wonach «alle Vor-
sicht und Behutsamkeit» gefordert war,
«um die Strasse nicht zu beschädigen».
Im besonderen war es «mit Ausnahme
im Winter bei Schnee und gefrorenem
Boden, wo es ohne Schaden geschehen

kann», gänzlich verboten, das Holz so zu transportieren *(schläipfä)*, dass die Stämme gänzlich «auf der Erde oder vorne auf Rädern oder Schlitten *(Schlittä, Schläipf)* und hinten auf der Erde» zu liegen kamen.

Dieses Verbot war u.a. auch noch in der Verordnung für die Benützung der Strasse nach Bristen vom 19. Mai 1912 wirksam. Auch Isenthal kannte eine diesbez. «Strass Verordnung» aus dem Jahre 1842 (vgl. Michael Walker a.a.O., S. 15 f.), wonach das Transportieren von Holz *(schlittnä)* nur mit «gut aufgezogenen Schlitten» *(Männschlittä mit liächtem Üffzug,* d.h. mit einwandfrei installierten Kufen *[¹Chüächä])* gestattet war. Dazu vgl. als Ergänzung noch eine Einsendung unter dem Titel «Kapuzinerstrasse» [in Altdorf], UW 1933, Nr. 48.

Für Sb. wusste Adolf Truttmann anlässlich eines Vortrags «Unbekanntes Seelisberg» [GV des Histor. Vereins Uri vom 19. Mai 1990] zu berichten, dass die sog. *Allmändgass* zum Unterschied von der *Landstraass* das ganze Jahr über mit einem *Schläipf* befahrbar war.

Kam es dann trotz getroffener Vorsichtsmassnahmen zu Beschädigungen *(verräischtä)* der benutzten Wege, waren die Verursacher verpflichtet, die Instandstellung *(straassnä)* der betreffenden Strassen auf eigene Kosten vorzunehmen. Zu Holztransporten, wie sie ausserhalb des Kantons Uri praktiziert wurden, vgl. noch «Schweiz». Hrsg.: Schweizerische Verkehrszentrale, Zürich 1976, Nr. 2, S. 28 ff.

ANMERKUNG 189

In einer ausführlichen Arbeit zum Thema «Flösserei und Holzhandel aus den Schweizer Bergen bis zum Ende des 19. Jahrhunderts», publ. in: Mitteil. der Antiquarischen Gesellschaft in Zürich, Bd. 46, H. 1, 1972, kommt der Autor Heinrich Grossmann auch auf die urner. Verhältnisse zu sprechen (vgl. S. 44 ff.) und erwähnt dabei, dass die Reuss erst ab Flüelen flössbar war. Dies stimmt insofern, als auch im LB von 1859 (Art. 293, S. 43) ein klares Verbot gegen das

Flössen in der Reuss und im Schächen zu finden ist: *Zu Verhütung Schadens an den Wehrenen wird alles Holzflössen durch die Reuss und den Schächen bei Gl. 30 Buss und Abtrag Schadens verboten, und soll das Holz den Wehregenossen verfallen sein.*

Offensichtlich war diesem obrigkeitlichen Erlass ein emsiges Flössen *(fleez[g]ä, fleez[n]ä, fleessä)* in den angesprochenen Gewässern mit erheblicher Schadenfolge vorausgegangen, das dann auch obiges Verbot auszulösen vermochte. Wie sonst hätten gem. Almanach 1805 (S. 31 u. 63), zit. bei Grossmann a.a.O., auch aus Uri über den See nach Luzern «jährlich ansehnliche Lasten Holzes ausgeführt» werden können, die als *Brenn-* und Bauholz *(Büüwholz)* – immer gem. Almanach – respektable Summen eingebracht hatten. Dabei sollen auch viele Nussbäume *(Nussbäüm)* ausgeschafft worden sein (vgl. Grossmann a.a.O., S. 77 ff.), was wiederum erklären dürfte, weshalb im LB 1859 in Art. 317 mit derart drastischen Geldstrafen – Gl. 26 bei Ausserlandesschaffung und 10 Dublonen *(Tuplä)* beim *A'choorä* oder *A'boorä* eines Nussbaumes [vgl. Püntener, August: Urner Münz- und Geldgeschichte S. 77, 82 ff.] – gedroht werden musste.

Gewiss dürfen wir uns die Organisation rings um das Flössen wie auch die Ausführung dieser harten, in der Regel nur den Männern vorbehaltenen Arbeit hierzulande nicht etwa so vorstellen wie auf der Aare oder dem Rhein. In unserer Gegend mochten wohl nur einzelne Stämme den Weg Richtung See genommen haben, die mit langen Stangen, sog. Flösshaken *(Fleez-, Fleess'haaggä, Ryyss'hääggel, -holz)* von den Holzflössern *(Fleez[g]er)* immer wieder aus ihrer natürlichen Verankerung im Bachbett gelöst wurden.

Genauere Aussagen über das Flössen in Gebirgsgewässern lassen sich beim *Etzlibach* (UNB I 170, wo auch von *Etzler* die Rede ist) und beim *Palanggä[bach]* (UNB I 205 ff.) sowie beim *Isitaaler Bach* – auch *Issleter Bach* genannt (UNB I 188 f.) – machen, weil in diesen Gewässern bis in die jüngste Zeit –

der Vorstand des Urner Fischereivereins hatte sich gem. Jubiläumsschrift sogar noch im Jahre 1975 mit dem «Holzflössen in der Reuss während der Laichzeit» zu befassen – geflösst (gfleezt, gfleeznet) wurde. Hiezu findet sich auch ein Regierungsratsbeschluss betr. das Holzflössen im Balankabach (sic), vgl. LB Bd. V, Altdorf 1893, S. 156 f.

Umfassendere Informationen erhielt ich jedoch von einstigen Flössern, speziell von Walter Wipfli (1905-1991), der mir u.a. folgendes zu berichten wusste: Auch in Uri wurde grundsätzlich zwischen dem Flössen auf dem See und dem Flössen in Wildbächen unterschieden. Auf dem See arbeitete man in Gruppen von ca. 4 Mann, die zunächst Stammholz zwischen 400 und 500 m3 Lattä a Lattä mit sog. 12er-Drahtseilen teils in Form eines Dreiecks (Dryyegg) zusammenbanden, dann noch einige Kubikmeter Brènnholz als Miisälä oben drauf schichteten, ehe sie mit einem Spezialruder und einem in der Mitte hochgestemmten Segel, das vom morgendlichen Talwind aufgebläht war, oder auch im Schlepptau eines Lastschiffes (Jassä, Naawä, Träiberjassä) nach Flüelen, Brunnen oder sogar Beckenried zum freien Verkauf (Loosig) auf dem dortigen Holzmarkt (Holzmärcht) fuhren.

Wesentlich anders verlief die Flössarbeit in den besagten Gebirgsbächen. Schon im Winter (dr Winter[t] üs) wurde das Lang- oder Stammholz an Guntä über den Boden gezogen (männä, schläipfä) oder auf sog. Doppelschlitten, deren vorderer Teil aus einem ortsüblichen Hornschlitten (Hooräschlittä) mit einem in der Mitte installierten Kantholz (Ränkschäämel) bestand, auf den Stapelplatz (Holzplatz) oder als angekauftes oder sog. Kundenholz (Chundäholz) direkt in die nächste Sägerei (Saagä, Saagi) transportiert. Dagegen verschob man das meist zuhinterst (zhinderisch hinnä) im Tal geschlagene Steckholz auf leichten Schlitten mit Hilfe von [verworfenen] Rindern (Rindermäänänä, wo verchalberet hènt) – wenn eben keine Pferde (Ross) zur Verfügung standen – bis zu den vor Hochwasser sicheren Plätzen

längs des Baches, wo es für den späteren Weitertransport zurecht gerüstet wurde. Später dann, gewöhnlich in den Monaten Mai und Juni – so um Pfingschtä umä –, wenn zufolge Schneeschmelze und anhaltendem Regen die Bäche Hochwasser führten, machten sich morgens i aller Hèrrgottäfriäji ca. 10 Mann – z zäätä oder ä Kompanyy – auf, um ausgerüstet mit Fleez- und Weerihaaggä das in den höheren Regionen bereitgestellte Chlaafterholz den Bach hinunter (bachab) zu schicken. Dabei schätzte man die gespaltenen, auf 1 m zurechtgeschnittenen Holzstücke (metterig Miisälä, Spältä) zufolge beständiger Verkeilung zwischen den Steinen nicht besonders. Um so lieber hatte man das Rundholz (Ruugel, Totz [Pl. Tetz]), das bisweilen ticker weder lang sein konnte und trotzdem problemlos hinunterkollerte (ruugälä). Auf diese Weise wurden ein paar hundert Steer (ä groossä Schlag, ä Suppä Holz) talauswärts befördert, immer in Begleitung der Fleez[g]er, die teils bis zur Brust im eiskalten Wasser standen und das verkeilte Holz mit dem Fleezhaaggä aus der Verklemmung lösten (stipfä). Damit diese Arbeit überhaupt zu bewältigen war, mussten die Leute gut verpflegt werden. Dafür zeichneten meist die Frauen aus dem Dorf verantwortlich, die auch für den Nachschub des heissbegehrten Kaffees mit Schnaps (Branz, Pranz, Schwarzes, Ty[y]fi) und einer heissen (häiss) Fläischbriäji besorgt waren.

Dort, wo das Holz wieder an Land gezogen wurde – in Amsteg oberhalb der Gotthardstrasse, in Isenthal bei der Brücke ins Kleintal (Zusammenfluss von Gross- und Kleintalbach; nach einer weiteren Gewährsperson auch bim toossedä Stäi) und in Seedorf ausgangs Toobel –, baute man eine Weeri, auch Speeri genannt, in Form eines Holzrechens (Rächä) aus starken Bäumen, dessen Längsrippen eine Breite von 8 - 10 cm betragen konnten. Um das Holz aus dem Wasser zu ziehen, stand den Leuten ein Weerihaaggä zur Verfügung, der – kürzer als der Fleezhaaggä – im Unterland gekrümmt (chrumm, gchrimmt) und in

Bristen gerade *(graad)* war. Kippten bei dieser Arbeit Holzstücke über die angebrachte *Weeri*, dann mussten die *Fleez[g]er* speziell ausgangs Isenthal mit Leitern und Seilen die Schlucht hintersteigen und das Holz *uber d Fäll oder d Sätz* in nächsttiefere Talstufen werfen, wo es vom Bach selber bis zur Einmündung in den See weiterverschoben wurde. Für diese harte Arbeit verdiente man um die Jahrhundertwende ungefähr 3 Franken pro Tag, dazu noch *äs bitzäli hèrts Broot, ä Bitz[ä] Chääs und äs Püüdäli Schnaps.* Da diese Transporte auch mit enormen Gefahren verbunden waren, gab man sich schon frühmorgens gegenseitig Zeichen *(Zäichä gä)*, indem man einander entweder zujauchzte *(Jütz[er], Rüäf)* oder dann durch Deuten *mid ämä Fleez- oder Weerihaaggä* auf die drohende Gefahr aufmerksam zu machen wusste.

Bleibt noch nachzuholen, dass dort, wo die Wassermenge eines Baches nicht ausreichte, um das Holz transportieren zu können, notdürftig eine Wassersperre *(Schwèlli)* gebaut wurde, durch deren plötzliche Öffnung die bereitgestellten *Miisälä* im übermächtigen Schwall *(Gutz, Schwall) durnidsi* schwammen.

ANMERKUNG 190

Gem. freundl. Mitteilung von Herrn Adolf Truttmann, Seelisberg.

ANMERKUNG 191

Im Bereich der einheimischen Holzverarbeitung spielt die Sägerei-Industrie naturgemäss eine ganz entscheidende Rolle, die sie seit ihrem Aufkommen in Uri (um 1700) bis in die Gegenwart gehalten hat und bei dem zwar unterschiedlich wirksamen Bauboom wohl auch weiterhin einnehmen wird. Dass selbst in der heutigen Zeit noch Klein- und Kleinstbetriebe im Sinne von eigentlichen Familienunternehmen möglich sind, die z.T. lediglich für den Eigenbedarf im Einsatz stehen, ist grossmehrheitlich auf die speziellen topographischen Verhältnisse in Uri zurückzuführen, wo zufolge der hohen Transportkosten das Holz wie in früheren Zeiten nach Möglichkeit an Ort geschlagen, verarbeitet und so auch dem jeweiligen Zweck dienend eingesetzt wird. Zur Geschichte der urner. Sägereibetriebe vgl. folgende Publikationen:

Arnold, Bruno: Flexibilität und Innovation im Vordergrund. 20 Jahre Sägerei Müller in Seedorf. In: UW 1990, Nr. 73

Furrer, Benno: Die Bauernhäuser des Kantons Uri. Basel 1985, S. 444 ff.

Herger, Franz: Bergholz – ein gutes Produkt wieder gefragt. Sorgen mit der Sturmholz-Verwertung. In: UW 1990, Nr. 47

Muheim, Hans; Ammann, Ruedi: Ältestes Fabrikunternehmen im Kt. Uri: Die Sprengstofffabrik Cheddite AG, Isleten [*Tscheddytti*]. In: GP 1976, Nr. 17, ill.

Oechslin, Max: Die Wald- und Wirtschaftsverhältnisse im Kanton Uri. Bern 1927, S. 131 ff.

Oechslin, Max: Aus der urnerischen Sägerei-Industrie. In: GP 1945, Nr. 23/UW 1945, Nr. 44

Stark und ausdauernd wie das Holz. 50 Jahre Sägerei und Holzhandel Planzer in Erstfeld. In: UW 1989, Nr. 62 – ill.

Zurfluh, Kurt: Steinige Pfade. 160 Jahre Urner Wirtschaftsgeschichte. Altdorf 1990, S. 238, 257, 295.

Hinweise zur Holzverarbeitung finden sich auch im Flurnamengut. Vgl. dazu folgende Namen:

Sa[a]gä III 6 f.
Schintlä III 79
Schintlerä III 79 ff.
Schyt III 85 ff.
Spään[ä] III 246
Spääntall III 668
Spar[r]ä III 246 f.
Staglen III 308 f.: «Zaunpfahl»
Stud III 542 f.

ANMERKUNG 192

Vgl. Walker, Michael: Isenthal im Wandel der Zeiten 1840–1990. Isenthal 1991, S. 28, 30.

ANMERKUNG 193

Vgl. Zurfluh, Kurt: Steinige Pfade. Altdorf 1990, S. 116, 180, 219 ff., und Fryberg, Stefan: Regina ist ein bisschen traurig. Fünf Geschichten rund um den Lehnplatz. Altdorf 1990, S. 28. Im weiteren sei nebst entsprechenden Kap. im urner. Heimatkunde-Buch auch auf einen längeren Artikel «Die Lehrlingsprüfungen» im UW vom 5. September 1891, Nr. 36, verwiesen, wo erwähnt wird, dass die vom schweizerischen Gewerbeverein ins Leben gerufenen und von der kantonalen gemeinnützigen Gesellschaft in Verbindung mit der Staatskasse unterstützten Lehrlingsprüfungen seit drei Jahren in Uri zur Durchführung gelangten. Vgl. hiezu auch Muheim, Hans: Zur Wohlfahrt des Ganzen – zum Segen des Einzelnen. Altdorf 1987, S. 62 f.

ANMERKUNG 194

Zu den Kraftübertragungsmöglichkeiten in Verbindung mit Wasser vgl. Kap. 2, Anm. 112.

ANMERKUNG 195

Vgl. Artikel «Grosse Angebotspalette im Dienste der Kunden. 40 Jahre Josef Gisler Söhne AG». In: UW 1991, Nr. 38; und «Marschhalt: Josef Gisler zum 65. Geburtstag, überreicht von seinen Söhnen und Töchtern». Altdorf 1986 [Zur Geschichte der Schreinerei/Zimmerei in Witerschwanden/Spiringen].

ANMERKUNG 196

Vgl. Jans Paul: 30 Jahre jung. Püntener Fenster AG, Erstfeld. In: UW 1991, Nr. 89.

ANMERKUNG 197

Vgl. Müller, Armin: Ein Fahreimer wird geküfert. Die Arbeit des Weissküfers. Schweiz. Ges. f. Volkskunde. Reihe: Sterbendes Handwerk, H. 5, Basel o.J.

ANMERKUNG 198

Vgl. Fankhauser, Edy: Hobbys mit goldenem Boden. Zu Besuch bei Schindelmacher und Korber Hans Gnos. In: UW 1988, Nr. 54.
Derselbe Autor schrieb zwei weitere Artikel zum Thema «Schindelmacher» unter dem Titel «Handwerk am Wanderweg», in: GP 1988, Nr. 30, u. UW 1988, Nr. 58, sowie «Erfreulich viele Teilnehmer. Geführte Wanderung», in UW 1988, Nr. 60. Zudem vgl. H. Waller: Das Dachdeckerhandwerk in der Schweiz. Zürich 1931; H. Bichsel: Das Schindeln. In: Schweizer Volkskunde, Bd. 30, Basel 1940, S. 2 f.; sowie Armin Müller: Der Schindelmacher deckt eine Alphütte, hrsg. von der Schweiz. Ges. f. Volkskunde. Reihe: Sterbendes Handwerk, H. 16, Basel 1968. Im September 1991 hat sich überdies die REVUE Schweiz, Hrsg. Schweizerische Verkehrszentrale Zürich, in ihrer Berichterstattung u.a. auch der Arbeit des Schindeldachdeckers angenommen (vgl. S. 42 f.).
Dass das Eindecken von Wohnhäusern und Ställen mit Schindeln *(a'schindälä, schintlä, y'tschiäpälä, ver[t]schiäpä)* wieder vermehrt «in» ist, belegen die nachfolgenden Artikel: «Schindlä – ein altes Gewerbe» (UW 1993, Nr. 44) und «Die Alphütten tragen wieder Schindeldächer» (NZZ 1993, Nr. 151).

ANMERKUNG 199

Vgl. Hans Marti und Paul Hugger: Der Sodmacher. Schweiz. Ges. f. Volkskunde. Reihe: Sterbendes Handwerk, H. 18, Basel 1968.

ANMERKUNG 200

Vgl. Kap. 2, Anm. 112.

ANMERKUNG 201

In diesem Zusammenhang sei auf die Diss. von Max Reimann verwiesen: «Sachkunde und Terminologie der Rückentraggeräte in der deutschen Schweiz». Zürich 1947; sowie Paul

Hugger: Der Korbflechter. Schweiz.
Ges. f. Volkskunde. Reihe: Sterbendes
Handwerk, H. 17, Basel 1968.

ANMERKUNG 202

Vgl. Anm. 159, 163, 168, 187 u. 188
in diesem Kap.

ANMERKUNG 203

Das LB von 1859 unterscheidet in Art.
296 ff. vier Waldkategorien:
– obrigkeitliche Bannwälder, die in ihrer
  Funktion «theils zum Behülfe für den
  Unterhalt der Staats-Gebäude, Brük-
  ken, Wuhren und Strassen, theils zum
  Schutz und Schirm der Landstrassen
  bestimmt sind» (Art. 297)
– Matten- oder Schirmbänne
– Dorfbannwälder
– gemeine Schittwälder, die «mit Vorbe-
  halt der hochheitlichen Rechte unter
  die Aufsicht und Verwaltung derjeni-
  gen Gemeinden gestellt [sind], in denen
  sie liegen» (Art. 298).
Vgl. zudem noch Anm. 152 in diesem
Kap. sowie Oechslin, Max: Die Wald-
und Wirtschaftsverhältnisse im Kanton
Uri. Bern 1927, S. 109 f.

ANMERKUNG 204

Vgl. HNbl Uri, Bd. 36 für das Jahr 1930
u. 1931, S. 81: «ales holtz klein und
gross».

ANMERKUNG 205

Dass auch im Kt. Uri die Gewinnung
und Verarbeitung von Harz seit dem
Hochmittelalter bis an die Schwelle des
20. Jahrhunderts eine nicht unbedeuten-
de Rolle gespielt hat, zeigt auf recht ein-
drückliche Weise der im Gfr. 140 (1987)
publizierte Artikel von Prof. Dr. Werner
Meyer zum Thema: «Harzgewinnung in
Amsteg-Silenen. Archäologisch-volks-
kundliche Beiträge zur Geschichte eines
vergessenen Gewerbes». Vgl. Anm. 180
dieses Kap.
Darüber hinaus weisen auch vereinzelte
gestreute Flurnamen (vgl. UNB II 177)
auf mögliche Harzbrennereien (Harz-
brènni) aus früherer Zeit, wie etwa:

Harzbalem I 255
Harzbrenegg I 863
Harzbrènni I 609, 863
Tschuumibitzi I 451

Auf die Harzgewinnung durch die Bau-
ernsame zwecks Verwendung bei der
Hüüsmetzgetä wurde ja bereits im Text-
teil verwiesen. Dass aber offensichtlich
auch diese an sich harmlos scheinende
Art von Harzgewinnung (*harzgä, härz-
gä, harz[n]ä*) für die Wälder ihre nachtei-
lige Wirkung zeitigte, bezeugt Art. 303
des LB von 1859, wo in vier Paragraphen
detailliert festgelegt wurde, was inskünf-
tig gestattet, resp. verboten war.

ANMERKUNG 206

Zu den wenigen Ausnahmen mit offe-
nem Weidgang gehört u.a. der Wald
oberhalb *Wannelen* (vgl. Naturkund-
licher Höhenweg im Schächental. Hrsg.
Schweizer Postautodienst/Urner Wan-
derwege. Altdorf 1989, S. 23). Sonst sind
die Weideplätze i.d.R. gänzlich von den
Wäldern ausgeschieden, und zwar ganz
im Sinne der beidseitigen Interessen-
wahrnehmung einer gutfunktionieren-
den Alp- und Waldwirtschaft (vgl. u.).
Wo der Wald geschont wird, dient er
auch als Schutz des Weidelandes. Vgl.
Oechslin, Max: Wald und Weide. In:
Wald und Holz, Zs. f. Waldwirtschaft,
Holzhandel und Holzverwertung. 1956,
Nr. 12, S. 262 ff., wo auch der Begriff
Wytti als Bez. f. «offenes Land» genannt
wird. Speziell zur Ziegenweide beachte
man noch die diesbez. Passage in Max
Oechslins «Die Wald- und Wirtschafts-
verhältnisse im Kanton Uri». Bern 1927,
S. 111 f., sowie seinen Artikel «Alp und
Wald», in GP 1921, Nr. 47.
Aus neuerer Zeit ist zum Thema «Wald-
weide» auch noch auf folgende Publika-
tionen hinzuweisen: Josef Birkenhauer:
Die Alpen. Paderborn 1980, S. 107 ff.;
Michael Lohmann: Bergwiesen und Al-
men. Ravensburg 1991, S. 82 ff.; Werner
Meyer: 1291 – Die Anfänge der Eid-
genossenschaft. Zürich 1991, S. 25:
Waldweide im Fellital; Sablonier, Roger:
Innerschweizer Gesellschaft im

14. Jahrhundert – Sozialstruktur und Wirtschaft. In: Innerschweiz und frühe Eidgenossenschaft, Bd. 2, Olten 1990, S. 172; sowie Verordnung zum Bundesgesetz vom 11. Okt. 1902 betr. die eidg. Oberaufsicht über die Forstpolizei (Kant. Forstverordnung) vom 9. Nov. 1982, Art. 25: «Alle Nebennutzungen, die eine gute Waldwirtschaft beeinträchtigen, insbes. Weidgang, Mähen, Sicheln und Streuenutzung, sind in den Waldungen bewilligungspflichtig.»

ANMERKUNG 207

In diesem Zshang sei auf den Ergänzungsband des LB (Altdorf 1842) verwiesen, wo es u.a. auf S. 166 f. heisst:
[3] «Zur Erzweckung einer bessern Aufsicht und leichtern Entdeckung der Frevler soll alles Scheitwaldholz von den betreffenden Partikularen beim Fällen geschlissen *[schlyyssä]* werden.»
[5] «Soll in den Holzlisten aller Gemeinden die Anzahl der Haushaltungen jeder Klasse, die ihren Hau-Scheitwaldholz (sic!) zu hauen begehren, angegeben werden.»

ANMERKUNG 208

Als Beweis hiefür mögen zwei Zitate aus dem LB 1859 dienen:
Art. 317, 3, Abs. 2: «Von diesen obgemeldten Strafen soll jedesmal dem Kläger oder Angeber der halbe Theil zukommen.»
Art. 319, 4: «So jemand in ein oder anderm dieses Artikels sich verfehlen würde: soll er nicht nur zum vollen Ersatz der verursachten Beschädigung angehalten, sondern noch mit Gl. 26 unnachlässlicher Busse, und in wichtigen Fällen auch noch um Mehreres, bestraft werden; wovon dem Anzeiger der halbe Theil zukommen soll.»
Solche Beispiele könnten beliebig erweitert werden.

ANMERKUNG 209

Vgl. LB (2. Teil), Altdorf 1859, S. 53 f. sowie «Tabellen zur Vergleichung der bisher im Kanton Uri üblichen Masse und Gewichte mit den neuen schweizerischen Massen und Gewichten». Altdorf 1858.

ANMERKUNG 210

Erschienen ist besagter Aufruf im UW vom 21. Januar 1888, Nr. 3, unter dem Titel «Holzmass».

ANMERKUNG 211

Vgl. Zeitungsmeldung im UW vom 15. Februar 1890, Nr. 7, unter dem Titel «Zum Holzhandel».

Zum Bild auf Seite 240:
Bäume und Sträucher gehören wie die Grenzmauern zum traditionellen Zivilisationsbild der Reussebene. Dies beweisen lückenlos die Darstellungen von Altdorf und Umgebung seit dem 16. Jh. bis in die Gegenwart. Hier ein Blick auf den Hauptflecken von Altdorf mit dem Bannwald *(Bawald)* und der vorgelagerten Ebene *(Äpni)*, wo nebst Fruchtbäumen deutlich auch Hecken ausgemacht werden können. – Vûe d'Altdorf La Capitale du Canton d'Uri dessinée d'apres la Nature par C. Frid. Albertini, 1791.

4 BÄUME UND STRÄUCHER²¹²

212 Seite 284   Unterschiedliche Wertvorstellungen

Eine Überprüfung des urnerischen Wortschatzmaterials in bezug auf die Bezeichnungsmöglichkeiten bei der Benennung einzelner Sträucher *(Strüüch, Stüüdä)* sowie heckenförmig angelegter Sträuchergruppen *(Gstripp, Gstyyd, Heckä, Stüüdäpeschä)* macht es deutlich, dass allgemein wildwachsende und nur geringen Nutzen versprechende Naturerzeugnisse bei der einheimischen Bevölkerung offensichtlich schon vor alters lediglich geringe Beachtung gefunden haben. Kaum anders lässt sich sonst die doch eher magere Ausbeute an Ausdrücken gerade in diesem speziellen Bereich erklären. So gebraucht man im Urnerischen denn auch die beiden Wörter *Strüüch* und vor allem *Stüüdä* gern in Situationen, wo unterschwellig oder je nach Tonfall sogar klar und unmissverständlich die Geringschätzung und Verärgerung des Sprechenden gegenüber dem anvisierten Gewächs zum Ausdruck kommt. Als beredtes Beispiel hiefür mögen die folgenden Sätze dienen: *Diä Stüüdä tüän i etz dè z Boodä* oder *Diä chäibä Stryycher sind äim nur im Wäg!*

Ältere Fotos wie auch Gravüren aus dem 17. bis 19. Jahrhundert liefern im übrigen einen weiteren Beweis: In Uri wurden Mauern und einfache Zäune nebst z.T. recht massiven Eisenhägen *(Yysähag)* im Umkreis von herrschaftlichen Häusern anstelle von Hecken als mögliche Abgren-

213 Seite 285   zung speziell zur Hauptstrasse hin deutlich bevorzugt, was insbesondere in Altdorf für hergereiste Touristen den vielgerühmten Hauch des Südländischen so spürbar durchschimmern liess.²¹³ Um so mehr muss es geklagt sein, dass viele der in grauer Vorzeit wohl auch hierzulande vorhandenen Heckenformationen und auch die ungezählten entlang der Mauern *(Müürä)* und

214 Seite 285   sogar auf deren Krone wuchernden *(wüächerä)* Sträucher²¹⁴ dem neuzeitlichen Drang nach permanenter Produktionssteigerung auf Wiesen und Fel-

215 Seite 286   dern zum Opfer gefallen sind.²¹⁵ Ebenfalls die im Zeichen des Autobooms immer heftiger vorgebrachte Forderung nach Verbreiterung und Ausweitung des bestehenden Strassennetzes in Verbindung mit zusätzlichen Begehren, weitere Verkehrsstränge zu erstellen, dürfte für die Erhaltung der natürlichen Pflanzenvielfalt zufolge Ausrottung und zunehmender Luftverschmutzung *(Luftverschmutzig)* obendrein ein harter Schlag bedeuten, dessen Folgewirkung im jetzigen Augenblick erst erahnt werden kann.

Trotz all dieser erwähnten Einschränkungen und negativen Vorgaben ist es anderseits geradezu erstaunlich, was sich da trotzdem alles z.B. gerade in bezug auf die Sträucher an Urner Mundartausdrücken zusammengeläp-

216 Seite 286   pert hat, auch wenn ein Vergleich mit anderen Regionen²¹⁶ weitaus beschei-

Beispiele
für Hecken,
überwachsene
Mauern und
Hohlwege, wie
sie in Altdorf
und Umgebung
heute noch
anzutreffen sind

Einmündung
Seilergasse in
die Atting-
hauserstrasse
(Gmde Altdorf,
ca. 1940)

Ausschnitt aus
der Klostergasse
(Gmde Altdorf)

Blick in die
Trögligasse
(Gmde Altdorf)

dener ausfällt und überdies davon auszugehen ist, dass ein und derselbe Mundartausdruck bisweilen mehrere, teils doch recht unterschiedliche Sträucher abzudecken vermag. Ob dies wohl als weiteres Indiz für das bereits erwähnte geringe Interesse gegenüber «nichtsnutzigen» *(nytnutzig)* und daher automatisch auch wertlosen Sträuchern herangezogen werden darf, bleibe dahingestellt. Zumindest bestätigt diese Situation, dass man sich im Urner Volk jedenfalls mit gewissen Pflanzenvorkommnissen offensichtlich schwertut.

Um gleich auch eine Übersicht über den gesammelten Namenbestand zu erhalten, verweise ich auf das Unterkapitel «Namen für Sträucher und Bäume». Hier wollen wir aber nun zunächst den von Betrachter zu Betrachter letztlich doch unterschiedlich gehandhabten Beurteilungskriterien und der parallel dazu einhergehenden sprachlichen Ausdrucksmöglichkeit in bezug auf den Wachstumsvorgang einer Pflanze noch etwas genauer nachspüren.

Meist noch im Kleinwuchsstadium – schon allgemein als Unkraut *(Gjätt, Jätt, Uchrüt)* verschrien – glaubt man, entsprechend unerwünschte Pflanzen durch massives Zurückschneiden *(enteschtä, gèrtä, stytlä, ap-, üss'²schnäiggä, ap-, appä, üss'schnäitä, zrugg'schnyydä, zrugg'stutzä)* an ihrem Aufkommen hindern zu müssen. Demgegenüber dürfen jene Gewächse mit einer grösseren Überlebenschance rechnen, die auf längere Sicht gerade von der Holzverwertung her einen ungleich grösseren Ertrag in Aussicht stellen. Hier wird denn auch ein Baum *(Bäüm)* schon im Frühstadium, z.B. hinsichtlich Standort, etwa als *Hüüsbäüm* benannt, und auch die Verschiedenartigkeit des Wuchses *(²Wax, Wux)* findet sprachlich ihre unterschiedlichste Ausformulierung. Kleinwüchsige Bäume mit voraussichtlich geringer Nutzungserwartung vermögen dabei in besonderem Masse die Abneigung des Besitzers zu wecken, was sich konsequenterweise auch in einer überaus reichen Ausdrucksvielfalt von gezielt abfälligen Werturteilen niederschlägt. So spricht man etwa von *Grassälä, Gäiss'tanntli, Ggmitz, Gräischpälä, Granggel, Gränggel, Graschpälä, Hüdeltanntli, Mirger, Stimp[ä]ler, Stumper, Toldäbäüm.* Krummgewachsene *(verchno[o]rzet, upäimet)* Stämme werden als *Chrimpel, Chrimplig* oder *Stooder* bezeichnet. Das bedeutungsmässig dazu gehörende Verb heisst *stooderä.*

Zwei von der Wurzel her aufsteigende Stämme benennen die Holzer *Züäsoon* (Adj. *züäseenig*) oder *Zwäier*, wogegen für gabelförmig gewachsene Zwillingsbäume die Bezeichnungen *Zwyysel, Zwy[y]ssler* oder *Zwäitolder* verwendet werden. Der kleinere von den beiden Stämmen heisst *Underwax.* Schliesslich sei auch noch auf die rasch in die Höhe wachsenden

Oben:
Schybenplätzli-Weg (Gmde Altdorf)

Links:
Verbindung zwischen Schybenplätzli
und Ribiweg (Gmde Altdorf)

Pflanzen hingewiesen, die erfahrungsgemäss meist ein entsprechendes Breitenwachstum vermissen lassen. Für sie gelten die vergleichsweise ebenso bei grossen und hager gewachsenen Personen im Gebrauch stehenden Ausdrücke wie *Stèrgel, Stèrg[g]älä, Stirchel, Stirgel, Stooder* oder einfach *Lattä*. Das Holz selber ist unmittelbar nach dem Fällen *(fällä, fellä, um'tüä, üss'tüä)* *frisch*, *griän* oder auch *nass*. Nach entsprechender Lagerung wirkt es *tirr*, verstärkt auch *chlingel-* oder *chääferfitlä'tirr* oder ganz einfach *trochä*.

In seiner rundlichen Form *(Ruugel)* nennt man es *bäümeelig*, deformiert und dadurch auch schlecht sägbar heisst es *bäüweelet, bowäll* und *upäimet*. Mit vielen Astresten durchsetzt wirkt es *aschtig* und *chno[o]rzig*.

Fast selbstverständlich treffen alle diese Bezeichnungen vornehmlich auf *Stammholz* zu und lassen sich nur in beschränktem Umfang auch auf Strächergewächse übertragen. Von diesen dürfte der Haselstrauch *(Haaselstüüdä)* wohl der bekannteste sein. Dies mag z.T. daran liegen, dass dessen Früchte, die sog. *Haaselnissli*, von jung und alt stets sehr geschätzt *(eschtimiärä, schetzä)* und dementsprechend auch fleissig geerntet wurden. Ein weiterer Grund dürfte vielleicht auch darin bestehen, dass die Zweige des Haselstrauches *(Haaselstäckä, Haaselzwick, Stüüdäryysserli)* zur Herstellung von Körben aller Art *(chorbä)*[217] und insbesondere auch zur Anfertigung von *Ryysbääsä*, für Ruten *(Fitzä, *¹*Pfitzä, Pfutzä, Pfützä, Rüätä, Zwick)* und als einfache Hirtenstecken *(Chneebel, Stäckä, Stickel, Veegäimerstäckä)* heute noch eifrig geschnitten werden. Ob aber selbst in unserer aufgeklärten Zeit die Schlangen *(Schlangä, Wurm, Wuurä, Byysswuurä Urs.)* hierzulande immer noch nach alter Sagenüberlieferung getötet werden, «indem man mit einem Haselzwick auf sie einschlägt»,[218] ist schwerlich mit Bestimmtheit auszumachen und bleibt dunkeln Vermutungen anheimgestellt, da über solche Dinge selbst in vertrautem Kreis nur ungern gesprochen wird, und zwar zufolge einer eigentümlichen Scheu, wie es den Anschein erweckt, man könnte sich mit unvorsichtigem Ausplaudern *(laaferä, pläuderä, ploderä)* einen Fluch *(Flüäch)* aufladen oder die vorgegebene Handlungsweise könnte inskünftig ihre Wirkungskraft verlieren.

217 Seite 286

218 Seite 286

Von der Wurzel bis zur Krone

Wenn wir uns erneut den von der Holznutzung wie allenfalls auch von den Früchten her weit ertragreicheren Bäumen zuwenden, lässt sich zuunterst am Stamm, also noch in der Erde *(Äärdä, Boodä)*, das Wurzelwerk *(Wirzä, Wurz[ä], Wurzlä)* erkennen, man braucht dazu nur mit einer Hacke *(Gree-*

Oben: Beispiel für eine intakte Hecke:
unterhalb Löwenmatte (Gmde Bürglen)

Links: Hohlweg am *Linggä*
(Gmde Seedorf)

bel) oder mit einem Rechen *(Räch̲ä)* den Humus etwas zu entfernen. Unmittelbar über dem Boden trifft man bei einem ausgewachsenen Baum auf die unterschiedlich ausgeprägten Wurzelverzweigungen *(Aläüf,* Pl. *Aläif).* Darüber hinaus erhebt sich der Hauptstamm *(Lattä, Stamm, Stangä),* der – wie bereits im Kapitel 3 erläutert – entastet *(enteschtä, ab-, üf-, üs'aschtä)* und am Boden liegend wie andernorts die Bezeichnung *Trääm* und *Träämel,* teils auch *Roonä* oder *Titschi* trägt. In Meterstücke unterteilt, wird er zum *Ruugel,* entsprechend gespalten zur *Müsälä* oder *Spältä.* Der eigentliche Wurzelstock heisst wie im Standarddeutschen *Wurzel-, Wurzlä'stock,* daneben aber auch *Grunggel, Reenä, Roonä* oder einfach *Schytbock, Stoortä* und *Strälholz,* dessen verfaulte Überreste zum *Roonägmuuder* werden.

Wenden wir uns aber wieder dem aufrechtstehenden *(gstrackt, üffrächt)* Baum zu! Dort, wo der Stamm sich teilt und dadurch eine Gabelung bildet, spricht man von *Bäumg[g]riggälä* oder einfach *G[g]riggälä.* Längs dieser Verzweigungen und Verästelungen wachsen die einzelnen Zweige *(Chyydä, Grissli [<Gris],* [1]*Ryys, Styydäli, Stytli [<Stüüdä], Zwyg* *[Dim. Zwyggli])* und Äste *(Ascht,* Pl. *Escht).*

Die Tannäste *(Chriis, Gris, Grisascht)* wurden früher wegen ihrer vielfältigen Einsatzmöglichkeiten sehr geschätzt und daher auch zum Leidwesen der Forstverantwortlichen vom Landvolk über Gebühr gesammelt *(chriisä, griisä).* So verfertigte man aus Tannreisern *(Bääsägris)* sog. *Grisbääsä.* Im Zusammenhang mit der Milchverwertung legte man die Tannzweige *(Follägris)* auch als Filter zur Reinigung in die untere Öffnung des Trichters *(Follä).* Im weiteren fanden sie auch Verwertung als Tierfutter speziell fürs Schmalvieh *(Gäiss, Gschliäch),* und schliesslich kennt man sie heute noch in Kleinstform als schmucken Zierat *(Chilbichyydä, Sännächyydä)* am Hut *(Hüät)* der Sennen *(Sä, Sänn, Sè* Urs.) oder auch im Knopfloch *(Chnopfloch)* manch eines festlich herausgeputzten *(gfyyrtaaget, gfyyrtiget)* Mannes *(Ma).*

Wenn ein Baum – gleich welcher Art – überaus astreiche Verzweigungen zeigt, so wirkt er *ggaschtet.* Wird so ein Baum dann irgendwann einmal gefällt, liegt er vielfach zunächst noch mit den Ästen *(u[n]ggaschtet)* am Boden, bevor er vom Astwerk entledigt wird *(ab-, üf-, üs'aschtä, baxlä, bäxlä, ap-, appä-, üss*[2]*schnäiggä, -schnäitä)* und alsdann entastet *(gschnäitet)* weiter verarbeitet werden kann. Zeigt er knorrige Auswüchse, nennt man diese *Maaser* oder *Määser.* Wenn die Astansätze nicht mehr sichtbar sind, kennt man dafür den Ausdruck *blindi Escht.* Ein astfreies Stück eines Baumstammes wird so zum *Schintlästock.*

Einzelne, durch äussere Einwirkung abgebrochene Äste bezeichnet man je nach Grösse als *Spränzel* oder *Spranggä.* Ein dürres, noch am Baume

Zu den zwei oberen Bildern: Beispiele von Verdickungen an Bäumen, wie sie die Natur in mannigfachen Varietäten hervorzubringen vermag.

Unteres Bild: Mundartlicher Reichtum am Beispiel *Bäüm* (vgl. S. 245 ff.)

hängendes Zweiglein heisst *Räschpi* neben *Gräschpi*. Fällt es zu Boden, nennt man es *Rischpi* und in entsprechender Ansammlung *Grischp*. Für die am Baum zurückbleibenden Astansätze hört man etwa die Bezeichnung *Baxlä*, *Bäxlä*.

    Stammholz und Äste sind normalerweise von einer Rinde *(Rindä)* eingefasst, die in schuppiger *(batzig, patzet)* Form, wie z.B. bei der Tannrinde, *Batzli (<Batzä)* genannt wird. Wenn dabei aus irgendeinem Grund diese Rinde entfernt wird, verwendet man dafür die Bezeichnung *schèllä* oder *schwäntä*.[219]

219 Seite 287

    Weist die Baumrinde Schnittwunden oder sog. Kratzer auf, die unter Umständen zu Baumkrankheiten, wie z.B. dem Krebs *(Chräbs; chräbsig)* oder dem *Sunnäbrand* führen können, spricht man von *Chräütsch*. Grössere, durch Steinschlag oder menschliche Einwirkung verursachte Baumverletzungen, aus denen meist auch Harz fliesst, heissen *Harzfrattä* und *Harzschnattä*. Eigentliche Höhlungen, in denen problemlos sogar Vögel nisten *(nischtä)* können, kennt man unter der Bezeichnung *Aschtloch* und *Bäumheeli*. Im umgekehrten Sinn nennt man rundliche Verdickungen *Byylä*, *Chnuubel* oder *Chrepf (<Chropf)* und gar *Chräbs*. Länglich gezogene, quasi faltenartige *(ggrimpf[e]t)* Erhebungen *(Erheebig)* an der Rindenoberfläche laufen – in Anlehnung an das Standarddeutsche – unter den Bezeichnungen *Vertickig* oder *Wulscht* (Pl. *Wilscht*). Werden solche Auswüchse entfernt, muss nachher die wunde Stelle mit *Bäumwax* überstrichen werden, damit wieder eine Rinde darüberwachsen kann *(verwallä, uberrindä, uberwaxä)*.

Knospung und Blütezeit

Wer die Sträucher und Bäume das Jahr über als stiller Begleiter genauer betrachtet und sich allenfalls als Baumpfleger *(Bäumpflääger)* auch ihrer annimmt *(bäimälä)*, entdeckt schon weit vor dem Anzug der Frühlingszeit, im sog. *Üsstagä*, wie sich an den Zweigen der verschiedensten Gewächse junge Triebe *(Pfitzi [<Pfutzä, Pfützä], Schesslig, Schitzlig, Schoss, Triib)* und später auch die eigentlichen Knospen *(Äüg [Pl. Äügä, Dim. Äiggli], Chnopf [Pl. Chnepf], Chnoschpä)* auszubilden *(chyydä, schossä, zämä'schossä, spriässä, tryybä)* beginnen. Im Verlauf des Frühlings *(Friälig, Janxig, Langgsi, Lanzig)* werden dann die befruchteten Blüten *(Bliätä)* während ihrer Blütezeit *(Blüäscht, Chriäsiblüäscht, Holderäblüäscht* etc.) von Bienen *(Byyjäli, Byyji* Urs.) und Hummeln *(Huumel)* oder auch vom Wind *(Luft, Wind)* bestäubt *(bestäibä)* und auf diese Weise befruchtet. Immer vorausgesetzt,

Oberes Bild: Umgestürzter Apfelbaum
(Epfelbäüm) mit Wurzelwerk *(Wurz/l]ä)*
und herumliegenden Ästen *(Grischp)*

Zu den zwei unteren Bildern:
Wurzelstöcke *(Wurzlästeck),*
die sich z.T. schon zum *Roonägmuuder*
wandeln (vgl. S. 247)

dass kein eiskalter *(yysch[ä]cha[a]lt)* Frost *(Froscht, Gfreerni, Gfrü[ü]scht)* und auch kein verspätetes Schneetreiben im April *(Abrèllä)*, die sog. *Langgsiguxetä*, der Blütenpracht ein vorzeitiges Ende gesetzt hat, und auch in der Hoffnung, dass weder die *Yys[ch]häiligä* Mitte Mai *(Mäi, Mäijä, Mäijämoonet)* noch gar die *Schaafs'chèlti* im Juni *(Braachet)* irgendwelchen Schaden anzurichten vermochten, entwickeln sich die Fruchtknoten allmählich zu jungen Früchten, die in diesem Übergangsstadium speziell bei den Kirschen *(Chriäsi)*, aber in Analogie dazu auch bei den Äpfeln *(Epfel)*, Birnen *(Biirä)* und Zwetschgen *(Zwätschgä) Niggel [*Dim. *Niggäli]*, resp. *Scho[o]rniggel* genannt werden. Ganze Zweiglein, die zunächst mit Knospen überzogen und später – wenn's vollumfänglich glückt – mit schmackhaften *(manghaft)* Früchten behangen sind, heissen *Braamä*.

Vergessen wir jedoch ob der Freude an den heranreifenden *(ryyffä)* Früchten ja nicht die für den Naturhaushalt so wichtigen Blätter *(Bletter,* Sing. *Blatt)*. Sie machen in ihrer Gesamtheit bis hinauf zur Baumspitze *(Spitz, Toldä, Toldäbäum)* als Kollektivbegriff das Laub *(Läüb)* aus, welches im Herbst *(Hèrbscht)* nach dem Herunterfallen *(appä'ghyyjä, -kyyjä, -maarterä;* dem Standarddt. nachempfunden auch *appä'fallä)* als *Läübsträiwi* oder *Sträiwiris* hier und dort noch eifrig gesammelt *(bettsackläübä, läübä, müärä, sträiwä, sträiwänä)* und in Netzen *(Gaarä, Sträiwigaarä)*, teils auch in Körben *(Sträiwichorb)* zunächst u.U. in ein Nebengebäude *(Schopf, Sträiwischoober, Sträiwitantä)* oder auf die Heudiele *(Oobergaadä, Sträiwitänn)* transportiert wird, bevor man es dem Vieh im Stall *(Gaadä, Stall)* unterlegt *(a'sträiwänä, äm Vee under ds Fitlä* oder auch *hot um[m]ä riärä)*.

Veredelung

Nun kann man ja auch einen Baum nicht einfach seinem Schicksal überlassen *(la ggraatä)*. Er will gepflegt sein *(pfläägä)*, soll er später *(speeter an[n]ä)* ausgiebig Früchte tragen und auch als Qualitätsobst *(Obs, Obscht)* die gestellten Anforderungen erfüllen und nicht einfach nur minderwertiges Fallobst *(Apris, Fallobscht, Moscht'birrli, -epfel, Ris)* abwerfen. Das bedeutet jedoch, dass der Obstbaum in der Winterszeit *(dr Winter[t] dur)* nach den Erkenntnissen und Regeln *(Reegel,* Pl. *Regglä)* der Baumschulen geschnitten *(niider'schäärä, häüwä, ap-, üsä'häüwä, schnyydä, ap-, üsä-, zrugg'schnyydä, stimp[ä]lä, zrugg'stutzä)* und für die kommende Erntezeit *(Ärnti, Läich, Obschtet, Obschtläich)* hergerichtet werden muss.[220] Diesen Arbeitsvorgang nennt man drum auch in der Mundart den *Winterschnitt*.

220 Seite 287

251

Was aber nicht schon als Jungpflanze veredelt wird *(veretlä, um'pfrop-fä, zwyyjä, üff'zwyyjä)*, indem auf den Stammzweig *(Broom, Breem, Bree-merä, Breem[ä]li, Breemi)* ein veredeltes Reis *([1]Ryys, Zwyggli [<Zwyg])* zum Anwachsen *(a[2]waxä)* okuliert wird, ist dazu unweigerlich verurteilt, später als sog. *wildä Bäum* oder *Wildwux* praktisch nicht verwertbare Früchte (vgl. etwa *Holzepfel, wildi Chriäsi, Lutscherä* Urs.) zu tragen. Dabei soll aber unbedingt darauf geachtet werden, dass sog. Zugäste *(Zugescht)* stehen gelassen werden, damit der vor dem Pfropfen *(propfä)* stark zurückgeschnit-tene Baum dennoch Blätter treibt. Anders verhält es sich mit den langen, aus den dicken Ästen oder dem Stamm von Obstbäumen (senkrecht) hervor-spriessenden Trieben, die als *wildi Schoss*, auch *Wasserschoss* genannt, her-ausgeschnitten werden müssen, weil sie am veredelten Baum keine Frucht tragen *(Üss dènä gid äs nyt)*. Dasselbe ist auch von den Seiten- und Winkel-sprossen an Reben *([1]Rääbä)*, Hopfen *(Hopfä)* und Tabakpflanzen *(Back, Tüback)*, den sog. *Gitzä*[221], zu sagen.

221 Seite 290

Haaselstäckä	Haaselzwick	Stüüdäryysserli
Pfitzi (<Pfutzä)	schossä	Schitzlig
Scho[o]rniggel	Blatt	
Schoss	Schesslig	
Baxlä, Bäxlä	Harzschnattä	u[n]ggaschtet
Chräütsch	Ascht	blind (blindi Escht)
Harzfrattä	ggaschtet	
Chyydä	Grisascht	Chriis
Sännächyydä	Bääsägris	Gräschpi
Gris [Dim. Grissli]	Follägris	
Spitz	Toldä	Toldäbäum
Roonä	Batzä, Batzli	patzlet
Stamm	batzig	Rindä
Wurz[ä]	Wurzlä	
Chrimpel	chrimplig	
Läüb	Broom	
Braamä	(spez. Zweig, den man beim Pfropfen stehen lässt)	
G[g]riggälä	Bäümg[g]riggälä	

¹Ryys	*Stytli, Styydäli [<Stüüdä]Zwyg*	
Baxlä, Bäxlä	*gschnäitet*	*niiderschäärä*
Spränzel	*baxlä, bäxlä*	*häüwä, ap-, üsä'häüwä*
Spranggä	*ab'aschtä*	*schnyydä,*
schnäitä	*üs'aschtä*	*ap-, üsä'schnyydä*
Maaser, Määser		
Sträiwiris	*Spränzel*	*Rischpi*
Grischp	*Räschpi*	*Schintlästock*
Underwax	*Züäsoon*	
Zwäier	*züäseenig*	
Zwäitolder	*Zwyysel*	*Zwy[y]ssler*
zwyyjä, üff'zwyyjä	*a'²waxä*	

222 Seite 291   Namen für Sträucher und Bäume²²²

Einleitend zum Kap. 4 wurde – selbst auf die Gefahr hin, sich den Vorwurf der Verallgemeinerung einzuhandeln – bereits darauf aufmerksam gemacht, dass sich die Begeisterung der urnerischen Bevölkerung gegenüber Sträucherpflanzen *(Gstripp, Gstyyd, Strüüch, Stüüdä, Stüüdäpeschä)* allgemein doch eher in Grenzen hält. Aber gerade dieses nicht etwa nur auf landwirtschaftliche Kreise beschränkte fehlende Verständnis, betriebswirtschaftlich belastende und wertvermindernde Pflanzen aufkommen *(üff'cho)* zu lassen, muss letztlich doch für die reduzierte Bezeichnungsbereitschaft bei der Benennung der verschiedenen Sträucherarten verantwortlich gemacht werden. So passiert es, dass z.B. der Ausdruck *Toor[n]ä* für die unterschiedlichsten Gewächse herhalten darf. Zur Namengebung reicht lediglich die Tatsache, dass der betreffende Strauch mit stechenden *(stachlig, stipfig, toornig)* Ranken versehen ist. Ähnlich verhält es sich mit der im Frühling *(Friälig, Janxig, Langgsi, Lanzig)* auf kalkhaltigem Untergrund blühenden Erika (Erica carnea) und dem im Herbst *(Hèrbscht, Läubris)* mehrheitlich im Urner Oberland anzutreffenden Heidekraut (Calluna vulgaris). Das Volk benennt beide Pflanzen unterschiedslos mit *Bryysch, Brüüg, Brügg* und *Brüüsch* (vgl. dazu auch UNB I 626, 654, 674). Dabei ist festzuhalten, dass die jüngeren Generationen bezeichnenderweise in beiden Fällen meist nur

Oberes Bild links: Beispiel für einen *Züäsoon*
oder *Zwäier*

Oberes Bild rechts: Gabelförmig gewachsene
Bäume heissen *Zwyysel, Zwy[y]ssler, Zwäitolder,*
Zwäitèlder oder wie gem. Abb. *Dryytèlder*

Unteres Bild: Aus dem verschlungenen
(bäüweelet) Wurzelstock zwängt sich links ein
sog. *Awäxlig*

(noch) den über die Hobbygärtnerei hereingekommenen Ausdruck *Erika* kennen. In diesem Zusammenhang gilt es aber überdies noch zu erwähnen, dass speziell der Mundartausdruck *Brüüg, Brügg* da und dort bedeutungsmässig auch für die Bezeichnung von Alpenrosenstauden *(Jippistüüdä, Jüppä)* sowie Grün-Erlen *(Drooselstüüdä, Drooslä, Eerlä)* verwendet wird. Umgekehrt ist beim Einsammeln von *Brüügä* zu Heizzwecken *(ga brüügä, brüggnä)* aufgrund einer Umfrage unter Gewährsleuten praktisch ausnahmslos das «Heidekraut» gemeint. Wer dieser Arbeit nachgeht, wird dementsprechend auch zum *Brüüger*.

Die nachfolgende, alphabetisch auf der Basis des Standarddeutschen geordnete Zusammenstellung mag die Situation etwas verdeutlichen. Zugleich soll sie auch verständlich machen, dass im Umgang mit standardisierten Bezeichnungen die Bereitschaft, neue Wörter ins Mundartvokabular aufzunehmen, und sei es nur mit entsprechender Angleichung an die idiomatischen Eigenheiten, von unterschiedlichen Einflussfaktoren mitgetragen wird und demzufolge auch recht verschiedene Resultate aufweist. So haben – vor allem in neuerer Zeit – importierte Ziersträucher hin und wieder grössere Chancen, im aktiven Sprachgebrauch zu überleben als irgendein einheimisches Gewächs *(Gwäx)*!

Sträucher

Alpengeissblatt:	*Bisch*	
Alpenkreuzdorn:	*Toornä*	
Alpenrose:	*Alpäroosä*	*Jüppä*
	Brüüg, Brügg	*Ripplischnitz*
	Jippi Urs.	(roter Auswuchs an den
	Jippistüüdä	Blättern)
Alpen-Seidelbast:		s. Seidelbast
Bärentraube:	*Gummä*	
Berberitze:	*Erbsälätoornä*	*Toornäzittelbeeri*
	Toornäzittäli	
Brombeerstrauch:	*Brambeeri-, Brombeeri'stüüdä*	
Buchs:		s. unter «Bäume»
Efeu:	*Äbüäch*	*Effäü* (jg.)

Eibisch:	*Hèrbschtroosä*	*Stockroosä*
	Ypschäwurz	
Erika:	*Erika* (jg.)	
	Bryysch	
	Brüüg, Brügg	
	Brüüsch	
Erle:	*Drooselstüüdä*	*Eerlästüüdä*
	Droosslä	*Troosslä*
	Eerlä	*Treesel*
Flieder:	*Fliider*	*spanischä Holder*
Ginster:	*Ginschter*	
Goldregen:	*Goldräägä*	
Hagebutte:		s. Hundsrose
Hainbuche:	*Hagäbüächä*, Adj. *hagäbüächig*	
Hartriegel:	*Bisch*	*Tintäbèrri*
	Chrottäbèrri	
Haselstrauch:	*Haasel*, Adj. *hassli[g]*	*Haaselstüüdä*
Heckenbuche:		s. Hainbuche
Heckenkirsche:	*Chrottäbèrri*	
Heidekraut, Gemeines:	*Bryysch*	*Brügg, Brugg* Urs.
	Brütsch	*Brüüsch*
	Brüüg	
Heidelbeerstaude:	*Häibeeri-,*	*Häitästüüdä*
	Häippèrri'stüüdä	*Bèrrihäitli* Urs.
Himbeerstaude:	*Himbeeristüüdä*	
Holunder:		s. unter «Bäume»
Hornstrauch:	*Chrottäbèrri*	*Yysächrüt*
Hundsrose	*Challäbèrri*	*Toornä*
und andere Wildrosen:	*Hagäbirzä*	*Toornä'beeri*
	Hagäbuttä	*Toornä'bütschi, -bützi*
	Hagäbützi	*Toornäzittäli*
	Tonderbütschi	*Toornäzittelbeeri*
Johannisbeere:	*Johannistrypli*	*Trüübel*

Kreuzdorn, Alpen-,:	*Toornä*	
Lavendel:	*Spyyggä*	
Liguster:	*Liguschter*	
Myrte:	*Mirtä*	
Pfaffenhütchen:	*Pfaffächäppli*	*Pfaffähiätli*
Rauschbeere:	s. Sumpf- od. Morastheidelbeere	
Rosmarinstrauch:	*Chyydä*	*Ooschterchyydä*
Sanddorn:	*Toornä*	
Sauerdorn:	*Erbsälä*	*Erbsälätoornä*
	Erbsäläbeeri	*Ybs[ch]äläbeeri*
	Erbsäläbusch	*Toornä*
Schlehdorn:		s. Schwarzdorn
Schneeball, gew. u. wolliger:	*Bisch*	*Wyydä*
	Chrottäbèrri	
Schwarzdorn:	*Schleechä*	*Toornäzittäli*
	Toornä	*Toornäzittelbeeri*
Seidelbast, Gestreifter:	*Stäireesäli*	
Spiräe:	*Bockbaart*	*²Spyyrä*
	Gäissbaart	*Strüüss*
223 Seite 293 Stechpalme[223]:		s. unter «Bäume»
Sumpf- od. Morastheidelbeere:	*Schnuuderbeeri*	
	Schnuuderbeeristüüdä	
224 Seite 293 Wacholder[224]:	*Dräckholderä*	*Räckholteräwirzä*
	Räckholderä	*Räckholterschitzlig*
	Räckholterä	*Räikholder[ä]*
	Räckholderäwirzä	*Räikholterä*
Waldrebe:	*Niälä*	*Spuälä* Urs.
Weide:		s. unter «Bäume»
225 Seite 293 Weinrebe[225]:	*¹Rääb[ä]*	*Wyy*
	Trüübä	
Weissdorn:	*Toornä*	*Toornäzittelbeeri*
	Toornäzittäli	*Wyyssdorn*

Eindrucksvolle Beispiele
von Efeuüberwucherungen:

1 *Gaadähüüs* der Fam. Arnold Erben
  an der Gitschenstrasse (Gmde Altdorf)
2 Wohnhaus im *Schy[y]bäplätzli*
  (Gmde Altdorf)
3 *Gaadä* in Volligen (Gmde Seelisberg)
4 *Gaadä* in Bauen
5 Baum im Ringli (Gmde Altdorf)
6 *Wyydä*, evtl. *Chriäsi-* oder *Büräbäüm*
  oberhalb Bauen

Bäume

226 Seite 296 Aus der Vielzahl der Bäume, die auf natürliche Weise oder aber auch als Folge von Modetrends in Uri Fuss gefasst haben,[226] seien nachfolgend alle jene in alphabetischer Reihenfolge aufgeführt, deren Namengebung spürbar vom Standarddeutschen abgerückt ist oder deren geschichtlicher Hintergrund eine besondere Erwähnung verdient:

Laubbäume

227 Seite 296 Ahorn[227]:	*Ahoorä*, Adj. *aheerig*	*Maassholderä*
	Biäggel[l]ä (+)	*Räigäahoorä*
Apfelbaum:	*Epfelbäum*	
Birke:	*Birch*, Adj. *birchi[g]*	*Birchä, Birkä*
Birnbaum:	*Büräbäüm*	*Hingler*
228 Seite 296 Buche[228]:	*Büächä*, Adj. *büächig*	*Hagäbüächä*
Eberesche:	*Sant-Johannser*	*Wiälesch, Wiäleschä*
	Voogelbeeribäüm	Adj. *wiäleschig*
229 Seite 296 Eibe[229]:	*Yyjä*, Adj. *yyjen, yyjig*	
Eiche:	*Äichä*, Adj. *äichig*	*Äichä-, Äichlä'holz*
Esche:	*²Äschä*	*Esch, Eeschä, Eschä*
Espe:	*Aschpä, Aschpälä*	*Eschpä*
	Äschpisläüb	
230 Seite 296 Feigenbaum[230]:	*Fyygä*	*Fyygäbäüm*
Holunder:	*Holder*	*Holderä, Holterä*
231 Seite 298 Kastanienbaum[231]:	*Cheschtänäbäüm*	
Linde:	*Lindä*	
232 Seite 299 Mispel[232]:	*Mischplä*	
233 Seite 299 Nussbaum[233]:	*Nussbäüm,*	Adj. *nussbäimig*
Palme:	*Balmä, Palmä*	
Pappel:	*Papplä*	*Sarbach[ä]*
Pflaumenbaum:	*Pflüümäbäüm*	

Reben in Uri:

Rebberg
im Paradiesli
(Gmde Bürglen)

Rebberg im
Hirzenboden
(Gmde Bürglen)
wo Gusti
Planzer *Bibi's
Schitzähyyssler*
erntet

260

Rosskastanie	*Ross'cheschtänäbäum*		
Sauerkirsche:	*Mutsch[ä]li*		
Stechpalme	*Balmä, Palmä*	*Stächbalmä*	
Ulme:	*Ilmä*, Adj. *ilmig*	*Ulmä*	
Vogelbeerbaum:		vgl. Eberesche	
Weide:	*Wyydä*	*Chätzli*	
	Wytli, im Sinne von	*Pfyyffächätzli*	
	Weidenzweig	*Wyydächätzli*	

Nadelbäume

234 Seite 301	Arve[234]:	*Arvä*, adj. *arvi[g]*	
	Bergkiefer:		s. Legföhre
235 Seite 301	Fichte[235]:	*Fichtä*	*Grotzä*
		Tannä, Adj. *tannig*	*Häxätanntli*
		Roottannä	*Hèlgätannä*
		Flatztannä	*Hiideltannä*
		Chääsbrächä	*Stimp[ä]ler*
		Firschtgrotzä	*Stumper*
		Gäisstanntli	*Tschüüdergrotzä*
		Gräischpälä, Graschpälä	*Zottertannä*
		Grassälä	*Zwäier*
236 Seite 302	Föhre, Kiefer[236]:	*Arvä* (vereinz.)	
		Chiän, Chyyn	
		Chiä[n]bäum,	
		Adj. *chiäbäimig*	
		Feerä, Feirä Urs.	
237 Seite 302	Lärche[237]:	*Lärchä*	
	Legföhre:	*Arvä* (vereinz.)	*Legfeerä*
		Flatzarvä	*Gäisstanntli* (vereinz.)
238 Seite 302	Mammutbaum[238]:	*Mam[m]utbäum*	
239 Seite 303	Weisstanne[239]:	*Wyysstannä*	
	Wellingtonia:		vgl. Mammutbaum
	Zirbelkiefer:		vgl. Arve

Rebberg von
Georg Gerig
vor dem
einstigen
«Professoren-
heim» (Gmde
Bürglen)

CHÂTEAU
DES PROFESSEURS

1er cru exceptionnel

1941–1991

Propriétaire et encaveur:
G. GERIG, Inspecteur cantonal des forêts
et administrateur de chasse à Altdorf

Année de récolte   *1992*

Bouteille-Nr.   *005*

RUDENZ
Blauburgunder
Eigenbau J. Schilter, Flüelen

Rebberg von
Rosemarie
Schilter
an der
Kirchstrasse
(Gmde Flüelen)

262

Frucht und Ernte

Im Sommer *(Summer[t])* und gegen den Herbst *(Hèrbscht, Laübris)* hin setzt wie überall *(allethalbä, iberäi, uberäi, uberall, zäntummä, zäntummänant)* die erwartete Ernte ein *(Ärnti, Läich, Obschtet, Obschtläich,* und auf verschiedene Früchte übertragen: *Biiräläich, Chriäset, Chriäsiläich, Häippèrriläich* etc.). Hier in Uri hat man sich stets gerne auch neben dem Obst *(Obs, Obscht)* für die vielerlei Beeren *(Beeri, Bèrri)* interessiert. Das Beerenpflücken *(beeränä, bèrränä, gwinnä, y'häimschä, strupfä, zäpfä)* stellte früher in weiten Kreisen der einheimischen Bevölkerung – wie schon in Kapitel 3 erwähnt[240] – eine nicht unbedeutende, zusätzliche Einnahmequelle dar. Trotzdem beschränkte sich das Sammeln auf eine überschaubare Anzahl von Beerensorten, deren mundartliche Benennungen sich ihrerseits in Grenzen halten. Meist wird im breiten Volksmund sowieso nur gerade zwischen essbaren *Beeri* und giftigen Früchten *(Giftbeeri, Voogelbeeri)* unterschieden, obwohl gerade die Früchte der Eberesche *(Voogelbeeribäum)* je nach Autor als ungiftig oder «nur» als schwach giftig einzustufen sind. Ein Grund für diese zahlenmässig bescheidenen und zum Teil recht ungenauen Bezeichnungen liegt gewiss einerseits in den mangelnden Kenntnissen vieler Beerensammler *(Beeräner)* begründet, anderseits bestimmt aber auch in den nur geringfügigen Unterscheidungsmerkmalen bei gewissen Früchten.

Im weiteren gilt es in diesem Umfeld zu beachten, dass bei verschiedenen mundartlichen Beerenbezeichnungen (vgl. insbesondere *Challäbèrri, Chrottäbèrri, Toor[n]äzittelbeeri* etc.) in teilweiser Abweichung zum standardsprachlichen Gebrauch sowohl für die Pflanze *(Pflanzä)* selber wie auch für deren Früchte dieselben Ausdrücke verwendet werden. Die nachfolgende alphabetische Auflistung hat denn auch zum Ziel, einen Einblick in das von einem gewissen Hang zur Wiederholung und Übertragung geprägten Angebot von Benennungen für die unterschiedlichsten Beerensorten zu vermitteln. Der Übersicht zuliebe werden dabei auch Beeren von Pflanzen aufgeführt, die nicht den Sträuchern zuzuordnen sind:

Berberitze:	*Toornäzittäli*	*Toor[n]äzittelbeeri*
Brombeere:	*Brambèrri*	*Brombeeri*
Erdbeere:	*Äppeeri*	

240 Seite 303

Im *Obermattli* (Gmde Flüelen) steht der Weinberg von Karl Muheim.

Kleiner Rebberg in Bolzbach (Gmde Seedorf), der vom ehem. Chefarzt Dr. Walter Ledergerber (1921–1992) Ende der 70er Jahre gepflanzt und bis zu seinem Tod gepflegt wurde. Heute wird das Rebgut von Michael Stadler, Flüelen, betreut.

Hagebutte:	*Chralläbèrri*	*Toornäbeeri*
	Hagäbirzä	*Toornäbütschi,*
	Hagäbuttä	*Toornäbützi*
	Hagäbützi	*Toornäzittäli*
		Toor[n]äzittelbeeri
Hartriegel:	*Tintäbèrri*	
Heckenkirsche:	*Chralläbèrri*	
Heidelbeere:	*Buuderi* Urs.	dazu: *häppèrränä*
	Häibeeri	[Heidelbeeren sammeln]
	Häippèrri	*ghäitig* [mit Heidel-
	Häitä	beeren bewachsen:
	Häitäbèrri	*Hiä isch äs*
		scho nu ghäitig!]
Himbeere:	*Himbeeri*	*Hintäbèrri*
	Himpeeri	*Impeeri*
Holunderfrucht:	*Aktäbèrri*	*Holderä*
	Holderäbeeri	[*rooti, schwarzi H.*]
Johannisbeere:	*Johannis'beeri, -bèrri*	*Johannistrypli*
Mehlbeere:	*Määlbèrri*	
Preiselbeere:	*Chroosslä*	*gripplänä* Urs.
	Gripp[ä]li	[Preiselbeeren pflücken]
	Gripp[ä]libèrri	
Rauschbeere:	*Schnuuderbeeri*	
Sauerdorn:	*Erbsäläbeeri*	*Ybs[ch]äläbeeri*
Schneeball:	*Chrottäbèrri*	
Schwarzdorn:	*Toornäzittäli*	*Toor[n]äzittelbeeri*
Stachelbeere:	*Chralläbèrri*	*Stachelbeeri*
	Syywbeeri	
Stein(brom)beere:	*Buuderi* Urs.	*Schnuuderbeeri*
(Rubus saxatilis)		*Stäibeeri*
Sumpfheidelbeere		vgl. Rauschbeere
Tollkirsche:	*Chralläbèrri*	*Pluuderbèrri*
Vogelbeerbaum	*(Sant) Johannserä* Urs.	
[Frucht]:	*Voogelbeeri*	

Wacholderbeere:	*Räckholteräbeeri*	
Weintraube:	*Trüübä, Trypli*	*Wyy'beeri, -bèrri* [getrocknet]
Weissdorn:	*Toor[n]äzittelbeeri*	

Es dürfte bestimmt interessieren, dass im Kanton Uri, der für den Obstanbau aus begreiflichen Gründen nur beschränkt in Frage kommt, neben den Feldfrüchten *(Ggmiäs)* und den oben zur Darstellung gelangten Beeren das Obst *(Obs, Obscht, Stäiobscht, chä[ä]rnigs Obscht)* und im Zusammenhang damit die Obsternte *(Obschtet, Obschtläich, Biirä-, Chriäsi'läich etc.)* für einmal nicht volkswirtschaftlich, dafür aber sprachlich umso aussagekräftiger in Erscheinung tritt. Möglicherweise ist der tiefere Grund dafür in der Tatsache zu suchen, dass lange Zeit das Wenige, das man dem kargen *(maager, strängwärchig*, selten auch *hinderhääbig)* Boden abzuringen vermochte, unvergleichbar hoch eingeschätzt wurde und deshalb auch in den Qualitätsunterschieden interessenhalber eine relativ grosse Bandbreite zuliess. Nur so wird es auch verständlich, dass für misslich geratene Früchte bisweilen – wenn's sein muss in heutiger Zeit noch – ein massloser Ärger *(Wüät, Zoorä)* aus dem betroffenen Besitzer herausbricht und sich problemlos in einer Kanonade von mehr oder weniger situationsgerechten Ausdrücken niederschlägt wie etwa: *Das isch nur Ggne[e]ses, Ggniiser[waar], nyt ass Tschurggäli!* Anderseits kann man sich auch über prächtig geratene Früchte entsprechend herzhaft freuen, vor allem dann, wenn sie sich hinsichtlich Grösse *(Greessi, ³Ryys, Tschääper)* oder auch durch ihre Schmackhaftigkeit und Süsse *(Siässi; siäss, hung-, zucker'siäss)* auszeichnen. Beim Kernobst *(chä[ä]rnigs Obscht)* wird normalerweise darauf geschaut, dass man mit der Ernte beginnt, bevor die Früchte überreif *(füül, pluudertäig, täig)* sind oder gar angefault *(bätzitäig, binnig, füül)* zu Boden fallen *(ap-, appä'ghyyjä)*. Da mögen die sog. *Täigbirrli* oder auch die *Hèrttäiggler* eine kleine Ausnahme machen.

    Fallobst *(Apris, Fallobscht, ¹Ris)* und somit Früchte minderer Qualität *(Gaagel, Ggniigel, Gra[a]gel, Granggel, Gränggel, Gränggi, Mirger)* werden gleich roh *(räüw)* oder in Form von verschiedenen Gerichten wie z.B. *gchochetä Biirä-* und *Epfelschnitz, Biirästunggis, Epfelsigrisch, Epfelstunggis, Ghyyraatets, Gstunggetä, Voogelhäiw* oder – im Sinne moderner Rohkosternährung – auch etwa als *Birchermiässli*[241] gegessen *(ässä)* oder bei grösseren Mengen durch die Presse *(Prässi, Trottä)* gelassen *(prässä)* und zu Most *(Moscht, Biirä-, Epfel'moscht; siässä, süürä)* verarbeitet *(moschtä)*.[242]

Wo dies gewerbemässig passiert, spricht man von einer Mosterei *(Moschte-ryy)*. Solche kannte man früher so ziemlich in jeder Talgemeinde. Die «berühmteste» unter ihnen dürfte wohl jene in der Liegenschaft Buechholz [Seelisberg] gewesen sein, die um die Jahrhundertwende vom damaligen Besitzer der Liegenschaft unter der falschen Annahme erstellt wurde, dass eine Eisenbahnlinie von Luzern über Seelisberg nach Altdorf gebaut werde. Diese Verbindung hätte dann, wenn es nach den Planern von damals gegangen wäre, die Voraussetzung schaffen sollen, «das in dieser Gegend in grossen Mengen anfallende Obst [an Ort und Stelle] zu verarbeiten und dann mit der Bahn zu versenden».[243] Es kam jedoch ganz anders.

243 Seite 303

Dafür besteht seit ein paar Jahren hierzulande nun auch die Möglichkeit, sog. Mostobst *(Moschtobscht)*, das im eigenen Bauernbetrieb nicht verwertet werden kann, den landwirtschaftlichen Genossenschaften *(Landi)* in Attinghausen und Erstfeld zu übergeben, die es aus Gründen der Wirtschaftlichkeit ihrerseits dann zur Verarbeitung *(vermoschtä)* an eine Grossmosterei in Sursee weiterleiten. Da die jährlich für solche Zwecke verfügbaren Obstquantitäten zu unterschiedlich ausfallen – so war das Jahr 1992 im Vergleich zu den vorausgehenden Jahren – ein aussergewöhnlich gutes Obstjahr –, hält es schwer, in bezug auf die Zahl der Produzenten wie auch in bezug auf die anfallende Exportmenge eine einigermassen gültige Aussage zu machen. Zu gross sind eben die Schwankungen zwischen häufigen Nullwerten und sporadisch auftretender Überproduktion.

244 Seite 303

Eine weitere altbekannte Verwertungsmöglichkeit vorab im privaten Haushalt *(Hüüshalt[ig])* besteht auch im Dörren *(teerä, tèrrä)* der Früchte,[244] indem man sie entweder in den Backofen *(Bachoofä)* legt oder auch in den Wärmekasten *(Oofätirli, Oofäto[o]li)* eines Kachelofens *(Chacheloofä)*. Insbesondere sind es die Äpfel *(Epfel)* und Birnen *(Biirä)*, die sich so zu *tèrrtä Epfel-* und *Biiräschnitz* wandeln lassen. Hat man dabei die Äpfel geschält *(schèllä)* und das Kerngehäuse *(Bätzgi, Bätzi, Bitschgi, Bitzgi, Epfelbätzi* Urs.) herausgenommen, kann ein Teil der Schalen *(Hiltschä, Schaalä)* ebenfalls zum Trocknen an der Luft oder im Ofen *(Oofä)* zur Scite gelegt werden, um daraus später einen schmackhaften Tee *(Thee)* zu brauen.

Selbstverständlich eignen sich auch die Aprikosen *(Aprikoosä)* und Zwetschgen *(Zwätschgä)* ausgezeichnet als Dörrfrüchte *(Oofätèrrts, Tèrrfricht)*. Sie allesamt ergeben zusammen mit Nusskernen *(Nuss'chäärä)* und Haselnüssen *(Ha[a]selnuss)* die heute noch auf Touren *(²Tüür)* äusserst geschätzte Tuttifrutti-Mischung *(Studäntäfüäter)*. Überdies lassen sich die gedörrten Birnen *(Biiräschnitz)* zum Dessert als schmackhafte *(ggluschtig) Brischtner Nytlä* in Verbindung mit geschwungenem Rahm *(Nytlä)* und

Oberes Bild: Der jüngste Weinberg von Uri befindet sich im *Spiss* (Gmde Bürglen), wo eine erste kleine Ernte für das Jahr 1996 erwartet wird.

Zu den unteren zwei Bildern: Als Kuriosum im urnerischen Weinbaubetrieb darf gewiss jener ausladende Rebstock an der einstigen Stallwand von Alois Furrer (1917–1982) im *Langacher* (Gmde Attinghausen) bezeichnet werden. Vom damaligen «Freiherrenblut» sind heute noch lediglich zwei Etiketten verfügbar, bei deren Entstehung laut mündl. Überlieferung auch Pfrh. J. K. Scheuber (1905–1990) mitbeteiligt gewesen sein soll.

245 Seite 304   etwas Rotwein *(Rootwyy)* servieren *(serviärä)*.[245] Durch einen Fleischwolf getrieben, bilden sie aber auch die braunschwarze, süssliche *(siässlech)* Füllung *(Biiräweggäkoosi)* für die inzwischen das ganze Jahr über in Bäckereien *(Beckeryy)* erhältlichen *Biiräweggä.*

Wo eine Bewilligung zum Herstellen *(brènnä, schnapsä)* von Alkohol *(Alkähool, Schnaps)* vorliegt und sogar die passende Einrichtung *(Brènni, Schnapsbrènni)* dazu vorhanden ist, wird das überschüssige Obst auch zu

246 Seite 304   diesem Zweck genutzt *(brüüchä, nutzä)*.[246] Das Produkt einer solchen Umsetzung in sog. gebrannte Wasser heisst dann *Bätzi, Bätzipranz, Bätziwasser, Branz, Bundesfuusel, Chriäsiwasser, Chrytter, Fuusel, Gyx, Ggurääschi, Ggurääschiwasser, Güx, Härzwasser, Pranz, Schnaps, Sprit* als abschätzige Bezeichnung für hochgradigen Alkohol oder für mindere Qualität, *Traascht* neben *Trääscht* und schliesslich auch noch *Wyygäischt.*

Bevor es jedoch soweit ist, werden zur Herstellung von Obstbranntwein je nach Schnapsart vorgängig teils ganze Früchte, teils auch eigentliche Obstabfälle *(Apschnäfflig, Bätzi, Hiltschä)*, die zunächst im sog. *Giltstäioofä* gedörrt *(teerä, tèrrä)* wurden, und insbesondere Most-, in Uri vereinzelt auch Traubenrückstände *(Trääschter)* für den Gärungsprozess *(gäärä, jääsä)* bis zum nötigen Gärungspunkt *(Stich, Stuch)* in spezielle Fässer *(Trääschtfass)* gelegt. Das auf solche Weise während 13 bis 15 Wochen gelagerte Material gelangt dann gewöhnlich während der ersten Monate im Jahr *(Jänner, Horner, Mèrz[ä])*, z.T. auch noch später in den Brennhafen *(Brènnhääfäli)*, woraus im Verlauf des herkömmlichen Destilliervorgangs das gebrannte Wasser in einen meist geeichten *(äichä, fächtä, feckä, fèlkä, loutä* Urs.) Eimer *(Chübel)* oder auch in eine hiefür bereitgestellte Flasche *(Branzgäutschi)* fliessen kann. Die ganze Verfahrensweise erheischt vom *Schnapsbrènner* ein tüchtiges Mass an Vorsicht und Erfahrung. Allein schon das Einfüllen des zum Brennen bestimmten Materials will verstanden sein. Nimmt man nämlich zuviel davon *(D Chriäsi sind Chäibä!)* oder überhitzt man den Brennhafen durch falsche Dosierung der Holzmenge, kann es leicht passieren, dass Teile des Brennhafeninhalts in den Überlauf gelangen *(iberchotzä)* und als braune *(brüün)* Brühe *(Briä[j]i)* den Produktionsverlauf empfindlich stören. Im weiteren ist auch die Flüssigkeit bez. Volumen-Prozent laufend zu überprüfen, und zwar vom ersten hochprozentigen Ausstoss, dem sog. *Voorläuf* oder *Voorschutz*, den man gerne in der Hausmedizin zum Einreiben *(y'ryybä)* verwendet, bis zum zunehmend schwächer werdenden *(²lyyrä, lyyrälä, ³lüürä*, vgl. Id. III 1375, 1378 f.) Enderzeugnis, das dann nochmals gebrannt werden muss *(naa'brènnä)*. – Die Rückstände bei der Schnapsgewinnung, die meist auch einen penetranten Geruch aus-

Blick ins Innere
der *Brènni* od. *Brènneryy* von Albin Epp,
Chundä-, resp. *Loonbrènner*
im «Hof» (Gmde Silenen)

strömen *(trääschtälä)*, heissen ebenfalls *Trääschter*, genauer *prènntä Trääschter*. Dieser findet heute als Viehfutter *(Silofüäter)*, Dünger *(Tinger)* und Kompostzusatz *(Kumposchtzüäsatz)* oder auch als Verfütterung an Wildtiere *(Gwild)* eine sinnvolle Weiterverwendung. Früher wurde er sogar in grösseren Büchsen *(Bixä)*, die man einfallsreich zu Pressen *(Prässi)* umfunktionierte, zu sog. *Trääschtsteckli* geformt, die dann längs der Ställe *(Gaadä, Stall)* auf hiefür eigens angebrachten Tablaren *(Gsteelä)* getrocknet *(trèchnä)* und im Winter *(dr Winter[t] dur)* als Holzersatz verbrannt wurden.

Schnapsgeruch übrigens verbreiteten *(schnapsälä, schnäpsälä)* auch die in früherer Zeit *(friän[d]er)* anscheinend zahlreichen Gewohnheitstrinker *(Bränzler, Mescht[ä]ler, Schnäpsäler, Schnapslälli)* und -trinkerinnen *(Laffä* Urs. +, *Nunni, Schnapsgurgglerä, Schnapsggluggerä)*, die allzu gern und oft zum eigenen Schaden, aber auch zum Nachteil ganzer Familien *(Famiili)* nach der verfänglichen Flasche *(Schnapswäntälä)* gegriffen hatten *(schnapsä, schnäps[ä]lä)*. Diesbezüglich bedenkenlos erwies sich stets der Essig *(Essech, Wyygäischt)*, eine saure *(bäizig, gloggäsüür, süür, wigg[l]ä[trank-]süür)* Flüssigkeit, die aus der modernen Urner Küche nicht wegzudenken wäre.

Brènni, Schnapsbrènni	*trääschtälä,*	*Schnapsggluggerä*
Traascht, Trääscht	*schnapsälä, schnäpsälä*	*Schnapslälli*
Trääschtfass	*Schnapswäntälä*	*schnäpslä*
Trääschter	*Schnapsgurgglerä*	

Schöne *(ggluschtig, scheen)* und haltbare *(blyybig)* Früchtesorten hingegen, die nicht schon nach kurzer Zeit eine runzlige *(gschmurgg[ä]let, runz[ä]lig, verhutsch[ä]let)* Haut *(Hüt)* bekommen, werden auch heute noch auf Hurden *(Gsteelä)* im Keller *(Chäller)* gelagert *(laagerä, y'chällerä)*. Dabei wirtschaftet man hierzulande vorzugsweise nach dem Selbstversorgerprinzip, was nicht ausschliesst, dass je nach Ernteumfang *(i güätä Jaarä)* ein Teil der Früchte zum freien Verkauf angeboten wird.

Früchteangebot

Auf Grund zielgerichteter und umfassender Bestrebungen von seiten des Gemeinnützigen Vereins Uri wurde schon um die Mitte des letzten Jahrhun-

Im Dörrhaus *(Teeri, Tèrri)* des
Obstbauvereins Erstfeld wird seit über
40 Jahren Obst gedörrt *(tèrrä)*. Waren es
anfänglich 15 t und mehr, fallen heute
nur noch 2–3 t an. Dabei verflüchtigen
sich rund drei Viertel an Flüssigkeit.
Zurück bleibt lediglich ein Viertel des
ursprünglichen Gewichts.

derts mit Erfolg in weiten Teilen des Kantons ein erstaunlich reiches Angebot *(Agebot)* an qualitativ hochstehenden Obstsorten unter den einheimischen Obstzüchtern *(Obschtzichter)* erreicht. Dabei hatten auch Obstsorten Einzug gehalten, deren fremdländische *(frèmd, frènd)* Herkunft durch konsequenten Erhalt des übernommenen Namens nie in Zweifel gesetzt wurde, sondern durch die bewusste Ausgrenzung aus dem einheimischen Vokabular eher noch eine Verstärkung erfuhr. Es hätte aber wenig Sinn, solche Namen hier aufzulisten. Viel aufschlussreicher mag es jedoch sein, nur die wirklich ins urnerische Sprachgut eingegangenen Bezeichnungen mit den dazu gehörigen Detailinformationen nachfolgend zu präsentieren:

Äpfel:

Epfel	dazu: *Epfel ap'nä, schittä, schittlä*
Friämälcher	saure frühreife Apfelsorte
Holzepfel	Frucht des wilden Apfelbaums

Bätzgi, Bätzi	*Bätzi* (vereinz.)	*Stil*
Bitschgi	*Epfelgrääni*	*Epfelstil*
Bitzgi	*Grääni*	
Epfelbätzi	*Chäärä*, Adj. *chä[ä]rnig*	

Aprikosen:

Albertschef	*Jäppäli*
Baringel	*Tummäjoggäli*

Birnen:

Biirä	dazu: *Biirä ap'nä, schittä, schittlä*
Grangglä	kleine steinige Birne
Häiwbirrli	früher, zur Zeit der Heuernte reifende, kleine, rundliche, sehr schmackhafte Birnensorte
Hèrttäiggler	Birnensorte, bei der die Früchte äusserlich hart und innen trotzdem überreif sind
Lääderbiirä	Dörrbirnen
Moschtbirrli	primär zur Mostgewinnung verwendete Birnen

Täigbirrli	überreife, vornehmlich zur Mostgewinnung verwendete Birnen

Büräschnitz, Schnitz
Büräbroot, Büräweggä
Bürästunggis
Büräweggäkoosi

Feigen:

Fyygä[247]	247 Seite 305

Johannisbrotbaum:

Johanniswirschtli	Frucht vergleichbar mit einer Wurst (*Landjeeger*), wurde früher als exotische Delikatesse in Spezereiläden angeboten

Kastanien:

Cheschtänä	*Maroni*	*Ross'cheschtänä*

Kirschen:

Chlepfer	(*schwarzi, rooti, gälbi Chlepfer*)
Chriäsi	

dazu: *üssgstület Chriäsi*	vom Stiel befreit
üssgstäintleti Chriäsi	ausgesteinte Kirschen

Lutscherä Urs.	*Chriäset*	*Chriäsistäi*
Niggel	*Chriäsiläich*	*Stäi*
Scho[o]rniggel	*chriäsänä*	*Chriäsistäispäizä* [Spiel]
	Chriäsi gwinnä	*Chriäsiwasser*
	Chriäsichorb	
	Chriäsichrattä	
	Chriäsihaaggä	

Pfirsiche:

Fèrsich, Pfèrs[ch]ich, Pfirsich	*Paringel*

Pflaumen:

Flüümä, Pflüümä	*Paringel*

Quitten:

Chittä	*Quittä*

Sauerkirschen:

Mutsch[ä]li

Weichselkirschen:

Mintschi

Zwetschgen:

Plääzi	*Zwätschgä*

Zwei Baumfrüchte seien abschliessend noch speziell erwähnt: die Eichel (*Äichlä*) und die Nuss (*Nuss*, Pl. *Niss*). Eicheln wurden in früheren Zeiten als eigentliches Schweinefutter (*Syywfüäter*) eingesetzt. Damals erfolgte das Schweinemästen nicht im Sinne der heutigen Mästereien (*Meschteryy*) nach bestimmten Mastfutterdotationen, sondern weit mehr nach dem jeweiligen Vorhandensein der anfallenden Speisereste und -abfälle (*Gwä[ä]sch, Urschä*) aus Speiserestaurants (*Hotäll, Spyysi*) und Haushaltungen (*Hüüshalt[ig]*). Aus diesem Grund trieb man die Schweine (*Süü*, Pl. *Syyw*; *Züülä*) in den *Wa[a]ld*, damit sie sich von den heruntergefallenen Eicheln ernährten. In Zeiten der Not griff aber immer wieder auch der Mensch selber willig auf dieses Angebot der Natur zurück und holte sich auf solche Weise wohl oder übel den Ersatz für Kaffeebohnen (*Boonä, Kafeboonä*) unter dem einheimischen Eichbaum (*Äichä*). Bis in unsere Zeit hinüber gerettet hat sich auch die Geschicklichkeit der Kinder, die Deckseite (*Chäppli*) einer Eichel – faustförmig zwischen die Finger geklemmt – als schrilles Pfeifinstrument zu gebrauchen. Im weiteren kennt man die *Äichlä* auch im Kartenspiel (*Jass; jassä*), und zwar im herkömmlichen wie im Kaiserjass (*Chäiserjass*), der – zunächst in Vergessenheit geraten – heute wieder vermehrt und vor allem in

Wo andernorts Nussbäume *(Nussbäim)*, Linden *(Lindä)* und Eichen *(Äichä)* gerne überdimensionierte Ausmasse annehmen, sind es hierzulande eher die Rot- und Weisstannen, die Buchen *(Büächä)* sowie die Ahornbäume *(Ahoorä)*, deren letztere gerne einen im Verhältnis zur Höhe überdurchschnittlich dicken Stamm aufweisen *(ä firspitzä Bäum)*.

Oberes Bild: Ein prächtiges Beispiel dieser Art liefert jener *Ahoorä*, der gem. Nachforschung von Gemeindeschreiber Franz Bissig zwischen 1920 und 1925 im *Chipfä* oberhalb Terelen (Gmde Spiringen) gefällt wurde und laut mündl. Überlieferung 40 m³ Holz geliefert haben soll.

Unteres Bild links: Ein Prachtexemplar zwar nicht von einer *Flatztannä* (Id. XIII 66), sondern von einer *Wättertannä* (Id. XIII 79) erhebt sich in Guferen (Maderanertal).

Unteres Bild rechts: Um Tännchen, die kümmerlich im Schatten der grossen Bäume stehen *(understäändi Grotzä, Underwax)* nicht am Aufwuchs zu behindern, müssen ausgesprochene *Schattner* ausgeholzt werden.

den Dörfern Erstfeld, Silenen, Amsteg und Bristen gespielt wird *(chäiserä)*. Zum Unterschied von den heutigen Jassregeln hatte man offensichtlich den *Äichlä* mehr Bedeutung zugemessen. Wie sonst erklärte sich der alte Ausspruch beim Ausspielen der Eichelfarbe: *Äichlä: diä tiäm-mèr schmäichlä.*

Etwas anders verhält es sich mit den Nüssen *(Bäumnuss, Eelchäärä, Nuss)*, die auch längst nach der Abschaffung des mittelalterlichen Nusszehnten[248] und nach Einstellung der z.T. gemeindeweise betriebenen Öltrotten *(Eeltrottä)* zwecks Sicherstellung der nötigen Menge Öl *(Eel)* für die Ewigen Lichter *(eewig Liächtli)* in der Kirche *(Chiilä)* und die Beleuchtung *(Belyychtig; liächtä)* im eigenen Haus *(Hüüs)* überdies noch ihre unbestreitbare Bedeutung als vielfältig verwendbares Nahrungsmittel beibehalten haben. Meist wenn die zunächst grüne *(griän)*, allmählich in dunkle Färbung übergehende äussere Fruchtwand *(Chääbä, Chääfä)* am Aufbrechen *(üff'brächä)* und die braune *(brüün)*, harte *(hèrt)* Nussschale *(Nussschaalä)* zu erkennen ist, werden die Nüsse mit einer langen Stange *(Nusslattä)* vom Baum heruntergeschlagen *(Nuss schittä)*, sofern ein herbstlicher Föhnsturm *(Feen)*, der so richtig daherfegt *(feenä)*, dem Nussbaumbesitzer diese immer wieder zu Unglücksfällen *(Umglick, U[n]gfèll, U[n]glick)* führende Arbeit nicht von selber abnimmt.

Nun denn, wie immer auch die Ernte an die Hand genommen wird, verwendet man meist für die ganze Tätigkeit mit Einbezug des Auflesens *(üff'lääsä)* die Bezeichnung *nussnä*. Später, wenn die Nüsse auf *Nusshurdä* teils an der Sonne *(Sunnä)*, teils auch am Ofen *(Oofä)* oder dann auf dem Dachboden *(Escht[e]rich)* während ca. zwei Monaten ausreichend getrocknet *(trèchnä)* worden sind – ein untrügliches Zeichen hiefür soll ein eigentümliches *Chlotterä* sein, wenn die Nüsse gegeneinander geschlagen werden –, gelangen sie u.U. in den mit Löchern *(Loch,* Pl. *Lecher)* versehenen, eigens dafür hergerichteten Nusskasten *(Nuss'chaschtä)*. Dort hält man sie aufbewahrt, immer bedacht auf günstige Durchlüftung *(Durliftig)*, damit sie ja nicht grau werden *(gräüwälä)*, bis sie dann von Hand *(vu Füüscht)* zwischen Zeigefinger *(Zäigfinger)* und Daumen *(Tüümä)* oder weit üblicher mit dem Nussknacker *(Nusstitscher, Titscher)* aufgeknackt *(titschä)* und vielleicht sogar zu einem unterhaltsamen *(fideel, luschtig)* Familienabend *(Nusstitschetä*[249]*)* oder in der Zeit vor Weihnachten *(Chriisam, Chriisemtag, Heeligtag, Wiänachtä)* auch zum Herstellen *(güätslä)* von allerlei Konfekt *(Güätäli, Güätsli)* verwendet werden.

Drückt man sich allzu lange von der z.T. mühseligen Arbeit, wenn z.B. das Herauslösen der Kerne *(Chäärä)* und der sog. Scheidewände *(Nusshämmli)* nur schwer vor sich geht *(griplig)*, riskiert man eben, dass die Nüsse

248 Seite 305

249 Seite 306

277

Zu den Riesen unter den Bäumen sind gewiss auch die Wellingtonien *(Mam[m]utbäim)* zu zählen, die vor gut 120 Jahren in den Kt. Uri gelangten und von denen heute noch 6 Exemplare stehen.

1

2

3

1 Bahnhofstrasse
  (zwei Exemplare)
2 Kirche Amsteg
3 Herrengasse Altdorf
4 Winkel Altdorf
5 Gotthardstrasse Altdorf
6 Gefällte Wellingtonie
  an der Gotthardstrasse
  (Korporation Uri)

4

5

6

mit der Zeit ölig *(eelig)* oder gar ranzig schmecken *(ranzälä)* und dann sogar als Zusatz für die verschiedensten Backwaren *(Biiräweggä, Güätsli, Nuss-gipfel, Nussgüätsli)* nicht mehr gebraucht werden können. Schliesslich sei auch noch darauf hingewiesen, dass die weiche Aussenschale *(Chääbä, Chääfä)* im Frühstadium in Alkohol *(Branz, Schnaps)* eingelegt werden kann, woraus sich dann ein scharfes, bernsteinfarbenes Getränk *(Nisslitink-tüür)* ergibt, das vor allem bei irgendwelchen Magenbeschwerden *(Maagä-ryyssä, Maläschtä, Maleschtä)* helfen soll.

Nusshämmli	
Chäärä	
griplig	[von Nüssen, deren Kern nur schwer aus der Nussschale herausgelöst werden kann]

Zumindest mit dem Namen verwandt sind die Früchte der Buche *(Büächä)*: die sog. Bucheckern, Eckern oder Bucheln *(Büäch[ä]nissli)*, die – soweit sie den Kindern überhaupt bekannt sind – auch heute noch im Vorbeigehen gesammelt und dann gegessen oder zu Halskettchen *(Chetti* [Dim. *Chettäli*], *Chrallä'chetti, -schnüär, Hals'bätti, -chetti)* aneinandergereiht werden. Teils will man auch die leicht stachligen *(stipfig)* Umhüllungen – den sog. Frucht-becher oder die Cupula[250] – zu Bastelzwecken *(baschtlä)* verwendet haben, indem diese z.T. auf der Innenseite angemalt *(a'maalä)* und danach zu kleinen Blumensträusschen *(Blüämä'gfunsel, -strüüss)* geformt wurden.

250 Seite 306

Von Baumkrankheiten und möglichen Schädlingen

Wenn heutzutage von erkrankten Bäumen die Rede ist, dann denkt man unwillkürlich an die flächendeckende und grenzüberschreitende Erkran-kung unserer Wälder *(Wa[a]ld)* und an die im Gefolge dieses Jahrhundert-schicksals stehenden Aus- und Nebenwirkungen. Im selben Atemzug erin-nert man sich aber auch ebenso spontan – je nach Bereitschaft für das Mittragen einer Kollektivschuld – der zahlreichen Einflussfaktoren, die nicht nur die Wälder, sondern unsere Umwelt in ihrer Gesamtheit in zuneh-mend bedrohlicherem Ausmass belasten. Eine Folge davon ist – wenn auch nicht bis ins letzte geklärt – das *Wa[a]ldstäärbä*, von dem schon im voraus-gehenden Kapitel [vgl. Anm. 161] kurz die Rede war. Hingewiesen wurde in diesem Zusammenhang auch auf die katastrophalen Schädigungen durch

Links: Die zur Winterszeit *(dr Winter[t] dur)* selbst aus grösserer Distanz erkennbaren Misteln *(Misch̲lä, Mischt[ä]lä,* vereinz. *Nisch̲lä)* werden im Volksmund teils auch *Häxäbääsä* genannt.

Unten: In der Geschichte des urner. Obstbaus lassen sich bis ins 19. Jh. Schädlingsbekämpfungsaktionen nachweisen. Eine der ältesten fahrbaren Obstbaumspritzen stammt von der Obstbaugenossenschaft Silenen.

Oben: Beispiele von *Häxäbääsä* (vgl. Herder: Lexikon der Biologie, Bd. 4, S. 230) aus der naturkundl. Sammlung der Kant. Mittelschule Uri *(Koleegi).*

Rechts: Karrenspritze, wie sie ab Mitte der 30er Jahre auch in Uri im Einsatz stand.

den *Borkächääfer.* – Längst wissen wir jedoch, dass diese mit der Belastung unserer Umwelt einhergehenden Probleme nicht isoliert zu betrachten sind und deswegen auch nicht einzig nur als grauenvolle Eigentümlichkeiten eines Gebirgskantons gewertet werden dürfen, auch wenn hier die unmittelbaren Konsequenzen am augenfälligsten und schicksalsträchtigsten in Erscheinung treten. Aber gerade weil wir es hier mit einer Problematik zu tun haben, die vor keinen Grenzen haltmacht, ist es auch verständlich, dass das zur Darstellung dieses bereits als katastrophal einzustufenden Zustandes erforderliche Fachvokabular sich in erster Linie am Standarddeutschen orientiert und zumindest in der jetzigen Zeit noch kaum etwas frei gibt, das dem Urnerischen vorbehalten sein könnte.

Aufgrund dieser Beobachtung erübrigt sich denn auch eine vertieftere Problemanalyse, da sie notgedrungen vom mundartlichen Bereich abrücken müsste und demzufolge nicht Gegenstand dieser vorliegenden Darstellung sein kann. Ebenso werden die Publikationen, die zu diesem Thema inzwischen reihenweise in Fachzeitschriften und anderswo erschienen sind, im Anmerkungsteil nicht weiter erfasst, es sei denn, dass sie sich speziell mit der urnerischen Situation auseinandersetzen.

Dies gilt im Prinzip nun aber auch für alle anderen Baumkrankheiten *(Chranket,* Pl. *Chranketä),* wie immer sie auch heissen mögen, selbst wenn sie nachgewiesenermassen über Jahrzehnte zurückreichen und für die heimischen Belange lückenlos belegt werden können. In der Regel haben sie eben trotzdem keinen oder dann nur einen höchst beschränkten Eingang in Form von einer leichten phonetischen Anpassung an das ortsübliche Idiom gefunden. Hiezu gehört z.B. gerade die Pilzkrankheit in Form des sog. Alpenrosen- und Fichtennadelrostes[251] sowie des neuerdings auch an Birnbäumen anzutreffenden Gitterrostes *(Gitterro[o]scht)*[252] und des aus Deutschland eingeschleppten Feuerbrands *(Brand, Fyyrbrand)*[253], von dem jedoch der Kt. Uri bis anhin verschont blieb.[254]

Nicht dass von Krankheit gesprochen werden könnte, aber den befallenen Baum im Wachstum *(Wux)* wie allenfalls in der Fruchtfülle entscheidend beeinträchtigen vermögen z.B. auch der Efeu *(Äbüäch, Effäü),* die wuchernde *(wüächerä; wüächerig)* Waldrebe *(Niälä, Spuälä* Urs.*),* die Bartflechte *(Grag, Rag, Tammbaart, Zgrag),* die man zur Fütterung des Kleinviehs *(Gschliächt, Schmaalvee)* gesammelt hat *(graagä),* und die parasitäre Mistel *(Mischlä, Mischt[ä]lä)*[255], deren kugelförmige Wucherung *(Wüächerig)* im Volksmund – zwar fälschlicherweise wie es scheint – dem sog. *Häxäbääsä* zugezählt wird. Anderseits verwendet man in Übereinstimmung mit der einschlägigen Fachliteratur[256] hierzulande den Ausdruck *Häxä-*

251 Seite 306
252 Seite 307
253 Seite 307
254 Seite 307
255 Seite 307
256 Seite 308

bääsä[257] (vgl. UNB I 428 f.) auch für die durch Pilze (Taphrina-Arten) speziell bei Laubbäumen, aber ebenso bei Nadelholzgewächsen ausgelöste Fehlentwicklung im Geäst, die sich durch übersteigertes Austreiben von Ersatzknospen äussert und mit der Zeit kreisrunde, weithin sichtbare Zweigverdichtungen entstehen lässt.

257 Seite 308

Ein Pilz ist auch die Ursache für den (falschen) Mehltau *(Mä[ä]ltäüw)* wie für die Bildung von irgendwelchem Schimmel *(Bèlz, Haar, Schiimel)*. Im weiteren kennt man für sonstige ungewöhnliche Wucherungen *(Gwäx, Wüächerig)* im Geäst wie auch für geschwulstähnliche Gebilde *(Chnirpel, Chnuubel)* an irgendeinem Baumstamm oder für nässende *(säiferä, säiferlä, säigerä)* Aussonderungen unter der Rinde das Nomen *Chräbs* wie das dazu gehörige Adjektiv *chräbsig*.[258]

258 Seite 308

Daneben gibt es aber auch noch eine Reihe von Tieren, die negativ auf das Wachstum einer Pflanze Einfluss nehmen können. Hiezu gehört einmal die Ameise *(Amäisi, Ambäissi)* mit ihrer Kolonienbildung von Blattläusen *(Blattlüüs, Lüüs* [Pl. *Lyys*]) und Milben *(Milbä, Millä, Milwä)*, gegen die als natürliche Feinde u.a. der Marienkäfer *(Maryyjächääfer, Müättergottesschiäli)*, die Schlupfwespe *(Schyyssäbyyjäli, Schlupfwäschpi)* und der Ohrwurm *(Oorägriibel, Ooräteerälä, Teerälä)* aufzutreten pflegen. Dann aber findet man auch die Asseln *(Chällerbäär, Chällergüägä, Güägä)* mit Vorliebe am Boden in verdeckter Lage, wo es feucht *(fiächt, gwäss[e]rig, tangget, tangg[ig], tènggig, ¹topp, tugg* Urs. +) ist, währenddem die Baumwanzen *(Chriäsigüägä, Chriäsistinker, Chriäsityyfel)* vornehmlich im Blätterwerk anzutreffen sind. Im Bereich des Gartenbaus ebenfalls an der Oberfläche – genauer an den Blättern der Kartoffelstaude *(Hä[ä]rdepfelchrüt, Hä[ä]rdepfelstüüdä)* – begegnet man den Kartoffelkäfern *(Hä[ä]rdepfelchääfer)*[259], die bei hausgemachtem Pflanzenschutz von Hand *(vu Hand, vu Häntschä)* einzusammeln *(ap'lääsä)* sind. Da gibt es aber auch noch die Schnecken *(Schnägg*, Pl. *Schnäggä)*[260] – die Weinberg- *(Wyybä[ä]rg-)* und Baumschnecken *(Bäümschnägg, Hyysslischnägg)* neben den Nacktschnecken *(Kapizyynerschnägg, Wa[a]ldschnägg)* –, die mit Vorliebe auf junge Pflänzchen Jagd machen. Speziell an die Bohnen *(Boonä, Buschboonä, Chääfä, Chüfel, Fasee, Grüpperli, Schnaagger, Stangäboonä)* wagt sich die schwarze Bohnenlaus *(Boonälüüs)*, gegen die ein erfolgreicher und zugleich umweltfreundlicher Kampf geführt werden kann, wenn zwischen die einzelnen Reihen Bohnenkraut *(Boonächrüt)* gesät *(säijä)* wird.[261]

259 Seite 308

260 Seite 309

261 Seite 309

Im Boden selber finden wir die Larve *(Ängerling, Inger)* des Maikäfers *(Chääfer, Läübchääfer* [vgl. UW 1892, Nr. 16], *Mäijächääfer)*, der sich im Flugjahr *(Chääferjaar, Flugjaar)* vornehmlich an die Blätter der Nussbäume heranmacht und heute wohl zufolge der reduzierten Bestände auch auf andere Baumsorten, z.B. Zwetschgenbäume *(Zwätschgäbäim)*, ausweicht.[262] Zum eigenen Schrecken begegnet man etwa beim Umgraben *(um'graabä, um'stächä)* überdies der Maulwurfsgrille *(Wär[r]ä, Wärr[l]i)*, dem Tausendfüssler *(Tüüsigbäintler, Tüüsigfiässler)*, dem zur Lockerung der Erde so nützlichen Regenwurm *(Mèrtel* Urs., *Mettel, Räägäwurm)*[263] und – wenn's sein muss – gar der Maus *(Müüs*, Pl. *Myys*, Dim. *Myyssli)*. Neuerdings heimgesucht werden die Gartenfreunde auch vom Dickmaulrüssler, der schon einmal zwischen 1954 und 1958 im Raume Innerschweiz als eigentliche Plage *(Plaag)* zu verzeichnen war.[264] Ob es ihm auch jemals gelingen wird, als *Tickmüülrissler* vollumfänglich ins heimische Vokabular Aufnahme zu finden, dürfte jedenfalls aufgrund des aktuellen Sprachstandes nicht auszuschliessen sein.

Geht man nun aber auch noch der Frage nach, welche Ursachen bei allfälligen Ernteeinbussen in der Geschichte der urnerischen Obstbaum- und Gartenbaukulturen gerne etwa genannt wurden, fällt auf, dass neben möglichen Föhnschäden *(dèr chäibä Feen)*[265] bis in die jüngste Zeit vornehmlich die fehlende Pflege, d.h. im Klartext, der fehlende Einsatz von chemischen Mitteln ins Feld geführt wurde. Da war man sich eben der negativen Aus- und Nebenwirkungen noch nicht bewusst, und man kann eigentlich nur ahnen, wie jemand mit folgendem Hinweis beurteilt worden wäre: *Was iär da machet, isch schetli, uggryymt, u[m]gsund, jää vergiftig, das butzt ych nu!* So begegnet man in früheren Zeitungsaufrufen immer wieder der inzwischen längst relativierten Forderung nach dem Spritzen der Äpfel- und Birnbäume gegen die verschiedenen Schädlinge *(Schetling)*, sogar mit detaillierter Angabe der chemischen Zusammensetzungen.[266] Aber eben, das alles spielte sich und spielt sich auch noch heute sprachlich vollumfänglich auf der Basis des Standarddeutschen ab, weshalb es sich erübrigt, hier noch weiter auszuholen.

262 Seite 309

263 Seite 310

264 Seite 310

265 Seite 310

266 Seite 310

KAPITEL 4
BÄUME UND STRÄUCHER

Siehe auch
Ergänzungen S. 479 ff.

ANMERKUNG 212

Die nachfolgende Zusammenstellung der Sekundärliteratur zum vorliegenden Kapitel ist wiederum als Auswahl zu verstehen. Um unnütze Wiederholungen zu vermeiden, sei auch auf die Bibliographie im vorausgehenden Kapitel verwiesen. Im weiteren beachte man die Zitate von Büchern und Artikeln in den laufenden Anmerkungen zum Text.

Baumann, Alois: Bäume als Elemente der Urner Dorfbilder. In: GP 1984, Nr. 32 – ill.

Baumann, Alois: Seltene Urner Bäume. In: UW 1976, Nr. 71, 72, 74, 75, 77, 79, 81, 83, 85, 90; 1977, Nr. 2; GP 1976, Nr. 36-45, 47; 1977, Nr. 1

Boom, B. K.; Kleijn, H.: Grosses Fotobuch der Bäume. München 1966

Bretaudeau, J.: Bäume. Einheimische und fremde Arten. Stuttgart und Zürich 1968

Frey, Eduard; Loosli, Max u.a.: Naturgeschichte. Bern 1948

Garms, Harry: Biologisches Unterrichtswerk. Braunschweig 1958

Garms, Harry: Pflanzen und Tiere Europas. Das grosse Bestimmungsbuch. Zürich 1975

Godet, Jean-Denis: Bäume und Sträucher. Hinterkappelen-Bern 1987

Godet, Jean-Denis: Knospen und Zweige der einheimischen Baum- und Straucharten. Hinterkappelen-Bern 1987

Godet, Jean-Denis: Bäume und Sträucher. Sonderausgabe. Bern 1988

Kreuter, Marie-Luise: Der Bio-Garten. Gemüse, Obst und Blumen naturgemäss angebaut. Zürich 1983

Lexikon der Biologie in acht Bänden. Freiburg i. Br. 1985

Meyer, Werner: 1291 – Die Geschichte. Die Anfänge der Eidgenossenschaft. Zürich 1991, S. 22: Zum Baumbestand im Mittelalter

Pokorny, Jaromir: Bäume in Mitteleuropa. München 1974

Rytz, Walter: Unsere Sträucher. Bern 1963

Schmeil O.; Seybold A.: Lehrbuch der Botanik. Heidelberg 1958

Schüler Duden: Die Biologie. Mannheim 1976.

Schuster, H.: Die Sträucher unserer Heimat. Ravensburg o.J.

Vescoli, Michael: Keltischer Baumkreis. Zürich 1990.

ANMERKUNG 213

Zu den herausragendsten Reisebeschreibungen, die das Dorfbild des an Herrenhäusern reich bestückten Hauptfleckens von Uri zum Thema haben, gehört zweifelsohne auch die Schilderung in Goethes Tagebuchaufzeichnungen aus seiner dritten Reise in die Schweiz vom 30. September 1797, wo er unter anderem festhält: *Kastagnettenrhythmus der Kinder mit Holzschuhen. Der Ort selbst mit seinen Umgebungen erscheint im Gegensatz von Schwyz; er ist schon stadtmässiger, und alle Gärten sind mit Mauern umgeben. Ein italienisches Wesen scheint durch, auch in der Bauart. So sind auch die untern Fenster vergittert; die starke Passage scheint solche Vorsicht notwendig zu machen.*

Es finden sich jedoch unschwer weitere Autoren, die ebenso von diesem besonderen Hauch des Südländischen diesseits des Gotthardpasses überrascht und begeistert in einem waren. Hiezu sei Heinrich Zschokke mit seinem Buch «Die klassischen Stellen der Schweiz und deren Hauptorte in Originalansichten» (Bd. 1, S. 64) zitiert: *Der Hauptort des Kantons Uri erscheint als ein stattlicher Flecken von einigen 100, zum Teil wohlgebauten Häusern, in der Thalebene, eine halbe Stunde vom See und am Fusse des schroffen Bannbergs. Geräumige, reinliche Strassen, Gebäude, zuweilen in italiänischem Styl, Kapellen, Klöster, heitere Umgebungen voller Mannigfaltigkeit machen Altdorf zur zierlichsten Ortschaft sämmtlicher Urkantone.*

Auch Gerold Meyer von Knonau mit seiner «Erdkunde der Schweizerischen Eidsgenossenschaft» [Zürich 1838] kann hier herangezogen werden: *Altdorf ist ein offener Ort. Er hat meist steinerne, mit Ziegeln gedeckte Häuser* (S. 308).

Einem speziellen Hinweis auf die zahlreichen Mauern *(Müürä)* in Altdorf begegnet man bei Hanspeter Rebsamen und Werner Stutz in ihrem «Inventar der neueren Schweizer Architektur» [Bern 1984], wo es u.a. auf S. 184 heisst: *Noch im späten 19. Jahrhundert präsentierte sich Altdorf als weitgehend geschlossener Flecken, geprägt von herrschaftlichen Sitzen von Söldnerführern und Aristokratenfamilien... Charakteristisch für den Ort sind die in den Landesfarben gelb und schwarz bemalten Fensterläden der öffentlichen Gebäude, an denen auch das Wappen des Landes, der Uristier, prangt, und die von der deutschschweizerischen Art abweichende Sitte, die Gärten statt mit Hecken mit Mauern zu umgeben, worin sich bereits der Einfluss Italiens zeigt, mit dem Uri von jeher einen lebhaften Verkehr gepflegt hat.* Hiezu vgl. auch Iten, Karl: Adieu – Altes Uri. Altdorf 1990, S. 402 ff., spez. 422, 424.

ANMERKUNG 214

Oechslin, Max: Die Mauerflora von Altdorf. In: Bericht der Naturf. Gesellschaft Uri, H. 3, Altdorf 1932/33, S. 65 ff.: *Längs den Grundstücken sind als Abgrenzungen in Altdorf und Umgebung, wie überhaupt im Kulturlandgebiet des Urner Reusstales, Steinmauern und Steinwälle recht häufig zu treffen. Sie bilden einerseits die «Grenzhäge» und wurden anderseits erstellt, um das Räumungsmaterial der Wiesen und Gärten deponieren zu können und gleichzeitig gegen die offenen Wege den Abschluss zu bilden, um bes. freigehendem Weidvieh den Eintritt ins private Kulturland zu verhindern. So trennen diese Mauern und Wälle fast überall Allmend [Allmäini] und Eigen [Äigä].*

Zu bedauern ist jedoch, dass diese in der heutigen Zeit immer seltener werdenden «Mauern-Biotope» aus Gründen der Sicherheit gegenüber Drittpersonen renoviert und dadurch meist in ihrem Aufbau zerstört oder gar zufolge Verbreiterung von Strassen überhaupt beseitigt werden.

Vgl. hiezu auch:
Gisler-Jauch, Rolf: Die alten Mauern
noch. In: UW 1993, Nr. 9
Meier, Hans: Die alten Mauern noch.
  Altdorf – unser Dorf. In: UW 1989,
  Nr. 34 – ill.; ders.: Die alten Gassen
  noch. Altdorf – unser Dorf. In: UW
  1989, Nr. 36 – ill.

ANMERKUNG 215

Was Meinrad Inglin (1893–1971) in sei-
ner Erzählung «Der Lebhag» (in: Inner-
schweizer Texte – Schriftsteller Lexikon.
Hrsg. Bruno Stephan Scherer. Luzern
1977, S. 118 ff.) literarisch überhöht und
auf seine markante, eindringliche Weise
zur Darstellung brachte, dürfte wohl
uneingeschränkt auch für Uri Gültigkeit
haben.
Auch Ernst Furrer kommt in seinem
Artikel «Die Edelkastanie in der Inner-
schweiz» (in: Mitteilungen Schweizer.
Anstalt für das forstliche Versuchswesen,
Bd. 34, H. 3, 1958, S. 114 f.) auf die Hek-
ken zu sprechen, die bis in die neueste
Zeit vielerorts als weithin sichtbare Mar-
kierung der Eigentumsgrenzen verwen-
det wurden. Sie wuchsen sogar auf Stütz-
mäuerchen, die unter der Wirkung des
Wurzelwerkes allmählich zerfielen. Die
Steilhalden ob Vitznau, Flüelen und
Intschi bieten dafür lehrreiche Beispiele.
Bez. Pflanzenzusammensetzung bei den
Hecken dominiert gem. Beobachtungen
von E. Furrer gerne der Haselstrauch
(*Haasel, Haaselstrüüch*), der von den An-
liegern z.T. unterschiedlich entweder alle
paar Jahre oder dann zwecks grösserer
Holzertrages erst in Abständen von 5–8
Jahren zurückgeschnitten wird.
In Übereinstimmung mit den Feststellun-
gen aus anderen Landesteilen weist
E. Furrer im weiteren darauf hin, dass
auch hierzulande seit Jahrzehnten die
Hecken in zunehmendem Mass beseitigt
wurden, weil sie das anstossende Wies-
land beschatten und dessen Ertrag beein-
trächtigen. Er weiss dann aber auch zu
berichten, dass glücklicherweise inzwi-
schen bereits vielfach erkannt wurde,
dass der Nutzen durch Nachteile erkauft
werde, weil nützliche Vögel der Nest-

gelegenheiten beraubt sind und die Hek-
ken sich im Ausgleich von Wind, Wärme
und Feuchtigkeit günstig auswirken.
Vgl. dazu auch Baumgartner, Beat:
Hecken – ökologisch wichtige Elemente
unserer Umwelt. 915 Hecken im Kanton
Thurgau ornithologisch bearbeitet. In:
Vaterland 1987, Nr. 222.

ANMERKUNG 216

Vgl. Bosshard, Hans Heinrich: Mundart-
namen von Bäumen und Sträuchern in
der deutschsprachigen Schweiz und im
Fürstentum Liechtenstein. Zürich 1978.

ANMERKUNG 217

Vgl. Kap. 3, Anm. 198, wo schon von
chorbä die Rede war.

ANMERKUNG 218

Auch im Volksglauben ist die Haselstau-
de kräftig verankert. Ob als massiver
Haaselstäckä und *Haaselstock* oder auch
als biegsamer *(biägsam, glimpfig) Haa-*
selzwick, sie alle tragen die Kraft eines
Zauberstabes und lassen sich im Stall
(Gaadä, Stall) zusammen mit *gsäggnetä*
Stächpalmä gegen die Wirkung des
Bösen schlechthin anwenden, in Verbin-
dung mit einer Kette *(Chetti)* sogar spe-
ziell gegen Hexen *(Häx,* Pl. *Häxä).*
Vgl. dazu MS I 99, 100, 238 f., II 166 f.,
325 f., III 255 f.
Will man sich insbesondere bei einer Gei-
sterbeschwörung erfolgreich gegen mög-
liche Bedrohungen von aussen schützen,
bedarf es wiederum einer Haselgerte, mit
der man auf dem Boden einen Kreis um
sich selber zieht (MS III 180 f.). Schliess-
lich werden Haselstauden auch beim
Schlangentöten verwendet, «indem man
mit einem Haselzwick kreuzweise auf sie
einschlägt. Man nennt das den Kreuz-
streich *(Chryzsträich)* machen. Die einen
behaupten, der *Zwick* müsse gesegnet
sein, wenn er seine Wirkung tun solle»
(MS III 190).

ANMERKUNGEN

In diesem Zusammenhang sei auch noch auf jene Sage (MS III 189) verwiesen, in der ein Mann bei der Haselnussernte *(nussnä)* einem Schlänglein *(Byysswuurä* Urs., *Wuurä, Wurm)* zuschaute, wie es bestimmte Kräuter *(Chrüt,* Pl. *Chrytter,* Dim. *Chrytli)* frass, ehe es sich wieder in seine Erdhöhle verkroch. Der Mann tat dasselbe, worauf er in einen langen Schlaf fiel, aus dem er erst nach geraumer Zeit wieder erwachte. Von da an nannte ihn das Volk *dr eewig Haaselnusser.*

ANMERKUNG 219

Neben dem Abbrennen und Reuten kannte man im Rahmen der mittelalterlichen Urbarisierung auch das *Schwäntä* grösseren Stils, bei dem die Bäume ihrer Rinde beraubt wurden, was dann ihr Absterben zur Folge hatte. Die vielen *Schwand-, Schwandi-* und *Schwanden-*Namen (vgl. UNB III 147 ff.) mit Schwerpunkt im unteren Teil des Kantons Uri (inkl. Schächental) nehmen Bezug auf diese vornehmlich in steilem Gelände praktizierte Rodungsform. Vgl. noch Kap. 1, Anm. 65f. sowie Treichler, Hans Peter: Abenteuer Schweiz. Zürich 1991, S. 11; Meyer, Werner: 1291 – Die Geschichte. Die Anfänge der Eidgenossenschaft. Zürich 1991, S. 31 ff.; und Hauser, Albert: Wald und Feld in der alten Schweiz. Beiträge zur schweizer. Agrar- und Forstgeschichte. Zürich/München 1972, S. 22 ff.

ANMERKUNG 220

Auch wenn man in Uri als ausgesprochenem Gebirgskanton den Obst- und Gemüsebau, soweit sich dies zurückverfolgen lässt, seit jeher je nach Lage und Örtlichkeit verständlicherweise mit unterschiedlicher Intensität betrieben hat, wurden nun seit der Mitte des 19. Jahrhunderts insbesondere durch die Gemeinnützige Gesellschaft (vgl. Hans Muheim: Zur Wohlfahrt des Ganzen – zum Segen des Einzelnen. 155 Jahre Gemeinnützige Gesellschaft des Kantons Uri 1831–1986. Altdorf 1987, S. 64 ff.) enorme und gezielte Anstrengungen unternommen, um die Qualität des einheimischen Obstes wie der Erdfrüchte spürbar zu heben. So gelangte man laut Urner Volksblatt 1888, Nr. 38, 41, 42, in einem ersten Anlauf an die Landwirte und Freunde des Obst- und Gemüsebaues mit dem Aufruf, sie möchten sich doch an der ersten Obstausstellung in Altdorf frohgemut beteiligen. Auch wenn dann anfänglich die Resultate insbesondere im Sektor «Gemüse» *(Ggmüäs)* fast erwartungsgemäss doch eher bescheiden ausfielen, wissen in der Folge die einheimischen Zeitungen in sporadischen Abständen immer wieder von Ausstellungen zu berichten, die sich quantitativ wie qualitativ zunehmend sehen lassen durften. So heisst es z.B. in der GP 1908, Nr. 41, an der neuerdings in Altdorf durchgeführten Obstausstellung seien ca. 100 Sorten vertreten gewesen. Dabei hätten Äpfel *(Epfel)* und Birnen *(Biirä)* eine ausserordentliche Grösse und Schönheit erreicht. Der Föhn *(Feen)* als vielverschriener Obstverderber habe eben auch sein Gutes, indem gerade seine herbstliche Präsenz spez. späte Sorten zu seltener Güte gelangen lasse. Interessant ist bei dieser Mitteilung auch der Hinweis, dass – lokal betrachtet – selbst höhere Lagen, wie z.B. Göschenen (Hotel Weisses Rössli) mit einer kleinen Kollektion vertreten waren, was eindrücklich beweise – so wörtlich die Zeitungsmeldung –, «wie man selbst dort, unter den schwierigsten Verhältnissen, sich bemüht, der Natur neue Zierden abzugewinnen». Hiezu ist auch ein Bericht aus Bristen über den Niedergang der «Limilawine» höchst aufschlussreich (vgl. UW 1891, Nr. 14). Am Ostermontag nachts um 12 Uhr war von der östlichen Seite des Bristenstockes diese gefürchtete Lawine mit solcher Gewalt heruntergebraust, dass z.T. allein durch den Luftdruck *([1]Tüüsch, Tüüscht)* «wohl über 50 Obstbäume entwurzelt, geknickt oder abgedreht wurden», darunter fünf grosse und schwere Birnbäume, was klar darlegt, dass selbst in einem Seitental auf rund 800 m/M Obstkulturen schon damals keine Seltenheit waren.
Zur Verbreitung des Obstbaus in Uri und dessen Geschichte weiss

gerade Max Oechslin in einem Artikel (vgl. GP 1933, Nr. 35) einiges zu berichten. Seiner Meinung nach wurde hierzulande dem Obstbau seit Jahrhunderten besondere Aufmerksamkeit geschenkt. Schliesslich war es ja der Stolz des Bauern wie des Hausbesitzers, eine selbstgezogene wertvolle Baumfrucht sein Eigen zu nennen. Da mag eben auch der südliche Einfluss – aufsteigend von der Leventina und ausgreifend bis in die Bereiche nördlich des St. Gotthards – nicht unwesentlich mit hineingespielt haben.

Mit dem Hinweis auf K. F. Lussers Monographie über den Kt. Uri aus dem Jahre 1834 (vgl. daselbst S. 43) zeigt Oechslin denn auch auf, dass im Vergleich zum Rebbau der Obstbau in Uri weit intensiver betrieben wurde. So reicht dieser vom Urner See bis hinter *Stettli* im Isental, zieht sich über Sisikon hinaus, greift im Schächental bis nach Spiringen, im Maderanertal bis hinter die Talbrücke und im Reusstal sogar bis nach Wassen hinauf. Einzelne Bäume sind auch in Unterschächen und Göschenen anzutreffen, ja selbst in Hospental soll laut M. Oechslin bei St. Karl in den dreissiger Jahren noch ein früchtetragender Apfelbaum *(Epfelbäum)* existiert haben, was jedoch von älteren einheimischen *(häimisch, hiäsig, yhäimisch)* Leuten abgelehnt wird. Hingegen gab es gem. freundl. Mitteilung von Vreni und Toni Simmen-Bollschweiler, Realp/Pazzallo, in Andermatt drei Apfelbäume, deren Früchte zwar klein und sauer, jedoch durchaus geniessbar waren. Beweis auch für den ziemlich verbreiteten Obstbau in Uri aus geschichtlicher Zeit sind die überaus zahlreichen, teils ausgestorbenen, teils auf einer langen Überlieferung basierenden *Bäumgaartä*-Namen (vgl. UNB I 1232 ff.; s. auch die Fln. *Obschtgüät* II 126 u. *Obschtgüätlipoort* I 593).

Besonders der Kirschbaum *(Chriäs[i]bäüm)* soll nach Oechslin früher noch mehr verbreitet gewesen sein. Als Beweis zieht er J. G. Sulzers «Beobachtungen und Anmerkungen auf einer im Jahre 1775 und 1776 getanen Reise» heran, wonach er «bey Gestinen [Göschenen] einem Dorfe eine Stunde unterhalb der Teufelsbrücke» blühende Kirschbäume getroffen haben soll. V. und T. Simmen wissen auch hiezu zu berichten, dass in Realp entgegen anders lautenden Informationen P. Timotheus [Steimer v. Wettingen], der von 1931 bis 1937 daselbst als Pfarrer tätig war (vgl. Seraphin Arnold: Hundert Jahre Pfarrkirche Realp 1880–1980. Luzern/Realp 1980, S. 21), hinter seinem Pfarrhof zwar keinen Kirschbaum, dafür aber einen Spalierbirnenbaum *(Spaliärbüräbäüm)* gepflanzt haben soll. Hingegen steht tatsächlich jetzt noch auf Realper Boden ein Kirschbaum an der Südwand des Wohnhauses von Frau Hanny Simmen-Simmen, der in guten Sommern einige Handvoll *(Hampflä)* Früchte *(Lutscherä)* zum Reifen bringt. Auch in Andermatt trifft man an der Mariahilfstrasse auf einen Kirschbaum, der laut Aussage einer ortsansässigen Gewährsperson (Frühling 1992) jeweils im Juni blühe, jedoch mangels Bestäubung keine Früchte trage. Dagegen vermögen erneut die Früchte eines Spalierbirnenbaumes an der Turmmattstr. 10 alljährlich zur vollen Zufriedenheit der Eigentümerin auszureifen *(üss'ryyffä)*. 5 Kirschbäume hingegen soll es auch auf dem Riedberg (1250 Meter ü/M) in der Gmde Erstfeld gegeben haben. Dabei habe sich jeweils «ein» Baum durch bes. hellrote Kirschen *(wyysswältschi Chriäsi)* ausgezeichnet. Im Sommer 1992 – genau am 14. Juli – waren jedoch auf dem Riedberg lediglich noch 3 Kirschbäume zu sehen, deren Früchte zum selben Zeitpunkt völlig unausgereift und überaus klein *(chlyy, munzig)* wirkten. Die Gewährsperson – Frau Zgraggen – bestätigte mir auch, dass auf dieser Höhenlage die Kirschen praktisch nie vor dem 10. August *(St. Loränzätag)* geerntet werden konnten und heute zufolge ihrer Kleinheit *(Si süget verwilderet)* gar nicht mehr genutzt, sondern den Vögeln überlassen werden. Da zeigt sich allein schon 250 Höhenmeter tiefer – im sog. *Hoferli* – die Situation völlig verändert. Die beiden dortigen Bäume konnten an besagtem 14. Juli bereits geerntet werden. 1000 Höhenmeter scheinen denn auch sowohl für Stein- wie Kernobst insbesondere in besonnter Lage noch absolut annehmbar zu sein, was die div. Kirschbäume im Raume *Ober-Schwandi* (Gmde Erstfeld) auf der rechten Talseite nebst 2 alten Birnbäumen und je 1 Apfel- und Nussbaum *(Nussbäum)*, der wie jener im *Hoferli* zum selben Zeitpunkt übervoll *(ggragglet voll)* von Nüssen war, klar beweisen. Im übrigen dürfte auch die gut besonnte *(hilb, hilw, sunnig)* und vom Wind geschützte Lage des Hotels SAC Maderanertal auf 1350 Meter ü/M die eigentliche Voraussetzung dafür sein, dass auf dieser Höhenlage noch fünf junge, vom einstigen Liegenschaftsbesitzer Hans Zgraggen (1922–1991) gepflanzte Kirschbäume gedeihen können. Am 30. Juli 1992 trugen die zwei westlich vom Hauptgebäude stehenden Bäume sogar recht ansehnliche Früchte, währenddem die drei anderen Bäume auf dem Kapellenhügel lediglich mit Laub behangen waren. Laut freundl. Mitteilung von Frau Dr. Elisabeth Tschopp, Meilen, soll aufgrund eingeholter Informationen bei einheimischen Talbewohnern übrigens schon zu Zeiten der Hotelier-Familie Indergand auf dem Gelände des Hotels Alpenklub ein Kirschbaum gestanden sein.

Nun aber wieder zurück zur Geschichte des urner. Obstbaus!

Im Anschluss an die erste urnerische kant. Obst- und Gemüseausstellung in Altdorf wurde noch im selben Jahr (1888) ein offizieller Bericht in gedruckter Form erlassen, worin Ziel und Zweck der Veranstaltung genau umschrieben sind. Primär ging es den Organisatoren darum, vorab in den landwirtschaftlichen Kreisen, dann aber auch unter den Hobbygärtnern die Kenntnisse über die Obstsorten, welche im Kt. Uri gezogen werden und sich für hiesige Verhältnisse am besten eignen, zu erweitern und zu vertiefen. Dabei wurde erneut darauf hingewiesen, dass dem Klima allein die Schuld für allfällige Misserfolge nicht zugeschoben werden dürfe. Zu gross seien auch die Unterschiede in bezug auf die Bodenverhältnisse. Richtig gewählt, gebe es aber Obstsorten, die äusserst weit in die Berge hinauf gedeihen würden.

Tatsächlich wurden denn auch an besagter Ausstellung insgesamt 33 verschiedene Birnensorten und 27 Apfelsorten gezeigt, von denen aber nur eine kleine Anzahl im mundartlichen Sprachgebrauch Aufnahme gefunden hat:

Birnen:
Bischälibiirä
Chugälibiirä
Gälbmeschtler
Griänmeschtler
Groossi Wyyssbiirä
Hèrttäiggler, meist gedörrt *(tèrrti Schnitz),* aber auch als Mostbirne *(Moschtbiirä)* verwendbar
Lääderbiirä, etwas grösser, ausgesprochene Dörrbirne, die gerne im winterlichen Eintopfgericht *[Späck, Schnitz und Hä[ä]rdepfel]* verwendet wird
Paschtooräbiirä
Schääffli- od. *Tiroolerbiirä*
Schwyzer Wasserbiirä
Spääti Wyybiirä
Täilersbiirä
Wettiger Holzbiirä

Äpfel:
Bonepfel [eine eierförmige *(aplang)*, äusserst harte *(stäihèrt)*, dafür um so dauerhaftere *(tüürhaft)* Frucht]
Jaarepfel [Champagnerapfel, Reinette]
Näägäliepfel
Schaafnaasä
Siäss-Malziker
Uschterepfel
Waldheffler-Holzepfel

Mit den Ausstellungen allein war es natürlich nicht getan. Parallel einher, teils schon im Vorfeld dazu wurden Kurse angeboten, wie ein «Leitfaden zur Obstbaukunde für den Landwirt nach dem im Urner'schen Baumwärterkurse in Altdorf im Frühjahr und Herbst 1881 durch den Kursleiter, Herrn Kurhausgärtner Gerber, ertheilten Unterricht» überzeugend darlegt.

Aus dieser Aktivität heraus wuchs mit der Zeit das Bedürfnis nach der Gründung von regionalen Obstbauvereinen, die übereinstimmend (vgl. Statuten des Obstbauvereins Erstfeld [gegründet am

4. 9. 1921] und des Silener Obstbauvereins aus dem Jahre 1930 sowie jene des kant. Obstbauvereins Uri [gegründet am 25. Mai 1933 in Schattdorf]) im Zweckartikel die qualitative und quantitative Hebung des einheimischen Obstangebotes erwähnen.

Seither hat sich in den Zielsetzungen kaum mehr etwas geändert. Und doch! Bedingt durch die aktuellen Versorgungsmöglichkeiten, die auch eine Anlieferung von Frischobst im Normalfall jederzeit gewährleisten, sowie aus Gründen der Wirtschaftlichkeit mag es verständlich erscheinen, dass Interessengruppen in Form von Obstbauvereinen hierzulande an Terrain bez. Bedeutung und Notwendigkeit eher verlieren. So sieht sich denn auch der kant. Obstbauverein Uri mittlerweile vor die harte Frage einer Auflösung gestellt, deutliches Zeichen einer Situation, die der Erstfelder und Silener Gruppierung zumindest für den jetzigen Augenblick noch völlig unbekannt ist. Ganz im Gegenteil!

Der Silener Obstbauverein z.B., der dank der milden und besonnten (hilb, hilw, sunnig) Lage diverser Gemeindegebiete auf eine bewegte Obstbaumtradition zurückgreifen kann, zählt heute rund 170 Mitglieder, die sich auf das Silener Dorf, Amsteg und Bristen verteilen. Ein- bis zweimal trifft man sich im Jahr, um Erfahrungen auszutauschen und auch vertiefte Kenntnisse im Zwyyjä und Schnyydä von Obstbäumen zu erwerben. Dank dieses engagierten Vereins wurden in den 30er und 40er Jahren dieses Jahrhunderts Versuche unternommen, Obstbäume sogar im Raume Golzern (ca. 1400 m üM) anzupflanzen, jedoch ohne Erfolg. Es bleibt zu hoffen, dass dieser Verein seine Spannkraft in Form von gezielten Aktivitäten auch ins nächste Jahrhundert hinüberzuretten vermag.

Aus kantonaler Optik ist noch anzufügen, dass die Oberaufsicht bez. Obstbauwesen aus naheliegenden Gründen der Land- und Forstwirtschaftsdirektion untersteht. Sie ist befugt, allenfalls bei Auftreten von Obstbaumkrankheiten entsprechende Massnahmen zu ergreifen und diese durch den Fachexperten für Obstbau kontrollieren zu lassen. Weitere Literatur zum Thema «Obstbau»:

Bielmann, Jürg: Die Lebensverhältnisse im Urnerland während des 18. und zu Beginn des 19. Jahrhunderts. Basel 1972, S. 118 f.

Fryberg, Stefan: Regina ist ein bisschen traurig. Fünf Geschichten rund um den Lehnplatz. Altdorf 1990, S. 92

Spitteler, Carl: Der Gotthard. Frauenfeld 1897, S. 154

Stadler-Planzer, Hans: Geschichte des Landes Uri. Teil 1: Von den Anfängen bis zur Neuzeit. Altdorf/Schattdorf 1993, S. 86 f.

Zurfluh, Kurt: Steinige Pfade. Altdorf 1990, S. 147.

Wer sich ein genaues Bild vom «Gesamtbestand der Obstbäume nach Obstarten und Gemeinden» bis in die Gegenwart machen will, konsultiere die entsprechenden Zahlen des eidg. statistischen Amtes Bern, publ. in: Statistische Quellenwerke der Schweiz, Rubrik: Der schweizerische Obstbaumbestand.

Überdies wird in einem Zeitungsbericht (UW 1991, Nr. 74) unter dem Titel «Rückgang des Obstbaus hält an» gleich die aktuelle Situation basierend auf der Obstbauzählung 1991 in Uri präsentiert. Graphische Erläuterungen lassen dabei unweigerlich erkennen, dass der Obstbaumbestand in den letzten 30 Jahren (1961: total 32'239 Bäume; 1971: total 22'473; 1981: total 13'528) hierzulande um mehr als die Hälfte zurückgegangen ist. In Prozent ausgedrückt, halten die Apfelbäume (32%) augenblicklich die Spitze, dicht gefolgt von den Birnbäumen (27%), währenddem die Kirschbäume (14%) sowie die Zwetschgen- und Pflaumenbäume (14%) nebst den Nussbäumen (12%) deutlich hintanstehen.

ANMERKUNG 221

Vgl. Gisler, Karl: Tabakbau in Uri. In: 36. HNbl Uri, Altdorf 1931, S. 57: «Für das Wachstum mussten die Gitzen, Aus-

wüchse zwischen den Blättern, ausgebrochen werden.»
Zum Ausdruck *Güzen* vgl. Id. II 579 u.
Grimm DWB, Bd. 5, 3p. 2815.

ANMERKUNG 222

Einen interessanten Aufschluss über das bisweilen jahrhundertealte Vorhandensein bestimmter Sträucher und Bäume nebst einem ebenso informativen Einblick in heute möglicherweise noch gültige oder aber evtl. auch längst schon aufgegebene Standorte derselben vermitteln die nachfolgenden Flurnamen aus dem umfangreichen Flurnamenschatz des Kt. Uri. Zur leichteren Auffindung sind diese nachfolgend in alphabetischer Reihenfolge unter dem jeweiligen standarddeutschen Namen entweder als Simplex oder als Kompositum in teils recht variablen Verbindungen aufgeführt. Um unnütze Wiederholungen zu vermeiden, erfolgen hier die Zitate jedoch nur in Auswahl. Wer die gesamte Fülle überblicken möchte, konsultiere die Bände 1–3 des UNB. Dabei ist erneut interessant festzustellen, dass auch im Flurnamenbereich die Benennungen für Sträucher entschieden bescheidener ausfallen als jene für die Baumnamen.

Ahorn:
Aahorä I 58 ff.
A[a]he[e]ri I 60
Aarni I 118 ff.
Ahoorächäälä II 348 f.
Ahooräfad I 946
Aahooräplanggä II 912
Aahorätäiffi III 703

Alpen-, Grünerle:
Droosslä, Troosslä I 806 f.
Troosel, Treesel I 806
Bächädrooslä I 806
Balmätroosslä I 806
Drooselegg I 849
Drüäseerläneggä I 849
Roosegg, Roo[u]segg I 891
Troos III 748 f.
Trooselchääli II 379
Trooselegg I 910 f.
Trooselplanggä II 963

Troosplanggä II 963 f.
Troossläblätz I 462
Troosslächopf II 460
Troosstall III 317

Alpenrose:
Alpäre[e]s[s]li II 1145
Alpäroosägaartä I 1231
Juppä II 342 f.
Juppäfliäli I 1081
Juppäplanggä, Juppäplänggi II 933

Arve:
Arvä I 121 f.
Arvächäälä II 349
Arv[än]egg I 840 f.
Arväfluä I 1068 f.
Aarvägand I 1211
Aarväplanggä II 913
Arvätal II 349, III 569
Aarväziggli III 1067
Arvbäüm I 300
Arvnossä II 855

Birnbaum:
Biräbäimli I 301
Biräbäimliplanggä II 915

Birke:
Birch, Birchä I 437 ff.
Birchäholz II 244
Birchänegg I 842
Birchäzug III 1069
Birchbiäl I 699
Birchi I 439 f.
Birchnossä II 856
Bitletä I 442 f.

Brombeerstrauch:
Bräämähoofstatt III 343

Buche:
Büächä I 676 ff.
Büächägaartä I 1237
Büächätaalegg I 848
Büächholz II 245 f.
Büächwald III 831

Eberesche:
Gorezmettlä II 796 f.
Wiälesch[ä] I 936 f.
Wiäleschänegg I 915
Wiäleschboodä I 569
Wiäleschfad I 964
Wiäleschchängel II 387
Wiäleschplanggä II 967 f.
Wiäleschryyti II 1229

Eiche:
Äichä I 919 f.
Äichläbäüm I 305
Äichwald + III 834
Ruberscht II 1151 f.

Erika:
vgl. Heidekraut sowie Erläuterungen im
 Textteil

Erle:
Eerlä I 933 f.
Eerläbedemli I 503
Eerläwäldli III 835
Erlishusen + 192
Eerliwasser III 928

Esche:
Eschä I 935 f.
Eschäzug III 1072

Espe:
Aschpägaartä I 1232
Aschpäryytäli II 1205

Föhre:
Chiäbäüm I 302 f.
Chiän II 429, I 1104
Chiäneggä I 875
Feeränegg I 853

Hasel:
Haasel, Haasäli, Hasslä II 178 ff.
Haselgaadä I 1161 f.
Haselholz + II 247
Haselnussgrüäbä II 78

Heidekraut:
Bryyschegg I 847
Bryyschplanggä II 917
Brüüch I 626
Brücheren + I 626 f.
Brüügägäärtä I 1237
Brü[ü]gegg I 846
Brüügerä I 654
Brügräin II 1022 f.
Brüüscheggä I 673, 847
Brüüschtaal III 580

Holunder:
Holdä I 237 f.

Holdänegg + I 870
Holdäwald I 237 f.
Holder II 238 f.
Holderämättäli II 695
Holderboodä I 519
Holderieggä I 870

Hundsrose und allg. Wildrose:
Reesälistäi III 413

Kirschbaum:
Chriäsbäim I 303
Chriäsbäimli I 303
Chriäsistäi III 401 f.

Lärche:
Lärchä II 500 f.
Lärchäfad I 956
Lärchäflüä I 1083
Lärch[ä]gaadä I 1165 f.
Lärchänegg I 879

Legföhre:
vgl. unter «Arve» sowie Erläuterungen
 im Text- und Anmerkungsteil von
 Kap. 3 u. 4, Stichwort: *Arvä, Flatzarvä,*
 Gäisstanntli, Legfeerä, wie auch
 UNB I 121, 1104

Linde:
Lindä II 554
Lindägaadä I 1166
Lindäriäd II 1108 f.
Lindäwald + III 858
Lindäzug III 1083
Lintiberg I 419 f.

Mehlbeerbaum:
Mälbäumli + I 304
Mehlbeerenzug + III 1083

Mispel:
Nespelbaum + I 305

Nussbaum:
Nussbäimli I 305

Pfaffenhütchen:
Spilbaum + I 305 f.

Rose:
Roosä II 1145
Roosäbäärg I 384

292

Sauerkirsche:
Ämelgarten + I 1232

Spindelbaum:
vgl. Pfaffenhütchen

Sträucher allg.:
Gstripp I 1291
Hürsten + II 297
Hurschli + II 297
Naadelhüüs II 195
Naadelhüüsbrunnä I 669
Peschä I 597
Peschästeckli III 483
Peschryyti II 1219
Studäbeedemli I 559
Stüdägädäli I 1183
Studenmätteli + II 759
Terälä I 801 ff.
Toornägäädäli I 1184

Tanne:
Dänlingen + I 760 f.
Flatztannäbeedemli I 506
Grotzäbeedemli I 513
Grotzänegg I 860
Grotzäplanggä II 925
Schitschi III 89
Tannä III 689 ff.
Tannäfad I 963
Viärtannifad I 963
Wirzätannäzug III 1092
Wyysstannänegg I 917
Wyysstänntlibord I 597

Traubenkirsche:
Elisbodä I 502

Ulme:
Älmä I 68 f.
Älmäryyti II 1203 f.
Ilmä II 316
Ulmi III 765 f.

Wacholder:
Birtschä I 440 f.
Räckholterä II 240 f.
Raukolz II 1034
Seefi III 206
Tschubing III 753

Weide:
Fääl I 966

Sääläplanggä II 950
Salenboden + I 545
Salfrutt + I 1127
Saali III 9 f.
Saaliplanggä II 950
Wyydä III 986
Wyydäbäärg I 421
Wyydämatt II 771 f.

Weinrebe:
Riäbgaartä I 1241 f.
Wyygaartä I 1246 f.
Wyyrääbä II 1039

Zirbelkiefer:
vgl. Arve.

ANMERKUNG 223

Vgl. Baumann, Alois: Stechpalme.
In: UW 1977, Nr. 2.

ANMERKUNG 224

Vgl. Baumann, Alois: Wacholder. In:
UW 1976, Nr. 90; Bellasi, Andreas: Der
Wacholder – Gaumenkitzel für Auser-
wählte. Ein magischer Strauch voller auf-
geweckter Früchtchen. In: UW 1990,
Nr. 85.

ANMERKUNG 225

Wer sich in der Geschichte des urneri-
schen Wein- und Obstbaus etwas umse-
hen möchte, greift mit Vorteil nach Max
Oechslins umfassender und hier schon
wiederholt zitierter Analyse «Die Wald-
und Wirtschaftsverhältnisse im Kanton
Uri» (Kap. 8: Der Rebbau, S. 183 ff.) wie
auch nach Karl Itens äusserst bekömm-
lich geschriebenem Buch «Rings um ds
Ürner Chuchigänterli» (Altdorf 1972),
wo im 21. Kapitel mit der Überschrift
«Hundert Dy[y]mlig gänd äü ä Ma[a]ss!
(S. 255 ff.) über den Anbau, die Standor-
te und Ernteerträge sowie den Charakter
und «die Güte des einstigen Urner Wei-
nes» (S. 258 f.) wie auch über das vor-
übergehende Verschwinden der einheimi-
schen Weinberge viel Wissenswertes aus-
gesagt wird.

Seit der Publikation des oberwähnten Buches im Jahre 1972 sind nun aber über 20 Jahre verstrichen. Zeit genug, dass sich die Situation bez. Weinbau in Uri grundlegend ändern konnte. Gerade die heute allgemein feststellbare Trendwirkung, Altes wieder neu aufleben zu lassen, machte es offensichtlich möglich, dass der trotz jahrhundertealter Tradition im 19. Jh. aufgegebene Urner Wein jüngst wieder Urständ feiern durfte.

So ist eine erste Reaktivierung – wenn auch in bescheidenem Umfang – in Attinghausen feststellbar, wo Alois Furrer (1917–1982) ausschliesslich zum persönlichen Hausgebrauch in den Jahren ca. 1948–1979 an der Stallwand *(Gaadäwand)* im *Langacher* mit viel Liebe einen Rotwein *(Rootwyy)* – das sog. «Freiherren-Blut» – heranreifen liess. Seit dem Jahre 1976 werden auch auf Bürgler Boden – im sog. «Paradiesli», das schon im vorigen Jahrhundert als «artiger und ertragreicher Rebgarten» gegolten hat – von der Rebbaugenossenschaft «Tell», einer Gemeinschaft von Hobby-Winzern *(Wyypüür)*, wieder Reben angepflanzt und zum *Paradyyssli-Wyy* gekeltert. Laut dem Urner Magazin «KURIER» (Gurtnellen 1990, Nr. 6) nennt seit 1981 auch der Schützenhaus-Wirt Gusti Planzer weitere 450 Blauburgunderstöcke im sog. *Hirzenboden* sein Eigen. Aus den Trauben wird der würzige *Bibi's Schitzähyyssler* gewonnen.

In Altdorf auf der Südseite des sog. Professorenheims unweit der Kant. Mittelschule Uri *(Koleegi)* hat sich dipl. Forsting. ETH Georg Gerig, der derzeitige Vorsteher für Forst- und Jagdwesen, hobbymässig einen kleinen Rebberg eingerichtet. Schliesslich ist auch noch Flüelen zu erwähnen, wo seit 1978 am Steilhang zwischen dem Gasthaus Linde und der Kirchstrasse der *Rudenz-Wein* gedeiht. Seit 1980 wurde bis in den Herbst 1992 (vgl. UW 1992, Nr. 84 u. 92: «Rebbergvertrag nicht mehr erneuert». GV der Urner *Wyy-Säumer)* auf dem *Mättäli*, auch *Obermattli* genannt, in der Nähe des Flüeler Dorfschulhauses von Weinfreunden – den sog. *Wyysäumern* – der *Fliäler O[o]bermättler* angebaut. Einige

dieser «Hobby-Rebbau-Freaks» haben sich neuerdings im *Spiss*, Gmde Bü., niedergelassen, wo inzwischen bereits 500 Rebstöcke gepflanzt worden sind. Eine erste kleinere Ernte wird im Jahre 1996 erwartet (vgl. UW 1993, Nr. 35 – ill.). Ebenfalls im Jahr 1980 richtete Sepp Schilter zusätzlich zum Weinberg an der Kirchstrasse einen kleinen Rebberg in der *Sulzegg* [nördlich von der Gruonbachbucht] ein. Beide Anbauflächen werden nun seit dem Ableben des Ehegatten von dessen Frau Rosemarie Schilter als Inhaberin des beim Bundesamt für geistiges Eigentum eingetragenen und als überaus fruchtig empfundenen Rudenz-Tropfens mit viel Liebe gehegt und gepflegt. Schliesslich trifft man noch in Bolzbach (Gmde Sd.) auf einen kleinen Weinberg, den sog. *Bolzbächler.*

Zu den Weinen mag man übrigens auch den vor allem in Seedorf aus Johannisbeeren gewonnenen *Beeräli-Wyy*, den sog. Seedörfler *(Seedèrffler)* – ein Eigengewächs *(Äigägwäx)* von Peter Wipfli – zählen. Erwähnung verdient da aber auch noch der im Kt. Uri vereinzelt produzierte Marc, der im Gegensatz zu div. Urner Weinen nur priv. verwendet wird. Wenn hier aber schon von alkoholischen Getränken die Rede ist, dann sei auch noch auf die nach Italien weisende *Rossumada, Rossämädä* – ein aus Eiern *(Äi, Pl. Äijer)*, Rotwein *(Rootwyy)* und Zucker erstelltes Getränk – hingewiesen. Im weitern gilt es auch, den sog. *Holder[ä]moscht* – vereinz. auch *Holder[ä]wyy* genannt – anzuführen, eine erfrischende Tranksame *(Gitränk, Gsiff)*, die, aus *Wasser, Zucker, Holder[ä]blüäscht, Essech* und *Zitroonä* zusammengesetzt, bei kräftiger Gärung als respektabler Schaumwein kredenzt werden kann. Ähnlich verhält es sich mit dem *Mäi[jä]trank*, bei dem blühender Waldmeister *(Wa[a]ldmäischter)* für kurze Zeit in Weisswein *(Wyysswyy)* unter Beigabe von etwas Zucker und Zitrone eingelegt wird *(y'leggä)*. Mehr hausmedizinischen Zwecken dient der *Wurmet* od. *Wurmüät*, ein mit Wermut gewürztes, weinhaltiges Getränk, wie auch die *Nisslitinktüür*, ein kräftig wirkender *Schnaps*,

dem man für geraume Zeit die weiche Aussenschale *(Chääbä, Chääfä)* der Walnuss *(Nuss)* beimischt, analog zum *Aroonäschnaps* und *Arnikaschnaps* etwa, wo man das Kraut des Aronstabes *(Aroonächrüt)*, resp. die Blüten *(Bliätä)* der Arnika in Alkohol *(Bätzi, Branz, Schnaps* etc.) einlegt. Nicht zu vergessen ist das Bier *(Piär)*, das früher z.T. in den einheimischen *(häimisch, hiäsig, ihäimisch)* Gastbetrieben *(Bäiz, Gaschthüüs, Hotäll, Spuntä, Wirtschaft)* gebraut worden ist. Vgl. noch Anm. 246 u.
die neuesten Publikationen bez. Weinbau:

Aufwind für den Weinbau in der Zentralschweiz. 10-Jahr-Jubiläum der Zentralschweizer Weinbauern. In: UW 1991, Nr. 21

Bereicherung der Urner Kulturszene. Erfreulicher Start der «Urner Wyy-Säumer». In: UW 1990, Nr. 19

Brücker, Walter: Pflanzen und Tiere. In: «Bürglen». Bürglen 1991, S. 23 f.

Hauser, Albert: Wald und Feld in der alten Schweiz. Beiträge zur schweizer. Agrar- und Forstgeschichte. Zürich/München 1972, S. 171 ff.

Hehn, Victor: Olive, Wein und Feige. Kulturhistorische Skizzen. Hrsg. von Klaus von See. München 1992 – ill.

Herger, Franz: Auch Flüelen hat nun seinen Wein. Ein Blauburgunder namens «Schloss Rudenz». In: GP 1981, Nr. 40, – ill.

Mittler, Dieter: Die Weine von Wilhelm Tells Söhnen. Ein Bericht [...] (Text und Fotos) über die Weinbau-Renaissance in den Kantonen LU, ZG, SZ, NW und UR. In: Vinum, Jg 6, 1985, Nr. 6, S. 36 ff.

Niederöst, Josef: Der Neunziger wird ein besonders guter Tropfen. Weinlese in Bürglen und Flüelen. In: UW 1990, Nr. 84

Niederöst, Josef: Früher Frosteinbruch schadete. Weinlese im Obermattli in Flüelen. In: UW 1991, Nr. 86

Niederöst, Josef: Blauburgunder aus dem Tellendorf. Weinlese in Bürglen. In: UW 1991, Nr. 87

Niederöst, Josef: Der «92er» wird den «91er» übertreffen. Weinlese im «Paradiesli» und im Hirzenboden. In: UW 1992, Nr. 87

Oechslin, Max: Der Rebbau und seine Geschichte in unserem Kanton. In: GP 1977, Nr. 40; UW 1977, Nr. 77 – ill.

Poletti, Gregor: Urner Weinbau erlebt eine Renaissance. 1990 wird ein guter Jahrgang. In: KURIER Nr. 6, Gurtnellen 1990, S. 6 ff., 11 ff.

Schobinger, U.: Der Weinbau in der Zentralschweiz. In: Schweiz. Weinzeitung – Journal Vinicole Suisse 1982, Nr. 16, S. 346 ff.

Stadler-Planzer, Hans: Besiedlung und Landesausbau. In: «Seedorf». Seedorf 1991, S. 8: «Man pflegte sogar den Weinbau, sind doch Rebberge im Raume des Feldli urkundlich erwähnt.»

Treichler, H. P.: Abenteuer Schweiz. Geschichte in Jahrhundertschritten. Zürich 1991, S. 35: Rebberge im Urnerland

Zurfluh, Kurt: Steinige Pfade. Altdorf 1990, S. 58 ff. Hier ist auch vom «Ölberger» *(Eelbärger)* die Rede, einem Eigengewächs *(Äigägwäx)*, das an der Kantonalen Obst- und Gemüseausstellung vom 6.–15. Okt. 1888 in Altdorf als «letzte Säule des entschwundenen urnerischen Weinbaus vorgestellt wurde» (S. 59).

Eine bes. Erwähnung verdient in diesem Zusammenhang auch «Das Märchen vom Sankt Gotthard» aus der Feder von August Strindberg (1849–1912) [Hrsg. von Heinz Weder: Reise durch die Schweiz. Zürich 1991, S. 129 ff.]. Seine flüchtige Begegnung mit dem Kt. Uri reichte offensichtlich nicht aus, um ihm die histor. Bezüge zum urnerischen Weinbau mitzuliefern. Nur so ist erklärbar, dass der schwedische Dichter – wohl basierend auf dem damals gerade gültigen Stand der Dinge – folgende Aussage machen konnte: *Fett ist das Land und gesegnet ist es; aber der Wein wächst dort nicht auf der nördlichen Seite des Gotthard, die Olive auch nicht, nicht der Seidenbaum, nicht der üppige Mais. Grünes*

Gras und goldenes Korn, der hohe Wal-
nussbaum und der fette Mangold, das ist
der Jahreswuchs des Landes.
Diesbezüglich umfassender recherchierte
Johann Conrad Fäsi, schrieb er doch in
seinem Buch «Genaue und Vollständige
Staats- und Erdbeschreibung der ganzen
Helvetischen Eidgenossschaft etc.», Zü-
rich 1765 ff., Bd. 2, S. 130 f.: *In den Tä-*
lern wachsen verschiedene Arten Küchen-
und Wurzel-Gewächse; alle Gattungen
von Obst, besonders die Kirschen, Casta-
nien und Nüssen gedeyen in denselben...
In einigen Gegenden hat man Wein-
stöcke, nicht Weinberge, angelegt. Der
Wein ist zwar etwas herbe; lässt sich aber,
wann er ein Alter von einigen Jahren
erreicht, noch trinken. Wahr ist es, dass
weder das in dem Land gepflanzte
Getreide, noch der Wein hinlangt, die
Einwohner des Cantons mit diesen
Lebens-Mitteln zu versorgen. Die Wein-
stöcke dienen mehr zur Ergötzlichkeit,
als dass sie beträchtlichen Nuzen ab-
werfen... Die Weine lässt man aus Italien
herkommen; der Gebrauch des Weins
aber ist in diesem Canton gar nicht
allgemein.
Schliesslich sei auch noch auf die div.
Sagen bez. Weinbau hingewiesen.
Vgl. dazu das Register in J. Müllers
«Sagen aus Uri», Bd. 3, S. 397 [Reb-
berg, Rebenschelm] u. 424 [Wein, Wein-
bau, Weinberg]. Im übrigen beachte
man noch die Anm. 230 dieses
Kapitels.

ANMERKUNG 226

Vgl. Baumann, Alois: Seltene Urner Bäu-
me. In: UW 1976, Nr. 71 ff., 1977, Nr. 2;
GP 1976, Nr. 36 ff., 1977, Nr. 1.

ANMERKUNG 227

Vgl. dazu:
Baumann, Alois: Der Ahorn. In: UW
    1976, Nr. 74
Müller, Josef: Sagen aus Uri, Bd. 2,
    S. 32 f., 165
Steiner, Bernd: Zürcher Geschichts-
    bäume – Zürcher Baumgeschichten.
    Frauenfeld 1989.

ANMERKUNG 228

Die drei in bezug auf Stattlichkeit und
Stammumfang schönsten Buchen des
Kantons sollen in der Gmde Silenen ste-
hen, die prächtigste davon im sog. *Leid-*
tal (UNB III 626), ein *Dryytèlder*, der
laut Aussagen von Gewährspersonen auf
gute 28 m3 Holz zu stehen komme und
trotz umgebenden Schuttmassen
(ygschuttet) noch weit über alle anderen
Bäume hinausrage. In der Tat ist diese
vom Stammumfang (ca. 5 m) her respek-
table Buche in NE Richtung vom *Buech-*
holz aus ohne weiteres von blossem Au-
ge erkennbar. Hingegen wird der Stamm
nur nach einer Seite hin von Schutt-
ablagerungen erfasst. Der Gesundheits-
zustand des Baumes gibt zu Bedenken
Anlass. Gewährsleute aus der Gegend
meinten denn auch übereinstimmend:
Si chränkälet, bimäich, si isch apgäänd.
Vgl. dazu auch den Zeitungsartikel «Der
Riese im Urner Wald». Die Leittal-Bu-
che in Silenen. In: UW 1992, Nr. 30.
Für den Bereich von Gurtnellen schreibt
Max Rothenfluh in seinem «Botanischen
Rundgang durch das Fellital» (in: Das
Fellital. Separatdruck aus der Festschrift
75 Jahre Sektion Am Albis SAC, S. 8):
«Am Wegrand beim obern Felliberg
steht ein Prachtexemplar einer Buche.
Auch unten im Bachtobel und am gegen-
überliegenden Hang, bis auf 1280 m, ste-
hen einige Buchen durch das Rotbraun
ihrer Blätter aus dem dunklen Grün der
Fichten heraus.»
Hiezu vgl. auch noch Hinweise in: «Na-
turkundlicher Höhenweg im Maderaner-
tal». Hrsg.: Arbeitsgruppe Naturkund-
liche Höhenwege Uri / Urner Wander-
wege. Altdorf 1993, S. 29 f.

ANMERKUNG 229

Vgl. Baumann, Alois: Die Eibe. In: UW
1976, Nr. 77.

ANMERKUNG 230

Immer wieder wird in Reiseberichten
und Zeitungsartikeln darauf hingewie-
sen, dass speziell an windgeschützten
Orten, wie z.B. in Altdorf, Bauen, Flüe-

len, Sisikon, ja sogar in Silenen und auf der Bärchi [Is.], ein besonders südländisches Klima herrsche, so dass nicht nur die oberwähnten Reben (*Rääb[ä], Trüübä, Wyy*), sondern auch Bananenbäume *(Banaanäbäum)*, Feigenbäume *(Fyygäbäum)* mit ausgereiften Feigen *(Fyygä)*, Palmenbäume *(Balmä, Balmäbäum)*, Affenbrotbäume *(Affäbrootbäum)* und sogar Kiwis nebst anderen Exoten [z.B. Yucca] gedeihen und [problemlos?] überwintern *(uberwinterä)* können. So wusste auch Max Oechslin in seiner «Plauderei über urnerische Passwege» anlässlich des 31. Jahresbots der Sektion Innerschweiz der Schweizer. Heimatschutzvereinigung vom 9. Oktober 1938 in Altdorf (vgl. GP 1938, Nr. 43 ff.) u.a. zu berichten: «Der Freund stiller Wanderwege wird gerne diesen gut unterhaltenen Saumweg [gemeint ist der sog. Gotthardweg], der heute Kantonsweg ist, unter die Füsse nehmen und über Bauen ins Isent[h]al und über Engisort, wo am Fuss des Felsens noch ein wildwachsender Feigenstrauch zu treffen ist, über Bolzbach nach Seedorf wandern...»
In der Tat: zumindest die Feigenbäume *(Fyygä, Fyygäbäum)* scheinen im unteren Kantonsteil schon längst so etwas wie eine Akklimatisierung erfahren zu haben, ohne dass dabei im Bewusstsein der südländisch angehauchten Besitzer und Besitzerinnen das sehnsuchtsvolle Fernweh nach dem mediterranen Süden wie auch die geheime Angst um das fragliche Wiederaufkeimen nach einem strengen Winter gänzlich gewichen wäre. Dies beweist auch eine Arbeit von Marie Heller unter dem Titel «Feigen-, Maulbeer- und Mandelbaum am Vierwaldstättersee» (in: Illustr. Luzerner Chronik, 1925, Nr. 38, S. 301 f.) und ein Vergleich mit der heutigen Situation. So hatte sie vor gut 70 Jahren nebst Sisikon und der Tellsplatte, wo es in den 90er Jahren des vorausgehenden Jahrhunderts sage und schreibe 50 [!] Bäume gegeben haben soll, im weiteren nebst Flüelen und Bauen speziell in Altdorf folgende Standorte mit der jeweils dazu gehörigen Anzahl Bäume ausgemacht: Waldegg (1), Brunegg (1), ehem. Landammann Lusser

[heute SKA] (1), ehem. Dr. Siegwart [heute Alois u. Justine Indergand-Siegwart] (1), ehem. Frau Dr. Kesselbach [heute Kant. Steueramt] (3), ehem. Familie Werder-Bissig [heute Anton Zgraggen, Brennerei] (1), Hotel Schwarzer Löwen (1), 2 bei einer verlassenen Italienerbaracke [?], je 1 bei Rubischung [ehemals Vorstadt], bei Schuler im Feld [?], ehem. Oberförster Jauch [heute Fam. Walter Jauch, Bahnhofstr. 24], ehem. Veterinär Dr. Bissig [heute Rudolf Bissig, Klausenstr. 19] sowie 2 beim Kollegium Karl Borromäus *(Koleegi)*, welch letztere Ableger der einstigen beiden grossen alten Feigenbäume beim Pfarrhaus von Bauen waren. Rückfragen bei den heutigen Grundstückeigentümern haben jedoch ergeben, dass sich von den damaligen Exemplaren nur noch jene in den Liegenschaften Brunegg [Fam. Eduard Ziegler-Gisler] und Waldegg [Fam. Erwin Kempf-Huonder] – beide in unmittelbarer Nachbarschaft zum Gruonwald – halten konnten. Die übrigen Bäume sind entweder Neu- oder Umbauten am jeweiligen Standort oder naturbedingt auch harten Wintern zum Opfer gefallen. Dafür sind aber – wenn nicht unbedingt am selben Ort, wie z.B. in der erwähnten Liegenschaft Jauch – so doch erneut in andern Hausgärten weitere Feigenbäume gepflanzt worden, die mit ihren ausgereiften Früchten die Leute zu erfreuen vermögen.
Vgl. dazu noch Ineichen, Fritz: Weinreben, Feigen und Kastanien in der Urschweiz. In: Nidwaldner Volksblatt 1950, Nr. 89; ders.: Hauch transalpiner Schönheit in Bauen wahrnehmbar. In: LNN 1976, Nr. 164, S. 13; sowie «Zürich am Weg der Schweiz». Altdorf 1991; Meyer, Werner: 1291 – Die Geschichte. Die Anfänge der Eidgenossenschaft. Zürich 1991, S. 26.
Vornehmlich die speziell unter dem Einfluss des Föhns *(Feen)* beobachtbaren, überdurchschnittlich hohen Jahrestemperaturen machen es möglich, dass bestimmte Gewächse obendrein noch in extremer Höhenlage anzutreffen sind. Hierzu verdient der aufschlussreiche Flurname *Riäbgaartä* (vgl. UNB I 1241

f.: *Riäb* = Rebe) für einen kleinen Hof im Isental bes. Erwähnung. Speziell hervorzuheben ist dabei, dass es sich hier um ein trockenes, terrassenförmig angelegtes und gut besonntes Gelände auf der beachtlichen Höhe von 1056 Metern ü/M handelt! In ungefähr gleicher Höhenlage wäre eigentlich auch noch jener Rebstock anzusiedeln, der laut Mitteilung von Dr. Ernst Stadler, Altdorf, in den 50er Jahren an der Südmauer eines Bauernhauses auf dem Ober-Schwandi [Gmde Erstfeld] noch vorhanden war. Gem. Umfrage im Sommer 1992 konnte jedoch niemand von den Ortsansässigen diese Aussage bestätigen. Hingegen könnte man sich bei all diesen Angaben zumindest, was die Höhenlage betrifft, die Frage stellen, ob bei den beiden Flurnamen *Räbächerli, Räibächerli* in der Gmde Gö. gem. UNB I 38 wirklich nur an die «weisse Rübe» (schwzdt. *Räb*) und nicht ebenso gut auch an die «Rebe» zu denken wäre. Vgl. auch Anm. 220 u. 225 dieses Kap.

ANMERKUNG 231

In einer grösseren Analyse unter dem Titel «Die Edelkastanie in der Innerschweiz. Umwelt, Verbreitung, Geschichte», erschienen in Mitteilungen Schweizer. Anstalt für das forstliche Versuchswesen, Bd. 34, H. 3, 1958, S. 111 ff., beschäftigt sich Ernst Furrer u.a. auch mit dem Vorhandensein der Edelkastanie *(Cheschtänä[bäum], Maronibäum)* in Uri.
Sofern nicht gar bis in eiszeitliche Dimensionen zurückgeblickt werden soll, geht man immer nach E. Furrer allgemein davon aus, dass die Edelkastanie von den Römern in den Norden Helvetiens gebracht worden ist. Von diesem Zeitpunkt an hüllt sich dann aber die Geschichte dieses stets an südländische [vgl. das waldähnliche Vorkommen im Insubrischen Gebirge] Gefilde erinnernden Baumes zumindest in unseren Regionen für annähernd tausend Jahre in Schweigen, um erst gegen Ausgang des Mittelalters vereinzelt Nachrichten in bezug

auf Kastanienbäume zu hinterlassen. So zitiert Furrer einen Passus aus dem Jahre 1595, wo in Altdorf ein Kastanienbaum im Zusammenhang mit einer Eigentumsbewilligung genannt wird. Wegen der alpinen Lage erreichte die Kastanie in Uri jedoch nie den Bekanntschaftsgrad wie etwa in den Kantonen Nidwalden, Schwyz und bes. Luzern, wo jeweils auf Beginn der Ernte [10. Okt.] eine eigentliche Versteigerung organisiert worden war, bevor die noch geschlossenen «Igel» *(Iigel)* in Säcke verpackt und auf den Markt von Luzern gebracht werden konnten, wo sie dann von den Käufern zu Hause auf Terrassen, Lauben und Estrichen bis zum Zeitpunkt des Aufspringens gelagert wurden, ehe die Früchte – geröstet oder in Wasser gekocht – meist zum Nachtessen serviert wurden.
So war die Kastanie durch Jahrhunderte hindurch ein begehrtes Nahrungsmittel im sonst doch eher bescheidenen und einseitigen Speisezettel unserer Vorfahren (vgl. Allenbach, Beat: Müssen Kastanien im Tessin verfaulen? Die traditionsreiche Tessiner Kastanie neu entdeckt. In: Tages Anzeiger, 10. 11. 1992, S. 61 – ill.; Meyer, Werner: Hirsebrei und Hellebarde. Auf den Spuren des mittelalterlichen Lebens in der Schweiz. Olten 1985, S. 196; Iten, Karl: Rings um ds Ürner Chuchigänterli. Altdorf 1972, Bd. 2, Kap. 3.2 u. 3.3: *Schwyynigs und Cheschtänä).* Ab 1750 trat dann aber gem. Furrer in der Kastanienkultur eine eigentliche Wende ein. Gründe für den spürbaren Niedergang werden verschiedene genannt.
So wurde mit dem Anbau der Kartoffel *(Guumel, Hä[ä]rdepfel* etc.) um die Mitte des 18. Jh. ein erster ausreichender Ersatz gefunden. Durch die Eröffnung der Gotthardbahn (1882) konnten im weiteren die Innerschweizer Märkte mit kostengünstigeren Angeboten aus dem Süden beliefert werden. Dann aber führte auch eine Umstellung auf erhöhte Vieh- und Milchproduktion schon vor dem Bahnbau zwecks Intensivierung des Wiesenbaus zu vermehrtem Fällen von Kastanienbäumen, die man in den sog. Ka-

stanienweiden *(Cheschtänäwäid)* nie besonders schätzte. Zum einen konnten die sog. «Igel» im Grasfutter und in der Streue Maul und Euter der Tiere zerstechen. Zum andern führten die Bäume selber als übermässige Schattenspender *(Schattner)* zur Vermoosung der Wiesen. Auch das Laub *(Läüb)* soll sich im Mist *(Mischt)* nicht rasch genug zersetzt haben. Da war aber auch noch die Begehrtheit des Holzes für Gerbereien *(Gärberyy, Gärwi)* und Färbereien *(Farb, Färberyy)*, aus dem der nötige Gerbstoff und der Ersatz für braune und schwarze Farben gewonnen wurde. Schliesslich werden auch noch Änderungen in der bäuerlichen Lebenshaltung und somit auch im Speisezettel sowie evtl. klimatische Ursachen ins Feld geführt.

Bei diesem einschneidenden Rückgang der Kastanienbäume ist es recht erstaunlich, dass Furrer bez. Verbreitungsgebiet im Kt. Uri gleichwohl 13 Gemeinden (Al., At., Ba., Bü., Er., Fl., Gn.,Is., Sc., Sd., Sb., Sil., Sis.) zu erwähnen vermag, in denen noch in jüngster Vergangenheit Edelkastanienbestände nachgewiesen werden konnten. Zwar musste er schon bei der Abfassung seines Artikels im Jahre 1958 die Gemeinden Seedorf und Isenthal ausklammern. Wassen wollte zu diesem Zeitpunkt 1 Baum südl. vom obern Eingang des tieferen Kehrtunnels, östl. der Reuss, besessen haben. Die Fundstelle erscheint jedoch erloschen. Ein weiterer Baum wuchs wenig südwärts vom Bahnhof (20 Meter über dem einstigen Restaurant Bahnhof). Er soll vierstämmig, niedrig und verstümmelt gewesen sein. Persönliche Nachforschungen meinerseits sind jedoch negativ verlaufen. Würde dieser Hinweis jedoch zutreffen, dann wäre diese Fundstelle die südlichste und zugleich höchstgelegene in Uri gewesen.

In Altdorf kommt Furrer auf 15 Bäume mit 20 höchstens mittelstarken Stämmen und weit über 100 Büschen. Im 18. Jh. muss die Verbreitung der Kastanienbäume in dieser Region hingegen weit grösser gewesen sein. Nicht anders kann sonst das Zitat in der «Schweizer Geographie» von 1770 gedeutet werden, wo-

rin der aufmerksame Geograph Gabriel Walser (HBLS VII 406) vermerkte: *Als ich aus dem Glarnerland über die hohen Alpen auf Altorf reisete und von den Bergen in das Thal gekommen war, habe ich einen ganzen Wald von Castanienbäumen angetroffen* [Zitat E. Furrer a.a.O., S. 142]. Denkbar ist dabei auch, dass diese erwähnten Bäume teilweise oder ganz zu Bürglen gehörig waren.

Laut Furrer musste auch in Bauen die Kastanienkultur einmal bedeutend gewesen sein. Schliesslich erwähnt er auch noch die Tellsplatte (Gmde Sis.), wo in den 50er Jahren noch 5 Bäume gestanden sein sollen, darunter auch ein Riese von 510 cm Umfang.

Vgl. dazu im weiteren:

Furrer, Ernst: Zu Englers Kartierung der Edelkastanien in der Innerschweiz. In: Zs. f. Forstwesen 1974, Nr. 7, S. 489 ff.

Oechslin, Max: Die Wald- und Wirtschaftsverhältnisse im Kanton Uri. Bern 1927, S. 108 f.

In diesem Zusammenhang sei auch noch auf die Rosskastanie *(Ross'cheschtänä)* hingewiesen, die als Allee- und insbesondere als Zierbaum vor allem in Altdorf ein paar prächtige Exemplare von mächtig ausladenden Bäumen [vgl. Hauptsitz EWA, Gasthaus Schützengarten u. Lehnplatz] aufzuweisen hat. Hiezu liefert auch Alois Baumann in seinem Artikel «Die Rosskastanie» (in: UW 1976, Nr. 79) wertvolle Informationen.

ANMERKUNG 232

Vgl. Furrer, Ernst: Die Mispel in der Innerschweiz. In: Schweizer. Beiträge zur Dendrologie, H. 10/12, 1958–1960, S. 5 ff.

Zur Wiedereinführung der Mispel in der Gmde Bauen vgl. «Zürich am Weg der Schweiz». Altdorf 1991.

ANMERKUNG 233

Wenn man sich in Reiseberichten über Uri umsieht, fällt einem auf, dass es bei der Landschaftsbeschreibung den jeweiligen Berichterstattern – ganz aus der Optik ihrer Zeit – nicht nur um die Präsentation der landschaftlichen Schönheit

einer Gegend ging, sondern ebenso um das Aufzeigen von deren Nutzbarkeit und der damit verbundenen Ernährbarkeit der darin wohnenden Bevölkerung. Wohl aus diesem Grund wird immer wieder und stets mit sichtlichem Erstaunen und innerer Genugtuung nebst den Obstbäumen auf die früher offensichtlich weitaus zahlreicheren Nussbäume hingewiesen. So hat auch J. W. v. Goethe (1749–1832) während seiner dritten Reise in den Kanton Uri bei der Rückkehr vom Gotthard in sein Tagebuch (Donnerstag, den 5. Oktober 1797) geschrieben: *Wir kamen wieder in die Region der Nussbäume und nahmen in Amsteg im Gasthof zum Stern wieder etwas zu uns und gingen nachher den Fussweg gegen Altdorf.*
Barbara Schnyder-Seidel hat in ihrem Buch «Goethes letzte Schweizer Reise» (Frankfurt a.M. 1980) den Nussbäumen ein eigenes Kapitel gewidmet (S. 261 f.). Besagten Tagebucheintrag interpretiert sie so, dass Goethe aller Wahrscheinlichkeit nach «in Ried ob Amsteg gewesen sein» musste, «ziemlich genau auf 800 m Höhe, Grenze von ihrem Wachstum» [vgl. Anm. 220], wo ihm das Vorhandensein dieser Bäume aufgefallen war. Aber nicht nur hier schien Goethe dieser Vermerk bedeutsam. Auch auf seinen früheren Reisen entdeckte er immer wieder Nussbäume. Diese Feststellung lässt Barbara Schnyder-Seidel rätseln, wo wohl die tieferen Gründe dieses aufmerksamen Notierens liegen mochten. Dabei kommt sie auf die grosse Bedeutung der Nussbäume besonders in den Berggegenden zu sprechen: «Man kennt die Heilkräfte in den Nussbaumblättern, den grünen Schalen, Zaubermächte kommen hinzu und Aberglaube umgibt ihn. Die Nüsse selbst waren wichtiges Nahrungsmittel. Ersatz für das viel zu teure Brot, man presste Öl aus zum *Lichten*, für die Lampen, machte aus den Rückständen einen Öl[t]resterkuchen (*Eelchüächä*) als Brotersatz, er wurde in den Handel gebracht...; eh und je war Nussbaumholz zum Zimmern der Möbel gesucht, für gutes Geld zu verkaufen.»

An diese Tatsache knüpft auch Eduard Wymann in seinem Artikel «Der Anfang vom Ende der Nussbäume in Uɪi» (in: Neue Zürcher Nachrichten 1914, Nr. 99), wo er die einheimische Marktsituation in bezug auf das Nussbaumholz um die Mitte des 19. Jahrhunderts aus verschiedenen Blickwinkeln zur Darstellung bringt und dabei aufzeigt, wie sich der Staat selber aus der damaligen (1862) Finanzklemme durch übermässigen Verkauf von Nussbäumen zu retten versuchte. Wörtlich schreibt Wymann: *Auf der Suche nach Hilfsmitteln fiel der Blick nicht zuletzt auf die «unnötig» da und dort herumstehenden Fruchtbäume auf der Allmend. Die Bezirksverwaltung war beim Versilbern dieser hölzernen Hypothekartitel nicht so skrupelhaft wie die Seelisberger, welche 1862 dem Kanton Uri die zwei für die neue Attinghauserbrücke benötigten 30 Schuh langen Eichenstämme aus seinen Waldungen nur kaufs- oder tauschweise abtreten wollten.*
Auf die einstmals grosse Zahl der Nussbäume in Uri kommt auch Max Oechslin in seinem Artikel «Der Obstbau in Uri» (in: GP 1933, Nr. 35) und im Buch «Die Wald- und Wirtschaftsverhältnisse im Kanton Uri» (7. Die Fruchthaine S. 133 ff.) zu sprechen. Nussbäume waren eben gefragt. Einerseits brauchte man das Öl (*Eel, Nusseel*) der Früchte. Dieses wurde noch im 19. Jh. in den beiden Ölmühlen (*Eeltrottä*) von Altdorf [bei der späteren Hammerschmiede (*Hammerschmittä*) und am Spitalplatz], in jenen von Schattdorf [unter dem heutigen Gasthaus Sternen sowie an der Gotthardstrasse hinter der einstigen Gerberei (*Gärbi, Gärwi*)] und von Erstfeld [eingangs Erstfeldertal = *Eeltrottämättäli*, in UNB nicht aufgeführt] gewonnen, um dann zum Kochen (*cho<u>ch</u>ä*) und *Lichten* (²*liächtä*) verwendet zu werden. Auf der andern Seite stellte auch das Holz der Nussbäume einen Kapitalwert auf Generationen hinaus dar. Nur so erklärt sich der Eigentumsanspruch, der 1634 durch einen Landsgemeindebeschluss verankert wurde und dahin zielt, dass die Fruchtbäume «nach dem Fruchten», d.h.

wenn der Ertrag aufhört, dem zufallen, der sie gepflanzt hat. Sie bleiben Eigentum des Pflanzers und gehen nach dessen Ableben an seine Nachkommen. Grund genug, dass die sog. Genössigen *(Ggnooss)* vom Recht, auf Allmend *(Allmäini)* Eigenbäume *(Äigäbäüm)*, spez. Nussbäume, zu pflanzen, ausgiebig Gebrauch machten. Ursprünglich durfte für jeden männlichen Nachkommen in der Familie ein Baum gepflanzt werden. Dabei wurden Allmendgebiete, «die nicht zum geschlossenen Wald *(Wa[a]ld)* oder zur offenen, guten Weide *(Wäid)* gezählt werden konnten, sondern fast durchwegs steinige, flachgründige Gebiete am Ausgang von Tälern, an Hängen und längs Bächen und der Reuss» ausgewählt. Damit man sich gegenseitig nicht in die Quere kam, musste auch ein Mindestabstand von je 10 Klaftern *(Chlaafter)* [ca. 20 Schritt = ca. 18 m] eingehalten werden, «ohne die Güter und Strassen dadurch zu benachteiligen» (vgl. LB 346).

Trotz der erhobenen Einschränkungen wuchs das Kontingent an Eigenbäumen auf Allmend auch im 19. Jh. stetig an. So sind im Allmendbaumverzeichnis für das Jahr 1812 insgesamt 2270 Eigenbäume verzeichnet, deren Zahl bis 1876 sogar auf 2594 angehoben wurde, was durchblicken lässt, dass man sich offensichtlich an die Vorschrift, pro Familie nur sechs Bäume zu pflanzen, nur schwer zu halten bereit war, wenn überhaupt. M. Oechslin weiss jedenfalls in seinem oben zitierten Buch zu berichten (S. 134), dass «in Bürglen durchschnittlich ein Besitzer zehn Bäume» besass, und von einer Gewährsperson war gar zu erfahren, dass es Familien gab, die ganze Haine ihr Eigen nennen durften. Vgl. dazu auch noch die Tabelle 31 «Liegenschaftsbesitz der Altdorfer Magistratenfamilien, 1821,» in: Urs Kälin: Die Urner Magistratenfamilien. Ökonomische Lage und Lebensstil. Zürich 1991, S. 287 f. Mit Ratsentscheid vom 22. Februar 1877 und mit Beschluss der Korporationsgemeinde vom 12. Mai 1878 wurde jedoch das Recht, Fruchtbäume zu pflanzen, aufgehoben. Als Grund führt M. Oechs-

lin die übermässige und unrationelle Nutzung des Allmendbodens an. Im weiteren sah man in diesen Fruchtbäumen auch eine Behinderung des Waldes und des Graswuchses. Zum rechtlichen Hintergrund dieser sog. Eigenbäume und zur Auflösung dieses Anspruchs vgl. Arnold, Leo: Die Bereinigung der Dienstbarkeiten und Grundlasten im Kanton Uri. Lachen 1949, S. 69.

Trotzdem aber blieb das Recht auf Nutzung der Allmendnüsse *(Allmäininuss)* [vgl. LB 347] bis auf weiteres bestehen. Jedenfalls ist in der UW-Nummer 37 vom 15. Sept. 1888 eine diesbezügliche Bekanntmachung zu lesen, wo der Engere Korporationsrat Uri darauf hinweist, dass zufolge ungünstiger Witterung mit dem Schütteln *(schittä, schittlä)* der Allmendnüsse nicht «am Tag nach dem heiligen Kreuz-Tag» *(Chryztag =* 14. Sept.), sondern – «um 14 Tage verschoben» – erst Freitag, den 28. Herbstmonat *(Hèrbschtmoonet)*, begonnen werden dürfe. Für weitere Informationen rund um den Gebrauch der Nüsse lese man das 30. Kap. «*Nusstitschetä*» in Karl Itens «Rings um ds Ürner Chuchigänterli». Altdorf 1972, S. 383 ff. Zum Sagenmaterial vgl. das Register in J. Müllers «Sagen aus Uri», Bd. 3, S. 372 [Helgennussbaum] u. S. 393 [Nussbaum, Nusstitscheten].

ANMERKUNG 234

Vgl. Oechslin, Max: Die Arve. In: Der Gotthard, F. 1, Nr. 5, 1939, S. 69 ff.; ders. in: Die Wald- und Wirtschaftsverhältnisse im Kanton Uri. Bern 1927, S. 102 ff.

ANMERKUNG 235

Vgl. Oechslin, Max: Der Fichtenwald. In: Die Wald- und Wirtschaftsverhältnisse im Kanton Uri. Bern 1927, S. 95 f. Zum Sagenmaterial vgl. das Register in J. Müllers «Sagen aus Uri», Bd. 3, S. 411 [Tanne, Tannenrinde, Tannenwald, Tannenzweig, Tannreisig, Tannzapfen].

ANMERKUNG 236

Vgl. Oechslin, Max: Der Föhrenwald.
In: Die Wald- und Wirtschaftsverhält-
nisse im Kanton Uri. Bern 1927, S. 97 ff.

ANMERKUNG 237

Vgl. Oechslin, Max: Der Lärchenwald.
In: Die Wald- und Wirtschaftsverhält-
nisse im Kanton Uri. Bern 1927, S. 101 f.

ANMERKUNG 238

Immer wieder tauchte unter Altdorfs
Bewohnern die Meinung auf, die übers
Dorf verstreut gepflanzten Wellingto-
nien oder Mammutbäume (Sequoia
gigantea/Wellingtonia gigantea) seien
schon ihrer Grösse wegen gewiss weit
älter, als gemeinhin angenommen wurde.
Diesen irrtümlichen Vorstellungen berei-
tete dann Max Oechslin in einem auf-
schlussreichen Zeitungsartikel mit dem
Titel «Die Wellingtonien in Altdorf» (In:
UW 1974, Nr. 74) hoffentlich für alle
Zeiten ein Ende.
Darin konnte er nämlich nachweisen,
dass ein gewisser Dr. Johann Coaz (1822–
1918), zuerst Forstmann in Graubünden,
später erster eidg. Oberforstinspektor in
Bern, anfangs 1870 mit dem aus Genf ge-
bürtigen Honorarkonsul Francis Berton
in San Francisco in Verbindung trat und
diesen um die Sendung von schnellwach-
senden Nadelbäumen bat. Dessen Auf-
ruf an die Landsleute in den Pacific-Staa-
ten blieb nicht ohne Erfolg. Auf diese
Weise konnten sackweise Samen in die
Schweiz geschickt werden, die dann un-
ter der Aufsicht von Dr. Coaz in den
Waldungen des Schlosses Marschlin GR
Verwendung fanden. Dr. Coaz seiner-
seits stand mit dem Altdorfer Dr. Franz
Schmid (1841-1923), der noch mit 82 Jah-
ren dem Bundesgericht in Lausanne als
Präsident vorstand, und dessen Gattin
Katharina (1848-1931), geb. Schillig, in
besonders freundschaftlicher Verbin-
dung. Über diese Kontakte sind denn
auch die besagten Mammutbäume in die
verschiedenen herrschaftlichen Gärten
von Altdorf gekommen. Alle Bäume ver-
zeichnen deshalb übereinstimmend ein
Alter von ca. 120 Jahren.
Trotz ihres relativ jungen Alters – Mam-
mutbäume können problemlos mehrere
tausend Jahre alt werden – sind inzwi-
schen auf Altdorfer Boden insgesamt
7 Bäume gefällt (fellä, schlaa) worden. Ei-
ne erste Fällaktion ist bereits für das Jahr
1932 bei der Druckerei Gamma zu ver-
zeichnen, weil der im dortigen Garten
gepflanzte Baum mit seinem Wurzel-
werk bedrohlich ins Hausfundament ein-
gegriffen haben soll. In einer geradezu
spektakulären Aktion wurden am Mitt-
woch des 4. 2. 1976 zwei weitere Wel-
lingtonien im einstigen Garten des Hau-
ses Kesselbach am Unterlehn durch
Anordnung des damaligen Grundeigen-
tümers nicht ohne das entsprechende
Echo in der Öffentlichkeit umgelegt (vgl.
GP 1976, Nr. 6 u. Nr. 8; Stadler, Martin:
Ein Anschlag auf Altdorfs Dorfbild. In:
UW 1976, Nr. 10). 1979/80 hatte eine ge-
sunde Sequoie im Fältli (Hagenstr., Al.)
der neuen Zivilschutz- und Sportanlage
zu weichen.
Krankheitsbedingt musste ein fünfter
Mammutbaum vor dem einstigen
Schmidschen Haus – heute Sitz der Kor-
poration Uri – um den 20. 2. 1987 gefällt
werden. Die Fällaktion dauerte eine
Woche. Der Baum hatte eine Höhe von
35 m, und sein Alter wurde mit rund
115 Jahren ausgewiesen, nachdem vor-
gängig wiederum die Mär von 300 bis
400 Jahren herumgeboten wurde (vgl.
UW 1987, Nr. 10: Altdorfer Baumriese
verschwindet).
Während eines heftigen Gewitters (Gwit-
ter), das sich am 29. 9. 1988 über dem
Talkessel von Altdorf entlud, wurde der
Mammutbaum an der Bahnhofstrasse 46
[ehem. Liegenschaft a. Kanzleidirektor
Friedrich Gisler (1876–1956)] derart
vom Blitz (Blitz, Tunderschutz) getrof-
fen, dass der übriggebliebene Stumpf
noch im Dezember desselben Jahres ge-
fällt werden musste.
Und nun ist es sogar einem 7. von ehem.
13 Bäumen an den Kragen gegangen.
Der Riese im sog. Ziergarten neben dem
Rathaus hatte schon 1987 bei einem
Föhnsturm (Feen) derart Schaden gelit-

ten, dass er um 14 m gekürzt werden musste. Fachleute prophezeiten, dass bei heftigen Windstössen mit weiteren Schaden gerechnet werden müsse und dass der Baum wahrscheinlich bald eingehe. Da zudem das Wurzelwerk die Mauern des Zierihauses arg in Mitleidenschaft gezogen hatte, wurde auch dieser Zeuge einer fernen Welt Mitte November 1991 auf Betreiben des kant. Hochbauamtes gefällt. Zur weiteren Literatur der in Altdorf angesiedelten Sequoien vgl. noch:

Baumann, Alois: Der Mammutbaum.
  In: UW 1976, Nr. 72
Mammutbaum wird gefällt. Zierigarten
  in Altdorf. In: UW 1991, Nr. 89
Oechslin, Karl: Mammutbäume im Kt.
  Uri. In: Schweiz. Beiträge zur Dendro-
  logie 39/40 (1989/90), S. D 15 ff.
Oechslin, Max: Die Wellingtonien in
  Altdorf. In: UW 1974, Nr. 74
Schuler, Franz: Der Riese beim Rathaus
  ist gefallen. In: UW 1991, Nr. 91 – ill.
Solomicky, Michael: Die Geschichte
  eines Baumes. In: GP 1987, Nr. 8 – ill.
UW 1987, Nr. 14: Altdorfs Mammut-
bäume – eine interessante Geschichte;
UW 1987, Nr. 15 – ill.: Der Baum ist
weg.

ANMERKUNG 239

Vgl. Oechslin, Max: Der Tannenwald.
In: Die Wald- und Wirtschaftsverhältnis-
se im Kt. Uri. Bern 1927, S. 96 f.

ANMERKUNG 240

Vgl. Kap. 3, Anm. 175.

ANMERKUNG 241

Vgl. Meyer, Werner: Hirsebrei und Hel-
lebarde. Auf den Spuren des mittelalterli-
chen Lebens in der Schweiz. Olten 1985,
S. 196; Treichler, Hans Peter: Abenteuer
Schweiz. Geschichte in Jahrhundert-
schritten. Zürich 1991, S. 35, 295.

ANMERKUNG 242

Unter dem Titel «Noch ist es Zeit, sich
eine eigene Süssmostreserve anzulegen»

(vgl. GP 1938, Nr. 40) wurde seinerzeit
schon u.a. mit folgendem Wortlaut auf
die Vorzüge des Mostes *(Moscht)* hinge-
wiesen: «Es wird langsam gute Sitte, an
Volksfesten, Vereinsanlässen, Familien-
festen, bei erwarteten und unerwarteten
Besuchen, den Süssmost *(Siässmoscht)*
volkstümlich (d.h. offen) und in be-
rechtigter nationaler Freude auszuschen-
ken.»
Anderseits versuchte man früher auch,
die Kinder vor übermässigem Mostge-
nuss dadurch abzuhalten, dass man ih-
nen drohte , sie würden – wohl in Analo-
gie an den sog. *Milchschorf* bei Kleinkin-
dern – den *Moschtschorf* kriegen.

ANMERKUNG 243

Vgl. Erlebnispfad Raumplanung. Ein
Beitrag des Bundes Schweizer Planer
BSP zum Jubiläum der Eidgenossen-
schaft, o. O. u. J. [1991]. Im weiteren sei
auch auf die Passage verwiesen im offi-
ziellen Wanderführer «Weg der
Schweiz» (Zürich 1991), S. 72.

ANMERKUNG 244

Wo grössere Mengen Obst *(Obs,
Obscht)* anfallen, steht u.U. in einer Ge-
meinde auch ein eigentlicher Dörrbetrieb
(Teeri, Tèrri) mit einem zuständigen
Chef zur Verfügung. So wurden z.B. laut
Mitteilung über die «GV des Obstbau-
vereins Erstfeld» (vgl. UW 1992, Nr. 18)
im Jahre 1991 vereinsintern insgesamt
2,5 Tonnen Obst gedörrt!
Hinweise für die im Textteil erwähnten
Dörraktionen im kleinen findet man in
den «Erinnerungen von Anton Tresch»
(vgl. Aurel Schmidt: Die Alpen. Zürich
1992, S. 291), wo es heisst: «Meine
Mutter hat auch Birnenschnitze *(Büra-
schnitz, Schnitz)* getrocknet, hier auf
dem Gildsteinofen *(Giltstäioofä)*. Dann
kamen sie in einen Korb *(Chorb)*. So
sind sie wunderbar geblieben. Im Winter
gab es zum Essen oft *Schnitz*, Kartoffeln
(Hä[ä]rdepfel) und Speck *(Späck)* oder
Schinken *(Schinkä)*.»

ANMERKUNG 245

Vgl. die verschiedenen Rezeptvorschläge in K. Itens «Rings um ds Ürner Chuchigänterli». Altdorf 1972, Bd. 2.

ANMERKUNG 246

Aufgrund der geltenden Gesetzgebung darf laut freundl. Mitteilung des für Uri zuständigen Kreisinspektors Theo Lang, Hünenberg ZG, jede erwachsene Privatperson Alkohol brennen oder brennen lassen, sofern sie im Besitz einer Brennbewilligung ist. Diese kann über das Formular «Brennermächtigung» oder über die sog. Brennkarte *(Brènnchaartä)* für Landwirtschaftsbetriebe beim örtlichen Brennereiaufseher *(Alkähool-, Schnaps'vogt)* eingeholt werden. In Uri wurden pro 1992 560 Bewilligungen ausgestellt. Hievon besassen 52 Inhaber eine eigene Brenneinrichtung. Nebst einer fahrbaren, ausserkantonalen Brennerei verfügten 9 sog. Lohnbrenner *(Loonbrènner)* – regional verteilt: Al. (1), Bü. (3), Bri. (1), Er. (1), Sb. (1), Sil. (1), Sis. (1) – über eine stationäre Lohnbrennerei *(Loonbrènni)*, wo die Brennermächtigten ihre «Rohstoffe» brennen lassen können. So weiss z.B. Anton Tresch aus Bristen in seinen Erinnerungen (vgl. Aurel Schmidt: Die Alpen. Zürich 1990, S. 292) zu berichten: «Auch Birnentrester *(Biiräträäscht)* hatten wir... Die Birnen *(Biirä)* kamen von den eigenen Birnbäumen *(Biiräbäum)*. Zur Behandlung von Wunden war der Schnaps gut. Wir hatten auch Arnikaschnaps, das heisst, wir legten Arnika in den Birnenschnaps ein. Es gab im Maderanertal viele Arnikas.» Zu Heilzwecken spez. bei Rheumatismus verwendete man übrigens auch den *Wa[a]ldhängschtägäisch*. Zu diesem Zweck wurden rote Waldameisen *(Wa[a]ldhängscht)* in Schnaps eingelegt. Gebrannt wird in Uri selbstverständlich nicht nur Kernobst *(Biirä, Epfel)*. Daneben finden sich auch Kirschen *(Chriäsi)*, Zwetschgen *(Zwätschgä)*, Pflaumen *(Pflüümä)*, Holunderbeeren *(Holder[ä], Holterä, Holder[ä]beeri)* mit Vorliebe in Verbindung mit Most *(Moscht)*, Enzianwurzeln *(Änzä, Stränzä)* [vgl. dazu auch Kap. 5, Anm. 284], Traubentrester *(Trüübäträäscht[er])* und Heidelbeeren *(Häippèrri, Häitä, Häitäbèrri)*. Soll daraus gar ein Kräuterschnaps *(Chrytter)* werden, muss der Kernobstschnaps mit einem individuell zusammengestellten Kräutergemisch *(Chryttergmisch)* verbunden und danach umgebrannt werden *(um'chrytterä)*.

Schliesslich ist zuhanden der Schweizer. Eidgenossenschaft für die gebrannten Wasser auch eine entsprechende Steuer *(Styyr)* zu bezahlen. Dabei geht steuerfrei aus, was für den Eigenbedarf innerhalb des landwirtschaftlichen Betriebes *(Hüüs und Hoof)* bestimmt ist und was ab selbstbewirtschaftetem Boden an Früchten anfällt (also nichts Dazugekauftes) oder was allenfalls an Wildgewächs (z.B. Enzian, Holunder) selber gesammelt worden ist. Bez. Begrenzung der steuerfreien Menge gilt die Faustregel: pro Grossvieheinheit 1 l sowie pro erwachsene Person, die im Betrieb vollamtlich tätig ist: je 5 l!

Um aber das bei normaler Ernte zur Verfügung stehende, teils aber auch – je nach Ertrag – im Überschuss vorhandene Obst *(Obs, Obscht)* und neben dem Obst auch die Kartoffeln *(Hä[ä]rdepfel)* nicht etwa primär zur Gewinnung von gebranntem Wasser *(Bätzi, Branz, Hä[ä]rdepfelbätzi* etc.) verwenden zu müssen, sondern um diese Naturprodukte gezielt gesundheitsfördernd und ernährungswirksam an die weniger begüterten Volksschichten erfolgreich heranzutragen, wurden unter Aufsicht des Bundes praktisch in allen Kantonen schon in den 30er Jahren Aktionen zwecks verbilligter Abgabe von Kartoffeln *(Hä[ä]rdepfelakzioon)* und Lageräpfeln *(Billig-Epfel, [Laager-]Epfelakzioon)* durchgeführt. In den Bergkantonen wurde das Angebot sogar auf Kirschen *(Chriäsi)* [vgl. Kirschenverbilligunsaktion in der Gmde Gu., in: UW 1992, Nr. 46] und Zwetschgen *(Zwätschgä)* [vgl. Aufruf derselben Gmde in UW 1992, Nr. 60] ausgeweitet.

Im Oktober 1941 gelangte dann durch Bundesratsbeschluss parallel zur sog. Anbauschlacht eine eigentliche Notstands-

aktion zur Durchführung. Da die daraus resultierende Anbaufläche auch noch nach dem Krieg in ausreichendem Masse vorhanden war, fanden zwischen 1947 und 1950 keine Billig-Angebote statt. Anfangs der 50er Jahre wurde diese von der Eidgenössischen Alkoholverwaltung organisierte Aktion wieder aufgegriffen und seither alljährlich wiederholt, bis am 27. Februar 1991 allen Kantonsregierungen mitgeteilt wurde, «diese kaum mehr zeitgemässe Kleinsubvention» werde vom Volk nicht mehr benötigt und deshalb kurzerhand abgeschafft (vgl. UW 1991, Nr. 28). Eine solche Meldung musste insbesondere die Bewohner der Urner Berggemeinden empfindlich treffen, war doch hier entgegen der Aussage des zuständigen Bundesamtes die Nachfrage jeweils sehr gross. Dies beweisen auch die jüngsten Zahlen aus dem Jahr 1990, wo der Kt. Uri insgesamt rund 400 Tonnen Kartoffeln im Betrag von Fr. 200'000.– und 105 Tonnen Äpfel im Betrag von 80'000.– umgesetzt hat. Um so erleichterter reagierte man dann auch zuständigenorts, als die Meldung vom Frühling 1991 im darauf folgenden Spätsommer widerrufen wurde und die Aktionen in den einzelnen Gemeinden wie in den vorangegangenen Jahren anlaufen konnten (vgl. UW 1991, Nr. 66, 69). Obige Informationen verdanke ich einer gefl. Mitteilung von Herrn Rinaldo Deplazes, Bürglen.
In diesem Zusammenhang ist auch noch auf die sog. «Birnelaktion» hinzuweisen, die seit 1952 alljährlich von der Schweizerischen Winterhilfe in Zusammenarbeit mit der Eidg. Alkoholverwaltung durchgeführt wird. Wer sich daran beteiligen will, meldet sich bei der zuständigen Gemeindekanzlei seines Wohnortes, wo dann dieser zur Förderung der brennlosen Verwertung von Obstüberschüssen umgewandelte Birnendicksaft in unbeschränkter Menge abgegeben wird (vgl. Birnelaktion 1991/92, in: UW 1991, Nr. 86).

Weitere Literaturhinweise:
Bielmann, Jürg: Die Lebensverhältnisse im Urnerland während des 18. und zu Beginn des 19. Jahrhunderts.
Basel 1972, S. 119, 180
Die Eidgenössische Alkoholverwaltung (EAV) – Ein Kurzporträt. Bern 1991
Eidg. Alkoholverwaltung. Geschäftsbericht und Rechnung 1990/1991
Herrmann, Ueli: Obst und Alkohol. Eidg. Alkoholverwaltung, Dokumentation 2, Bern 12/86
Maurer, Theres: Geschichte der schweizerischen Alkoholgesetzgebung. Eidg. Alkohoverwaltung, Dokumentation, Bern 9/87.

ANMERKUNG 247

Vgl. Kap. 4, Anm. 213, 230, 231.

ANMERKUNG 248

Laut HBLS Bd. IV 648 ff. u. VII 632 f. gehörte der Nusszehnten zu den sog. Fruchtzehnten und war speziell des *Lichtens* wegen insbesondere im kirchlichen Umfeld sehr begehrt. Seit der Reformation verschmolz dann mehr und mehr das allgemeine Zehntrecht, das ursprünglich der Kirche im Sinne eines exklusiv nur ihr zugehörigen Rechtsanspruches vorbehalten war, jedoch später auch in den Besitz weltlicher Herren hinüberwechseln konnte, mit dem herrschaftlichen Zinsrecht und «wurde so mit den andern herrschaftlichen Belastungen einfach zusammengeworfen u. teilte deren Schicksal nach der französischen Revolution». Aufgrund einer gefl. Mitteilung des Historikers Urs Kälin und zusätzlich basierend auf seiner Diss. «Die Urner Magistratenfamilien. Ökonomische Lage und Lebensstil», Zürich 1991, S. 194 ff., muss nun davon ausgegangen werden, dass insbesondere mit dem Aufkommen des sog. «Agrarindividualismus» gegen Ende des 18. Jahrhunderts die Abschaffung des Zehnten und der sog. Feudallasten tatkräftig vorangetrieben wurde. Diese von radikal-liberaler Seite vornehmlich in Gang gebrachten Bestrebungen kamen jedoch trotz «der am 10. November 1798 verordneten Aufhebung der Feudallasten nur sehr langsam zum

Tragen», zu gross war nebst dem «Misstrauen gegenüber allem Neuen» speziell der «Widerstand der Nutzniesser des alten Systems».

Die vorab in ländlichen Bereichen offensichtlich verhärteter auftretenden Machtstrukturen einer an sich vergangenen Zeit machten es möglich, dass der Zehnten gerade in Uri noch im 19. Jh. nachgewiesen werden kann (vgl. dazu Testament von Thaddäus Schmid [ca. 1811], in: Urs Kälin a.a.O., S. 373 ff.), bis dann mit der Bundesverfassung von 1848 und der Kantonsverfassung von 1888 diese zufolge der veränderten Gesellschaftslage längst überfälligen Verpflichtungen endgültig aufgehoben worden sind. Jedoch erst am 28. 11. 1898 trat die entsprechende «Verordnung betr. die Ablösung und Umwandlung der Zehnten und Grundzinse» offiziell in Kraft (vgl. LB V S. 325), wodurch dann aber auch «das Verfahren, die Berechnung der Ablösungssumme und die Umwandlung der Naturalleistungen in einen Geldzins» eine rechtlich abgesicherte Regelung erfahren haben (vgl. Arnold, Leo: Die Bereinigung der Dienstbarkeiten und Grundlasten im Kanton Uri. Lachen 1949, S. 19). Leo Arnold weiss a.a.O. im weiteren zu berichten, dass sich trotz der geltenden Ablösungsverordnung Abgabepflichten vornehmlich zugunsten der Kirchen und Kapellen und der Armen, «die als Grundlasten auf die Liegenschaften gelegt waren», weiterhin in den einzelnen Gemeinden halten konnten. So machte er mich jüngst auf eine aktuelle Rechtssituation aufmerksam, laut der gem. Tagebucheintrag des Grundbuchamtes Uri heute noch ein Eigentümer ab einem Grundstück in Surenen «jährlich 1 Stein Anken, unentgeltlich, der Pfarrkirche Erstfeld» als Grundlast abzuliefern hat. «Seit unabsehbarer Zeit» erfolgt diese Abgabe jedoch in Form eines Geldbetrages in der Höhe von Fr. 5.–. «Man habe in der Kirchenverwaltung auch schon von einer Anpassung gesprochen. Man wage dies aber aus rechtlichen Gründen nicht recht ...» (gem. Mitteilung von Dr. L. Arnold vom 18. 1. 1992). Vgl. Ergänzungen S. 480 f.

ANMERKUNG 249

Hiezu vgl. K. Itens «Rings um ds Ürner Chuchigänterli». Altdorf 1972, S. 383 ff., und J. Müllers «Sagen aus Uri». Basel 1969, Bd. 2, S. 14, 22.

ANMERKUNG 250

Vgl. Strasburger, E., u.a.: Lehrbuch der Botanik. Stuttgart 1971, 673 ff.; Duden: Bildwörterbuch, Bd. 3, S. 644 f.

ANMERKUNG 251

Zum «Fichtennadelrost», auch unter der Bezeichnung «Alpenrosenrost» bekannt, wie auch zur sog. «Nadelschütte» vgl. die Artikel von Max Oechslin in GP 1932, Nr. 38, und UW 1973, Nr. 63, sowie Sitzungsberichte der Naturf. Ges. Uri, H. 3, 1932/33, S. 16 ff. Übereinstimmend handelt es sich bei diesen Erkrankungen der Nadelbäume um einen parasitischen Pilz, der epidemisch auftreten kann und den Fichten, resp. Föhren eine rotgelbe Färbung der Nadeln «wie bei sengender Dürre» mit teils nachfolgendem Nadelfall auszulösen vermag. Zum Unterschied vom Fichtennadelrost hat die Nadelschütte keine nennenswerten Schäden verursacht, und auch Wachstumseinbussen sind nicht erkennbar.

Anders verhält es sich beim «Fichtenrostpilz», der allgemein nur innerhalb der Alpenrosengebiete anzutreffen ist und die Alpenrose (*Alpäroosä, Jippi* Urs., *Jüppä*) – nach Untersuchungen des Botanikers Anton de Bary im Schächental aus dem Jahre 1878 – als Zwischenwirt beansprucht. Auch wenn ein Absterben der Fichten nicht zu befürchten ist, wobei spez. Jungbäume davon nicht ausgeschlossen sind, ist doch mit einer erheblichen Einschränkung des Holzzuwachses zu rechnen.

Gem. Aufzeichnungen von M. Oechslin ist für folgende Jahre ein nennenswerter Befall in Uri zu verzeichnen: 1900/01, 1910 (spez. stark), 1911, 1916, 1924, 1925, 1926 (max. Verbreitung), 1932. Zur Ursache dieses periodischen Auftritts erwähnt er schneereiche Winter sowie feuchte Frühjahrszeiten, die zum Unterschied von schneearmen Wintern die Verbreitung zu begünstigen scheinen.

ANMERKUNG 252

Vgl. Zeitungsartikel (UW 1992, Nr. 30) «Jetzt geht es dem Gitterrost an den Kragen». Der Urner Obstbauverein kämpft gegen eine Pilzkrankheit.

ANMERKUNG 253

Zum «Feuerbrand» vgl. Artikel in Meyers Enzyklopädischem Lexikon, Bd. 8, Mannheim 1973, wo diese Baumkrankheit wie folgt umschrieben wird: «gefährl. Krankheit der Obstgehölze, verursacht durch das Bakterium Erwinia amylovora; Blüten, Blätter und junge Zweige welken und verdorren, an Ästen und am Stamm entstehen durch Zerstörung der Rinde brandige Stellen, die schliessl. zum Absterben des Baumes führen; der F. wird v.a. durch Insekten verbreitet; Bekämpfung durch Vernichtung befallener Pflanzenteile und Besprühen mit Kupfersulfat oder Streptomyzin.»

ANMERKUNG 254

Gem. freundl. Mitteilung von Herrn Alois Arnold, Direktionssekretär der Land- und Forstwirtschaftsdirektion Uri.

ANMERKUNG 255

Unter dem Titel «Die Verbreitung der Mistel im Kt. Uri» liess Max Oechslin in der GP 1923, Nr. 6, einen Artikel erscheinen, der interessante Aufschlüsse über die diesbezüglichen Verhältnisse in Uri zu geben vermag. So werden drei Mistelarten – die Tannenmistel, die Laubholzmistel und die Kiefernmistel – aufgeführt, die alle spez. im Becken von Sis. und Fl. sowie in Al., Sc., At. und im Sch. vertreten sind. Ausserhalb des Waldes begegnet man der Laubholzmistel nur auf Apfelbäumen (*Epfelbäim*), seltener auf Birnbäumen (*Büräbäim*). Auf Kirschbäumen (*Chriäs[i]bäim*), Nussbäumen (*Nussbäim*) und Kastanien

(*Cheschtänä*) wurde sie laut Occhslin nie angetroffen.

Für die Verbreitung der angeführten Mistelsorten kommen die Eichel-(*Heeragäägger*) und Tannenhäher (*Nussäbyysser*) sowie die Amseln (*Amsslä*) in Frage. Von der Drossel – im Volksmund *Mischtler* genannt – wollte Oechslin nichts wissen, da sie seiner Ansicht nach hierzulande nicht überwintere. Laut Aussage des Ornithologen Hans Meier (1910–1992), Altdorf, ist diese Meinung jedoch zu korrigieren, weil sich dieser Vogel inzwischen gar zu einem Standvogel gewandelt hat.

Früher wurden die Misteln (*Mischlä, Mischt[ä]lä*) als Vieh- und Ziegenfutter gesammelt, da sie als sehr milchergiebig (*mälch, milch[ig]*) bekannt und dementsprechend auch geschätzt waren. Auch für die Schweinemast (*Syywfüäter*) wurden sie gesucht. Später jedoch hatte man das Sammeln von Misteln behördlicherseits verbieten (*verbiätä*) müssen, weil damit das Reisigsammeln (*üf'aschtä*) praktisch Hand in Hand ging. Auch heute gedeiht die Mistel weiterhin ungehindert und vermehrt sich dementsprechend, gar nicht unbedingt zum Leidwesen der Baumbesitzer, welche Zweige (*Zwy[y]g*) und ganze Sträucher (*Strüüch*, Pl. *Stryycher]*) für gutes Geld an die Gärtnereien (*Gäärtneryy*) verkaufen können.

Der Schaden an den Bäumen wird von Oechslin als relativ gross eingeschätzt, fällt jedoch nicht so gewaltig ins Gewicht, da anscheinend das meiste Holz, vor allem sog. *Gipfelholz*, zu *Brènnholz* oder nur roh behauen zu Bauholz (*Büüwholz*) verwendet wird.

Zum mythologischen Hintergrund dieser Schmarotzerpflanze vgl. Hanns Bächtold-Stäubli: Handwörterbuch des deutschen Aberglaubens. Berlin 1987, Bd. 6, S. 381 ff.; sowie Kurt Marti: Tagebuch mit Bäumen. Darmstadt 1988, S. 76.

Der Vollständigkeit halber sei noch erwähnt, dass die Mistel in einer einzigen Urner Sage unter dem Titel «Weisshaslen und Mistel» Eingang gefunden hat (vgl. J. Müller: «Sagen aus Uri», Bd. 1, S. 213).

ANMERKUNG 256

Laut gefl. Mitteilung von dipl. phil. nat. Urs Wüthrich, Bürglen UR, vgl. hiezu Schmeil-Seybold a.a.O., Bd. II, S. 224 f.; aber auch Wendelberger, Elfrune: Heilpflanzen: erkennen, sammeln, anwenden. München 1990, S. 30, wo für die Mistelgewächse als Volksnamen die Bezeichnungen «Hexenbesen» und «Drudenfuss» angeführt werden.

ANMERKUNG 257

Auch Max Oechslin hat sich in zwei Artikeln spez. zum Thema «Fichtenhexenbesen» geäussert (vgl. «Beitrag zur Kenntnis des Fichtenhexenbesens». In: Schweizer. Zs. f. Forstwesen, Jg. 80, Zürich 1929, S. 311 ff., 349 f., sowie «Ein extremer Fall eines Fichtenhexenbesens». In: Verhandlungen Schweizer. Naturf. Ges., 110. Jahresversammlung, Davos/Aarau 1929, 2. Teil, S. 159 f.). Nach ihm ist der sog. Fichtenhexenbesen im Gegensatz zum Weisstannenhexenbesen, der [auch] durch einen Pilz (Aecidium elatinum) hervorgerufen wird, keine parasitische Erscheinung, sondern eine «Missbildung», eine Wucherung. Sie wird in der Literatur als «Knospenvariation» bezeichnet, deren Auswirkung bez. Wucherung sehr verschiedenartig sein kann.
Immer gem. M. Oechslin besass einmal das Institut für systematische Botanik der Universität Zürich ein Prachtexemplar einer derartigen Fichtenastwucherung aus dem *Achenberg*, Gmde Spiringen, «die eine Länge von 96 cm, eine Breite von 77 cm und eine Höhe von 59 cm aufwies» (S. 312). Richard Bolli, dipl. bot., hat mir jedoch auf Anfrage hin am 18. 8. 1992 mitgeteilt, dass anscheinend besagter Hexenbesen in der Zwischenzeit «schon tüchtig erodiert» war und wohl deshalb möglicherweise aus der Sammlung ausgeschieden wurde. Vor weniger als 10 Jahren ist jedenfalls durch einen Mitarbeiter des Instituts für Pflanzenbiologie ein ähnlich grosses Exemplar mitgebracht worden, das seither «immer wieder in den Kursen gezeigt wird».

Auch das Naturalienkabinett der Kant. Mittelschule Uri *(Koleegi)* ist im Besitz von zwei zwar wesentlich kleineren Fichtenhexenbesen-Exemplaren, die – leider undatiert – u.U. ebenfalls vom Kantonsforstamt Uri dem damaligen eifrigen Sammler und rührigen Konservator P. Fintan Amstad (25. 7. 1888 – 19. 7. 1973) zugegangen sind.

ANMERKUNG 258

In einem Inserat (vgl. UW 1892, Nr. 18) wird auf das mehrfach prämierte, kaltflüssige Baumwachs *(Bäümwax, Wax)* eines gewissen J. Bärtschi, Baumschulenbesitzer, Lützelflüh (Kt. Bern), aufmerksam gemacht. Dieses sei nachgewiesenermassen mit Erfolg an Obstbäumen bei auftretenden Wunden und Krankheiten, wie besonders *Brand* und Krebs *(Chräbs)*, anzuwenden.
Nebst den im Textteil bereits erwähnten Krankheiten kennt man auch noch den *Sunnäbrand*, eine durch Schnittwunden ausgelöste Krankheit, dann den auf Kälte *(Chèlti)* zurückzuführenden *Holzschorf* und die *Spitzätirri*, bei der die Triebe *(Schoss)* vornehmlich mastiger *(maschtig)* Bäume schon in ihrem Frühstadium absterben.

ANMERKUNG 259

Vgl. Suter, Heinz: Kartoffeln zum Fressen gern. Kleine Tiere unter die Lupe genommen. In: UW 1987, Nr. 14 – ill. In diesem Artikel kommt der Autor u.a. auch auf die Geschichte des Kartoffelkäfers *(Hä[ä]rdepfelchääfer)* zu sprechen, der in der zweiten Hälfte des 19. Jh. von Kalifornien aus in Westeuropa eingeschleppt wurde und dann seinen Siegeszug gegen Osten antrat, wobei er die Schweiz spez. während des 2. Weltkrieges (1939-1945) bedingt durch die hohe Kartoffelanbauquote heimgesucht hat. Neuerdings wissen die Medien (vgl. UW 1993, Nr. 56) von einem anderen Schädling zu berichten: vom *Mäiszünsler*, einem Falter, der vor allem als Raupe im Mais *(Mäis, Paläntä, Poläntä, Tirggächoorä)* sein Unwesen treibt. Seit seiner ersten Registrierung in den Kantonen

St. Gallen und Tessin vor gut 20 Jahren hat er sich in der Zwischenzeit über rund drei Viertel der schweizerischen Maisfläche ausgebreitet. Auf den Kt. Uri bezogen konnte jedoch dipl. Ing. agr. ETH Peter Tresoldi auf Anfrage hin bestätigen, dass hierzulande bis dato keine diesbezüglichen Schäden zu verzeichnen gewesen seien, was aber eine künftige Raupenplage leider nicht ausschliesse. Dank eines biologischen Gegenmittels in Form einer Schlupfwespe, die mit den heimischen *Mischtbyyjäli, Schyyssäbyyjäli, Schlupfwäschpi* nicht identisch sei, könne aber dem schädlichen Falter erfolgreich Einhalt geboten werden.

ANMERKUNG 260

Vgl. Artikel: Unliebsame «Gäste». Schnecken im Garten. In: UW 1992, Nr. 68, und «Schädlingsbekämpfung im Biogarten». Vortragsabend der Bioterra Regionalgruppe Uri. In: UW 1993, Nr. 44.

ANMERKUNG 261

Vgl. die Zeitungsartikel «Die Frostempfindlichen. Nach den Eisheiligen ins Freie pflanzen» (in: UW 1991, Nr. 40) und «Blattläuse – ungeliebte Gäste. Bekannte Plaggeister» (in: UW 1991, Nr. 72).

ANMERKUNG 262

Früher wurden die Maikäfer *(Chääfer, Läübchääfer, Mäijächääfer)* jeweils frühmorgens *(i aller Hèrrgottäfriäji)* von den Laubbäumen geschüttelt *(Chääfer schittä)*, in Tüchern *(Tüäch* [Pl. *Täācher]*, *Zwächälä)* eingesammelt und dann mit grossen Kübeln *(Chessel, Chüibel)* zum zuständigen Käfervogt *(Chääfervogt)* gebracht – eine Arbeit, die man insgesamt mit *[mäijä]chääferä* bezeichnet hat. Dort wurde dann die Käfermenge in Litern *(Lytter)* gemessen und die entsprechende Entlöhnung *(Chääfergäld)* festgesetzt. Später erfolgte die Bekämpfung auf chemischem Weg. Bedingt durch die wachsenden Schäden, welche die Mäikäferlarven *(Ängerling* [jg.], *Inger)* in den

vergangenen Jahren trotz allem aber zunehmend auf den Wiesen im Kt. Uri angerichtet haben – man spricht von einem Ertragsausfall von einer halben Million Franken –, sah sich der Regierungsrat im Sommer 1991 genötigt, unter dem Vorbehalt der landrätlichen Akzeptanz neuerdings einem Schädlingsbekämpfungsprogramm auf natürlicher Basis in der Höhe von Fr. 90'000.– zuzustimmen. Bei diesem Versuch wird der entsprechend geimpfte Beauveria-Pilz in die Wiesen gestreut, der dann die Engerlinge mit einer tödlichen Krankheit infiziert. Vgl. dazu Poletti, Gregor: Kanton Uri kämpft mit Beauveria-Pilz gegen Mäikäfer. In: Vaterland 1991, Nr. 188, S. 19; und Tresoldi, Peter: Alle drei Jahre wieder. Maikäferbekämpfungsversuche im Kanton Uri. In: UW 1992, Nr. 9. Von einer grossangelegten Schädlingsbekämpfungsaktion ist auch im UW 1893, Nr. 25, die Rede. Von Andermatt aus traf damals am 20./21. Juni die von Schrekken gezeichnete Meldung ein, «ein zahlloses Gewürm in Millionen und Millionen von Stücken» sei in Form von gefrässigen Raupen auf den Wiesen von Andermatt und Hospental aufgetreten und habe schon so sehr geschadet, dass die Heuernte praktisch vernichtet sei. In einer ersten Massnahme versuchte man, dieser Plage durch spontanes Einsammeln der Raupen wirkungsvoll zu begegnen. Gleichzeitig wurden in Bern und Zürich Abklärungen getroffen, die ergaben, dass es sich um die sog. Graseule (Charaeas graminis, heute: Scotia exclamationis) handle, die laut damaligen Angaben normalerweise in Mittel- und Südeuropa nicht vorkomme, dagegen in Nordrussland ganze Gegenden verwüste. Diese Invasion erklärte man sich schliesslich so, dass im vorausgehenden Jahr das Insekt als Falter durch einen Sturmwind aus den nördlichen Gegenden nach Urseren getragen wurde, wo es sich entsprechend vermehrte. Glücklicherweise zerschlug sich die Befürchtung von damals, die Plage könnte sich in den folgenden Jahren wiederholen. Jedenfalls sind in den einheimischen Zeitungen später keine diesbezüglichen

Meldungen mehr zu finden gewesen.
Laut neuesten Informationen (vgl. Herder: Lexikon der Biologie, Bd. 3, S. 201, sowie Grzimeks Tierleben [Zürich 1969], Bd. 2, S. 352) gehört die Graseule (Gattung Leucania) zur riesigen Familie der Eulenfalter, die weltweit in allen Klimazonen und Höhenstufen vorkommen. Die Raupen können manchmal in so grosser Zahl auftreten, dass sie sich zu regelrechten Wanderzügen sammeln, um neue Futterplätze zu suchen. In Amerika werden sie deshalb «army worm» (Heerwurm) genannt.
Zur Schädlingsbekämpfung aus historischer Sicht vgl. Stadler-Planzer, Hans: Geschichte des Landes Uri. 1. Teil: Von den Anfängen bis zur Neuzeit. Altdorf/Schattdorf 1993, S. 314 f.

ANMERKUNG 263

Vgl. «Ein Lob auf den Regenwurm». Schwerarbeiter im Boden. In: UW 1991, Nr. 70.

ANMERKUNG 264

Vgl. Schibli, Bettina: Gefrässiger Schlaumeier narrt Gärtner. Der Dickmaulrüssler ist derzeit der grösste Feind der Pflanzen. In: UZ 1992, Nr. 174, S. 21.

ANMERKUNG 265

Im landwirtschaftlichen Produktionskataster, der auch für die einzelnen Urner Gemeinden in den Jahren 1961–1967 vom Eidg. Volkswirtschaftsdepartement zum Zweck der Sicherung der Landesversorgung in Krisenzeiten sowie zur besseren Anpassung der Produktion an die Marktverhältnisse für landwirtschaftliche Verhältnisse in Friedenszeit erstellt und herausgegeben wurde, heisst es zwar in bezug auf die Gmde Al., der Obstbau sei nicht stark verbreitet, da das Urner Reusstal nicht als gute Obstlage gelte, «woran besonders die häufigen Föhnstürme *(Feen)* schuld sind, denn sehr oft werden die Früchte lange vor deren Reife von heftigen Föhnwindböen zu Boden geworfen» (S. 9). Vgl. hiezu auch Bielmann, Jürg: Die Lebensverhältnisse

im Urnerland während des 18. und zu Beginn des 19. Jahrhunderts. Basel 1972, S. 69 f., 78.

ANMERKUNG 266

Vgl. «Obstbau – Obstverwertung». In: GP 1949, Nr. 24.

Zum Bild rechts:
Die stattliche Buche im sog. *Leidtal* in der Gmde Silenen ist eine der grössten in Uri. Ihr Stammumfang beträgt rund 5 m.

Zur Foto auf der übernächsten Seite:
Schächentaler Bauer in weissem Hirthemd *(Yträägsack)* beim Einbringen *(y'träägä)* eines Heubündels *(Häiwpinggel)*.

5   WIESEN UND FELDER[267]

267 Seite 386   Ein Blick in die Geschichte

Will man die tieferen Zusammenhänge der heute sozusagen nahtlos ineinander übergehenden Siedlungsräume längs der Reuss *(Ryyss)* und ihrer Nebenflüsse erfassen und durchschauen, dann tut man gut daran, nebst den von der Geschichte und ihren Hilfswissenschaften als glaubwürdig hingestellten Fakten auch das namenkundliche Material mitsamt den volkswirtschaftlich erkennbaren Ortstraditionen in die Analyse mit einzubeziehen.[268] Eine derartige Betrachtungsweise lässt alsbald unweigerlich erkennen, dass in Uri wie übrigens auch in andern Alpinregionen bis in die Zeit des 13./14. Jahrhunderts grundsätzlich der bäuerliche Mischbetrieb von Ackerbau und Viehhaltung zur Sicherstellung des Eigenbedarfs anzutreffen war. Mit dem Aufkommen des Gotthardpassverkehrs um 1200 und der daraus resultierenden, wirtschaftlich intensiven Verflechtung mit dem oberitalienischen Handelsraum trat jedoch der Agrarbereich in zunehmendem Masse zu Gunsten der den alpinen Verhältnissen weit besser Rechnung tragenden Milch- und Viehwirtschaft in den Hintergrund.[269] Heute ist gerade noch ein verschwindend kleiner Rest von 23 ha Ackerboden gegenüber 37'285 ha Wies- und Weideland (inkl. Sömmerungsweiden [Stand 1985]) zu verzeichnen.[270]

Trotz oder vielmehr gerade als Folge dieses Umlagerungsprozesses waren die in Uri sesshaften Talleute auch weiterhin darauf angewiesen, den zur Verfügung stehenden engbemessenen Lebensraum durch besondere Rodungseinsätze ihrem jeweiligen Bedürfnis entsprechend zu vergrössern. Beweis für solch zielgerichtete und zeitlich bis über das Mittelalter hinaus reichende Urbarisierungseinsätze *(iffnä, yffnä)* liefern denn auch die zahlreichen über den ganzen Kanton verstreuten Rütinamen *(Rytti, Ryttäli, Rytli)*, die auf die alte Rodungsform *(roodä, ²ryttä, üss'ryttä, äüffnä)* mit Axt *(Äx, Äxt)* und Haue *(Charscht)* verweisen, sowie die Schwanden-Güter *(Schwand, Schwandi, Schwändi)* – meist steil abfallende Abhänge *(Haldä, Haaltä)*, wo einstmals die Bäume durch das Abschälen *(schwäntä)* der Rinde vernichtet wurden. Auf besagte Rodungsaktivität zurückzuführen sind auch die *Brand-* und *Brust[i]*-Plätze, wo durch das Abbrennen des Waldes nutzbarer Boden gewonnen werden konnte zum Unterschied von den *Stock*-Gütern, wo die Bäume im herkömmlichen Sinn gefällt wurden.[271] Besonders für künftiges Ackerland wählte man nicht ungern auch sandhaltigen Boden *(Boodä, Grund)*, der sich den einheimischen *(häimisch, hiäsig, ihäimisch)* Bewohnern längs der Flussläufe oder gar in denselben als zwar flächenmässig bescheidene, aber nachgewiesenermassen überaus fruchtbare Anbaufläche *(Sandgaartä)* da und dort anbot.

268 Seite 388

269 Seite 390

270 Seite 390

271 Seite 391

Oben: In bezug auf die hierzulande einstmals angewandten Rodungspraktiken vermittelt nach wie vor das Schächental vorab mit seinen zahlreichen *Schwand*-Namen, aber auch durch sein jahrhundertealtes Landschaftsbild dem aufmerksamen Betrachter einen höchst aufschlussreichen Eindruck.

Unten: Auf dem reproduzierten Kartenausschnitt des Schächentales sind folgende *Schwand*-Namen lokalisiert:

Brickers Schwand, Eierschwand, Gammerschwand, Hansenjedis Schwand, Hänslers Schwanden, Muheimen Schwand, Ober Schwand, Oberschwänd, Schwand, Schwändeli, Schwanden, Schwandenbergen, Schwänti, Uf den Oberschwänden, Unter Schwand, Wilischwand, Witerschwanden.

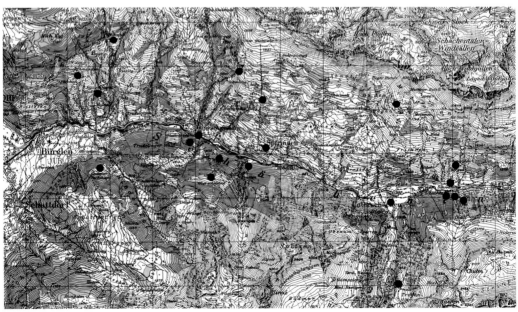

Einmal gerodet, konnten die urbarisierten Güter *(Güät)* als Acker *(Ac<u>h</u>er, Fä[ä]ld)* oder als Futterbasis für die Viehwirtschaft genutzt werden. Dabei wurde das eigentliche Weideland *(Wäid; Tag-, Aabed'wäid)* vom Winterfutter spendenden Wiesland *(Land, Mattä, Mattli, Mattland, Rytt[äl]i)* genau ausgeschieden,[272] was heute nicht mehr im vollen Umfang geschieht, sondern je nach Lage und Bodenbeschaffenheit des jeweiligen Landwirtschaftsbetriebes unterschiedlich *(dri und drüss)* gehandhabt wird. Wo es sich z.B. um ein steiles *(aphèltig, aschääl, gääch, gätschig, schiäch, stotz[ig])* und mit grösseren Steinen durchsetztes Terrain *(Gätsch, Ggätsch)* handelt, wird man dem Weideland den Vorzug geben, weil das Mähen *(mäijä)* unter solchen Voraussetzungen viel zu mühselig *(miäsam, sträng-wärchig)* wäre. Hingegen dort, wo die Gefahr besteht, dass die Kühe beim Weiden *(ätzä, ääzä, etzä)* insbesondere in abfallendem oder auch in leicht sumpfigem *(griätig, riätschwäizig, sickig, sumpf[t]ig, ggniäret* Urs.) Gelände Löcher *(Le<u>ch</u>er [<Loch])* in den Boden stampfen *(stampfä, trampä)* könnten, was dann auch wieder die Arbeit beim Mähen und Heuen *(häiwä)* enorm erschwert, wird das Gras *(Gra[a]s)* zielgerichtet als Heu *(Ä[ä]md, Häiw)* genutzt. Dies entspricht zudem einer allgemeinen Grundtendenz, wenn immer möglich das Gras primär als Futterreserve für den Winter zu verwerten. Dort, wo im Frühling *(Friälig, Janxig, Langgsi, Lanzig)* zunächst das Vieh zur Fütterung *(Atzig)* aufs Land getrieben wird *(üss'laa)*, wird später dann das sog. *Atzhäiw* eingebracht *(y'träägä)*.[273]

Wo es sich machen lässt, wird der Boden zur besseren Nutzung insbesondere im Einzugsbereich der Alpbewirtschaftung jährlich von den Steinen befreit *(scheenä)*. In früheren Zeiten wurden unebene *(ghoogeret, ghoogerig)* Stellen gar noch mit einem *Glettischleegel* ausgeebnet *(äpnä, üs'äpnä)*, damit der Boden nicht zu hartgründig *(hèrt'grindecht, -grindig)* und zu beschwerlich *(strängwärchig)* in der Bearbeitung ist. Die zu diesem Zweck gesammelten Steine fanden vor Zeiten gut und gerne Verwertung als Grenzmauern *(Gränzmüürä)* oder terrassenförmige Geländeaufbauten *(Scheenmyyrli)* mit zusätzlichen Nutzungsflächen von Weiden und Ackerland und teils sogar Weinbau *(¹Rääb[ä], Trüübä, Wyy)* und früher vereinzelt gar noch für kleinere Tabakplantagen *(Tübak)*.[274] In Hanglagen wurden solche Mäuerchen *(Myyrli,* Dim. von *Müürä)* auch gegen die mögliche Bildung von sog. Schneebrettern *(Ariss, Läüwischild, Rutsch, Schneebrätt, Schneerutsch, Schlipf)* oder als eigentliche Lawinenverbauungen *(Lawyynä-verbüüwig)* angelegt, wie dies u.a. etwa im Ried ob Amsteg sowie im Meiental bei der sog. *Wältschä Muurä*[275] heute noch sehr gut beobachtet werden kann. Schliesslich finden wir zudem so wallartig aufgerichtete Mau-

272 Seite 391
273 Seite 391
274 Seite 391
275 Seite 391

ern z.B. im Urserental als Abgrenzung zum offenen Weideland mit der einstmals überaus wichtigen, zusätzlichen Funktion, das bis ins letzte Jahrhundert angebaute «Getreide vor dem Wind zu schützen».[276]

276 Seite 392

Anbauflächen wurden zunächst in älteren Massen wie Jucharte *(Juchert)*, Morgen und Klafter *(Chlaafter)* angegeben. Heute rechnet man praktisch ausnahmslos in Quadratmetern, Aren und Hektaren. Bezüglich der Eigentumsverhältnisse ist auch in Uri zunächst von den mittelalterlichen Grundrechten auszugehen, nach denen nebst Adel und kirchlicher Obrigkeit nur der freie Landmann und die kollektiv verwalteten Genossamen, die sog. Tal-, resp. Markgenossenschaften oder Korporationen *(Korperazioon)*, Grund und Boden *(Boodä, Güät, Land)* als Eigentum *(Äigä; äigä, äiget)* in Anspruch nehmen durften.[277] Mit der Zeit jedoch, vollends seit dem Durchbruch der französischen Revolution und der Gründung des Schweizerischen Bundesstaates (1848) wurden solche Vorrechte bestimmter sozialer Gruppierungen zu Gunsten der Allgemeinheit, resp. der Einzelbürger abgebaut. Seither gehören *(gheerä, keerä)* im landwirtschaftlichen Bereich die zur Nutzung verfügbaren Güter entweder dem einzelnen Bauer *(Püür)* oder aber der aus den Markgenossenschaften hervorgegangenen Korporation, an deren Allmendnutzung jeder Korporationsbürger gemeinsamen Anteil nehmen kann *(täil und gmäin ha)* mit Einschränkung der sog. Alprechte. Selbstverständlich ist es möglich, dass ein einzelner Bauer seinen Betrieb nicht nur über Handänderung *(Handänderig)* – z.B. durch Kauf *(Chäüf)* oder Erbschaft *(Erb)* –, sondern auch dadurch erweitert, dass er evtl. ein Nachbargrundstück durch eine entsprechende Abgabe dazu gewinnt *(um ä Zyys ha, nä; z Lee ha)* oder im umgekehrten Sinn ein eigenes Grundstück verpachtet *(z Lee laa)*. Nicht unbedingt mit dem längst vergangenen mittelalterlichen Lehenswesen vergleichbar, aber doch in entfernter Anlehnung daran wird so ein Bauer – auch mit etwelchen Auflagen behaftet – zum Lehensmann *(Leema*, Pl. *Lechälyt)* und sein gemietetes *(miätä, zyysä)* Grundstück zum *Lee, Leeland* und *Lehn*, vereinzelt auch *Luss* genannt. Gelingt es, ein mit Gülten *(Gilt[ä])* oder – in der Sprache des modernen Bankwesens – mit Hypotheken belastetes Grundstück von der Schuldenlast zu befreien, heisst es, das Gut sei nun *leedig und loos*.

277 Seite 392

Blumen in Feld, Wald und Wiese

Als um die Mitte des 19. Jahrhunderts der Schwyzer Biologie- und Englisch-
lehrer Josef F. Rhiner (1830–1898) auch durch die Gegend des Landes Uri
zog, um speziell bei der Bauernsame die Kenntnisse in bezug auf die eigent-
lich dialektalen oder zumindest mundartlich eingefärbten Blumennamen zu
aktivieren und für seine Wörtersammlung[278] dienstbar zu machen, stiess er
unter der damaligen grossmehrheitlich noch von bäuerlichen Traditionen
getragenen Bevölkerung auf ein ausnehmend starkes Echo. Die Ausbeute
seiner Umfrage war denn auch entsprechend gross, so gross, dass man aus
heutiger Sicht bisweilen seine guten Zweifel hegt, ob die von Rhiner zitierten
Ausdrücke allseits wirklich auch so lebendig waren.

Solch kritischen Überlegungen mag anderseits zur möglichen Entla-
stung die bisweilen auf allzu romantisierenden Vorstellungen basierende
Ansicht entgegengehalten werden, dass vor gut 150 Jahren die heute vielfach
überdüngten Fettwiesen im Vergleich zu den vielfältig blühenden *(bliäjä)*
Magerwiesen wohl bestimmt die Seltenheit waren und insbesondere der
Bauer selber trotz fehlendem Maschinenpark weitaus mehr Zeit zur Verfü-
gung hatte, um sich mit dem Blumenreichtum *(Blüämä, Häiwblüäm[ä],*
Pliäm, Zeekerbliämli) seiner Wiesen und Felder sogar im einzelnen ausein-
anderzusetzen. Jedenfalls mochte wohl nur schon das Blumensammeln
(bliämlä, vieentlä), wie es an schönen Sonn- *(Sunntig)* und Feiertagen *(Fyyr-
tig)* hierzulande bis zur allgemeinen Motorisierung der Bevölkerung gang
und gäbe war, für alle Beteiligten zu einem kurzweiligen und obendrein in
bezug auf die botanischen Kenntnisse bereichernden Vergnügen *(Vergniägä)*
werden.[279] Ein eigens während dem Spazieren *(spaziär[l]ä, spazifizottlä)*
gesammelter *(sammlä, strupfä, ap'ryyssä)* Feldblumenstrauss *(Blüämä-
strüüss, Mäijä, Pusch, Puschel, Strüüss)* tat demzufolge gewiss auch seine
entsprechende Wirkung, die wir in unserem persönlichen Umfeld unter
Umständen erst wieder neu lernen und erfahren müssten.

Zur Hebung von Rhiners Glaubwürdigkeit mag aber auch noch
angeführt werden, dass sich die respektablen Belege von Blumennamen
vornehmlich auf Blumen konzentrieren, die im Talboden bis in eine mittlere
Höhe der sog. *Bäärg*-Heimwesen angesiedelt sind, währenddem die
ausgesprochene Wald- und Alpenflora – von den löblichen Ausnahmen
einmal abgesehen – entschieden bescheidener vertreten ist. Diese Differenz
ist aller Wahrscheinlichkeit nach auch durch den einfachen Umstand zu
erklären, dass die unterschiedlichen Beobachtungs- und Zugriffsmöglich-
keiten im Tal *(Boodä, Ta[a]l, Zäämi, Zeemi)* und auf der *Alp,* geschweige

278 Seite 392

279 Seite 393

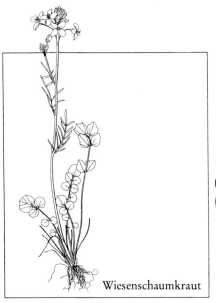

Wiesenschaumkraut

Massliebchen

Zusammen-
stellung der
sechs *Ooschter-
bliämli.*

Weder die
botanische
Zuordnung,
noch ihr
äusseres
Erscheinungs-
bild, sondern
einzig der
Zeitpunkt
ihres Blühens
(*um d Ooschterä
u[u]mä*) führte
zu dieser
gemeinsamen
Namengebung.

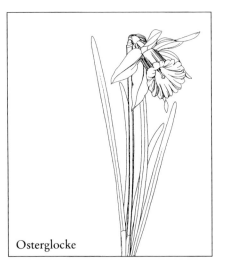

Osterglocke

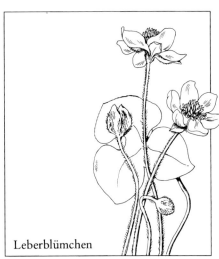

Leberblümchen

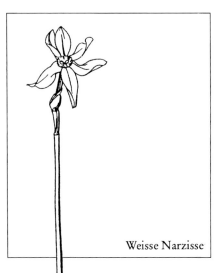

Weisse Narzisse

Schlüsselblume *(Pryymäli)*

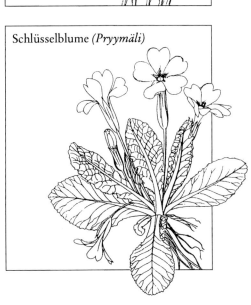

denn im Wald *(Wa[a]ld)*, bei den Leuten von damals zu entsprechend unterschiedlichen Kenntnissen in bezug auf die sie umgebende Flora führen mussten.

Aber auch für die zumindest als bekannter voraussetzbare Talflora gilt, was schon bei den Sträucher- und teils auch Baumnamen festzustellen war, dass nämlich die mundartliche Bezeichnung einer Pflanze bisweilen für eine ganze Reihe von weiteren Pflanzen dienen kann, deren botanische Zuordnung völlig verschieden ist. Das sprechendste Beispiel hiefür liefert uns wohl der Ausdruck *Ooschterbliämli*, der für das Leberblümchen (Anemone hepatica), das Massliebchen (Bellis perennis), die weisse *(wyyss)* Narzisse (Narcissus poeticus L.), resp. die gelbfarbene *(gälb, gälw)* Osterglocke (Narcissus pseudonarcissus L.), die Schlüsselblume ganz allgemein (Primula L.) und sogar für das Wiesenschaumkraut (Cardamine pratensis L.) verwendet wird. Das einzige verbindende Element dieser sechs Blumen ist in diesem Fall der Zeitraum um Ostern *(Ooschterä)*, wo die Blüten *(Bliätä)* besagter Pflanzen erstmals nach der winterlichen Stille wieder Farbe in die Landschaft bringen.

Gerade dieses Beispiel zeigt aber auch, dass das individuelle Verhältnis der Bevölkerung *(Bevèlkerig)* zur vorhandenen Blumenpracht bei aller Vielfalt der sprachlich genutzten Ausdrucksmöglichkeiten doch stets recht praxisbezogen in Erscheinung tritt und sich auf die mehr oder weniger milchfördernden Kräuter *(milchi Chrytter)* sowie jene Feldblumenarten beschränkt, die bei der Fütterung *(ätzä, ääzä, etzä)* von den Tieren eher übergangen werden.

Dass es mit der Benennungsfreude von Blumen im Urnerischen nicht gar so trefflich bestellt ist, mag im weiteren auch etwa daran abgelesen werden, dass gerne bei artenreichen Familien die jeweilige Mundartbezeichnung nicht punktuell auf eine bestimmte Blumenart Bezug nimmt, sondern mehr allgemein für die Familie als Ganzes oder dann für irgendeine, teils sogar mehrere der betreffenden Familie zugehörigen Blumenarten zu gelten hat. So gibt es zwar diverse mundartliche Bezeichnungen für die rund 15 Arten des Alpenampfers, aber keine, die ausschliesslich eine ganz bestimmte bezeichnen würde. Dasselbe gilt auch für die Distel, den Eisenhut, den Enzian, den Kälberkropf, das Kreuzkraut, das Läusekraut und insbesondere für das rund 30 Arten zählende Ehrenpreis. Dieser Umstand liess es denn auch angezeigt erscheinen, in der nachfolgenden Auflistung auf die offiziellen botanischen Namen in lateinischer Sprache zu verzichten und nur die deutschen Bezeichnungen aufzuführen, weil sonst eine allzu grosse Einengung stattgefunden hätte, die überdies das allgemeine Bild in bezug auf die botanischen Kenntnisse einer ganzen Sprachregion verfälscht hätte. Dafür sind zur leichteren Auffindung nebst den schweizerisch gängigen Namen auch die in deutschen Fachbüchern zitierten Bezeichnungen verwendet worden. Bei auftauchenden Unklarheiten wurde dann aber trotzdem die lateinische Benennung zusätzlich zu Hilfe genommen.

Besonders hervorgehoben sei in diesem Zusammenhang auch noch das Schicksal der eigentlichen Feldblumen, die – in einem gewissen Sinn aus verständlichen Gründen – eh und je zum ausmerzwürdigen Unkraut *(Chritzimus, Jätt, Jättminz, Uchrüt)* degradiert worden sind und heute gegen die modernen Vertilgungsmittel nur beschränkte Überlebenschancen haben. Für Blumen als Ausdruck einer gezielt ästhetischen und dekorativen Komponente mit der Absicht nach innerer Bereicherung fehlte eben über weite Strecken den Leuten ganz einfach die Zeit und auch das nötige Verständnis. Gewiss hat in dieser Hinsicht inzwischen durch entsprechende Aufklärungskampagnen in der breiten Öffentlichkeit einiges geändert. So ist der heute landauf und landab an den Bauernhäusern z.T. fast überreiche Blumenschmuck in Form von Geranien *(Graani[ä])* wie auch das Ansäen *(a'säijä)* von Blumen im eigens dafür ausgesparten Bereich des Hausgartens *(Gaartä, Hüüsgaartä)* sogar in den entlegensten Ecken *(Äineedi, Schloffä; im Ggaggo ussä, im Poijätsch, bis i all Hoorän üüfä)* zum unverfälschten Ausdruck unserer aufgeklärten und teils wieder statusbewussten Zeit geworden. – Offensichtlich ganz anders verhält sich die Situation in bezug auf die Kenntnis der Standorte bestimmter Pflanzen. Hier machen Kenner der Materie immer wieder die verblüffende Feststellung, dass insbesondere die Bauernsame sozusagen problemlos in der Lage ist, innnerhalb ihres Aktionsbereiches die Standplätze der verschiedensten Blumen ausfindig zu machen, auch wenn die einzelnen Bauern selber keine botanisch geschulten Sammler sind.[280]

280 Seite 393

Blumennamen[281]

281 Seite 393

Die nachfolgend alphabetisch gegliederten standarddeutschen Bezeichnungen mögen nun den Zugriff zu den entsprechenden Mundartausdrücken erleichtern und zugleich die oben angesprochene relative Vielfalt bestätigen. Zur Vervollständigung beachte man zudem die Auflistung der Farne, Flechten, Moose und Schachtelhalme im Kap. 3, S. 173 ff. Um darüber hinaus dem Verhältnis zwischen Bezug zur Blumenwelt und der sprachlichen Umsetzung zusätzlich eine geschichtliche Dimension zu geben, sollte aber auch

282 Seite 394 noch der diesbezügliche Flurnamenschatz im Anmerkungsteil in die Betrachtung miteinbezogen werden.[282]

Ackersenf:	*gäälä Sämpf*	
Alant:	*Aläät*	
Allermannsharnisch:	*Nyynhämmler, Nyynhämmleri*	*Nyynhämmler'chrüt, -wurz Müünhämmler*
Alpenampfer:	*Ankä'blackä, -plackä Blackä Braagel, Praagel Gschletter*	*Häiwblackä Mischtiblackä Syywblackä Sta[a]felblackä*
Alpenanemone:	*Wildstrubelchrüt*	
Fruchtstand:	*Bockbaart*	*Gäissbaart*
Alpenbärentraube:	*Gummä*	vgl. S. 255
Alpendost:		s. Drüsengriffel
Alpenkreuzkraut:	*Braagel*	*Sta[a]felbeeni*
Alpenlauch:		s. Berg[schnitt]lauch
Alpenleberbalsam:	*Stäireesäli*	
Alpenmutterwurz:	*Mutterä*	*Mutterägra[a]s*
Alpenrose:		vgl. Kap. 4
Alpensoldanelle:	*blaaws Schlisselbliämli*	
Alpenveilchen[283]:	*Alpäväijäli Ha[a]säneerli*	*Vieentli*
Ampfer, (Knäuel-):	*Blackä Gschletter*	*Mischtiblackä*
Sauer-, auch Grosser -:	*Süür'ampfälä, -ampferä, -hampfälä*	
Stumpfblättriger -:		s. Grindampfer
Aronstab:	*Aroonächrüt*	*[1]Rüttä*
Aurikel:	*Fliäbliäm[l]i*	
Bachnelkenwurz:	*Kapizyynerbliämli Kapizyynerzottäli*	*[T]schuggälaadäbliämli*

283 Seite 395

Alant

Allermannsharnisch

Alpenbärentraube

Alpenveilchen

Berg(schnitt)lauch

Bibernelle

Baldrian, Echter -,	*Chatzäwirzä*	
Grosser -:		
Bärenklau:		s. Wiesenbärenklau
Bärlauch:	*Nyynhämmler'chrüt,* *-wurz*	*Ramsälä, Ramserä*
Beinwurz:		s. Wallwurz
Benediktenkraut:	*Wildstrubelchrüt*	
Bergklee: (Trifolium montanum)	*Stäichlee*	
Bergmyrte:		s. Kreuzblume, buchsblättrige
Berg[schnitt]lauch:	*Bèllä, wildä Bèllä*	
Bergwohlverleih:	*Gämsch[i]blüämä*	
Bibernelle:	*Bibernäll[ä]* *Bockwirzä* *Bumpernäll*	*Läiterächrüt* *Pumpernällä*
Bilsenkraut:	*Pilsächrüt*	
Braunwurz, Knotige -: (Serophularia nodosa)	*Nachtschattä*	
Breitwegerich:	*Bräitwägerich* *Mattä'tätsch, -tätschä*	*Stryyssli [<Strüüss]*
Brennessel:	*Brèndli* Urs. *Brènnesslä*	*Nesslä*
Buschwindröschen:	*Bettsäicherli* *Stäärntli [<Stäärnä]*	*Waldbliämli*
Distel:	*Chratztischtlä* Urs. *Stipferä*	*Trummäschleegel* *Tischt[ä]lä*
Drüsengriffel:	*Wasser'blüämä, -bliämä*	
Edelweiss:	*E[e]delwyyss* *Fliäbliämi*	*Zeekerbliämli*
Ehrenpreis:	*Bachbum[m]älä* *blaawi B.* *Bachbumbälä*	*Chatzänäiggli* *Jelèngerjeliäber*

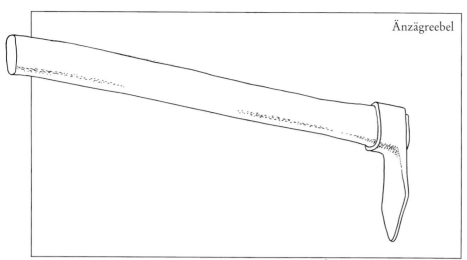

Änzägreebel

Fieberklee

Gelber Enzian

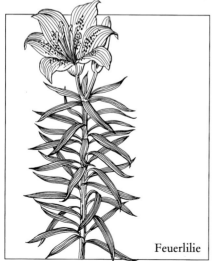

Feuerlilie

Frauenschuh

Einbeere:	*Äibeeri*	*Giftbeeri*
Eisenhut, Wolfs-:	*Fuxschwanz*	*Wolf[s]chrüt*
	Yysähüät	*Wolfsstirzel,*
	Teerälächrüt	*wyyssä; blaawä*
Enzian, Stengelloser -,	*[1]Änzä*	*Hiimelsbliämli*
sowie Frühlings-:	*Blaaw-Bliämi*	*Hiimelsschlissäli*
	Fingerhüät	*Stäärnäblüämä*
Gelber -:	*[1]Änzä*	*änznä[284]*
	Gschletter	*Änzägreebel*
	Stränzä	*Wirzä'chlämper, -greebel*
Erdrauch, Echter -:	*Tüübächropf*	
Erika:		vgl. Kap. 4
Feigwurz:		s. Scharbockskraut
Feuerlilie:	*Gloggäroosä*	*wildi Ilgä*
	Goldroosä	
Fieberklee:	*wildi Boonä* [?]	
Fingerhut:	*Blaaw-Bliämi*	*Fingerhüät*
Roter u.	*Gschletter*	
Grossblütiger -:		
Fingerkraut,		s. Tormentillfingerkraut
Aufrechtes -:		
Frauenflachs:		s. Löwenmaul
Frauenmantel,	*Fräu[w]ämäntäli*	*Mäntäli*
Gemeiner -, auch		*Schlissälichrüt*
Wiesen-, resp.		*Silberchrüt*
Taumantel [s. auch		*Sunnätächli*
unter Silbermantel]:		*Wasserträäger*
Frauenschuh:	*Bockseckel*	*Fräuwäschüä* [jg.]
Frühlingsenzian:		s. Enzian
Frühlings-Knotenblume:		*Schneegleggli*
Frühlingskrokus:		[s. noch unter Krokus]
[Weisser, Violetter -]:	*plutti Büäbä*	
davon Zwiebel:	*Syywchäässli*	

284 Seite 396

Frühlings- Scharbockskraut:		s. Scharbockskraut
Gänsefuss, Weisser:	*Mä[ä]lbälä*	
Germer, Weisser -:	*Gärberä, Gèrberä* *Gärbälä* *Gämmerä, Gèmmerä* *Gärwärä, Gèrwerä*	*Gèrmerä* *Gèrwälä* *Gschletter*
Glockenblume:	*Gloggäblüämä*	*Müüräg[g]leggli*
Rautenblättrige -:	*Wasserschäärlig*	
Goldnessel:	*gälbi Hungblüämä* *Hungsuggä*	*gälbi Nesslä*
Grindampfer: (Rumex obtusifolius)	*Ankäblackä,* *Ankäplackä* *Blackä*	*Mischtiblackä* *Schnuuderblackä* *Wa[a]ldblackä*
Gundelrebe:	*Bundräbli* *Gundelrääbä*	*Rundräbli*
Hahnenfuss [allg.]:	*Glyyssblüämä* *Glyyss[er]li*	*Haanäfüäss* *Stäibliämli*
Scharfer -:	*Ankäbliämli* *Glüüssli*	*Syywroosä*
Hainweiderich:	*Schlangächrüt*	
Heidekraut, Gemeines -:		vgl. Kap. 4
Heinrich, Guter -:	*Häimälä*	
Hirtentäschel:	*Tyyfelsgäldseckäli*	*Täsch[ä]lichrüt*
Huflattich, Gemeiner -:	*Chrooslä* *Füüschterbliämli* *Gäisstächli*	*Mèrzäbliämli* *Rosshüäbä, Rosshüübä*
[Blüte davon:]	*Rosshüäbäbliämli*	
Immergrün:		s. Sin(n)grün
Johanniskraut:	*Johannis'chrüt*	

Kälberkropf:	*Charbängelchrüt* *Krebängelstängel*	*Krewällästängel*
Kamille:	*Kamillä*	*Karmillä*
Kapuzinerkresse:	*Kapizyynerli*	
Karde, Wilde -, Wald-:	*Chaartä*	*Wullächaartä*
Kerbel, Wiesen-:	*Chreballä, Kreballä* *Chrebängel* *Karbängel, Charbängel*	*Spritzä'bèngel,* *-bletter* Urs. *Krebällästirzel*
Klappertopf:	*Chlaffä, Chläffel*	*Schatz*
Klatschmohn:	*Cho[o]räroosä*	
Klee	[s. auch Wiesenklee]:	*Chlee; blaawä, goldigä*
Kriechender -:	*Stäichlee*	
Sauer-:	*Gguggerchrüt* *Gguggerspyys*	*Süürchlee*
Klette:	*Chlääberä*	*Chlättä, Chlettä*
Klettenkerbel, Grosser -:		*Ross'chi[i]mi*
Knöterich, Floh-Ampfer:	*Floochrüt*	*Mischtichrüt*
Schlangen-:	*Schlüüchä*	
Kohlröschen, Schwarzcs -:		s. Männertreu
Königskerze, Filzige -:	*Bämsel, Bänsel* *Keenigs'chèrzä*	*Wull[ä]chrüt* *Wullästängel*
Kreuzblume, Buchsblättrige, auch Alpenbergbuchs od. Bergmyrte genannt:	*Alpämirtä*	*Pantoffelschiäli*
Kreuzkraut:	*Chryzchrüt*	
Krokus, [Gelber -, s. auch unter Frühlings-Krokus]:	*Chääsbliämli* *Chääsmäijäli* *plutti Mäitli*	*Schneegleggli*

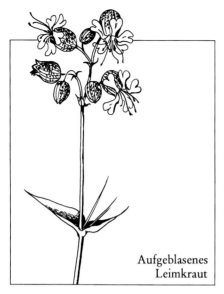

Aufgeblasenes
Leimkraut

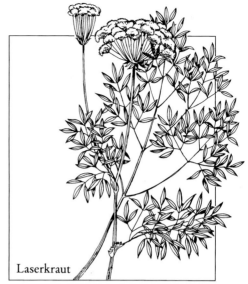

Laserkraut

Läusekraut

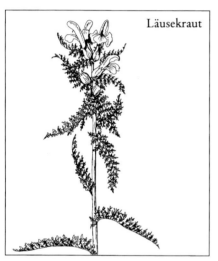

Löwenmaul

Malve

Mauerpfeffer

Kuckuckslichtnelke:	*Gguggerbliämli*	*Gguggernäägäli*
Laserkraut: (Laserpitium Halléri aut L. hirsutum)	*Bockbaart* Urs.	*Gäissbaart*
Läusekraut:	*Gäissfaarä* *Hoochfaarä*	*Hooffaarä*
Lavendel:	*Chyydä*	*Lavändel*
Leberblümchen:	*Blaaw-Bliämi* *Lääber[ä]bliämli* *Mèrzäbliämli*	*Ooschterbliämli* *Stäärntlichrüt*
Leimkraut, Aufgeblasenes:	*Chlepfer, Chlepferä*	
Leinkraut, Gemeines:		s. Löwenmaul
Lilie:	*Gilgä* *Ilgä*	*Liliä* [jg.]
Löwenmaul:	*Leewämyyli*	*Müüläffli*
Löwenzahn:	*Leewäzaan* *Schwyynbluämä* Urs. *Syywblüämä* *Syywchrüt, Syywlichrüt*	*Syywmäijä* *Syywroosä* *Sunnäwirbel*
Luzerne:	*blaawä Chlee*	
Lysimachie:		s. Hainweiderich u. Natternkraut
Maiglöckchen:	*Mäi[jä]gleggli*	*Mäijäryyssli*
Malve:	*Chäässlichrüt* *Ypschäwurz*	*Lung[g]ächrüt*
Männertreu, Schwarzblütiges:	*Bränderli* *Brännäli, Bräntäli*	*Üüs[ä]chèlpli* [1]*Walser*
Massliebchen:	*Gäiss[ä]bliämli* *Gäissmäijäli*	*Ooschterbliämli*
Mauerpfeffer:	*Häilchrüt* *Müürätrypli*	*Wundächrüt*

Mehlprimel:		s. Schlüsselblume
Meisterwurz: (Peucedanum ostruthium)	*Mäischterwurz[ä]*	*Stränzä*
Melde:	*Binätsch*	
Melisse:	*Melissä*	
Milzkraut, Wechselblättriges -:	*Milzichrüt*	
Minze:	*Minz, wildi –*	*Minzä*
Mohn:	*Stängelreesäli*	*Stinkroosä*
Narzisse:	*Narzissä* *Ooschterbliämli*	*Ooschtergloggä* *Stäärnä, Stäärntli*
Natternknöterich:		s. Knöterich
Natternkraut:	*Schlangächrüt*	
Nelke, Wilde -:	*Näägäli, wildi* [Pl.]	
Stein-:	*Stäibliämli*	*Stäinäägäli*
Nelkenwurz, Echte -:		s. Benediktenkraut
Nieswurz, Schwarze -:	*Hèrrgottsblüämä* *Hèrrgottsroosä-blüämä*	*Ysähèrrgotts'roosä*
Osterglocke:		s. Narzisse
Pestwurz:	*Füüschterblackä*	*Waldblackä*
Pfefferminze:	*Pfäfferminz*	
Pfingstrose:	*Ysähèrrgottsroosä*	*Pfingschtroosä*
Rainfarn:	*Reefaarä*	
Rapunzel, Betonienblättrige:	*Joggälä, Joggänä*	*Nuggälä*
Raute, Garten-:	*Rüttä*	
Rose:	*Roosä, Reesäli*	*Roosästock*
Wilde -:	*Hagroosä*	s. auch Kap. 4: Hundsrose
Safran, Weisser -:		s. Frühlingskrokus
Salbei:	*Salbyy[nä]*	

Salomonssiegel Vielblütiges: (Polygonatum multiflorum aut Convallaria multiflorum)	*Ägerschtäwirzä*	*Schwalbächrüt*
Sanikel:	*Scha[r]niggel*	
Sauerampfer:		s. Ampfer
Sauerklee:		s. Klee
Scharbockskraut:	*Ankäbliämli* *Glyyss[er]li*	*Glyyss[g]erli*
Schierling, Gefleckter: (Conium maculatum)	*Schäärlichrüt*	*Schäärlig*
Schlangenknöterich:		s. Wiesenknöterich
Schlüsselblume [allg.]:	*Schlisselbliämli* *Ooschterbliämli*	*Zitreenäli, Zitreentli*
Langstielige -:	*Madämmäli* *Matändäli*	*Matängäli* *Zytroosä*
Mehl-:	*Re[e]derli*	*Riätroosä*
Stengellose -:	*Zytroosä*	*Zitterroosä*
Schneeglöckchen:	*Schneegleggli*	
Schwefelanemone:	*Baartmanntli*	
Schwertlilie:	*Ilgä, blaawi*	
Senf, Weisser -:	*Sämpf, wyyssä*	
Silbermantel s. auch Frauenmantel:	*Mutterä* *Mutterägra[a]s*	*Silbermäntäli*
Sin(n)grün:	*Immergriän*	*Stryttä*
Sonnenblume:	*Sunnäblüämä*	*Sunnäwirbel*
Spierstaude, Geissblättr.-:	*Bockbaart*	
Spitzwegerich:	*Ripplichrüt*	
Steinbrech:	*Lung[g]ächrüt*	*Stäibliämli*
Sterndolde, Grosse -:	*Mäischterwurz[ä]*	*Stränzä* *stränznä*
Sternmiere, Mittlere -:	*Hiändertaarä*	*Veegälichrüt*

Türkenbundlilie

Tormentillfingerkraut

Sumpfherzblatt

Taglichtnelke

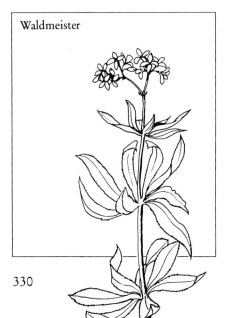

Waldmeister

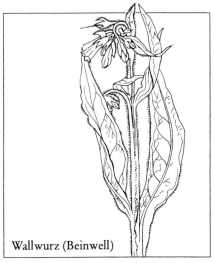

Wallwurz (Beinwell)

Stiefmütterchen:	*Styyfmiätterli*	
Storchenschnabel:	*Gotts-Gnaadä-Chrüt Graani*	*Müätter-Gottes-Gnaadä*
Sumpfdotterblume:	*Bachblüämä Bachbum[m]älä*	*Bachgummälä Schmirbälä, Schmirplä*
Sumpfherzblatt:	*Studäntäreessli*	
Taglichtnelke:	*Fläischblüämä*	*fyyrigi Liäbi*
Taubnessel:	*Floochrüt*	*Häimälä*
Purpurrote -, sowie Gefleckte -:	*rooti Hungblüämä rooti Hungsuggä*	*rooti Nesslä* s. noch Goldnessel
Thymian:	*Ambäissichrüt*	*Siächrüt*
Tormentillfingerkraut:	*Tyyfels'chrüt Tormäntillchrüt*	*Tormänts'chrüt*
Trollblume:	*Ankäballä Ankäbliämli Ankäbollä Bachrollä Bäärgrollä Bollerä* [?]	*Bumälä* Urs. *Chnollä Gäüwerrollä Goldchnollä Rigirollä Rollä*
Türkenbundlilie:	*Goldwirzä*	*Tirggärollä*
Veilchen:	*Vieenäli, Vieentli*	
Hunds-:	*gstinkets –*	
Wohlriechendes:	*gschmeckets –*	
Vogelwicke:	*Vo[o]gelärbs'chrüt*	
Waldangelika, Engelwurz:	*Spritzäwirzä*	
Waldmeister: (Galium odoratum)	*Wa(a)ldmäischter*	gedörrt *(tèrrt)* auch als Pfeifentabak *(Pfyyffä- tübak)* verwendet
Waldnessel, Gelbe -:		s. Goldnessel
Waldstorchenschnabel:	*Blaaw-, Bläüw'mäijä*	
Wallwurz, Echte -:	*Wallwirzä*	

Wegerich, Grosser -:		s. Breitwegerich
Wegwarte:	*Wägwaartä*	
Weiden-, Wiesenalant:		s. Alant
Weiderich:	*Chällerhals*	
Wiesenbärenklau:	*Bäärätaapä* *Bäärätatzä*	*Schä[ä]rchrüt* *Schäärlichrüt* *Schäärlig*
Wiesenbocksbart:	*Habermarg* *Haberstock*	*Milchbliämi,* *Milchblüämä*
Wermut:	*Wurmet, Wurmüät,* *wildä –; wyyssä*	
Wiesenklee:	*Mattächlee*	*Suuger* Urs.
Wiesenknöterich:	*Oxäzungä*	
Wiesenschaumkraut:	*Bettsäicherli* *Mattächressech*	*Ooschterbliämli*
Winde:	*Windä*	
Wollkraut		s. Königskerze
Wucherblume, Weisse:	*groossi Gäissblüämä* *Margryt[tä]*	*Santi-Hans-Blüämä* *Sant-Johann[e]s-Blüämä*
Wundklee:	*Chatzätääpli* *Hèrrgottsfiässli*	*Hungbliämli*
Zaunwinde:	*Räägäblüämä*	*Räägägloggä*
Zyklame:		s. Alpenveilchen
Zypressenwolfsmilch:	*Flüächächrüt* *Tyyfels'chrüt*	*Tormäntillchrüt* *Tormänts'chrüt*

Gras und Heu

Seit der Aufgabe des Nomadentums vor urdenklichen Zeiten wussten unsere Vorfahren bereits um den grossen Stellenwert einer klug organisierten und ausreichend bemessenen Futtervorsorge *(Winterig)* zugunsten der domesti-

zierten Tiere *(Hüüstiär)*, wenn die Viehhabe *(Läbwaar, Vee)*, d.h. das Gross-
(Groossvee, Ga[a]ltvee, Jäärlig) und Kleinvieh *(Gschliächt, Schmaalvee)*,
auch wirklich ohne nennenswerte Probleme den Winter überstehen *(uber-
winterä)* soll. Damit dies jedoch selbst in ausnehmend harten und übermäs-
sig lange dauernden Kälteperioden möglich war und ist, muss zwecks Stei-
gerung der Grasproduktion nach jedem Schnitt und obendrein zur Winters-
zeit *(dr Winter[t] duurä)*, wenn die Jauchegrube *(Buckä, Bucki, Gilläbucki)*
am Überlaufen *(uberläüffä)* ist, die von Umweltschutzkreisen nach wie vor
in Frage gestellte und heute durch den Gewässerschutz kontrollierte Dün-
gung mit Jauche *(Buckägillä, Gillä, Miärä)* einsetzen *(bucknä, gillnä, giwnä)*,
auch wenn der Bauer *(Püür)* normalerweise schon im Spätherbst *(Spaat-
hèrbscht)* den Mist *(Büü[w], Mischt)* über die Wiesen verteilt hat *(büüwä,
mischtä, Mischt zettä, Büü[w] a'leggä, üss'männä, üss'tüä)*. Auf diese Weise
ist die nötige Vorarbeit geleistet, die dann auch den erwarteten Graswuchs
(Graasig, Blüämä) erfahrungsgemäss sogar in eher humusarmem und stei-
nigem *(gandig, gändig, getzig, ¹griplig, grüplig, gscheeverig, gscheew[e]rig,
gstäinet, hèrt'grindecht, -grindig, maager)* Wiesland einigermassen sicher-
stellt, indem doch ein respektabler Ertrag erzielt werden kann *(Daa waxt äs
güät üüsä)*.[285]

Ob aber eine Wiese *(Gra[a]splätz, Mattä)* nur wenig Gras *(Gra[a]s)*
abwirft – ein sog. *Gäissmäijetli* – oder ob sie eben als ertragreich *(aartig,
äärtig, gfass[e]t, greesig, gglandig,* verstärkt: *güätgreesig)* gilt, weil sie mei-
stens dann auch gut gedüngt *(fett, püüwnig)* und mit saftigen Kräutern
durchsetzt *(chrüttig)* ist und dementsprechend auch als *[g]frääsigi Mischig*
und überdies gar noch als gut schneidbar *(häüwig, mäijig, schnätzig)* einge-
stuft wird, hängt letztlich von verschiedenen Faktoren ab. Der keimende
Graswuchs *(Gchy[y]d, ¹Waasä)*, der in seinem Frühstadium gerne mit den
Adjektiven *jung* und *churzgreesig* umschrieben und bei entsprechendem
Wachstumsfortschritt obendrein etwa als *usinnig tick*, aber *nit heech* charak-
terisiert wird, deutet dem aufmerksamen Bauern bereits an, was er von seiner
Wiese aller Wahrscheinlichkeit nach erwarten kann. So heisst es etwa von
einem Grundstück, das einen rechten Grasertrag in Aussicht stellt: *Hyyr git
s ä güätä Blüämä.* Dazu muss das Gras auch ausreichend dicht spriessen
können *(fyyn gfasset cho, ä phapnä ¹Waasä bringä, wiän ä Birschtä syy)*.

Dort hingegen, wo schon vereinzelte Grasziegel *(¹Waasä, Wässlig,
Häärdwaasä, Häärdwässlig)* oder gar beträchtliche Teile der Grasnarbe
(Schlänzä) entweder durch Einwirkung von Schädlingen *(Inger, Müüs,
Schär, Schä[ä]rä, Schäärmüüs*[286]*, Schäärhüüffä)* oder durch Überdüngung in
allgemein steilem *(aphèltig, aschääl, gääch, gätschig, schiäch, stotz[ig])* und

285 Seite 396

286 Seite 398

333

1

2

3

5

Mist *(Mischt)* und Jauche *(Gillä)* werden z.T. heute noch recht altväterisch auf die Wiesen *(Land, Mattä)* verteilt. Daneben aber hat spürbar auch die modernste Technik zunehmend Einzug gehalten.

1
Mischthacker,
Mischtmitscher,
Mischtwolf zum
Zerkleinern des
festgestampften
Mistes

2
Gillä'bännä,
-charrä

3
Säilwindä mit
Üffbüüwmotoor
und Mischtbännä

4
Modernes
Truckfass

5
Cholbäpumpi
(Einkolben-
doppelwirkende
Jauchepumpe)

6
Schnäggäpumpi
modernster
Ausführung mit
Fernsteuerung

4

6

obendrein rutschigem *(gängig, gscheeverig, gscheew[e]rig, lääbig)* Gelände in ihrer Haftfestigkeit eingeschränkt sind, entstehen kahle *(blutt)* Stellen *(Ariss, Schlipf; a'ryyssä, ds Land verzèrrä, innä'zèrrä)*, und das Gras wächst allenfalls nur noch büschelweise *(Beeschä* Urs., *Peschä)*, was notgedrungen quantitative wie qualitative Einbussen zur Folge hat.

Zwar weiss man hierzulande allgemein, dass der Alpenmutterwurz *(Mutterä, Mutterägra[a]s* – eine zu den Doldengewächsen gehörende Pflanze – ein vorzügliches milchspendendes *(mälch)* Futterkraut *(Milchlichrüt)* ist. Sonst aber halten sich die Kenntnisse bez. Gräserarten beim einzelnen Bauern – selbstverständlich auch in diesem Bereich wiederum von den löblichen Ausnahmen abgesehen – eher in Grenzen. Immerhin haben folgende Gräserarten eine mundartliche Bezeichnung gefunden:

Borstgras, Steifes:	*Fax* *Näätsch*	*Faxä'gra[a]s, -waasä*
Knaulgras:	*Choorähalm*	*Rosshaalä, Rosshalm*
Lieschgras, Alpen-:	*Lischä*	
Pfeifengras, Blaues:	*Bääsä* *Bääsähalm*	*Riätbääsä* *Riätbääsähalm*
Quecke, Hunds-:	*Spitzhalm*	*Schniärligra[a]s*
Rispengras, Alpen-:	*Hälmgra[a]s*	
Rohrglanzgras:	*Bändäligra[a]s*	
Segge:	*Riätgra[a]s*	
Seslerie, Blaue:	*Stäigra[a]s*	
Wollgras:	*Gäisshaar* *Riätbäüsäli*	*Riätgra[a]s* *Wullägra[a]s*
Neutrale Benennungen ohne Hinweis auf eine bestimmte Grassorte:	*[1]Waasä* *Wässlig* *Häärdwaasä* *Häärdwässlig*	*Haalä* *Häiwhaalä* *Pfurri* *Spüälä*

Gerne wird mit dem für eine bestimmte Grassorte gewählten Ausdruck gleich auch die Qualität angedeutet. Wo eine Wiese ihres sumpfigen Untergrundes wegen nur zähes, borstiges *(gfaxig, griäggig, näätschig)* Gras her-

Oberes Bild:
Mähmaschine
Baujahr 1926

Mittleres Bild:
Mähmaschine
Baujahr 1939

Unteres Bild:
*Rossmäima-
schyynä*, 1926
erstmals bei
Gebr. Arnold,
Steingaden Ried
(Gmde Altdorf)
im Einsatz

Um 1930 lieferte die 1926 von Dr. K. Welter und
Ing. A. Rutishauser gegründete Landmaschinenfa-
brik Rapid die ersten Motormäher in den Kt. Uri.
Die nachfolgenden Fotos mögen einen Einblick in
die Entwicklungsgeschichte des Landmaschinen-
baus geben. Sämtliche dargestellten Rapid-
Modelle sind auch im Kt. Uri zur Anwendung
gelangt und stehen je nach Baujahr immer noch im
Betrieb.

287 Seite 398 vorbringt, ist der Besitzer an Bezeichnungen keineswegs verlegen.[287] Da spricht man etwa von:

Ärggälä	*Gschletter*	*Riäthäiw*
Fax	*Näätsch*	*Riätlischä.*
Ggnä[ä]tsch Urs.	*Riätfax*	

Einzelne Grasflächen, die an Felswänden oder Abhängen von Wildheuern (*Wildhäiwer*) genutzt werden, heissen unabhängig von der Qualität auch einfach *Faxägra[a]s, Faxäwaasä, Stäigra[a]s*, und das dazu gehörige Adjektiv lautet *ggnaatschet, ggnäätschet*. Mastiges Gras auf überdüngten Lagerplätzen des Viehs (*Chüäliiger, Lääger, Schaafggliiger*) bezeichnet man als *Grüäsä*.

Hat sich der Frühling (*Friälig, Janxig, Langgsi, Lanzig*) gut eingelassen und geizt weder die Sonne (*Sunnä*) mit ihrem wärmenden Sonnenschein (*Sunnäschyy*) noch der Regen (*Räägä*) mit seinem wachstumsfördernden (*²wäxig*) Nass, dann lässt der Graswuchs (*Graasig*) in der Regel nichts zu wünschen übrig, und auch die Heuernte (*Häiwerzyt, Häiwet*) bleibt da nicht mehr fern. *Äs isch ghäiwig* oder *häiwig; mä chat z Häiw gaa*, d.h., es ist günstig für die Heuzeit, vor allem wenn auch noch das Wetter mitspielt (*äs isch schoonlich*). Schliesslich wirkt da aber auch noch eine alte Erfahrung mit: *Isch ds Gras z zyttigs* [zu reif], *dè isch äs nimmä so mälchs*. So gilt es, sich an die einzelnen Heustellen (*Häiberä*) zu begeben, soll das Heu (*Häiw*) nicht überreif (*appätorret, verzyttiget*) verderben (*vo[o]rzyttigä*), was im Volksmund auch etwa heisst: *Ds Gras isch bockzyttigs, verstäänds, verghyts* oder *uberzyttigs*. In guten Jahren setzt bereits im Mai (*Mäi, Mäijä, Mäijämoonet*), bei ungünstiger Witterung anfangs Juni (*Braachet, Jüüni*), je nach Höhenlage auch erst im Juli (*Häiwet, Häiwmoonet, Jüüli*), die eigentliche Heuernte (*Häiwerzyt, Häiwet*) ein.[288] Im Tal unten (*Boodä, Ta[a]l, Zäämi, Zeemi*) spricht man dann vom sog. *Boodähäiwet*, währenddem sich die Bauernsame in den teils abgelegenen und steilen Bergheimwesen (*Bäärg*, Dim. *Bä[ä]rggli*) allmählich für den *Bäärghäiwet* rüstet, wo selbst auf abschüssigen, aber bisweilen recht ergiebigen Grasflächen (*Häiwbäärg*) – wenn immmer möglich – ebenfalls mit Hilfe der Mähmaschine (*Mäimaschyynä*) das prächtige (*aartig, äärtig*) Bergheu (*Bäärghäiw*) geerntet wird.

288 Seite 398 Schon geraume Zeit davor wird jedoch das zur täglichen Fütterung nötige Gras gemäht (*graasä*) und dem Vieh verfuttert (*innä'graasä*), wobei äusserste Vorsicht dafür aufgewendet wird, dass keine eigenen, geschweige

Motormäher
1953

Bergmäher
Rex,
Baujahr 1958,
noch im
Betrieb

Modernste
hydrostatische
Mähmaschine
mit
Häiwchnächt,
1989

denn fremde Leute das zu mähende Gras *(Stäänds)* achtlos niedertreten *(appä'trampä, verschläipfä, verzaaggä)*, was denn auch mit dem meist furchterregenden Zuruf noch rechtzeitig verhindert wird: *(Üüsä) üs em Äigä!* Fürs Heuen *(häiwä, mäijä)* selber – eine Kollektivbezeichnung für den gesamten Arbeitsaufwand steckt in den Wörtern *Ghäiw* und *Häiwi* – wird nun alles auf den Plan geholt, was an emsigen Händen innerhalb eines Familienbetriebes und sogar darüber hinaus aufgeboten werden kann. Holte man sich früher die Mäher *(Häiwer, Häiwchnächt, Määder, Meeder, Meejder* Urs.*)* aus dem benachbarten Wallis, dem Tirol oder aus Norditalien, wird heute – soweit eben möglich – mit Spezialmaschinen gearbeitet, um auf diese Weise die fehlenden und teils auch zu kostenintensiven Menschenkräfte auffangen zu können. Geblieben ist hingegen trotz der allseits stattgefundenen Technisierung die beim Schneiden des Grases an magisches Gedankengut anknüpfende Formulierung *dr Schoon verhäüwä* oder *verschnyydä* als abergläubische negative Wetterbeeinflussung im Sinne eines plötzlichen Wetterumsturzes sowie der Ausdruck *dr Schoon üsä'häüwä* mit dem Hintergedanken einer beeinflussenden Wetterstabilisierung.

Wird auf herkömmliche Art das noch stehende Gras *(Stäänds)* gemäht, ist auf einen sauberen Schnitt zu achten, sonst ist da rasch die Rede von *ap'seplä, hegglä, schèrgerä, ap'byyssä, ap'rupfä, ap'strupfä* oder gar *verrappä*, und im Handumdrehen wird ein Mäher *(Mäijer, Meeder)* zum eigentlichen *Schirgi.* Um dies zu verhindern und auch sonstwie der tradierten Erfahrung zu entsprechen, wonach *äs bim Mäijä nur rickt, wènn s häüwt,* muss aber die Sense *(Sägäsä, Sägäzä,* vereinz. *Sä[ä]sägä;* humorvoll auch *Ellboogä-Rapyd* genannt) scharf schneidend *(schnätzig, schneezig)* und auch sonst in einwandfreiem Zustand sein. Hiezu ist darauf zu achten, dass insbesondere die Schnittfläche *(Tangel)* des Sensenblattes *(Blatt, Sägäsäblatt)* – ob *bräit* oder *schmaal* – durch das ständige Dengeln *(tängälä)* nicht verschlagen wird *(D Sägäsä isch verschlaggni, verspännti, vertängäleti).* Es ist auch Vorsicht geboten, dass keine Scharte *(Schartä)* durch unsachgemässen Umgang in die Schnittfläche getrieben wird, was leicht dadurch geschieht, dass man z.B. mit einem einzigen Sensenschnitt *(Schnitz, Sichletä)* zuviel Gras erfassen will und dabei leicht überdreht *(ubermäijä).* Solche Fehleinschätzungen haben dann unweigerlich zur Folge, dass die Sense irgendwie beschädigt wird und nicht mehr schneidet *(häüwä, schnyydä),* wie man es von ihr erwartet.

Nun aber kehren wir wieder zum Mähvorgang selber zurück! Dort, wo ausschliesslich qualitativ schlechtes Gras zu mähen ist, spricht man von *gstriälä, faxä* oder *näätschä.* Wo gar in Steilhängen das Gras buchstäblich

Links:
Allrounder
spezial,
ca. 1955, mit
Zapfwellen-
anhänger,
der Steigun-
gen je nach
Nutzlast bis
zu 72% und
leer sogar bis
88% zu
überwinden
vermag

Links:
Transporter
(ab 1985)
beim Heu-
abladen in
Verbindung
mit Gebläse

nur noch abgerissen werden kann, nennt man diese Tätigkeit *Häiw rupfä* oder einfach *chrüttä*. Abgerissen wird übrigens auch jenes Gras, das unter einem *Hag* gewachsen ist, wohin aber weder die Sense, geschweige eine Mähmaschine *(Mäimaschyynä)* hinreicht. Da sagt man: *dr Schärhag ap'sträipfä*. Erster und letzter Schnitt des Grases, der früher in guten Jahren bis dreimal *(dritts mäijä, dryymal dr Räüb nä)*[289] erfolgen konnte, ist der *Räüpf*, und zwar unabhängig von der abgemähten Menge *(Mängi)*. Der zweite Schnitt oder allgemein das Spätheu – laut Duden das *Grummet* oder *Grumt* – heisst *Ä[ä]md, Ä[ä]nd*, und die Zeit, in der diese Tätigkeit *(äämdä)* ausgeführt wird, ist der *Äämdet*. Fällt die Graslänge dabei eher kurz aus, kennt man hiefür in Urseren die Bezeichnung *Mutz*.[290] Wenn die geschnittene Grasmenge gerade im Spätherbst *(Spaathèrbscht, hinnä im Jaar)* nur noch wenig einbringt, dann wird dies etwa mit dem schon oben zitierten Ausspruch umschrieben: *Äs het nur nu äs Gäissmäijetli ggä*.

Ist nun das Gras gemäht, wird es zunächst gleichmässig verteilt *(verzettä, worbä)*. Am Boden liegend, heisst es *Lügeds*. Später, wenn die der Sonne zugekehrte Seite *(ds Tirr)* nach dem Boden zu gedreht wird, setzt die Arbeit des Wendens ein *(wäntä, wentä* Urs., *worbä, zettä, zettlä)*. Hiefür bedient man sich eigens einer sog. *Worb- oder Zettgaplä*. Eine Wiederholung dieses Arbeitsvorganges bezeichnet man als *nachä'worbä*. Im Anschluss daran verdorrt *(bräusslä, tirrä, vertorrä)* das Gras bei genügender Sonneneinstrahlung und kann dabei eine unterschiedliche Färbung *(Zyyssä)* annehmen. Wenn dann das Heu ausreichend dürr *(chlottertirr, ryyssig, tirr*[291]*)* ist, wird es – sofern nicht maschinell – entweder mit einem gewöhnlichen *Handrächä* oder mit einem Spezialrechen, einem sog. *Handschwarpner*, *Schwarber* oder *Schwarbrächä*, zu dünnen Schwaden zusammengezogen *(üff'rächä, uff'hä* Urs.*)*. Die Art des Zusammenrechens lässt z.T. auch verschiedene Bezeichnungen zu. So spricht man von *Birlig, Hutzlä, ¹Maadä* in Verbindung mit der Verkleinerungsform *Matli* und dem dazu gehörigen Verb *mätlä*, dann auch von *Schochä* und *schochnä*, von *Schwarbä* und den davon abgeleiteten Verben *schwarbä, schwarpnä*, von *Waalä, Wall* und *Walm*.

Anschliessend wird das Heu aufgeladen – wo immer möglich ebenfalls maschinell,[292] z.B. mit einem eigens hiefür konstruierten Ladewagen oder mit einer *Häiwräüpä* älterer Bauart, andernfalls eben von Hand mit Hilfe einer *Lad-* oder *Schwarbgaplä*. In besonders steilem *(aphèltig, aschääl, gääch, gätschig, schiäch, stotz[ig])* Gelände wird das Heu armvoll *(Arfel, Arfflig)* zusammengenommen *(arfflä)* oder wie in Urseren «mit dem Rechen gegen den Fuss gezogen und mit einem kleinen Schlag gegen das Schienbein

289 Seite 399
290 Seite 399
291 Seite 399
292 Seite 400

341

Isenthaler Bauernfamilie auf dem Gang
zur sommerlichen Arbeit

Handschwarpner
Schwarbner
Schwarpner
Schwarbrächä

Sägäsä

Häiwgaplä
Worbgaplä
Zettgaplä

293 Seite 400

und den Rist zusammengedrückt», was man dort *schuppä* nennt.[293] An-
schliessend wird diese Kleinsteinheit *(Arfel, Arfflig, Schuppä* Urs.) zu Bün-
deln *(Burdi, Häinzä, Häiwschochä, Pinggel, Punggel, Schochä)* aufgehäuft
(ap'fassä, balmä, fassä). Dabei rechnet man überschlagsmässig: *Siibä* [7] *Ärfel
gänd* [geben] *ä Häiwburdi.* Je nach Stärke und Kondition des Trägers oder
auch je nach Qualität des Heus können es sogar bis zehn solcher Häufchen
(Hyyffäli, Dim. von *Hüüffä)* sein. In Tücher *(Plachä)* oder Netze *(Gaarä,
Häiwgaarä)* mit Holzlaschen *(Triägel, Triägglä)* eingebunden oder auch nur
mit einem zunächst am Boden ausgeworfenen *(spräitä)* Heuseil *(Häiwsäil,
Lätsch, Säil, Strick)* in Verbindung mit einer sog. *Egg-* oder *Spitztriägglä*
zusammengehalten, wird das an der Oberfläche des Heubündels noch lose
Heu abgestreift *(d Burdi ap'ziä),* ehe es nun von einem kräftigen Mann, mit
einem Kapuzenhemd *(Burdisack, Yträägsack)* bekleidet, zum Heustadel
(Gaadä, Häiwgaadä) und dann durch dessen Öffnung *(Häiw[gaadä]toor)*
auf die Heubühne *(Briigi, Brugg, Häiwtüili, Oobänigaadä, Oobergaadä,
Try[y]l)* getragen wird *(burdänä, y'ggrächä, y'träägä, y'tüä).* Hier wird das
Heu fortlaufend zu einem Heustock *(Häiwstock, Stock)* aufgetürmt oder
über die verfügbare Bodenfläche der Diele *(Try[y]l)* ausgebreitet *(verzettä,
zerriärä),* von wo sich auch alsobald der Heuduft auszubreiten beginnt
(häiwälä).

Bezüglich Grösse *(Greessi)* und Gewicht *(Gwicht)* der Heubündel
bestehen keine absoluten Werte. Ein eher kleineres Bündel bezeichnet man
gerne als *Zäüsipinggel* oder *Deggäli.* Einzelne Teile davon werden in Urseren
– wie oben erläutert – *Schuppä* genannt. Bei einem fahrbaren Transport mit
Wagen *(Charrä, Waagä),* Transportseil *(Häiwsäilzug),* im Winter *(Winter[t])*
gar mit oder ohne Schlitten *(Schlittä)* lassen sich ohne weiteres zwei Bündel
(Zwäier, Zwäijerli), ja selbst drei *(Dryyjerli, Zogg)* und mehr zu einer

294 Seite 400

eigentlichen *Pinggletä,* auch *Burdi* genannt, zusammenhängen,[294] wobei die
Länge *(Lèngi)* eines Bündels mit ungefähr 1 m 70 *(Pinggelläng)* und das
Gewicht mit durchschnittlich ca. 50 – 70 kg pro Einheit *(ä Mässburdi: was
magsch träägä)* angegeben wird. Gerade bei Transporten von Wildheu
(Wild[i]häiw) können jedoch sog. *Sträiwipinggel* zwei bis drei einfache
Zentner wiegen. Wie auch immer, je nach Situation kann das örtliche Ver-
schieben eines solchen Fuders *(Füäder)* – ob klein *(chlyy, chläi)* oder gross
(grooss) – schon zu einer eigentlichen kräfteraubenden *(strängwärchig)* und
obendrein gefährlichen *(gfäärli[ch], fyyrlich)* Arbeit *(Fèrggetä)* werden.

Das im Vergleich zu den voralpinen oder gar Mittellandverhältnissen
flächenmässig deutlich eingeschränkte Wiesland macht es hierzulande
erforderlich, dass mit dem vorhandenen Heu sparsam umgegangen wird. So

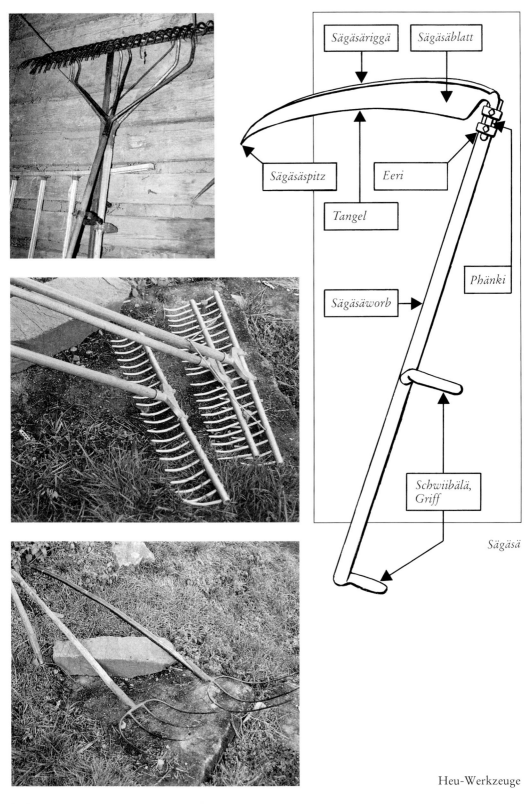

Sägäsäriggä

Sägäsäblatt

Sägäsäspitz

Eeri

Tangel

Phänki

Sägäsäworb

Schwiibälä, Griff

Sägäsä

Heu-Werkzeuge

wird z.B. nach getaner Heuerarbeit mit einem speziellen Rechen, dem sog. Schlepprechen (*dr grooss Rächä, Schläipfrächä, Schlepprächä*), das gemähte Wiesland nochmals abgelaufen (*naa'rächä, nochärächä* Urs.), um die verstreut übriggebliebenen Heureste sorgsam aufzunehmen. Was da längs der Schwaden und an den einzelnen Heubündelplätzen (*Häiwpinggelplätz*), wo man das Heu vorgängig zusammengenommen hat, nachträglich noch eingesammelt werden kann, heisst *Burdistatt, Gratsch, Grätsch, G[g]ritsch, Gritschg, Naaräch, Üffbutz* und *Üffmachedä*. Ist schliesslich das Heu einmal unter Dach (*a Ottech, a Ottich ha, under Tach ha*) – in Urseren heisst es nicht von ungefähr: *Innituät isch g'häibet!*[295] –, muss nun besonders darauf Bedacht genommen werden, dass das allenfalls zu feuchte Material (*schwääri Waar*) nicht übermässig zu gären (*jääsä*) beginnt und sich dabei zu stark erwärmt (*brantig syy*), was immer wieder zu schicksalhaften Feuersbrünsten (*Brand, Fyyrsbrunscht*) führen kann.

295 Seite 400

Früher, als man die technische Einrichtung der Heubelüftungsanlagen (*Belifter, Häiwbelifter*) – je nach Belüftungssystem auch Heubomben (*Häiwbombä, Oobänappä-Häiwbelifter*) genannt – noch nicht zur Verfügung hatte, sah sich der einzelne Bauer wohl oder übel genötigt, sein Heu auf dem Heuboden (*Oobänigaadä, Oobergaadä, Try[y]l*) des Stalles (*Äiständer, Doppelständer, Gaadä, Gätmer, Hüüsgaadä, Stall, Züägaadä*) oder in einem eigens für die bessere Durchlüftung mit Luftschlitzen (*Schwämmig*) konstruierten (*Gwätt*) Heuschober (*Gwättigaadä, Schwämmlig, -gaadä, Schwäntgaadä*) unterzubringen. Dabei ging man, d.h., dort, wo die Belüftungsanlagen fehlen, geht man auch heute noch in etwa folgendermassen vor:

Das Heu wird von der oberen Diele (*Brugg, Tüli*) auf die nächst tiefere geworfen und von unten nach oben Lage um Lage (*Leegi*) aufgeschichtet (*üff'schichtä*). Bei dieser Arbeit achtet man darauf, dass im jeweiligen Heubodenabteil (*Chrummä, Ghaalt, Khaalt*, vom Schriftdeutschen beeinflusst vereinzelt auch: *Gviärt*) das Heu vom Gang her nach hinten bis zum Dach (*Tach*) regelmässig an Höhe verliert (*Mä müäss äs üsä'riärä, verwärffä*). In einem solchen Fall wird das Heu je nach Qualität auf diesen oder jenen Stock geworfen.

Im weiteren gilt es zu kontrollieren, ob bei feuchtem (*fiächt, nass, schwäär*) Heu sich gegen die Mitte des Heustocks und nach oben hin eine durch Gärung entstandene, von Fäulnis geprägte Schicht (*¹Tuft*) bildet, die im Interesse einer guten Heuqualität zu entfernen ist und meist noch einmal zum Trocknen im Freien ausgebreitet oder aber direkt dem Vieh verfüttert wird. Früher gehörte es überdies zum Ehrenkodex eines Bauern, Heustöcke zu präsentieren, die zum Gang hin wie von Messers Schneide fein säuberlich

Noch heute wird im Talboden
die Riedstreue *(Riätsträiwi, utryywi Sträiwi)*
genutzt, auch wenn ihr längst nicht mehr
die Bedeutung von früher zukommt.

abgeschnitten wirkten. Hiefür mussten die vorstehenden Halme *(Haalä)* mit einer Gabel *(Gaplä, Häiwgaplä)* beseitigt *(dr Stock ap'ziä, butzä)* und auf den Heustock zurückgeworfen werden *(üfä'riärä)*.

Später dann, wenn es gegen den Winter zu geht *(afa winterä)* und das Heu zu Futterzwecken Verwendung findet *(Winterig)*, wird mit einem besonderen, gut schneidenden *(schnätzig)* Messer *(Häiwyysä, Häiwschrooter, Schrootyysä, Schrootmässer, Stoosser)* portionen- *(Bissä* Urs.) und stufenweise *(Gsteelä, Gstèllä)* das gepresste *(prässt)* Heu in senkrechten Schnitten abgestochen *(appä'schrootä)*. Die sich dabei bildenden Schnittflächen heissen *Schroot* oder verdeutlichend *Häiwschroot*. Selbstverständlich ist es aber auch durchaus möglich, dass jemand bei Nichtgebrauch das Heu am Stock verkauft *(fäil ha, verchäüffä)* und dafür eigens eine Annonce in der Zeitung *(Blatt, Blettli, Zyttig)* aufgibt.[296]

296 Seite 400

Wo hingegen das Heu ungenutzt gelagert wird, wirkt es mit der Zeit überreif *(gstoobä, uberryyf)* und zerfällt. Diesen Vorgang nennt man *bliämä*. Der auf dem Heuboden zurückbleibende Staub *(Stäüb)* und Heuabfall – die eigentlichen Samenrückstände *(Häiwblüäm[ä], Häiwpliäm)* – heisst, wenn er an den Kleidern haften bleibt, auch *Näätsch*.

Nun gilt es aber auch noch jene Situation zu berücksichtigen, wo vom Moment des Mähens weg bis zum erleichternden Zeitpunkt der gesicherten Unterbringung des Heus nicht alles so wunschgemäss verläuft. Gestattet es z.B. die Wetterlage innerhalb einer Heuernte nicht, dass das geschnittene Gras innert nützlicher Frist von der Sonne getrocknet werden kann, d. h., wird es zufolge eines heftigen Gewitters *(Häiwverdèrb)* oder wegen einer länger dauernden Schlechtwetterperiode *(Säichwätter)* arg durchnässt *(verräggnä)*, dann spricht man von *Roscht*. Im Talboden *(Boodä)* profitierte man in solchen Situationen bis in die 70er Jahre unseres Jahrhunderts von einer im Schattdorfer Ried erstellten Heutrocknungsanlage *(Häiwtrèchni)*, die später einerseits zufolge des enormen Energiebedarfs und anderseits wegen der praktisch in jedem Talbetrieb installierten Heubelüftungsanlagen *(Häiwbelifter)* wieder aufgegeben wurde. Im Maiensäss *(Bäärg)* oder auch auf einem höher gelegenen Heimwesen *(Häimä, Häimet)* bedient man sich z.T. heute noch der eigens dafür erstellten Heuständer oder Heureuter *(Häinzä* [Dim. *Häinzi], Ällgäühäinzi* oder *Häiwhäinzi*, auch *Steckli* [<Stock] gennant).[297] Die in diesem Zusammenhang lediglich einmal erwähnte Bezeichnung *Hischtä* ist wohl auf Direktimport aus Landesgegenden zurückzuführen, wo noch Getreide angebaut wird.

297 Seite 401

Ausgehend vom Nomen *Häinzi* heisst dann das Heu auf solche Ständer legen *häinz[ä]nä*. Es davon entfernen und wieder neu ausbreiten auf

Beim Aufbau einer Streuetriste *(Sträiwitrischtä)* wird annähernd vorgegangen wie auf einem *Wild[i]häiwplätz.* Nach dem Aufrichten der Triststange *(Trischtlattä)* wird das Material jedoch maschinell angeliefert. Dann wird die Streue *(Sträiwi)* Schicht um Schicht aufgetragen, wobei sich der Umfang *(Mantel)* nach oben zunehmend verjüngt.

einer als Heuland *(Häiwi)* deklarierten Wiese etwa, auf der das Gras nur gedörrt *(teerä, tèrrä)*, nicht aber abgeweidet *(ab'ätzä)* wird, dafür kennt man den oben schon einmal zitierten Ausdruck *zettä*. Geht es jedoch mit dem Dörrverlauf überhaupt nicht vorwärts *(firsi gaa)* oder kann man das Gras aus irgendwelchen Gründen nicht trocknen *(trèchnä)*, so dass es nach und nach – vor allem im Herbst *(Hèrbscht)* – zu faulen *(füülä)* beginnt, hört man ab und zu dafür den Ausdruck: *Äs wiltälet.*[298]

Ist das Heu noch halbwegs grün *(griän)* und deshalb auch von entsprechendem Gewicht *(Gwicht)*, sagt man, es sei *gglump[äl]ig*. Ist es überreif, redet man von *gstoobä (gstoobes Häiw)*. Wirkt es zäh und wildheugrasartig, bezeichnet man es als *ggnaatschet, ggnäätschet* oder *chrisslig*. Getrocknetes Riedgras *(Riäthäiw)*, das als Matrazeninhalt teils heute noch verwendet wird, heisst *Ggnisch*. Heu von Wiesen, auf denen man im Frühjahr das Vieh hat weiden lassen, heisst *Atzhäiw*. Heu von ungedüngten *(upüüwet)* Wiesen wird zum sog. Magerheu *(Maagerhäiw,* auch *Beesänä* genannt)*, währenddem Heu von gutgedüngten *(fäisslochtig, güät gmischtet, gheerig püüwä)* Wiesen *aartigs* oder auch *äärtigs Häiw* genannt wird. Auf dem Urnerboden kursiert dafür auch der Ausdruck *Poolähäiw*, weil dieses speziell gute Heu auf Boden wächst, der im Zeichen des vom Bundesrat verordneten Anbauschlachtprogramms während des 2. Weltkrieges mit polnischen Kriegsgefangenen zwecks Anpflanzung von Kartoffeln *(Hä[ä]rdepfel steckä)* entsprechend bearbeitet und genutzt wurde. Heu *(Häiw)* wie auch Emd *(Ä[ä]md, Ä[ä]nd)* schliesslich, das dank der sommerlichen Sonne *(Sunnä)* allseits prächtig geraten ist, wird als *güät gwitteret* qualifiziert und demzufolge bei Überschuss auch unter dieser Bezeichnung im Inseratenteil der Urner Zeitungen feilgeboten. – In diesem Zusammenhang mag auch noch die Streue *(Sträiwi)*, zwar nicht als Bezeichnung für Laub *(Läüb, Läübsträiwi)* oder Tannadeln *(Chriis, Guusel)* etwa, sondern in der Bedeutung von meist grobem Riedgras Erwähnung finden. Dieses überaus zähe *(zääch)* und rauhe *(rüüch)* Gras, das wie extrem grobes Heu *(Urschä)* von den Kühen in der Regel nicht gefressen wird, legt man dem Vieh vornehmlich während des Winters *(dr Winter[t] üss)* gerne als wärmende Unterlage auf den kalten Stallboden. Herkunftsmässig handelt es sich dabei entweder um die eigentliche Riedstreue *(Riätsträiwi)*, meist von einem Allmendplatz *(Allmäinisträiwi, utryywi Sträiwi)* oder dann von einer unkultivierten Bergwiese *(Gsträäl)* herrührend, wie z.B. auf dem Urnerboden *(Ännetmärch[t], Ürnerboodä)*, wo heute noch nach getaner Arbeit der kraftfordernde Einsatz im Einklang mit der zu Ende gehenden Älplerzeit am Freitag vor dem eidg. Bettag mit einem *Sträiwitanz* im Gasthaus Sonne gesellschaftlich seinen

Wie hier am *Linggä* (Gmde Seedorf)
soll es vor der Melioration solche
Streuetristen *(Sträiwitrischtä)* über den
Reussboden *(Ryyssboodä)* verteilt
bis nach Amsteg gegeben haben.

offiziellen Abschluss findet. Es können aber auch ebensogut Reste *(Um-gäänd)* des borstigen Wildgrases *(Fax, Faxä'gra[a]s, -waasä)* oder sogar abgeschnittene *(um'mäijä)* Farnbüsche *(Faarä, -bischel, -busch)* sein, woraus bei der Benennung folgerichtig die Wortverbindung *Faarästräiwi* resultiert.

Das Einsammeln der Streue *(sträiwä, sträiwänä)* geschieht an schwer zugänglichen Orten meist mit Hilfe eines *Sträiwi-*, resp. *Häiwchorbs*, auch etwa *Hutzlä* genannt, oder es werden analog zu den bereits beschriebenen Heubündeln *(Häiwpinggel)* eben Streueballen *(Sträiwipinggel)* erstellt. Wo immer es jedoch das Gelände zulässt, wird selbstverständlich schon für den Schneidevorgang der Motormäher *(Mäimotoor, Motoormäijer)* eingesetzt, und auch die liegende *(liiged)* Streue wird nach Möglichkeit maschinell – sofern überhaupt erforderlich (vgl. unten!) – mit Hilfe eines Kreiselheuers, laut Duden Bd. 3, S. 118 f., auch Kreiselzetter *(Chräissler)* genannt, analog zum Heu gewendet, ehe sie, mit dem sog. Kreiselschwader *(Schwarpner)* in Schwaden *(Schwarbä)* gelegt *(schwarbä, schwarpnä)*, auf den Ladewagen geladen und direkt zum Tristplatz *(Trischtplätz)* transportiert wird.

Heuwerkzeuge *(Häiwerruschtig)*

Sägäsä	*Beesänäsägäsä*	
Schwiibälä	*Worb, Sägäsäworb*	*dr Worb ap'nä*
Sägäsäblatt	*Sägäsäspitz, Spitz*	*entspannä, etspannä*
Tangel	*Phänki*	*üsä'lüägä*
ghäüwig		*y'lüägä*
Sägäsäriggä		*y'staa*
Stäi, Wettstäi	*Stäifass*	
Tangel	*Cheertangel*	*Rächtstangel*
Linggstangel	*Vercheerttangel*	*Tangelstock*
Furggä Urs.	*Fassgaplä*	*Gapläzinggä*
Gaplä	*Schwarbgaplä*	*Zinggä*
Häiwgaplä	*Zettgaplä*	
Rächä[299]	*Äärm[ä]li*	*Schwarber*
Handrächä	*Handschwarpner*	*Schwarbrächä*
Bäärä	*Sträiwichorb*	*Chräissler*
Gra[a]sbä[ä]rä		*Häiwwänter*
Häiwchorb	*Häiwmotoor*	*Schwarpner*
Hutzlä	*Motoormäijer*	*Häiwwaagä*

299 Seite 401

351

Offensichtlich hat die Gärung *(jääsä)*
in den beiden dargestellten Tristen *(Trischtä)*
eine zu grosse Hitze *(Hitz)* erzeugt,
was dann zu einem inneren Ausbrennen führte.

Häiwtrèchni	Belifter	Häiwbombä
Häckerlimaschyynä		
Häiwstock	Gsteelä, Gstèllä	Oobergsteelä
Häiwyysä	Schrootyysä	Stoosser
Häiwschrooter	Schrootmässer	Häiw schrootä
Häiwmässstaab[300]	Häiwmässstäckä	

300 Seite 401

301 Seite 401

Der angesprochene, rundum maschinell vollzogene Einsatz gelangt normalerweise im Talboden zur Anwendung, und hier speziell im Seedorfer und Flüeler Ried, wo noch heute alljährlich – über die Reussebene (*Ryysäpni*) verstreut – einzelne sog. Tristen (*Trischtä*) erstellt werden (*trischtnä*). Dabei betrifft es praktisch ausnahmslos Konservierungsplätze von Riedstreue im obigen Sinn, die in der Sumpfzone zwischen Flüelen und Seedorf[301] in der zweiten Septemberhälfte geschnitten werden darf. Da es sich aber bei dieser Mittelbeschaffung um reinen Strohersatz und nicht etwa um eigentliches Viehfutter (*Veefüäter*) handelt, wird bezeichnenderweise schon beim Erntevorgang (*sträiwä, sträiwänä*) für die Streue (*Sträiwi*) viel weniger Sorgfalt aufgewendet als etwa fürs Heu (*Häiw*). Dies zeigt sich zum Teil darin, dass die hiefür erforderlichen Arbeiten unabhängig von der gerade geltenden Wetterlage angegangen werden. Ganz im Gegenteil! Ist die Streue nass, besteht nämlich die Möglichkeit, dass sie mit der Lagerung etwas von ihrer Rauheit (*Rüüchi*) verliert und allmählich mürbe (*murb, murw, murf* Urs.) wird.

Auch beim Erstellen des Tristbettes (*Trischtbett*), wo zwar vorgängig wie beim Wildheu (*Wildhäiw*) eine Triststange (*Trischtlattä*) mit vier Pfählen (*Schwirrä*, Dim. *Schwirrli*) im Boden verkeilt wird, wirft man ohne lange Umschweife die Streue dirckt auf den Boden. Dann wird zwar schon darauf geachtet, dass beim Aufladen (*üff'laadä*), wenn die Triste mit der von allen Seiten gleichmässig aufgeschichteten Streue in die Höhe wächst (*i d Heechi ²waxä*), eine ansehnliche Birnenform (*Büräform*) mit erkennbarem *Hals* und *Büüch* entsteht, die auch nach aussen zu beeindrucken vermag (*Gattig machä*). Hiefür werden am Schluss die Halme mit einem Rechen (*Rächä*) nach abwärts gezogen (*ap'rächä, ap'ziä, butzä*), so dass einerseits der Regen (*Räägä*) möglichst ungehindert am äusseren *Mantel* herunterfliesst und anderseits der aufkommende Föhn (*Feen*) dank der Kompaktheit nirgends an der Triste eine Angriffsfläche findet, um sie alsbald zu zerzausen (*zäüsä*) und einzelne Teile sogar fortzutragen (*furt'träägä, la verräisä*).

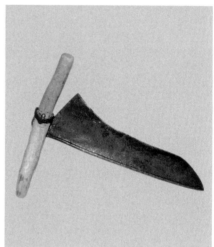

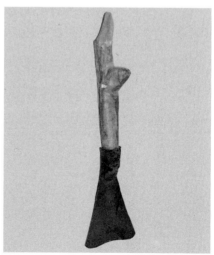

Häiwyysä,
Schrootyysä
oder
Schrootmässer,
in verschiedener
Ausführung

Damit aber auch keine unnötige Nässe *(Nessi)* längs der Triststange ins Innere der Triste gelangt, wird aus längerem Schilf *(Kanounäbutzer* Urs., *Riätroor, Schilf)* ein girlandenförmiger Kranz *(Chranz)* gewunden *(voorzüä träijä, i'trillä),* der abschliessend so um die Tristlatte gelegt und verknotet *(underziä, underfaarä)* wird, dass er im Masse der in sich zusammenfallenden Streuemenge ebenfalls nach unten gleitet, ohne sich dabei zu öffnen *(effnä, üff'gaa).* Letztlich wird zuoberst entweder auf der Triststange selber, wie wenn's ein Hut *(Hüät)* wäre, ein Rasenziegel *(Häärdwaasä, ¹Waasä, Wässlig, Waasäziägel)* angebracht, oder aber das Rasenstück wird – von der Stange durchbohrt – oben auf die Streue draufgesetzt.

Die Grösse der Triste hängt selbstverständlich vom anfallenden Material ab. Der Ertrag ist nicht immer gleich gross. Jahre mit einem feuchten Sommer *(ä fiächtä, nassä Summer[t])* sind da weit ergiebiger *(mee ergä[ä])* als jene mit Trockenperioden. So lässt sich auch nicht mit Bestimmtheit sagen, in welchem Zeitraum die Triste jeweils genutzt wird *(ap'schrootä).* Es kann sogar vorkommen, dass die Triste bis über den nächstfolgenden Sommer im Freien steht. Dies wirkt sich insofern positiv aus, als die aufgestockten Riedgräser mittlerweile immer weicher werden *(si murbet immer mee).* Heutzutage ist es üblich, dass die Triste maschinell *(mid erä Balläprässi)* abgetragen und in einzelne gepresste Haufen *(Burdi)* von ca. 40 kg Gewicht zerlegt wird, die dann in einem Stallabteil *(Sträiwighaalt)* bis zum Gebrauch gestapelt bleiben. Wer jedoch die Arbeit noch nach der alten Methode verrichtet, schneidet die Streue mit einem spatenähnlichen Messer *(Häiwyysä, Schrootyysä, Schrootmässer)* stückweise ab *(appä'schrootä).*

302 Seite 402   Wildheuen[302]

Wenn schon bei der Darstellung des Wortschatzes rings um die Graswirtschaft von dieser und jener Art der Heu- und Streuegewinnung die Rede war, dann muss in diesem Umfeld zweifelsohne auch das einstmals so hochgeschätzte und begehrte Wildheu *(Wildi, Wild[i]häiw)* eine entsprechende Erwähnung finden, selbst wenn es zufolge des enormen Zeit- und Kraftaufwandes heute bez. Nutzung mehr und mehr bei der Bauernsame *(Püürsammi)* ins Abseits geraten ist. Leider ganz zum Nachteil auch der tiefer angesiedelten Kulturlandschaften, die nachgewiesenermassen überall dort, wo das Wildheu nicht mehr genutzt wird, zunehmend durch die bedrohlich sich ausweitenden Anrissstellen *(Ggrübel, Ggri[i]gel, Gripsch, G[g]ritsch, G[g]ritschg, Schlipf)* der darüberliegenden Gebirgszone in arge

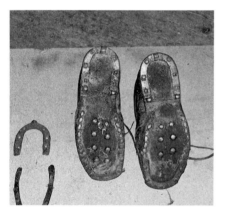

Zu den Ausrüstungsgegenständen
eines Wildheuers *(Wild[i]häiwer)* gehört
auch das passende Schuhwerk.
Abbildungen von *Gräppälischüä* und
Holz-, resp. *Länderbeedä* mit dazu
gehörigen Griffeisen *(Gräppäli, Träppäli,
Trig[g]üüni).*

Mitleidenschaft gezogen werden können. – Früher war das offensichtlich ganz anders, als insbesondere der Faktor «Zeit» wie auch der persönlich erbrachte Einsatz an Wagemut und Ausdauer noch entschieden unbeschwerter und – fast ist man geneigt zu behaupten – auch bedenkenloser beurteilt wurden. Wenn wir nämlich dem urnerischen Sagengut Glauben schenken dürfen, blieb einstmals über den Alpungen, die ihrerseits ebenfalls z.T. noch weiter hinauf bestossen wurden,[303] als dies heute allgemein der Fall ist, kaum ein Fleckchen *(Plätz, Tätsch)* Wildgras ungenutzt, auch wenn man speziell auf den steil abfallenden *(aphèltig)* Bändern *(Band, Braawä, Gsims, Simsä, Sinsä, Tschingel, Zingel)* immer wieder riskieren musste, über die schreckhaften Flühe *(Flüä,* Pl. *Flià)* in die Tiefe *(Täiffi)* abzustürzen *(appäghyyjä, ap'stirzä* [jg.]*, erfallä, parnyyssä).* Trotz der lauernden Gefahren mochte man es aber kaum erwarten, bis alljährlich am 11. August *(Wilditag)* – am Tage nach St. Lorenz *(Loränz, Loori)*[304] – gem. Urner Landbuch, Art. 339, max. 2 Personen aus jeder eingesessenen Familie als Wildheuer *(Wild[i]häiwer)* im Sinne des berühmten *Jus primi occupantis* in die freigegebenen Wildheubereiche *(Beesänä, Drooss, Häiw[et]chäälä, Planggä, Wildi, Wildihäiwplanggä, Tschingel, Zingel)* mit der dazu gehörigen Ausrüstung *(Ruschtig)* hinaufsteigen konnten, um Wildheu zu sammeln *(beesämä, bessmä, wildhäiwä, z Wildi gaa).* Hiefür hatte man nur gerade das Allernotwendigste bei sich: ein Minimum an Bekleidung *(Gwand),* was selbst für kalte und nasse Tage gerade ausreichen musste, entsprechend gutes Schuhwerk *(Gräppälischüä, Griffschüä, Holzbeedä, Yysäschüä, Kartatschä, Kartauschä, Länderbeedä, Pächschüä, Palossä, Palozzä, Püüräschüä, Stolläschüä),* teils für schwer zugängliche Stellen einen langen, am Ende mit zwei gebogenen Zinken versehenen Bergstock *(Chräiwelstäckä, Chräiwelyysä),* im Rucksack *(Ruggäsack)* oder auf der Rückentrage *(Gaabälä, Rääf, Riggräisä, Traaggaabälä)* etwas zum Essen *(Broot, Chääs, Späck, Suppä, Tügets, Tirrs, Wurscht* etc.) und zum Trinken den obligaten Kaffee *(Ka[a]fe[e], Schwarzes)* mit separat mitgeführtem Schnaps *(Bätzi, Branz, Gyx, Schnaps)* und *Zucker,* das dazu gehörige Geschirr *(Bläächggruscht, Gschirr; Gamällä, Ka[a]fe[e]pfannä, Gurrä, Gutterä, Schnapswäntälä, Wäntälä)* und dann natürlich die erforderlichen Werkzeuge: die Sense *(Beesänäsägäsä, Sägäsä),* vereinzelt auch die Sichel *(Sichlä)* für Situationen, wo sichelnd *(sichlä, nachä'sichlä)* das Gras rationeller geschnitten werden kann, dann den Dengelamboss *(Tangel, Tängel, Tangelstock),* den Dengelhammer *(Tangel, Tangelhammer),* den Wetzstein *(Wettstäi),* das Steinfass *(Stäifass),* den Rechen *(Rächä),* die Streichhölzer *(Schwääbelpischäli, Zinthèlzli)* und das Messer *(Heegel, Mässer, Sackmässer, Schèrger),* die Seile *(Häiwsäil, Säil, Säiler-*

Oben: Beim Wetzen der Sense sind
offensichtlich lokale Unterschiede
festzustellen. Kennzeichnend für
die Urschnerart ist gem. Armin Danioth-
Renner, Andermatt, die Gewohnheit,
die Sense *(Sägäsä, Sägäzä)* nicht wie im
Reuss- und Schächental beim Wetzen
(wetzä) hochzustellen, sondern übers
Knie *(Chnäiw, Chnyyw)* abzustützen.
Dabei wird individuell der Sensenstiel
(Sägäsästil, Worb) am Boden abgestützt
oder auf Kniehöhe frei schwebend im
Gleichgewicht gehalten.

Links: Prächtig gearbeitetes Holz-
gefäss *(Stäifass)* für den Wetzstein
(Wettstäi). Die Initialen *JHF* verweisen
auf den einstigen Eigentümer «Josef
Herger, Färnen», Gmde Isenthal.

schnüär, Strick), resp. – je nach Region – die Heunetze *(Gaarä [Nidwaltner Gaarä, Ürner Gaarä], Häiwgaarä, Säilgaarä, Sprängg'gääräli, Sträiwigaarä)* zum späteren Abtransportieren der erstellten *(apgfasset)* Heubündel *(Burdi, Häiwburdi, Häiwpinggel, Pinggel)*.

Um die Wildheuzeit *(Wildihäiwzyt)* praktisch vom Anbeginn weg maximal ausnutzen zu können, stieg man früher bereits am Vorabend in das vorgesehene Wildheugebiet hinauf.[305] Auf diese Weise konnte man gleich «bei guter Tageszeit» zunächst mit ein paar Sensenschlägen *(Schlingg)* entweder die mit ausreichendem Gras überwachsene *(gwassmet, wassmig)* Wildheustelle *(Häiwbäärg, Häiwerä, Häiwi)* oder auch nur den unweit vom beanspruchten Gebiet befindlichen Standort der künftigen Triste *(Trischtbett)* rechtskräftig markieren *(a'zäichnä, üss'mäijä)*. Nun stand – oder genauer gesagt – steht auch heute noch der eigentlichen Arbeit nichts mehr im Wege. Vorher noch gibt man sich durch Jauchzer *(Gjütz, Jüüchz[er], Jütz)* gegenseitig Zeichen *(häi[b]erä, häürä, jüüchzä, jützä)*, um die Einsatzgebiete der einzelnen Mäher *(Määder, Meeder, Meejder* Urs., *Wildhäiwer)* genau zu erkunden. Sollte sich drum jemand unterhalb einer schon besetzten Wildheustelle befinden, so hat der Unterlieger *(dèr dunnä)* aus Sicherheitsgründen den Platz unverzüglich zu räumen.[306]

Früh morgens *(friä am Morgä, Morget; i aller Hèrrgottäfriäji)* ist das taufrische Gras noch leicht schneidbar *(häüwig, schnätzig, schnittig)*, so dass man bestrebt ist, möglichst viel vor der hochsommerlichen Sonneneinstrahlung mähen *(mäijä, schnyydä)* zu können. Trotzdem wird irgendwann im Verlauf des Morgens die harte *(strängwärchig)* Arbeit unterbrochen und eine Verschnaufpause *(Znyyni, Znyyniphäüsä)* eingelegt, bevor es bis zum Mittag weitergeht. Beim Mähen selber wird im Steilhang drin normalerweise von rechts nach links gemäht, ehe man um eine Sensenlänge tiefer neu ansetzt. An sehr gefährlichen Hanglagen versucht man sogar, von einem festen Stand aus kreisförmig *(zringe[l]duum[ä], zringswyys)* das Gras zu schneiden. Da auf die Mitnahme einer Heugabel *(Häiwgaplä)* verzichtet wird, werden die abgeschnittenen Grasbüschel ab und zu entweder mit der Sensenspitze *(Sägäsäspitz)* oder mit der Oberkante des Sensenblattes *(Sägäsäriggä)*, teils auch mit dem unteren Sensengriff *(Sägäsäworb, Worb)* als parallele Tätigkeit etwa beim Schärfen *(wetzä)* der Schnittfläche *(Tangel)* des Sensenblattes *(Blatt, Sägäsäblatt)* behelfsmässig verteilt *(verschlaa, vertüä)*.

Ist die Schneide stumpf oder gar verbeult *(verbyylet, verpetschget)*, dann muss das Dengelgerät her, das aus einem Eisenstock *(Tangel, Tängel, Tangelstock)* und einem speziellen Hammer *(Tangel, Tangelhammer)* besteht. Beim Rechtsdangel *(Rächtstangel)* ist der Hammer schmal und der

305 Seite 404

306 Seite 404

Zu den drei Bildern links:
Dengeln mit einem *Rächtstangel*

Zu den zwei Bildern rechts:
Dengeln *(tängälä)* mit einem
Linggs- oder *Vercheerttangel*

Dengelamboss breit. Beim Linksdangel *(Linggs-* oder auch *Vercheert'tangel)* ist es gerade umgekehrt. Hier kommt die Sense in verkehrter Lage auf den Amboss zu liegen – von da auch die Bezeichnung –, wodurch der Sensengriff nach unten schaut. Der Amboss selber muss aber vorgängig noch in einem 30 bis 40 cm hohen und entsprechend länglich gezogenen Steinblock, dem sog. *Tangelstäi*, verankert werden, bevor sich der im Dengeln *(tängälä, titschä)* kundige Mäher *(Tangler)* rittlings *(ggrittlegä)* hinter den Dengelstock setzen kann, um «durch sorgfältiges, gleichmässiges Schlagen mit dem Dengelhammer» dem Sensenblatt wieder die nötige Schärfe zu vermitteln. Um aber auch hier nicht unnötig Zeit verstreichen zu lassen, besitzt man meist gleich mehrere Sensen, die dann «bei ungünstigem Wetter oder in Zwischenzeiten» hergerüstet werden.[307]

307 Seite 404

Nach soviel Arbeit ist schliesslich eine Mittagsrast *(Zmittag, Zmorget* Urs.) mehr als verdient. Ausgiebige Kost *(Choscht)* ist erforderlich, soll am Nachmittag *(Namittag)* die Arbeit mit ungeschmälertem Elan weitergehen. Dabei ändert nichts am Mahlzeitangebot. Die Speisen sind dieselben wie beim *Znyyni*, nur hat man jetzt mehr Zeit *(Zyt)*. Zeit auch, um eine Pfeife *(Gilläsüüger, Pfyyffä, Tübakpfyyffä)* zu schmauchen *(backä, räükä, tübakä)*, sofern sie nicht schon vorher den Mäher während seiner Arbeit treu begleitet hat, um ihn vor lästigen Angriffen zahlloser Bremsen *(Balämser, Bräämä, Walser)*, Fliegen *(Fläigä, Schmäizä, Surrä)* und Mücken *(Muggä)* erfolgreich zu bewahren.

Wenn es das Wetter erlaubt, wird gleich nach der Mittagsrast *(nach em Zmittag)* das am Morgen gemähte Gras bereits eingesammelt. Hiefür bedient man sich der landesüblichen Heurechen *(Häiwrä<u>ch</u>ä, Rä<u>ch</u>ä)* – der sog. *Grotzäbääsä* dürfte wohl überall definitiv ausgedient haben[308] –, um das kurze *(churz)* und federleichte *(fääderäliächt, hyywelliächt)* Heu *(Häiw, Wildi, Wild[i]häiw)* hangabwärts zu ziehen *(appä'rä<u>ch</u>ä, fellä)*. Dabei verstehen es die Wildheuer *(Wild[i]häiwer)* ausgezeichnet, die Steilheit *(Gäächi, Stotzigi)* des Geländes zu ihren Gunsten zu nutzen, indem sie die allmählich quer zum Hang sich bildenden *(mätlä)* Schwaden *(¹Maadä, Stock, Wall)* einfach hinunterstossen *(a'stoossä, schipfä, ä Stupf gä)*. Ist der Haufen dann gross genug, wird das Heuseil *(Häiwsäil, Säil, Säilerschnüär, Strick)* mit hölzerner Lasche *(Holztriägglä, Triägel, Triägglä,* spez. *Egg-* oder *Spitz'-triägglä)* der Länge nach auf den Boden geworfen. Dabei spielt bei dieser Tätigkeit gleich auch der Aberglaube ein bisschen mit hinein. Kommen nämlich die beiden Seilenden *(Säiländi)* nicht auf Anhieb parallel zu liegen, droht *(dräiwä)* dem Tal ein unvorhersehbarer Wetterumsturz *(Jagwätter, Trillwätter)*, Grund genug, um das Heu möglichst schnell an seinen Bestim-

308 Seite 404

Egg- oder *Spitzträgglä*, wie sie zusammen
mit den abgerundeten *Fall-*, resp. *Fa[a]lttriägglä*
spez. beim *Nidwaltner Gaarä*,
auch *Sackgaarä* genannt, verwendet werden

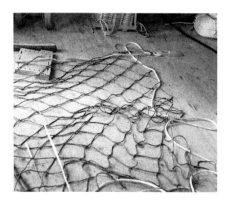

Unten rechts:
Beispiel für
ein *Nidwaltner
Gaarä*

Unten links:
Beispiel für ein
Ürner Gaarä

mungsort *(Trischtel, Trischtplätz)* zu bringen *(jangsä, jangschä* Urs.*)*. – Hiezu werden zur Bildung eines Heubündels *(ä Burdi, ä Pinggel [ap-]fassä)* von der obgenannten Schwade zunächst zwei Häufchen *(Arfel)* übereinander gegen die Mitte des ausgebreiteten Seils gelegt *(a'stèllä)*, zwei weitere folgen oben daran; hierauf kommen zwei obendrauf *(oobädrüf)* und ein letztes bildet ganz zuoberst *(zallerioober[i]scht)* den Abschluss. Dann wird das Heubündel gebunden, und zwar so, dass das Doppelseil hälftig nach rückwärts zur Holzlasche geworfen, dort durch deren zweite Öffnung gezogen und schliesslich mit einer auflösbaren *(uberleggä, ass chasch dra ziä)* Schlaufe *(Ggneschtel, Lätsch, Räitel, Ryttlätsch, Schlick, Struppä)* fixiert wird *(verschlaa)*. Der übriggebliebene *(voorig)* Teil des Seils heisst *Ändi, Stumpä* oder auch *Zugstruppä*. Nun wird noch das lose Heu an den Seiten des Bündels entfernt *(ap'sträipfä, ap'ziä)*, hierauf in der Mitte mit der Faust *(Füüscht)* eine Vertiefung *(Häitloch, Hautloch* Urs.*)* gestossen, bis das ca. 50 kg schwere Bündel mit einer besonderen Technik vom Boden aufgehoben und zum Tristbett *(Trischtbett, Trischtstuäl* Urs.*)* getragen oder in steilen Hanglagen auch geschleift *(y'flächtä, schläipfä)* wird. In Extremsituationen wird das Heubündel sogar an 80 – 120 m langen Hanf- *(Hampf-, Häüf'säil, Säil)* oder auch modernen Kletterseilen *(Bäärg-, Chlätter'säil)*, die aus Sicherheitsgründen geordnet aufgerollt sein müssen und keine Knäuel *(Säilchrängel)* bilden dürfen, sachte über Flühe *(Flüä,* Pl. *Flïä)* und durch steile Couloirs *(Chäälä)* hinuntergelassen oder an fest installierten Draht- *(Sprängg-, Traat'säil)*, resp. Stahlseilen *(Säil, Sta[a]lsäil)* abgeseilt *(appä'traatnä, ap[pä]'säilä)*, indem die Heulast an einem eisernen oder hölzernen S-Haken *(Säilhaaggä)* in die Tiefe gleitet. Stehen keine Seile im Einsatz, lässt man das Heu, das zunächst auf einer vorspringenden Felsplatte *(Naasä)* zu einem grossen Haufen *(Schochä)* aufgeschichtet wurde, möglichst kompakt über die Felswand *(Fèlli)* hinunterstürzen *(räischtä)*.[309]

309 Seite 404

Die Triste

Wenn immer möglich wird noch am gleichen Abend das Heu unter einer überhängenden *(iberchäpfig, uberchäpfig)* Felswand *(Äischipf[er], Balm, Balmä)*, unter einem entsprechend grossen Stein *(Balm[ä]stäi, Sträiwistäi)*[310] oder allenfalls auch unter einer (freistehenden) Fichte *(Flatz-, Wäid-*[311], *Wätter'tannä)* wie bei einem Heustock *(Häiwstock)* aufgeschichtet. Wo jedoch solche natürliche Schutzstellen fehlen, bleibt nichts anderes übrig als unter freiem Himmel mit dem Aufrichten der Triste *(trischt[n]ä,*

310 Seite 404
311 Seite 404

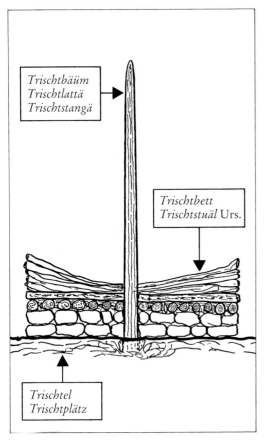
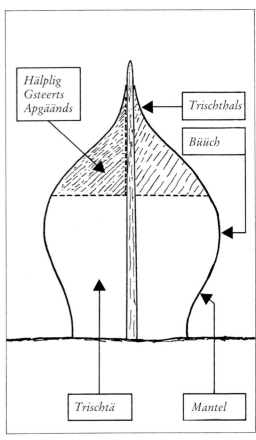

1945 veröffentlichte Alois Blättler im AfV (S. 129 ff.)
einen grösseren Artikel unter dem Titel «Alpwirt-
schaft und Wildheuen im Erstfeldertal». In dieser
Arbeit sind nebst Fotos auch Zeichnungen zu finden,
die für die Illustrationen auf S. 364 und 368 über-
nommen wurden.

üff'trischtnä) zu beginnen. Zunächst muss aber noch das Tristbett *(Trischtbett, Trischtstuäl* Urs.*)* als künftige Unterlage in Ordnung gebracht werden. Auch die Triststange *(Trischtbäum, Trischtlattä),* die dann in die Mitte des kreisrunden Bodens gerammt und verkeilt wird, ist noch mit dem Handbeil *(Handbiäli)* zu überprüfen, ob sie im Innern nicht etwa angefault *(füül)* sei.[312] Jetzt kann das Heu von der Stange weg nach aussen verstreut werden, wobei es in der Mitte *(Mitti)* fester und nach aussen lose aufgeschichtet wird. Hat man am Boden einen Radius von 2–3 m zu verzeichnen, nimmt der Umfang einer Triste nach oben zur Spitze hin deutlich ab. Damit kein Wasser ins Innere der Triste fliessen kann, wird ein Heukranz *(Häiwchranz)* aus Wildheu von langhalsigem Gras *(Tèrggelhäiw* [313]*)* um die Stange gelegt, oder aber man setzt auch eine durchlöcherte Felsplatte zur zusätzlichen Beschwerung des Heus obendrauf. Sind dann die Tristen fertig, werden zu deren Schutz vor Wildtieren *(Gämschi),* Schafen *(Schaaf)* und Ziegen *(Gäiss)* – je nach Örtlichkeit *(a Täil Oort[ä]* – kreisförmig bis zu 150 cm hohe Pflöcke eingeschlagen, an denen dann Äste *(Ascht,* Pl. *Escht)* oder Stacheldrahtverhaue *(Stacheldraatverhäüw)* angebracht werden. Im Maderanertal soll man sogar kleine zugespitzte Stöcke *(Spiäss)* in den Heuhaufen gesteckt haben, um die Tiere am Fressen zu hindern.[314]

Wo aber die Arbeit an einer Triste aus irgendwelchen Gründen nicht abgeschlossen werden kann, sind die Leute trotz spürbarer Müdigkeit *(Miädi)* besorgt, noch bei einbrechender Dunkelheit *(Mäügel, mäügel[s])* das Heu «mit Heutüchern *(Plachä, Plächä),* Holz und Steinen *(Stäi)* zu beschweren, damit dieses vor Wind oder Regen geschützt bleibt.[315] In diesem Fall wird man bei langen Anmarschwegen auch auf eine Rückkehr ins Tal hinunter verzichten und die Nacht in einer primitiven Wildheuerhütte *(Ääbäheech, Wildhäiwer'hittä, -hittli),* auf der Alp oder allenfalls sogar in einer Felsenhöhle *(Balm, Balmä, Balm[ä]stäi)* als notdürftigem Obdach *(Ottech, Schä[ä]rmä)* verbringen.

Wildheutransporte

Wo es sich heutzutage machen lässt, wird das Wildheu aber gar nicht erst – wie oben beschrieben – auf mühsame Weise zu einer Triste geformt, sondern gleich in tiefer gelegene Berggüter *(Bäärg)* hinunter zur winterlichen Nutzung transportiert. Früher, wo die einzelnen Talstufen noch nicht bis in alle Höhen *(bis i all Heechänä* oder *Hoorä* oder *Steck üüfä)* mit fahrbaren Wegen und Transportseilen erschlossen waren, wurde diese mühsame *(miäsam,*

312 Seite 404

313 Seite 404

314 Seite 404

315 Seite 404

Wo das Wildheu *(Wild[i]häiw)* nicht in
Form einer freistehenden Triste *(Trischtä)*
auf einem möglichst ebenen Platz
(Trischtbett, Trischtplätz, Trischtstüäl Urs.)
gelagert wird, bringt man es zum Schutz
vor Wind und Regen auch unter sog.
Balm[ä]stäi oder *Sträiwistäi* wie hier auf
dem Foto aus dem Erstfeldertal, wo trotz
der beträchtlichen Distanz die Triststange
(Trischtbäüm, Trischtlattä) noch
ausgemacht werden kann.

strängwärchig) und meist auch gefahrvolle *(gfäärlich)* Arbeit *(Aarbet, Aarbig)* bis in den Winter *(Winter[t])* hinein vertagt.

Jedoch selbst heute noch begegnet man vereinzelt Bergbauern, die bei günstigen Schnee- und Lawinenverhältnissen in den Monaten Dezember *(Chrischtmoonet, Dezämber)* und Januar *(Jänner)* zusammen mit einer Schar *(ä Tschuppel, eppä äs Totzed, Tutzed)* getreuer Helfer an einem festgesetzten Tag zu den Tristplätzen aufsteigen, um das in luftiger Höhe gelagerte Tristheu *(Trischthäiw)* zum Abtransport vorzubereiten *(trischt-ap-fassä)* und hernach ins Tal hinunter *(i ds Ta[a]l appä)* zu schaffen.

Nach Ankunft bei der Triste heisst es zunächst mit einer speziellen Schneehaue den Schnee von der Triste zu entfernen und mit Hilfe der Schneereifen *(Schneebrättli)* oder der eigenen schweren Schuhe (vgl. oben) den Platz *(Plätz)* neben der Triste festzustampfen. Wo auch die alte Sitte noch Bestand hat, werden nun drei Vaterunser *(Vatterunser)* gebetet *(bättä)*, ehe man zur eigentlichen Arbeit schreitet. Dabei werden als erste Betätigung der Heukranz und der oberste Teil der Triste, der sog. *Trischthals*, auf dem gepressten Schnee verteilt, damit die Seile nicht in die Nässe zu liegen kommen. Alsdann «schneidet *(schrootä, schrootnä)* man mit dem Schroteisen *(Häiwyysä, Häiwschrooter, Schrootyysä, Schrootmässer, Stoosser)* die Triste in der Mitte bei der Tristlatte ein und nimmt die Hälften *(Hälplig,* auch *Gsteerts* oder *Apgäänds* genannt) so tief hinunter weg *(ap'schrootä)*, bis der Durchmesser des übrigen Teiles der Triste für die weitere Zerlegung genügend gross ist».[316] In einem nächsten Schritt wird die Tristfläche in vier Hauptstücke *(Pinggelläng)* geteilt, indem man zwei mal zwei parallel laufende Schnitte, die sich in einem rechten Winkel kreuzen, durch die verbleibende Triste zieht *(durschrootä)*. Daraus ergeben sich dann insgesamt neun Stücke, von denen die abgerundeten Aussenteile *Veegel (<Voogel)* oder *Birschtä*, teils auch *Latz* heissen. Den verbleibenden Teil um die Tristlatte nennt man *Späck*.

Jetzt wird das sog. *Bindsäil*, bekannt auch unter der Bezeichnung *Fa[a]lt* oder *Fa[a]ltsäil*, das aus einer *Spitztriägglä* (weitere Bezeichnung: *Eggtriägäli, Graad-, Häupt-* oder *Zugtriägglä)* und drei ovalförmigen sog. *Fall-*, resp. *Fa[a]lttriägglä* besteht, im Zickzack *(fyyferswyys, heerswyys)* ausgelegt *(spräitä)*. Das zweite Seil, das sog. *Häiwsäil*, bestehend aus einer *Spitztriägglä* und zwei parallel verlaufenden Seilhälften, kommt nun quer über und unter das *Bindsäil* zu liegen. Nun kann mit dem Aufladen der verschiedenen Heulagen begonnen werden, indem abwechselnd Heu von den oberwähnten Tristteilen übereinander geschichtet wird, «bis die Heulast eine Höhe von ca. 70 – 80 cm erreicht hat».[317] – Nun wird das Ende des

316 Seite 404

317 Seite 404

367

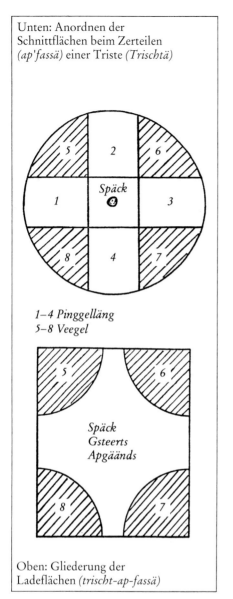

Unten: Anordnen der
Schnittflächen beim Zerteilen
(ap'fassä) einer Triste *(Trischtä)*

Späck

1–4 *Pinggelläng*
5–8 *Veegel*

Späck
Gsteerts
Apgäänds

Oben: Gliederung der
Ladeflächen *(trischt-ap-fassä)*

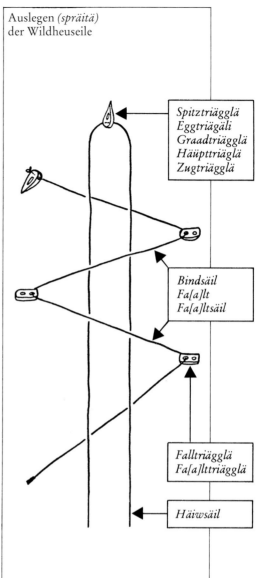

Auslegen *(spräitä)*
der Wildheuseile

Spitztriägglä
Eggtriägäli
Graadtriägglä
Häüpttriäglä
Zugtriägglä

Bindsäil
Fa[a]lt
Fa[a]ltsäil

Falltriägglä
Fa[a]lttriägglä

Häiwsäil

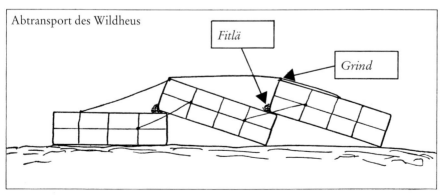

Abtransport des Wildheus

Fitlä

Grind

Gem.
Alois Blättler
(vgl. S. 364)

Bindseils in umgekehrter Reihenfolge durch die *Fall-* oder *Fa[a]lttriägglä* gezogen und anschliessend mit der *Spitztriägglä* fixiert *(verschlaa)*. Jetzt ist auch das *Häiwsäil* an der Reihe, indem genau gleich wie beim *Ap'fassä* eines Heubündels *(Häiwburdi, Pinggel)* verfahren wird. Ist die Heulast dann transportbereit, legt man sie zunächst zur Seite, um weitere Bündel vorzubereiten. So zieht sich die Arbeit hin, bis die ganze Triste abgepackt *(ap'fassä)* ist.[318] Inzwischen ist längst auch eine Verschnaufpause *(Verschnüüfphäüsä)* fällig geworden. Bevor es aber in einer bisweilen halsbrecherischen Fahrt in die nächste Talstufe hinuntergeht, sind die einzelnen *Pinggel* möglichst kurz miteinander zu verbinden *(verstruppä)*, damit ein späteres Umkippen *(troolä)* verhindert werden kann. Dabei geht man – wie schon oben erwähnt – so vor, dass – je nach Weg- und Schneeverhältnissen – zwei *(Päärli, Zwäijerli)*, drei *(Dryyjerli)* oder vereinzelt sogar vier *(Viärerli)* und mehr[319] Lasten aneinander gekoppelt werden, und zwar so, dass «die hintere Heulast mit dem vordern Teil *(Grind)* auf die Kante der vordern» *(Fitlä)* zu liegen kommt.[320] – Jetzt kann es losgehen. Angefeuert von den ausgelassenen Jauchzern *(Jüüchz[er], Jütz)* der teils mitfahrenden Helfer ist der vorderste Mann besorgt, im Wechsel von Ziehen *(ziä)* und Bremsen *(biämsä, brämsä)* wie bei einem Schlitten die gesamte Last auf dem angebahnten Weg *(Häiw'-riisä, -riisi)* zu dirigieren *(räisä)*, wie's der jeweiligen Situation gerade am bekömmlichsten erscheint. Bei weicher *(schlääsem)* und sehr rutschiger *(gängig)* Schneeunterlage «werden zu beiden Seiten der Heulasten kleine Tannen *(Grotzä)* befestigt, um die *Pinggel* abzubremsen».[321] Wo die örtlichen Verhältnisse eine Fahrt als zu waghalsig erscheinen lassen, werden die Lasten über die Gefahrenzone hinaus getragen oder – wie schon oben beschrieben – mit Hilfe eines Seils *(Burdisäil, Säil, Säilisäil)* und des gewieften *Säilima*, des Verantwortlichen beim Abseilen der Tristelemente, über Flühe *(Flüä, Pl. Fliä)* und durch steile Couloirs *(Chäälä, Häiwetchäälä)* sachte hinuntergelassen. Hat man dann unfallfrei jene Talstufe erreicht, von der aus Schlitten *(Häiwschläipf, Hooräschlittä, Schlittä)* sinnvoll zum Einsatz gelangen, ist es dann meist für die wackeren Männer nur noch eine Kleinigkeit, bis sie sich ihrer einstmals so kostbaren Habe am Bestimmungsort frohgemut entledigen können.[322]

Ackerbau und Gartenkultur

Auch wenn der als Simplex und insbesondere als Grund- und Bestimmungswort einer Reihe von Komposita überraschend stark vertretene Flurname *Acher* nicht ausschliesslich nur auf Ackerland im herkömmlichen Sinn

318 Seite 404

319 Seite 405

320 Seite 405

321 Seite 405

322 Seite 405

369

Nebst den zahlreichen Allmendgärten
(Allmäinigäärtä) in den sog. Bodengemeinden
begegnet man eigentlichen Hausgärten,
ausgesprochenen Blumengärten und kleineren
Pflanzstellen *(Pflanzplätz, Rytt[äl]i)* selbst noch
in höheren Talstufen, hobbymässig vereinzelt
sogar im Alpbereich.

hinweist, sondern schon in ahd. Zeit als Gegensatz zum Garten in der Bedeutung von ungepflegtem Land, wo «die Blumen wild wachsen», oder auch im Sinne von «weitem, offenem Land» im Gegensatz zum Wald etwa gebraucht worden ist,[323] darf doch in Anlehnung an ähnlich gelagerte topographische Verhältnisse in anderen Kantonen – vgl. etwa den Nachbarkanton Glarus[324] – davon ausgegangen werden, dass im Interesse einer gutfunktionierenden Selbstversorgung ebenfalls in Uri durch Jahrhunderte hindurch z.T. bis in beträchtliche Höhen hinauf Ackerbau betrieben wurde.[325]

In der Tat! Speziell diverse Hinweise aus dem Urner Sagenmaterial[326], dann auch der vorläufig noch nicht restlos geklärte Gemeindename Erstfeld[327] neben zusätzlichen Flurnamen[328] sowie eine Reihe von Mundartausdrücken, wie etwa *Choorä, Choorästa[a]del, Frucht, Gäärschtä, Haaber, Hälmgra[a]s* (hoher Glatt- oder Wiesenhafer), *Roggä, roggi* (aus Roggen, *roggis Broot*), in Verbindung mit Bezeichnungen für verschiedene Nebenprodukte – man denke etwa an *Chriisch, Spryyw[el], Gsträüw, Sträiwi, Stroo, Strau* Urs., *Garbä, Stroogarbä* – lassen den nicht unbegründeten Schluss zu, dass insbesondere der Getreideanbau in unserem Kanton gewiss nichts Ungewohntes war.[329] Daneben kannte man bis über die Mitte des 19. Jahrhunderts ebenfalls den Anbau von Flachs *(Flachs, Flax, wildä Flachs)* und Hanf *(Hampf, Häüf, wildä Häüf, Häüfche[e]räli, Baartä, Fim[m]älä, Chuuder, Gchüüder)*[330], was mit Hilfe einschlägiger Ratsprotokolle bez. Wasserrechte für die Hanfröste *(Roozi, Reezi)*[331] und dank der historischen, teils aktuell noch gültigen Flurnamenbelege (vgl. *Butzäroozi, Flachsgärten +, Häüfgäärtli)*[332], aber auch durch heute noch gebräuchliche Mundartausdrücke wie *Rätschä* (Hanfbreche), *rätschä, reezä, roozä* (Hanf, Flachs rösten, die Stengel brechen), *Ryyschtä* (Hanfbüschel), *Hampfryybi* (meist durch Wasserkraft angetriebene Vorrichtung zum Reinigen von Hanf), *Rätschfyyr* (Feuer zum Trocknen von Hanf), *Rätschoofä* (Ofen, worin der Hanf vor dem Brechen geröstet wurde), *bäärtig* und *rätschwärchen* (aus Hanf hergestellt) eindrücklich belegt wird. *Rätschbääsä* und *Rätschwyb* als Bezeichnung für eine äusserst klatschsüchtige Frau sei nur nebenbei bemerkt. Rapsfelder *(Leewat)* hingegen dürften bei uns wohl eher selten anzutreffen gewesen sein.

Ackerbaumässig reduziert sich heute jedoch das Angebot praktisch ausschliesslich auf Mais *(Mäis, Paläntä, Poläntä, Tirggächoorä)* zu Futterzwecken. Zudem findet man in beschränktem Umfang selbstverständlich auch die Kartoffel *(Hä[ä]rdepfel, Hèrdepfel, Guumel)*.[333] Andere Gemüsesorten haben sich vom Acker *(Acher)* auf den Anbau im privaten oder korporationseigenen Garten *(Gaartä, Allmäinigaartä, Sandgaartä)* be-

323 Seite 405
324 Seite 405
325 Seite 405
326 Seite 406
327 Seite 406
328 Seite 406
329 Seite 406
330 Seite 406
331 Seite 407
332 Seite 407
333 Seite 407

Seit gut 15 Jahren kennt man in Uri
auch den gewerbemässigen Anbau von Kräutern
(Chrytli) in den spez. dafür gepflegten
Chryttergäärtä, wie z.B. hier eingangs Bristen.

schränkt. Weil jedoch hierzulande der Boden *(Boodä)* sich meist äusserst uneben, ja sogar steil und teils auch mit Steinen durchsetzt *(grüplig, hèrt' grindecht, -grindig)* anbietet, was das Pflügen *(acherä, pfliägä)* mit dem Pflug *(Pflüäg)* äusserst erschwert *(strängwärchig)* und auf weite Stellen gar verunmöglicht, sofern nicht vorgängig mühsam die Steine vom Feld geräumt werden *(ab'oornigä, scheenä)*, wurde mit dem Aufkommen der besseren Handelsbeziehungen wie andernorts auch der Ackerbau mehr und mehr

334 Seite 408

zugunsten von Milch- und Viehwirtschaft aufgegeben.[334] Trotzdem konnte sich bis heute die Bauernregel erhalten: *Im Üsstaagä* (Zeit vor dem Frühlingsanfang) *tüät mä büüwä*, das Feld bestellen, d.h. zu einem Zeitpunkt also, wo die Felder aper *(¹aaber)* sind oder immerhin zu apern *(aaberä)* beginnen.

Pflüäg	Voorschèller	Pflüägmässer

335 Seite 408
336 Seite 409

Mit den Gärten *(Gaartä*, Pl. *Gäärtä*, vereinzelt *Gaartä)* verhält es sich da schon etwas anders,[335] wo nicht nur im Talgrund, sondern bis weit in die Höhen hinauf[336] der Nutzgarten *(Nutzgaartä, Pflanzplätz, Ggmiäsgaartä, Hä[ä]rdepfelplätz)* im eigentlichen Sinn gepflegt wird *(gaartnä, gaartnerä)*. Meist ist es da die Aufgabe der Hausfrau *(Hüüsfräüw, Fräüw, Wyybervolch)* – unterstützt von den Kindern *(Chind, Goof, Zoggel)*, den Gartenanteil *(Alaag, Firggel, Chrütbett, Pflanzplätz, Ryttäli (<Rytti)* als emsiges Gärtnervolk *(Gäärtner, Ggmiäser, Pflänzler)* von Unkraut *(Gjätt, Jätt, Uchrüt)* zu säubern *(jättä, üss'jättä, üss'ryyssä, räüpfä, rifflä, sträipfä, sträüpfä)*, ehe es ans Anpflanzen *(pflanzä, a'pflanzä, pflänzlä, säijä, setzä, y'setzä, steckä)* der vorgesehenen Setzlinge *(Schesslig, Schitzlig, Schoss, Setzlig)* geht. Zunächst muss aber die verbrauchte Erde mit einem Spaten *(Schüüfflä, Spaatä)* oder auch mit einer Grabgabel *(Gaplä, Stächgaplä)* gelockert und nach alter Schule umgegraben *(um'graabä, um'stächä)* werden. Dabei wird zur Düngung gerne etwas Mist *(Gsprängg, Güaanä, Hiänderdräck, Hiändermischt, Mischt, Mischti)* vom Mist-, resp. Komposthaufen *(Komposcht-,*

337 Seite 410

Kumposcht'hüüffä, Mischthüüffä, Mischtrichti) beigegeben.[337] Liegen einzelne Erdklumpen *(Chläipä, Chläipis, Chlumpä, Chnäipis, Tschollä)* obenauf *(oobänüf)*, werden diese im gleichen Arbeitsgang laufend *(voorzüä)* zerteilt. Nun muss die Pflanzstelle *(Pflanzplätz)* mit dem Rechen *(Rächä)* bearbeitet *(rächä, rächälä)* und hernach in Gartenbeete *(Bettli, Gaartäbettli, Rabattä)* eingeteilt *(y-, under'täilä)* werden.

Oben: Um das vielfältig Angebaute in den Gärten vor den Vögeln *(Voogel,* Pl. *Veegel)* wirkungsvoll zu schützen, werden gerne z.T. recht furchterregende *(gfirchig)* Vogelscheuchen *(Hiänderleeli, Voogelschyychi)* aufgestellt. Gleiches begegnet dem aufmerksamen Wanderer auch im Schächental, dort jedoch teils im Wiesland *(uf em Land ussä),* und zwar als wirkungsvolle Abwehr gegen Rotwild *(Gwild).*

Links: Mit dem abgebildeten Handpflug älterer Bauart, einem sog. *Üffmättler,* sollen früher die Erdhäufchen *(Hüüffä,* Dim. *Hyyffäli)* beim Kartoffelanbau grösseren Stils erstellt worden sein.

Komposcht, Kumposcht	Komposcht-,	Chuchiapfall
Mischthüüffä	Kumposcht'hüüffä	Trüäbel (Kaffeesatz)
Boonä'stickälä, -stickel	y-, innä'schlaa	
Mäijä, Mäijästock	bliäjä	Blatt
Bliätä		(Pl. Bletter, Dim. Blettli)
duurä'²waxä	üsä'²waxä	
innä'²waxä	zämä'²waxä	

Je nach Pflanze *(Pflanzä)* werden einzelne Samen *(Saamä, Saamäche[e]räli)* oder wie z.B. bei den Kartoffeln Saatkartoffeln *(Bätzi, Bitz, Hä[ä]rdepfel-, Hèrdepfel'bätzi, -bitzi, -gungg[ä]li, -mockä, Saatguumel, Steckerli, Steck-guumäli)* in die Erde gegeben, was man auf die Kartoffel bezogen auch als *hä[ä]rdepflä, hèrdepflä* bezeichnet. Dafür gibt es aber auch den Ausdruck *d Hèrdepfel a'machä* oder *d Hèrdepfel innä'tüä.*[338] Wer's mit der Genauigkeit nimmt, verwendet hierzu die Pflanzschnur *(Setzschnüär)* und zieht längs dieser Schnur kleine Furchen *(Furchä; furchnä, mätlä).* Nun mögen die Knollen *(Chnollä)* keimen *(chyydä, chyymä, kyymä).* Zur Zeitgewinnung lässt man die Stecklinge vorgängig schon Keimlinge *(Chyydä)* ansetzen *(üssschlaa).* Sobald das Kraut *(Chrüt)* die Höhe von ca. 20 – 30 cm erreicht hat *(üsä'²waxä),* werden um die zentrale Knolle kleine Erdhäufchen *(Hyyf-fäli <Hüüffä)* erstellt, was man mit *rofflä, üff'feerlä, üff'häck[ä]lä, üff'hyyf-fälä* oder *üff'mätlä* benennt.

Soll allgemein das Gepflanzte nicht vorzeitig welken *(schlampä, ver-schlampä),* sondern wachsen *(²waxä, cho, chu, schiässä)* und eine ertragreiche Ernte *(Ärnti, Läich)* in Aussicht stellen *(ergä, ä Hüüffä gä),* dann muss das Ganze mit Spritzkanne *(Channä, Chantä, Spritzchannä)* oder Schlauch *(Schlüüch)* begossen *(giässä, ubergiässä, pschittä)* und ab und zu von nach-stossendem Unkraut *(Uchrüt, Gjätt, Jätt)* befreit werden *(jättä, Jätt ap'zee-rä, üss'ryyssä).* Dabei gilt es zu beachten, dass Pflanzen nicht aus Unacht-samkeit zertreten *(vertrampä, vertschurggä)* oder gar entwurzelt werden *(eggänzä).* Wachstumsfördernd *(wäxig)* wirkt auch ein warmer Frühlings-regen *(Langgsiräägäli, Räägäli).*

Ab Juli bis in den Spätherbst *(Hèrbscht; wènn s hèrbschtälet)* bricht dann die Zeit der Ernte[339] an. Bei den Kartoffeln *(Guumel, Häpperä, Hä[ä]rdepfel, Häärpfel, Hèrdepfel)* heisst es zunächst, mit Hilfe eines Kräu-els *(Chräiwel, Guumälihääggel)* das welke Kraut *(Guumälichrüt, Hä[ä]rdepfel'chrüt, -stüüdä)* einschliesslich der allfällig noch vorhandenen Kartoffelsamen *(Bollä, Chuugäli [Chugglä], Hä[ä]rdepfelgungg[ä]li)* auszu-

338 Seite 410

339 Seite 411

reissen *(üsä'chräiwlä, -chrääwlä, üss'zèrrä, -zeerä)*, um alsbald Jagd nach den Knollen *(Eggäliguumel, Guumel, Häpperä, Hä[ä]rdepfel, Häärpfel, Kapüün[ä], Syywgaagel)* zu machen *(grampä, gummlä, hä[ä]rdepflä, hèrdepflä, üss-, üsä'tüä)*. Einmal ausgegraben, werden sie notdürftig gereinigt, eventuell sogar gewaschen *(wäschä)*, bevor sie in einen Kartoffelsack *(Hä[ä]rdepfelsack)* oder in einen Behälter *(Chessel, Chiibel)*, vielleicht auch in einen Harass *(Gaschli)* oder Korb *(Chorb, Chrattä, Hä[ä]rdepfelgungg[ä]li, Huttä, Raschi, Tschiferä, Zäinä)* gelangen, worin sie dann zwecks Überwinterung in den Keller *(Chäller)* transportiert und dort entweder in einer bis zu 1 m tiefen Grube *(Hä[ä]rdepfelgrüäbä)* oder in einem eigens reservierten Abteil *(Hä[ä]rdepfel'gha[a]lt, -gsteelä, -phälter, -schloffä)* aufbewahrt werden.[340] 340 Seite 411
Von da wandern sie dann – wenn sie nicht gar zu klein geraten sind *(Bättiring[ä]li, Syywgaagel)* – in die Küche *(Chuchi)*, um bald schon als *Güimelmeckä [<Güimelmockä], Gschwèllti* oder *Gschwèlltnig[i]*, als *Hiltschäguumäli*, als *Hä[ä]rdepfelbräüsi* oder *Reeschti* und auch als eigentliches Kartoffelgericht *(Hä[ä]rdepfel'tatsch, -turtä)* die hungrigen Mäuler *(Ggläff, Müül* [Pl. *Myyler*], *Schnurrä)* zu stopfen. Werden die Kartoffeln nicht rechtzeitig gebraucht, dann beginnen sie je nach Aufbewahrungsmöglichkeit schon früh im Jahr zu keimen *(chyydä, chyymä, kyymä)* und allmählich zu schrumpfen *(gschmurggälet* [teils auch *verhutschälet] wäärdä, schmurggälä)*. Mit der Zeit fangen sie gar an zu faulen *(füülä)*, was ihnen dann vereinzelt die Bezeichnung *Fryyschaarä* einträgt.

Auch die Bohnen *(Boonä, Chääfä, Cheefä, Chiifä, Fasee)* an der Stange *(Faseestickel, Stichälä, Stickälä, Stickel)* sowie die kleinwüchsigen Buschbohnen *(Grüpperli, Häiwäliboonä, Schnaaggerli)* gilt es zwischen Sommer *(Summer[t])* und Herbst *(Hèrbscht, Läübris)* zu ernten *(ap'zäpfä)*. Da wird es auch langsam Zeit, wo man sich im Kraut *(Chrüt)* zu schaffen macht *(chrüttä)*. Wenn sich beim Kohl *(Cha[a]bis, Cha[a]bishäi[p]tli, Cheel, Tschorggä, Wèrz)* oder auch beim Salat der Kopf *(Chopf, Häi[p]tli)* bildet, spricht man von *häitlä*. Aufgestengelter Kohl heisst *Narrächeel*. Übrigens, es ist wohl der Bedeutung dieses Gemüses zuzuschreiben, dass der Ausdruck *Cha[a]bis* wie *Cheel* in zahlreichen Redensarten Einzug gefunden hat. Ich erinnere nur an *Chrüt und Cha[a]bis* für ein allgemeines Durcheinander oder *Das isch Cha[a]bis* für «dummes Gerede». Erwähnt sei auch die Wendung *äim i ds Chrüt gaa* oder *cho* im Sinne von «mit jmdm. einen Streit anzetteln» oder auch «jmdm. in die ehelichen Rechte greifen». Als eigentliche Entsprechung für die allseits bekannte Lebensweisheit «Besser ein Spatz in der Hand als die Taube auf dem Dach»[341] darf wohl die oft zitierte 341 Seite 411
Redewendung gelten, die mit der träfen Formulierung daherkommt: *Äs isch*

besser ä Lüüs am Chrüt ass gaar käis Fläisch, was auf die alte Erfahrung zurückgreift, dass man sich mit dem wenigen, das man hat, zufriedengeben soll. Nicht alles, was man so das Jahr hindurch gepflanzt hat, gedeiht auch wunschgemäss. Zeichnet sich die eine Pflanze zum eigenen Ärger durch übermässigen Wuchs *(Stèrg[g]älä, Stèrgel, Stirgel, Stirchel, Stooder)* aus, was man als *stooderä* bezeichnet, gerät wieder anderes viel zu klein *(chlyy, chlyylocht, gmyggerig, munzig, naagelsgrooss)*. Früchte oder Pflanzen werden dabei zum *Stimp[ä]ler, Ggmitz, Ggne[e]ses, Ggnüiser[waar], Granggel, Gränggel* oder *Stumper* und *Tschurggäli*. Wie schon erwähnt, haben nicht unbegründet speziell die für die Volksernährung so wichtigen Kartoffeln in bezug auf ihre Grösse mit der Zeit die unterschiedlichsten Bezeichnungen bekommen (vgl. auch die Zusammenstellung der Feldfrüchte).

Wenn zwar auch heute in den meisten Fällen der Pflanzensamen *(Gsääm, Saamä)* – in Päckchen *(Briäffli* [*<Briäf*]) abgefüllt – direkt beim Gärtner oder sonstwo gekauft wird, haben sich doch die einzelnen Begriffe bez. Samengewinnung *(saamä, versaamä, versäämä)* im Sprachgebrauch halten können. So lässt man im Einzelfall die Früchte zunächst auswachsen *(üss'²waxä, üss'ryyffä, üss'schiässä)*, bis die ausgereifte Frucht *(Säämerä)* die Samen *(Saamä, Säämerlig)* freigibt *(ap'saamä)*. Um dabei die gar zu gefrässigen Vögel *(Voogel*, Pl. *Veegel)* vom Garten fernzuhalten, wird neben modernsten Warnschussanlagen immer noch hier und dort gerne auch eine schreckhafte *(gfirch[t]ig)* Vogelscheuche *(Gaartä-, Hiänder'leeli)* aufgestellt.

Bei der Frage nach der Anbaugepflogenheit in Uri darf nicht übersehen werden, dass man hierzulande – wie im vorangehenden Kapitel bereits dargestellt – auch einmal den Weinbau *(¹Rääb[ä], Trüübä, Wyy, Wyybäärg)* und sogar Tabakpflanzungen *(Back, Tüback)* gekannt hat.[342]

342 Seite 411

Im weiteren sei auch in diesem Zusammenhang nochmals auf die seit gut 15 Jahren in verschiedenen Urner Gemeinden aufgekommenen Kräutergärtchen *(Chryttergäärtli)* hingewiesen, dank denen insbesondere Bergbauernfamilien mit dem Anbau der verschiedensten Kräutersorten *(Chrytli)* einem willkommenen Nebenverdienst nachgehen können. Auf diese Weise hat denn auch der alte Brauch des Kräutersammelns *(chrytlänä)* mit der fast zur Sage gewordenen Figur der Kräuterfrau *(Chrytterfräüw)* und des Kräutermännchens *(Chryttermanntli)* wieder eine zeitgemässe Form der Kräuternutzung gefunden.

Zusammenstellung der bekanntesten Feldfrüchte *(Chrüt, Ggmiäs)*, soweit zwischen Mundartausdruck und Standardbezeichnung eine Abweichung feststellbar ist:

Blumenkohl:	*Blüämächeel*	*Goortäfieu* Urs.
Bohnen:	*Boonä*	*Chääfä, Che[e]fä, Chiifä*
Buschbohnen:	*Grüpperli Häiwäliboonä*	*Schnaaggerli*
Feuerbohnen:		*Fyyrboonä*
Sau-, Ackerbohnen:		*Syywboonä*
Stangenbohnen:	*Fasee*	*Stangäboonä*
Endiviesalat:		*Ändyyfisalat*
Erbsen:	*Äärbsä* *Boweerli* *Chääbä* *Chääfä, Che[e]fä*	*Chiifel* *Fasee* *Späckchiifel*
Fenchel:		*Fänchel, Fänkel*
Gurken:		*Gurkä*
Kartoffeln:	*Bäärner-Pummeranzä* *Bätzi* *Bitz* *Bollä* *Chugglä* *Eggäliguumel* *Fryyschaarä* *Gümelmockä* *Gränggi* *Gschwèlli* *Gschwèlltnig[i]*	*Guumel* *Häpperä* *Hä[ä]rdepfel, Hèrdepfel* *Hä[ä]rdepfel'bräüsi, -gunggäli, -mockä* *Häärpfel* *Hiltschäguumäli* *Kapüün[ä]* *Schwyyzerguumäli* *Syywgaagel* *Stecker*
Karotten:		*Riäpli*
Knoblauch:	*Chnopläüch, Chnoplech*	*Chnoplechzeechli*
Kohl:	*Chaabis* *Cheel*	*Chrüt* *Narrächeel*
Sauerkraut:		*Süürchrüt*

378

Kohlrabi:	*Chol[ler]raabä,* *Chollerrüäbä*	*Hääfälirääbä* Urs.
Kürbis:		*Chirb[i]s*
Lauch:	*Boor* *Boortscheggel*	*Läuch* *Läüchstängel*
Mangold:		*¹Chrüt*
Möhren, Mohrrüben:	*Riäpli; rooti, wyyssi,* *wildi Riäpli*	*Rüäbä*
Nüsslisalat:		*Nisslisalat*
Radieschen:		*Radyyssli*
Rettich:		*Räätich*
Rhabarber:		*Rabarberä*
Rosenkohl:		*Reesälicheel*
Rote Bete, Rote Rüben:	*Randä*	*Randech, Randich*
Rüben:		*Rüäbä*
weisse Rüben:	*²Rääbä*	*Rä[ä]b[ä]hächlä* *Räbsaamä*
Runkelrüben:	*Runkelriäbä,* *Runkelrüäbä*	*Rungglä, Runklä*
Salat:		*Sala[a]t*
Schnittlauch:	*Schnittläüch*	*Lauch* Urs.
Schwarzwurzeln:		*Schwarzwurzlä*
Spargel:		*Spargglä*
Spinat:	*Binätsch*	*Spinaat*
Sellerie:		*Zèllerech*
Tomaten:		*Tomaatä*
Wirsing:	*Wèrz, Wirz*	*Suppächeeli*
Zuckerrübe:	*Zuckerriäbä,*	*Zuckerrüäbä*
Zwiebeln:	*Bèllä*	*Zwiplä*

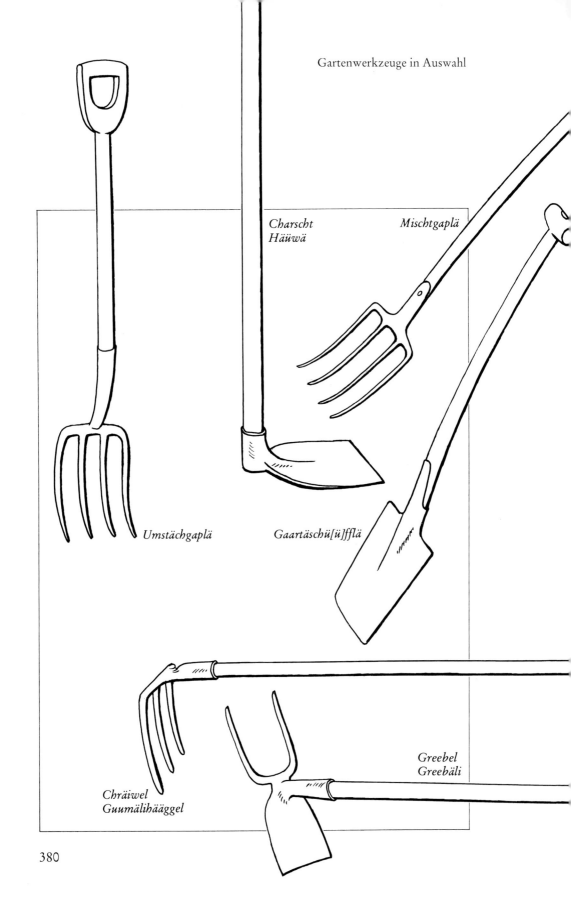

Gartenwerkzeuge in Auswahl

Charscht
Häüwä

Mischtgaplä

Umstächgaplä

Gaartäschü[ü]fflä

Chräiwel
Guumälihääggel

Greebel
Greebäli

Gartenwerkzeuge (*Gaartäwärchzyg*)		
Bickel		
Charscht	*Häüwä*	*Greebel, Greebäli*
Chräiwel	*Guumälihääggel*	
Müäserschü[ü]fflä		
Gaplä	*Müäsergaplä*	*Zinggä*
Mischtgaplä	*Zand*	*Gapläzinggä*
Rächä	*Rächäzinggä*	
Rächäzand	*Rächähäü[p]t*	
Siib	*Sandrä[ä]dä*	
Schüäffä	*Schü[ü]fflä*	
Gaartäschü[ü]fflä	*Spaatä*	*Umstächschü[ü]fflä*
Gaplä	*Umstächgaplä*	
Spärtel		

Aber nicht nur Gemüse, das in der Küche (*Chuchi*) zu gekochten Speisen (*Gchochets*) weiterverarbeit wird, und Beeren (*Beeri, Bèrri*), die später gerne als schmackhaftes Eingemachtes (*Kumfi, Kumfitüürä*) aufgetischt werden, oder auch etwa Kräuter (*Chrytli, Chrytter*, Pl. von *Chrüt*) aller Art[343] und Obst (*Obs, Obscht*) ernten (*ärntä*) die Leute gerne in ihren Gärten, sondern weiterum auch Blumen (*Bliäm, Blüämä*), ja sogar ganze Blumensträusse (*Bääsä, Blüämägfunsel, Büggé, Mäijä, Strüüss*), die als frischgeschnittene oder auch sonstwie gesammelte (*bliämlä*) Blumenpracht u.U. den Blumenstock (*Blüämä-, Mäijä'stock*) im Innern des Hauses vorübergehend von seinem festen Platz zu verdrängen vermögen. Da es sich aber hierbei – von den wenigen Ausnahmen wieder einmal abgesehen – in der Regel um Pflanzen handelt, deren Namen praktisch ausschliesslich zum standarddeutschen Wortschatz gehören, erübrigt es sich, diese im einzelnen hier aufzuführen. So sei drum nebst den unter den wildwachsenden Wiesenblumen bereits zitierten Pflanzen, die teils als kultivierte Gewächse ebenso in den Gärten Einzug gefunden haben, nur gerade die aus Südamerika stammende Kapuzinerkresse (*Kapizyynerli*), eine Würz- und Blütenpflanze, erwähnt.

Apropos Gewürze (*Gwirz*)! Auch wenn die Urner Küche mit Salz (*Sa[a]lz; sa[a]lzä, sa[a]lznä*) und Pfeffer (*Pfäffer; pfäfferä*) bei der Zubereitung von

343 Seite 411

381

Sog. *Scheenfyyr* werden wohl auch mit der
neuen Luftreinhalteverordnung vom 1. 2. 1992
weiterhin zumindest ausserhalb
der eigentlichen Wohngebiete anzutreffen sein,
wie z.B. hier in der Gmde Attinghausen.

Speisen *(Choscht, Gchoch, Spyys)* eher bescheiden umgeht und milden *(mild)* Gerichten *(Ässä, Ggäss, Ggricht* [jg.]) gegenüber scharfen *(rab, raass, rääss, rezänt, scharpf)*, geschweige denn versalzenen *(versa[a]lzä; Versa[a]lznigs)*, im allgemeinen den Vorzug gibt, liebt man es anderseits, da und dort dem Ganzen durch irgendwelche Würzebeigaben *(wirzä)* doch auch eine gewisse Rasse zu verleihen. Nicht von ungefähr wird drum vielerorts – wenn auch in bescheidenem Umfang – ebenso liebevoll der individuelle Kräutergarten *(Chryttergaartä)* gepflegt, wo nebst den schon oben erwähnten u.a. auch noch folgende Gewürzpflanzen[344] anzutreffen sind:

344 Seite 412

Bohnenkraut:		*Boonächrüt*
Borretsch:		*Borätsch*
Kresse:		*Chressech*
Kümmel:		*Chiimi*
Lavendel:	*Chyydä Lavändel*	*Spyyggä*
Liebstöckel:		*Matschichrüt*
Majoran:		*Mäijäraan, wildä M.*
Melisse:		*Melissä*
Petersilie:		*Peeterli*
Pfefferminze:		*Pfäfferminz*
Rosmarin:		*Chyydä*
Salbei:		*Salbyy[nä]*
Thymian:		*Amäisi-, Ambäissi'chrüt*
Wacholder:	*Räckholderä, Räckholterä*	*Räikholder, Räikholderä, Räikholterä*
Wermut:	*Wurmet*	*Wurmüät*

Darüber hinaus werden auch noch Gewürze verwendet, die durch lange Tradition in der Urner Küche inzwischen heimisch geworden sind. Speziell hervorgehoben sei hier die in den Ziegerkrapfen *(Chrapfä, Ziigerchrapfä)* verwendete Gewürzmischung aus Zimt, Vanillezucker, Ingwer, Sandelpulver, Nelken und Muskat, der sog. *Träässech* oder auch *Maagäträässech*. Nach Einzelgewürzen aufgelistet, ergibt sich folgende Zusammenstellung:

Anis:		*Äänis*	
Gewürznelke:	*Näägäli*	*Näägäli'chopf, -chepfli*	
Ingwer:		*Imper*	
Koriander[345]:	*Kaliander*	*Kolander*	345 Seite 412
Majoran:		*Mäijäraan, wildä*	
Muskat:		*Muschgetnuss*	
Pfeffer:		*Pfäffer*	
Senf:		*Sämpf*	
Wermut:	*Wurmet*	*Wurmüät*	
Zichorie:		*Ziggoori*	
Zimt:		*Zimmet*	

Nun denn, wie überall, wo man es an der nötigen Sorgfalt und Ordnung *(Oornig)* fehlen lässt, zeigen sich gerade bei der Gartenkultur sehr schnell deutliche Spuren der fehlenden Pflege *(Pfläg)*. So ist es bekanntlich nur eine Frage der Zeit, bis der bebaubare Boden *(Boodä)* wieder völlig von Unkraut *(Gjätt, Jätt, Uchrüt)* überwachsen *(u[m]gstirnt)* ist, was auf gut Urnerisch *iberwaalä, verwassmä, uberwaxä, zämä-, züä*[2]*waxä, verwilderä* oder sogar *uberwüächerä* und *vergandä* heisst.[346] Wer dann noch nicht eingreift, wird in bestimmten Höhenlagen feststellen können, wie sich das Heidekraut *(Brüügä)* und die Alpenrosenstauden *(Jüppä)* zunehmend ausbreiten *(verbrüügä; gjyppecht)*. Daneben macht sich bald wieder sogar dichtes Buschwerk *(Drooss, Ghirsch, Griät, Gsty[y]d, Gstryych, Gstripp, Peschä, Roonä, Stüüdä[peschä])* breit, was in Urseren mit *gstyydig* bezeichnet wird. Um solcher Verstaudung *(verstüüdä, verstütnä)* wirkungsvoll zu begnen, werden im Herbst *(Hèrbscht, Läübris)* wie im Frühling *(Friälig, Janxig, Langgsi, Lanzig)* da und dort kleinere und grössere *Scheenfyyr*[347] entzündet *(a'zindä)*, obwohl bedingt durch die fortschreitende Luftverschmutzung *(Luftverschmutzig)* von privater und insbesondere öffentlicher Seite zunehmend das Häckseln *(häckerlä, häxlä)* mit der Häckselmaschine *(Häckerlimaschyynä, Häxler)* zur Beseitigung des anfallenden Staudenmaterials propagiert wird und erfreulicherweise auch zum Einsatz kommt. Zur Beseitigung des anfallenden Staudenmaterials grösseren Umfangs wird gemeindeweise übers Jahr verteilt auch eine Grünabfuhr *(Griänapfüär)* für umweltbewusste Bürger

346 Seite 412

347 Seite 412

und Bürgerinnen organisiert. Diese Dienstleistung ist allseits auf reges Interesse gestossen, weil in Verbindung mit der Einführung der Sackgebühr *(Sackgibüür)* am 1. März 1992 die Grünabfälle *(Griänapfall)* seitdem nur noch auf eigene Kosten *(Cheschtä)* über private wie quartiermässig zur Verfügung stehende Container *(Kuntäimer)* oder dann durch selbst organisierte Transporte beseitigt werden können, sofern die Entsorgung *(Entsorgig)* nicht gleich an Ort und Stelle vorgenommen wird.

KAPITEL 5
WIESEN UND FELDER

Siehe auch
Ergänzungen S. 479 ff.

ANMERKUNG 267

Die nachfolgend zitierte Literatur ist erneut als Auswahl aus einer reichen Fülle von Titeln zur gegebenen Thematik zu verstehen und hat eigentlich zwei Ziele zu erfüllen: Zum einen mag sie dem interessierten Leser den Einstieg in die anvisierten Problemfelder durch Hintergrundinformationen entschieden erleichtern. Zum andern soll sie auch aufzeigen, was die öffentlichen Bibliotheken von Uri selbst in diesem Spezialbereich zu bieten haben. Man beachte daher überdies die Zitate weiterer Publikationen in den einzelnen Anmerkungen zu diesem Kapitel!

Aichele, Dietmar; Golte-Bechtle, M.: Was blüht denn da? Stuttgart 1989
Ausarbeitung der pflanzensoziologischen Waldkartierung des Inventars typischer Elemente der Kultur- und Naturlandschaft von Uri. In: UW 1990, Nr. 69
Brücker, Walter: Vegetationsuntersuchungen in Lawinenabgrenzungsgebieten des Kt. Uri. Naturf. Gesellschaft Uri, H. 9, Altdorf 1982
Danesch, Othmar und Edeltraud: Orchideen Kompass. Einheimische Orchideen kennenlernen und bestimmen. München 1987
Duperrex, Aloys: Unsere Blumen. Neuenburg o. J.
Flora des Gotthardgebietes. PTT-Führer Gotthardstrasse, o.O., 1951, S. 22 ff.
Garms, Harry: Pflanzen und Tiere Europas. Das grosse Bestimmungsbuch. Zürich 1975
Geschützte Pflanzen im Kt. Uri, o.O.u.J.
Godet, Jean-Denis: Pflanzen Europas: Kräuter und Stauden. Hinterkappelen BE 1991
Godet [Jean-Denis]: Alpenpflanzen der alpinen Rasen, Weiden, Halden, Felsen und Moränen. Hinterkappelen/Bern 1993
Hennebo, Dieter: Gärten des Mittelalters. Zürich 1989
Herder Lexikon: Pflanzen. Freiburg i. Br. 1975
Herrmann, Gerald: Getreide und Feld-

früchte. Die Getreidearten und wichtigen Feldfrüchte in Feld und Flur kennenlernen und bestimmen leicht gemacht. München 1988

Hess, H. E.; Landolt, E.; Hirzel, R.: Flora der Schweiz und angrenzenden Gebiete. Bd. 1 – 3. Basel 1967

Hoffmann, Rainer: «Wunderlich ist's mit Gewächsen und Blumen ...» Neue Taschenbücher. In: NZZ 1992, Nr. 253, S. 27 f.

Jirasek, Vaclav: Taschenatlas der Pflanzen. Hanau 1975

Jüngling, Heinz; Seybold, Siegmund: Lexikon der Pflanzen. München 1977

Kaufmann, Franz: Über die Flora des Gotthardgebietes. Verhandlungen der Schweiz. Naturf. Gesellschaft. Andermatt 1875, S. 17 ff.

Kelle, August: Lebendige Heimatflur. Teil 2: Wiese u. Hecke im Jahreslauf. Bonn 1969

Kelle, August: Lebendige Heimatflur. Teil 3: Das Feld im Jahreslauf. Bonn 1972

Keller, Robert: Verzeichnis der von Herrn Wilhelm Werndli 1916 im Kt. Uri gesammelten Rosen. Mitteilungen aus dem botanischen Museum der Univ. Zürich, Jg. 78, Zürich 1917, S. 667 ff. [mit weiterführenden Literaturangaben, vgl. S. 670]

Klein, Ludwig: Alpenblumen, Bd. I u. II. Heidelberg o.J.

Klein, Ludwig: Nutzpflanzen der Landwirtschaft und des Gartenbaues. Heidelberg 1909

Klein, Ludwig: Sumpf- und Wasserpflanzen. Heidelberg 1919

Klein, Ludwig: Unsere Waldblumen und Farngewächse. Heidelberg 1924

Klein, Ludwig: Unsere Wiesenpflanzen. Heidelberg 1924

Klein, Ludwig: Unsere Unkräuter. Heidelberg 1926

Klein, Ludwig: Gartenblumen. Winterharte Stauden. Heidelberg 1927

Lippert, Wolfgang: Fotoatlas der Alpenblumen. Blütenpflanzen der Ost- und Westalpen. Das grosse Bestimmungsbuch in Farbe. München 1981

Lohmann, Michael: Bergwiesen und Almen. Ravensburg 1991

Oechslin, Max: Die Mauerflora von Altdorf. In: UW 1955, Nr. 55

Oechslin, Max: Frühblüher. In: Der Gotthard, H. 1, Altdorf 1960, S. 4 ff.

Oechslin, Max: Lawinen als Pflanzenverfrachter. In: Der Gotthard, H. 12, Altdorf 1962, S. 110 ff.

Pahlow, Mannfried: Giftpflanzen Kompass: Giftige Pflanzen und ihre Früchte erkennen und bestimmen. München 1986

Polunin, Oleg: Pflanzen Europas. München 1974

Pott, Eckart: Wiesen und Felder. Pflanzen und Tiere in ihrem Lebensraum – ein Biotopführer. München 1988

Reglement über den Schutz der Region Maderanertal und Fellital vom 5. Mai 1986 [10.5111]

Reinhard, Hans R. [u. a.]: Die Orchideen der Schweiz und angrenzender Gebiete. Elgg 1992

Roth, Johannes: Gartenlust. Fünfzig Blumenstücke und Anleitungen zur gärtnerischen Kurzweil. (Insel) – ill.

Rytz, Walter: Alpenblumen. Teil I + II. Bern o. J.

Rytz, Walter: Waldblumen. Bern o. J.

Rytz, Walter: Wiesenblumen. Teil I + II. Bern o. J.

Schmid, Emil: Die Flora der obern Reusstäler. Diplomarbeit Zürich 1919 [unveröffentlicht]

Schmid, Emil: Vegetationsstudien in den Urner Reusstälern. Diss. Zürich 1923

Sebald, Oskar: Wegweiser durch die Natur. WILDPFLANZEN Mitteleuropas. Stuttgart 1982

Seidel, Dankwart: Foto-Pflanzenführer. 440 heimische Pflanzenarten nach Blütenfarben. München 1987

Slavik, B.: Wildpflanzen in Feld und Wald. München 1973

Urner Flora. Mitteilungsblatt der floristischen Kommission der Naturf. Gesellschaft Uri. Altdorf 1987 ff.

Vetvicka, Vaclav: Pflanzen in Wald und Flur. Hanau 1980

Vetvicka, Vaclav: Pflanzen auf Wiesen und am Wasser. Hanau 1981

Vollzugsbestimmungen betr. Pflanzenschutz und Alpenblumenverkauf vom 10. Mai 1971 [10.5121]

Wendelberger, Elfrune: Alpenblumen.
  Alle wichtigen Alpenblumen nach
  Farbfotos bestimmen. München 1982.

ANMERKUNG 268

Obwohl Uri seine im Frühmittelalter
verankerten Agrarstrukturen schon vor
Jahrhunderten zu Gunsten einer intensiv
betriebenen Vieh- und Milchwirtschaft
aufgegeben hat, erscheint die Zahl jener
Flurnamen nicht unbedeutend, die auf
entsprechende Bewirtschaftungsformen
Rückschlüsse ziehen lassen. Interessant
ist dabei nebst der lokal zuweilen recht
unterschiedlichen Dichte von Belegstel-
len die jeweilige Örtlichkeit an sich, die
aufgrund des geltenden Flurnamens
trotz der alpinen Verhältnisse insbeson-
dere den Anbau von Korn bis in Höhen
hinauf ausweist oder für frühere Zeiten
zumindest vermuten lässt, wo man sich
heute unter den gegebenen Verhältnissen
einen Acker und obendrein noch ein
Getreidefeld nur schwerlich ausdenken
kann.
Die nachfolgende Zusammenstellung
mag hierüber etwas vertiefter Einblick
gewähren. Dabei dürfte die alphabeti-
sche Anordnung der standarddeutschen
Begriffe die Orientierung erleichtern.
Zur genauen Lokalisierung innerhalb der
einzelnen Urner Gemeinden sei auf die
jeweiligen Informationen im UNB ver-
wiesen:

Acker:
Acher, Acherli I 3 ff.
Acherä, Acheri I 9 ff.
Acherbäärg I 319 ff.
Ängiacher I 11
Arniacher + I 11
Äschacher I 12
Bechlers Acher + I 12
Biälänächer I 17
Blasen Acher + I 12 f.
Bonacher I 13 f.
Bräitä I 603 ff.
Bräitacher I 15 f.
Bräiti I 606 ff.
Breitenacher + I 14 f.
Bruchacker + I 14
Brugacher I 16

Brustacher + I 16
Büelacher + I 17
Chaschliacher + I 26
Chil[ch]änacher I 26 f.
Cho[o]llacher I 27 f.
Cho[o]ränacher I 28
Chratzenacher I 28
Chratzi II 466 f.
Chrummacher + I 28 f.
Dilgen Acher + I 17
Eben Acher I 17
Egg Acher + I 17 f.
Elsis Acher + I 18
Fäld I 1000 ff.
Fläsch-, Fläischacher I 18
Fotzlisacher + I 19
Fruttacher + I 19
Fuxacher I 19
Gällez Acher + I 20
Geissacker I 20
Gerenacher + I 20
Gerstenacher + I 20
Grabenacher + I 20 f.
Gretschisacher + I 21
Groossacher I 21
Groossech ? II 72 f.
Grüäbacher I 21 f.
Gruenacher + I 22
Gsanderacker + I 22
Haldendacher + I 22
Hansälis Ächer I 22 f.
Harzenacher + I 23
Helnacher + I 23
Ho[o]facher I 23 f.
Holzacher + I 24 f.
Huglis Acher + I 25
Hundacherli I 25
Juzzun Acher + I 26
Kaufacher + I 26
Kemlis Acher + I 26
Kriegacher + I 28
Kritzlis Acker + I 28
Lammacher I 29
Langacher I 29 ff.
Lanzeg ? II 498
Le[e]nacher[en] I 32 ff.
Lotterers Acherli I 34
Lussacher + I 34
Martis Acher I 34
Meiggelenacher + I 34
Melbaumes Acher + I 34
Mo[o]sacher I 34 f.
Müllacher + I 35

Militärmärker T 35 †
bi ds Naazenän Acher I 36
Ooheracher I 36
Pergisen Acher + I 36 f.
Pfandacher I 37
Pfluegacker + I 37 f.
Plattänacher I 38
Räbächerli, Räibächerli I 38
Rätschacher I 38
Ryybisacher I 38 f.
Ryydacher I 39 f.
Rooracher I 40
Rotenacher + I 41
Rubacher I 41 f.
Ryyssacher I 42
Saumacher + I 42
Schapfacher + I 42
Schipfacher I 42
Schma[a]l Acher + I 42 f.
Scheenacher I 43
Schudiers Acher + I 43
Schwäigacher I 43
Schwyynacherli I 43 f.
Sellen Acher + I 44
Sennen Acher + I 44 f.
Sigristenacher + I 45
Sinwellen Acher + I 45
Spissacher + I 45
Spitzacher I 45 f.
Stägacher + I 46
Stäigacher I 47
Stanacher I 46
Stapfacher I 47
Stockacher + I 47 f.
Stotzlisacher + I 48
Ta[a]lacher I 48 ff.
Täifacher I 51
Taubachacker I 51
Tiäracher I 51 f.
Tooracher I 52
Trogacher + I 52 f.
Trülsacher + I 53
Tubenacher + I 53
Türrenacher + I 53
Uelisacher, Uezligacher + I 53 f.
Umbisacher I 54
Vorderen Ächer I 54
Wadelacher + I 54 f.
Waldiächer I 55
Walisacher + I 55
Wietzacher + I 55
Willenbiegis Acher + I 55
Wingarters Acker + I 55 f.

Zell Acher + I 56
Zuhilzgemisohen † T 54

Ackerbauformen

Pflügung:
Äärlig I 116 f.
Artoden +, *Artboden* ? I 121
Gwand II 133 f.
Häckli ? II 135 f.
Ny[y]wbruch I 624
Pfluegacker + I 37 f.

Brachfeld:
Äger, Äägertä I 58, 820 ff.
Ägeri + I 823
Ägerli I 822 f.
Bra[a]chet I 600
Bra[a]chetsboodä I 498 f.
Brachetsbodenbach I 164, 227

Flur, Zelge:
Ä[ä]sch I 122 f.
Eschpä I 937 f.
Zelg III 1045
Zell Acher + I 56

Feldfrüchte

Bohnen:
Boonä I 577
Bo[o]nacher I 13 f.
Bo[o]näryyti II 1187
Bonenbrücke I 632
Bonhalmen + II 168

Getreide:
Äälä I 62 f.
Choorägäärtli I 1240
Cho[o]rämatt II 708 ff.
Cho[o]ränacher I 28
Choryyti ? II 1214 f.
Gerstenacher + I 20
Hirs[ch]matt ? II 694
Korn II 463 f.
Spältä III 244 ff.
Stoffelmatt II 757
Treschlig III 730

Kürbis:
Chirbs II 436

Rübe, weisse:
Rääbä II 1017
Räb-, Räib'ächerli I 38
Räibächerlistäi III 412
Räbgrüäbä II 80
Weitere Zitate von Flurnamen, die eher
Bezüge zu einer Pflanzstätte im kleinen
(Pflanzplätz) schaffen, folgen in Anm.
335 zum Thema «Garten» *(Gaartä)*.

ANMERKUNG 269

Zur Geschichte dieses für Uri einstmals
schicksalsträchtigen Aufbruchs in eine
neue Zeit haben vornehmlich diverse
Publikationen neueren Datums Stellung
bezogen. Speziell verwiesen sei hier
auf:

Basler & Hofmann: Alpenquerende Ur-
ner Verkehrswege. Entwicklungen und
Auswirkungen des Verkehrs auf der
Nord-Süd-Achse. Zürich o. J. [1991],
S. 8 ff.
Bielmann, Jürg: Die Lebensverhältnisse
im Urnerland während des 18. und zu
Beginn des 19. Jahrhunderts.
Basel 1972, S. 84 ff.
Furrer, Benno: Urner Alpgebäude im
Wandel der Zeit. Zürich 1989. Wand-
lungsprozesse der traditionellen Kultur-
landschaft [Agrarwirtschaft/Viehwirt-
schaft] S. 29 ff., 44 ff.
Gisler, Ambros: Gedanken des Urner
Volkswirtschaftsdirektors. 50 Jahre
Urner Verband der Raiffeisenkassen.
In: UW 1991, Nr. 65
Glauser, Fritz: Von alpiner Landwirt-
schaft beidseits des St. Gotthards
1000–1350. Aspekte der mittelalterli-
chen Gross- und Kleinviehhaltung so-
wie des Ackerbaus der Alpenregionen
Innerschweiz, Glarus, Blenio und Le-
ventina. In: Gfr., 141. Bd., Stans 1988,
S. 5 ff.
Hauser, Albert: Wald und Feld in der
alten Schweiz. Beiträge zur schweizeri-
schen Agrar- und Forstgeschichte.
Zürich/München 1972, spez. S. 164 f.,
175 ff.

Meyer, Werner: 1291. Zürich 1991,
S. 73 ff., 79 ff.
Mösching, Hansruedi: Boltigen – Reidi-
gen – Jaun. In: Wanderungen auf
historischen Wegen. Thun 1990,
S. 20 f.
Muheim, Hans: Fundamentaler Wandel
vom Agrar- zum Industriekanton. In:
LNN 1976 (20. Sept.)
Oechslin, Max: Die Wald- und Wirt-
schaftsverhältnisse im Kanton Uri.
Bern 1927, S. 175 ff.
Sablonier, Roger: Innerschweizer Gesell-
schaft im 14. Jh. – Sozialstruktur und
Wirtschaft. In: Innerschweiz und frühe
Eidgenossenschaft. Olten 1990, Bd. 2,
S. 133 ff., 144 ff., 153, 154 ff.
Scheuermeier, Dieter: Kt. Uri – vom
Agrarland zum Industriekanton. In:
Die Grüne. Zürich 1981, Nr. 19,
S. 7 ff.
Stadler-Planzer, Hans: Die Volkswirt-
schaft. In: Die Urschweiz. Chapelle-
sur-Moudon 1990, S. 17 f.
Stadler-Planzer, Hans: Spiringen –
Geschichte der Pfarrei. Spiringen 1991,
S. 12 f.
Stadler-Planzer, Hans: Geschichte des
Landes Uri. Teil 1: Von den Anfängen
bis zur Neuzeit. Altdorf/Schattdorf
1993, S. 84 f., 206 f.
Thürer, Georg: Alltag in der Urschweiz
um 1291. Eine werktägliche Besinnung
zur 700-Jahr-Feier. In: UW 1991,
Nr. 15.
Treichler, Hans Peter: Abenteuer
Schweiz. Geschichte in Jahrhundert-
schritten. Zürich 1991, S. 27 [Lebens-
ader Gotthardpass]
Zurfluh, Kurt: «Der Ackerbau – das
Stiefkind der Urner» sowie «Viehzucht
– die vorzüglichste Lebensquelle». In:
Steinige Pfade. 160 Jahre Urner Wirt-
schaftsgeschichte. Altdorf 1990,
S. 46 ff. u. 56 ff.

ANMERKUNG 270

Auf der erwähnten Restfläche von 23 ha
wurde im Jahre 1985 ackerbaulich neben
wenigem Gemüse *(Ggmiäs)* vornehmlich
(15 ha) Silomais *(Mäis)* zu Futterzwek-
ken *(Silofüäter)* gepflanzt. Im Vergleich

...Situation in Uri und der Gesamt-
schweiz s. die vom Bundesamt für Stati-
stik (BFS) veröffentlichte Untersuchung
«Die Bodennutzung der Schweiz –
Ergebnisse der neuen Arealstatistik».
Dazu auch Artikel in UW 1992, Nr. 60;
sowie «Ihre Datenbank! Uri in Zahlen
1990/91». Hrsg. Urner Kantonalbank,
Altdorf 1992.

Abgesehen von der bereits erwähnten ge-
schichtlichen Dimension (vgl. Anm. 269)
sind es nebst den für den Ackerbau
höchst ungeeigneten topographischen
Voraussetzungen auch rein natürliche
Gegebenheiten, die im Urner Bauern fast
so etwas wie eine Abneigung *(Apgüü)*
gegenüber allem, was nicht nach Vieh-
zucht, Alp- und Milchwirtschaft aus-
schaut, mit der Zeit anerziehen konnten.
Laut Josef Brückers Darstellung «Die
Urner Land- und Alpwirtschaft» (In:
Alpwirtschaftl. Monatsblätter «Die
Blaue». Organ des Schweiz. Alpwirt-
schaftl. Vereins und seiner Sektionen.
Juni 1960, Nr. 6, S. 197 ff.) fiel denn auch
den Urner Bauern ein drückendes Joch
von den Schultern, als mit dem Bau der
Gotthardbahn in der 2. Hälfte des 19. Jh.
der Ackerbau mit Ausnahme des Kartof-
fel- und vereinzelt Maisanbaus sozusa-
gen völlig verschwand. So soll auch die
sog. Anbauschlacht während des 2. Welt-
krieges (vgl. «Der Kanton Uri im Film».
7. Beckenrieder Filmtage. In: UW 1988,
Nr. 85) erneut als eigentliches Joch emp-
funden worden sein, das möglichst
schnell wieder abgeworfen wurde. Als
denkbare Gründe für diese negative
Grundeinstellung nennt Brücker u.a. die
für den Ackerbau ungeeigneten Boden-
verhältnisse, die relativ grosse Nieder-
schlagsmenge, die Knappheit an Talland,
die Wirkung des Föhns *(Feen)* sowie die
Abwesenheit der Leute während der
Alpzeit.

Auch A. Volkart kommt in seinen «Un-
tersuchungen über den Ackerbau und
die Ackerunkräuter im Gebirge» (in: SA
aus Landwirtschaftl. Jahrbuch der
Schweiz. Bern 1933, S. 78 ff.) zu ähnli-
chen Feststellungen. So verweist er im
speziellen auf die Gemeinden Gurtnellen
und Göschenen, wo sich der Ackerbau

auf den Kartoffelanbau beschränke. Ge-
treide *(Choorä, Fruchd, Gerstilli)* fehle
gänzlich und Rüben *(²Raabä, Riäpli,
Rüäbä)* würden nur gartenmässig gezo-
gen.

Trotzdem hatte sich auch Uri an der
vom Bund verordneten Erhebung der
Fruchtfolgeflächen (FFF) zu beteiligen.
In dieser Ermittlung wurden die für den
Ackerbau geeigneten und für die Versor-
gung in Notzeiten sicherzustellenden
Flächen kantonsweise aufgelistet, eine
Arbeit, die laut Zeitungsmeldung (vgl.
UW 1988, Nr. 67; 1992, Nr. 29) anfangs
1988 hierzulande abgeschlossen war und
zuhanden des Bundes eine Fruchtfolge-
fläche von 260 ha ausweisen konnte.

ANMERKUNG 271

Vgl. hiezu den Text sowie die entspre-
chenden Anm. 65, 146, 160 in den
Kap. 1 u. 3.

ANMERKUNG 272

Vgl. Zihlmann, Josef: Menschen suchen
eine Heimat. Hitzkirch 1986, S. 103,
104 f., 109 f., 139 ff., 152.

ANMERKUNG 273

Im UW vom 9. Juli 1892 wusste der da-
malige Berichterstatter vom Urnerboden
(Änetmärch[t], Boodä) zu melden, die
schöne Witterung habe zwar bewirkt,
«dass wir genug Gras für unser liebes
Vieh haben, nur ist zu beklagen, dass das
Gras nicht mehr frisch, sondern von Zie-
gen und Schafen ganz verstänkt worden
ist, denn wie einige Aelpler behaupten,
wurden vor der Alpfahrt ungefähr 1000
Stück Schmalvieh auf dem Boden gehal-
ten».

ANMERKUNG 274

Vgl. Gisler, Karl: Tabakbau in Uri.
In: 36. HNbl Uri, Altdorf 1931, S. 55 ff.

ANMERKUNG 275

Vgl. UNB II 782: «Von Welschen (Italie-
nern) erbaute Lawinenschutzmauer zwi-

schen dem Ghudleten Boden und der
Hasenplangg».

ANMERKUNG 276

Vgl. Meyer, Werner: 1291. Zürich 1991,
S. 73.

ANMERKUNG 277

Zu dieser Thematik ist – wenn auch auf
zürcherische Verhältnisse zugeschnitten –
von Margrit Irniger ein aufschlussreicher
Artikel in der NZZ (24. Juli 1991, Nr.
169) unter dem Titel «Die Abgrenzung
des Sihlwaldes – Etappe auf dem jahr-
hundertelangen Weg zum vollen Eigen-
tum» erschienen.

ANMERKUNG 278

Rhiner, Josef: Volkstümliche Pflanzen-
namen der Waldstätten nebst Gebrauchs-
und Etymologieangaben. Schwyz 1866.
Rhiners eigentliche Leistung als «Philo-
log und Botaniker», wie er sich selbst be-
zeichnet hatte, ist nicht zuletzt in bezug
auf den Kt. Uri gerade im Bereich der
Mundartforschung als so bedeutsam ein-
zustufen, dass es mehr als gerechtfertigt
erscheint, ihm an dieser Stelle übers
Grab hinaus ein paar Zeilen der Erinne-
rung und der Dankbarkeit zu widmen.
Der Ehrlichkeit halber sei jedoch gleich
hinzugefügt, dass sich die hiefür notwen-
dige Recherchierarbeit trotz Rhiners da-
maligem regionalem Bekanntheitsgrad
zunächst und überraschenderweise als
äusserst mühsam erwiesen hat. Schon ein
erster Blick in Bd. V (S. 614) des HBLS,
wo zwar auf die Doppelschreibung von
Rhiner und *Rhyner* sowie auf drei Ab-
kömmlinge dieses Namens hingewiesen
wird, brachte in bezug auf unseren For-
scher leider keine Klärung. Auch Kon-
takte zu den möglichen Bürgergemeinden
von Sennwald-Sax SG und Elm GL
wie auch Nachfragen im Landesarchiv
des Kantons Glarus sowie in den Kan-
tonsbibliotheken von Schwyz und Zug
lieferten trotz tatkräftiger Unterstützung
von Kantonsbibliothekar Aldo Carlen,
Zug, nicht die ausreichenden Informatio-
nen. Vor allem fehlten die Geburts- und

Sterbedaten, die zumindest eine zeitliche
Eingrenzung möglich gemacht hätten. So
wandte ich mich auch an Dr. Albert
Hug, Lehrer an der Kantonsschule
Schwyz und Mitverfasser des UNB, der
mich seinerseits an die dortige Bibliothe-
karin Maria Potin weiter verwies. Diese
konnte mir schliesslich dank Kontakten
zu Jürg Röthlisberger, Biologielehrer an
der Kantonsschule Zug, eine Kopie des
Nekrologs zustellen, der damals im Bote
der Urschweiz, Schwyz 1898, Nr. 6, er-
schienen war und dem ich auch weitge-
hend die nachfolgenden Informationen
entnommen habe:
In Schwyz am 31. August 1830 geboren,
verlor Josef F. Rhiner als Kind von acht
Jahren bereits seine Eltern und wurde in
der Folge von einem Grossonkel erzo-
gen. Schon bald hatte man seinen
wachen Geist erkannt und entsprechend
auch zunächst am ortsansässigen Kollegi-
um und später an der Kantonsschule von
St. Gallen sowie am Lyzeum in Fribourg
geschult. Seine Interessen für Sprachen
und Botanik liessen es angezeigt erschei-
nen, dass er sich an der Universität
München für Philologie und Botanik ein-
schrieb. Während der Sommersemester-
ferien unternahm er weite Studien- und
Forschungsreisen nach Italien und Öster-
reich und gelangte so im Jahre 1854 als
Sprachlehrer auch ans Institut von Bake-
well in Mittelengland. «Von einer sehr
störenden Krankheit ... oft sehr stark
behindert», sah er sich jedoch genötigt,
schon im Sommer 1855 den Rhein auf-
wärts nach Schwyz zurückzukehren.
Von hier aus durchstreifte er – wenn er
nicht gerade vornehmlich als Englisch-
lehrer am einstigen Jesuitenkollegium
tätig war – die heimatlichen Täler und
Höhen und legte so die Grundlagen für
seine späteren Publikationen. Diese
wiederum ermöglichten ihm Kontakte
zu Gelehrten seiner Zeit bis nach
Prag.
War es seine Weltoffenheit, sein unver-
blümt gelebtes Gelehrtendasein, seine
bohrende Krankheit, die ihn zu einem
Sonderling hochstilisierte und offensicht-
lich manche seiner einheimischen Zeitge-
nossen arg vor den Kopf stiess? Was

auch immer – jedenfalls war ihm kein leichtes Los beschieden, wenn wir den z.T. recht vertrackten Äusserungen in den Vor- und Nachworten seiner Publikationen wie auch besagtem Nekrolog auf seinen Tod vom 10. Januar 1898 Glauben schenken dürfen.

Für Uri mag es bedeutsam erscheinen, dass sich Rhiners naturwissenschaftliche Interessen über die Botanik und die hierzulande gesprochene Mundart hinaus auch noch auf andere Gebiete erstreckten. So erforschte er nach 1871 die Verbreitung der Granitfindlinge von Schattdorf bis Arth und Stans und bereiste mehrmals die Gotthardbahnstrecke, um an Ort und Stelle Beobachtungen in den verschiedensten Bereichen anzustellen. Weitere Publikationen:

Merz, Wolfgang: Flora des Kantons Zug mit einem Beitrag von Eduard Frey. SA aus «Mitteilungen der Naturforschenden Gesellschaft Luzern», XX. Band, 1966

Rhiner, Josef: Die Gefässpflanzen der Urkantone und von Zug (2. Aufl.). SA aus dem Jahresbericht der St. Gallischen Naturwissenschaftlichen Gesellschaft 1891/92

Röthlisberger, Jürg: Wandel der Zuger Flora – Wandel eines Ökosystems. Eine systematisch-ökobotanische Studie. Veröffentlichungen der Kantonsschule Zug, H. 6, Zug 1992.

ANMERKUNG 279

Zur Dokumentation, wie früher die Sonntage *(Sunntig)* auf dem Lande in etwa verstreichen konnten, diene nachfolgend eine Beschreibung des Zürcher Dichters Gottfried Keller (1819–1890) unter dem Titel «Der Spaziergang der Landleute» [in: Perlen von Gottfried Keller, hrsg. von Sigmund Graff. München-Pullach o.J., S. 13 f.]: *Die Landleute haben so gut ihre ausgesuchten Promenaden und Lustwälder wie die Städter, nur mit dem Unterschied, dass dieselben keine Unterhaltung kosten und noch schöner sind; sie spazieren nicht nur mit einem besonderen Sinn des Sonntags durch ihre blühenden und reifenden*

Felder, sondern sie machen sehr gewählte Gänge durch Gehölze und an grünen Halden entlang, setzen sich hier auf eine anmutige, fernsichtige Höhe, dort an einen Waldrand, lassen ihre Lieder ertönen und die schöne Wildnis ganz behaglich auf sich einwirken; und da sie dies offenbar nicht zu ihrer Pönitenz tun, sondern zu ihrem Vergnügen, so ist wohl anzunehmen, dass sie Sinn für die Natur haben, auch abgesehen von ihrer Nützlichkeit. Immer brechen sie was Grünes ab, junge Bursche wie alte Mütterchen, welche die alten Wege ihrer Jugend aufsuchen, und selbst steife Landmänner in den besten Geschäftsjahren, wenn sie über Land gehen, schneiden gern eine schlanke Gerte, sobald sie durch einen Wald gehen, und schälen die Blätter ab, von denen sie nur oben ein grünes Büschel stehen lassen.

ANMERKUNG 280

Vgl. hiezu Rolf Gisler-Jauch: Das Vorzeigen soll nicht Ziel des Pflanzensammelns sein. Das Herbarium von Walter Brükker – Resultat wissenschaftlicher Sammeltätigkeit. In: UW 1991, Nr. 68.

ANMERKUNG 281

In bezug auf die Giftigkeit der verschiedenen Blumen und Pflanzen wird im nachfolgenden nichts ausgesagt. Auch nichts, was ihre allfällige medizinisch nachweisbare, resp. dem Aberglauben überantwortete heilkräftige Wirkung anbelangt. Hiefür werden sich bei anderer Gelegenheit gewiss ausreichend Möglichkeiten bieten, um speziell die urnerischen Verhältnisse in diesen Belangen zur Darstellung zu bringen.

Für den Augenblick sei lediglich auf ein paar Publikationen hingewiesen:

Bächtold-Stäubli, Hanns: Handwörterbuch des deutschen Aberglaubens. Berlin 1927 ff. [Nachdruck: Berlin 1987]

Furlenmeier, Martin: Kraft der Heilpflanzen. Zürich 1979

Gabriel, Ingrid: Die farbige Kräuterfibel. Heil- und Gewürzpflanzen. Wiesbaden 1970

Gallwitz, Esther: Kleiner Kräutergarten.
  Kräuter und Blumen bei den alten
  Meistern im Städel. (Insel) – ill.
Geheimnisse und Heilkräfte der Pflan-
  zen. Zürich 1978
Haefelfinger, Barbara; Ernst, Beat R.:
  Heilpflanzen – mit Vorsicht gesammelt.
  In: Coop-Zeitung Nr. 17/1991,
  S. 14 ff.
Müller, Josef: Sagen aus Uri. Basel 1945,
  Bd. 3, S. 333 ff.
Schwester Bernardines grosse Natur-
  apotheke. München 1983
Strassmann, René Anton: Heilpflanzen.
  Teil I + II. Wilen/OW o. J.
Zogg, Annemarie: Frühlingsblumen in
  Volksmedizin und Volksglaube.
  Überlieferer alten Volksgutes.
  In: UW 1989, Nr. 37.

ANMERKUNG 282

Zur Beantwortung der Frage, wie weit
die einzelnen dialektal eingefärbten
Pflanzennamen – summarisch in der Be-
zeichnung *Blüämäfäld* UNB I 1011 oder
Mäijä II 785 zusammengefasst – über
den appellativischen Gebrauch hinaus ih-
ren Niederschlag auch im Flurnamenbe-
reich gefunden haben und da auch heute
noch weiterexistieren, mag die nachfol-
gende Zusammenstellung die nötigen
Informationen liefern. Als Orientie-
rungshilfe gilt erneut der alphabetisch
angeordnete standarddeutsche Aus-
druck:

Alpenampfer:
Ampferätaal III 568
Blackästock III 451
Blackenrüti II 1205
Blackiegg I 843
Gschletterplanggä II 925
Gschletterplätz I 465
Pläck I 457, II 904
Plackä I 455 f.
Plackägriäss II 66
Plackägschletter III 98
Plackähoschtet III 342 f.
Plackä-, Blackä'zug III 1069
Plackerä I I 456
Placki I 456
Schlooterbedäli I 550
Stafelblacken + I 457

Alpenmutterwurz:
Mutteräplänggi II 943

Alpenrose:
vgl. Kap. 4

Ampfer, Sauer-:
Süürampfäler I 111
Wildampferä I 111

Bärlauch:
Frimsäli I 1113
Rämsä II 1026 f.
Rämsäler II 1028
Rämsäli II 1027 f.

Berg[schnitt]lauch:
Alpälauch I 232
Wild Bèllä I 583
Bèlläloch II 564 f.
Läuchbiäl I 714
Läucher II 505
Läucherä II 507 ff.
Läucheräboodä I 526
Läucher[än]egg I 879

Bilsenkraut:
Bilschen + I 436, II 672

Brennessel:
Nessel II 843
Nessläbeedäli I 531
Nesslächääli II 364 f.
Nessläloch II 576
Nessläzug III 1084

Buschwindröschen:
Chatzästäärnä ? III 433 f.

Distel:
Tischtäläplätz I 462
Tischtäli I 765
Tischtägrüäbä II 78
Tischtlerä I 765

Eisenhut:
Fuxschwanz III 175 f.
Fuxwirzä III 1040

Enzian:
Änzähittli II 302
Enzenplatz + I 463
Wirzä, Wurzä III 1039 f.
Wirzästääfäli III 305

Erika:
vgl. Kap. 4

Fieberklee:
Boonä I 577
Boonäwald III 827
Boonbalmä I 251 f.
Boonegg I 843 f.

Germer, Weisser -:
Gèrbäläbo[o]dä I 509 f.
Gämmertal III 591

Heidekraut:
vgl. Kap. 4

Heinrich, Guter -:
Häimälächopf II 461
Häimäläflüä I 1078

Huflattich:
Fuuschterplackä I 457

Immergrün:
Strittä III 533 f.

Klee:
Chle[e]jälplifad I 952

Kümmel:
Chimibodä I 525

Lilie:
Illisboodä I 522
Liälisboodä I 522

Meisterwurz:
s. Sterndolde, da in der Volkssprache
nicht unterschieden (vgl. UMWB 447
u. UNB III 528 f.)

Rapunzel,
Betonienblättrige:
Joggänä II 339 f.

Rose:
vgl. Kap. 4

Siegmarswurz:
Sigmääri, Zigmääri III 1049

Sterndolde (Grosse-):
Stränzäbodä I 558

Stränzägrind II 68
Stränzämättali II 758
Stränzaplatz I 476
Stränzäpoort I 595
Stränzenfad + I 962

Storchenschnabel
Wald- (?):
Rappäschnaabel III 116 f.

Thymian:
Siächrüt II 468

Trollblume:
Bolleräfad I 949

Türkenbundlilie:
Golderä II 1

ANMERKUNG 283

Nicht des mundartlichen Gebrauchs we-
gen, als vielmehr wegen der literarischen
Strahlungskraft, welche die heute noch
auf dem Weg zwischen Isenthal – Bauen
– Seelisberg – Rütli anzutreffenden Al-
penveilchen einstmals auf den Schriftstel-
ler Elias Canetti (*25. 7. 1905) auszu-
üben vermochten, sei auf ein Zitat aus
seiner Autobiographie «Die gerettete
Zunge – Geschichte einer Jugend»
[Fischer TB. Hamburg 1982, S. 202 f.]
verwiesen:
*Den Sommer zuvor waren wir in Seelis-
berg gewesen, auf einer Terrasse hoch
über dem Urnersee. Da stiegen wir oft
mit ihr [gemeint ist die Mutter des Dich-
ters] durch den Wald zur Rütliwiese hin-
unter, anfangs Wilhelm Tell zu Ehren,
aber sehr bald, um die stark duftenden
Zyklamen zu pflücken, deren Geruch sie
liebte. Blumen, die nicht dufteten, sah sie
nicht, es war, als ob sie nicht existierten,
um so heftiger war ihre Passion für Mai-
glöckchen, Hyazinthen, Zyklamen und
Rosen. Sie sprach gern davon und erklär-
te es mit den Rosen ihrer Kindheit im
väterlichen Garten. Die Naturgeschichts-
hefte, die ich aus der Schule brachte und
mit Eifer zu Hause ausführte – eine
wahre Anstrengung für einen schlechten
Zeichner –, schob sie von sich, nie gelang
es mir, sie dafür zu interessieren. «Tot!»*

sagte sie, «das ist alles tot! Es riecht nicht, es macht einen nur traurig!» Von der Rütliwiese aber war sie hingerissen: «Kein Wunder, dass die Schweiz hier entstanden ist! Unter diesem Zyklamengeruch hätte ich alles geschworen. Die haben schon gewusst, was sie verteidigen. Für diesen Duft wäre ich bereit, mein Leben hinzugeben.» Plötzlich gestand sie, dass ihr am «Wilhelm Tell» immer etwas gefehlt habe. Nun wisse sie, was es sei: der Geruch. Ich wandte ein, dass damals vielleicht noch keine Waldzyklamen da waren. «Natürlich waren sie da. Sonst gäbe es doch die Schweiz nicht. Glaubst du, die hätten sonst geschworen? Hier, hier war es, und dieser Geruch hat ihnen die Kraft zum Schwur gegeben. Glaubst du, es gab sonst keine Bauern, die von ihren Herren unterdrückt wurden? Warum war es gerade die Schweiz? Warum diese inneren Kantone? Auf der Rütliwiese ist die Schweiz entstanden und jetzt weiss ich, woher die ihren Mut nahmen.»

Vgl. hiezu auch Aschwanden, Felix: «Der Urnersee im Wandel der Zeiten». In: UW 1991, Nr. 55.

ANMERKUNG 284

Dass das Sammeln von Enzianwurzeln zwecks Herstellung von Enzianbranntwein *(Änzä, Änzäbranz)* in Uri eine lange Tradition kennt, dafür bürgt u.a. auch ein Zitat in Sepp Hubers Publikation «Vom Holzschuh zum Kletterfinken – Bergführer aus Uri im Wandel der Zeit», Erstfeld 1991. Auf S. 21 findet man bei der Lebensdarstellung von Gedeon Tresch-Gnos (1798–1873) folgenden Hinweis auf Osenbrüggen (vgl. Kap. 1, Anm. 2): «Er [= Tresch] ist Senn, Bergführer und in dieser Eigenschaft eine Berühmtheit, Jäger, Mineraliensammler, und aus seiner früheren Beschäftigung[,] aus den Wurzeln der Gentiana [lutea] Enzianbranntwein zu bereiten, [hat er] den Namen Enzen Gedeon erhalten.» Josef Schuler weiss in seiner Broschüre übers Meiental «Äs müäss wytter gah...!» [Meien 1991] auf S. 19 sogar von einer früheren Enzianbrennerei *(Änzä-*

brènni) in Aderbogen zu berichten. In der Tat ist der Gelbe Enzian gem. freundl. Mitteilung von Georges Eich, Abteilungsleiter Natur- und Heimatschutz, selbst heute noch sowohl auf Bundesebene wie auch im Kt. Uri nicht geschützt. Demzufolge dürfen die Wurzeln *(Wirzä)* spez. für den Privatgebrauch gesammelt werden. Für gewerbsmässige Zwecke bedarf es jedoch einer amtlichen Bewilligung.

Zum Brennen von Enzianschnaps im speziellen vgl. Jean-Philippe Arm; Jean-Jacques Grezet: Bodenständige Berufe. Bd. 1, Lausanne 1985, S. 130 ff.: Der Schnapsbrenner; sowie Kap. 4, Anm. 246.

ANMERKUNG 285

Zunehmend sensibilisiert von der Idee eines haushälterischen und verantwortungsbewussten Umgangs mit der Natur wie auch getragen vom wachsenden Willen in der landwirtschaftlichen Bevölkerung, vermehrt vom intensiven Anbau auf extensive Bewirtschaftungsformen umzusteigen, wird das Problem der Düngung in jüngster Zeit nicht nur in den zuständigen Fachorganen [z.B. Landwirtschaftliche Informationsdienst (LID)], sondern sogar in der heimischen Presse unübersehbar thematisiert. Die nachfolgende Zusammenstellung von einer Reihe einschlägiger Artikel mag zumindest einen summarischen Einblick gewähren:

Arnold, Anton: «Landwirtschaft braucht Impulse». Wirtschaftslage des Kantons Uri. In: UW 1993, Nr. 26

Die Bauern zur Situation in der Landwirtschaft. Ergebnisse einer repräsentativen Umfrage. In: UW 1991, Nr. 66.

Bertolosi, Othmar: Interview mit Armin Danioth: Sterben die Urner Bauern aus? In: Alternative 1990, Nr. 155, S. 18 f.

Brücker, Josef: Berglandwirtschaft – in Gegenwart und Zukunft. Aspekte der agrarwirtschaftlichen Entwicklung in Bergregionen. In: UW 1989, Nr. 34

Es kocht in den Alpen: Was Transitverkehr und KöchInnen in den Alpen anrichten. Zürich 1992, S. 32 f.

Förderung einer naturnahen Landwirtschaft im Kanton Aargau, Bericht und Konzept. Aarau 1990

Gesellschaft für biologischen Landbau neu auch in Uri. Kurse über Gartenbau, Kompostieren und Baumschneiden geplant. In: GP, 31. 10. 1988

Die Gesundheit muss im Boden beginnen! Wie biologisch ist biologisches Gemüse wirklich? In: KURIER. Das Urner Magazin, Gurtnellen 1991, Nr. 10

Haefeli, Ueli: Als Motoren und Chemie aufkamen. Luzerner Landwirtschaft vor dem Zweiten Weltkrieg. In: VATERLAND (Wochenend Journal) 1990, Nr. 14

Haefeli, Ueli: Auch im Winter barfuss in die Käserei. Ländlicher Alltag vor dem Zweiten Weltkrieg. In: VATERLAND (Wochenend Journal) 1990, Nr. 14

Horat, Peter: Vorsicht mit Stickstoffdüngung in höheren Lagen. Wichtiges Resultat einer wissenschaftlichen Arbeit. In: UW 1989, Nr. 42 [mit Hinweis auf weitere Literatur]

Horat, Peter: Erhaltet die Magerwiesen! Flurbegehung mit Dr. Walter Dietl. In: UW 1990, Nr. 42

Horat, Peter: Pflegen statt produzieren? Gedanken zur Zukunft der Berglandwirtschaft. In: UW 1990, Nr. 60

Horat, Peter: Zufriedenstellende Ergebnisse. Wiesenerträge auf den rekultivierten Flächen. In: UW 1991, Nr. 61

Horat, Peter: Beiträge für wenig intensiv genutztes Wiesland. Ab 1. Januar 1992 gültig. In: UW 1992, Nr. 3

Im Urnerland wird gspa[a]tet. Soforthilfe durch «Silent». In: UW 1987, Nr. 81

Landwirtschaft. Neue LID-Broschüre. Bern 1993

Mehr Bio-Landbau in den Alpen. In: Alternative 1992, Nr. 169

Meier, Hans: Eine ökologische Betrachtungsweise. Altdorf – unser Dorf. In: UW 1989, Nr. 26

Möglichst wenig Wasser verwenden! Lange Winter bringen Probleme mit der Gülle. In: UW 1988, Nr. 100

Poldervaart, Pieter: Bauern im Gülle-Notstand. In: Coop-Zeitung Nr. 50/10, Dezember 1992

Rieder, P.; Egger, U.: Agrarmarkt Schweiz. Eine problemorientierte Darstellung der landwirtschaftlichen Marktordnungen. Basel 1984

Sandoz, Marcel: «Die Zukunft der Berglandwirtschaft». In: UW 1993, Nr. 69

Scheuermeier, Dieter: Kt. Uri – vom Agrarland zum Industriekanton. In: Die Grüne. Zürich 1981, S. 15 ff.: Zur Unkrautregulierung im Ackerbau mit nichtchemischen Massnahmen.

Schürmann, Ruth: Eigentlich wollen wir ja hier bleiben. Arbeitsporträt eines Schächentaler Bergbauern. Altdorf 1992

Simmen, Stefan: Angepasste Düngung der Wiesen. Natürliche Schranken akzeptieren. In: UW 1991, Nr. 16

Simmen, Stefan: Vorsicht bei den Düngungsempfehlungen. Bauernfängerei mit Bodenproben. In: UW 1992, Nr. 95

Simmen, Stefan: Tips zur Vermeidung von Gewässerverschmutzungen. Güllenaustrag im Winter. In: UW 1993, Nr. 2

Simmen, Stefan: «Hofdünger – pflanzengerecht einsetzen». Zur Erhaltung der Fruchtbarkeit. In: UW 1993, Nr. 25

Tresoldi, Peter: Eine Hochleistungswiese. Die Pflege der Italienisch-Raigras-Wiesen. In: UW 1991, Nr. 34.

Tresoldi, Peter: Düngung und Nutzung. Die Pflege der Naturwiesen. In: UW 1992, Nr. 52

Tresoldi, Peter: Nutzung dem Gelände anpassen. Die abgestufte Bewirtschaftung der Wiesen. In: UW 1992, Nr. 60

Tschudin, Marc: Natur bim Puur. Ansätze in Richtung Ökologie auf dem Hof von L. Zurfluh, Attinghausen. In: Coop-Zeitung 1992, Nr. 33, S. 38 ff.

Uebelhart, Martin: Landwirtschaft und Naturschutz. Zur Delegiertenversammlung des Kantonalen Bauernverbandes Uri in Bürglen. In: Urner Zeitung vom 17. 1. 1992, S. 13

«Umweltschonende Bodenpflege und Düngung». Vortragsabend von Bioterra Uri. In: UW 1993, Nr. 69

Uri erarbeitet ein Konzept. Beiträge für extensiv genutztes Wiesland. In: UW 1991, Nr. 71

Zurfluh, Leo – naturnaher Bauer. Besichtigung eines Vorzeigebetriebes in Attinghausen. In: UW 1992, Nr. 44.

Wie bereits eingangs zu dieser Anmerkung darauf verwiesen wurde und wie im übrigen auch den obigen Artikeln entnommen werden kann, hat gerade hinsichtlich Nutzungsfrage in jüngster Zeit auf dem landwirtschaftlichen Sektor ein eigentliches Umdenken und allmähliches Korrigieren überkommener Vorstellungen eingesetzt. Dieser Prozess ist unter den augenblicklich politisch wirksamen Vorgaben (z.B. Gatt-Verhandlungen, EWR-Vertrag etc.) keineswegs als abgeschlossen zu betrachten, sondern wird notgedrungen noch einige Modifikationen erfahren. Wie sehr aber gerade in diesem Bereich in der jetzigen Situation Altes und Neues auseinander klafft, beweist eine Reminiszenz an längst vergangene Tage in Form eines kleinen Zeitungsartikels im UW vom 20. 10. 1883. In dieser «Bekanntmachung betr. Wandervorträge über Düngerlehre», organisiert von der Gemeinnützigen Gesellschaft Uri, werden die Landwirte und Freunde der Landwirtschaft aufgerufen, ja geradezu ermahnt, die Ausführungen eines gewissen Herrn Häsler getreulich zu befolgen. Im Klartext heisst es da u.a.: «Die richtige Düngung der landwirtschaftlichen Grundstücke ist bekanntlich für die Ertragsfähigkeit derselben und somit für das ganze landwirtschaftliche Gewerbe von hoher Wichtigkeit.» Solche Formulierungen können jedoch heute unter den veränderten Voraussetzungen wohl kaum mehr widerspruchslos oder zumindest nicht ohne die nötigen Vorbehalte hingenommen werden.

ANMERKUNG 286

Im Einzelfall wird vom mundartlichen Gebrauch her normalerweise zwischen der Schermaus (Arvicola terrestris, vgl. Grzimeks Tierleben Bd. XI, S. 330 f.) und dem durch Vertilgung schädlicher Bodeninsekten teils nützlichen, durch Wühlen in Kulturen teils aber auch schädlichen Maulwurf (Talpa europaea,

vgl. Grzimeks Tierleben Bd. X, S. 245 f.) kaum oder wohl eher gar nicht unterschieden.

ANMERKUNG 287

Diese appellativisch heute noch im Gebrauch stehenden Mundartausdrücke haben denn auch da und dort als Basis für die eine oder andere Flurbezeichung gedient. Dabei wird wohl diese oder jene örtlich vorherrschende Grasqualität, resp. Grasart nebst etwaigem Binsen- oder auch Schilfpflanzenvorkommen zur unmittelbaren Flurnamengebung geführt haben. Vgl. hiezu das UNB:

Binz, Binzen + I 436
Burstboden + I 501
Fax I 941
Faxäbèèdä I 503 f.
Faxäbiäl I 700
Faxäblätz I 463
Faxätal + III 585 f.
Faxensatz + III 22
Gschletter III 97 f.
Honäätsch II 841
Näätsch, Näätschä, Neetschä II 839 ff.
Näätschbodäplanggä II 944
Nätschplangg + II 943
Näätschplanggä II 944
Näätschplänggi II 944
Pinzerä I 436 f.
Pinzi I 437
Roor II 1138 ff.
Sträiwerä III 533
Sträiwi III 532
Sträiwigäädäli I 1183
Sträiwihittlibeedemli I 558 f.
Sträiwiplätz I 476
Sträiwiris[s] II 1131
Sträiwistäi III 423
Streuwiplanggen + II 960
Streuwizug + III 1090
Tschurrä III 754

ANMERKUNG 288

Von diesem Arbeitsvorgang bis hin zur abschliessenden Tätigkeit bei der Erstellung eines Heustocks *(Häiwstock)* oder

einor im Freien drauvyen stehenden
Triste *(Trischtä)* haben zahlreiche
uncrklarliche Eplsoden Eingang ins
urnerische Sagenmaterial gefunden
(vgl. J. Müller: Sagen aus Uri, Bd. 1–3,
spcz. Register S. 372).
Eine dieser Sagen (Bd. 1, S. 144, Nr. 206)
wurde durch den Urner Dichter Ruedi
Geisser (1938-1988) poetisch äusserst ge-
schickt umgearbeitet und dank der mei-
sterhaft eingesetzten Mundart trotz oder
vielleicht gerade wegen der lyrischen
Form sehr unmittelbar nacherzählt (vgl.
UW 1987, Nr. 13).

ANMERKUNG 289

Bedingt durch neue Bewirtschaftungsfor-
men, die bis in die unmittelbare Gegen-
wart wegen der Konkurrenzfähigkeit
zum deklarierten Ziele hatten, immer
grössere Erträge zu verzeichnen, konn-
ten schon in den 60er Jahren im landwirt-
schaftl. Produktionskataster für die
Gmde Al. bez. Futterbau jährlich 4 bis 5
Schnitte nachgewiesen werden. Gem.
freundl. Mitteilung von Alois Arnold,
Direktionssekretär der kant. Land- und
Forstwirtschaftsdirektion, hat sich in
den letzten 30 Jahren im Talboden
zwischen Fl. und Er. zufolge Düngung
und wegen allg. früherem Ansetzen des
ersten Schnittes sogar noch eine Steige-
rung von jährlich bis zu 6 Schnitten erge-
ben.
Bez. der Formulierung *dr Räüb nä* sei
noch darauf hingewiesen, dass das im
Standarddt. ebenfalls gebrauchte Wort
Raub (ahd. *roub*) in der mdla. Verwen-
dung die ursprüngliche Bed. von «jährli-
cher Ertrag eines Grundstückes, dann
überhaupt Erwerb» erhalten hat.
Vgl. dazu:

DUDEN Bd. 7, S. 552
Garovi, Angelo: Rechtsgeschichtliches in
    Flurnamen der Innerschweiz. In: Gfr.,
    Bd. 138, Stans 1985, S. 76
Kluge, Friedrich: Etymologisches Wör-
    terbuch der deutschen Sprache. Berlin
    1967, S. 585
Wahrig, Gerhard: Deutsches Wörter-
    buch. Berlin 1975, Sp. 2952 f.

ANMERKUNG 290

Da im Talboden von Urseren zwischen
dem ersten Schnitt (Juli) und dem zwei-
ten (Aug./Sept.) in der Regel höchstens
6–8 Wochen verstreichen, fällt das Gras
des zweiten Schnittes viel kürzer aus.
Aus diesem Grund mähte man gem. V. u.
T. Simmen (vgl. die Publ. REALP. Luga-
no 1986) jeweils zwei Schwaden gegen-
einander. «So ergab sich eine Doppel-
mahd, im Gegensatz zum Heugras, wo
man beim Mähen nicht wendete, son-
dern zurückging, um am selben Ende
des Landstückes anzufangen wie vorher.
Damit das wenige und feine Gras nicht
verschly[y]ffä (in die Mahdstoppeln ver-
schwinden) konnte, wurde es in breiten
Streifen zusammengerecht und mit dem
Rechen *verschloogä* (verteilt) und nicht
wie das Heu mit der Gabel *gworbet* [aus-
breiten, verstreuen, zetteln]. War es
gewendet und trocken, wurden wieder
Pingglä gebunden und in die Gaden
getragen, wo das Emd auf dem Heu
verteilt wurde.»
Speziell zur Qualität des Heus im Urse-
rental äussert sich P. Placidus a Spescha
in seinen Reisebeschreibungen: «Lage,
Begebenheit und Ordnung des Ursären-
Thals im Kanton Uri» (Schattdorf 1990),
S. 29: «Die Bergmatten liegen zwischen
den Alpen und den Hausgütern. Sie tra-
gen nur Heü, aber ein vortreffliches,
theils fättes und theils mageres Heü, wel-
ches gelegentlich verfuttert wird. Dort
sind Heüscheune angelegt, und dort
wird das Heü gemeiniglich ausgeäzt...
Das Heü wird gemeiniglich im August-
monat oder noch späterhin gesammelt.»

ANMERKUNG 291

Als Ausweitung des Begriffs *chlottertirr*
sei auch noch auf eine Begegnung aus
dem Isental hingewiesen, die mir mein
Gewährsmann Dr. Alfons Müller-Mar-
zohl brieflich (7. 9. 1991) wie folgt be-
schrieben hat: Auf die Bemerkung zu ei-
nem Bauern: *Hit gheert mä s vo wyttem,
dass ds Häiw tirrs isch*, habe dieser spon-
tan geantwortet: *Ja gäll, äs chlotteret!*
Auf ähnliche Weise äusserte sich ein Ein-
sender im UW vom 19. August 1893, Nr.

33, als er zum Thema «Das Wildheu» u.a. schrieb: «Gott sei Dank strahlt Frau Sonne mit ihrem ganzen, runden Antlitz! Dieses Wetter ist notwendig für das Wildheu im Gebirge und den Emdet im Thale. Hei, wenn's «chroset» *(chroosä)* und so duftet, wie leckere Küchli und Kräpfli, dann ist's eine Freude, am Heustock zu stehen und die ‹Burden› einzutragen!»

ANMERKUNG 292

Dieter Scheuermeier kommt in seiner Analyse «Kt. Uri – vom Agrarland zum Industriekanton» (vgl. Die Grüne. Zürich 1981, Nr. 19, S. 7 ff.) lediglich auf 8% oder 8'000 ha Kulturland im engeren Sinn. Davon weist nur ein Drittel eine Hangneigung von weniger als 25% auf. Dass demzufolge mit einer entsprechenden Erschwerung bei der mechanischen Bewirtschaftung zu rechnen ist, liegt auf der Hand.

38% der ausgewiesenen landwirtschaftlichen Nutzfläche sind denn auch laut Scheuermeier zwar maschinell mähbar, aber nur auf einem Viertel des ausgewiesenen Kulturlandes kann der Ladewagen eingesetzt werden. Drum, wo Maschinen wirklich einsetzbar sind, mag es den Leuten, die vor allem noch die harte Handarbeit von früher gekannt haben, schon so vorkommen, wie dies ein Schächentaler Bauer auf seine beredte Weise formuliert hat: *Hittigstags isch ds Häiwä nur nu ghirmet im Verglyych zu friänder.* Vgl. Schürmann, Ruth: Eigentlich wollen wir ja hier bleiben. Altdorf 1992, S. 17.

ANMERKUNG 293

Vgl. V. u. T. Simmen: REALP. Lugano [1986]: der Heuet.

ANMERKUNG 294

Vgl. Oechslin, Max: Die Wald- und Wirtschaftsverhältnisse im Kt. Uri. Bern 1927, S. 167.
V. u. T. Simmen wissen in ihrem Buch REALP zu berichten, dass man hierorts für den Heutransport auf der Furkastrasse die sog. *Häiläiterä* [sic] benutzte,

eine «Kreuzung zwischen Leiter und Karren». In ihrer Beschreibung fahren sie folgendermassen fort: «Das war ein einachsiges Fahrzeug mit grossen, eisenbeschlagenen Holzrädern. Auf der Achse lag eine Art Leiter, in Abständen von etwa 60 cm führten einige Sprossen von Holm zu Holm. Die ganze Länge betrug etwa 6–7 Meter. Vorne zwischen den Holmen war eine Art Sitz aus einem Stück Feuerwehrschlauch befestigt. Darauf setzte sich der Lenker, falls es bergab ging. Sonst wurde der Karren von einer oder mehreren Personen mühsam gezogen. Mit diesen Karren im Schlepp mussten die Männer zum Teil bis hinauf zur Furkapass-Höhe. War der Heukarren nun mit etwa 12 [!] Pingglä beladen, konnte die Heimfahrt in Angriff genommen werden... Der Lenker setzte sich auf den Gurt zwischen den Holmen. Auf der Heulast plazierten sich noch zwei oder drei Leute, wovon einer die Aufgabe des «Bremsers» zu übernehmen hatte: Je nach Bedarf kroch er nach hinten, damit die hinteren Enden der Holme den Boden berührten und so den Karren bremsten; oder er kroch auf Zuruf des Lenkers wieder an den Platz in der Mitte des Karrens, damit sich die hinteren Enden der Holme von der Strasse abhoben, so dass der Lenker besser manövrieren konnte und mit Hilfe von viel Beinarbeit den Karren heil um die Kurve brachte. Der Lenker hatte gewöhnlich von der Passhöhe bis zum Dorf ein Paar schwere, genagelte Schuhe zu Schanden gemacht, von den Sohlen war nicht mehr viel übrig!» Dass es dabei zu unvorstellbaren Situationen mit mehr oder weniger glimpflichem Ausgang kommen musste, liegt auf der Hand.

ANMERKUNG 295

Vgl. V. u. T. Simmen: REALP in der Fotografie ab 1850. Lugano o.J. [1986].

ANMERKUNG 296

Adolf Truttmann weist in seinem Buch «Seelisberg» – Ein Bergdorf am Weg der

Schweiz (Seelisberg 1991, S. 139 f.) nach, dass der Verkauf von Heu und Emd ausserhalb der Gemeinde früher streng geregelt und bewilligungspflichtig war. Seelisberg und Emmetten bildeten hiezu eine Ausnahme. Dabei erfolgte der Verkauf weniger nach dem Gewicht als vielmehr nach dem alten Heumäss *(Häiwmääss)*, das basierend auf 50 Kubikfuss pro Messburde *(Mässburdi)* berechnet war. Hiefür «benützte man ein obrigkeitlich geprüftes Stangenmass *(Häiwmässstaab, Häiwmässstäckä)*. Es bestand aus 3 Fuss langen Rundeisen mit Gewindeköpfen, die zusammengeschraubt werden konnten. Auf den Stangen ist das alte Zollmass und Fussmass mit Punkten ausgestanzt. Das Metermass wurde erst später angebracht. Durch Einstich in der Länge, Höhe und Breite [wurde] der Heustock gemessen und dann auf Kubikfuss umgerechnet» (S. 140). Nebst einer Abbildung von alten Heumessstäben präsentiert Truttmann zur besseren Illustration a.a.O. zusätzlich noch eine Heuberechnung nach Urner und Nidwaldner Art, wo mit Klaftern *(Chlaafter)* gemessen wurde.

ANMERKUNG 297

In seinem Urner Kuriositäten-Kabinett, Nr. 1 (vgl. GP 1978, Nr. 5 – ill.) beschreibt Karl Iten unter dem Titel «Invasion der Wald- und Wiesengeister» nicht nur die äussere Form eines *Häinzi* und dessen eigentliche Funktion. Er geht noch einen Schritt weiter, indem er die eigenwillig in die Landschaft hineingestellten, natürlichen Heutrocknungseinrichtungen vom Hintergrund des Magischen her beleuchtet und dabei diese sonderbaren Gestalten mit okkulten Elementen zu beleben versucht. In einem weiten Bogen erstellt Iten sodann noch eine Verbindung zu den *Wo[o]ldmanndli* aus Andermatt, wo sich gewisse Gemeinsamkeiten und Übereinstimmungen u.a. in bezug auf ihre spukhafte Erscheinung unweigerlich aufdrängen.
Im Flurnamenschatz (vgl. UNB II 203: *Heinzi, Heinze*) hat sich hingegen das *Häinzi* kaum etablieren können, wenn überhaupt, da bei den wenigen Erwähnungen ebenso die Kurzform *Heinz* des PN *Heinrich* in Betracht zu ziehen ist:

Heinzen Gaden + I 1162
Heinzen Rüti + II 1209
Häinziplangg II 926.

ANMERKUNG 298

Aufgrund eines Zeitungsaufrufes (vgl. UW 1894, Nr. 25) unter dem Titel «Salzt das Heu» behalf man sich früher in nassen *(nass, versäicht)* Sommern *(Summer[t])*, «da es schwer hält, sein Heu dürr *(tirr)* und trocken *(trochä)* unter Dach zu bringen», offensichtlich damit, dass das Heu mit Salz *(Läck, Sa[a]lz)* bestreut wurde. «Einige Hand voll zu jedem Fuder *(Füäder)* genügen in der Regel. Das Salz konserviert bekanntlich sehr gut, verhütet Schimmelbildung und wird vom Vieh gegenüber ungesalzenem bevorzugt.» Soweit die Meldung!

ANMERKUNG 299

Wie andernorts wurden auch im Kt. Uri vornehmlich während der unproduktiven Zeit *(dr Winter[t] dur)* da und dort die diversen Werkzeuge hobbymässig in der eigenen Werkstatt *(Butig, Bütig, Hutläbütig, Wärchstatt)* fabriziert. Um sich die einzelnen Arbeitsläufe bei der Herstellung z.B. eines Rechens *(Rächä)* besser vorstellen zu können, vgl. die illustrierte Beschreibung von Paul Hugger: Der Rechenmacher. Hrsg. Schweizer. Ges. f. Volkskunde, Abt. Film, Reihe: Sterbendes Handwerk, H. 20, Basel 1968.

ANMERKUNG 300

Vgl. Kap. 5, Anm. 296.

ANMERKUNG 301

Bis die in der Zeit des 1. Weltkrieges (1914–1918) vorangetriebene Melioration der rechtsseitigen Gebiete *(Gebiät)* der Reuss *(Ryyss)* wirksame Folgen zeitigte (vgl. Kap. 2, Anm. 140 u. 142), gehörten Streuetristen *(Sträiwitrischtä)* auch zum vertrauten Landschaftsbild in

der Ebene *(Äpni)* zwischen Attinghausen, Schattdorf und Erstfeld bis vereinzelt gegen Silenen und Amsteg hinauf. Art. 345 des LB von 1859 sah denn auch vor, dass «die Allmend- *(Allmäinisträiwi)* oder die sogenannte untreue Streue *(utryywi Sträiwi)* auf den Allmenden *(Allmäini)* im Boden *(Boodä)* zu Seedorf, Flüelen, Schattdorf und Erstfelden [...] jährlich vor heilig Kreuztag [14. Sept.] im Herbstmonat *(Hèrbschtmoonet)* zu Gunsten des *Landseckels* [Staatskasse] durch öffentliche Versteigerung *(effe[n]tlichi Verstäigerig)* verkauft werden [soll]» (S. 103).
Heute sind die als Nutzung in Betracht fallenden Streuegebiete Eigentum der Korporation Uri sowie des Fideikommisses Seedorf und bleiben über Pachtverträge seit Jahren fest zugeteilt. Vgl. dazu noch «Seedorf – Geschichte und Gegenwart». Seedorf 1991, S. 38 f.

ANMERKUNG 302

Die zur Wildheuthematik greifbare Literatur – speziell was die urnerische Situation anbelangt – beschränkt sich gem. aktuellem Informationsstand auf die nachfolgenden Arbeiten:
Amacher, Emil: Nutzungsänderung auf Wildheuflächen im Schächental und ihre ökologische Auswirkung. Naturf. Ges. Uri, Heft 14, Altdorf/Gurtnellen 1986
Bielmann, Jürg: Die Lebensverhältnisse im Urnerland während des 18. und zu Beginn des 19. Jahrhunderts. Basel 1972, S. 101 f.
Blättler, Alois: Alpwirtschaft und Wildheuen im Erstfeldertal. In: Schweizerisches Archiv für Volkskunde (42. Bd.), Basel 1945, S. 129 ff.
Furrer, Benno: Urner Alpgebäude im Wandel der Zeit. Zürich 1989. Weidepflege und Weidenutzung, S. 62
Kieliger, Hardy: Eine harte Bergbauernarbeit – für den Laien ein Erlebnis: Wildheutransport vom Wolfbüel nach Gurtnellen. In: UW 1977, Nr. 10 – ill.
Loepfe, Andres: Der Chinzig-Chulm [Das Heu- und Käseziehen]. In: Wan-

derungen auf historischen Wegen. Thun 1990, S. 84 f.
Lorez, Christian: Bauernarbeit im Rheinwald. Der Wildheuet. Schweizerische Gesellschaft für Volkskunde, Abt. Film, Heft 44, Basel 1979
Lorez, Christian: Bauernarbeit im Rheinwald. Der Heuzug im Winter. Schweizerische Gesellschaft für Volkskunde, Abt. Film, Heft 45, Basel 1979
Lusser, Karl Franz: Gemälde der Schweiz, Bd. IV: Der Kanton Uri. St. Gallen und Bern 1834, S. 58 f.
Muheim, Edwin: Das Lebensbild einer Gemeinde. Zur 100jährigen Selbständigkeit von Göschenen. Zürich 1975, S. 36 ff.
Oechslin, Max: Die Wald- und Wirtschaftsverhältnisse im Kanton Uri. Bern 1927, S. 164 ff.
Phonogrammarchiv der Universität Zürich, das spez. zum Wildheutransport eine Dialektaufnahme aus Gurtnellen, datierend von 1973, besitzt
Püntener, Ambros: Alpinspektions-Bericht der Korporation Uri: 1905–1908. Altdorf o.J.
Schmidt, Aurel: Die Alpen – schleichende Zerstörung eines Mythos. Zürich 1990, S. 288 [Leben in den Bergen: Die Erinnerungen von Anton Tresch]
Stadler-Planzer, Hans: Geschichte des Landes Uri. Teil 1: Von den Anfängen bis zur Neuzeit. Altdorf/Schattdorf 1993, S. 155, 328 f.
Waldmeier-Brockmann, Anni: Sammelwirtschaft in den Schweizer Alpen, eine ethnographische Studie [auch als Diss. erschienen]. Daraus: Artikel über das Wildheu. In: Schweizerisches Archiv für Volkskunde (Bd. 38), Basel 1941, S. 219 ff.
Walker, Michael: Isenthal im Wandel der Zeiten 1840–1990. Isenthal 1991, S. 42 f.
Weg der Schweiz. 7 Jahrhunderte am Urnersee. Geschichten, Wanderungen, heimatkundliche Notizen. Zürich 1991, S. 144 f.

ANMERKUNG 303

Hiezu sei auf Werner Bätzings «Die Alpen», Frankfurt a.M. 1988, S. 10, und auf

ANMERKUNGEN

Josef Müllers «Sagen aus Uri», spez.
Bd. 1, Basel 1926, S. 44 f., Nr. 64 u. 67,
~~vor n 31a1a~~.

ANMERKUNG 304

Im Einzugsbereich der Korporation Uri
dauert dementsprechend die offizielle
Wildheuzeit *(Wildihäiwzyt)* vom 11.
August bis zum 16. Oktober *(Gallätag)*.
Drängen sich zufolge aussergewöhnli-
cher Wetterverhältnisse, die meist nicht
ohne Einfluss auf den Graswuchs
(Gchyyd, Graasig) bleiben, Datumsver-
schiebungen auf, liegt es im Ermessen
des Engeren Rates, situationskonforme
Entscheide zu fällen. Für Gebiete in
schattigen Lagen *(schattähalb)* sind
jedoch laut LB (Altdorf 1859), Art. 344,
bez. Festsetzung des Heusammelns die
einzelnen Bürgergemeinden gem.
Auflistung zuständig.
In bezug auf den zeitlichen Einsatz
nimmt man es heute jedoch nicht mehr
so genau wie früher. Man streitet sich
kaum auch mehr um die einzelnen Wild-
heustellen *(Häiwbäärg, Häiwerä, Häi-
wetchäälä, Häiwi).* Die gewohnten Nut-
zungsorte werden gegenseitig respek-
tiert. Die Wildheuer *(Wildhäiwer)* sind
dementsprechend auch nicht mehr nur
innerhalb der offiziell festgesetzten Zeit
(Wildihäiwzyt) beim Wildheuen *(wild-
häiwä)* anzutreffen, sondern mehrheit-
lich dann, wenn die anstehenden Arbei-
ten im Tal- und auf dem Berggut
(Bä[ä]rg) erledigt sind. Hierin macht die
Gegend in der *Balm*, oberhalb der Klau-
senstrasse, eine Ausnahme. Gem. eines
seit der Jahrhundertwende geltenden
Vertrages zwischen der PTT und dem
Kanton Uri ist der Beginn des Wildheu-
sammelns auf den 15. Oktober festge-
legt. Grund für diese Vereinbarung ist
die Gefahr von Steinschlägen *(Stäi-
schlag)*, die, durch Wildheuer ausgelöst,
den Postverkehr in Mitleidenschaft zie-
hen könnten.
Im Gebiet der Korporation Urseren ist
die Situation wieder anders. Hier darf
entsprechend der «Verordnung über das
Wildheusammeln» vom 17. Mai 1992
bereits ab dem 1. August auf der durch

Weidgang ungenutzten Allmend das
Wildheu eingesammelt werden. In Urs.
dauerte früher normalerweise die Wild-
heuzeit bis zum 29. September *(Michels-
tag)*. Nach Art. 3 der nun geltenden
Verordnung wird jedoch über die max.
zulässige Nutzungszeit nichts mehr aus-
gesagt. Gem. Anfrage auf der Korpora-
tionskanzlei in Andermatt ist der Passus
in dem Sinn zu interpretieren: *solang es
die Natur zulässt.* Vgl. hiezu:
Arnold, Gregor: Die Korporation
    Ursern. Ein Beitrag zum urnerischen
    Staats- und Verwaltungsrecht. Altdorf
    1990, S. 196
Oechslin, Max: Die Wald- und Wirt-
    schaftsverhältnisse im Kanton Uri.
    Bern 1927, S. 165
Zeitungsbericht zur Totalrevision von
    alpwirtschaftlichen Verordnungen.
    Aus den Verhandlungen des Talrates
    Ursern. In: UW 1991, Nr. 94.

Abgesehen von den eingangs erwähnten
zeitlichen Einschränkungen galt es bis
um die Mitte dieses Jahrhunderts auch
noch die Limitierung auf zwei Personen
pro Haushaltung zu beachten. Heute
fragt da niemand mehr danach. (Vgl.
UW 1893, Nr.29: Futternoth und Wild-
heu; sowie UW 1891, Nr. 31: Wildheu-
sammeln). Wildheuen *(wildhäiwä)* und
Streue sammeln *(sträiwänä)* durften
obendrein nur die Einheimischen *(häi-
misch, hiäsig, ihäimisch, Landlyt)* und
die geschworenen Beisässen *(Byysääss)*
[vgl. LB Art. 341].
Damit aber nicht genug! Vom Wissen
um die Bedeutung der Rinder- und Kuh-
weiden *(Chiäwäid)* leitete sich im weite-
ren die in Art. 339 u. 342 zitierte Ein-
schränkung ab, wonach überall dort, wo
das Rindvieh hinkommt – in den Alpen
(Alp) wie im Talgrund *(Boodä)* –, nicht
gemäht *(mäjä)* werden durfte. Die Aus-
nahme bildeten die Riedstreue *(Riätsträi-
wi)* und der *Näätsch*, «die aber auch nur
über's andere Jahr *(iber-, uber'jäärig)*,
und zwar nur am ersten Werktag nach
St. Michael zu rechter Tageszeit» [S. 100]
gemäht werden durften. Grosszügig gab
man sich jedoch dort, wo Gefahr be-
stand, dass das Heidekraut *(Bryysch,*

403

Brüüg, Brügg) mit der Zeit im alpinen Weideland *(Bäärgsta[a]fel)* überhandnehmen *(verbruugä, verbrüügä)* könnte [vgl. LB II S. 103].

ANMERKUNG 305

Um jedoch zu verhindern, dass schon am Sonntag *(Sunntig)* die nötigen Vorbereitungsarbeiten getroffen wurden, die zur Entheiligung dieses kirchlich wie staatlich verordneten Ruhetages führen könnten, hatte man zudem bestimmt, dass in dem Jahr, wo der Lorenztag auf einen Sonntag fällt, mit dem Heuen erst «am zweitnächst folgenden Werktag» begonnen werden darf. Vgl. Anni Waldmeier-Brockmann a.a.O., S. 230, 240; Kap. 5, Anm. 302.

ANMERKUNG 306

Vgl. Alois Blättler a.a.O., S. 144; Kap. 5, Anm. 302.

ANMERKUNG 307

Vgl. Alois Blättler a.a.O., S. 147; Kap. 5, Anm. 302.

ANMERKUNG 308

Vgl. Max Oechslin: Die Wald- und Wirtschaftsverhältnisse im Kt. Uri. Bern 1927, S. 119 u. 166, sowie Anni Waldmeier-Brockmann a.a.O., S. 252 f.; Kap. 5, Anm. 302.

ANMERKUNG 309

Vgl. UNB I 969: «*Bürgler Felli* und *Flüeler Felli*, wo das Wildheu über eine Fluh geworfen wurde, was eine bes. Deutung für *Felli* mit ‹Stelle, wo man beim Wildheutransport das Heu hinunterwarf›, nahelegt.»

ANMERKUNG 310

Vgl. UNB III 378 ff., 423.

ANMERKUNG 311

Vgl. Max Oechslin: Die Wald- und Wirtschaftsverhältnisse im Kt. Uri. Bern 1927, S. 166, sowie Id. XIII 77, wo das Wort nur für Graubünden nachgewiesen wird.

ANMERKUNG 312

Nicht überall, wo Tristen erstellt werden, kommen sog. Triststangen *(Trichtstangä)* zur Anwendung. In holzarmen Gegenden [z.B. Meiental] wird u.U. darauf verzichtet, indem das Heu ähnlich wie bei einem Heustock *(Häiwstock)* gestapelt wird. Obendrauf *(oobädrüf)* wird abschliessend zum Schutz gegen eindringende Nässe *(Nessi)* eine Blache *(Plachä)* gelegt, die an den vier Enden je mit einem Stein *(Stäi)* beschwert wird.

ANMERKUNG 313

Anni Waldmeier-Brockmann zitiert diesen Ausdruck a.a.O., S. 265 [vgl. Kap. 5, Anm. 302], ohne darauf hinzuweisen, ob er auch für Uri Gültigkeit besitzt. Ich persönlich habe ihn nie gehört. Auch im Id. Bd. II wird er unter den Heu-Komposita nicht aufgeführt.

ANMERKUNG 314

Vgl. Anni Waldmeier-Brockmann a.a.O., S. 266; Kap. 5, Anm. 302.

ANMERKUNG 315

Vgl. Alois Blättler a.a.O., S. 150; Kap. 5, Anm. 302.

ANMERKUNG 316

Vgl. Alois Blättler a.a.O., S. 153; Kap. 5, Anm. 302.

ANMERKUNG 317

Vgl. Alois Blättler a.a.O., S. 154; Kap. 5, Anm. 302.

ANMERKUNG 318

Nach der Anzahl von *Pinggeln* befragt, die aus einer Triste resultieren können, meinte ein ehemaliger *Wildhäiwer: Fyyfäzwänzg [25] Winterpinggel ergäänd* (ergeben) *grad ä Ryysätrischtä!*

ANMERKUNG 319

Max Oechslin erwähnt in seinem Buch
«Die Wald- und Wirtschaftsverhältnisse
im Kt. Uri» (Bern 1927), S. 167, sogar
die Zahl 10.

ANMERKUNG 320

Vgl. Alois Blättler a.a.O., S. 154;
Kap. 5, Anm. 302.

ANMERKUNG 321

Vgl. Alois Blättler a.a.O., S. 155;
Kap. 5, Anm. 302.

ANMERKUNG 322

Dass solche Heutransporte im Winter
nicht immer so glücklich und unproble-
matisch verliefen, beweisen die Aufzeich-
nungen zum Jahr 1942 im Buch
«REALP» von V. u. T. Simmen, Lugano
1986. Damals waren am 14. März elf
Männer in den *Gehren* aufgestiegen, um
auf 2050 Meter Höhe eine Triste ins Tal
zu befördern. Kurz vor dem Start der
letzten Gruppierung löste sich um
11.10 Uhr eine Lawine, die insgesamt
5 Männer unter der Schneelast begrub.
Wörtlich heisst es: «Man kann sich die
grosse Trauer im Dorf kaum vorstellen,
beinahe aus jedem dritten Haus wurde
ein Leichnam zu Grabe getragen!
Dieses Unglück war das grösste nach
1730.»

ANMERKUNG 323

Vgl. UNB Bd. I 3 sowie Anm. 268
in diesem Kapitel.

ANMERKUNG 324

Vgl. Ausstellungsprospekt zur Sonder-
ausstellung «Das Land Glarus um 1400»
im Freulerpalast, Näfels, 7. April bis 30.
November 1988.

ANMERKUNG 325

Vgl. Anm. 268 f., 333, 335, 336 in diesem
Kapitel sowie nachfolgende Zitate aus
den jeweiligen Publikationen:

Fösi, Joh. Conrad: Genaue und vollstän-
dige Staats- und Erdbeschreibung der
ganzen Helvetischen Eidgenosschaft
etc., Zürich 1765 ff., Bd. 2, S. 130 f.;
«Das meiste Getreide, welches in dem
Land verzehrt wird, kömmt von Lu-
zern und aus Italien über den Gotthard
herein; aus diesem letzten Land wird
viel Reis eingeführt.»

Loepfe, Andres: Wassen – Susten –
Innertkirchen. In: Wanderungen auf
historischen Wegen. Thun 1990, S. 70:
«Noch lange war man hier [Meien-
Dörfli – Färnigen] Selbstversorger ge-
wesen und hatte in kleinen Äckern
Gerste, Kartoffeln, ja sogar Gespinst-
pflanzen (Flachs und Hanf) angebaut,
auch wenn die Viehzucht stets die
Grundlage gebildet hatte.»

Landolt, Elias: Bericht an den hohen
Schweizer. Bundesrat über die Unter-
suchung der Hochgebirgswaldungen
in den Kt. GL, ZG, SZ, UR, UW, LU,
BE. Vorgenommen im August,
September und Oktober 1859.
Bern 1860, S. 19: «Getreide, bes. Ger-
ste, findet man ... in Uri am *Hasleberg*
[?] und bis ca. 4000 Fuss hoch hinauf,
an einzelnen sonnigen Stellen noch
höher ...»

Schmidt, Aurel: Die Alpen – schleichen-
de Zerstörung eines Mythos. Zürich
1990, S. 68: «In seinen 'Bemerkungen
über die Alpenwirtschaft' machte
Ludwig Wallrath Medicus die Beobach-
tung: *Die Gebirgs-Schweizer hingegen
bauen meistens gar kein Getreide; nicht
weil ihr Land dazu völlig unfähig wä-
re, da dasselbe in allen Thälern vortreff-
lich gedeihen würde, sondern weil dazu
zu viele Arbeit erfordert wird, und
ihnen diese zu mühselig ist.* Und Anton
Elsener bemängelte in seinen «Medizi-
nisch-topographischen Bemerkungen»,
dass immer noch keine *der Vernunft
entnommenen Prinzipien der Agrikul-
tur* zur Anwendung kommen, so dass
das Land *nach althergebrachtem
Schlendrian verwahrloset. Der Acker-
bau bleibt gänzlich liegen.* Das ist unter
anderem auch der alte Vorwurf der
Ackerbau treibenden, sesshaften Men-
schen gegen die nicht sesshaften Noma-

den, als welche die Hirten ja bezeichnet worden sind.»

Schuler, Josef: «Äs müäss wytter gah...!» Das Meiental kämpft ums Überleben, 10 Jahre «Pro Meien» 1991, S. 19: «Es versorgte sich fast völlig selbst mit Gemüse, Kartoffeln und Getreide, und man pflanzte auch Gespinstgewächse an.»

a Spescha, P. Placidus: Lage, Begebenheit und Ordnung des Ursären-Thals im Kanton Uri. Schattdorf 1990, S. 26 f.: «Das Rhäalp-Thal ist für Menschenwohnungen sehr wild und stürmisch und den Schneelauinen sehr ausgesetzt. Nur der Sommerrocken, die Gerste und die Kartofeln werden angepflanzt... Frucht wird wenig angebaut.» S. 29: «Die Fläche des Thals ist überhaupt Wiesland, nur die Gerste, der Sommerrocken und die Kartofeln werden angebaut.» S. 33: «Begnüge dich Ursära mit der Güte deines Schöpfers. Oder was geht's dir ab? Reine Luft, gesundes Wasser, niedliche (rahmige?) Molken, schmackhaftes Fleisch, zarte Wolle, zierlicher Flachs; Kartofeln, Gerste, Rocken und Wildpret und Fische hast»; S. 36: «In der Anpflanzung des Getreides sowohl als des Flachs verdient Rhäalp den Vorzug, die Übrigen begnügen sich mit dem Bau der Erdäpfel und des Gartengemüses.» S. 45: «Es [Realp] liegt also auf einer Halbinsel zwischen z(w)eien Wässern, welche bis zur Brücke fisch los sind. Umher ist es wüchsiges Mattland und nur von Erdäpfeln, Flachse, Gersten und Sommer-Rocken bepflanzt. Alle Feldfrüchte sind hier in ihrer Art vortrefflich, wenn sie gehörig abwerfen, gesammelt und verarbeitet werden.»

Stadler-Planzer, Hans: Besiedlung und Landesausbau. In: Seedorf – Geschichte und Gegenwart. Seedorf 1991, S. 6 ff.: «Die auf Selbstversorgung ausgerichtete Landwirtschaft betrieb auch Ackerbau, v.a. in den mit *Feld* oder *Feldli*, *Breiti* oder *Acker* bezeichneten Grundstücken. Aus den Urkunden des Klosters vernehmen wir, dass Getreide, Baumfrüchte, Rüben und Hülsenfrüch-

te geerntet wurden. Man pflegte sogar den Weinbau, sind doch Rebberge im Raume des Feldli urkundlich erwähnt. In Hanfgärten wuchs der Flachs, der zu Garn und Leinen weiterverarbeitet wurde.»

Zschokke, Heinrich: Die klassischen Stellen der Schweiz und deren Hauptorte in Originalansichten. Hildesheim 1976, Bd. I, S. 51: «Ohne Zweifel könnte das Haupttal sorgfältiger und reicher angebaut sein, wenn nicht die Viehzucht den grössten Theil des Bodens zu Wiesen in Anspruch nähme, und wenn nicht Herkommen und herkömmliche Unwissenheit viel Gutes verhinderten.» Im weitern:

Bielmann, Jürg: Die Lebensverhältnisse im Urnerland während des 18. und zu Beginn des 19. Jahrhunderts. Basel 1972, S. 84 ff., spez. 86 f., 118 f., 179 f.

Stadler-Planzer, Hans: Geschichte des Landes Uri. Teil 1: Von den Anfängen bis zur Neuzeit. Altdorf/Schattdorf 1993, S. 152 ff.

ANMERKUNG 326

Vgl. Josef Müller: Sagen aus Uri. Basel 1945, Bd. 3, S. 383, u. spez. die Sagen Nr. 738, 813, 925, 934, 976, 1261, 1329.

ANMERKUNG 327

Vgl. UNB I 1011 ff., spez. 1018 f.

ANMERKUNG 328

Vgl.:
Cho[o]rägäärtli I 1240
Chorä'matt, -mättäli II 708 ff.
Choränacher I 28
Choryyti II 1214 f.
Gerstenacher + I 20.

ANMERKUNG 329

Vgl. Anm. 325 in diesem Kapitel.

ANMERKUNG 330

Wenn auch nicht unbedingt für Uri zutreffend – zumindest nicht im jetzigen Augenblick –, ist es trotzdem interessant zu wissen, dass sich neuerdings ein

«Verein Schweizer HanffreundInnen» (VSHF) konstituiert hat, der sich zum Ziel setzt, dem Hanf dank seiner vielseitigen Verwendbarkeit in der Schweiz wieder eine echte Chance zu geben. Vgl. Artikel «Hanf nach jahrelanger Ächtung bald wieder heimisch?» – Schweizer Hanffreunde rufen zur Anbauschlacht auf. In: UZ 1992, Nr. 65, S. 40.

ANMERKUNG 331

Vgl. div. Protokolle aus dem 19. Jh. im StaA Uri.

ANMERKUNG 332

Vgl. die Flurnamen:

Butzä'rossi, -roozi II 1145
Flachsgärten + I 1237
Hanfgart[en] + I 1239
Hanffgärten + u. *Häüfgäärtli* I 1239
Hanfrotzenen + II 1145
Roossi, Roozi II 1142 ff.

Hieher können auch die wiederholten Hinweise auf Flachsanbau im Urserental durch P. Placidus a Spescha in seinen Reisebeschreibungen «Lage, Begebenheit und Ordnung des Ursären-Thals im Kanton Uri» [Schattdorf 1990, S. 33, 36, 42, 45] herangezogen werden.

ANMERKUNG 333

In Uri dürfte die Kartoffel *(Guumel, Hä[ä]rdepfel, Hèrdepfel* etc.) wie in den übrigen Kantonen der Schweiz um die Mitte des 18. Jh.s – Iso Müller nennt in seiner «Geschichte von Ursern» [Disentis 1984, S. 130] das Jahr 1730 – erstmals angebaut und in der Folge relativ schnell heimisch geworden sein, was nicht zuletzt die zahlreichen Kartoffelgerichte auf dem Urner Speisezettel hinreichend beweisen. Man denke nur etwa an Gerichte wie *Älplermagroonä, Beenälisuppä, Bürästunggis, Epfelstunggis, Gschluuder* Urs., *Gschlutter* Urs., *Gstunggetä, Gstunggeti Hä[ä]rdepfel, Guumel, Hä[ä]rdepfel'meckä. -tätschli, Panzo[u]gglä* Urs., *Pullis, Salzguumel, Stunggis.*

Dass die Kartoffel jedenfalls am Ende des 18. Jh.s in Uri angebaut wurde und offensichtlich schon entscheidend zur Ernährung der hiesigen Bevölkerung beizutragen vermochte, beweisen laut gefl. Mitteilung des StaA Schwyz (Hr. Auf der Maur) zwei Artikel von Anton Weber mit dem Titel «Die literarisch-ökonomische Gesellschaft in Schwyz 1799 und 1800» und «Erdäpfel- oder Kartoffelsamen», beide erschienen in der Schwyzer Zeitung 1916, Nr. 85 u. 95. Darin wird zwar speziell auf die Verhältnisse in Schwyz um die Wende vom 18. zum 19. Jh. hingewiesen. Was aber diesbezüglich für Schwyz Gültigkeit hatte, dürfte anderseits wohl auch für Uri zugetroffen haben. So wird u.a. berichtet, dass «die Erdäpfel [...] teils von den Kaiserlichen und teils von den Franken, bevor sie reif waren, ausgerissen und gegessen [wurden] und der verbliebene, sehr karge Vorrat durch beständige Einquartierung noch vollends aufgezehrt worden» [sei]. Diese Notlage bewirkte, dass die literarisch-ökonomische Gesellschaft Schwyz am 10. März 1800 bei Ignaz Trutmann (1752–1821), dem damaligen Regierungs-Statthalter des Kantons Waldstätten (vgl. HBLS Bd. VII 67 f.), vorstellig wurde, «um selben in den verödeten, brachliegenden *Pflanzgärten* zum Anbau von Kartoffeln verwenden zu können». Dieser machte es tatsächlich möglich, dass die Verwaltungskammer nebst anderen Innerschweizer Gemeinden auch Flüelen und Altdorf mit je 125 Zuger-Vierteln (vgl. Id. XII 1488) *Erdäpfelsamen* unentgeltlich zu Gunsten mehr oder minder Bedürftiger bedachte. Andermatt bekam sogar 500 Zuger-Viertel – 200 mehr als was ihm offiziell zustand, um – wie es in der Begründung hiess – «die beschwerlichen Transportkosten für die Erdäpfel daraus bestreiten zu können».

Weitere Hinweise zur Geschichte der Kartoffel – allg. und im bes. Uri betreffend – liefern nachfolgende Artikel:

Baumann, Miges: Kartoffeln. 5000 Sorten – ein wichtiges Erbe für die Zukunft. In: UW 1991, Nr. 98

Bielmann, Jürg: Die Lebensverhältnisse im Urnerland während des 18. und zu Beginn des 19. Jahrhunderts.
Basel 1972, S. 179 f.

Grimm, Jacob: Deutsches Wörterbuch, Bd. 11, 244 f.

Hauser, Albert: Wald und Feld in der alten Schweiz. Beiträge zur schweizer. Agrar- und Forstgeschichte.
Zürich/München 1972, S. 169 ff.

Lusser, Karl Franz: Gemälde der Schweiz. IV. Der Kanton Uri,
St. Gallen und Bern 1834, S. 49, 59

Schweizerdeutsches Wörterbuch (Id.): Bd. I 379 f.; II 307 f.

V. u. T. Simmen: REALP. Lugano 1986

a Spescha, P. Placidus: Lage, Begebenheit und Ordnung des Ursären-Thals im Kanton Uri. Schattdorf 1990, S. 26, 29, 33, 36, 42, 45

Walker, Michael: Isenthal im Wandel der Zeiten 1840–1990. Isenthal 1991, S. 46, wo u.a. auf die zahlreichen Allmendgärten *(Allmäinigaartä)* hingewiesen wird, die aus Gründen der Selbstversorgung vor über 150 Jahren äusserst begehrt waren und vornehmlich als Kartoffelgärten genutzt wurden. Dass solche *Allmäinigäärtä* auch andernorts hoch im Kurs standen, zeigen die Korporationsverhandlungen vom 10. März 1893 (vgl. UW 1893, Nr. 11) über eine vertretbare Entschädigung der langjährigen Benützer der Bürgler Schächenwaldgärten ausgiebig debattiert wurde, nachdem besagte Gärtenbezirke zwecks Erstellen einer Munitionsfabrik *(Schä[ä]chäwald)* gem. Kaufvertrag vom 6. Juni 1892 an die Eidgenossenschaft übergegangen waren.

Zurfluh, Kurt: Steinige Pfade. 160 Jahre Urner Wirtschaftsgeschichte. Altdorf 1990, S. 60.

ANMERKUNG 334

Vgl. Anm. 268 u. 269 in diesem Kapitel.

ANMERKUNG 335

Dass der Garten dank seiner Nutzungsvielfalt verständlicherweise vorab aus Ernährungsgründen, dann aber mehr und mehr auch aus ästhetischem Empfinden der Bewohner heraus in den urnerischen Lebensgewohnheiten zweifelsohne eine lange Tradition aufzuweisen hat, beweisen die überaus zahlreichen und teils auch sehr alten *Gaartä*-Belege sowohl als Simplex wie auch als Grund- oder Bestimmungswort in den entsprechenden Komposita. Vgl. hiezu UNB I 1225 ff. Dabei entdeckt man hier und dort Flurnamen, die den Hinweis auf einstige Gartenanlagen unversehrt bewahrt haben, obwohl das entsprechende Grundstück als Garten schon lange nicht mehr genutzt wird (vgl. etwa *Adlergaartä* I 1230, *Gaartämatt* II 684, *Miligäärtli* I 1240 f., *Mooses Gaartä* I 1240 etc.). Anderseits stösst man auch auf Örtlichkeiten, die durch die Namengebung bereits darauf hinweisen, dass das einstige Gartenareal inzwischen der Verwilderung *(vergandä, veruchrüttä, verwirznä)* anheimgefallen ist. Darüber hinaus lassen sich die *Gaartä*-Namen auch noch nach folgenden Gesichtspunkten ordnen:

Gartennamen als Ausdruck der Eigentumsverhältnisse

Adlergaartä I 1230
Allmäinigaartä I 1231
Baschigeèrtli I 1232
Baawergäärtä I 1237
Bomatters Garti + I 1237
Büümes Gäärtä I 1232
Chiäffers Gaartä I 1226
Gammälis Gaartä I 1227
Geens Gäärtli I 1229
Greetlers Gaartä I 1238
Gottschalks Garten + I 1238
Joosis Gaartä I 1227
Ludigaartä I 1240
Mooses Gaartä I 1240
Riätlers Gaartä I 1242
Rupgarten + I 1243
Spitalgarten [+] I 1243
Toonälis Gaartä I 1226
Tübachers Gäärtli I 1229
Zachis Gaartä I 1226

Gartennamen als Lokalisierungsmöglichkeit

Chappelengarten + I 1239
Chilchgarten + I 1239

Hinder Gäärtli I 1229
Lüggnlgääna I 1240
Millgaartli I 1240
Nider Gart + I 1241
Oobergaarti I 1229, 1241
Ober Wassnergarten I 1241
Palanggägäärtä I 1241
Sagengarten + I 1243
Schrannägäärtä I 1243
Steiben Gärten + I 1243
Straalägäärtli I 1244
Vorder Gäärtli I 1229
Undergaarti I 1230
Underwassnergaartä I 1245
Usser Gäärtli I 1245
Ziägelgaartä I 1247

Gartennamen mit Hinweis auf
Baumbestand
Ämelgarten + I 1232
Arnigarten + I 1232
Aschpägaartä I 1232
Bäümgaartä I 1232 ff.
Büächägaartä I 1237
Holdägäärtä I 1239

Gartennamen mit Hinweis auf Anbau
Blumengarten I 1237
Choorägäärtli I 1240
Flachsgärten + I 1237
Hanfgart[en] + I 1238 f.
Häüfgäärtli I 1239
Pflanzgaartä I 1241
Riäbgaartä I 1241 f.
Roosägaartä: fehlt im UNB
Wèrzgaartä I 1245
Wyygaartä I 1246 f.

Gartennamen mit Hinweis
auf Brachlegung
Alpäroosägaartä I 1231
Brüügägäärtä I 1237

Gartennamen mit Hinweis auf Form,
Beschaffenheit, Lage, Verwendung
Gerengärten + I 1238
Haengartin + I 1238
Lochgaartä I 1240
Rossengärtli + I 1241
Rot Hausgarten + 1242
Sandgäärtä I 1243

Scheingäärtli + I 1243
Schweingarten + I 1243
Steingard + I 1244
Steingarten + I 1244
Stotzig Gaartä I 1244
Tiärgaartä I 1244 f.
Zopfgaartä I 1247.

ANMERKUNG 336

Wer einen aufmerksamen Blick in die ur-
nerische Landschaft wirft, wird nicht oh-
ne das nötige Erstaunen feststellen, dass
eigentliche Hausgärten mit allerlei Ge-
müse *(Ggmiäs)* und Blumen *(Blüämä)*
vom Talboden der Reuss bis über die
dörflichen Gemeinschaften des Urseren-
tales hinaus sogar noch abseits in Höhen
bis gegen 2000 Meter ü/M und vereinzelt
gar noch höher anzutreffen sind. Vgl. da-
zu die Bildberichte von Franz Schuler:

«Bristens Sonnenstube hat ihre Reize».
  Zu Besuch in Waldiberg. In: UW 1988,
  Nr. 61
«Ein attraktives Klettergebiet». Bei
  Marietheres Baumann in der Salbit-
  hütte. In: UW 1989, Nr. 75. Sowie:
Fäsi, Joh. Conrad: Genaue und vollstän-
  dige Staats- und Erdbeschreibung der
  ganzen helvetischen Eidgenossschaft
  etc. Zürich 1765 ff., Bd. 2, S. 130 f.:
  «In den Tälern wachsen verschiedene
  Arten Küchen- und Wurzel-Gewäch-
  se... Die Sommer-Früchte, welche man
  in diesen Thälern pflanzt, als Gerste,
  Erbsen, Sommer-Roken und Korn,
  erlangen in kurzer Zeit ihre vollkom-
  mene Zeitigung. Hanf und Flachs
  werden an den Hügeln, doch der
  erstere mehr als der letztere, gebauet.»
Landolt, Elias: Bericht an den hohen
  Schweizer Bundesrat über die Untersu-
  chung der Hochgebirgswaldungen in
  den Kt. GL, ZG, SZ, UR, UW, LU,
  BE. Vorgenommen im August, Septem-
  ber und Oktober 1859. Bern 1860,
  S. 19: «... Kartoffeln, weisse Rüben,
  Kohl, Salat, Hanf, Flachs etc. werden
  bis zu den obersten Wohnungen hin-
  auf, also bis zu etwa 5000 Fuss Höhe
  gebaut.»
Naturkundlicher Höhenweg im Madera-
  nertal. Hrsg. Arbeitsgruppe Natur-

kundliche Höhenwege/Urner Wanderwege. Altdorf 1993, S. 35

Oechslin, Max: Die Wald- und Wirtschaftsverhältnisse im Kanton Uri. Bern 1927, S. 181 ff.

Rothenfluh, Max: Land- und Alpwirtschaft im Fellital. In: Das Fellital. Separatdruck aus der Festschrift 75 Jahre Sektion Am Albis SAC 1897–1972, S. 19: «Beim ersten Haus im Felliberg bemerkt man einen kleinen Garten mit Kartoffeln und etwas Gemüse. Dies ist ein Hinweis, dass es sich um Wohngebiet und nicht um Alpgebiet handelt. Im Alpgebiet werden keine Gärten bestellt, da die Älpler zu wenig lange in demselben Stafel bleiben. Zudem ist die Gartenpflege Aufgabe der Bäuerin, die aber im Urner Oberland ganz selten mit auf die Alp zieht.»

Schmidt, Aurel: Die Alpen – schleichende Zerstörung eines Mythos. Zürich 1990, S. 295 [Die Erinnerungen von Anton Tresch]: «Dem Hotel [= SAC-Hotel Maderanertal] konnte ich auch Salat verkaufen, den ich in [sic] Balmenwald angepflanzt habe. Ich habe grosse Salatköpfe gehabt. Manche Hutte habe ich zum Hotel gebracht.»

a Spescha, P. Placidus: Lage, Begebenheit und Ordnung des Ursären-Thals im Kanton Uri [Schattdorf 1990], S. 26: «Der Krautgarten des Paters Stanislaus Preni von Rapertswil schien mir die Zierde dieses Hochlands zu seyn. Er übertraf gänzlich meine Erwartung und zwar sowohl an Verschiedenheit der Gewächse als an Vortrefflichkeit des Geschmacks. Sein Gemüss war vortrefflich, und meine Erkenntlichkeit dagegen soll auch nicht minder seyn.» S. 27: «Das Gartengemüss ist vom [sic] vortrefflichem Geschmack.» S. 32: «In den Gärten wird: Kabis, Köhl, Koleraben, Mangelkraut, rothe und gelbe Rüben, Räben (weisse Rübe), Salat, Erbsen, Por (Lauch), Schnittlauch und verschiedene Gewürzkräuter gepflanzt.» S. 45: «Das Hospizium [von Realp] ist mit der Kirche verbunden, und der Gemüsegarten hängt an das Hospizium. Der dortmalige P. Stanislaus wusste seine Zimmer recht rein zu erhalten und seinen Garten gut und vorteilhaft anzupflanzen.»

Dass das Anlegen von Gärten für die Leute des Urserentales auch heute noch einem eigentlichen Bedürfnis entspricht, unterstreicht ein Artikel von Dolores Kündig (UW 1992, Nr. 44) mit dem Titel *Broochetmärcht*», ein alljährlich am zweiten Mittwoch im Juni wiederkehrendes Ereignis, das seinerseits als ein über das blosse Markttaggeschehen hinausgreifender Dorfanlass in Andermatt abgehalten und gewertet wird: *Dieses Jahr am 10. Juni, der Anlass, nach dem wir Urschner wissen, dass der Sommer definitiv im Land ist. Von diesem Tag an fängt in Gärten und Pflanzplätzen, auf dem Balkon und auf dem Friedhof ein emsiges Graben und Säen an. Wer bis zu diesem Tag nicht den Mumm hatte, zu pflanzen, den befällt es wie ein Virus, und nach zwei kurzen Monaten beneiden uns die Unterländer um die herrlichen Gärten und Blumen.*

Vergleichsweise sei hiezu auch noch auf die im Rahmen von «Schweizer Jugend forscht» erstellte Arbeit unter dem Titel «Hochgelegene Bauerngärten im Amt Entlebuch» von Gerhard Zemp verwiesen (vgl. Tagblatt Luzern vom 27. 2. 1989, sowie Vaterland 1989, Nr. 165, S. 12: Schöne Gärten im Entlebuch bis auf 1500 Meter Höhe).

ANMERKUNG 337

Vgl. Naturgemässer Gartenbau: Gründüngung. Schutz und Pflege des Bodens. In: UW 1991, Nr. 60; sowie Helen Bachmann: Kompostierbares Material ist kein Abfall. In: UW 1992, Nr. 40.

ANMERKUNG 338

Seit der Einführung im 18. Jh. (vgl. Anm. 333) wird die Kartoffel *(Hä[ä]rdepfel, Hèrdepfel* etc.) inzwischen in Uri weiterum hobbymässig mit besonderer Vorliebe gegenüber anderem Gemüse angebaut. Zu Zeiten jedoch, als sie in Notsituatio-

nen zufolge Misswuchs etc, als eigent-
licher Rettungsanker angesehen wurde,
wusste man bis weit hinauf um den
Vorzug und die Bedeutung dieser
Knollenpflanze. So beschreibt Emil
Schmid in seiner Diss. «Vegetations-
studien in den Urner Reusstälern»
(Zürich 1923, S. 152) seine Eindrücke
zu den verschiedenen Kartoffeläcker-
chen (Hä[ä]rdepfeläc̲herli, Pflanzplätz)
folgendermassen:
«In winzig kleinen Äckerchen, nicht sel-
ten liegen diese Gärten auf grossen Fels-
blöcken und sind nur über eine Leiter
zugänglich, wird die Kartoffel als einzige
feldmässig gebaute Pflanze mit Ausnah-
me von Brassica Rapa var. Rapa [Weisse
Rübe (²Rääbä), vgl. Id. VI 13 ff.; Lexi-
kon der Biologie (Herder), Bd. 5, S. 62]
im Untersuchungsgebiet kultiviert. Die
in 2–4 Stücke zerschnittenen Knollen
werden im Frühjahr in geringem
Abstand in den vollständig verebneten
Boden gesteckt. (Das Saatgut wird im-
mer wieder von der Ernte des Vorjahres
genommen.) Die dichtstehenden,
schmächtigen Sprosse machen das Jäten
fast unmöglich. Doch wird das Unkraut,
das Jät[t], absichtlich geschont und dient
zusammen mit dem noch nicht vollstän-
dig vertrockneten Kartoffelkraut als
wertvolle Zugabe zum Viehfutter. Es
wird einmal im Laufe des Sommers und
dann beim Ernten der Kartoffeln samt
der Wurzel ausgerauft oder mit der
Sichel geschnitten und auf den Mäuer-
chen, welche die Kartoffelgärten um-
geben, getrocknet.» Diese über den gan-
zen Kanton verstreute Anbauweise
machte es dann mit der Zeit auch mög-
lich, dass sich je nach Region gewisse
Eigentümlichkeiten herausbilden konn-
ten. So weiss Emil Stadler in «Das Koch-
buch aus Uri» (Münster 1988, S. 21)
folgendes zu berichten: «Eine ganz eigen-
artige Pflanzart ist im Meiental üblich.
In kleinen Abständen werden sie dort
in Gartenbeeten gepflanzt. Dieses Tal
hat sogar seine eigene Sorte. Der
Mäijähärdepfel ist klein und rot, springt
beim Sieden auf wie eine Rose und ist so
gut, dass man sich gar nichts anderes
dazu wünscht.»

ANMERKUNG 339

Vgl. Hauswirth, Fritz: Die Ernte in Sitte
und Brauch. Als es noch keine Mäh-
drescher gab... In: UW 1989, Nr. 80.

ANMERKUNG 340

Die heute landläufig angebauten Kartof-
felsorten brauchen hier nicht eigens auf-
geführt zu werden. Hingegen mag es
interessieren, was von den älteren Sorten
im urner. Wortschatz zum Teil noch
lebendig geblieben ist. Dazu gehören die
Bäärner-Pummeranzä, die bereits
erwähnten Mäijähärdepfel und die
Schwyyzerguumäli.
Im Schweizerdeutschen Wörterbuch
(Id.) I 379 f. (vgl. auch II 307 f. u. IV
1500) werden noch folgende Sorten für
Uri aufgeführt:

Affrikaaner:
«Spätkartoffel»
Aijerhä[ä]rdepfel:
«weisse Engländer-Kartoffel»
Boodäspränger:
«grosse Viehkartoffel, Howard-, Surina-
mische Kartoffel»
Briänzer:
«syn. Berner K., weisse, frühe, grosse,
kugelige Sorte; veredelte Bodensprenger»
Eersch[t]fälder:
rooti: «syn. f. Hasler od. Burgler»
wyyssi: «syn. f. Brienzer»
Müätätaaler: «kleine Rollenkartoffel».

ANMERKUNG 341

Vgl. Duden Bd. 2: Das Stilwörterbuch
S. 634.

ANMERKUNG 342

Vgl. Kap. 4 Anm. 219 und Karl Gisler:
Tabakbau in Uri. In: HNbl Uri, Altdorf
1930/31, S. 55.

ANMERKUNG 343

Vgl. A. Schwarzenbach: Küchen-
kräuter. Immer neue Mischungen. In:
UW 1991, Nr. 61, sowie Hans Peter
Treichler: Abenteuer Schweiz. Geschich-
te in Jahrhundertschritten. Zürich 1991,
S. 69: Der Kräutergarten.

ANMERKUNG 344

Vgl. Lexikon der Biologie (Herder),
Bd. 4, S. 58 f.

ANMERKUNG 345

Laut Hess/Landolt/Hirzel: Flora der
Schweiz, Bd. II 868, liefern die Früchte
des Korianders (Coriandrum sativum)
ein häufig verwendetes Gewürz. «Die
Pflanze wurde bei uns schon im 8. Jh. in
Gärten gepflanzt; heute wird dieses Ge-
würz importiert.»
Auf Anfrage hin machte mich Dr. W.
Brücker, Altdorf, darauf aufmerksam,
dass der Koriander aufgrund von Auf-
zeichnungen des bekannten Botanikers
Prof. Anton Gisler (1820–1888; vgl.
HBLS III 532) im letzten Jh. in Uri noch
angebaut wurde und auch auf Schuttplät-
zen zu finden war.

ANMERKUNG 346

Vgl. Emil Surber, Roger Amiet, Heinrich
Kobert: Das Brachlandproblem in der
Schweiz. Bericht Nr. 112 der Eidg.
Anstalt für das forstliche Versuchswesen.
Birmensdorf 1973.

ANMERKUNG 347

Die neue Luftreinhalteverordnung des
Bundes, die am 1. Februar 1992 in Kraft
getreten ist, ermöglicht es den Kantonen,
das Verbrennen von natürlichen Wald-
und Gartenabfällen im Freien zuzulas-
sen, sofern dadurch keine übermässigen
Immissionen entstehen. Nach heutigem
Stand der Dinge ist gem. freundl. Mittei-
lung von dipl. Ing. ETH Walter Jauch,
ehem. Chef Amt für Umweltschutz, im
Kt. Uri, kein *Scheenfyyr*-Verbot zu er-
warten, sofern diese Feuer abseits der
Siedlungen und nicht in stark belasteten
Gebieten entzündet werden *(a'zindä, -
zintä)* und ebenfalls keine grössere
Rauchentwicklung *(mottä)* verursachen.
In diesem Sinn wird es gem. UW vom
5. Februar 1992 (Nr. 10) auch fürderhin
erlaubt sein, im Freien 'Servelas und
andere Würste' *(Wurscht, Pl. Wirscht,
Dim. Wirschtli, Wurschtäli)* zu braten
(bräätlä)!

A MUNDART-GESAMTREGISTER

inkl. die mundartlich erfassten
Orts- und Flurnamen

Kursiv gedruckte Seitenzahlen
verweisen auf die Illustrationen im Buch.

A

Aa, 71
ääbä, 11; 24; 63
ääbäheech, 11
Ääbäheech, 365
a'bäizä, 177
ab'aschtä, 161; 247; 253
ab'ätzä, 349
Aabe[d]wäid, 23; 73; 313
Aabe[d]wäidplanggä, 73
Ääbeni, 5; 11
aaber, 23; 71; 373
aaberä, 23; 373
aaberig, 71
Abfallholz, 227
Abfrutt, 227
Aabidwäid, 73
Aabigsprung, 113
Aabigwäid, 73
a'byyssä, 146
a'boorä, 234
ab'oornigä, 373
Abrèllä, 251
Aabrigä, 70; 71
Äbüäch, 255; 281
Acher, 23; 37; 72; 77; 313; 369; 371; 388
acherä, 373
Acherä, 388
Acherbäärg, 388
acheerig, 187
a'choorä, 157; 207; 234
achtlä, 199
Adlergaartä, 408
Affäbrootbäüm, 297
Affekaat, 31; 38
Affrikaaner, 411
a'fyyrä, 119; 161; 163; 185
Afyyrspyggäli, 185
a'fletzä, 85
Agebot, 273
Äger, 389
Ägerschtä, 218
Ägerschtäwirzä, 329
Ä[ä]gertä, 76; 389
a'guntä, 181
a'guntlä, 181
ahäälig, 7; 25
Ahänker, 181
Aheechi, 5
ahèltig, 7; 25
A[a]he[e]ri, 291

aheerig, 259
Ahoorä, 259; *276*
Aahorä, 291
Ahoorächäälä, 291
Ahooräfad, 291
Aahooräplanggä, 291
Aahorätäiffi, 291
Äi, 149; 294
Äibeeri, 323
Äichä, 259; 275; *276*; 292
äichä, 269
Äichäholz, 259
äichig, 259
Äichlä, 275
Äichläbäüm, 292
Äichläholz, 259
Äidax, 123
Äidexä, 123
äigä, 37; 314
Äigä, 5; 37; 39; 61; 79; 81; 285; 314; 339
Äigäbäüm, 301
Äigägwäx, 189; 294; 295
Äigätimmer, 38; 79
Äigätum, 82
Äigäweeri, 135
äiget, 37; 314
äiggnig, 37
Äijälä, 149
Äijerhä[ä]rdepfel, 411
Äijerschwamm, 169
äiliäss, *184*; 185
Äineedi, 26; 318
Äischipf[er], 363
Äischtä, 72
Äissä, 126
Äiständer, 345
Aktäbèrri, 265
Aal, *112*; 113
Äälä, 389
a'laa, 99; 177
Alaag, 373
alääg, 7; 25
alääget, 7
Aläät, 319; *320*
Aläüf, 225; 247
Albäli, 145; 147
Albertschef, 273
a'leggä, 333
a'leesä, 87
Alkähool, 269
Alkähoolvogt, 304
Allärüünä, 151

Allerhäiligä, 117
allethalbä, 263
Ällgäühäinzi, 347
Allmäini, 17; 39; 61; 81; 285; 301; 402
Allmäinigaartä, *370*; 371; 408
Allmäininuss, 301
Allmäinisträiwi, 349; 402
Allmänd, 24
Allmändgass, 234
Allmändstaafel, 24
Allm[n]älä, 24
Älm, 293
Älmäryyti, 293
Alp, 23; 24; 54; 72; 315; 403
alpä, 230
Alpälauch, 394
Alpämirtä, 325
Alpäre[e]s[s]li, 291
Alpäroosä, 255; 306
Alpäroosägaartä, 291; 409
Alpäväijäli, 319; *320*
Alpgass, 5; 60; 72
Alpholz, 219
Alplä, 70
Älplermagroonä, 407
Alplickä, 78
Alploch, 72
Alprächt, 81
Alpruschtig, *16*; 17
Alsä, 61
a[a]ltleedig, 39
aaltlegä, 171
a'machä, 375
Amäisi, 282
Amäisichrüt, 383
a'maalä, 279
Ambäck, 185; 187; *188*
Ambäissi, 282
Ambäissichrüt, 229; 331; 383
Ä[ä]md, 313; 341; 349
äämdä, 341
Äämdet, 341
Ämmättä, 72
Ämmigä, 72
Ampferätaal, 394
Amsslä, 307
a[n], 70
äänä, 18; 70
äänädra, 18; *20*
äänänappä, 18

G

H

M

N

O

T

W

B HOCHDEUTSCHES SACHREGISTER

in Auswahl

Kursiv gedruckte Zahlen
verweisen auf den Illustrationsteil.

C ORTS- UND FLURNAMENREGISTER

Geographische Begriffe sowie
standarddeutsches Orts- und
Flurnamenregister
(inkl. mundartlich leicht gefärbte
wie auch ausgestorbene (+) Namen)

Kursiv gedruckte Seitenzahlen verweisen
auf die entsprechenden Illustrationen im Buch.

W

Wadelacher +, 77; 389
Waldi, *158*
Waldinossen, *158*
Waldiberg, 409
Waldnacht, 480
Walisacher +, 389
Wallis, 339
Wannelen, 238
Wassen, 57; 71; 80; *88*; 132;
  227; 288; 299; 405
Watengaden +, 150
Wattingen, 227
Wettingen, 288; 289
Widmen +, 81
Wien, 221
Wietzacher +, 389
Willenbiegis Acher +, 389
Windgällen, *8*; 68
Wingarters Acker +, 389
Witerschwanden, *196*; 237;
  312
Wolfbüel, 402

Z

Zelg, 389
Zell Acher +, 389
Zi[n]ggenacher +, 389
Zollikon, 131
Zürich, 308; 309; 402
Zwing Uri, 142

D PERSONENREGISTER

Kursiv gedruckte Seitenzahlen
nehmen Bezug auf den Illustrationsteil.

Z

AUSBLICK
ANSTELLE EINES EPILOGS

Prologe – einstmals feierlicher Vorspann von Werken mit besonders literarischem Anstrich – sind heute wieder «in», wenn auch unter ganz anderen Vorzeichen: z.B. im Sport!

Da tut man sich in der Verwendung von Epilogen offensichtlich weit schwieriger. Möglicherweise haftet an dieser Einrichtung der zwielichtige Eindruck des herbeigesehnten Abgesangs, des erhofften und erlösenden Ausklangs also, und irgendwie wird man des beklemmenden Gefühls nicht los, allein schon am Wortlaut «Epilog» klebe so etwas wie ein diffuses Stimmungsbild jenes befreienden und zugleich einengenden Eindrucks, der in den alles und zugleich nichts sagenden Ausspruch mündet: «Doch noch geschafft!»

Gerade unter der Vorgabe solcher Deutungsansätze wäre an dieser Stelle ein Epilog gewissermassen denkbar und verständlich, aber er käme unweigerlich zu früh. Zwar ist unter geflissentlicher Umgehung einer spezifisch auf den Menschen ausgerichteten Thematik in den vorausgehenden Kapiteln ausgiebig die Rede gewesen vorab von einer Landschaft, die es dank der unergründbaren Vielfalt immer wieder neu zu erschliessen gilt. Angesprochen wurde auch das Wasser, das diese Landschaft durchfliesst, und auch von Wäldern und Wiesen wurde berichtet, die den altüberlieferten *Pagellum Uroniae* in wechselnden Farben und Formen bedecken.

Damit ist aber eine Landschaft noch keineswegs ausgeschöpft, vor allem nicht sprachlich. Noch fehlen Einblicke in das einer inneren Ordnung gehorchende Wechselspiel der Jahreszeiten. Noch blieb das stimmungsreiche Bild des Wetters unangetastet. Ebenso wurden Töne und Farben dieser Landschaft ausgeklammert. Ausstehend ist weitgehend auch noch die Darstellung der Tierwelt in ihren mannigfachsten Erscheinungsformen.

Das gesamte Material hiezu ist zwar gesammelt und gesichtet und teils auch schon ausformuliert, aber noch nicht in die endgültige Buchform gebracht. Hiezu bedarf es vorgängig eines Bedürfnisnachweises durch das Benützerpublikum selbst. Letztlich entscheidet «es» durch die Interessenbekundung am vorliegenden Band, ob noch ein weiteres Buch folgen soll oder nicht.

Nun denn, so besehen wären gerade diese abschliessenden Gedanken im Sinne eines hoffnungsträchtigen Ausblicks doch wieder so etwas wie ein auf das Drama zugeschnittener «Epilog» gemäss der in Gero von Wilperts «Sachwörterbuch der Literatur» (Stuttgart 1969 ff.) zusammenfassenden

Definition: «Der Epilog enthält oft eine Bitte um Beifall oder Nachsicht (Plautus), Ankündigung weiterer Vorstellungen ..., Danksagung ans Publikum ..., Huldigung an Gönner ... oder Verkündung des Endes im modernen Theater oft auch in satirisch-ironischem Sinn» (S. 218). Das letztere aber müsste ich für meinen Teil entschieden in Abrede stellen, ging es mir doch bei der gesamten Darstellung immer um eine nach Möglichkeit emotionsneutrale Nachbildung der Fakten, auch wenn der Humor nie vollends ausgeklammert war.

Der USWB-Sachbearbeiter:
Felix Aschwanden

ERGÄNZUNGEN

S. 42 ff.:   ANMERKUNG 2

Gisler-Jauch, Rolf: Uri und das Automo-
bil – des Teufels späte Rache? Soziale
und wirtschaftliche Auswirkungen des
Automobils auf das Urnerland.
Altdorf 1994
Zenoni, Br. Gerold: Das fehlende Denk-
mal in Hospental. Der italienische Frei-
heitskämpfer Graf Federigo Confalo-
nieri starb 1846 in Hospental. In: UW
1993, Nr. 56
Zenoni, Br. Gerold: Spaziergang über
klassischen Boden. Joh. Gottfr. Seumes
«Spaziergang nach Syrakus».
In: UW 1993, Nr. 75
Zenoni, Br. Gerold: Anhänglichkeit an ei-
ne Landschaft. Briefe und Tagebuchauf-
zeichnungen der Mendelssohns aus
Uri. In: UW 1993, Nr. 95
Zenoni, Br. Gerold: Physiker in Teufels
Küche. Alessandro Voltas Gotthard-
übergang. In: UW 1994, Nr. 10.

S. 53:   ANMERKUNG 5

Zitat aus J. W. v. Goethes «Briefe aus der
Schweiz 1779». In: Die Schweizer Rei-
sen. Zürich 1979, S. 66.

S. 63 f.:   ANMERKUNG 45

Braunwalder, Armin: Die späte Rache
des Teufels? Zum Film «Transit Uri»
von Dieter Gränicher. In: Alternative
1993, Nr. 183, S. 10 ff.
Fryberg, Stefan: Des Teufels späte Ra-
che? Die Geschichte des Automobils
und Verkehrs in Uri. In: UW 1994,
Nr. 10.

S. 64 f.:   ANMERKUNG 46

Grosse Felsblöcke stiessen mehrmals bis
zum Dorfrand vor. Regierung bean-
tragt Kredit für Steinschlagschutz in
Erstfeld. In: UZ 1993, Nr. 257, S. 13.

S. 68 f.:   ANMERKUNG 57

Amacher, Peter: Die Kristallgrube Pfaf-
fensprung. In: UW 1993, Nr. 95
Amacher, Peter: «Der Engländer».
Amsteg 1994.

S. 124 f.:   ANMERKUNG 99

Im Schnitt 11,7 Meter kürzer. Weiterhin
Rückgang der Schweizer Gletscher. In:
UW 1993, Nr. 101
Hüfigletscher: –26,4 Meter. Gletscher-
schwund in Uri. In: UW 1993, Nr. 102.

S. 132 f.:   ANMERKUNG 115

Herger, Erich: Überschwemmungen im
Urserental. Hochwasser im Kt. Uri. In:
UW 1993, Nr. 76 - ill.
Renner, Alexander: Wir wollen kein Fur-
kadelta! Hochwasser vom 24. Septem-
ber 1993. In: UW 1993, Nr. 97 - ill.

S. 136 f.:   ANMERKUNG 118

Bauarbeiten abgeschlossen. Dürstelen-
bach in Andermatt. In: UW 1993,
Nr. 85
Seedorf. Verbauungsarbeiten an der Ba-
lanka-Korrektion. In: UW1893, Nr. 46.

S. 141 f.:   ANMERKUNG 122

Sodbrunnen für Attinghausen?
In: UW 1993, Nr. 91.

S. 147 f.:   ANMERKUNG 136

Hanhart, Urs: Faszinierende Unterwas-
serwelt. SBN-koschiff in Flüelen vor
Anker. In: UW 1993, Nr. 95 - ill.

S. 148 f.:   ANMERKUNG 140

Handbuch für die Reussdeltakommis-
sion. Hrsg. Volkswirtschaftsdirektion
Uri. Altdorf 1993
Hauser, Ruedi: Projekt-Management
über 25 Jahre. Kommission für das
Reussdelta. In: UW 1993, Nr. 80

Reussdeltapflegeplan. Hrsg. Kanton Uri (Kommission für das Reussdelta), o.O. [Altdorf] 1993.

S. 210 ff.:   ANMERKUNG 145

Riggenbach, Emanuel: Der Wald als Sieger und Besiegter. In: Urner Kalender 1994, S. 34.

S. 213 f.:   ANMERKUNG 150

Wandeler, Beat: Die «Woldmanndli» aus dem Gurschenwald. Brauchtum in Andermatt. In: UW 1993, Nr. 84 - ill.

S. 214 ff.:   ANMERKUNG 152

Oechslin, Karl: «Wald ohne Mensch ist möglich – aber Mensch ohne Wald nicht». In: Urner Kalender 1994, S. 41 ff.

S. 220 ff.:   ANMERKUNG 161

Arnold Bruno: Kein Urner Waldschadeninventar. Massnahmen zur Erhaltung der Schutzwälder. In: UW 1993, Nr. 88
Grosse Zweifel am Nutzen der Bekämpfung betr. Borkenkäfer. In: UW 1993, Nr. 62
Schilliger, Pirmin: Ist das Waldsterben defintiv vom Tisch? Borkenkäfer und Stürme bedrohen den Schweizer Wald am stärksten. In: UZ 1993, Nr. 250, S. 3.

S. 223 ff.:   ANMERKUNG 169

Arnold, Werner: Viele gute Beispiele. Zwangsnutzung in Urner Wäldern. In: UW 1993, Nr. 60
Waldbewirtschaftung – Probleme und Lösungen. Schweizerische Gebirgswaldpflegegruppe tagte in Flüelen. In: UW 1993, Nr. 69
Waldwirtschaft spürt die Rezession. Urner Waldwirtschaftsverband tagte in Seelisberg. In: UZ 1993, Nr. 248, S. 9.

S. 225 ff.:   ANMERKUNG 173

Stadler-Planzer, Hans: Wald und Siedlung in Ursern. Ein Streifzug durch die Forstgeschichte im Hochtal am Gotthard. In: Urner Kalender 1994, S. 44 ff.

S. 228:   ANMERKUNG 174

Hanhart, Urs: Petition verlangt Änderung betreffend Schontage. Neues Pilzschutzreglement. In: UW 1993, Nr. 65
Hanhart, Urs: 2255 Personen verlangen neue Schontage-Regelung. Petition gegen Pilzschutz-Reglement eingereicht. In: UW 1993, Nr. 89.

S. 231:   ANMERKUNG 178

Haas, Jean Nicolas: Viehfutter, das von den Bäumen kommt. Eine Bauerntradition vor der Neuentdeckung. In: NZZ 1993, Nr. 259 (6./7. Nov.), S. 21 - ill.

S. 293 ff.:   ANMERKUNG 225

Nideröst, Josef: Allgemein mit der Qualität zufrieden. Weinlese im Kt. Uri. In: UW 1993, Nr. 84.

S. 296:   ANMERKUNG 228

Zur *Büächä* im sog. *Leidtal*, vgl. Lussmann, Ludwig: Silenen / Amsteg / Bristen. Gurtnellen 1991, S. 104.

S. 304 f.:   ANMERKUNG 246

«Gesundbrunnen» zum Sozialpreis. Birnelaktion der Schweizerischen Winterhilfe. In: UW 1994, Nr. 2.

S. 305 f.:   ANMERKUNG 248

Ähnlich verhielt es sich gem. freundl. Mitteilung von RR Martin Furrer bis in die 60er Jahre unseres Jahrhunderts auch in der Alp Waldnacht. Die jeweiligen Eigentümer, beziehungsweise die

Besitzer der dortigen Hüttenrechte, waren laut Erkanntnis des Ammanngerichtes Uri vom 19. Juni 1702 verpflichtet, jährlich Naturalleistungen an die Armenpflegeverwaltung Attinghausen zu entrichten, und zwar: «Ein Ankenstock (1 Stein Anken) und ein Ziegergauss (1 Scheid Zieger)».

S. 307:   ANMERKUNG 252

Birnbäume sind bedroht. Altdorf: Kampf dem Gitterrost! In: UW 1993, Nr. 27
Schüepp, H.; Siegfried, W.: Sanierungsmassnahmen bei starkem Befall des Birnengitterrostes. Merkblatt der Eidg. Forschungsanstalt Wädenswil.

S. 309:   ANMERKUNG 260

Aellen, Yvonne; Grob, Hans: Wo verbergen sich Nützlinge und Schädlinge? Der Garten im Winter. In: UW 1993, Nr. 90; dies.: Gezielte Massnahmen. Obstbaumpflege im Winter. In: UW 1993, Nr. 77.

S. 309:   ANMERKUNG 262

In Erstfeld kursiert vereinz. auch der Ausdruck *Mäijäginggel*.

S. 396 ff.:   ANMERKUNG 285

Arnold, Bruno: Harte Zeiten für Urner Landwirtschaft. In: UW 1993, Nr. 84
Bär, Silvan: Möglichst viele Haupterwerbsbetriebe sollen erhalten bleiben. Regierungsrat legt Studie zur Zukunft der Urner Landwirtschaft vor. In: UZ 1993, Nr. 250, S. 9
Gamma, Reto: Jeder zweite Urner Bauernhof wird verschwinden. In: Alternative 1993, Nr. 185, S. 3
Horat, Peter: Chancen wahrnehmen. Ökologische Berglandwirtschaft. In: UW 1993, Nr. 77

Der Testmarkt – ein Volltreffer. «Tag der offenen Tür» auf dem Bauernhof in Seedorf. In: UW 1993, Nr. 76.

S. 412:   ANMERKUNG 347

Kompostieren oder liegenlassen. Tips zur Laubentsorgung. In: UW 1993, Nr. 77.

Felix Aschwanden

Uri und seine Mundart
Band 2

LANDSCHAFT UND TIERE
IM WECHSELSPIEL DER JAHRESZEITEN

Kapitel 1:
Zeitschritte

Kapitel 2:
Wetterlaunen

Kapitel 3:
Licht und Schatten

Kapitel 4:
Geräusche

Kapitel 5:
Tiere

Summarische Bibliographie über Uri
(verwendete Literatur in Bd. 1 und 2)

Register

Herausgeber und Verlag:
Volkshochschule Uri,
vormals Bibliotheksgesellschaft Uri

Erscheinungsjahr:
ca. 1996

JAHRESGABEN DER VOLKSHOCHSCHULE URI (VORMALS BIBLIOTHEKS-GESELLSCHAFT URI)

Im Verlag Volkshochschule Uri (Nachfolgeorganisation der Bibliotheksgesellschaft Uri seit 1992) sind folgende Jahresgaben erschienen:

Die mit * bezeichneten Bände Nr. 1, 2, 3, 5, 6, 8, 9, 10, 19, sind vergriffen.

1 *
Hauser Walter:
Gedichte und Erzählung
«Der Franzosenhelfer».
Federzeichnungen von Emil Staffelbach.
Altdorf, 1954

2 *
Gemperli Leo:
Einführung in das Werk
Heinrich Danioths.
Vortrag vom 8. Oktober 1952.
Altdorf, 1955

3 *
Scheuber Josef Konrad:
Josef Wipfli.
Ein Urner Volkspoet (1844–1910).
Gedenkwort und kleine Auswahl
aus seinen Werken in Poesie und Prosa.
Altdorf, 1956

4
Eberle Oskar:
Dichtung der Urschweiz.
Vortrag vom 14. März 1954.
Raab Heinrich:
Meine Verbundenheit mit Uri
und seiner Kultur.
Raab Heinrich:
Friedrich Schiller. Festrede an der
Schillerfeier vom 26. Mai 1955.
Altdorf, 1957

5 *
Müller Alfons:
Einführung in das Werk
von Walter Hauser.
Mit einer Selbstbiographie des Dichters.
Werk- und Literaturverzeichnis.
Altdorf, 1958

6 *

Diethelm Arnold / Hensler Thomas:
Dr. Karl Franz Lusser (1790–1859),
Landammann, Naturforscher,
Geschichtsschreiber.
Sein Leben und Werk.
Mit zehn Zeichnungen von Karl Lusser.
Altdorf, 1959

7

Egger Eugen:
Bedeutung und Aufgabe
einer Kantonsbibliothek.
Raab Heinrich:
Goethe und Uri.
Nigg Walter:
Der moderne Mensch und die Legende.
Scheuber Josef Konrad:
Die Radiogesellschaft Uri und
ihre Wirksamkeit seit 1954.
Altdorf, 1960

8 *

Herger Thomas:
Josef Müller, Spitalpfarrer, Altdorf.
Ein Kenner heimatlicher Geschichte
und Sagenkunde.
Müller Kuno:
Gespenstische Gerechtigkeit:
Missetat und Busse in den Urner Sagen.
Wyrsch Jakob:
Dr. Eduard Renner, Altdorf.
Der Mann und das Werk.
Scheuber Josef Konrad:
Die Radiogesellschaft Uri und
ihre Wirksamkeit im Jahre 1960.
Altdorf, 1961

9 *

Wildhaber Robert:
Josef Müllers «Sagen aus Uri»
und ihre Stellung innerhalb
der europäischen Sagenforschung.
Huber Hugo:
Die Totensagen im Kanton Uri.
Truttmann Isidor:
Die Geistlichen in den Urner Sagen.
Clauss Walter:
Wie eine Grammatik der
Mundart von Uri entstanden ist.
Sagen aus Uri.
Kleine Auswahl aus der Sagensammlung
von Josef Müller.
Scheuber Josef Konrad:
Die Radiogesellschaft Uri
und ihr Wirken im Jahr 1961.
Altdorf, 1962

10 *

Herger Thomas:
Das Bischöfliche Kommissariat Uri.
Ursprung und Inhaber.
Scheuber Josef Konrad:
Die Radiogesellschaft Uri und
ihr Wirken im Jahre 1962.
Altdorf, 1963

11/12

Lusser Karl Franz:
Die Leiden und Schicksale der Urner
während der denkwürdigen
Revolutionszeit.
Faksimile-Neudruck der
Originalausgabe von 1845.
Altdorf, 1966

13

Hauser Walter:
Das Weihgeschenk.
Ausgewählte Gedichte.
Raeber-Verlag, Luzern, 1967

14
Clauss Walter:
Die Urner Mundart,
ihre Laute und Flexionsformen.
Altdorf, 1969

15
Scherer Bruno Stephan:
Uri – Blaugrüner Kristall,
Urner Lyrik.
Altdorf, 1971

16
Arnold Marie Gebhard:
Aes frehlichs Jahr.
Verse in Urner Mundart.
Altdorf, 1971

17
Schelbert Aloisia Margrit:
Nacht der Sternenreigen.
Altdorf, 1973

18
Zurfluh Bruno:
Das lyrische Werk Walter Hausers.
Altdorf, 1978

19 *
Aschwanden Felix, Clauss Walter:
Urner Mundartwörterbuch.
Altdorf, 1982 (1. Auflage);
2. Auflage 1983

20
ä Strüüss Ürner Liäder.
Altdorf, 1986

21
Müller Eva Maria:
Heinrich Danioths literarisches Werk.
Altdorf, 1988

22
Hug Albert, Weibel Viktor:
Urner Namenbuch (Band 1 – 4).
Altdorf, 1988–1991

23
Felix Aschwanden:
Uri und seine Mundart (Band 1),
Landschaft zwischen Wildi und Zäämi,
Altdorf, 1994

Der Bund Schwyzertütsch, neu Verein Schweizerdeutsch, gegründet 1938 als Verein zur Pflege der schweizerdeutschen Dialekte in ihrer Vielfalt und Leistung – in sinnvoller Aufgabenteilung von Mundart und Hochsprache –, betreut unter anderem die Reihe der Grammatiken und Wörterbücher des Schweizerdeutschen in allgemeinverständlicher Darstellung:

I
Zürichdeutsche Grammatik, von Albert Weber, Zürich 1948.
3. Auflage,
Verlag Hans Rohr, Zürich 1987.

II
Luzerndeutsche Grammatik, von Ludwig Fischer, Zürich 1960. Nachdruck
Comenius Verlag, Hitzkirch 1989.

III
Zürichdeutsches Wörterbuch, von Albert Weber und Jacques M. Bächtold, Zürich 1961. 2. Auflage Zürich 1968.
3., überarbeitete und stark erweiterte Auflage, Verlag Hans Rohr, Zürich 1983.

IV
Zuger Mundartbuch, von Hans Bossard und Peter Dalcher, Zürich 1962, jetzt im Verlag H. R. Balmer AG, Zug.

V
e Baseldytsch-Sammlig, von Fridolin (= Robert B. Christ). 5. Auflage, Birkhäuser Verlag, Basel 1983.

VI
Baseldeutsch-Grammatik, von Rudolf Suter. 1. und 2. Auflage,
Christoph Merian Verlag, Basel 1976.

VII
Davoserdeutsches Wörterbuch, von Martin Schmid, Gaudenz Issler, Christian und Tilly Lorez.
Verlag Walservereinigung Graubünden, Chur 1982.

VIII
Urner Mundartwörterbuch, von Felix Aschwanden und Walter Clauss.
Verlag Bibliotheksgesellschaft Uri, Altdorf 1982,
2. Auflage Altdorf 1983. Vergriffen.

IX
Baseldeutsch-Wörterbuch, von Rudolf Suter. Christoph Merian Verlag, Basel 1984.

X
Mundartwörterbuch der Landschaft Baden im Aargau – nach Sachgruppen, von Heinrich Meng.
Baden Verlag, Baden 1986.

XI
Rheinwalder Mundartwörterbuch, von Christian und Tilly Lorez. Terra Grischuna Buchverlag, Chur 1987.

XII
Simmentaler Wortschatz. Wörterbuch der Mundart des Simmentals, von Armin Bratschi und Rudolf Trüb. Ott Verlag + Druck AG, Thun 1991.

XIII
Uri und seine Mundart.
Kulturgeschichtliches Sachwörterbuch. Bd. 1: Landschaft zwischen Wildi und Zäämi, von Felix Aschwanden. Verlag Volkshochschule Uri, vormals Bibliotheksgesellschaft Uri. Altdorf 1994.